美国法律文献与信息检索

LEGAL RESEARCH IN AMERICAN LAW

王 昶◎编著
CHANG WANG

中国政法大学出版社
2014 · 北京

图书在版编目（ＣＩＰ）数据

美国法律文献与信息检索/ 王昶编著.—北京：中国政法大学出版社，2014.6

ISBN 978-7-5620-5352-1

Ⅰ. ①美…　Ⅱ. ①王…　Ⅲ. ①法律—情报检索—研究—美国　Ⅳ. ①G252.7

中国版本图书馆CIP数据核字(2014)第106740号

出版者　中国政法大学出版社

地　址　北京市海淀区西土城路 25 号

邮寄地址　北京 100088 信箱 8034 分箱　邮编 100088

网　址　http://www.cuplpress.com (网络实名：中国政法大学出版社)

电　话　010-58908285(总编室) 58908334(邮购部)

承　印　固安华明印业有限公司

开　本　720mm×960mm　1/16

印　张　43.500

字　数　710 千字

版　次　2014 年 6 月第 1 版

印　次　2014 年 6 月第 1 次印刷

定　价　89.00 元

献给明尼苏达大学和汤森路透

To the University of Minnesota and Thomson Reuters,

where I found and read the law.

总　序

法治是现代社会文明的标志与基石。良好的法治需要完备的法律制度及其落实的良好氛围。比较法的目的与使命在于通过对不同法域间的法律制度、法律文化和法律体系的比较研究，深化人们对这些法律制度、法律文化和法律体系的认识，了解世界法学发展的动态、法律发展的趋势，进而择善而从，完善已有的法律制度和法律体系，为人类的共同文明与进步服务。

信息化与全球化使得我们所处的世界正在变得越来越小，使得不同法域间的人们的交往越来越频繁、关系越来越密切，彼此间需要了解对方的法律制度和法律文化的要求越来越迫切、内容越来越详细，从而使得比较法在现代法治建设与人类文明进步中的功能越来越明显，作用越来越大，任务越来越重。

在中国法制现代化的过程中，比较法发挥了非常重要的作用。通过研究和认知域外法律制度、法律体系与法律文化，使得中国法学界能够迅速和充分地了解这些制度，使得中国的法律体系能够在学习和借鉴域外相关法律制度的基础上很快建立起来。虽然中国的法制建设已经取得很大成就，但离现代法治的要求仍有很大距离。在中国法制建设的进程中，比较法仍然具有无限的发挥空间。

中国政法大学比较法学研究院是在整合原中国政法大学比较法研究所、中德法学院和中美法学院三个教学科研院所的基础上成立的，是目前中国高校和科研机构中唯一以比较法学为中心的专门的教学科研机构，聚集了一批优秀的比较法人才。其成立的目的是为了适应信息化与全球化以及中国法制国际化与现代化的需要，构建以比较和研究中外法律制度为目的的比较法学研究的平台，力争在巩固其国内比较法学研究领先地位的基础上达到世界先进水平，从而更好地为中国的法制建设和社会进步贡献自己的力量。

为了完成其光荣使命，中国政法大学比较法学研究院开展了丰富的教学科研活动。这些活动中形成的各种学术成果均蕴藏着比较法教学与科研的最新成果与思想财富，颇具学术价值，非常值得整理出版。这些成果若以单本出版发行，难见系统，编为文库出版，方能相得益彰，蔚为壮观，既便于研读查考，又利于文化积累。

《比较法学文库》能够顺利出版，需要感谢的人很多。但特别需要感谢的是山西联盛能源集团及其董事局主席邢利斌先生，是其慷慨解囊使得中国政法大学比较法学研究院能够设立联盛比较法基金，并对本文库的出版给予资助。

高　祥*

2012 年 12 月

---

* 中国政法大学比较法学研究院院长。

序言一

金理德
汤森路透首席技术运营官

在新技术的世界里，尽管我可能不知道所有问题的答案，但是我仍然不失自信。在此请不要误解：我的意思是我知道寻找答案的路径，因为技术和技术发展给我们指引方向，由此我们获得信心。重要的是我们首先必须知道向何方求解，事业才会成功。

同样的道理在法律领域也适用，法律实践成功与否非常重要的一步是法律文献与信息检索。

在他最新的著作《美国法律文献与信息检索》一书中，我尊敬的同事王昶副教授详细介绍和分析了美国法律文献体系的基础，并提供了富有启发性的专业法律文献和信息检索方法和路径。他独特的宏观视点和实践建议对法律工作者和商业人士都具有重要的借鉴意义。

美国的法律体系植根于法律文献系统，我所供职的单位汤森路透专精此道。Westlaw 和 WestlawNext 都是内容完善、技术先进的法律文献与信息系统，及时有效地为法律工作者提供权威的法律文献和信息。

多年以来，我们致力于将法律文献和信息通过高技术的方式灵活、迅速地传达到法律工作者的案头和手中，给法律工作者指引寻找法律的路径，增强他们的执业信心。

在读完王教授的著作之后，我相信你一定会寻找到正确的法律答案。

祝阅读愉快。

Foreword One

Rick King
Executive Vice President and Chief Operating Officer, Technology
Thomson Reuters

The world of technology is one of the only places I feel pretty confident not knowing the answer. Don't get me wrong, I'm going to find what I need— I'm just confident that because of and through technology, I know where to look. It's in the same light, the idea of simply knowing where to go to find what we're looking for, that businesses succeed.

And the same can be said for the world of the law—and the critical component of legal success that lies with legal research.

In his latest title, *Legal Research in American Law*, my esteemed colleague Professor Chang Wang details and analyzes the foundation of the U. S. legal system and provides an analysis of legal research with thought – provoking intensity and demonstrated expertise.

His great combination of historical review and recommendations for future success make for a compelling read—not just for attorneys but for business people, too.

The legal system in the United States is rooted in legal research, something my company, Thomson Reuters, knows all too well. The makers of America's premiere legal research databases Westlaw and WestlawNext, Thomson Reuters grew a business out of understanding customers need for accurate, immediate access to legal data. And we've done it well.

Over the years, we've made an art form out of delivering relevant legal research information to our customers when they need it and in the way they need it—giving them the confidence to know where to look when they need an answer—all because of technology.

After reading Professor Wang's book, I'm confident you'll find the right answers, too.

Enjoy.

序言二

郝兰琼
美国律师协会法学教育和律师执业分会主席
美国明尼苏达大学法学院副院长，罗杰诺仁讲座教授

美国联邦最高法院大法官拜伦·怀特（Byron R. White）曾经说过：“律师主要关注的是控制或影响当前及将来的事件。尽管如此，不论是出庭律师、法律顾问还是立法者，他们的法庭行为、学术论文、法律意见或者他们赞成的立法都往往根源于过去的案件……诉讼案件的结果一再地依赖于对过去案件的研究和再创造。法律顾问和出庭律师必须掌握分析过去案件和运用立法背景解释法律的能力。”[1]尽管写于40年前，远在电子搜索出现、法律信息爆炸和法律职业强调职业化和技能化之前，怀特大法官的评论仍然是敏锐的、实用的，在某种程度上可以说是告诫性的。在经济和法律全球化的今天，任何一个律师如果缺乏对基本法学理论、基本法律原则、大陆法系和普通法系的法律信息检索技术的掌握，想要成为一个能够负责任的代理国内国际案件的律师是不可能的。

王昶副教授的《美国法律文献与信息检索》一书无疑将得到怀特大法官的高度赞赏。这本书有着广阔的视野和简洁的论述，不啻为庞大的美国法律检索著作群的无价增补。中美两国的律师、法官、图书管理员和其他法律人将会发现这本对法律检索方法论和检索策略有着深入探讨的著作，是把握不断变化和正在发生令人生畏的转变的美国法律体系的重要工具。

---

〔1〕 Byron R. White, “Introduction”, in Donald Fleming and Bernard Bailyn ed. , *Law in American History*, Boston: Little, Brown and Company, 1971, p. 5.

这本书的出版也是对法学教育者和从业者对于即将进入律师行业的新律师不具备进行有效的法律检索和分析复杂、差别细微的案件的必要能力的担心的回应。1992年，美国律师协会法学教育和律师执业分会（American Bar Association's Section on Legal Education and Admissions to the Bar）的一个特别工作组发布了一份关于法学教育和职业化发展“缩小差距”〔1〕的报告，这份标题为“法学教育和法律职业化发展——一个教育的统一体”〔2〕的报告，被非正式地称为“麦克特报告”（MacCrate Report），这个名字来源于该特别工作组主席罗伯特·麦克特（Robert MacCrate），他是纽约苏利文 & 克伦威尔律师事务所（Sullivan & Cromwell）的合伙人。这项标志性的报告总结了特别工作组的工作，并清晰有远见地表达了对于“改进新成员进入律师业进行法律实践的程序”〔3〕的建议。特别工作组和“麦克特报告”（MacCrate Report）的努力对于美国法律教育在过去20年代的改革起到了催化剂的作用。该报告关于法律检索的特别建议如下：

“为了进行更有效的法律检索，一个律师必须具备相关的法律职业知识：法律规则和法律制度、法律检索的基本工具、条理分明和有效的检索方案的设计和实施”〔4〕，包括以下几个方面：

关于法律规则和法律制度的基本知识：

·判例法（Caselaw）

·成文法（Statutes）

·行政规章和行政部门案例裁决（Administrative regulations and decisions of administrative agencies）

·法院规则（Rules of court）

---

〔1〕 American Bar Association, Section of Legal Education and Admissions to the Bar, *Legal Education and Professional Development—An Educational Continuum*; *Report of the Task Force on Law Schools and the Profession*: *Narrowing the Gap*, Chicago, American Bar Association, 1992.

〔2〕 American Bar Association, Section of Legal Education and Admissions to the Bar, *Legal Education and Professional Development—An Educational Continuum*; *Report of the Task Force on Law Schools and the Profession*: *Narrowing the Gap*, Chicago, American Bar Association, 1992.

〔3〕 Robert MacCrate, “Legal Education and Professional Development—An Educational Continuum”, *Student edition*, 1992, p. 5.

〔4〕 Robert MacCrate, “Legal Education and Professional Development—An Educational Continuum”, *Student edition*, 1992, p. 145.

·“法律重述”和相关非官方法典化工作（Restatements and similar codifications）

“进行法律文献与信息检索的知识和对重要工具的使用能力”（Knowledge of and Ability to Use the Most Fundamental Tools of Legal Research）包括：

·一手法律文献（Primary legal texts）包括：判例法集（case law reporters），法庭判例活页集和其他合集（looseleaf service and other collections of court decisions）；联邦、州和地方法典（codification so federal, state, and local legislation）；行政规章和行政部门案例裁决汇编（collections of administrative regulations and decisions of administrative agencies）；

·二手法律文献（Secondary legal materials）包括法律论著（treatises），法律文摘（digests），成文法汇编注释（annotated versions of statutory compilations），法律活页书中的评论（commentaries in looseleaf services），法学期刊文章（law reviews），以及判例法和成文法的引证码索引（compilations of citations to cases and statutes）。

“麦克特报告”（MacCrate Report）探讨了律师理解资料的深度和通用性的必要，同时探讨了获取信息的方式，如“打印件、缩影胶片、其他小型化服务”和Westlaw之类的电子服务。另外，“麦克特报告”（MacCrate Report）建议律师们掌握必要的设计和实施有效地检索策略的技巧〔1〕。

“麦克特报告”（MacCrate Report）的所有的建议和引用资料都交织在王昶副教授的书中。这本书为任何一个认真的学者或学生提供了精通掌握法律检索技能的必要信息，而这种法律检索技能是在美国从事法律实践被广为提倡的。当然，王昶副教授提供了比“麦克特报告”（MacCrate Report）更丰富的资料，他有识别的精选了在美国法律发展过程中有特殊的里程碑式意义的联邦案例，这些案例描绘了美国法律发展的轮廓，如果认真研习这些案例，能够促进读者掌握高端法律检索和法律推理技巧。

要成为一个美国法律检索方面的专家，掌握足够的有效的法律检索技巧是一个重要的因素。在当前法律学术和法律职业领域竞争不断增强的情形下，掌握一定的竞争优势对一个人取得成功起着越来越具有决定性的作用。其中

〔1〕 Robert MacCrate, "Legal Education and Professional Development—An Educational Continuum". *Student edition*, 1992, p. 148.

最重要的一项技能就是掌握花费最少的却最有效的法律检索技巧。

当今，法律检索者面临的最大挑战是获得经济的检索指南和（电子）工具。这些资源如果被熟练的、采用适当方式的运用是相当有价值的。然而，检索指南和（电子）工具必须被串联应用才能保证得到最全面的检索结果。大部分的法律检索者，尤其是刚刚开始职业生涯的检索者，会陷入使用最流行的或最容易获取的工具进行检索的陷阱。他们很少考虑用哪种检索策略或资源能够在最短时间和最低的花费获得想要的检索结果。这些检索者经常凭直觉地登陆最近的电脑或抓来一本最喜爱的教科书，而没有考虑哪种资源最可能提供想要的结果。他们经常不会考虑设计一个同时采用多种检索工具的检索方案。这样做的结果是，不仅可能无视重要的信息，而且可能浪费资金〔1〕。

王昶副教授这本书的众多优点之一是向律师和学生提供了一个路线图，这个路线图教会读者如何设计一个有效的检索策略来保证检索结果是全面的而且是经济的。即使是有经验的检索者也经常挣扎于“超负荷的信息”中或在非此即彼的选择中左右为难，并经常错误地认为没有支持某一决定性观点的案例或法律存在。王昶副教授提供了能保证取得准确的、符合趋势的、完整的、恰当的检索结果的检索策略和检索方法。

在关于美国法律教育的评论中，被最频繁引用的是克里斯多夫·哥伦布·兰德尔（Christopher Columbus Langdell）的评论。克里斯多夫·哥伦布·兰德尔1870年到1895年期间担任哈佛大学法学院院长，他说：“……法律是一门科学……一个装备良好的大学是教授这门科学真正的地方。因此，法学图书馆一直是我们最大的最恒定的关注……同时我们不断地灌输这样的思想，图书馆是教师和学生适当的工作室，就像大学实验室对于化学家、物理学家，自然历史博物馆对于动物学家，植物园对于植物学家一样。”〔2〕如果确实像兰德尔院长指出的那样，法律图书馆对于法律教师和学生是实验室，那么法典、案例、规章、论文、法律活页和电子资源就是用来试验的化学品、工具和标本。就像化学家、物理学家和植物学家，他们制造化学合成物和混合气体，画

---

〔1〕 Joan Howlandand Kay Todd, *Principles of Power Research: Integrated Manual and Computer—assisted Tools to Maximize Results and Minimize Costs*, St. Paul: West Publishing, 1992, p. 1.

〔2〕 Christopher Columbus Langdell, “Harvard University Quarter-MillennialCelebration”, *Law Quarterly Review*, Vol. 3, 1887, p. 123.

出抛物线图表以观察运动速率，或者嫁接玫瑰花以求培养一个能够抵抗疾病的植物一样，律师学习、分析和研究他们在书本和电脑中发现的信息，并用此来分析、构思和测试法学理论和概念。然而，律师们如果不能够发现、评估和组织起来这些在兰德尔的“适当的工作室”中发现的信息，法学这门真正的科学就不能被理解和掌握。王昶副教授的这本书为律师、教师、学生发现这些信息提供了依据和工具，不仅是为了让他们简单地赢得案件，而且是为了让他们卓越地完成工作。

Foreword Two

Joan Howland
Associate Dean for Information and Technology and Roger F. Noreen Professor of Law, University of Minnesota Law School

Chair, Council of Section on Legal Education & Admission to the Bar, American Bar Association

Associate Justice Byron R. White of the United States Supreme Court wrote, "The lawyer is chiefly concerned with controlling or affecting present or future events. Nevertheless, whether trial lawyer, counselor, or legislator, the premise for his courtroom conduct, the papers he drafts, the advice he gives, or the legislation he supports is most often rooted in the past… The outcome of lawsuits repeatedly turns on the investigation and re - creation of past events. The counselor, as well as the trial lawyer, must have talent for analyzing past cases and for putting legislative history to use in interpreting statutes." [1] Although written over forty years ago—long before the advent of electronic research, the explosion in legal information, and the emerging emphasis on professional and skills based learning—Justice White's comments remain astute, pragmatic, and, to a significant degree, cautionary. It is impossible, especially in this era of the globalization in business and the law, for any legal advocate to responsibly represent clients nationally or internationally without thoroughly mastering the theory, principles, and mechanics of legal research in both

〔1〕 Byron R. White, "Introduction", in Donald Fleming and Bernard Bailyn ed., *Law in American History*, Boston: Little, Brown and Company, 1971, p. 5.

civil and common law jurisdictions.

Legal Research in American Law, by Wang Chang, would have undoubtedly earned Justice White's high praise. Comprehensive in scope and concise in presentation, this work is an invaluable addition to the broader body of literature on legal research in American law. Chinese and American lawyers, judges, librarians, and others associated with the legal profession will find the text, with its in depth discussion of legal research methodologies and resources, an essential tool in navigating the constantly changing and frequently intimidating currents of the American legal system.

The book also responds to ongoing concerns among educators and practitioners that attorneys entering the legal profession do not have the skills necessary to effectively research and analyze complex or nuanced issues. In 1992, the American Bar Association's Section on Legal Education and Admissions to the Bar issued a *Report of the Taskforce on Law Schools and the Profession*: *Narrowing the Gap.* [1] Officially titled, "Legal Education and Professional Development—An Educational Continuum" [2] and unofficially known as the "MacCrate Report" referencing the Taskforce's chairperson Robert MacCrate, a partner in the New York City law firm of Sullivan & Cromwell, this landmark work summarized the work of the Taskforce and articulated visionary recommendations for "improving the processes by which new members of the [legal] profession are prepared for the practice of the law." [3] The efforts of the Taskforce and the MacCrate Report have served as a catalyst for the transformation of American legal education over the past two decades. Among the outgrowths of the report were specific recommendations related to legal research as follows:

---

〔1〕 American Bar Association, Section of Legal Education and Admissions to the Bar, *Legal Education and Professional Development—An Educational Continuum*; *Report of the Task Force on Law Schools and the Profession*: *Narrowing the Gap*, Chicago, American Bar Association, 1992.

〔2〕 American Bar Association, Section of Legal Education and Admissions to the Bar, *Legal Education and Professional Development—An Educational Continuum*; *Report of the Task Force on Law Schools and the Profession*: *Narrowing the Gap*, Chicago, American Bar Association, 1992.

〔3〕 Robert MacCrate, "Legal Education and Professional Development—An Educational Continuum", *Student edition*, 1992, p. 5.

"In order to conduct legal research effectively, a lawyer should have a working knowledge of the nature of legal rules and legal institutions, the fundamental tools of legal research, and the process of devising and implementing a coherent and effective research design" [1] including:

Knowledge of the Nature of Legal Rules and Institutions including

· Caselaw

· Statutes

· Administrative regulations and decisions of administrative agencies

· Rules of court

· Restatements and similar codifications

Knowledge of and Ability to Use the Most Fundamental Tools of Legal Research including

· Primary legal texts including: caselaw reporters, looseleaf service and other collections of court decisions; codification of federal, state, and local legislation; collections of administrative regulations and decisions of administrative agencies;

· Secondary legal materials, including treatises, digests, annotated versions of statutory compilations, commentaries in looseleaf services, law reviews, and Shepard's Compilations of citations to cases and statutes.

The MacCrate Report also discussed the need for lawyers to understand the depth and currency of materials as well as alternative methods of accessing information "including hard copy , microfiche and other miniaturization services" and electronic services such as Westlaw. In addition, the MacCrate Report recommended that lawyers acquire the skills necessary to design and implement effective, efficient research strategies. [2]

All of the recommendations and resources cited in the MacCrate Report are interwoven throughout Wang Chang's text. The book's content provides any serious

---

[1] Robert MacCrate, "Legal Education and Professional Development—An Educational Continuum", *Student edition*, 1992, p. 145.

[2] Robert MacCrate, "Legal Education and Professional Development—An Educational Continuum", *Student edition*, 1992, p. 148.

scholar or student with the information needed to master research competencies and the skills necessary to practice effective advocacy in the United States. Indeed, Wang Chang goes beyond the resources referenced in the MacCrate Report and identifies specific federal cases that have defined the development of American law and, if carefully studied, could facilitate the development of sophisticated legal research and legal reasoning skills.

A major component of becoming an expert researcher of American law is acquiring the skills to become a competent and cost-effective legal researcher. In the current climate of increased competition in all academic and professional environments, it is more crucial than ever to obtain the competitive edge an individual needs to ensure success. One of the most important skills to develop is the ability to perform legal research with maximum efficiency and minimum cost.

The biggest challenge facing legal researchers today is the cost-effective integration of manual and electronic tools. These sources are equally useful when accessed skillfully and in the appropriate situations. However, manual and electronic tools must be used in tandem to ensure the most comprehensive results possible. Many legal researchers, especially those beginning their careers, fall into the trap of using whatever tools are most familiar or within easy reach. There is often little thought given to research strategy or to which sources will lead to the answer in the least time and at the lowest cost. Researchers often instinctively log on to the nearest computer or grab a favorite textbook, without reflecting on which sources are most likely to produce the desired answer. There is often no consideration given to developing a research plan that coordinates the use of various tools. Vital information can be overlooked and funds can be spent needlessly. [1]

One of the many strengths of Wang Chang's book is the roadmap it provides lawyers and students of how to develop an efficient research strategy that ensures a comprehensive, cost-effective result. Even experienced researchers often flounder in "information overload" or, in the alternative, erroneously determine that no cases or

[1] Joan Howland and Kay Todd, Principles of Power Research: Integrated Manual and Computer—assisted Tools to Maximize Results and Minimize Costs, St. Paul: West Publishing, 1992, p. 1.

statutes exist in support of a critical position. Wang Chang offers strategies and approaches that ensure accurate, current, complete, and relevant results.

Among the most frequently referenced comments about American legal education are those of Christopher Columbus Langdell, Dean of the Harvard Law School from 1870 to 1895, who stated "…. law is a science and…. a well-equipped university is the true place for the teaching and learning of that science. Accordingly the law library has been the object of our greatest and most constant solicitude…. We have also constantly inculcated that the idea that the library is the proper workshop of professors and students alike; that it is to us all of the laboratories of the university are to the chemists and physicists, the museum of natural history to the zoologists, the botanical garden to the botanists." [1] If indeed, the law library is, as Dean Langdell postulates, the laboratory for law faculty and students, then legal codes, cases, regulations, treatises, looseleaves, and electronic resources are the chemicals, the instruments, and the substances to be utilized. And just as chemists, physicists, and botanists combine compounds and gases, build projectiles and observe velocity, and graph one rose to another in hopes of developing a disease resistance plant, lawyers study, analyze, and research the information found in books and on computers to analyze, construct, and test legal theories and concepts. However, unless lawyers can find, evaluate, and organize the information found in Langdell's "proper workshop," the true science of law cannot neither be understood or mastered. Wang Chang's book provides lawyers, faculty, and students with the foundation and tools needed to not simply succeed, but to excel.

---

〔1〕 Christopher Columbus Langdell, "Harvard University Quarter-MillennialCelebration", *Law Quarterly Review*, Vol. 3, 1887, p. 123.

致 谢

本书是供法学院本科高年级和研究生使用的美国法律文献与信息检索教材。过去七年间，我在中国、美国和瑞士的法学院讲授基于 West 美国法律钥匙码分类系统的法律研究方法论和 Westlaw 法律数据库。本书是授课讲稿和阅读文献的合编，提供给读者一幅美国法律文献系统的全景图和寻找法律资源的方法和途径。

首先我要感谢中国政法大学比较法学研究院的高祥院长、林林副院长、冯恺教授、朱伟一教授对此教材编写和出版，以及对本人科研教学工作的指导和支持。我也特别荣幸与中美法学研究所的车虎老师、刘承韪老师、郝维华老师、胡霁光老师、克拉克老师、杨自然老师，以及比较法学院的所有同事们一起工作。他们对比较法学研究和美中法律教育交流的热忱和承诺令人敬佩和感动。同时也感谢前中国政法大学中美法学院院长许传玺博士七年前邀请我来法大教学。我特别感谢中国政法大学出版社刘利虎编辑和孔德伟编辑的细致编校和专业精神。

汤森路透首席技术运营官金理德先生和明尼苏达大学法学院副院长郝兰琮教授对此书的编写提供了支持和帮助。他们百忙之中还特别为此书撰写前言，为教材增色不少。我谨以此书题献给母校明尼苏达大学和汤森路透，在前者我寻找到法律并学习法律，在后者我阅读法律和理解法律。

Westlaw 荣休总编辑郭富雷和资深编辑麦勒森是我的两位忘年之交。郭富雷为“美国法律研究方法”部分撰写了一篇重要的导言；麦勒森为“美国法律文献选编和导读”部分撰写了文献导读初稿。在他们退休之前，我们定期见面，讨论美国法律、政治和新闻，让我获益匪浅。汤森路透资深版权律师吉唐娜审阅了本教材中汤森路透版权所有的文献，并给予免费使用许可。在此特别致谢。

我相信汤森路透中国区在刘煜博士的领导下，会与中国法学界开展更加深入和富有成效的合作，共同促进法律信息事业的发展。

我的学生们在课上课下积极参与，他们对美国法律的热情和刻苦钻研精神赋予了我完成此教材的动力和压力。由我负责指导的研究生们对教学和教材写作提供了各方面的协助，为此我由衷地感谢他们：2007 级法学硕士研究生夏涵、曾烨；2008 级法学硕士研究生郭元君，吴鋆，吴丹；2009 级法学硕士研究生刘佳婧、张君丰；2010 级法学硕士研究生陈昱、董红超；2010 级法律硕士研究生董曼丽等。2013 年春季学期在中国政法大学修习《法律文献与信息检索》课程的五位同学对本书的完稿也做出了贡献，他们是：王丽美，陈晨，李舒，刘道纪和乔瑟琳。特别提出感谢的是 2013 级法学硕士研究生武宇彤和李想在最后定稿编辑阶段的重要协助。

我当然永远感激我的家人对我教学和写作的支持和理解。

王　昶

2014 年 1 月

ACKNOWLEGEMENTS

This volume began life as an upper level law school course. For the past seven years, I've had the privilege of teaching and lecturing legal research based on West's Analysis of American Law and Westlaw to Chinese, American, and Swiss law students. This volume is based on the lectures and reading assignments, which were intended to give law students a comprehensive overview of the American legal information and the way to find the law.

First and foremost, I want to thank Dean Gao Xiang, Associate Dean Lin Lin, Professor Feng Kai, and Professor Zhu Weiyi at College of Comparative Law, China University of Political Science and Law, for their guidance and support to this textbook project and their vision and enthusiasm to bridge the American and Chinese legal and legal information systems. I am most fortunate to work with all the fine colleagues at the College of Comparative Law: Professor Eugene Clark, Professor Che Hu, Professor Liu Chengwei, Professor Hao Weihua, Professor Hu Jiguang, and Professor Yang Ziran, just to name a few. I also want to thank Dr. Stephen Chuanxi Hsu who in the first place provided me with the opportunity to be associated with CUPL and to work with the most talented faculty and students. I thank my editors Mr. Liu Lihu and Mr. Kong Dewei for their valuable suggestions and diligent editing.

This project would not be possible without the strong supports by Thomson Reuters and the University of Minnesota Law School. I am deeply indebted to my mentors at both organizations: Rick King, Chief Operating Officer for Technology at Thomson Reuters, and Joan Howland, Roger F. Noreen Professor of Law and Associate Dean for Information & Technology at the University of Minnesota Law School, who not only provided wise advice and support all these years, but also took time from their extremely busy schedules to write forewords for the book. I respectfully dedicate this book to Thomson Reuters and the University of Minnesota, the places where I studied American law and legal research.

Fred Gordon, former Editor-in-Chief for American law at Thomson Reuters, acting as a captain guiding me in navigating the sea of legal information, authored an introductory paper to the "Legal Research Methodology" section. Al Maleson, my friend and former colleague at Thomson Reuters, was actively involved in selecting primary and secondary authorities to be included in the "Selected Materials" section, and authored some introductory notes to them. The regular coffee times on American law, politics, and world news that I had with Fred and Al, before their retirement, were the most enjoyable moments I had between intense legal research sessions. Donna Gies, Senior Copyright Counsel at Thomson Reuters, kindly reviewed proprietary materials of Thomson Reuters and granted permission to include them in this book for educational purposes. On behalf of the readers, I thank Donna very much.

I firmly believe, under the wise leadership of Dr. David Liu, Thomson Reuters's China operations will see more fruitful and productive collaborations with Chinese judiciary and legal professionals in the coming days.

I would like to record my appreciation to the thousands of law students who have joined me to explore the fascinating world of the American law and Westlaw. I am particularly grateful to the graduate students I have supervised over the past years, who served as my teaching assistants and research assistants and contributed in various ways to my teaching and to this volume. They are Xia Han, Zeng Ye, Guo Yuanjun, Wu Jun, Wu Dan, Liu Jiajing, Zhang Junfeng, Chen Yu, Dong Hongchao, Dong Manli, and most recently, Wu Yutong, and Li Xiang. In spring 2013, five students contributed significantly in finalizing this volume while taking my Legal Research seminar at CUPL. I thank them full heartily: Wang Limei, Chen Chen, Li Shu, Liu Daoji, and Jocelyn Varghese.

Last, but definitely not the least, I thank my family members for their understanding and allowing me to devote so much of my time to finding and reading the law.

Chang Wang

January, 2014

目 录
CONTENTES

美国法律文献选编和导读

美国法律文献研究工具和研究报告

TABLE OF CONTENTS

Legal Information: Selected Materials

Legal Information：Tools and Reports

导 言

郭富雷（Westlaw 荣休总编辑）

法律文献与信息检索工作如同拼图游戏：将分散的碎片拼贴在一起，但是在过程中看不到结果。你不知道这个拼起来的图有多大，你不知道构成这个拼图的碎片是什么，并且通常没有一个单独的来源来解释整个问题。法律文献的检索者通常面对的挑战是："我怎么知道我已经拥有了所需要的一切?"对于所有的法律文献检索者来说，在完成他们的法律分析的过程中拥有对已经检索过任何相关的文件并且从事过全面的法律信息检索的信心是至关重要的。

律师、法官、诉讼当事人、图书馆员和其他训练有素的法律检索者只要轻敲键盘，无数的"法律文件"就会涌来。但是法律检索者真正所需要的能够用来创造并管理"法律知识"的是能够协助他们分辨和归类"相关法律信息"的工具。法律检索者的目的是拥有对于能够回答他们问题的法律的透彻理解并且为思考中的各法律问题提供背景和细微差别等方面的知识。有效的法律信息管理包括尽快寻找到精确、相关的信息，并且相信所采取的法律信息检索方式是全面的。

出版商的任务是简化法律检索者的工作从而使得他们能够更加关注法律观点的创制而不是在法律文献检索上花费过多的时间。最好的法律信息检索系统归类、整理并且总结各种媒体上的法律信息从而使之更加准确，关联程度更高并且更加容易理解。下一代的在线法律文献与信息检索系统，如WestlawNext™，采用了一种更加简洁现代的用户平台，在这一平台中整合了更加强大的搜索科技，从而使得法律检索者的效率大大提高并使他们确信所有相关文件都被检索到。综合了人类专长和强大搜索运算体系的新一代法律信息检索工具允许法律信息检索者尽可能快地获得更加精确和相关的信息。

本次在无与伦比的科技推动下的文献编辑权威性和深入性的结合是知识信息的精华并且为法律信息检索者提供了强大的功能。这次法律信息检索进步的柱石是 WestSearch™，一个撬动了 West 公司一个世纪的法律编辑分析，将专业法律检索者的最佳操作自动化以提供更加全面且使得文献排列更加合理的搜索引擎。

成功的法律文献与信息检索的基本构成要件包括：①精确的法律信息；②一个设计良好且随性的用户平台用来简化获取相关信息的程序并且能够预设法律信息检索者搜索和组织信息的途径；③全面搜索功能和突出重点、组织最相关文件等特色功能；④迅速且有效的搜索到已被确认的相关文件；⑤通过法律检索工具，法律信息检索者可以追踪他们的检索历史，检索工具也会及时提醒所检索法律文件的即时法律状态，同时通知他们所检索到的法律文件已经不是当前有效法律的真实反映，因而提高了效率。⑥成功的法律信息检索系统使得法律信息检索者感觉到他们对于法律信息检索过程尽在掌握之中，这种感觉从他们开始接触到构成法律信息检索系统的各部分开始就存在了，无论是书籍、CD－ROM、电脑或是其他移动设备。

如果法律信息检索者不使用如 West's® 和 Westlaw® 此等一流的法律信息检索服务商所提供的至高质量的产品的话，他们将失去什么呢？他们在完成检索后会忽略立法、判例和行政条例么？判例、立法和行政条例的文本会出现错误么？如果法律信息的基本来源不精确，法律信息检索者又怎么能做到精确呢？

以下仅是法律信息检索者每天所需要的编辑加工的例子，以帮助他们获得最佳的检索结果：

·判例法提要：由 West 律师编辑人员总结每篇已发表的判决意见书中的法律要点；

·判例法摘要：对于每个判例的一个篇幅的总结以帮助法律信息检索者判定该案件是否与他们的案件事实相关；

·判例法附加搜索术语：通过同义词、首字母缩略词、扩展法律含义、法律术语和法律关系名称使得法律信息检索者所使用的搜索术语无须与法官所使用的术语完全吻合；

·法院修正：West 律师编辑与法院密切合作以保证判决意见书的事实清楚和适用法律正确并且免于引注和拼写的错误。这种对于细节的关注为法律信息检索者提供了可以信赖的精确性。

· West 钥匙码系统：对于美国法律的分类系统包括了超过 400 个的法律专题，100 000 个法律要点，在任一司法管辖区中讨论过的拥有相似法律要点的相关案件；

· 按字母排序的立法、司法判决意见和行政条例的索引；

· 判例解释：解释每一制定法的重要司法判决意见；

· 立法历史介绍：解释自制定法创制以来该法是怎样被各种立法活动所修改的；

· 立法交叉引证：引证各种相关的制定法，行政法典和专家评论；

· KeyCite®：一种在线引证系统提示法律信息检索者所依赖的司法判决和立法片段是否仍然是当前法律状态的精确反映；

美国法律的发展是与美国法律体系的发展，得到立法、司法和行政部门遵守的复杂且成熟的监督与制衡原则交织在一起的。《美国法律文献与信息检索》一书提供了这样一种现实感，这种生机勃勃的法律系统在不断的演进中为当今最重要的法律问题提供了答案。法律信息检索者的任务就是时刻适应不断变化的法律世界。法律出版商的责任就是为法律检索者提供最精密的工具，从而在浩如烟海的法律文献中领航并帮助法律信息检索者形成最全面且最有说服力的法律观点。

Introduction to *Legal Research in American Law*

Fred Gordon
Editor – in – Chief Emeritus, Westlaw

Legal research is like trying to put together a puzzle without knowing what the finished picture will look like. You don't know how big the puzzle is, you don't know what all the pieces are, and there often is not a single source that answers the entire question. Often the challenge for legal researchers is "how do I know that I have everything I need?" It is the primary objective of all legal researchers to complete their legal analysis having confidence that they have explored every relevant document and have engaged in a comprehensive legal research process.

Lawyers, judges, litigants, librarians, and other trained legal researchers have an overwhelming number of "legal documents" at their fingertips. But what legal researchers really need to create and manage "legal knowledge" are tools that help them identify and sort "relevant legal information". The objective for legal researchers is to have a thorough understanding of the law that answers their legal questions and provides context and nuance for the legal issues under consideration. Effective legal knowledge management involves finding accurate, relevant information as quickly as possible, and having confidence that the legal research strategies employed have been comprehensive.

The objective for the publisher is to simplify the lives of legal researchers so that they can focus more of their time on creating legal arguments rather than searching for legal documents. The best legal research systems categorize, organize, and summarize the law in all media so it is more accurate, more relevant, and easier to understand. The next generation in online legal research, as implemented in WestlawNext™, utilizes a clean, modern user interface combined with powerful new search technologies to make legal researchers significantly more efficient and give them the confidence that they have explored every relevant document. Combining human expertise with powerful search algorithms allows legal researchers to get the most accurate, relevant information as quickly as possible. This combination of editorial authority and insight, driven by peerless technology and innovation, is the essence of intelligent information and provides a powerful advantage for legal researchers. The cornerstone of this advancement in legal research is WestSearch™, a search engine that leverages over 100 years of West's editorial analysis of the law, automates the best practices of expert legal researchers, and thereby delivers more inclusive, better ranked legal research results.

The basic ingredients for successful legal research are (1) Accurate legal information; (2) A well designed and intuitive User Interface that simplifies access to the available information and and anticipates the way a legal researcher searches for and organizes information; (3) Comprehensive search functions and features for accessing, prioritizing, and organizing the most relevant legal documents; (4) Fast and efficient search retrieval of identified relevant documents; and (5) Enhanced productivity through use of legal research tools that help researchers keep track of what they found in their search, alerts them to changes in the legal status of the documents they have retrieved, and notifies them when the documents they have retrieved are no longer an accurate reflection of current law. Ultimately, successful legal research systems make legal researchers feel in complete command of the legal research process from the moment they begin accessing the various components of a coordinated legal research system, whether they are using books, CD-ROM, a computer, or a mobile device.

What do legal researchers miss when they do not use the highest quality products from a premier legal service such as West's® and Westlaw®? Will they be missing legislation, judicial decisions, and administrative regulations when they complete their research? Will there be errors in the text of cases, legislation, and administrative regulations? How can legal researchers be accurate when their source material is not accurate?

The following are just a few examples of the editorial enhancements that legal researchers rely on every day to help them get the very best research results:

· Case Law Headnotes by West's Attorney Editors summarizing every point of law in every published opinion;

· Case Law Synopsis: One paragraph summaries of each case to help the legal researcher decide if its on – point for the factual circumstances of their case;

· Case Law Added Search Terms: Synonyms, acronyms, expanded legal meanings, legal terms of art, and names of legal relationship so that the legal researcher's search terms do not have to match the judge's terms verbatim;

· Court Corrections: West's Attorney Editors work closely with the courts to make sure that court opinions are factually and legally correct as well as free of incorrect citations and misspellings. This attention to detail provides legal researchers with accuracy they can trust.

· West's Key Number System: the classification system for American law containing more than 400 legal topics, 100, 000 points of law, and access to all relevant cases that discuss similar points of law in any jurisdiction;

· Alphabetical indexes to legislation, judicial opinions, and administrative regulations;

· Notes of Decisions summarizing the important judicial opinions that interpret each legislative statute;

· Legislative Historical Notes explaining how the statutes have changed by legislative action since their enactment;

· Legislative Cross References to related statutes, administrative codes, and expert commentary;

· KeyCite®: The online citator that notifies the legal researcher whether the judicial case or legislative section they are relying on is still an accurate reflection of the current status of the law;

The development of American Law is intertwined with the development of the American Legal System and the intricately developed checks and balances that can be observed in the powers of its legislative, judicial, and executive branches of government. *Legal Research in American Law* presented in this publication provides a very realistic sense of how this dynamic legal system is constantly evolving to provide answers to the most important legal questions of the day. The task of the legal researcher is to constantly stay current on this ever changing legal landscape. It is the responsibility of the legal publisher to provide legal researchers with the most sophisticated tools to efficiently navigate this overwhelming sea of legal documents and assist legal researchers in developing the most comprehensive and persuasive legal arguments.

美国法律研究方法[1]

Legal Research in American Law

王 昶

◎引语

法律文献与信息在法律研究和实践中的地位十分突出：法律执业人员对法条、案例和其他权威信息的掌握是否全面、是否确切将直接关系到法学研究和法律实践的水准和成败。所以，培养法学学生宏观了解法律信息体系，充分习惯对法律研究和实践的电脑化工作形式，有效利用传统印刷品、大型法律法规数据库和互联网信息，是当前法学教育现代化的一个重要环节。

法律文献和信息检索具有很强的专业性，是法学学生必须掌握的一门基本技能。法律文献与信息检索又是一种高度技巧性的工作：学生必须对需要进行检索的法律问题所在的语境有相当的理解，对检索问题加以分析，对可利用的各种工具进行评估和比较，选择最合适的工具进行检索，对取得的结果进行梳理和综合，最终完成课题任务。

《法律文献与信息检索》是一门学习美国法律的核心课程，旨在向学生全面介绍英文法律法规、文献、案例和信息资源，以及一系列及时有效地获得法律文献和信息的策略。检索和理解案例的能力是法律研究和律师执业的基础。本课程为法学学生提供有关美国法律制度、法律术语和法律产品的基本信息。通过学习这门课程，学生将获得有助于更有效地理解和研究法律信息的知识。通过学习美国法律文献和信息检索，我们可以更好地了解美国的法律

---

〔1〕 本文是中国政法大学比较法学研究院《法律文献与信息检索》课程讲稿。郭元君、刘佳婧、陈昱、王丽美等同学为本文的完稿做出了贡献。

体系和制度；更好地了解律师执业和工作流程；更为熟悉法律文献和信息检索术语，并为进一步研究法律和分析判例打下基础。

法律文献与信息检索（Legal Research）是确认和获取法律信息的过程，所获取的法律信息将有助于某一法律决断。广义上讲，法律文献与信息检索的过程包括一系列的工作：开始于对一个法律问题的案情分析，终结于对法律调研结果的应用和文书写作。法律文献与信息检索的具体实践因法律体系的不同而不同，但是不论是成文法系（Civil Law）还是普通法系（Common Law），法律文献与信息检索的基本任务都是：①寻找到在某一特定司法管辖权区（jurisdiction）的原始法律资源，又称为首要权威或一手法律资源（Primary Authority），包括判例（cases）、成文法（statutes）和法规（regulations）；②寻找相关的二手权威，即二次法律资源（Secondary Authority），例如法律评论文章（law review）、法律词典（legal dictionary）、法律论著（legal treatise）和法律百科全书（legal encyclopedia），以了解和充实背景知识；③寻找非法律资源以协助调查研究和认证信息。

在涉及法律文献与信息的时候，中美两国存在一个区别：在美国体系下，信息的获取是一种权利，不仅是在普通法内根深蒂固的一种权利，同时也是法律所规定的民众享有的一种权利，是政府公开法律信息条例框架下政府必须遵守的规定。举例来说，如果你的研究涉及一个美国案例，在任何公共的信息网络上都寻找不到，如何获取？在美国，你就可以直接给相关法院打电话，让法院告诉这个案件的副本在哪里。这个法院会复印一个副本，让你去取，或者会告知存放在国家档案馆，你可以去国家档案馆或者相关政府部门按照《信息自由法案》（Freedom of Information Act）调取、索取这个案卷，然后自己复印。

在我国，信息的获取不属于权利。司法机关案例和政府部门规章制度都可以因为种种顾虑不予公开。这个区别对于我们法律学习者的影响非常大。为什么中国同学写文章几乎清一色地引用博士论文和教授们的著作和教材呢？因为很多时候找不到原始法律资源。在中国知网可以随便下载二次法律资源，但是原始法律资源却不那么好下载。是什么造成我国法律文献与信息事业如此落后？首先是因为我国原始法律资源的建设根本没有成熟，其次是对法律资源的获取只是特权而不是权利，所以只能去下载二次法律资源，从二次法律资源再做三手研究。通过这种方式做出来的研究还有多大的学术价值？对法律发展会有什么样的影响？基本体制的不同，造成我们的学习和教育的模式必然不同。

法律文献与信息检索是从“Legal Research”这个词翻译而来。“Legal Research”一词曾被译为“法律研究”，但是它的实际意思是法律文献与信息检索。这不是一门实体法课程，而是在教育法学学生像律师一样思考，像律师一样寻找资料，像律师一样组织资料，获得有效的法律论辩的能力。这个课程不是教授法条法规，也不是一个纯技巧的数据库培训，而是一门理论与实践相结合的方法论课程。将 Legal Research 译为“法律研究”是错误的，译为“法律文献与信息检索”也不很全面的，但是起码保证性质的正确。“法律文献与信息检索”作为翻译也没有涉及这个过程中法律思考思辨过程以及法律推理的过程，所以全面的解释是“法律研究方法论和法律文献与信息检索”。Legal Research 是一种法律研究方法，也是法律文献与信息检索的过程，同时也包括检索的结果。

在中国法律教育中，学习和研究的成果往往是一篇学术论文，而在美国法律教育中，这个成果一般是一份法律备忘录（legal memorandum）或者是一份法律辩论意见书（legal brief）。在本课程完成之时，学生应该：达到综合全面了解法律文献与信息的分类和检索方式的程度；初步了解法律研究方法论；形成用法律思维模式来思考问题的习惯，通过专业途径寻找法律信息，分析完成后组织成一个有效的法律论辩。

法律文献与信息检索是寻找和组合法律权威的过程（The finding and assembling of authorities that bear on a question of law），这是一个过程，也是一个领域。法律文献与信息检索是寻找和获取信息的过程，这些信息对支持某一特定法律决断是必要的（the process of identifying and retrieving information necessary to support legal decision - making）。

举例来说：客户走进律师办公室说完自己面对的麻烦之后，律师应该询问自己的是：这是属于哪个法律领域的什么法律问题（What is the legal issue here）？然后从问题出发寻找相关法律。

广义上讲，法律文献与信息检索包括一系列过程，从对整个事实的分析出发，到对法律调查结果的应用和传达：第一步是分析案情所涉及的法律问题（begins with an analysis of the facts of a problem）；第二步是找到相关法律权威（legal authority），即对此种法律问题相关的成文法或判例法；第三步是总结出法律权威在具体案情中如何应用（concludes with the application）；第四步是撰写出研究结果（the results of the investigation），并书面传达给相关方。在这里，律师可能要为客户撰写备忘录或法律意见书，也包括出具给法院的正式法律文件。但该种法律写作的读者不是法学教授或者法学生，所以它和我们国内意义上的法学研究不是一回事。

美国法学院博士班一年级的必修课程包括：宪法（Constitutional Law，简称 Con Law）、民事诉讼程序（Civil Procedure，简称 Civ Pro）、合同法（Contracts）、侵权法（Torts）、财产法（Property）、刑法（Criminal Law，简称 Crim Law）这六门实体法课程，以及唯一一门法律技能课程——法律文献与信息检索和文书写作（ Legal Research and Writing ）。

实体法课程中：合同、侵权、财产、刑法为普通法系的四大基石，宪法是关于政府和个人关系的基本原理，民事诉讼程序是基本程序法，均为法律最根本的领域。法律文献与信息检索和文书写作也成为必修，可见其地位之重要。

法律文献与信息检索是律师基本职能之一。美国律师协会（American Bar Association）在 1992 年出版的报告认定了十项律师基本职能。其中排名第三的就是法律文献与信息检索：为了能够有效进行法律文献与信息检索，律师必须有工作知识（working knowledge），了解法律、条例、规则和法律制度（the nature of legal rules and legal institutions），即法律规定有哪些，法律制度有哪些，最基本的检索工具法律数据库和官方资源都有哪些。

法律文献与信息检索是设计、实施一个连贯和有效的研究项目的过程（the process of devising and implementing a coherent and effective research design）。

法律文献与信息检索过程由 IRAC 模式支配，IRAC 指的是：

· 问题（Issue）

· 规则（Rule）

· 分析、应用（Analysis/Application）

· 结论（Conclusion）

IRAC 是所有学习普通法的学生开学第一个周就会听到的词，这是整个的法律思维过程，是“找出问题—寻找规则—分析、应用—得出结论”的过程，即像律师一样思考的过程。这个思维模式就是我们所谓的法律八股，是写文章、思考法律问题和制作法律文件必须遵守的思维方式，包括法律问题是什么，对此法律问题所适用的法律是什么，这个适用法律有何适用规则、怎样适用，最后得出结论。

这是最基本的法律逻辑思维方式，是法律分析的方法论（a methodology for legal analysis），也是组织法律论辩的结构图（used to organize a legal argument）。

整个法律文献与信息检索作为一个工作项目，流程如下：

1. 理清、找到与当下案情相关的第一条法律信息（The first piece of relevant information）。

2. 认真研究法律问题（Study the problem carefully）。

3. 找到值得信任的二次法律资源（Find a trustworthy secondary source），以帮助理解上下文的语境和判例条文的关系，然后回到原始法律资源。

4. 对于新的、发展中的领域要从法学评论文章开始检索。

5. 对于传统领域问题，从主题论著或初学入门书（hornbook）着手；或从法律百科全书着手。

6. 检索成文法应直接从法典注释版（而非法典条文本身）着手。

7. 时刻注意与他人多加交流，了解其他可能的资源。

关于初学入门书：美国法学教育案例教学法用的是判例书（casebook），它是公共法律文件和判决书的集结，并略加注解，在美国法学院是通用教材模式。初学入门书（hornbook）属于学习辅导资料，提供某一法律领域的导论和学习地图，也有可能是供学生使用的缩微版的论著（treatise）。

法律文献与信息检索名师鲍勃·贝宁（Bob Berring）教授认为法律文献与信息检索应该有十二个规则：

1. 界定法律问题。

2. 知道自己对法律问题的预期（Know what you expect the answer to be）。知道你要检索的文献大概是在成文法中，还是判例法，对大概的结果应有初步的预期。

3. 考虑可以利用的资源（Consider your resources）。资源有限时借助网络。使用 Westlaw 的关键是准确找到应用的数据库，因此必须知道自己检索的法律问题是什么。如同你需要一本参考书，起码要熟悉图书馆的藏书布局，使用 Westlaw 同理。寻找相关法律权威或者二手文献，需要对 Westlaw 内所录数据库有基本概念。Westlaw 内共有三万个以上数据库，最基本常用的数据库也有上百个。新版的 WestlawNext 使用 Google 式搜索，对搜索界定更加宽容，但还需要了解基本法律框架，否则无从着手。

4. 时间、空间的连续性（Time space continuum）。首先需要界定面对的法律问题的所属的时间和空间。譬如说，1980 年加利福尼亚州的法律问题，与 2013 年联邦司法管辖权的问题就涉及不同的法律权威。法律随时间、地点的变化而变化，在中国也是同理，50 年代中国在上海实行的法律和 2014 年上海自由贸易区的法律是完全不同的。

5. 上下文（context）。整个法律问题是在什么语境中讨论，法律语境还是政治语境。

6. 找到其他的人先前的研究成果。法律文献与信息检索需要“站在巨人的肩膀上”。到《美国法律报告》（*American Law Reports*）中寻找前人对当下法律问题的分析。

7. 要与他人交流。

8. 认真阅读。

9. 记笔记，随时记录自己想法中的亮点。

10. 更新，不断更新自己搜索的结果，对法律论辩尤其重要，因为法律变化速度很快，特别是在普通法系地区。

11. 评估自己的进程。

12. 最后要知道何时该停止检索。做研究的时候，如果检索到很多二次法律资源，发现所提到的判例法都是一样的，此时就该停止了，因为这已经说明你在正确的途径上了。不太可能发现新的原始资源的时候就可以停止检索，整理成果。

举例说明法律文献与信息检索的过程和规则：律师的委托人在为一个志愿者组织发放传单时跌入一间房屋的台阶前的一个洞中。委托人因此受了重伤，花费了许多住院费，导致现在要申请破产。在申请破产之前，律师必须查明是否有其他获得医疗护理费用的方式。要想准确研究本案，律师必须分析原始法律资源和二次法律资源。

1. 分析原始法律资源。

·分析成文法/法典和行政法规（规章、制度）。

·律师需要研究房主是否对伤害承担责任。也许某个城市条例规定房主必须对自己的房屋予以适当的维护，如若不然，将对因房屋失修而导致的损伤承担责任。

·律师必须确认委托人是否具有工伤保险，这点在一些州的工伤事件中十分有效。

·分析判例法。律师需研究法院对以往的类似案件所做的司法判决意见书。

2. 分析二次法律资源。律师就委托人的具体情况咨询有相关经验的专家，并研究该专家的相关分析。例如，如果适用工伤保险，律师将使用汤森路透的查找工具（索引和摘要）检索相关专业知识。

本文第一节介绍美国法的一些最基本的要点要素，以助于理解法律文献和法律信息的“生产者”和相关语境；第二节介绍法律文献与信息的分类和研究使用方法。

I. 研究美国法律

一、普通法和成文法

首先我们从普通法对比成文法入手。我们学习的目的之一就是研究普通法体系对法律的分类、分析和使用。这里并不是说要用普通法来取代成文法，而最重要的是要了解普通法是一个怎样的体系，与成文法区别何在。我们说有中国特色的法律体系，基本上从属于成文法系传统，但这并不是很精确。中国当代的法律体系基本上是从1979年开始的，与1912年至1949年中华民国的法律和1949年至1979年中华人民共和国前30年的法律是完全不一样的，更不用论与封建社会的法律之大相径庭了。

虽然不太科学，但是可以笼统地说：1912年至1949年中国法律受到了德国、日本和法国的部分影响；1949年至1979年明显受到了苏俄的影响；1979年以后又有很大一部分受德国、罗马法的影响，台湾、香港地区的影响也有，受美国法影响巨大。如知识产权方面的一些法律，很明显受到了美国法的影响。所以，将中国为成文法之例与美国为普通法之例相比非常勉强，因为中国现在的法律是具有社会主义法律体系，并不是一个真正传统意义上的成文法体系。

如果我们将法律放入一个真空的环境中，只看普通法的传统特色，可以概括为几个特点：

第一，法官造法。普通法允许法官在过去案例、判例的基础上对现存、现有的判例进行评判，并继续为以后的法律问题做出规范。在此，判决就可以形成一个先例，即前例（先例，判例）原则，拉丁文为 *stare decisis*，英文为 precedent。

第二，法律的不断演化。一个法律今天可能是个“良法”，即有效法（good law），明天就可能会变成“恶法”，即无效法（bad law）。进行法律文献和文献检索，若是论文中引用了无效法，还不至于有直接现实效应。但是在庭上答辩，为当事人争取利益时，如果律师引用了一个无效法，后果就会很严重，甚至涉及职业伦理道德。所以律师需要时刻关注法律的演化，这是作为职业律师要具备的一个基本职业素质。

法官造法、不断演化，这是对普通法的一个最简单的概括，当然这不是对它的全部概括，而是相对于成文法而言，普通法凸显出来的特点。

可以说成文法是从罗马法系演变出来，很多国家都做出了把本国的成文法法典化的努力。法官在审理法律案件的时候，要根据这些被法典化的规定、条例来裁决判例。判决的结果对后来不同的当事人的争议不具有可诉性。这一点似乎比较费解，但与上一句话对应起来看，就会很清楚：在成文法系国家，法官没有造法能力，法官遵循法典化的条例来进行审判。当然，普通法系的国家同样有法典和成文法，《美国法典》（United States Code）就是美国的法典。所以普通法国家也并不全都是法官造法，也有法典。但是成文法系国家里法官不能造法，成文法系国家的法律中没有前例原则。

然而，随着全球化的发展，普通法系国家也制定越来越多的法典，成文法体系也越来越尊重先前的案例和判决。在中国，中国最高人民法院也意识到为了保持社会的稳定，保护法律的尊严和法律的可预见性，对判例必须有足够的重视。为什么要对判例有足够的重视？法院必须要有一定的预见性。没有预见性的法律就失去了法律最基本的尊严，所以最高人民法院提出要建立案例指导制度。案例指导制度是一个准判例法律制度。最高人民法院提出每年出版一定的判决，把这些判决制定为具有代表性的好的判决。好的判决的标准应该是法官在判决时法律推理缜密，逻辑清晰、条理分明、论点明确、论据充足，具有一定的法律示范效力的判决。虽然这些判决不是法律，但是可供法官参考。这说明在全球化的背景之下，成文法系国家也越来越尊重先前的案例。

二、美国法律基础

法律文献和信息检索这门课程以美国法为参照系。美国的法律制度历史悠久，不但可以从殖民地时期开始说起，甚至可以说到殖民以前的英国普通法传统。美国的实体法，尤其是财产法、合同法和侵权法完全是英国普通法体系的延续，没有剧烈的变化。譬如合同法，美国有《统一商法典》(Uniform Commercial Code)，但是在司法实践中不断引用先前普通法对合同法的一些规定；如侵权法，在美国的法律体系内经常要谈到的是法律重述(Restatement)，但是法律重述只是对普通法予以重新整理，并没有任何革命性的变化；财产法的情况更加明显，因为大量的内容都是从英国沿革下来的，像财产法的禁止永久权规则（rule against perpetuities）来自英国财产法，晦涩一如先前。

相比美国法律体系的悠久的传统，中国的法律体系非常年轻。我们现在有效的法律体系，几乎是从1979年才开始建设的。20世纪90年代全国人民代表大会还在大量地颁布新的法律，而直到现在民法典还没有完成，所以这个法律体系是一个非常年轻的、不断变化的法律体系。美国基本上可以界定为一个普通法国家，除了个别司法管辖权地区；而中国法律是一个基于成文法系传统的新的社会主义法律体系。

美国政府的职能有：

·政府通过并实施法律；

·政府由人民创建，并为人民服务，这构成了民主社会的基础；

·政府为保护人民和人民的权利而制定法律；

·政府确保可靠的基础设施（安全的桥梁和道路、有效的教育体系、洁净的饮用水等）；

·政府的项目满足人民的需求。

美国政府的有效运作取决于：

·民主法治：人们投票选举制定法律的代表，即代议制（representative democracy）；

·基础设施：法律使社会获得可靠的基础设施；

·公平执法：没有获得实施的法律是无效的，政府必须有效、公平地执行法律。

在美国法律体系内，法律的定义是由权力部门规定的、具有法律约束力的行动或行为的规则。如果不遵守法律，就会造成某种刑事或民事后果。法律是必需的，因为法律使人们对自己的行为产生预期。历史证明，当没有法律或者法律无法实施时，社会就会无序和混乱。

美国法律体系内，在宪法的框架内，政府统治的最主要原则为：联邦制/联邦主义（Federalism）；三权分立原则（Separation of Powers）；平衡与制约原则（Checks and Balances）；司法审查（Judicial Review）。

1. 联邦制/联邦主义（Federalism）。联邦制/联邦主义（federalism）与中国体系差距甚远。这个词虽然大家耳熟能详，但是一个非常难以理解的概念。联邦制（Federalism）是联邦政府体系内国家和地区的政府之间的关系和权力分配方式。联邦政府和州政府管理不同层级的事项。简单来说，联邦主义就是说每一个美国公民都有双重身份：既是某个州的公民，也是美利坚合众国公民。美利坚合众国（United States of America）更准确的翻译应该是美利坚联合国。美国没有全国统一的身份证。因为联邦制致使不可能有美国全国性身份证，双重身份中各州公民身份在很多情况下比美国公民身份还要实用。州驾驶执照被用来证明身份。驾驶执照由州政府颁发。驾驶执照只有各州的驾驶执照，没有联邦的驾驶执照。

当然，从外界看来，美国是一个完全统一的实体。但是实际进入到美国之后，州居民身份更加明确：住在这个州的人和那个州的人，所面临的、真正每天打交道的部门都是不同的。与人民群众日常生活发生关系的部门几乎都是州的部门，人们很少和联邦部门发生关系。例如，在路上驾驶，如果被警察叫停，这个警察一般会是市警察（Police）；大于市的为郡（County），郡警察称为郡治安官（sheriff）；大于郡的是州，州警察称为州巡警（State Trooper）。人民日常车辆驾驶基本没有可能遇到联邦警察（FBI），因为联邦警察只有在跨州情况下才会介入。

一个真实的案例：明尼苏达大学曾经接待过一个中国的大学生夏令营，该大学在校内给大家讲课，在校外带大家游山玩水。直到第三天，一位同学不见了。大家都很着急，开始到处找，最后不得已翻其宿舍的垃圾寻找线索，从中翻出一张小纸条，上面有一个手机号，手机号是纽约市的。美国的手机号码是前三位区号加七位电话号码。前三位是917一定是纽约州的电话号码。于是可以猜想失踪的同学肯定给纽约州的人打过电话。我们向警方报告了失踪。市里的警察局警察来了后先按失踪人口登记，把电话号码拿去进行进一步调查。后来夏令营结束的两个礼拜后，两位联邦警察FBI找到我，告诉我根据电话号码调查发现之前失踪的学生现在身在纽约州，而州警察已经把全部案件转移给联邦警察FBI。因为一旦跨州，州警察就没有任何司法管辖权。这个例子说明州政府部门只负责本州事务。一旦出了州界，就是另外一个州的事情。涉及跨州问题的时候，联邦警察FBI会介入。

日常生活中，无论是娶妻生子、开公司、办遗产都是到州政府登记，邻里争执也是在州法庭诉讼，很少涉及跟联邦有关的事情。联邦司法权力被限制在某些特定类型的纠纷之中，最重要的是：①涉及联邦法律问题的案件；②涉及州际争议的案件。联邦只具有有限司法管辖权（limited jurisdiction），而州具有无限或者一般、普通司法管辖权（general jurisdiction）。这些词无论怎样译成中文，都会有误导的嫌疑，General和Common这两个英文词在中文中的翻译都不太对应英文的原意。如Common Law翻译成普通法，这实际上是一个有误导嫌疑的译法。或者可以译为“习惯法”，但是如果翻译成“习惯法”，对于英国人、美国人、澳大利亚人、加拿大人、新西兰人这是习惯法，但是对于成文法系国家就根本不是习惯法，它是另外一个世界的法。General一词也经常引起误解。General在联邦制内是一个非常重要明晰的概念，General Jurisdiction译为一般司法管辖权，或者普通司法管辖权，这都是有一定疑问的，其实它是指“无限”或者“全面”司法管辖权，相对州的“有限”和“片面”司法管辖权而言。

联邦主义/联邦制造成了美国有联邦宪法，各州各自有州宪法的结果。这一点与非联邦制国家非常不同。在中国体系内，无法想象中央与地方都有宪法。由此产生的问题是：州宪法和联邦宪法哪个大？如果说“大”是指“优先”，则答案是联邦宪法；但如果说“大”是指能否提供给人民更多的权利，则答案是州宪法。州宪法和州立法部门颁布的所有成文法或者法规，绝对不能跟联邦宪法有冲突。虽然不能有冲突，但是却可以增加给予人民的权利。例如，联邦宪法说给人民一、二、三等三项权利，州宪法再增加两项权利，这种情况是允许的。

联邦主义/联邦制的另一个特点是联邦法优先原则（preemption），指的是在某些全国性问题上联邦法优于州法的原则。比如说移民与归化法律，就是属于联邦优先。2010 年，亚利桑那州的议会（Arizona Legislature）通过了严格的移民法。州领导人说，为了制止涌入本州的非法移民潮，必须要制定这样的法律。这些非法移民多数来自南美和中美洲。州领导人说，联邦政府失职，未能全面执行联邦移民法，因此州政府只好自己解决问题。联邦政府反对这部移民法，因为按照美国宪法，移民事务是联邦政府而不是州政府的职责，联邦移民法已经"优先占领"（preempt）了这个领域，州政府不容置喙。2012 年 6 月，美国联邦最高法院在亚利桑那州诉美利坚合众国一案（*Arizona v. United States*）中宣判：处理移民事务是联邦而不是州政府的职权。

州际通商条款（Commerce Clause）是联邦主义的另一个难点。联邦宪法第 1 条第 8 款第 3 项规定："国会有权……管理同外国的、各州之间的以及同印第安部落之间的商业。"（"The Congress shall have power… to regulate Commerce with foreign Nations, and among the several States, and with the Indian Tribes."）从 1824 年的吉本斯诉奥格登案（*Gibbons v. Ogden*）开始，联邦最高法院对联邦管制州际通商条款进行了广义解释，从而扩大了联邦的权力。以后，联邦最高法院对"商业条款"的解释越来越宽，从商品的生产和流通、交通运输、工资、工时、工会到公民权利和犯罪行为，只要影响州际商业，联邦都有权管制。直到伦奎斯特法院（Rehnquist Court）开始大规模地限制联邦权利，强调州权，其理论基础是联邦宪法第十修正案："宪法为授予合众国，也未禁止各州行使的权力，由各州各自保留，或由人民保留。"（"The power not delegated to the United States by the Constitution, nor prohibited by it to the States, are reserved to the States respectively, or to the people."）州际通商条款令我们困惑之处是为什么国会还需要寻找理由来为其管理地区之间商业行为的立法做辩护呢？中央难道不是垂直领导地方吗？我们困惑的由来就是我们对联邦主义的陌生，更深的原因是我们对宪法保证的陌生。联邦宪法保证中央和地方的存在及其各自权力范围，把国家的整体性与地方的多样性融入有机结合的体系，这一点与大一统的思维定式格格不入。

2. 三权分立（Separation of Powers）。三权分立（Separation of Powers）是指政府部门根据美国联邦宪法（U. S. Constitution）和各州宪法分为立法、行政和司法三个分支机构。联邦和所有的州政府都分成三个分支：立法分支（Legislative Branch）、行政分支（Executive Branch）和司法分支（Judicial

Branch）。

立法、行政、司法三个权力理论上完全分立，三个权力分别交付给三个部门。这三个部门都拥有各自的权力，它们的关系是互相平衡、互相制约（check and balance），互相掣肘、互相审查的权力关系，任何一支都不能独自做大。

立法分支一般是由两院的议会或者国会组成。如果在州的层次就是州议会两院，在联邦层次，美利坚合众国就是美国国会两院：由一个众议院（House of Representatives）和一个参议院（Senate）组成。所有的众议员和参议员都是由人民选举产生。行政分支的首脑是合众国总统。州行政分支的首脑是州长。美利坚合众国的司法分支的最高一级是联邦最高法院，州司法分支的最高一级是州最高法院。

下面是解释三权分立的一个比较形象的图。

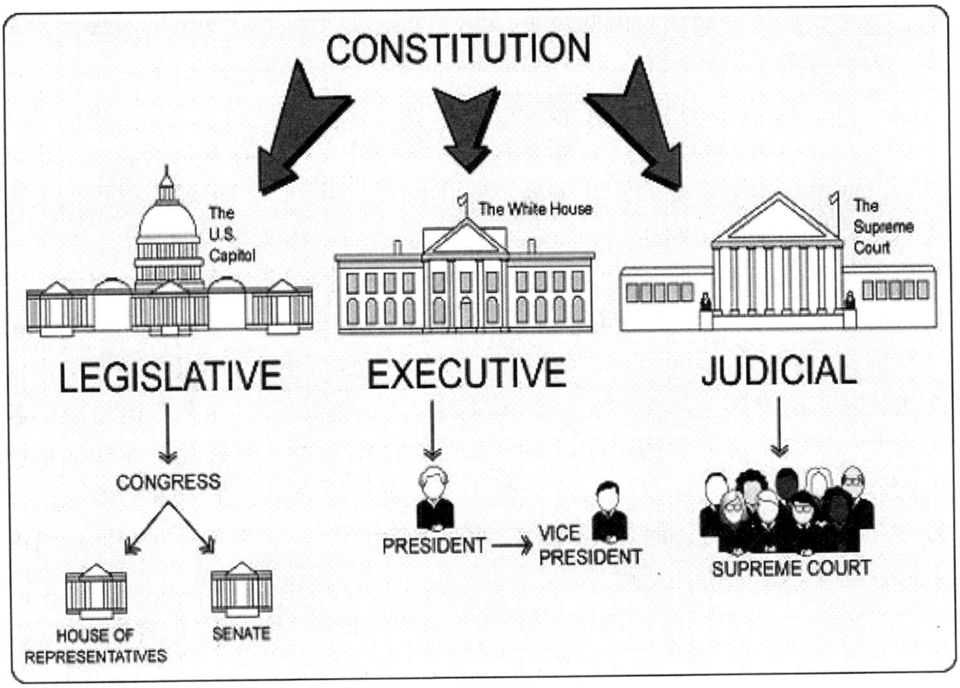

先把州和联邦分开来看，因为笼统地说，所有州的体系都是一个缩微的

联邦。先看图中联邦的三个巨型的建筑物。联邦的三个分支以三个建筑物为代表。最左边的是美国国会山庄（U. S. Capitol），是众议院和参议院的大本营，所有的众议员和参议员都在这里办公，进行法律的讨论，最后立法。每一个州会有一个议会大厦，或称小号的国会大厦，包括有州众议院和州参议院。图中间的楼是白宫，它是总统所在的地方。副总统并不住在里面。白宫是行政分支的最高权力机构。各个州的首府里也有一个小号的州长大楼、州长办公室。区别就是州长办公室和州长官邸是不同的。而联邦层次总统办公室跟总统官邸是合一的。司法分支，图上右一建筑是联邦最高法院，有九位联邦大法官。各州相应的有州最高法院，要小得多，一般有 5 到 7 位大法官，是州司法分支的最高机构。

3. 平衡与制约原则（Checks and Balances）。美国国会为所有的政府分支提供法律和资金支持。行政机构负责执行法律。司法机构则确保立法和行政分支的行为符合宪法规定。行政机构有选择/提名联邦司法机构的成员的权利，由参议院最终确认。由此可见，三个分支没有一个分支可以不顾其他分支，独自行事。

联邦宪法非常小心谨慎地制定出来的每一项权力的使用方法，很具体地规定了政府的每一个分支拥有哪些权力。每一分支只拥有有限的权力，而且权力之间是互相不重叠的，就是为了防止权力的滥用。这种政府权力的安排方式被称为“平衡与制约”（checks and balances），即某个政府分支机构的权力能够抑制或抗衡其他分支的权力，没有任何一个政府分支机构的权力比其他政府分支机构的大。如果说美利坚合众国的最高元首是总统，那么美利坚合众国权力最大的是谁？众议院议长的权力比总统的权力小吗？联邦最高法院大法官和副总统谁的权力大？联邦最高法院首席大法官和合众国总统的权力谁大？其实，这是个伪问题。不存在谁的官比谁大，而只有谁在什么情况下比另一方多一些发言权的问题，在某些特定的场合下，某一方可能显得比另一方拥有更大权力；但是体系的设计永远会给予“弱者”一方在特定情况下的否决权，此之谓“平衡与制约”。

政府的三个分支部门之间更没有谁比谁大的问题，也没有谁管谁的问题，更没有谁向谁汇报（report to）的问题。这三个分支中，立法部门立法前不需要和法官商量；司法部门在决定案件是否违宪时也不需要向行政部门提前打招呼。这就是制衡最重要的一个概念。公检法一起决定犯罪嫌疑人命运的情况在美国是不可能出现的。

这三个分支的关系是：立法部门决定每年司法系统获得多少预算、行政部门获得多少预算。立法部门决定预算，在州的层次是由州议会决定每年通过年度预算，国会通过联邦每年的财政预算；行政部门负责执行所有的法律，无论是立法部门制定的法律还是司法部门制定的法规，都由行政部门执行；司法部门主要责任在于监视这两个部门，保证这两个部门所做的任何事情合乎宪法的规定，在州的层次是州司法部门监视其他两个部门是否合乎州宪法和联邦宪法，联邦的司法部门要保证联邦行政部门和立法部门所做的任何事情都符合联邦宪法。举一个具体的例子形容三者之间的互动关系：联邦体系内，如果联邦司法部门出现了一个空缺，由行政部门提名、立法部门确认。一旦确认之后，司法部门就完全脱离这两者，不再和他们发生任何关系，反过来成为监视这两者的机制。从理论上讲，这最大可能地设计出了保证三权分立和互相独立、最大可能性地预防腐败的机制。

但是现实生活中完全独立、完全摒弃任何不恰当的影响是不可能的。我们在承认这个体系不是百分之百完美无缺的情况下，还必须承认一件事情，就是美国的体系是在试验了所有其他体系、发现那些体系的弊端后而选择的一个正确的体系（The Americans will always do the right thing... after they've exhausted all the alternatives.）。

4. 司法审查（Judicial Review）。美国司法机关是完全独立的机关（independent judiciary），具有司法审查（Judicial Review）的能力。它可以宣布立法分支所立的法违宪，可以宣布行政分支制定的条例违宪，也可以宣布行政分支的行政行为违宪。而中国没有独立的司法部门，也没有独立的司法审查，从来就没有过。

引用《布莱克法律辞典》（*Black's Law Dictionary*）对司法审查的定义，司法审查就是法院对其他部门即立法部门或者政府行政部门的决定进行最后的合宪审理，是指法院审查政府其他部门或政府级别的决定的权力。例如现在有一个行政诉讼，公民不满意行政部门做出的决定，就可以把这个行政决定拿到法院进行论辩，由法院宣布行政部门的这个决定是错误的。此外，司法审查还可以是对下级法院的判决提起上诉，例如将审判法院（trial court）的判决上诉至上诉法院（appellate court）。最高法院可以听审，可以将上诉法院的案例调上来进行审查，也可以从最低层直接调卷进行审查。

司法审查原则是从马伯里诉麦迪逊案（*Marbury v. Madison*）中由约翰·马歇尔首席大法官（Chief Justice John Marshall）所确立的。法院必须根据美利坚合众国宪法确认任何一个法律或者法规，法律不能太模糊（vague），也不能太宽泛（overbroad），并且符合美国宪法、成文法和判例法先例。否则具有很大的违宪嫌疑。如何理解呢？例如立法部门颁布一项法律，所有黄色的东西不予出版。那么法院怎样看待这个法呢？黄色？太模糊。这就涉及最高法院一个很有名的案子——雅克贝里斯诉俄亥俄案（*Jacobellis v. Ohio*, 378 U. S. 184），在该案审理中斯图尔特（Potter Stuart）大法官对于色情的定义是，“色情，这东西我说不清楚，但是见了我就能认出来”。这就涉及一个边际的问题，连大法官都说不清楚。第一修正案言论自由条款涉及的很多案例都解释什么样的东西被视为不允许出版的、什么样的东西是受言论保护的。

另外一个司法审查的例子，还是亚利桑那州法案。美国亚利桑那州（Arizona）颁布了一条涉及移民的法律 Arizona SB 1070。美国移民法是由联邦制定的，而州不管理移民。报道说美国现在有一千多万非法移民，实际的数字可能更大。州部门、州政府对非法移民有什么办法？没有办法。因为这不属于他们的管辖范围。如果州警察发现某人非法入境，最多可能把这个案子交给移民法院或移民局，而州法院、州系统对其没有办法。这就导致美国非法移民过多，带来了一定的社会问题。而亚利桑那州颁布的过度宽泛的法律，规定州警察如果有合理怀疑认为某人是非法移民，则可以要求其出示移民文件，如果没有就可以扣留；若没有扣留，其他普通公民甚至可以起诉这个警察渎职。现在的问题是这个法律制定得过于宽泛。什么是合理怀疑？什么样的人可能是非法移民？白人肯定不会被合理怀疑是非法移民，实际上这个法律是针对墨西哥人。这个法律在 2012 年被联邦最高法院在亚利桑那州诉美利坚合众国案（*Arizona v. United States*）中被宣布违宪，理由是根据“联邦优先原则”，移民法这个领域已经被联邦法律“预先占领”（preemption）。注意，此案也表明司法审查的力量：亚利桑那州的法律是亚利桑那州的立法部门基于人们的压力颁布，由行政部门首脑州长签署的。即使政府胡来，州司法部门不见得会发言，但很快联邦司法部门会对此发言。

还有一点很重要，只有当有人质疑某部法律时，法院才可以宣布该法违宪。为什么这样设计？这就是案例争议原则（case and controversy doctrine）：必须有人挑战这个法律，法院才可以就这个法律发言，而不可以直接对一个法律发言。如果法院认为一项法律不顺眼，大法官们发表共同意见说：我们认为这个法律不好，建议废除。这是绝对不允许的，必须有人把这项法律带上法院。

我们经常误解的是，司法审查和司法解释类似，实际上两者完全不同。中国台湾地区现在还有大法官解释，大陆的最高人民法院也有司法解释。最高人民法院、最高人民检察院的司法解释是一种准立法行为，司法解释实际是在协助立法。法律颁布后，由于中文的博大精深，可能有多种解读，普通人不明方向，所以由司法部门对立法部门颁布的法律进行一定程度上的解释，这就是补充立法行为、准立法行为。在没有任何人挑战法律的情况下，司法部门主动对立法进行解释，这在美国绝对不可能出现。因为这样不仅违反了宪法中的案例争议原则，而且违反了三权分立原则，每一个部门的角色都在一定程度上被限制，如果给它无限的说话权力，就会无止境，所以要限制在什么情况下才能发言。

5. 联邦宪法。1787 年 9 月 17 日，美国宪法由制宪会议（Constitutional Convention）在宾夕法尼亚州费城通过，随后又被美国各州会议以“人民”的名义批准（Ratification）。宪法规定了制定、执行和解释法律的权力归属。任何政府机构都不得制定或执行违反宪法的法律。

任何一部此类法律都有接受和批准的过程。例如国际公约，接受（signing）和批准（ratifying）是两个不同的步骤。

美国宪法有七条：

Structure of the U.S. Constitution

Article I	Legislative Branch
Article II	Executive Branch
Article III	Judicial Branch
Article IV	Relations Among the States
Article V	Method of Amendment
Article VI	National Supremacy
Article VII	Ratification
Amendments	27

·第一条规定立法分支。

·第二条规定行政分支。

·第三条规定司法分支。

·第四条规定州之间的关系。

·第五条规定宪法的修改程序，因为开国元勋希望宪法能够始终反映时代需求，是一个“活的”（living）文件。

·第六条规定联邦政府法律高于州法，确立宪法在全国至高无上的地位。

·第七条确立确认的过程，规定宪法最初由英属北美十三州殖民地（the colonies）批准（ratification）的方式。这一条款具有历史价值，现在已经不适用了。

美国宪法修正案（amendments）是对原始内容的改进、修正或修订。整个美利坚合众国历时两百多年只有27次有效宪法修正。宪法是本土最高法律，任何政府部门不得制定任何违背宪法的规章。

对于人们来说，宪法前面这几条都是和政府相关的，1791年生效的最初的十条修正案被称为《人权法案》（Bill of Rights），获得了美国3/4的州的批准。人权法案限制联邦政府的权力，并保护公民的权利。下面列举这十条规定了人们拥有的哪些权利是政府绝对不能剥夺的。

第一条：言论自由、宗教自由、结社自由以及政府和宗教的分离。这每一句、每一词都有连篇累牍的法学论著、从联邦地区法院打到联邦最高法院的汗牛充栋的案例和无数的判例法在后面支持。什么情况违反了言论自由，什么情况违反了政府和宗教的分离，这里有无数的东西可以研究讨论。例如教会和政府的分离，在美国，宗教信仰深入国家的根基，许多城镇教堂遍布。美国势力最大的宗教是天主教和新教。美国联邦现在的九位大法官中有六位是天主教教徒，另外三位是犹太教。天主教在美国有非常巨大的影响。第一修正案涉及许多非常微妙的宗教案件。例如学生上学时要对国旗宣誓（Pledge of Allegiance）：“我们这个国家是一个在上帝之下的一个国家。”（I pledge allegiance to the Flag of the United States of America, and to the republic for which it stands, one Nation under God, indivisible, with liberty and justice for all.）这是一个一百多年来约定俗成的说法，但“上帝之下”（under god）是1954年加入的。无神论者认为这是违宪的，认为这应该是一个“无宗教派别、达尔文进化论之下的国家”，而儿童被逼迫说在上帝之下，这侵犯了儿童的权利。也有观点认为这并不是政教混合的问题，这只是一个约定俗成的说法，不需较真。在有些小地方，郡或县，政府部门甚至法院门口会放着《摩西十诫》（*Ten Commandments*），非宗教人士说这样有问题，怎么能让宗教教条混到司法里面，必须拆掉；宗教人士认为这样做能使人正直，不会有负面作用。到现在为止，宣誓词中的“上帝之下”被最高法院宣布为合法；但法院门口的《摩西十诫》则必须被拆除。当然此处只是说政府与宗教的区分，真正涉及言论自由的问题更加复杂、数量更多。

到底怎样理解法律框架下言论自由呢？理解《美国宪法第一修正案》有两个要点：一是言论自由不是给予的自由，而是原本就有的自由，这是民权法案所有权利最根本的方面；二是归根到底，宪法的根本性质是一份合同，是政府和所要统治、代表的人民之间签署的一份合同。这份合同是有限合同，即请求人民把有限的一些权利交与政府，由政府行使，以促进社会和人民的共同进步、发展。政府能做的事情是有限的，政府在保障社会进步的情况下适当地行使权力，这些权力都是有限的权力，受到根本原则制约的权力。并不是说人们把一些东西给了政府，人们随时可以拿回来。这是一个基本的逻辑出发点。

《中华人民共和国宪法》规定人民有言论自由、结社自由、宗教自由，但是法律规定的其他情况下除外。但美国宪法的思路不同，第一修正案原文如下：

Congress shall make no law respecting an establishment of religion, or prohibiting the free exercise thereof; or abridging the freedom of speech, or of the press; or the right of the people peaceably to assemble, and to petition the Government for a redress of grievances.（国会不得制定关于下列事项的法律：确立国教或禁止信教自由；剥夺言论自由或出版自由；或剥夺人民和平集会和向政府请愿申冤的权利。）

美国国会不能制定任何伤害、限制人民的言论自由的法律。对比之下可以看出，中美两国法律的逻辑的出发点不同：第一是有的政府现在规定人民有自由，但是也可以制定一个法律，宣布人民没有自由，人民就没有自由。而第一修正案规定，国会不得制定任何法律剥夺人民的言论自由。这个法律的建制效果是一劳永逸的。美国国父们说人民有言论自由，国会不得制定任何法律来剥夺，所以以后政府做任何限制言论自由的事情，都是不可能的。

假设战争时期，全国人民强烈呼吁不许反战人士干扰人心，为了保证全国人民一条心，所以全体公民上书国会，请求其通过法律禁止任何反战言论，100个参议员，435个众议员全体同意通过法律，总统签署同意，但是这个法律却是无效的，甚至不需要法院裁决，法庭可以直接宣布它是无效的。因为这是明显“违宪”（unconstitutional），任何联邦法院都可以废除这种法律。这就是法律设计的巧妙之处，这是一种一劳永逸的法律机制建设。

关于持枪自由的第二修正案是争议最大的修正案。这是左右两派意识形态斗争的交接点。全国来福枪协会（NRA）之类的极右势力认为宪法第二修正案规定人民有持枪自由，我们就拥有持枪自由；而左派认为要把这条修正案放入历史语境中理解，殖民地时期使民兵们拥有持枪自由来反抗英国占领军、英国殖民者的不公正待遇，而并不是说共和时期、和平时期，任何人还可以持枪。枪支泛滥已经造成了巨大的社会问题。关于第二修正案，两派存在巨大的意识形态的纠纷。美国的意识形态分裂非常明显，在几个大问题上存在巨大的全国性的分裂，基本是一半对一半。主要的三个问题是：①持枪问题，怎样理解第二修正案；②罗诉韦德案（*Roe v. Wade*）中讨论的流产、堕胎问题，妇女有没有自我选择的自由，左派认为罗诉韦德案这个判例法当然是有效的，而右派认为这是个不道德的案件，必须推翻。③规范公司权力：美国是一个民主国家，但更是一个由公司控制的国家。在公司内部没有义务平权。宪法中有一个很重要的原则叫政府行为原则（state action），所有的这些权利、民权法案、规定，都是指向政府的，国父们制定它们是为了敲打政府，而不是敲打私营机构。公司限制言论自由，这不是违宪的。另外一个重要倾向是视公司为“个人”，享有“言论自由”。在联合公民诉联邦选举委员会案（*Citizens United v. Federal Election Commission*, 558 U. S. 310）中，联邦最高法院认为公司在竞选过程中的政治花销属于言论自由保护的范畴，这极大地扩大了公司在政治中的影响力，争议极大。这一案代表了第一修正案言论自由的一个变形的发展趋势。

第三修正案是士兵不得侵犯民众的房屋，不得随便抄家。这也是有历史原因的，不能随便占领民众的房屋，即便在战争期间。

第四修正案是关于隐私权，不得非法搜查、扣押、逮捕的内容。第四修正案寥寥几行，但字字千金。何谓“搜查”，何为“扣押”，法学家和法官们根据案例的解释和分析汗牛充栋。法学院《刑事诉讼程序》课程的1/3用来解释、分析这几行文字和由此衍生出来的千百案例。

第五修正案是关于民事和刑事审判上的权利的内容。第五修正案包含许多项权利：在刑事案件中有请求陪审团审判的权利，可以放弃这项权利，可以请求由法官来审理，也可以请求由陪审团来审理；正当程序原则、不能自证其罪原则、一事不再审原则（Double Jeopardy）。假设被告已经因为杀人被审判，陪审团宣布此人无罪，或证据不足不能定罪，案子结束的第二天，他自己在网上公布确实是自己干的，而警察不能再将他抓起来，就是依据这个原则。当然受害者家庭可以通过民事程序获得赔偿。

第六修正案是关于迅速和公开审判的权利的内容。罪犯不能被关数年不审不判，审判要求公众知晓，还有由律师代理的权利以及与对方证人对质－交叉质询的权利。公设辩护人（Public Defender）就是由政府付薪、为无钱请律师的嫌犯做辩护的律师。不能因为某些嫌犯支付不起律师费就不请律师，因为请不起律师就得不到辩护，这违反了平权保护原则。政府应该保证公民聘请律师的权利。设立公设辩护人的理想状态是这样。但是事实上，公设辩护人工作量极大而挣钱极少，且犯罪嫌疑人也不一定永远信任他们。但是这个体制的基本原则是保证公民有这样的权利。交叉质询是法院中最精彩的一幕，律师可对双方的证人进行交叉质询，在最大程度上对证据进行质询，什么样的证据可以接受，什么情况可以最大程度支持自己的法律论辩。

第七修正案是关于陪审团审判权利的规定。陪审团作为“事实的寻找者”(fact finder)，其关于案件事实的结论不受上级法院重审。

第八修正案规定了保释金不能太高昂，不能有残酷和异常的惩罚。凌迟处死、株连九族、车裂、断足、烧刑、烤刑、煮刑这些酷刑在第八修正案控制之下当然都不可能出现。但令人为难的永恒的辩论就是：死刑到底是不是残酷和异常的惩罚？美国很多州已经废除了死刑，这是个趋势，慢慢地美国可能会在全国范围废除死刑。但死刑存废在将来很长一段时间里还会被辩论。

第九修正案规定了人民保留权利，指的是人民除了拥有所有在宪法里说明的这些权利（enumerated rights）之外，还拥有其他权利。这是指公民有规定的这些权利，但是这些权利并不是公民拥有的全部权利，在这些权利之外还有其他权利，只是未列举而已。

第十修正案规定了州和人民对权利的保留，与第九修正案是对应的。法律的基本原则之一是所有未明确禁止的东西都是允许的。如果某法律说：凡是法律没有规定允许的情况，都不允许，这种法律是不合宪的，因为必须明确说明什么行为是禁止的，否则州和人民就拥有所有的权利。

其他的修正案反映了美国不同历史时期对宪法修订的需要。这些修正案包括禁酒令（Prohibition）和它的废除、选举权、美国总统任期限制等等。

三、美国司法分支及其结构（American Judiciary）

在普通法体系下，法院体系是生产法律文件、生产法律的最大的部门。《美国法典》（United States Code，U. S. C. ）是成文法，多达 50 编；但全国判例集系统（National Reporter System）涵盖的判例法更多，而且在不断生成，形成非常浩瀚的判例法的海洋。生产判例法的部门就是司法分支。立法分支确立法律，行政分支执行法律，司法分支的目的就是解释法律，确认什么样的行为是合乎宪法和法律的。如下图所示：

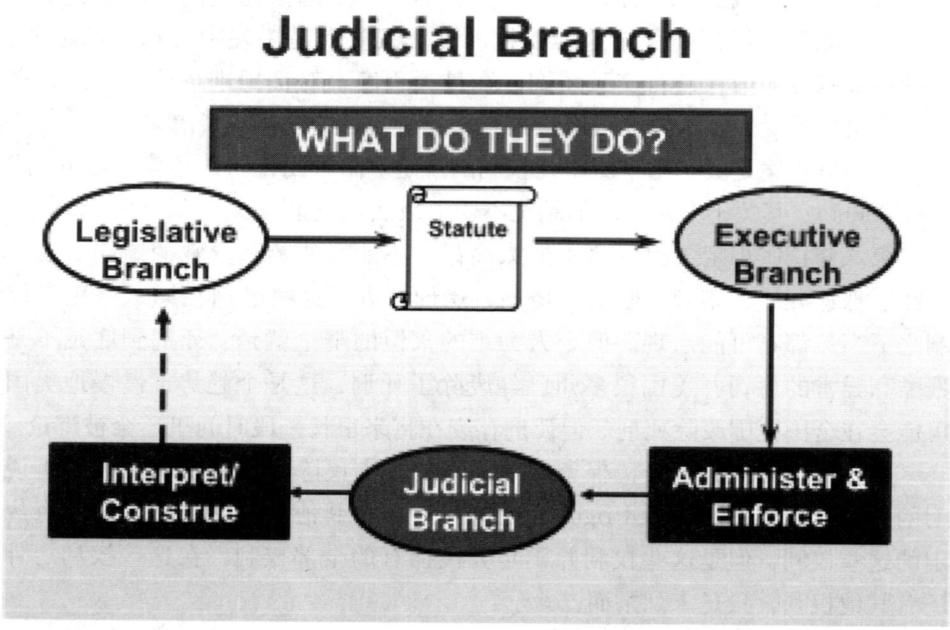

联邦法院体系是三层的金字塔形结构。最高一层是美国联邦最高法院

（U. S. Supreme Court），中层是美国联邦巡回上诉法院（U. S. Court of Appeals），美国共分成13个巡回上诉区，共有13个巡回上诉法院。最底层是美国联邦地区法院（U. S. District Court），是初审法院。在美国50个州里面共有89个联邦地区法院，在美国海外领地共有5个联邦地区法院。

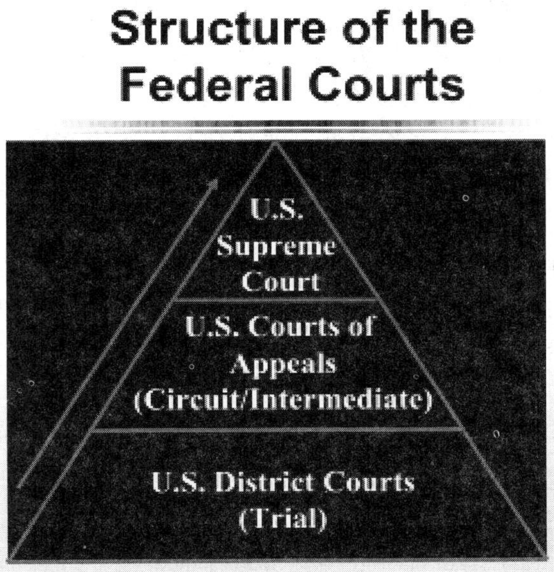

美利坚合众国宪法第3条规定："合众国的司法权属于一个最高法院以及由国会随时下令设立的低级法院。"（"The judicial power of the United States, shall be vested in one supreme Court, and in such inferior Courts as the Congress may from time to time ordain and establish."）美利坚合众国的司法权力主要将由一个最高法院来承担。在另外一些下级法院，在国会认为恰当的情况下，可以时不时地建立下级法院。怎样理解？首先，联邦法院是"第三条法院"（Article III Courts），与其相对应的是"第一条法院"（Article I Courts），这是因为宪法第一条讨论的是立法分支。"第一条法院"是政府立法部门所设立的行政审议机构的一部分，而"第三条法院"是司法部门，完全独立。"第一条法院"是立法条款行政分支下确立的，例如移民法院就不是独立的。这是理解美国法院容易混淆的问题。为什么有些美国法院会让人感觉不独立？这是

因为碰到的是“第一条法院”，是不独立的，例如移民问题一般不会诉至“第三条法院”。国会有权制定移民法，行政部门能解决的，司法部门一般就不会发言和介入，除非涉及人权问题。例如，政府认为这个人不适合入境就不能入境，外国人也没有权利因为签证被拒绝就去美国法院起诉。另外宪法确认了一样东西，就是美利坚合众国必须有一个最高法院，其他都未确认。可以设置联邦最高法院有 57 个大法官，也可以不设置巡回法院，也可以设置 205 个地区法院。所以现在的结构是历史演变的结果，而不是宪法规定的。

巡回上诉区之间是什么法律关系？联邦巡回上诉区的判例法和联邦巡回上诉区内的州法律有什么关系？这些都是法律权威等级和程序法层面上很复杂的问题。例如，对于亚利桑那州的公民而言，哪些法律对他们来说是有直接关系的？第一，州法是相关的；第二，亚利桑那州是属于第九巡回上诉区，所以第九巡回上诉区的联邦判例法与其相关；第三，联邦最高法院的法律是相关的。那么加利福尼亚州的州法与亚利桑那州的公民有关吗？也有关，因为这两个州在属于一个巡回上诉区内，一州如果遇到新的法律问题，可以参照周边另一个州的法律，特别是当这两个州在一个巡回上诉区内时。律师打官司，对于任何一个法律问题，首先都要问法律问题发生于何时、何地，这是第一件要搞清楚的。举例来说：如果是 1980 年在亚利桑那州的法律问题，那么一旦当时亚利桑那州、第九巡回审判区、美利坚合众国联邦最高法院当时所有的成文法、判例法对这个问题都没有任何资料，只有加利福尼亚州的州法和得克萨斯州的州法，而这两个州的州法完全相反时，虽然理论上来说，两个州法都很清楚，都可参照；但加利福尼亚州的州法与亚利桑那州法比得克萨斯州的州法距离更近一些，同属一个巡回上诉区，属于具有说服性的法律权威（persvasive legal authority）。得克萨斯州的州法在此没有任何关系。所以巡回上诉区的区分对法律文献和信息检索的分类和整个结构索引来说具有非常重要的意义。

几个州划为一个巡回上诉审判区，为什么叫巡回上诉审判区？很久以前，法官并不是只在一个地方审判，他们要坐马车巡回，住在小旅店，到政府部门听审案件，这被称为“巡回听审”（riding the circuit），所以叫巡回上诉区。按 1891 年以前的做法，巡回上诉法院是由联邦最高法院的大法官们来主持的，后来才设立了常设的巡回上诉法院。现在巡回上诉法院是设立在一个固定的地方。例如第九巡回上诉区的上诉法院就在加利福尼亚州旧金山市，在

第九巡回区内，如果是上诉联邦案件就要到加利福尼亚州旧金山的第九巡回上诉法院进行诉讼。在美国首都华盛顿哥伦比亚特区，就有两个巡回上诉区：一个是哥伦比亚特区巡回上诉法院，一个是联邦巡回上诉法院，后者专门处理知识产权案件。

1. 双重法院体制。双重法院体制是美国司法体系的最基本特征之一，这也是“联邦制”（Federalism）的一个具体化。国家一级的联邦有一套法院系统，每一个州和哥伦比亚特区也各有一套法院系统。在法院组织结构方面，联邦和各州的51套法院体系大同小异，为金字塔形的三级制：最下面是初审法院，上面是上诉法院，最顶尖是终审法院（最高法院）。后两级法院都属于上诉法院。

上诉法院审查初审法院判决的权力主要集中在法律争议（issue of law）上，审查标准是“重新审理”（de novo），即上诉法院不需要照顾下级法院对法律争议的决断，好像这个案子的法律问题从来没有被决断过一样。然而，上诉法院一般尊重初审法院对事实的认定，审查标准是“明显错误”（clear erroneous），即如果初审法院在事实审过程中未有明显错误，那么该初审法院对案件事实方面的认定应被上诉法院采纳。由于上诉法院的主要职责是审理下级法院对于法律争议的解决是否正确，所以上诉法院中没有陪审团（其职责是寻找案情的事实）和证人出场。中级上诉法院一般由3位法官组成一个“合议庭”（panel）来聆听和审判案件；最高法院规则是全体大法官（5位、7位或9位）都出场，成为“全体听审”（en banc）。

案件双方当事人在上诉时候提出的法律争议，主要是双方律师先交换并呈交给法庭的上诉辩论状（appellate brief），然后法庭将择期举行听审和上诉庭辩（oral argument）：分配给每一方的律师的口头辩论时间一般不超过半个小时，其间法官们会随时对发言的律师发问。上诉法庭中只有法官和律师们的对话，没有初审法庭可能出现的戏剧性场面，所以看起来较为平静。但是，法官们和律师们经常唇枪舌剑地辩论和对答，其思想上的交锋和法理上的冲撞往往更为激烈。

2. 审判法院（Trial Courts）。审判法院分为联邦审判法院和州审判法院。州法院系统可以说就是联邦法院系统的缩微。联邦法院是三级制，分为最高法院、上诉法院和地区法院。州法院系统也相应如此。

把法院纵向划分为两类后，再进行横向组合，来看一下所有审判法院的共同点：

(1) 审判法院的两种分类：按地理划分（by geography）和按主题划分（by subject）。

州审判法院：按地理划分是指每个州都有若干个审判法院，如加利福尼亚州橙郡（Orange County）地区法院、加利福尼亚州洛杉矶地区法院。这是州法院系统的地区法院。

联邦审判法院：美国50个州、哥伦比亚特区、波多黎各自由联邦以及关岛、美属维尔京群岛、北马里亚纳群岛共有94个联邦司法区（federal judicial district）。数个州具有一个以上的联邦司法区。例如，纽约州有四个：纽约州北区联邦地区法院、纽约州南区联邦地区法院、纽约州东区联邦地区法院、纽约州西区联邦地区法院。少的如明尼苏达，就只有一个：明尼苏达州联邦地区法院（Federal District Court for the District of Minnesota）。

另一种是按主题划分，按审判的主题划分，也就是说审判法院中有一些专门法院，主要是破产法院、离婚法院、家庭法院、退伍军人事务法院和交通法院等等。汤森路透（Thomson Reuters）对专业法院有专门的汇编，如《破产判例集》（Bankruptcy Reporter）和《军事审判判例集》（Military Justice Reporter）。

移民法法院（Immigration Court）不是独立司法机构，只是行政部门中移民局的下属机构，这是一个特殊情况。移民官司一般在移民法院层次就终结，很少能够上升到联邦地区法院的层次。这是因为三权分立的原则，移民属于政府行政分支的职责。

美国一方面遵循三权分立基本原则；另一方面有一个与之对应的原则是"不得二次猜测"（no second guess）。如果政府说其做一件事情是在权力范围内允许的，那么其他政府分支不得二次猜测这件事到底对或不对；议会说一项法律是基于什么原因通过的、经过正当程序通过的，如果有人到法院说此法违宪、恶意、有严重歧视，法院在没有证据情况下，不应二次猜测议会的决议，除非有具体的案例与争议（case and controversy）需要由法院来决断。至于行政分支，如果行政机构对公民予以行政处罚，而能够说服法院对其重新审理的标准很高，叫"任意与胡来"（arbitrary and capricious）原则，即只有当行政机构"任意与胡来"的时候，司法分支才能介入，否则不得猜测其在权力允许的范围内按照正当程序做出的决策。

（2）审判法院的职责：既审事实又审法律（issue of fact and law）。举例来说，甲和乙在酒吧打架，双方都说是对方先动手，此时涉及攻击（assault）和伤害（battery）问题，是侵权法上的问题。然后甲乙到丙法院诉讼，第一件事是自我陈述。如果甲的陈述是：我一个人在酒吧喝酒，乙过来毫无道理地踹了我一脚，然后亮出折叠刀对我恶意攻击，不停地从旁边挑衅，我出于正当防卫和他打起来。而乙的版本是：我在喝酒，甲在旁边絮絮叨叨，还恶意中伤，最后我忍无可忍起身离开，此时甲开始动手打人。这是两个完全不同的版本。丙作为法官，首先要做的是寻找事实，寻找案情的争议。

（3）法官之外，陪审团（jury）也能寻找事实，陪审团也可以认定事实。一般刑事案件有12个陪审员，大部分民事案件比较少，为6个。特殊情况下可以变更。

特别注意的是陪审团和大陪审团（Grand Jury）完全是两回事。陪审团是源于英格兰的法律制度，是在审判阶段寻求事实的机构。在美国，陪审团分刑事案件中的陪审团和民事案件的陪审团。但大陪审团指的是刑事案件中，审判前衡量既有证据，决定是否起诉的法律机构。《联邦刑事诉讼程序条例》（Federal Rules of Criminal Procedure）第6条是关于大陪审团的规定：大陪审团人数应该在13～26人之间，需要12人以上同意才可以决定起诉。决定是否起诉的标准是存在“合理依据”（probable cause）——一个较低的证据标准，而不是刑事案件“超越合理怀疑”（beyond a reasonable doubt）的定罪标准。

陪审团和法官寻找到事实后，下一步决定适用的法律。例如在上述的案件中最后认定，乙说的全对，但有些小修正，这样事实已经清楚了。下面就是适用法律的问题。

法官的任务就是寻找适用法律。该打架案是侵权案件，适用普通法加该州州法。然后法官就开始评判案子。要注意只有法官可以寻找法律，陪审团不能。为什么陪审团只能负责事实认定呢？假设事实找到了，然后案件双方律师都提供了大量法理依据，摆在六位陪审员面前，请他们找出适用的法律，是不可以的。为什么他们不能寻找法律？因为他们不是专业的。需要注意的是，尽管陪审员虽然不是随便什么人都可以充任，是经过选择的，但陪审团成员有可能大部分都是法盲，陪审员是老百姓。州的公民在州登记成为登记注册的选民（registered voter），这是美国选举权的最重要证据，陪审员从这个团体中选择，而不包括外国人。每个州都有陪审团储备库，库里有千万人名单。各个法院随时从库中调人。法官随机调人后，就对他们发出通知，告知案件的时间地点。每个公民都是有陪审团职责（jury duty），就算跟工作冲突也必须参加庭审，除非经济困难，实在无法参加。参与陪审团是公民的基本义务。

随机调取的数十个人坐满屋子，然后开始陪审员筛选程序（voir dire），双方律师对这些人发问。回到刚才的案件，假设乙是黑人，律师开始对这些可能的陪审员发问。首先找出什么人不能选，例如第一种是一见黑人就火大的人，第二种是一见白人也火大的，第三种是那些听到打架就恨得咬牙切齿也想跟着打的。这些人是不能选的，因为他们的“偏见”（prejudice）。律师提问就是在猜测这名可能的陪审员是否对己方当事人有利，同时没有明显的偏见。在此推荐电影《逃跑的陪审团》（Runaway Jury），涉及陪审团的筛选程序，并且据此演变出一个奇怪的职业——陪审团咨询顾问。但筛选出对自己有利的陪审员确实有值得研究的技巧和策略。另外，如果不想当陪审员就要尽量表现出偏见，以便被筛选出去，当然这样是很不恰当的。

顺便提下，白人和黑人打架的案件，如果白人律师把可能的黑人陪审员都筛选出去，当然这样是很不恰当的。这是不允许的，属于以种族为理由否决；同样，如果黑人律师把可能的白人陪审员统统筛选出去，这样就是反向种族歧视（reverse discrimination），也是不允许的。另外，美国的扶植政策，对少数民族进行倾斜政策（affirmative action）。这是美国争议最大的宪法问题之一。

大家在法律电影中经常会看到的戏剧场面：法官询问陪审团是否达成一致，陪审团说已经达成一致，法官又问达成什么程度的一致——首席陪审员说一级谋杀成立或者不成立——法官会说改天宣判，一般不会当庭宣判。因为要给双方当事人机会说服法院到底应该怎么判，例如杀人犯在法院痛哭流涕恳求原谅，而被害人家庭会说他们承受了多大的痛苦。只有法官可以现在认定适用的法律，法官会据此给出合理的量刑然后进行宣判。

宣判是法官的职责，但也有特例，死刑案件不能由法官宣判。例如在存在死刑的州，陪审团审后认为某人犯一级谋杀罪，应判死刑。死刑案都由陪审团审理，如果陪审团认定罪名成立，那就由陪审团决定是否适用死刑。法官无权决定，由此来增加一道安全阀，因为死刑实在事关生死。

（4）寻找到的事实对当事人双方具有约束力，不能就事实问题提起上诉

(Fact finding are binding on the parties and cannot be appealed)。根据分工，审判法院的职责是寻找事实，事实部分就到此为止，如果对判决结果不满，到上诉法院只能说法理，说法律适用问题。上诉方只能说法律应用是否正确。为什么不能再说事实，法律逻辑是什么？是因为没陪审团寻找吗？那让法官来寻找一次，为什么不行呢？不能在上诉法院继续纠缠事实的原因：一是因为正当程序（due process）决定，程序一步步走，第一步寻找事实，第二步寻找法理。如果上诉法院再去寻找事实的话，上诉法院变成审判法院，就会造成法院体系混乱，这是根本原因。二是出于司法经济学的考虑，例如规定22日交作业，但此时发现作业中存在错误，那也必须照规定的时间完成并上交，否则体系无法正常运转。这是为保证体系正常运转而设定的分工。

事实的寻找对双方都有约束力，不能上诉，但也有特例，“明确错误”(clear error）原则，即明显是错误的。例如在上述案件中，事实认定是甲先动手，甲遍体鳞伤，缝了17针，而乙毫发无伤。但如果认定是甲先动手而且把乙打得遍体鳞伤，对其造成极大的肉体伤害，这就是明显的事实错误。此时上诉法院就要介入，这是起码的司法公正原则。但是这种情况很少。

（5）法官决定适用法律，法律问题可以被上诉（Issues of law are decided by the judge and can be appealed)。

这很好理解。事实问题不能被上诉，那法律适用问题就肯定能被上诉。

3. 审理(trial)。大多数联邦判例是由美国联邦地区法院——具有普遍审判管辖权的联邦法院初审、裁决的。这个级别的案件涉及审理。通常是在陪审团（jury）面前提供证据和证人作证。如果没有事实争议，而只对法律解释存在争议的，则这类案件由一名法官审理，无需陪审团。

法官要确保没有采纳不正当证据，以及提供给陪审团的法律是适当和正确的。

有些审判持续数个月之久，包含大量的证人、证据和证人证言，以确定案件的真实情况。

审判就是争议双方为了解决争议，在正式场合（通常是法庭）在法官、陪审团或其他指定人员面前提出信息（证据）的活动。

美国联邦地区法院分有以下几种类型：

·具有普遍管辖权的审判法院（Trial Court of General Jurisdiction）审理各种民事和刑事案件。这些法院通常被称为联邦地区法院或联邦审判法院。

· 具有特别管辖权的审判法院（Trial Court of Special Jurisdiction）通常被称为联邦专业法院或者专业法院。这些专业法院的法官对特定领域的法律非常有经验。这些专业法院包括：破产法院（Bankruptcy Court）、军事审判法院（Military Justice Court）、税务法院（Tax Court）、联邦申诉法院（Court of Federal Claims）和国际贸易法院（Court of International Trade）等等。

注意：有些问题（例如税收、社会保障和环境问题）必须先穷尽行政法庭的受理，才能被移送至联邦地区法院。在这种情况下，联邦地区法院充当上诉法院。

4. 法官（judge）。依据案件数量的多少，每个联邦地区法院有 2 至 28 名数量不等的法官。加利福尼亚州中部地区（Central District of California）及纽约南部地区（Southern District of New York）的法官数量最多。

联邦地区法院共有法官 678 名。这个数字可能会根据国会通过立法增加新的席位而随时改变。

首席法官（Chief Judge）指定法官审理案件。首席法官应为年龄在 65 岁以下、资历最深并在法院任职一年以上的法官。

5. 判决发布（publication of cases）。审判法院的裁决只对特定案件的双方具有约束力，因此，对初审级别法官对法律问题作出的裁决鲜有报道，因为这些裁决无法成为先例。

判决意见书单行本（slip opinion）或者法院裁决的指令是由法官撰写的。判决意见书单行本是单独出版发行的小册子，而且通常可以在法院的网站上获得。

联邦地区法院一级所审理的案例没有官方汇编。汤森路透（Thomson Reuters）对此的出版内容包括以下：

· 《联邦诉讼规则判例集》（*Federal Rules Decisions*, *F. R. D.*）是一部刊载美国联邦地区法院所作判决的汇编，包括对《联邦证据规则》（Federal Rules of Evidence）《联邦民事诉讼程序条例》（Federal Rules of Civil Procedures）《联邦刑事诉讼程序条例》（Federal Rules of Criminal Procedures）的解释和适用。

· 《联邦法院补充判例集》（*Federal Supplement*）是一部判例汇编，包括一些美国联邦地区法院的判决意见。

6. 上诉法院（Appellate Court）。上诉法院分为两大类。讲美国法律时借用一句老话："时刻不要忘记阶级斗争"，就是说美国的法律问题要时刻记住美国联邦和州的二分法。

美国联邦上诉法院也被称为联邦巡回上诉区法院（Federal Circuit Court）或巡回上诉法院（Circuit Court）。联邦有 13 个巡回上诉区，州的上诉法院，每个州几乎有一个，个别州没有，太小的州也没有上诉法院，审判法院的上一级直接就是最高法院。也有个别小州没有最高法院，到中间这层级就停止了。例如美国首都华盛顿，只有一个哥伦比亚特区地区法院和哥伦比亚特区上诉法院，没有最高法院。华盛顿的律师执照是由上诉法院颁发，而非最高法院。哥伦比亚特区在联邦层面上有：联邦地区法院，联邦巡回上诉区法院和哥伦比亚特区巡回法院（D. C. Circuit）以及美国最高法院，所以小小的华盛顿聚集了 6 个法院。

（1）上诉法院合议庭（Panel of Judges）。对比地区法院的格局，上诉法院的结构特点：第一是没有陪审团；第二是没有证人，因为不需要寻找事实；第三是书记员还在；第四是法官也变了，人数增加，起码三个；第五是法庭中间会增加一个能站在后面发言的台子，台子上有灯，红黄绿三种，双方律师在台子后面发言 15 到 45 分钟，从法理的角度对法院陈词。上诉方，即下级法院里输的一方，先发言。发言过程中，法官会不断发问，不断打断其陈述，讨论初审适用法律是否适当。说完后，一般是三个法官（再多不太可能）投票决定案件判决。判决一般有三种结果：维持（affirmed）、推翻（reversed）和发回重审（remanded）。

三名以上法官就是合议庭（Panel of Judges），上诉案件都由他们审理。我们所看的电影一般都是初审，很少有上诉，这是因为上诉案件只有三名法官和两名或者两组律师，很少有戏剧性变化，对非专业人士来说不具有可看性。但是学法律的同学应该会听得津津有味，这是巨大的精神享受，语言上和智力上的针锋相对，从中可以感受到法理撞击的乐趣。

（2）上诉法院只讨论法律（only questions of law）。上诉法院也会提及案件事实，但只是从审判法院的判决书拿来，除非存在严重错误，否则都是直接搬来。

接着看下级法院的适用法律是否存在错误，在此审查的标准是从头再来（de novo）。上诉法院从头来看，完全不用理睬下级法院适用的法理。上诉法院假装没有下级法院的审理，自己来决定适用法律。

（3）在下级法院必须有过抗议（must have raised objection in court）。所有

的问题，不管是法律还是程序上的，来到上诉法院，如果上诉方争辩下级法院在某一点上决断错误，上诉法院都会问：该争议点在下级法院是否抗议过。如果未曾抗议，上诉法院一般不予理睬。

例如在审判法院审判过程中，证人甲作证说自己听乙说丙一贯品行不端——这在证据法中称为旁言证据（hearsay）和性格证据（character evidence）——丙的律师马上抗议，法官应如何反应？法官对该抗议可以支持（sustained）或不允许（overruled）。如果下级法院庭审中提出抗议（object），上诉时可以提出下级法院法官对该抗议的决断存在错误，因为证据有严重问题，一是旁听证据，第二是性格证据，有严重偏见，而且与案子无关。那么此时上级法院应认真对待，审查下级法院对抗议的决断是否正确。

如果证人作证时，律师无任何反应，上诉时律师突然反应过来，说明显错误，那么上诉法院不予理睬，因为已经失去机会了。从策略上讲，作为律师一定要能抗议的就抗议，要不断抗议，以保证有机会日后重新提起。

（4）同一司法管辖权区内，某个上诉法院的判例是所有层级较低的法院的先例（precedent for the lower courts in the same jurisdiction）。审判法院的判决不是判例法，从上诉法院开始的判决是判例法。

例如联邦体系第九巡回上诉区的加利福尼亚州，若干个州的若干个地区法院都比第九巡回法院层级低，那么第九巡回法院的判决就是判例。大部分判例法都是中间这层级法院，也就是上诉法院做出的。刑法领域，一般是州最高法院的判例最多，刑法本来就是州的管辖范围，州最高法院终审判决（final say），除非案件涉及联邦宪法，这样联邦最高法院又可能日后介入。

普通法的几大基石，财产法、侵权法和合同法，一般是由中间这层法院——州上诉法院和联邦上诉法院——裁决（刑法案件一般终结在州最高法院或者联邦最高法院，因为往往涉及宪法问题）。审判法院必须处理每个案件，如果审判法院借口没空，推脱不审，这是不允许的。但是中层的上诉法院可以选择性地听审，听审它认为有问题的案子。上诉法院听审上诉极少，数量不是很多（only hear small percentage of cases of trial courts）。

最高层级法院选择性更强，只接受极少的案例。所以如果在审判法院输了官司，律师说马上上诉，基本是安慰性质，因为90%的上诉结果都是维持原判，肯定下级法院的判决。这就是为什么中间层级的法院最重要，因为很多时候事情就由中间层级决定。所以判例大多是中间层级法院 —— 上诉法院

（无论是联邦上诉法院还是州上诉法院）——的判决。宪法除外，联邦宪法问题100%都是联邦最高法院的判例。联邦巡回上诉法院的判决不是最终的，宪法问题必须由联邦最高法院裁决。

（5）上诉法院接受案件的原则。上诉法院是否听审案件，不只看在某个问题上是否有过反对，还要看整个案子的情况，考虑多种因素，审查下级法院的审判是否有以下情况：

一是明显错误，法理一看就错误，“震惊良知”（shock conscience）。

二是疑难法律问题，必须借此机会重新梳理，以此做出判例使下级法院遵守。

三是宪法问题，遇到严肃宪法问题，一般必须接受。

四是自动上诉，即死刑，这类案件上诉，必须审理。

中国是两审终审，美国理论上是四审，实际上可以没完没了，开始于州地区法院，可以诉至联邦地区，然后到联邦上诉法院，最后到联邦最高法院。理论上四审是可能的，而且经年累月。

7. 美国联邦上诉法院（U. S. Court of Appeals）。美国全国共有13个巡回上诉法院：

·11个美国联邦上诉法院审理对其巡回上诉区内的地区/审判法院的上诉。每个巡回审判区包括三个及以上的州。这11个巡回审判区以数字命名。参见本书“美国法律文献研究工具和研究报告”一章中美国联邦巡回上诉区图示和联邦地区法院列表。所有的美国领土都被划分至各巡回上诉区内。

·1个哥伦比亚特区巡回上诉法院（U. S. Court of Appeals for the District of Columbia）[也被称为哥伦比亚特区巡回法院（D. C. Circuit）]，审理对哥伦比亚特区的上诉。

·1个美国联邦巡回上诉法院（U. S. Court of Appeals for the Federal Circuit）[也被称为联邦巡回法院（federal circuit）]，对特定类型的案件享有全国范围内的管辖权。例如，该法院审理对美国国际贸易法院（U. S. Court of International Trade）、美国退伍军人上诉法院（U. S. Court of Veterans Appeals）、美国国际贸易委员会（International Trade Commission）、美国合同上诉委员会（Board of Contract Appeals）以及美国专利商标局（Patent and Trademark Office）的上诉案件。微软的反垄断诉讼就是由美国司法部（Justice Department）在该巡回审判区提起的。

联邦上诉法院的职责是审查美国联邦地区法院法官是否有错误，并确定法官的裁决正确与否。

8. 联邦判例（federal case law）。联邦巡回上诉法院在上诉中，没有证人、证据或陪审团。上诉的过程如下：

（1）控辩双方律师提交案件辩论意见书。

（2）辩论意见书由 3 名法官组成的合议庭（panel）进行审查。

（3）合议庭听取双方律师的口头辩论（oral argument）并询问相关问题。

（4）合议庭裁定案件并出具司法判决意见书。上诉法院对案件的处理方式包括：①维持联邦地区法院的裁决。②撤销联邦地区法院的裁决。③发回联邦地区法院重审或者指示联邦地区法院法官如何进行新的审理。

只有特定的法律问题，而不是事实问题，可以提出上诉。上诉法院并不审查全部的审理或听审过程。为了能够上诉，这个问题必须首先出现在审判法院的层级上。

联邦巡回上诉法院法官：根据案件数量的多少，每个联邦巡回法院有 6 至 28 名数量不等的法官。第九巡回法院（The Ninth Circuit）的法官数量最多。全部联邦巡回上诉区各法院共有 179 名联邦法官。

联邦巡回上诉法院的判例发布：判决意见书单行本（Slip Opinion）是由一位合议庭的法官撰写的。判决意见书单行本是单独出版发行的小册子，通常可以在法院的网站上获得。

联邦巡回上诉法院一级没有司法判决意见书的官方汇编。汤森路透（Thomson Reuters）出版的《联邦法院判例集》（*Federal Reporter*）包括所有美国联邦上诉法院的判决，这是最大的一个判例法汇编系列。

9. 最高层级法院——终审法院（Court of the Last Resort）。终审法院分两类：州终审法院，即州最高法院或者州上诉法院（小州）和联邦的终审法院，就是美利坚合众国联邦最高法院。终审法院审判庭座位分布与上诉法院一样：最上面是法官，中间书记员、双方律师，后面是旁听席。

（1）全院庭审（en banc）。中间层级的上诉法院在上诉庭辩时，无论是州还是联邦都是合议听审，极少数情况下全院听审。而终审法院开庭时，不论联邦还是州都必须全院庭审，这是法律的规定。

在法律决断层面：初审法院，法官或陪审团决断；上诉法院是少数服从多数，法官集体的多数意见成为最后法院判决；终审法院，即最高法院也是少数服从多数，多数派说了算。“大法官”（Justice）一词用于最高层级的终审法院（美国联邦最高法院和州最高法院）。“法官”（judge）则用于较低级的法院。审判法院的法官（judge）和上诉法院的法官（judge）名称一样，而最高法院的法官是大法官，代表“正义”。

法官的人数必须是奇数，一般州最高法院是5至9位，联邦最高法院是9位大法官。

（2）终审法院自己决定听审的案件。调卷令（writ of certiorari）：如果最高法院批准了复审申请，就会发出调卷令。这类复审申请往往也被称作调卷令申请。是否受理申请，受理哪些申请，完全属于大法官自由裁量的范畴。拒绝颁发调卷令并不意味着支持原审判决。

如果在 Westlaw 上面搜索纽约时报诉美利坚合众国案（New York Times Co. v. United States），会检索出两个联邦最高法院司法文件，一个是一句话的法庭令，也即调卷令；另一个是真正的判例法，这是美国历史上最伟大的言论自由案。

联邦最高法院颁发调卷令，决定审理的案件一般有如下几种：

第一种，涉及宪法问题，当然是重要的宪法问题。例如吉登斯诉温赖特案（Gideon v. Wainwright, 372 U. S. 335 ）（1963）中，吉登斯以“赤贫人申诉书”（In Forma Pauperis）直接上诉到最高法院，因为案件涉及重大宪法问题——宪法第六修正案“得到律师代理的权利”（Right to Counsel）和宪法第十四修正案的“正当程序原则” （due process），所以最高法院直接下达调卷令。

联邦最高法院有个特殊规定，犯人从监狱里可以直接上诉至最高法院，不能剥夺穷人最后自我申辩的机会。吉登斯的上诉状虽然写在草纸上，但充满了法律词汇。他作为白丁，哪里学到的这些法律词汇？是从监狱图书馆学到的。美国规定所有的犯人必须能自由接触法律，每个监狱都有像样的图书馆，鼓励犯人学习法律。犯人读法知法后，如果发现自己的冤屈，可以写上诉状递至最高法院。联邦最高法院每天收到很多来自在押犯人的上诉状，但是不见得都会被听审，法院首先听审的是涉及重大宪法问题的案件。

关于吉登斯一案，建议阅读安东尼 · 路易斯（Anthony Lewis）1964 年的名著《吉迪恩的号角》（*Gideon's Trumpet*），这是法律纪实文学的巅峰之作。路易斯是美国法学会（American Law Insitute）仅有的几位非法律专业人士会士

(Member)之一。

第二种，是把联邦最高法院想象成大家族的家长，家里打起来，它动用家长的权威来决断。例如联邦第一巡回上诉区和联邦第二巡回上诉区对同一联邦成文法的解释完全相反，而两个巡回上诉区级别完全相同。这种情况称为“巡回区分裂”(circuit split)，此时由联邦最高法院出面解决。

第三种，最高法院要修正或推翻“自己”。如果最高法院已经有判例法对某一法律问题进行过决断，但是又颁发调卷令听审同样问题的案件。这一般被视为最高法院将要修正或者推翻自身判例的信号。

(3) 只听审数量极少的案件(extremely small percentage of lower court cases heard)。每年涌到最高法院要求听审的案件多达上万件，而法院只受理不到1000个案件，真正听审的不到100件。

(4) 联邦最高法院的每一个判决都是全国的判例法(precedent for all lower courts)。州最高法院每一个判决都是全州的判例法。

美国联邦最高法院(United States Supreme Court)：

·它是美国这片土地上最高级别的法院(the highest court in the land)。

·对州法院出现的联邦问题有最终发言权(Has the final word on federal issues raised in state courts)，简单来说就是在联邦重大问题上有最终发言权。可以听审州和州之间的案件(and it hears cases arising between states)。

·通过不同的案件制定判例法(The court makes law through its decisions in individual cases)。

·每年的听审期(Annual Term)：每年10月的第一个周一到次年6月的最后一个周的周末，有时延期至7月的第一周。

·只撰写一百多篇判例法。

美国联邦最高法院是法律是否合宪的最终决定者。这种权力也被称为司法审查(judicial review)。

美国联邦最高法院审理涉及美国宪法解释或者对州和联邦都具有重要法律意义的问题。美国联邦最高法院是美国宪法中特别提到的唯一的法院，它是审查上诉/中级法院的判决的上诉法院。

美国联邦最高法院层级，没有证人、证据或陪审团。它的审理过程如下：

向法官提交申诉，被称为调卷令(writ of certiorari)(调卷令在拉丁语的意思是“被通知”)。

由法官助理审查令状，向大法官提交法律摘要——律师法律意见书（legal brief）。

法官审查调卷令备忘录，并决定是否复审该案。

如果4名大法官［被称为“四人规则”（Rule of Four）］同意复审，那么这个案件将进入美国联邦最高法院的待审案件表，而上诉人将收到一项表明调卷令已被接收的法庭令。大法官们共同公开审理案件。

大法官投票表决。多数决定被总结成多数意见（majority opinion）。同意意见（concurring opinion）可能是由一名投多数意见票，但持不同理由的法官所撰写。少数决定是否会被总结为反对意见（dissenting opinion），取决于持反对意见的法官对主题和裁决的态度的强烈程度。

大法官们出具的司法判决意见书是终局性的。

美国联邦最高法院每年会对几千例请求复审的案件中的约80例出具司法判决意见书。若干司法判决意见书在发表前都经过了不下十几次的修改。

联邦和州法院所作的判决最终都可以上诉至美国联邦最高法院。

美国联邦最高法院自行决定听审的案件。这些案件涉及宪法问题和地区或巡回法院之间的冲突，即上文所述的“巡回区分裂”。

美国联邦最高法院由美国首席大法官（Chief Justice of the United States）和8名联席法官（Associate Justice）组成。首席大法官由总统提名、参议院批准。

首席大法官在美国联邦最高法院和整个联邦法院系统内还承担其他行政职责。例如，首席大法官决定，由哪位或者哪几位法官撰写特定案件的司法判决意见书。

美国联邦最高法院的司法判决意见书通常可以在最高法院的网站（http://www.supremecourt.gov）上获得。

《美国联邦最高法院判例集》（*United States Reports for the Supreme Court*）是按顺序记载美国联邦最高法院裁决的官方案例集，由美国国家印刷局（US Government Printing Office）出版。

《最高法院判例集》（*Supreme Court Reporter*）由汤森路透（Thomson Reuters）出版，包括美国联邦最高法院的裁决以及“编者按”，即法律眉批（headnote）。

10. 联邦法院和州法院的区别。每个州都既有联邦法院，又有州法院。某些案件既涉及州法律，又涉及联邦法律，此时原告就可以选择向哪个法院提起诉讼。

在联邦法院提起诉讼的案件都较为正式，因此也更昂贵、更耗时，要求的文件、出庭次数更多。因此，个人一般选择在州法院提起诉讼。

（1）联邦法院。任何州的联邦法院根据联邦法律或美国宪法审理发生在该州的案件。联邦法院审理的案件涉及：①联邦法律，如绑架、枪支、暗杀、破产、民事权利和银行业。②宪法解释和自由，如言论自由和歧视。③两个州的公民之间的诉讼标的超过 75 000 美元的诉讼。诉至联邦法院的案件可能源于：①美国联邦地区法院；②州法院；③联邦政府机关。

（2）联邦法院和州法院的管辖权（jurisdiction）。美国公民有双重身份，既是州的也是联邦的公民。对他们而言最重要的、日常打交道的是州政府，州有全面的司法管辖权，联邦是遥不可及的。普通百姓很少与联邦打交道，但在联邦能够帮助他的时候也会有所接触。当州无钱帮助时由联邦支持，大众接触的如饮食券（food stamp）和公费医疗（medicare and medicaid），当然还有其他各种联邦项目。

从法院体系上讲，联邦司法部门具有有限司法管辖权（limited jurisdiction）。州司法部门具有普遍司法管辖权（general jurisdiction）。

联邦司法体系只负责管理以下五种事项：

第一种，美利坚合众国成为当事人。刑法案件中，刑事诉讼案件的名字是美利坚合众国诉某某案，即提起公诉。也有诉合众国的，但起诉的都是某某部门。美利坚合众国也可以被起诉，即刑事案件上诉到最高法院，此时合众国就是被诉。刑事诉讼都涉及宪法。例如关塔那摩（Guantanamo）战犯问题，美利坚合众国是否拥有管辖权。犯人认为有管辖权，如果诉至最高法院就变成某某某诉合众国案。由谁应诉呢，副总检察长（Solicitor General）的职责就是替美国到联邦最高法院应诉。

第二种，涉及外国官员的案件。

第三种，两个州的公民之间的争议，自动适用联邦法院管辖权。

第四种，涉及美利坚合众国宪法问题，而解释州宪法问题则不需要。

第五种，涉及专利、版权、破产，属于联邦法院的管辖，州法院无管辖权。

联邦只负责上述五种案件。具体案件数量汗牛充栋，但就种类来说就是这五种。

州法院除了上述一、二、五种类不能管辖，其他的都能够管辖。州法院不能解释专利案件。州法院具有全面司法管辖权，只有一、二、五种类是特例。

11. 州法院。州法院根据州法听审案件。州法院的结构同联邦很像，最底层是审判法院，中间是上诉法院，最高层是州最高法院。州的立法部门可以建立并命名法院，命名州法院是州议会的权利。

州议会颁布州宪法和其他州法。州议会可以将法院命名为最高法院或者任何他们觉得合适的名称，也可以创造新的法院，这都是议会的权利。

各州的各层级法院名称不尽相同，例如：

Example of State Court Nomenclature		
This level of state court...	Is called this in Minnesota...	Is called this in New York...
Low	District Court	Supreme Court Trial Division
Intermediate	Minnesota Court of Appeals	Supreme Court Appellate Division
High	Minnesota Supreme Court	Court of Appeals

各州法院的名字不同，中间以上层级法院的判例叫判例法，但不要以法院名字判断，不能望文生义，不要自顾地判定是什么级别的法院。明尼苏达州是最普通的：最底层的叫地区法院（各郡的地区法院），中间层级的叫明尼苏达上诉法院（Minnesota Court of Appeals），最高层级的叫最高法院（Supreme Court）。纽约州是最混乱的，结构相同，但名字却乱套：最底层的名字是高等法院审判庭（Supreme Court Trial Division），中间层级的被称为高等法院上诉庭（Supreme Court Appellate Division），而最高的叫上诉法院（Court of Appeals）。从判例法角度讲是最乱的，纽约州高等法院审判庭（Supreme Court Trial Division of New York）的判决书是没有价值的，高等法院上诉庭（Supreme Court Appellate Division）也不是最高层级的法院，只是中间层级。美剧《法律与秩序》（Law and Order）中有很多情景发生于高等法院审判庭（Supreme Court trial Division），而翻译往往望文生义，译为最高法院，这是完全错误的，它只是纽约州的地区审判法院。

12. 学习检索判例法的重要性。法院体系的介绍就是为学习判例法做铺垫。学习普通法，尤其是美国法最重要的就是学习判例法，成文法接触较少，只有移民法和税法可能用到，大部分情况要与判例法打交道，尤其是在学习中。学习法律的过程就是学习判例法的过程，而不是学习成文法的过程，更不是学习法律法规的过程。学习判例法的目的是“像律师一样思考”(thinking like a lawyer)，通过阅读理解分析判例法形成思维模式 。例如喜欢读书，开始不知道哪个好，但读多了自然明白哪个好，不需要外力帮助也可以自己做出判断，什么地方对什么地方错。法律也是同理，阅读判例法的数量够了，自然会按照那种思维方式思考，自然知道怎样在不清楚的事实下迅速判断理清脉络，最后确定正确的思考方式和找出适用的法律。

（1）在普通法体系中，今天的法律是过去的法律和过去的判例的结果，一个有效的法律论断，是完全建立在以前的一个被判决的事实上，也就是站在巨人肩膀上。法律也是如此，普通法体系中不太可能找到一个前人没接触过的问题。举例来说：如果因新上市的 iPhone 电池爆炸而炸伤，提起诉讼，这似乎是新问题。但又不是新问题，因为这只是一个产品责任问题，它已有上百年非常清楚的解释定义和解决办法。

（2）普通法体系是成熟的体系。有时一些法律是模糊的，需要法官解释，也就给律师机会，有利于律师向法官提出判例法，律师的责任就是“教育”法官。

举例来说，同样是打架案件，法庭里所坐的人中对整个案子最熟悉的是律师，因为他们既掌握事实，又掌握我方论辩，又掌握对方论辩。而法官不了解事实也不知道具体适用此案的相关法律，开庭前甚至可能对案情和相关法律一无所知。但律师可能已经研究几个月，而当事人不知道牵扯到什么法律。法院就是律师的舞台。

法官必须应用以前的判例法和成文法，对现在的案子进行审判，要公平地使用，不能误用，也不允许推翻高层级的判例。如果律师反对法官的判决，案件可以被上诉。

例如在明尼苏达州，州的成文法规定，在酒精影响下不能开车（it is against the law in Minnesota to operate a motor vehicle while under the influence of alcohol ），这里采用的是“operate a motor vehicle”而不是“drive”，因为“operate”包括启动，点火后坐在里面，开关空调等等一系列程序。“a motor vehicle”“ influence of alcohol”等词都显示用词的准确性。这里醉酒、酗酒与否无关紧要，法律只关心是否受酒精的影响。血液中酒精含量达到 0.8% 就是受到影响。现在问题是怎样可以被视为“operate”？驾驶？马达在转？坐在驾驶座上然后钥匙插在启动栏上？启动后坐在里面算不算？这些问题需要由法官解释，法官不得不给出主观解释，法官根据常识、普通法、制定当时法律的意向进行判断。而律师会找出对己方有利的判例法说服法官。所以称为“教育”。如果有两个截然不同的判例法，一个不利，另一个有利。这时就要看哪个判例更有权威，强制性权威、说服性权威。如果有利的是联邦判例法，不利的是州判例法，那可置之不理。如果效力一样，怎么办？没有自己州的判例，找在效力等级上对自己有利的，但那个不利的不能不提（不能只对法院说有利的。律师职业道德要求必须提，若明知不提则犯了严重的纪律问题，有可能会被处分），但是两个判例，有利和不利的要分开，尽力表达有利的判例与自己案子相似，即虽然名字、数额不同，但法律实质是一样的。而尽量把不利的判例与本案分开，说服法官不看表象，说明两个案件是完全不同的问题。

所以说，判例法是美国普通法体系的基石。学习法律的过程是培养律师思维的过程。法律文献与信息检索的过程就是“寻找法律”（finding the law）的过程，寻找到正确的判例法的过程。

四、立法分支

在法律文献上的意义：司法分支，制造判例法；立法分支，制造成文法。

在联邦层次上，立法分支是两院制的国会，包括众议院和参议院。

在州的层次上，除了内布拉斯加州（Nebraska），每个州都有两院制的立法机关。所有的众议员和参议员都是民选产生，承担立法责任。

法案成为法典化的法律的过程是：议员把法案提交到立法部门，然后辩论投票，决定是否通过，若通过就提交给州长或总统，由他们签署才能通过。另外注意有的法律会被挑战，被公民或团体诉讼到法院。司法部门对法律进行审查，判定其是否合乎宪法。

1. 美国众议院（U. S. House of Representatives）。美国众议院也被称为国会下院，设立目的是为更广泛地代表和回应民众。每个州的众议院代表人数按人口比例分配，最少一名代表。人口最多的州是加利福尼亚州（California）、得克萨斯州（Texas）和纽约州（New York）。一些州只有一个代表［阿拉斯加州（Alaska）、特拉华州（Delaware）、蒙大拿州（Montana）、北达科他州

(North Dakota)、南达科他州 (South Dakota)、佛蒙特州 (Vermont) 和怀俄明州 (Wyoming)]。

美国众议院共有435名享有投票权的代表。全国划分为若干选区，一个选区选出一名众议员代表；每隔两年的选举也是各选区选举自己的议员。这435名代表在各州间的分配，每10年根据人口普查进行修改，以反映各州当前的人口数量。代表关岛 (U. S. Territories of Guam)、波多黎各 (Puerto Rico)、维尔京群岛 (Virgin Islands)、美属萨摩亚 (American Samoa) 和华盛顿特区 (Washington D. C.) 的5名委任代表，同属众议院议员。委任代表 (Delegate) 不具有投票权，但可以参与委员会的工作和提出、讨论立法。

为了更具代表性，每名代表每次任期两年，无连任限制。众议院议长 (Speaker of the House) 由多数党成员担任，主持众议院工作。鉴于众议院被认为更接近、更代表民众，所有的岁入法案 (Revenue Bill) (税法) 都由众议院发起。

选举出的众议员是选区利益的代言人，若选区是矿山，则该众议员全部精力会放在矿山上。众议院的设立有意更具代表性，对人们的需求反应更加迅速。说实话的都是众议员，精于政治妥协，搞平衡的一般都是参议员。众议院的体制设置就是为了真正代表人民的呼声。

每个州都在众议院根据人口数量获得一定的席位。例如，加州人口数量增加，众议员席位自然会增加。美国进行的最大规模的人口普查，就是调查各个地区有多少人口，是否需要增加设施。不仅包括饮水、交通、图书馆，同时也会相应增加众议院席位。

现在问题是非法移民拒绝登记，造成了数量巨大的非法移民不被登记在册，不被纳入社会保障体制。

顺便提一下人口普查表。该表中有一项是："请问你在现在住宅中的居住时间有多长？当你不在本住宅里住的时候在哪里住，请选择如下：①旅馆，②外国的居住地，③监狱。"这可称为是一种过于严谨引致的幽默。

美国众议院的网址是：http://www.house.gov。

2. 美国参议院 (US Senate)。

(1) 美国参议院，也被称为国会上院，设立目的是为确保各州的平等代表权。

(2) 每个州都有两名参议员，而不是以人口数量为基准。因此，即便是人口较少的州在国会中也享有平等的发言权。全院总共100名参议员。

(3) 参议员一次任期6年，是美国联邦政府中任期最长的民选官员。任期相互交错，以便每两年改选1/3的参议院席位。无连任限制。参议员可以一直做下去。最长的参议员任职三十几年。

从长远来看，参议院被认为受到公众舆论的影响比众议院更小。

美国参议院的网址是：http://www.senate.gov/.

3. 官员产生的两种方式。任命和选举，众议员是民选产生，联邦法官是任命。州法官情况复杂，最多的情况是首个任期是任命，以后的任期通过选举产生。现在的争议很大的问题是法官可否被选举，正方的观点是法官不应通过选举产生，法官代表司法公正，要防止多数人的暴政，法院体制不应是民主的机制，而应是平衡与制约。反方观点认为应该选举，一切公开透明，防止在任命过程中可能出现的腐败。

议会大选年中：在职议员如果任期届满，需要竞选连任，大部分时间会面对挑战者；如果议员离职、去世或者退休，空出的职位就会被多名挑战者竞争。如果赢得某一党内信任，就能够代表党去竞争。拥护此竞争体制的人认为，这样做能够纠正错误，继续前进。反对者认为此举将全部精力耗费在选举上，没人真正做实事。

美国副总统（Vice President of the United States）担任参议院议长（President of the Senate），不出席参议院会议，很少主持参议院辩论，但在五十对五十的情况下只在为打破僵局时才投票表决。副总统是虚职，设计目的是防止夺权。美国宪法授权国会参议院选举临时主席（president pro tempore）（拉丁语译为“一时的主席”），在副总统缺席时负责主持。多数党最资深的参议员依惯例受推举担任此职。

4. 法案（bill）如何成为联邦法律。国会的两个分支——众议院和参议院——都有立法（制定法律）职能，可以提出法案。

法案发端于观念，通常遵循下述立法程序，详见图解：

1）法案是由国会议员提出的某个人的观点、想法。

2）国会对法案进行辩论和投票。参众两院要对同一法案进行投票。岁入法案首先要经过众议院的辩论，如果获得通过，再由参议院辩论。如果法案未被国会通过，就失去了法律效力，但是可以重新起草、再次提出。如果国会通过了法案，法案就被提交至总统。

3）总统或签署或否决法案。总统如果签署法案，法案就成为法律。法案颁布之日就是法案生效之日。法案如果没有颁布日期，那就立即生效。法案如果被总统否决，将被退回国会，而国会可能以参众两院 2/3 的多数票推翻总统的否决。

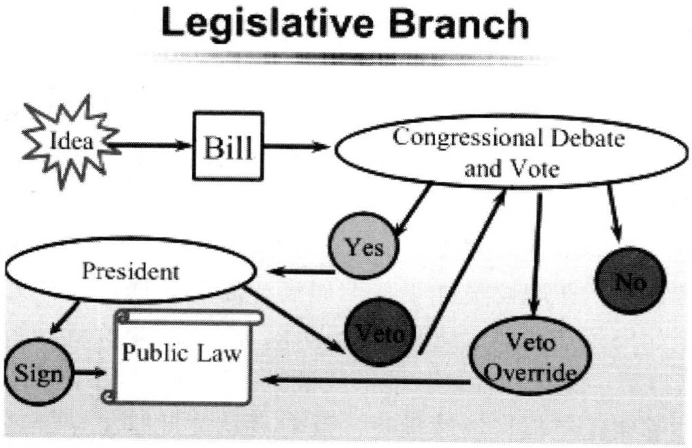

这就是想法变成法律的过程，是行政部门与立法部门的互动。法律信息的产生过程，每个词都要录音，都要存档。辩论是寻找立法意图的资料的过程，为何要立法，对人民的帮助，法官遇到模糊的问题就去找立法意图。例如说“三振出局”（three－strikes law）是要教育屡教不改的惯犯，使其永远不能犯罪；如果一个极其穷苦的人因饥饿屡次偷面包，能否被三振出局？这不符合当时的立法意图，所以在此案在正常情况下不会判刑。是否符合立法意图，由法官解释。

5. 联邦法律和国际法：以难民和庇护为例。2012 年 2 月，发生了前资深中国警官“滞留”美国驻渝总领馆一日后“自愿离开”的事件，美国国务院发言人在新闻发布会上称“我们不讨论有关难民身份、庇护等问题”（Obviously，we don't talk about issues having to do with refugee status，asylum，et cetera.）。

尽管美国承认“难民”（refugee）可以申请合法移民，但是美国驻外使领馆不接受难民申请，通常也不能给予个人政治庇护。在美国国外的难民申请者需要遵循特定程序确定其难民身份，然后以难民身份合法进入美国；而寻求政治庇护/避难（Political Asylum）的申请者（称为“避难者”asylee）则必须在美国国境内或者入境口岸提出申请。

美国国务院的人口、难民与迁移局，国土安全部的美国公民和移民服务局，及美国卫生和人力服务部的难民安置办公室在联邦层次合作难民的接收和安置工作。在处理有关政治庇护/避难（Political Asylum）的案件时候主要法律依据是美国联邦法律，特别是《1965 年移民法》、《1980 年难民法》、《1986 年移民改革和控制法案》和相关的国际公约，如 1951 年的《联合国难民身份公约》和 1967 年的《联合国难民身份公约议定书》。

美国法律中对难民的定义基本上是依照《联合国难民身份公约》，根据该公约，“难民”指的是“一个离开了本国的人（或者离开长期居住国的无国籍人士）不能或不情愿返回他/她的本国；而且不能或不情愿受到他/她本国的保护，因为他/她遭受迫害或者有充足理由担心遭受迫害，并且这种迫害是因为该人士的特定的种族、宗教信仰、民族或者国籍，从属于某一特定的社会团体，或其所持的政治观点引起的”。“难民”不包括任何指挥、煽动、协助或者以其他手段参与迫害他人——因为他人的特定的种族、宗教信仰、民族或者国籍，从属于某一特定的社会团体，或其所持的政治观点——的个人。在此定义中，“迫害”（persecution）指迫害者为惩罚被迫害者所具有的信仰或特点而加诸受迫害者身心上的伤害，比如歧视、体罚等。政府未经正当程序即剥夺一个持不同政见者的人身自由和财产即构成因政见不同而进行的迫害。“有充足理由的恐惧”（well - founded fear）指的是害怕会受到迫害的恐惧感具有合理性，申请人必须以具体的事实证实过去受到迫害或有理由相信将来会受到迫害。美国联邦最高法院在 1987 年的一个判例法中判定“有充足理由的恐惧”比“明显可能性”（clear probability）的要求低。

举证责任（burden of proof）落在难民和政治庇护申请者身上：首先，申请者必须证明他/她受到过迫害或者担心受到迫害；其次，证明这种迫害或者可能的迫害是基于至少上述的五种范畴之一；最后，申请者必须证明其本国政府介入了该种迫害，或者本国政府无法控制某种私人迫害行为。

在国境内或者入境口岸给予政治庇护称为“领土庇护”（territorial asylum），区别于“外交庇护”（diplomatic asylum），即在领土以外给予的庇护，特别是在驻外使领馆、居于另一国的海域之上的船只、另一国领空上的飞行器、另一国领土上的军事和准军事基地上所给予的庇护。世界上许多国家都允许领土庇护，接受那些想逃离迫害和灾难的难民。然而，允许个人进入外交领地以逃避地方当局是完全不同的情况。给予外交庇护可能会导致庇护国与东道国政府的严重冲突，损害了设立使领馆以促进国家之间的良好关系的根本目的。一般国家不承认外交庇护是外交法律的一部分，但有时也有例外。美洲国家组织在 1954 年签署了《外交庇护公约》，正式承认在成员国领土内允许外交庇护。

美国驻美洲国家使领馆承认也给予外交庇护，但是美国驻其他国家的使领馆只有在极其特殊情况下才给予外交庇护。特殊情况主要是基于人道主义考虑，尤其当个人受直接暴力威胁的时候。如 1789 年法国大革命期间，美国驻法国巴黎大使馆接收了大批逃离愤怒的暴民和面临断头台的法国贵族；在 1956 年匈牙利革命期间，美国驻布达佩斯大使馆给予匈牙利枢机大主教约瑟夫 · 麦泽提（Jozsef Mindszenty）政治庇护。由于苏联军队很快镇压了示威并控制局势，麦泽提枢机在使馆中居住了长达 15 年，直到 1971 年才能离开；1989 年中国天安门事件期间，方励之和李淑娴夫妇得到美国驻北京大使馆的庇护，在使馆内居住了 1 年又 20 天，直到被当局允许离开经英国前往美国居住。

美国是现在世界上每年接受难民最多的国家。每十个进入美国的合法移民中就有一个是难民身份。从 1975 年开始，联邦政府正式实施难民安置（refugee resettlement）计划，协助入境难民在美国安居就业。据联合国难民事务高级专员公署（UNHCR）的统计，1980 年以来，美国已经接受了 200 万以上的难民，包括为数不少的政治避难者。

五、行政分支（Executive Branch）

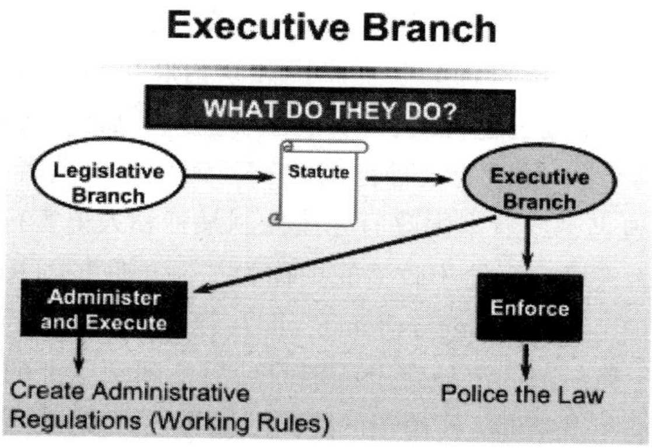

1. 行政分支的结构。美国总统是国家元首、三军统帅，也是政府行政部门首脑。总统必须是美国本国出生的公民，年满35周岁，并在美国居住满14年。美国总统任期4年，可以连任一届。总统提名任命内阁部长（Cabinet secretaries）以监管联邦政府各部门和机构。

副总统是美国联邦参议院议长、内阁成员。如果总统于任内死亡、辞职或被撤职，副总统继任总统（所以总统和副总统不能坐同一飞机或火车）。

行政部门（Executive Department）：内阁（Cabinet）帮助总统理解研究和实施政策上的问题。每个部门都由一位内阁官员领导。内阁成员由总统提名、参议院批准。大多数内阁官员拥有部长头衔。内阁中最高职位是国务卿（Secretary of State），即外交部部长。行政部门详见下表。

行政机构（Administrative Agencies），大概相当于部委的概念，是内阁部门的实施部门，是行政部门的“工作臂”，负责落实政策、制定法规，为政府和公众提供指导。行政机关是准立法的（颁布规章制度）或者准司法的［通过判例制定法律，例如全国劳资关系委员会（National Labor Relations Board）］部门。美国证券交易委员会（Securities and Exchange Commission）二者兼具。

例如国土安全部下面有很多分支，每个内阁部门都有若干个实施政策的行政实施机构。另外，这些行政机构指导其他各级政府如何实施法律。涉及“不得二次猜测”（no second guess）原则，如果政府把环保的责任交给环保署，环保署制定一系列规定，若法院在审理时提出质疑该规定是否是最合适的方法来完成环保署的责任，这就是“二次猜测”，是不被允许的。注意法院可以审查法规是否合宪，但不是审查法规是否是最合理经济的行政手段。

十五个行政部门的名称和网址如下：

1）美国农业部（U. S. Department of Agriculture）（http://www. usda. gov）

2）美国商务部（U. S. Department of Commerce）（http://www. commerce. gov）

3）美国国防部（U. S. Department of Defense）（http://http://www. defense. gov）

4）美国教育部（U. S. Department of Education）（http://www. ed. gov）

5）美国能源部（U. S. Department of Energy）（http://www. energy. gov）

6）美国卫生和公共服务部（U. S. Department of Health and Human Services）（http://www. hhs. gov）

7）美国住房和城市发展部（U. S. Department of Housing and Urban Development）（http://www. hud. gov）

8）美国内政部（U. S. Department of the Interior）（http://www. doi. gov）

9）美国司法部（U. S. Department of Justice）（http://www. justice. gov）

10）美国劳工部（U. S. Department of Labor）（http://www. dol. gov）

11）美国国务院（U. S. Department of State）（http://www. state. gov）

12）美国运输部（U. S. Department of Transportation）（http://www. dot. gov）

13）美国财政部（U. S. Department of the Treasury）（http://www. treasury. gov）

14）美国退伍军人事务部（U. S. Department of Veterans Affairs）（http://www. va. gov）

15）美国国土安全部（U. S. Department of Homeland Security）（http://www. dhs. gov）

2. 行政分支职责——执行法律（implementing and enforcing the law）。立法分支制定成文法，行政分支负责执行，以确保法律的实施。美国国会制定的法律如不执行就毫无意义。另外的一个功能是管理法律的执行，以确保立法部门的立法意图得到最大程度体现。各个行政部门都有针对特定类型法律的权力，如环境法律、银行监管和欺诈或禁毒。

行政机关为国会通过的法律提供详细信息和执行规章、规则。

1990 年《空气清洁法》（Clean Air Act）是一项覆盖了整个国家的联邦法律，是行政机关如何强制执行法律的一个良好示范。

总统指示司法部（Department of Justice）执行《空气清洁法》、指示联邦环境保护局（Environmental Protection Agency，EPA）对美国任何地方空气中的污染物的含量设定限制。各州也为法律实施开展了大量的工作。例如，某个州的大气污染管理机构可能会对违反空气污染限制的公司处以罚款。

委托人被指控空气污染，律师就需要研究已经确定的《清洁空气法》的实施规章和规则。律师要确定委托人的污染是否在联邦环境保护局规定的范围内，是否符合规章。

再如，律师可能会与该企业取得联系，以确定该企业是否符合联邦环境保护局制定的限制和法规以及环保规章。

关于法律和法规之间的关系，参见本书“美国法律文献选编和导读”章节。

六、民法和刑法法律实务基础

法律执业领域大致分为两种类型：民法和刑法。大多数律师不是民事律师就是刑事律师。还有一些律师二者兼具。美国大部分诉讼发生在民事法庭。

法律执业可能涉及业务执业或者诉讼执业：①业务执业涉及信托和遗嘱起草、合同谈判和商业交易。从事业务领域的律师比从事诉讼的多。②诉讼执业涉及原告和被告之间的对抗性活动（诉讼）。诉讼法律被高度专业化。

仅有几个州允许符合特定法律领域要求、处置过该领域一定数量的案件的人以法律某个领域“专家”的身份做广告。他们可能是民事审判专家、不动产专家、刑法专家。

1. 程序。民事和刑事法律实务都有自己遵循的一套规则和指导方针。汤森路透在《联邦诉讼实务和程序》（*Federal Practice and Procedure*）——一本二次法律资源产品——中阐述了这些程序。

《联邦诉讼实务和程序》全面介绍了联邦民事、刑事和上诉程序，包括证据规则、联邦司法系统、联邦法院的司法管辖权、管辖区域、移送管辖、州法院和联邦法院的关系、多地区诉讼等等。该出版物还对联邦法院解释和适用的每个规则进行广泛的分析。

对律师不当行为的诉讼可能围绕着没有遵循《联邦诉讼实务和程序》中详细描述的法院规则和程序法。例如，他们可能错过提交所需表格的最后期限或者可能使案件超过诉讼时效法规。

2. 民法。民法有三种类型：侵权法、合同法和财产法。大多数律师需要对这三个领域都非常熟练，因为一个案件可能涉及所有领域。

（1）侵权。在拉丁语中，侵权的意思是“扭曲”（“to twist away”）。侵权行为是民事过错行为，是对原告的人身、财产或名誉的故意或过失侵害。侵权案件中涉及要求赔偿持续作为侵害的一部分的损害的诉讼。如果被认定承担法律责任，侵权案件的被告必须赔偿损失（民事案件的被告是被认定是否承担法律责任，而刑事案件的被告则被认定有罪或无罪）。

侵权行为的示例：

· 过失侵权（negligent tort）是指造成损害的疏忽行动。有人闯红灯导致车祸受伤或者医疗事故属于过失侵权行为。

· 故意侵权（intentional tort）是指故意或者造成伤害的行为。道路暴行和诽谤就属于故意侵权。

注：保险只承保过失行为，而不承保故意行为。

（2）合同。合同是两个或两个以上的人制定的关于做或者不做特定事的义务的协议。合同不是承诺。

示例1：布拉德请求史蒂夫星期六为自己修剪草坪。史蒂夫同意了，但并未修剪布拉德的草坪。史蒂夫违背了他对布拉德的承诺。

示例2：布拉德请史蒂夫周六修剪草坪，并预付20美元。史蒂夫拿了钱，但并未修剪草坪。史蒂夫违反（违背）他与布拉德的合同。

示例1和2之间的区别在于示例2中的金钱。合同必须涉及对价（consideration），示例2中的对价是20美元。

合同的示例：

·婚前协议（prenuptial agreement）

·保险单（insurance policy）

·支票（check）

·租约，抵押合同（lease agreement，mortgage）

·竞业禁止条款（non-compete clauses）

·一些可能涉及侵权要素的合同

注：婚姻不被视是合同；相反，它是一种得到州承认的关系。担任陪审员或纳税，都不是合同。这两项都是国家义务。

对价（Consideration），足以使一个非正式的承诺具有法律约束力。对价是为交换承诺而给出的一定的价值。

（3）财产法。所有权（property）指的不是一个特定的实物，而是存在于一个物体上的权利和利益。物体的所有权不只存在于它的所有或占有，也存在于合法的、不受限制的使用、收益和处分的权利。从法律意义上，准确地讲，所有权只不过是权利的集合。

财产法涉及具有一定的价值的有形和无形财产的权利。有形财产就是金钱、土地、房屋、船只、汽车、飞机、珠宝等。无形财产就是人的名誉、对消费者的商誉、人的思维过程等。

一个法院将所有权描述为对一个事物不受限制的、排他的权利，以合法方式处置、占有、使用，并排除他人干涉的权利。

财产法源于州法，而不是美国宪法。财产权使得一个人占有财产、享受财产带来的收益、排除他人对财产的干预（使人们远离财产）、从不当获得财产权人处恢复所有权。

（4）民事领域的法律执业。每个领域都需要高度专业化的技能，所以通常律师只在一个领域执业。最有可能的是，任何有50名律师的公司的律师中通常至少有10到15种不同的执业领域。人身伤害律师通常在规模较小的公司工作。

（5）民事案件诉讼程序。民事案件诉讼程序如下：①原告对被告提出指控。②被告答辩，可能否认某些指控、承认其他的指控。③双方以书面方式进行的发现程序。双方都向对方提出问题，对方有回答的法律义务。④证人宣誓后录取证词，包括当事人。法院的判例集记录证词内容。⑤如果没有提出法律问题，法院将裁决驳回起诉。如果存在事实问题，法院将确定审判日期。⑥法律指令和判决形式由法官、原告和被告认可。这些项目包含陪审团听审后必须回答的问题，例如："是一方的疏忽?"，"疏忽造成了怎样的持续损害?"⑦审查预备陪审员。那些被认为有偏见的预备陪审员因为某些原因而受影响。陪审员不能受种族或性别的影响。⑧选定陪审团。⑨开始审理。进行开场陈述。原告先做开场陈述，被告随后。⑩原告证人作证。原告最后以最终陈述停止对该案提出证据。⑪被告可以提出证人或者主张原告没有证明案件。被告作最终陈述。⑫法官对陪审团的作出指示和判决形式。⑬陪审团评议和裁断。⑭双方决定是否上诉。案件可以在判决之日起30日内上诉。⑮当案件用尽所有上诉，判决将被提交和执行。

主要民法执业领域请看下表，同时请参见本书"美国法律文献研究工具和研究报告"一章中"美国法律分类大纲"和"West 钥匙码系统法律专题分类表和专题清单"两节。

Fields of Civil Practice 民法执业领域	
This field...	Involves the following areas of practice...
Accident and Injury Compensation and Prevention 事故和伤害的赔偿和预防	· Damages · Insurance · Products Liability · Torts and Personal Injury · Workers Compensation

续表

Fields of Civil Practice 民法执业领域		
This field…	Involves the following areas of practice…	
Constitutional Law, Individual Rights 宪法，民权	· Civil Rights · Constitutional Law	· Equal Protection · First Amendment Rights
Employment Law 雇佣法	· Collective Bargaining · Employment Law · Employment Discrimination · Unemployment Compensation	· Labor Law · Pensions · Workplace Safety · Workers Compensation
Enterprise Law 商业组织法	· Agency · Antitrust · Corporations	· Joint Ventures · Non – Profit Organizations · Partnership
Family Law 家庭法	· Adoption · Child Custody · Children's Rights · Divorce	· Estate Planning · Estates and Trusts · Insurance · Marriage
Family Law and Human Services 家庭法和政府相关服务	· Education · Food Stamps · Health · Medicaid	· Medicare · Mental Health · Social Security · Welfare
Governmental Organization, Power, and Procedure 政府组织，权力和程序	· Administrative Law · City Planning, Land – Use Planning, Zoning · Government Contracts	· Judicial Administration · Legislation · Local Government Law
Intellectual Property 知识产权	· Copyright · Patent · Trademark	· Unfair Competition · Right of Publicity/Right of Privacy
International, Transnational, Comparative Law 国际法，跨国法，比较法	· Conflicts of Law · Foreign Relations Law	· International Law · International Trade

续表

Fields of Civil Practice 民法执业领域		
This field...	Involves the following areas of practice...	
Law of Commercial Transactions 商事交易法	· Banking · Bankruptcy · Commercial Law · Consumer Credit · Contracts · Debtor and Creditor	· Landlord – Tenant · Mortgages · Negotiable Instruments · Real Estate Transactions · Sales · Secured Transactions
Law Relating to Particular Activities or Business Sectors 专门职业法律	· Admiralty · Agriculture · Alcohol, Tobacco, and Controlled Substances · Aviation · Banking	· Communications · Education · Food and Drugs · Hotels and Restaurants · Insurance · Health
Property, Natural Resources, Environment 财产法，自然资源和环境法	· Environmental Law · Pollution · National Resources	· Real Property · Real Estate Transactions
Public Benefits, Health and Human Services 公共福利，医疗保健和政府相关服务	· Education · Food Stamps · Health · Medicaid	· Medicare · Mental Health · Social Security · Welfare
Taxation 税务	· Estate and Gift Tax · Income Property	· Property Tax
Topics Important to Particular Groups of Individuals 特殊人群类法律	· Disability Law · Immigration and Naturalization Law	· Indian Law · Mental Health Law

3. 刑法。检察官或辩护律师会处理的犯罪的例子有：谋杀、夜盗罪（burglary）、共谋（burglary）、毒品和藐视法庭（contempt of court）。前四个涉及成文法。藐视法庭是一种主观罪行——触怒法官的行为，如咒骂法官、直呼法官的名字、不专业地（粗暴地）与法官争论、缺席陪审团或经传唤而缺席作证。

在被高度宣传和关注的 O. J. 辛普森案件中，一个人可以在刑事案件中被判无罪，但在民事案件中要承担责任。

刑事诉讼与民事诉讼的区别，请看下表：

Civil and Criminal Litigation Comparison 民事与刑事诉讼比较		
	Civil Law 民事	Criminal Law 刑事
Amount of litigation 诉讼案件数量	The majority of litigation in the United States occurs in civil court about civil matters. 主要是民事	
Trial by jury 是否由陪审团审判	Civil cases can involve juries. 可能	Criminal cases can involve juries. 可能
Burden of proof 举证责任	The burden of proof is a preponderance of evidence. Preponderance means superior in weight, power, or number. The judge will rule with the side that shows the most effective evidence in terms of quality and quantity. 充分证据原则	The burden of proof is beyond a reasonable doubt. If a reasonable doubt exists as to the guilt of a person, then the person must be acquitted. A person is protected against double jeopardy. This means that if acquitted, the person cannot be charged again for the same crime. 超越合理怀疑原则
Plaintiff 原告	The case is advanced typically by a private person. The plaintiff is a person who usually is the victim of the damage, injury, or breach of contract.	The case is advanced by the government. The victim of the crime is a witness. The defendant is indicted (charged with a crime) by a district attorney in the state system or by a grand jury in the federal system.

续表

Civil and Criminal Litigation Comparison 民事与刑事诉讼比较		
	Civil Law 民事	Criminal Law 刑事
Defendant 被告	The defendant can be compelled (forced) to testify.	The defendant cannot be compelled and has no obligation to testify. A person has a fifth amendment right against self – incrimination, which means the prosecution must prove the case with witnesses.
Evidence 证据	More is allowed to be permitted as evidence in a civil case.	There are more safeguards around what is allowed as evidence in a criminal case because the court wants to avoid imprisoning a person unfairly or improperly.
Verdict 判决	The defendant is found "liable" or "not liable" for the damage/injury.	The defendant is found "guilty" or "not guilty" of the crime.
Punishment 惩罚	If found liable, the defendant must provide compensation to the plaintiff for the damage/injury. Imprisonment is not an option.	If found guilty, the defendant must serve punishment by imprisonment (or in some cases death). Compensation is not awarded to the plaintiff in criminal law. Federal crimes are usually punished more severely than state crimes.

II. 法律文献与信息检索（Legal Research）

一、法律信息的定义（Definition of Legal Information）

法律文献就是数据（data），它们被处理为某种有意义的数据。

法律信息就是“被加工成有意义的形式”的数据：

1. 表达法律。这里的“法律”是指受到符合规范所建立的、有效标准的、政府实体影响的一个规范或多个体系化的规范，并适用于个人或实体，对此政府实体法律资源加以利用，“法律”可能在现在或以前是有效的（that express law, where “law” means a rule or rules within a system of rules, effected by a governmental entity in accordance with rules establishing the criteria of validity of rules within that system, and applicable to persons or entities over which that governmental entity exercises authority. “Law” may be currently or formerly effective）。

2. 表达法律相关的内容（that express something about law）。

3. 表达与实践、管理、评判、创造、执行、教学、学习或研究涉及法律相关的一个或多个人；或者与法律实践、管理和裁判有关的一个或多个组织或机构（that express something about one or more individuals who work in connection with the practice, administration, adjudication, creation, execution, teaching, or study of, or research respecting law; or about one or more organizations or institutions in connection with which law is practiced, administered, adjudicated, made, executed, taught, studied, or researched）。

4. 这些数据被用于支持一种法律表述（to the extent those data are used in support of an expression about law）。

5. 通过与实践、管理、评判、创造、执行、教学或学习或研究涉及法律相关的一个或多个人或者通过与法律实践、管理、裁判、制定、执行、教授、学习或研究有关的一个或多个组织或机构来表达某些内容（that express something by one or more individuals who work in connection with the practice, administration, adjudication, creation, execution, teaching, or study of, or research respecting law; or by one or more organizations or institutions in connection with which law is practiced, administered, adjudicated, made, executed, taught, studied, or researched）。

6. 表达一些关于 2、3、4 或 5 类别中的数据的内容（that express something about data in categories 2 3, 4or 5）。

二、英格兰法律评论（*Commentaries on the Law of England* by Blackstone）

法律信息不断变化、不断产生。当前无论是学生，还是律师法官，如果想了解法律问题，不但要熟悉各种法律信息的形式，还要知道从哪里寻找。法律信息是一个不断演化的过程，这一过程要求活到老学到老，不能一劳永逸。

200年前，在美国做律师，只要拥有一部普通法经典以及布莱克斯通所著的《英格兰法律评论》就可以了，所有律师需要的信息都在这两卷书中。可以说，“18世纪，有了此书《英格兰法律评论》、桌子和墨水就可以当律师了”。

此书的第一卷已经有了汉语译本，此书对合同法、财产法、侵权法和刑法都有非常精辟的见解，至今仍然有很高的参考价值。

三、法律资源和信息的基本分类（Legal Information in a Nutshell）

中国的法学学生习惯于只从二次法律资源出发研究法律问题，这是一个非专业的态度 。二次法律资源本身不是法律，只是经过加工的与法律有关的信息。如果法律研究只研究二次法律资源，法律文献与信息检索只检索二次法律资源，无异于隔靴搔痒，甚至本末倒置。

法律文献与信息检索，首要目的就是告知研究法律问题的基本思维和方法论。解决法律问题，第一需要寻找法律问题：寻找证据，确定领域，在既有的法律体系中界定问题；第二是寻找适用法律，然后对其分析、得出结论。如果原始法律资源严重匮乏，也可以引用二次法律资源。例如虚拟空间的合同纠纷问题，怎么处理，成文法没有规定，判例法也没有规定，此时只能检索二次法律资源。而如果问题是非法搜查和羁押，有丰富的判例法，那就没有必要引用二次法律资源。在原始法律资源匮乏时，才可以有限度的使用二次法律资源。

下面概论法律资源和信息的分类。

1. 第一类是原始法律资源（primary authority），本身就是法律（law），具有法律效力。判例法（case law）、宪法（constitutions）、成文法（statutes）、法规（regulations）、规章规定（rules）等本身就是法律，就是一手权威。

2. 第二类是二次法律资源（secondary authority），是二手权威，所有对一手权威进行评论和分析的是二手权威。包括：

（1）法律工具书：词典和百科全书。

（2）论著（treatise）。例如麦考米克《论证据法》（McCormick *on Evidence*）。

（3）实务指南（practice materials）。如房地产律师实务指南、移民律师实务指南，每个律师手边几乎都有某种实务指南。

（4）法律重述（Restatements）。法律重述是指美国法学会每隔一段时间组织律师、法官和学者，对某个法律领域进行梳理，撰写而成的准法典性质的权威著作。法律重述当前作为对某个法律问题最重要的集大成者，具有准法典的效力，虽不是法律，法院却以此作为参考。在美国法院，一般来讲，论辩时若通篇引用二次法律资源，案件必输无疑，而且有可能被判藐视法院。但是在法律文件里面或者庭辩的时候引用法律重述，则是完全允许的。这就说明了法律重述在法律文献中的重要地位。

关于美国法学会，参见本书美国法律文献研究工具和研究报告中的《美国法学会》一节。

从法律研究的角度讲，从二次法律资源开始必须终结于原始法律资源。评判学术是否规范，应看其参考文献是否首先列举原始法律资源。

（5）法学期刊（law reviews）。每个法学院都有若干期刊，美国没有学生刊物，美国校园所有刊物都是正式学术刊物，由学生做编辑，负责最基本的校正、引证工作。这些刊物刊载的都是知名教授写的、非常严肃的学术文章，如《哈佛法学评论》（*Harvard Law Review*）。

（6）《美国法律报告》（*American Law Reports*, *ALR*）。这套书包含上千卷，以法律问题作为经纬结构。任何法律问题都是被研究过的，本书的任务就是把所有重要的法律问题予以汇编。

3. 第三类是检索工具和更新工具。

（1）检索工具包括文摘（digest）（根据法律问题编成的书籍）、索引（lndex）和其他技巧性的东西。

（2）更新工具是关键引用（keycite）。

第一种是文摘（digest）。检索判例法的工具，如美国文摘体系。

第二种是索引类（index）。检索成文法或法典的工具。

第三种是判例目录（table of cases）。任何法律文章或法律论辩意见中都应有判例目录，把所有判例法按照法律效力的等级排列清楚。

第四种是法律援引（keycite）。如关键引用 Keycite，说明法律是好的法律、出现问题的法律或是已被推翻的法律。使用 Westlaw 时应注意：蓝旗，法律没问题；黄色应仔细看，可能有争议，可能出现与判例意见不同的判例；红色，可能被推翻、没有法律效力。

四、原始法律资源（Primary Authority）

原始法律资源本身就是法。汤森路透（Thomson Reuters）使用这个术语描述首要权威、判决和直接来源是政府机构的法律。原始法律资源是由政府机构制定，并由政府和诸如汤森路透这样的公司出版发行。主要包括宪法类（联邦宪法和州宪法）、条约、成文法、条例法规和命令、行政命令及判例。

1. 宪法类（constitutions）。

2. 条约（treaty）。分为两部分，一部分是总统签署认可的行政协议（Executive Agreement），另一部分是议会通过成为法律的可执行的国际条约。条约不能直接运行，必须由国会颁布相关的行政法规把条约变成法律的一部分。

3. 成文法（statutes）。议会通过的法律，包括联邦国会两院和各州议会通过的法律。

4. 条例、法规和命令（regulations，rules，and orders）。条例包括《联邦民事诉讼程序条例》（Federal Rules of Civil Procedure）、《联邦刑事诉讼程序条例》（Federal Rules of Criminal Procedure）、《联邦证据规则》（Federal Rules of Evidence）和《联邦上诉程序条例》（Federal Rules of Appellate Procedure）。

比较 2010 年 11 月，最高人民法院、最高人民检察院、公安部、国家安全部、司法部联合下发了《关于加强协调配合积极推进量刑规范化改革的通知》，其中要求，侦查机关、检察机关要高度重视调查取证工作，不但要注重收集各种证明犯罪嫌疑人、被告人有罪、罪重的证据，而且要注重收集各种证明犯罪嫌疑人、被告人无罪、罪轻的证据。2013 年 11 月，中国最高法院 11 月 21 日发布《关于建立健全防范刑事冤假错案工作机制的意见》，重申在司法审判中应当放弃刑讯逼供的做法，并在有限程度上对法院上下级关系做出调整，要求下级法院不得就事实和证据问题请示上级法院。

这是中国证据法学的进步。从 2010 年之后理论上讲，凡是刑讯逼供的证据不应予采用，但问题是在该文件下发前刑讯逼供的证据是可以使用的。中国至今没有证据法，所以也没有证据法基本原则。美国有排除原则（Exclusion Rule），所有非法逮捕、关押、刑讯逼供而获得的证据必须排除。

举例说，警察看某甲不顺眼，就要求其出示证件，在证件合法的情况下，又要求开包，发现包里有优盘，于是检查优盘，然后发现优盘里有电子版的反动书籍。警察于是马上把证据移交国家机关，对某甲以非法携带意图颠覆国家物品的罪名提起公诉，后某甲被判刑。这种情况在美国是绝对不能发生的，因为没有合理根据和合理怀疑，警察最开始就无权要求某甲出示证件。即使警察这样做了，根据“毒树之果原则”（fruit of poisonous tree），该证据也应该被排除（excluded）。但是中国并非如此，在此文件颁发前，只要警方认为是真证据就可采用。

美国的这四部条例都属于程序法。一般来讲，法律由国会制定，但是这四部程序法属于特例，全部由联邦最高法院颁布。

为什么会有保障程序公正的程序法？为什么由完全独立的最高法院颁布程序法？

国会代表民意、代表全社会多数人的利益制定实体法，因此采用民主原则立法。但是程序法与实体法存在区别，程序法不对具体的法律问题发言，规范的是在程序中应如何走每一步。如果将程序法交给代表多数人利益的议会去制定，后果是最大可能地制定造成少数人没有任何申诉机会的程序。如果把程序法交给多数人，多数人肯定会保护多数人的利益，最大可能压制少数人。所以程序法不能由多数人制定。这四项条例由联邦最高法院聘请委员会，包括律师、法官和教授撰写程序，然后由最高法院通过而成为国家的根本法律。防止多数人的暴政，这是程序法中应注意的一点。另外，《联邦民事诉讼程序条例》的目的是平衡州和联邦利益，背后的逻辑是防止联邦权力过大，限制联邦政府权力，不能使联邦政府变成集权主义。最高法院制定程序，是因为人们把最后的信任放在最高法院，这是对国家根本体制的信任，如果对此怀疑，国家就会陷入宪法危机。

5. 行政命令（Executive Orders）。

6. 判例法（Case Law）。

从来源上看，原始法律资源有三个来源，这三种来源的原始法律资源都具有汤森路透（Thomson Reuters）出版的作为立法成果的产品。例如：

· 立法部门发布法律和成文法/法典（法规编纂）。

· 行政部门，即管理部门，发布行政命令、行政法规和规章。

· 司法部门发布司法判决意见书（opinion）（即判例法）。

立法部门：

1. 成文法/法典/法典法：联邦或州立法机构通过的法律，用以声明、要求或禁止某些事项。

2. 规定（ordinance）。效力很低。市级规定由市议会制定，法律在此级别上是有效的，主要涉及区域划分（在美国小镇中，市政会会把全市分为商业区、住宅区、红灯区等，各个区的功能都是明显区分的，中国的底商情况在美国是极少出现的）、建筑、安全等。

行政部门：

1. 行政命令（executive orders）目的是解释执行或对宪法某条文、法律或国际条约进行解释执行，或给予行政影响。行政命令很多情况下是仪式性、象征性和礼节性的，例如全国无烟日、全国带孩子上班日（National Take Your Child to Work Day）。行政命令无需立法机构的批准，因此很多情况是有争议的。

2. 行政法规和条例（administrative regulations and rules）。由政府各个部门为实现法律的目的而发布规则和命令。例如，美国内地税务局（Internal Revenue Service）的规定适用于联邦和州两级的税法，设于一些州的自然资源部（Department of Natural Resources）规定州一级的狩猎季节，环境保护局（Environmental Protection Agency）可以制定适用本州的更严格的汽车尾气排放法规。还有，议会制定《清洁水法》，美国环保局就要制定行政法规来规定怎样符合清洁水标准。

司法部门：

1. 法庭令（order）。法官就特定的问题作出的判决或指令。例如，女性对于前男友的骚扰可以向法院申请临时禁止令，要求其保持一段距离，如果他进入此距离，就可以报警将其扣留。临时禁止令（temporary restraining order，TRO）就是禁止某个人的某些特定行动的司法命令。临时禁止令同时还可以适用很多事情，例如车祸、拍卖。公众把信心放在法院上，认为法院是公平正义象征，能最大程度保护公民利益。

2. 判例法/普通法/司法意见判决书：法院的最重要功能是制定判例法。判例法是根据先例中的类似案例判决案件的一种方法。判例法（case law）也被称为司法判例（judicial precedent），是法官通过解释先前的判例法、成文法/法典及其他法律权威而创制的法律（judge-made law）。司法判决意见书的重要特点是必须公开发表，由公众评论、阅读，向社会解释原因、法律依据、逻辑推理和政策考量。如果说法院决策过程是秘密机制，但其最后判决的功能是公开透明机制，法官的判决是透明的。其他法官可以支持判决，可以反对判决，也可以部分同意部分反对。这些都是公开的，任何法院会有多数意见和少数意见，很多年后这些少数意见可能推翻多数意见而成为判例，这都是机制运转中的正常情况。

原始法律资源可以具有强制性权威（mandatory authority）或说服性权威（persuasive authority），即在司法决断过程中的效力是必须遵循，或者可以选择性遵循。所有根据原始法律资源作出的判决的撰写和执行必须遵循美国宪法。

原始法律资源信息分类和相关法律信息产品见下表：

政府分支	机构	工作	信息产品	政府出版物	汤森路透（Thomson Reuter）出版物
立法分支 Legislative Branch	联邦众议院 联邦参议院 各州议会	制定法律	成文法（Statutes/Laws）	成文法单册（*Slip Laws*）； 《美国大法典》（*United States Statutes at Large*）； 《美国法典》（*United States Code*，*U. S. C.*）	联邦层次： 《美国联邦法典国会和行政新闻》（*United States Code Congressional and Administrative News*，*U. S. C. C. A. N.*）； 《美国法典注释版》（*United States Code Annotated*，*U. S. C. A.*）；

续表

政府分支	机构	工作	信息产品	政府出版物	汤森路透(Thomson Reuter)出版物
					《美国法典注释版索引》(*U. S. C. A. Index*)《美国法典注释版更新》(*U. S. C. A. Pocket Parts*);州层次:以时间顺序出版的各州法(*State session laws*);各州法典,州法典索引,州法典更新(*State Statutes/Codes, Indexes, Pocket Parts*)
行政分支 Executive Branch	总统 副总统 行政部门 行政机构 州长 州政府	实施、执行和贯彻法律	行政命令(Executive Orders);行政法规和条例	《联邦公报》(*Federal Register, F. R.*);《联邦行政法典》(*Code of Federal Regulations, C. F. R.*)	联邦层次:《联邦公报》(*Federal Register, F. R.*);《联邦行政法典》(*Code of Federal Regulations, C. F. R.*)
			(Admin-istrative Regulations and Rules)		州层次:各州行政规章和行政法典(State Administra-tive Regulations/Codes)

续表

政府分支	机构	工作	信息产品	政府出版物	汤森路透（Thomson Reuter）出版物
司法分支 Judicial Branch	美国联邦地区法院	审判	司法判决（Judicial Opinion）	判决书单册（Slip Opinions）	《联邦诉讼规则判决集》（*Federal Rules Decisions*; *F. R. D.*）；《联邦法院补充判决集》（*Federal Supplement*）；各专门法院判决集（*Reporters for Specialty Courts*）
	美国联邦上诉法院	上诉	判例法（Case Law）	判决书单册（Slip Opinions）	《联邦判例集》（Federal Reporter）
	美国联邦最高法院	终审	判例法（Case Law）	判决书单册（Slip Opinions）；《美国最高法院判例汇编》（*United States Reports for the Supreme* Court）	《最高法院判例集》（*Supreme Court Reporter*）
	州法院系统各级法院	审判；上诉；终审	司法判决和判例法（Judicial Opinions and Case Law）	判决书单册（Slip Opinions）	各地区判例集（Regional Reporters）；各州判例集（State Reporters）

五、二次法律资源（Secondary Authorities）

二次法律资源，或法律分析（analytical law）指的是解释或分析原始法律资源的法律信息产品。二次法律资源被视为律师、法学教授和其他法学专家对原始法律资源的注解，或“编者按”（editorial enhancements）。二次法律资源本身并不是法律。

二次法律资源是对原始法律资源的评判、分析、讨论、解释甚至批判；但永远不可能达到说服性权威以上的权威程度。法律权威分强制性权威、说服性权威和无关性权威。强制性权威：例如甲乙到法院打官司，涉及侵权法问题，甲引用普罗瑟教授《论侵权法》（*Prosser on Tort*）的重要章节和最高法院法官的回忆录中关于侵权法的章节，这些内容最多只能达到说服性权威，因为它们是二次法律资源，如前文所述，只有原始法律资源才是法，才可能具有强制性权威。

如发生在第九巡回上诉区加州的经济纠纷，加州的相关判例法和第九巡回审判区、合众国的相关判例法是强制性权威，第八巡回审判区华盛顿州的州法是说服性权威，第八巡回审判区的相关判例也是说服性权威。二次法律资源永远达不到强制性权威。理论上讲原始法律资源可以引用，二次法律资源不得引用，但存在特例。

汤森路透研发、提供了许多二次法律资源信息，因为它们在帮助律师理解法律和法院审理的案件方面非常宝贵。二次法律资源的分类如下：

从法律效力上排序，二次法律资源中法律效力最高的是法律重述（Restatement）（在这里，法律效力高低指的是在法庭中是否适于被引用以支持法律论辩）。

重述是美国法学会（American Law Institute，ALI）（私立机构，由律师、法官和法学教授组成的非实体性机构）每隔一段时间组织律师、法官和学者，对某个法律领域进行梳理、撰写而形成准法典性质的权威著作，作为对此法律问题在当前最重要的集大成者，具有准法典效力。但它们不是法律，在法院可以被参考。检索重述的问题可以直接进 Westlaw 数据库，先去法律百科全书阅读，然后通过交叉索引进入重述的数据库。建议侵权和合同先从阅读法律重述开始。法律重述在二次法律资源中位于最高地位。

二次法律资源中法律效力次高的是法律百科全书（legal encyclopedias）。

法律百科全书（legal encyclopedias）由编辑作品构成，法律百科全书与典型的百科全书一样，总结了按字母顺序排列的各种法律专题。百科全书是对法律概念的解释。

法律百科全书又分为两种：第一种是《美国法律百科全书》（*American Jurisprudence*，简称 *Am Jur*），《美国法律百科全书》是汤姆路透关于美国法律的大百科全书，涵盖许多领域，既有实体方面，又有程序方面。1962 年开始出版的一套美国法律的大百科全书，现行版本超过140卷。《美国法律百科全书》包括大量引用汤森路透其他出版物的研究，其中包括《美国法律百科全书》的姊妹出版物：《美国法律百科全书——审判卷》(*Am. Jur. Trials*)，《美国法律百科全书——事实确认卷》(*Am. Jur. Proof of Facts*)，《美国法律百科全书——诉辩和审判文书卷》(*Am. Jur. Pleading and Practice Forms*)，《美国法律百科全书——法律文书卷》(*Am. Jur. Legal Forms*)。《美国法律百科全书》也被收录在Westlaw®在线法律数据库内。

第二种是《美国法律释义》(*Corpus Juris Secundum*，简称*C. J. S.*)。

《美国法律释义》(*Corpus Juris Secundum*，*C. J. S.*)是另一种百科全书类出版物，它对法律的各个领域，包括正在演变的，都予以详细阐述，并对判例法和原始法律资源加注脚注。《美国法律释义》每年增补更新，以反映现代法律的发展。当增补达到一定量时，整卷会定期修订和再次发行。《美国法律释义》也被收录在Westlaw®。

美国法律释义是一部美国法律的百科全书，它对由公布判例和颁布立法发展而来的现代美国法律进行了详尽的阐述。美国法律释义涵盖了包括民事和刑事法律、实体法和程序法、联邦法和州法等四百多个法律主题。这些法律主题按照字母顺序排列，帮助您了解不熟悉的法律领域，或更新已掌握法律的知识体系。美国法律释义中的每一篇都针对某一个法律问题介绍相关的法律原则，对目前相关法律的理解，帮助您对这一法律主题快速、全面地了解。每一法律主题的相关判例覆盖了全国各司法管辖区。按照辖区范围排列的案例便于读者了解当地的司法机构。本书是大部分美国学生学者进行法律问题学习的一手工具。

法律工具书有三个层次：

(1) 定义法律术语的字典，如《布莱克法律大词典》(*Black's Law Dictionary*)，也属于二次法律资源。遇到陌生词汇要查布莱克法律词典。《布莱克法律词典》第八版经全球知名的词典编辑家加德纳（Bryan A. Garner）编辑，目前是法律领域最权威的工具书，也是每个法律从业者所必备的工具书。它收录了超过43 000条解释和3000条引文，大量法律相关的缩写词和首字母缩略语，以及5300多条单词的不同拼写方式和同义词。

(2) 法律百科全书，内容是法律概念。如合同禁反言（promissory estoppel）。见上述《美国法律百科全书》(*American Jurisprudence*) 和《美国法律释义》

(*Corpus Juris Secundum*)。

(3)《美国法律报告》(*American Law Reports*，简称 *ALR*) 是法律工具书的最高境界，解决的是真正的法律问题。例如，在没有暴力行为但有非法监禁的情况下，法院是否采纳犯人的自供证言。

二次法律资源中法律效力排第三的是属于法律注释性质的《美国法律报告》。

《美国法律报告》的权威低于法律百科全书、高于法学评论文章。它是综合性的法律文章，对某法律问题进行全方位的梳理，不具有很强的法律效力。写备忘录或律师意见书时，不得引用低于权威的内容，尤其在法院问题上不能引用，否则将被判藐视法院罪。但在完全新颖的问题上，判例法、成文法全无此时《美国法律报告》是可以引用的。《美国法律报告》关于这个法律问题解释的很清楚，书中还会有律师所写的相关文章。这些文章全文在 Westlaw® 中都有。这是美国法律注释领域的最权威著作，多达一百多卷。法律注释是专业律师或法官对重要法律问题进行的全面梳理和分析，往往是长达百页的专文，覆盖该问题所有的案例法的法条。

二次法律资源中法律效力排第四的是法学论述和专著（text and treatise）。

论述（text）和专著（treatise）一般是法学专著，分析特定的法律领域，如合同法和侵权法，一般是由法学教授撰写，非常厚，但学生版可能是简本。专著经常是多卷本。顶级学者撰写的经典著作会有很高的价值，但如果不是顶级学者的集大成著作，则价值有限，除非是在全新的领域。例如新撰写的关于合同法的论述不见得有很高价值，但如果是虚拟空间的合同法则会有新的价值。

二次法律资源中法律效力排第五的是法学评论文章（law reviews)。

任何法学院都有本学院法学评论，也有其他科目的专门法学期刊，例如明尼苏达大学《国际法评论》(*Minnesota Journal of International Law*)，哈佛大学法学院《商业法评论》(*Harvard Business Law Review*) 等等。

法学评论中发表的文章很有可能是新颖的法律问题，没有新意的很难发表。如果遇到新颖的问题，首先检索法学评论；如果是成熟的问题则检索法律重述、法律百科全书。例如，没有告知米兰达规则的情况下，犯人告诉警察家里有大麻，如果诉至州最高法院，律师认为不能采用该证据，而警察坚持必须采用，法官应如何判定？法律检索的顺序是从二次法律资源出发，最后回到原始法律资源法律权威上，而不能从二次法律资源出发并终结于二次法律资源。

二次法律资源法律效力最低的是律师执业指导用书（Practice materials)。

律师执业指导用书（“How-To” Practice Books）为律师提供基本执业材料，本质上更具有可操作性，很受欢迎。例如，这类产品解释如何实际应用某种类型的法律，如何获得口供，如何提出答辩，如何书写和提交请求，以及如何询问证人。汤森路透的执业指导书包括手册、执业系列（将各州手册按司法管辖权区汇编）和执业指南。

此类书实用性强同时也很昂贵。它也有相关 Westlaw 数据库。如果单独找模块，推荐《美国法律百科全书——法律文书卷》（*Am. Jur. Legal Forms*）的数据库，所有可能用到的法律文件都有可以参考的样本。

除此之外，法学学生教学辅助用书（Student Learning Books）可被称为二次法律资源：可分为概要（nutshell）、初学入门书（hornbook）。概要（nutshell）就是对特定课程的简短概括和分析。初学入门书则较为全面，很多是论著的缩写本，对正在学习的特定法律列出大纲和分析，对案例教学法用书（casebook）是很好的补充。全美 200 余家法学院教学的主要教材是案例教材（Casebook）。主要系列有：美国案例教材系列（American Casebook Series）和大学案例教材系列（University Casebook Series）。

六、成文法出版

根据前面所讲的程序，首先议员提交法案，经过充分辩论等程序由总统签署后，电子版通知议会印发。很多情况下是单页纸的形式，每隔一段时间由政府办公室和商业机构将单页纸印成一本，然后把它们放入《美国法典》不同的主题中，这就是法典化过程。这是从法律概念到在法律中找到自身定位的过程。

法案一旦成为公法，就被赋予一个公法编号，以便参考、引用。

115 STAT. 272　　PUBLIC LAW 107–56—OCT. 26, 2001

Public Law 107–56
107th Congress

An Act

Oct. 26, 2001
[H.R. 3162]

To deter and punish terrorist acts in the United States and around the world, to enhance law enforcement investigatory tools, and for other purposes.

Be it enacted by the Senate and House of Representatives of the United States of America in Congress assembled,

Uniting and Strengthening America by Providing Appropriate Tools Required to Interrupt and Obstruct Terrorism (USA PATRIOT ACT) Act of 2001.
18 USC 1 note.

SECTION 1. SHORT TITLE AND TABLE OF CONTENTS.

(a) SHORT TITLE.—This Act may be cited as the "Uniting and Strengthening America by Providing Appropriate Tools Required to Intercept and Obstruct Terrorism (USA PATRIOT ACT) Act of 2001".

(b) TABLE OF CONTENTS.—The table of contents for this Act is as follows:

上图所示即为公法编号 P. L. 107 – 56。

开头都是 P. L. （公法），紧随其后的是国会会议号（2001 年至 2002 年，在任的是第 107 届国会），再之后的是法案的时间序号。P. L. 107 – 56 表示的第 107 届国会通过的第 56 部法案或法律。

注解：P. L. 107 – 56 是美国爱国者法案（USA PATRIOT ACT）［也被称为爱国者法案（Patriot Act）］的公法号，这项反恐法案于 2001 年 10 月 26 日由美国国会通过，起因是美国所遭受的 9 · 11 恐怖袭击。该法案的名称是“使用适当之手段来阻止或避免恐怖主义以团结并强化美国的法律”（Uniting and Strengthening America by Providing Appropriate Tools Required to Intercept and Obstruct Terrorism）的首字母缩写。该法案包含关于监视和移民的具体法律。

议会成文法系列丛书和法典检索：由于议会成文法系列丛书（也被称为法律服务）是按时间顺序排列，律师要找到公法编号 P. L. 107 – 56，首先需要找到 107 届国会的法律，然后再找这届国会通过的第 56 项法案或法律。

在法典中，律师则要通过主题（例如《爱国者法案》）检索 P. L. 107 – 56。律师通常根据主题，而不是时间来检索；因为律师可能并不知道法律通过的时间，所以议会成文法系列丛书对律师而言实用价值有限。

颁布法律［单行本法（Slip Law）、议会成文法系列丛书（Session Laws）、法律编纂所成成文法/法典（Codification of Laws into Statutes/Codes）］。制定一部有效的法律的一个重要步骤是使受法律约束的人们知道法律的要求。美国的法律一经通过立即颁布，以使公众清楚知晓并以此指导自己的行为。若不知晓法律就无从抗辩。法律一经颁布，公众就被推定知晓和遵守。

颁布的法律分为三种类型：单行本法，议会成文法系列丛书，法律编纂所成成文法/法典。

（1）单行本法。法律通过后不久，就以单行法的形式向公众发布。早期，单行本法是通过法院即时发布的文件对外公布。现在，单行本法几乎都在立法机构的网站即时发布。

（2）议会成文法系列丛书。当单行本法累积到一定数量，就会被颁布为议会成文法系列丛书，将立法机关在其任期内制定的法律实体予以汇编。议会成文法系列丛书按法律通过的时间顺序列印。议会成文法系列丛书有时也被称为“立法服务”（legislative service），它是一个按时间顺序编排的法律版本。

在整个立法任期，议会成文法系列丛书通常以小册子的形式定期发布。任期结束时，议会成文法系列丛书则以一个更长久的形式发布。

（3）法律编纂所成的成文法/法典。美国众议院法律修订委员会（Law Revision Council of The House of Re – presentatives）［也称为法律修订委员会（Law Revision Counsel）］主持制定《美国法典》。法律修订委员会由众议院议长任命。

依靠法律专家的帮助，法律修订委员会将国会通过的法律的各个部分按照《美国法典》的50个主题，予以重组、编纂。

《美国法典》的出版

自1926年，《美国法典》由美国国家印刷局（Government Printing Office）每六年出版一个新的版本。在上下两个版本之间，每年都会累积出版增补册。

法典编纂是系统化收集和整理州或者国家的法律的过程，最后形成法典、修订法典、成文法或修订成文法。所有这些术语都指向相同的产物——按主题或主体划分的法律。法典的颁布示例如下：

（1）《美国大法典》。由议会出版，简称STAT，是议会通过的所有法律的最权威的资源，没有经过任何变化，没有打散、没有修正，只是把所有的成文法按年代顺序、按通过的时间排列在一起。1874年国会把所有出版大法典的权力移交美国国家印刷局（Government Printing Office）。美国国家印刷局的网站相当于很大的法律的储藏室，随时供有兴趣的公众和研究人员取阅。法律检索在中国不是一个学科，一是因为法律年轻，二是制度建设中没有此种机制。在中国，内部文件是无法看到的。而在美国，几乎所有的政府法律文件都是公开的，这是对知情权的尊重。

（2）《美国法典》（*United States Code*，*U. S. C.*）。《美国法典》是一部将美国联邦一般和永久性的法律按主题进行编纂的法典。它被划分为50个大的主题。法典索引为律师的研究提供进一步的帮助。《美国法典》是根据特定的主题发布的系统编纂（整理）的法律的官方文件。

《美国法典》主要是按50个主题（编）的字母顺序排列，这些主题由众议院决定、如下表所列。汤森路透的专家就《美国法典》的结构咨询国会众议院。

《美国法典》的50个主题请见本书“美国法律文献研究工具和研究报告”部分。

美国法典专门的索引卷，帮助检索相关的法律，按照字母顺序排列，而非法律问题的重要性。《美国法典》是由众议院议长指定法律修正律师或顾问将议会通过的法律置入法典中。每套书都有相关数据库，使用《美国法典》这个数据库，首先从二次法律资源中找到引证号，然后输入引证号检索数据库的原文。

注：《美国大法典》与《美国法典》的关系是，一样的基本内容，不同的编排顺序。《美国大法典》是按照年代排序，《美国法典》是分散置入各个主题。《爱国者法案》通过后，其所有不同的规定属于不同的主题，所以被截取出来置入相应章节中。

（3）《美国法典注释》（*United States Code Annotated*，*U. S. C. A.*）是汤森路透比照《美国法典》所作的产品，但包括法学专家的“编者按”（editorial enha－ncements）（注释），主要是对法律颁布的评论和注解——而不是对法律本身。

《美国法典》全部卷数只相当于《美国法典注释》的1/5，由此可见“编者按”的数量。法典索引为律师的研究提供进一步的帮助。

（4）《明尼苏达州成文法注释》（*Minnesota Statutes Annotated*）是对明尼苏达州（State of Minnesota）法律的编纂。

总之，原始法律资源加上编纂、“编者按”就等于成文法/法典注释。

七、行政机构的法律出版

行政分支包括白宫及其内阁和下属行政机关。

《联邦公报》（*Federal Register*，*F. R.*）

刊载所有被提案准备发表和所有政府行政部门建议和通过成为永久性的条例，每天政府都发布各种条例，《联邦公报》每日出版。在线版本放在美国国家印刷局（http://www. gpoaccess. gov/fr/index. html）。所刊载的规章按时间顺序排列。

《联邦行政法典》（*Code of Federal Regulations*，*CFR*）

《联邦行政法典》是对《联邦公报》刊载的规则、规章的汇编（按主题分类）。《联邦行政法典》是检索《联邦公报》所刊载信息的一个简便方法。美国国家印刷局出版《联邦行政法典》，并且提供免费在线服务（http://www. gpoaccess. gov/cfr/index. html）。

《联邦公报》与《联邦行政法典》的关系也如同《美国大法典》和《美

国法典》之间的关系。行政机构的法规也按年代和有效性编排。《联邦行政法典》是法典化的机制，它把《联邦公报》的法律、法规和条例按主题划分，实现法典化，是寻找《联邦公报》相关法律的简单化，由美国国家印刷局出版。

《联邦公报》、《联邦行政法典》都是由联邦公报处办公室［隶属美国国家档案馆（National Archives and Records Administration）］编辑、美国国家印刷局出版。汤森路透也提供这些产品，但仅限于电子形式。各州由各州指定的部门出版，并可以在 Westlaw®获得。

八、司法分支的法律出版

司法部门的职责

如果某项法律被法院认为是含糊不清的或违反宪法的，那么该法就不能实施。尽管法院宣布该法无效，但国会可以选择对该法进行修订。

此外，为确保法律遵循美国宪法，法院也要确保法律的实施是符合宪法的。例如，如果证据是通过非正常渠道取得，法院将裁定不采纳该证据。

美国联邦法院系统的结构变化跨越了整个美国历史。

司法分支是法律信息的最大生产者，每天不断地撰写、产生无数的法律，这些都是原始法律资源。

现今联邦法院系统分为三个层级的法院：

下层由美国联邦地区法院（U. S. District Court）组成，也被称为联邦审判法院（federal trial court）或审判法庭（just trial court）。

中层是美国上诉法院（U. S. Court of Appeals），也被称为上诉法院（appellate court）、中级法院（intermediate court）或巡回法院（circuit court）。

最上层是美国联邦最高法院（U. S. Supreme Court），也被称为终审法院（court of last resort）。美国联邦最高法院也是上诉法院。

联邦法院系统的设定初衷是确保法官的独立——自由地作出总统和国会可能不同意的裁决，而无需对总统和国会负责。法官不会因为所作的裁决而被处罚或免职。

所有美国联邦法院的法官由总统任命、参议院批准，终身任职。法官如果犯了严重犯罪或轻罪，可能会被免职。

注：联邦法官是独立的；但是他们没有完全脱离权力制衡体系。他们由总统任命、参议院批准，国会为法院提供经费。

注：各州任命法官的程序有所不同。

美国国家印刷局出版《美国联邦最高法院判例集》（*United States Reports for the Supreme Court*），是按年代顺序排列判决的精装合订出版物。

九、政府法律信息出版物和汤森路透法律出版物

美国联邦政府和各州政府经常发行原始法律资源的文本。包括上诉法院的判决、立法机关制定的成文法以及行政机关颁布的规定。这些文件都属于公共领域，没有版权限制。汤森路透（Thomson Reuters）也可以出版同样的信息。汤森路透是美国许多司法管辖权区的法律方面的“官方出版商”。

汤森路透出版物往往比政府出版物更实用，原因有二：第一，汤森路透出版物通常更通用。第二，汤森路透对这些公共领域的信息予以编辑，使其更易理解。例如，《美国法典》（*United States Code*）（由美国联邦政府发行）刊载联邦成文法文本；而《美国法典注释版》（*United States Code Annotated*）（由汤森路透出版）还包括帮助理解或解释法规的司法案例摘要和对其他解释性渊源的引用。

汤森路透在不同的司法管辖权区的法律出版物的形式是一致的。联邦成文法以议会成文法系列丛书的形式按时间先后顺序出版，然后按照主题汇编成为成文法典。美国联邦法规刊载于按时间先后顺序编排的判例集中，然后按照主题汇编成为行政法典。联邦判例刊载于判例集，并随后被编为文摘索引。50个州司法管辖权区，或多或少，都采取上述方式。因此，一旦你掌握了如何使用一个司法管辖权区的检索工具，你就能够使用所有司法管辖权区的检索工具。

十、汤森路透（Thomson Reuters）的法律出版

汤森路透以 Westlaw 闻名。Westlaw 的创办者是约翰·B. 韦斯特（John B. West），1872 年 West 先生与其兄弟霍雷肖（Horatio）在圣保罗市成立 West 出版公司，他们是全美最早也是唯一的出版法律意见书的公司，它把明尼苏

达州法院的判决书整理、加注注释出版。开始时的出版物是《法律摘要》(*Syllabi*)，后来扩展到中西部七个州的判例法，最后发展到全国的判例法，形成全国判例集系统。在美国法律界有至高无上的地位。Westlaw 是 West 出版物的在线版本。具体可参见本书美国法律文献研究工具和研究报告中《West 的故事》一节。

1. 立法部门法律信息。汤森路透出版联邦立法机构的立法信息：

·《美国国会和政府法典报道》(*United States Code Congressional and Administrative News* , *U. S. C. C. A. N.*)

·《美国法典注释版》(*United States Code Annotated* , *U. S. C. A.*)

·《美国法典注释版》索引（*U. S. C. A. Index*）

·《美国法典注释版》补遗（*U. S. C. A. Pocket Parts*）

《美国国会和政府法典报道》是 West 的出版物，它对议会成文法系列丛书进行注释，按年代顺序的检索，应从议会成文法系列丛书着手。

《美国法典注释版》是按主题分类的《美国法典》的注释版，由法律专家对成文法进行评论、分析，用判例注释后的出版物，具有与之对应的数据库。

West 出版的各州议会成文法系列丛书（State Session Laws），各州成文法/法典（State Statutes/Codes），各州成文法/法典索引（State Statutes/Codes Indexes）和各州成文法/法典补遗（State Statute/Codes Pocket Parts）。

（1）《美国国会和政府法典报道》。《美国国会和政府法典报道》(*U. S. C. C. A. N.* 读作 U－Scan) 刊载国会通过的议会成文法系列丛书。议会成文法系列丛书（也被称为“立法服务”）根据法律通过之日期的时间顺序排列。

《美国国会和政府法典报道》的特点：

·议会成文法系列丛书按国会通过的日期的时间顺序排列（而不是根据主体）；

·记载历史立法信息，如每一届国会议员的姓名、任职的委员会、投票情况；

·比美国国家印刷局出版的刊载国会会议法律的《美国大法典》(*United States Statutes at Large*) 的信息更丰富。

《美国国会和政府法典报道》是确定国会会议成果、发现会议期间的关注点（主题）和趋势的一个很好的资源。

法律的起草者——国会议员和赞助者、院外游说者和律师使用《美国国会和政府法典报道》，而法律执业的法律事务代理人则不太可能使用《美国国会和政府法典报道》，因为他们更喜欢通过主题进行法律检索。

（2）《美国法典注释版》（*U. S. C. A.*）。《美国法典注释版》和《美国法典》（*United States Code*，*U. S. C.*）类似，《美国法典》是法律汇编成的成文法/法典，并分类为按字母顺序排列的50个主题。

《美国法典注释版》比《美国法典》更全面，因为它包含法律专家的"编者按"（注解），增加了对法律的注解和评论，而不只是法律本身。

《美国法典注释版》被认为是一个集合。50个主题被认为是《美国法典注释版》这个集合的子集。每一个主题/子集都有自己的索引，可能包含多个卷。

注：美国国家印刷局每六年出版一个新的版本的《美国法典》，包括修订版。有些主题包含的内容很多，需要分成几卷。汤森路透必要时会重新编译并重新出版《美国法典注释版》的精装卷。

《美国法典注释版》的特点：

· 国会通过的议会成文法系列丛书按主题或题材排列（而不是按时间顺序）；

· 出版相应的索引，被认为是汤森路透的检索工具；

· 库引用（library reference），即原始法律资源和二次法律资源的交叉引用——就像法律评论文章——包含相关或有用的信息；

· 注释判决，即对判例法（法官法）的引用和简单概要，是对部分成文法/法典的解释；

· 补遗。

《美国法典注释版》索引

索引是帮助执业律师有效地进行法律检索的另一种工具。汤森路透每年出版《美国法典注释版》索引的软皮装卷。目前共有九卷。《美国法典》的每一个主题都有其自己的索引。

《美国法典注释版》补遗

补遗是对《美国法典注释版》的更新，每年春天出版，以囊括国会在会议结束时通过的法律。

补遗被装入相应的《美国法典注释版》合订本的封底的书套或口袋中。

（3）汤森路透的州立法的法律出版物。和联邦立法机构一样，汤森路透的州立法法律出版物既有按时间顺序排列的，又有按主题分类的。

每个州都有责任颁布自己的法律。大多数州的议会成文法系列丛书和成文法/法典可以在公共网站上获得。也有许多州选择汤森路透作为签约出版商，出版本州的立法。

汤森路透出版的州立法的法律出版物可以分为以下几类：

· 议会成文法系列丛书
· 州成文法/法典
· 州成文法/法典索引
· 州成文法/法典补遗

这些法律产品的定义、特点和适用性将在下文汤森路透法律产品快速参考中予以说明、概括。

（4）议会成文法系列丛书。议会成文法系列丛书（也被称为立法服务）是将州议会期间的法律按通过日期（而不是按主体）的时间顺序刊载的法律出版物。根据会议期间通过的立法数量，必要时会定期出版新卷。各州的立法会议各不相同。例如，美国明尼苏达州，州议会于每年一月到五月举行会议。

议会成文法系列丛书的典型示例包括：

· 亚利桑那州议会成文法系列丛书（Arizona Sessions Laws）
· 密歇根州议会成文法系列丛书（Michigan Legislative Service）
· 明尼苏达州议会成文法系列丛书（Minnesota Session Laws Service）
· 密苏里州议会成文法系列丛书（Missouri Legislative Service）
· 纽约州议会成文法系列丛书（New York Sessions Law Service）
· 俄亥俄州议会成文法系列丛书（Ohio Legislative Service）

议会成文法系列丛书出版物可能包含历史立法信息，如议会的每个立法委员的名称、任职的委员会和投票情况，否决咨文、公告、宪法修正案草案，对近期已决案件的案例说明，研究和实务资助，法律的字母顺序表，立法亮点，以及受新法影响的成文法目录表。

所有议会成文法系列丛书都是确定州议会立法成果、发现会议期间的关注点（主题）和趋势的一项很好的资源。

法律的起草者——州议员和赞助者、院外游说者和律师——使用议会成文法系列丛书，因为他们更喜欢通过主题进行法律检索。而从事法律执业的律师不太可能使用议会成文法系列丛书。

（5）州成文法/法典注释。州成文法/法典注释出版物是由议会成文法系列丛书加注法律专家的注释而成。这些出版物的确切名称根据司法管辖区的不同而有所变化。

根据各州的需要，汤森路透定期重新编写新的平装本或精装本。

例如：

· 亚利桑那州修订版成文法（Arizona's Revised Statutes）

· 肯塔基州成文法注释鲍德温版（Baldwin's Kentucky Revised Statutes Annotated）

· 康涅狄格州一般成文法注释（Connecticut General Statutes Annotated）

· 纽约州法律统一注释麦金利版（McKinney's Consolidated Laws of New York Annotated）

· 密歇根州合编法律注释（Michigan Compiled Laws Annotated）

· 明尼苏达州成文法注释（Minnesota Statutes Annotated）

· 宾夕法尼亚州成文法伯顿版（Purdon's Pennsylvania Statutes）

· 伊利诺伊州合编成文法注释“史密斯 – 赫德版”（Smith – Hurd Illinois Compiled Statutes Annotated）

· 得克萨斯州成文法和法典注释维农版（Vernon's Texas Statutes and Codes Annotated）

· 佛罗里达州成文法注释 West 版（West's Florida Statutes Annotated）

注： 鲍德温、麦金利、伯顿、史密斯 – 赫德是前任出版商的名称。如果这些名称有足够的辨识度和信誉，那么产品就会继续使用这些名称。许多新的出版物使用 West 的名字。

州成文法/法典特点：

·议会成文法系列丛书是按主题或题材编排（而不是按时间顺序）

·出版相应的索引，被认为是汤森路透的检索工具

·交叉引用，即原始法律资源和二次法律资源的交叉引用，如法律评论文章，包含了相关的或有用的信息

·注释判决，即对判例法（法官法）的引用和简单概要，是对部分成文法/法典的解释

·补遗，将在本节进一步解释

州成文法/法典的注释产品有助于有效和彻底地研究法律。

州成文法/法典注释索引

每个州成文法/法典注释出版物都有索引。索引一般每年全部以软皮卷出版。

州成文法/法典注释补遗

补遗是州成文法/法典注释出版物的更新产品。

补遗是州议会结束后出版的软皮装小册子、装入州成文法/法典注释出版物封底的书套或口袋中。

2. 行政部门法律信息：《联邦公报》和《联邦行政法典》。《联邦公报》和《联邦行政法典》在美国国家印刷局的网站都能获得，Westlaw 中也有相应的数据库。联邦的法规在这里可以检索到。

汤森路透出版有关行政机构的以下联邦行政管理法律法规信息：

·《联邦公报》（*Federal Register*，*F. R.*）

·《联邦行政法典》（*Code of Federal Regulations*，*CFR*）

《联邦公报》和《联邦行政法典》都是由联邦公报处办公室（隶属于美国国家档案馆）编译、美国国家印刷局出版。

汤森路透只出版电子形式的整套的《联邦公报》和《联邦行政法典》。

（1）《联邦公报》（*Federal Register*，*F. R.*）。《联邦公报》刊载行政机关发布的、试行的和永久的规则、条例。刊载内容按时间顺序排列。

《联邦公报》是日刊，并可以在美国国家印刷局的网站免费获得。

《联邦公报》在 Westlaw®也可以获得。相关信息每日更新。比起美国国家印刷局的版本，用户通常更喜欢 Westlaw®的版本，因为 Westlaw®是他们熟悉的一种具有更强大检索功能的工具，并能够链接到外部、内部参考。因此，通过 Westlaw 能够更容易检索和研究行政法律信息。

总体而言，汤森路透不提供《联邦公报》的“编者按”（注解）；但是，汤森路透也致力于广泛专门法规的编纂，如税务条例的律师编辑。

《联邦公报》是明确新规则、试行规则、联邦政府机关和组织机构公告，以及行政命令和其他总统文件的一个很好的来源。

汤森路透只出版电子形式的《联邦公报》和《联邦行政法典》，是因为巨大的信息量和不断的修订。

这些信息的电子出版对用户而言更实用，同样也因为用户具有网上检索的能力。

（2）《联邦行政法典》（*Code of Federal Regulations*，*CFR*）。《联邦行政法典》是对《联邦公报》上刊载的规章制度的汇编（按主题编排）。美国国家印刷局出版《联邦行政法典》，并同样提供免费的在线产品（http://www.gpoaccess.gov/cfr/index.html）。

汤森路透通过 Westlaw®和只读光盘（CD - ROM）提供《联邦行政法典》产品。

使用《联邦行政法典》检索行政法律信息更容易，对研究法律、执业的律师也更实用。

（3）汤森路透州行政法规/法典。汤森路透出版许多州的行政法典。这些出版物的确切名称因司法管辖区的不同而有所不同。例如：

- 《纽约州行政法规和条例集》（*New York Code of Rules and Regulations*，*NYCRR*）（读作 *knicker*）
- 《弗吉尼亚州行政法典》（*Virginia Administrative Code*）

3. 司法部门法律信息。

（1）引证号（Citation）。每个判例法都有一个引称号（citation number）。如，123N. W. 456 表达的意思是：第一，这是《西北部地区判例集》中的判例；第二，这是州法。全国判例法系统标示的都是州法，p 是指太平洋地区中所有州的判例法。全国判例法系统实际上七套大型判例集，包含全部的判例法。

州法是分区发表、分区注释，每个判例集是 West 按照自己的分区方法划分，是有说服力的法律根据。如果明尼苏达州没有判例法，西北部地区其他州的判例法是有说服力的法律权威。所以，要牢记中间的缩写，知道哪个缩写是哪个州。

2. 2d 和 3d 是指第二系列、第三系列。看到 P3D 是指太平洋地区的当代州法，看到 NW2 要知道是西北部地区 7 个州的当代州法。区分全国判例汇编系统图与 13 个巡回审判区的分区图。全国判例汇编系统是州法，而巡回审判区是联邦法。

在案例汇编系统中每个案例都有一个引称。例如，赫伯特诉 50 州城案（Hebert v. City of 50 Lakes）一案的引称是 744 N. W. 2d 226，意思是：

· 744 指的是在案例汇编中的卷号；

· N. W. 指的是《西北部地区判例集》系统；

· 2d 指的是《西北部地区判例集》第二系列；

· 226 指的是在卷中的页号。

引称就是案例的地址。如果律师向法院提供了一个案例作为先例，律师必须向法院提供这个案例的特定的引称，以便法院找到该案例。

（2）钥匙码系统（Key Number System）和文摘（Digest）。随着 19 世纪美国法律体系的快速扩大，检索特定主题的案件已经成为一个不小的问题。为了解决这个问题，West 出版公司的创始人约翰 · B. West（John B. West），开发了一个包含两个主要部分的系统：

· West 公司将美国许多司法管辖权区的案例以合订的判例集形式出版。

· West 公司开发了一个以钥匙码（key numbers）将法律分为若干主题（如“机动车”或“合同”）、再将主题细分为若干副主题的分类系统。

紧随眉批编号的是汤森路透的律师编辑将眉批分类而成的广泛的法律主题。主题之后就是钥匙码。钥匙码代表主题的一个特定的方面或部分。例如，在“共同保有”（Joint Tenancy）主题下，钥匙码 6 表示生存者权利。汤森路透律师编辑在所有适用的主题和钥匙码之下对眉批进行分类。

钥匙码文摘（key number digest）：案件的眉批分类成书就是文摘，这些书是按主题和钥匙码编排的。实际上，文摘的每一行文本都是眉批。在文摘中找到主题和钥匙码后，律师可以在 Westlaw® 上检索主题和钥匙码和快速找到所有相关的案例。一本钥匙码文摘就是一个判例集索引。

所有汤森路透文摘的法律点分配到的钥匙码是统一的；因此，既可以检索案例所在的司法管辖权区范围内的主题，又可以检索司法管辖权区范围外的主题。

汤森路透钥匙码文摘系统被称为《West 美国法文摘系统》(West American Digest System)。

West 出版公司将主题和钥匙码系统应用于、刊载于判例集的案例上。在这些判例集中钥匙码由一个钥匙号码和一个钥匙符号的图形组成。

如果没有判例集和钥匙码，检索案件和判例、讨论法律的类似之处将会非常困难。美国全国判例集系统（National Reporter System）将美国联邦和州的判例法汇编成一个紧密的法律实体，从而能够在管辖权区内部和跨管辖权区进行法律检索。美国全国判例集系统不仅包含了法院判决，还包含汤森路透的律师编辑的“编者按”。

全国判例集系统和钥匙码的分类和列表参见本书“美国法律文献研究工具和研究报告”中相关章节。

（3）判决意见书单行本（Slip Opinion）。和单册司法判决书（Slip Copy）美国每年判决的案件约300万例。案件判决后不久，该案件的判决意见单行本就由法院送交至政府储存图书馆（Federal depository library）。有时几乎是立即，但一般是在几个小时后，Westlaw®就以单册司法判决书的形式发布判决意见书单行本。从判决意见书单行本向 Westlaw®传输信息时，汤森路透未经法院允许甚至不能改变一个拼写；否则，单册司法判决书将不被视为原始法律资源。

单册司法判决书被认为是原始法律资源——法院对案例的司法意见和判决。单册司法判决书虽然收录在 Westlaw®中，但是未经汤森路透律师编辑的编辑加工。

（4）先期出版册（Advance Sheet）。经过缜密编辑之后，其中可能花费六至八周的时间收录案例，汤森路透的律师编辑以先期出版册的方式完善和发布添加“编者按”的单册司法判决书。编辑加工包括对案例的总结和眉批，本节将详细说明。

先期出版册和其他司法管辖权区、其他时段的先期出版册放置在一起。先期出版册以软皮册的形式出版。根据法院的司法管辖权和活动，先期出版册可能每周出版。

案例积累达到一定数量，先期出版册就以相应的永久硬皮装的案例汇编形式出版。例如，明尼苏达州和西北司法管辖权区的先期出版册每周刊载在《西北部地区判例集》(*North Western Reporter*) 上。

Westlaw®包含先期出版册的所有信息，并能够为律师每天自动提供涉及特定法律执业的新的案例。

(5) 案例格式 (摘要，眉批，司法判决意见书)。案例汇编系统内的每一个案例开头是摘要，然后是眉批和司法判决意见书 (原始法律资源)。

· 摘要 (synopsis)：摘要由汤森路透的律师编辑撰写。大多数提要包含下级法院法官的名字和裁决、该法院的判决和撰写司法判决意见书的法官的名字。

· 眉批：汤森路透的律师编辑在眉批处确定案例的法律问题并讨论每一个问题。一个眉批通常是一个句子，开头是一个黑体的数字，然后是主题名称和钥匙码 (定义见下文)。眉批具有编号，以便律师将眉批作为案例内容的一览表使用。司法意见判决书的正文对应的眉批编号写在括号里。括号内的数字表示正文的部分内容总结出的一个特定的眉批。

· 司法意见判决书：眉批下面是未添加任何注释的准确的法院判决意见书单行本。

(6) 眉批 (Headnote)。眉批是汤森路透的编辑为法院判决文本的特定法律点添加的简短总结，以帮助读者解释司法判决意见书的重点。

眉批位于司法判决意见书的开头，以帮助律师明确特定的司法判决意见书是否包含任何能够适用于他们目前研究的案件的要素。

如果没有眉批，律师就不得不阅读完整的司法判决意见书。

法律不存在于真空之中。法律和诉讼反映一个社会的价值、需求、希望和恐惧。所以，通过研究过去的诉讼案件的内容和性质，以及法庭是如何裁判这些案件的，我们可以相对准确地认识过去的社会，认识该社会的价值观和社会的思路。我们研究 West 法律眉批 (West Headnotes)，并由此追溯美国人对中国和华人 (包括中国人和在美华裔) 的态度和认识的演变。

从法律眉批中看法律，首先要了解什么是法律眉批和它们是怎样被编写出来的，然后才可以理解法律眉批如何帮助我们理解美国法律。

对于美国的律师或者法官来说，理解法律问题、研究确定适用法律的资源有很多，如议会颁布的成文法、政府部门颁布的法规、地方机构制定的章程制度等等，但最重要的美国法资源是法庭判例。根据“遵循前例”(stare decisis) 原则，美国的法院需要遵守较高法院在过去判决中所制定的“判例”

(precedents)。因为美国法院经常需要对未被成文法和法规所涉及的法律问题进行裁决，而且法院经常需要对成文法或者法规的意义进行解释、澄清、甚至修订，所以“判例”自然成了法院审理新案件的最佳参照系。

“判例”具有强大的约束力效应，所以律师们经常需要寻找判例来支持他们的论辩，法院也需要寻找判例来支持其判决。美国的法律工作者在进行法律文献与信息检索的时候，第一个需要面对的问题就是：“在 1789 年以来的数以百万计的美国法庭判决中，我怎样找到与我面前的案例相关的一个或者多个判决（判例）?”

答案就是 West 法律眉批（West Headnotes）。

汤森路透所属的 West 是美国最古老和权威的法律出版社。从 1876 年起，West 的律师编辑们就开始从司法判决书的文本中寻找“法律点”(points of law，具有判例法效力的判决要旨)。每当在某个案子中寻找到一个“法律点”，律师编辑就撰写一条“眉批”(headnote) 来概述该“法律点”。当 West 随后出版司法判决书/判例法的时候，这一判例中的所有法律点都会以眉批的形式列在判例文本之前。律师和法官等在进行法律文献与信息检索的时候，可以先行浏览这些法律眉批，迅速判断出这个判例是否包含与他们目前的案件有关的法律点。

为进一步协助法律文献与信息检索工作，West 的律师编辑们将法律眉批分类整理。分类的标准是被尊为“美国法律索引”的“West 钥匙码系统”(West Key Number System)。该系统将全部的美国法律分为四百多个主题，下分十万多个法律问题，中间包含若干中间层级。从上到下所有层级和问题都有相应的钥匙码标配。在分类法律眉批时，律师编辑们把每一条撰写出来的眉批都标上相应的钥匙码号码。这样一来，律师和法官们可以通过钥匙码系统迅速寻找到与某一特定法律问题相关的法律眉批和相应的判例法。“钥匙码系统”已经有一百多年的历史，它有效地帮助了美国法律工作者在汗牛充栋的判例法体系之中进行有条理的检索。

一个多世纪以来，West 出版集团的律师编辑们总共撰写了两千四百多万条法律眉批，来总结判例法中的要旨和法理。West 出版集团现在拥有一千多位律师编辑，其中有 107 位专职撰写、编辑和分类法律眉批。

法律眉批是对法律的陈述，不是事实陈述或逻辑原理。法律眉批陈述法庭对某一特定法律领域的一般陈述（“抽象眉批”）或者是在某一特定事实环境下对法律问题的处理（“具体眉批”）。法律眉批不涉及假设问题，而是真实案件中提炼出来的法律精华。法律眉批有别于法条引用、史实注释或者具体的协定。抽象眉批是对法律一般应用的陈述，所以绝大多数情况下呈现为现在时态。具体眉批是根据具体案件事实对法律应用的陈述，所以绝大多数情况下呈现为过去时态。法律眉批或者是抽象的，或者是具体的，不可能出现混合的情况。

法律眉批总结判例法中的某一特定判决要旨和法律点，语言简明扼要，分类逻辑清晰，便于法律工作者和研究者迅速地理解法律原则。法律眉批用法律专业语汇提供相关事实、法庭裁决和案件各方的关系。

法律眉批工作的本意是帮助律师和法官寻找和理解法律，一百多年来的法律史也证明了从法律眉批出发进行法律文献与信息检索是非常有效的法律研究方法。另一方面，法律眉批也提供了一个独特的视角来看法律的发展和演化，因为它们是判例法的浓缩和提炼。

通过法律眉批来观察法律的演变也有一定的局限性：首先，法律眉批本身不是法律，它们只是经过编辑加工的判例法中的法律点；其次，没有任何一个单独的法律眉批可以提供某一特定时间段内美国法的整体图景。这是因为美国法中司法管辖权问题非常复杂，联邦制造成双重和多重法律体系并行不悖：某一州法庭的判例法只在该州有约束力（binding），其他的州可能会有完全不同的判决或者根本没有判例可循。而且，判例法也可能日后被上级法院推翻。

（7）示例：律师如何使用主题、钥匙码和文摘。

示例：一个律师的委托人在明尼苏达州驾驶途中，为避让一群流浪狗而在道路上急转弯。这个行为导致委托人被抛出车外，而车上的乘客现在对委托人提起了诉讼。要研究先例，律师应该：①获得关于汽车的明尼苏达州文摘（Minnesota Digest）。②检索“汽车”（“Automobiles”）一章。③审查“汽车”一章中包含的主题。例如，“过失使用机动车的责任”（“Liability From Negligent Use of Motor Vehicle”）就是一个主题。④审查“过失使用机动车的责任”主题下的副主题。其中一个副主题是“在高速公路受伤”（“Injuries From Use of a Highway”）。⑤审查“在高速公路受伤”这一主题的下一级主题。其中一个副主题是“骇人的动物”（“Frightening Animals”），在这个副主题的下一级主题中有一个是“无法控制动物”（“Animals Not Under Control”）。

⑥注意到“无法控制动物”的钥匙码是 177。⑦在 Westlaw 检索主题和钥匙码以获得司法管辖权区范围内的相关案例，必要时，也包括司法管辖权区范围外的案例。

（8）判例集的类型。全国判例集系统由不同系列的判例集组成。同一系列的判例集的卷是连续编号的。当一版丛书变得过于庞大时，新系列将从第 1 卷开始［例如，《联邦补充判例集》第 999 卷（999 F. Supp.）之后是《联邦补充判例集》第二系列第 1 卷（1 F. Supp. 2d）］。

汤森路透出版以下几种刊载美国联邦地区法院选取的司法判决意见书的产品：

·《联邦诉讼规则判例集》（*Federal Rules Decisions*，*F. R. D.*）是刊载美国联邦地区法院所作的有关解释或适用《联邦证据规则》、《联邦民事诉讼规则》和《联邦刑事诉讼规则》的判决的判例集。

·《联邦法院判补充判例集》包括选定的美国联邦地区法院的司法判决意见书。“未出版”的美国联邦地区法院的判决不包括在任何出版的判例集中，但通常可以在 Westlaw® 的网站和各种商业和公共资源上获得。相关先期出版册每周出版。

引证示例：5 F. Supp. 225

·专门法院的判决刊载在专门的案例汇编上，如《破产判例集》（*Bankruptcy Reporter*）和《军事审判判例集》（*Military Justice Reporter*）。专门法院的先期出版册每两周出版，必要时则编译成硬皮卷。

美国联邦上诉法院的判决刊载在《联邦法院判例集》（*Federal Reporter*）。先期出版册每周出版，并在积累到使每卷案例数量相等的案例时汇编成硬皮卷出版。

引证示例：333 F. 2d 120

美国联邦最高法院的判决刊载在《最高法院判例集》（*Supreme Court Reporter*）。先期出版册每周出版。

引证示例：99 S. Ct. 331

州法院的某些判决刊载在地区判例集系统内（Regional Reporter System）。地区判例集总是包括州最高法院的判决。一些地区判例集还包括州上诉法院的判决。审判法院的判决很少刊载在区域判例集上，因为这些判决并不需要撰写司法判决意见书。先期出版册每周出版。

地区判例集系统共有 7 个地区：

·《大西洋地区判例集》（*Atlantic Reporter*）包括康涅狄格州、特拉华州、华盛顿特区、缅因州、马里兰州、新罕布什尔州、新泽西州、宾夕法尼亚州、罗得岛州和佛蒙特州。

·《东北部地区判例集》（*North Eastern Reporter*）包括伊利诺伊州、印第安纳州、马萨诸塞州、纽约州和俄亥俄州。

·《西北部地区判例集》（*North Western Reporter*）包括爱荷华州、密歇根州、明尼苏达州、内布拉斯加州、北达科他州、南达科他州和威斯康星州。

·《太平洋地区判例集》（*Pacific Reporter*）包括亚利桑那州、加利福尼亚州、科罗拉多州、夏威夷州、爱达荷州、阿拉斯加、堪萨斯州、蒙大拿州、内华达州、新墨西哥州、俄克拉何马州、俄勒冈州、犹他州、华盛顿州和怀俄明州。

·《东南部地区判例集》（*South Eastern Reporter*）包括佐治亚州、北卡罗来纳州、南卡罗来纳州、弗吉尼亚州和西弗吉尼亚州。

·《西南部地区判例集》（*South Western Reporter*）包括阿肯色州、肯塔基州、密苏里州、田纳西州和得克萨斯州。

·《南部地区判例集》（*Southern Reporter*）包括阿拉巴马州、佛罗里达州、路易斯安那州和密西西比州。

关于全国判例集系统，参见本书“美国法律文献研究工具和研究报告”中“全国判例集系统图示”一节。

广义的美国全国判例集系统（National Reporter System）包括所有美国案例法，无论是联邦法院还是各州法院的司法判决。韦斯特（West）是美国大部分司法管辖权地区的官方案例法出版者。所有的案例均经过资深律师编辑的加工处理，编写了高水平的眉批、和内容摘要等，成为标准的案例法出版体例。全国判例集系统包括 133 种判例集：联邦各系列（美国联邦最高法院判例集，美国联邦上诉法院判例集）；大区系列（西北地区判例集等）；各州系列（明尼苏达州判例集等）；主题系列（军事法庭判例集、破产判例集等）。本系列是美国所有法律图书馆的必备图书，是法律文献与信息检索的第一步骤。

与全国判例集系统直接相关的是美国文摘系统（American Digest System）。美国文摘系统是案例法中编者注和眉批等按照法律主题或者司法管辖权地区等的结集。这样利于法律工作者对某一特定法律问题在某特定司法管辖权地区的历史、发展和现法律情况有全面和深刻的理解。文摘以“钥匙码”系统编卷，所以兼有法律指南和索引的功用。美国文摘系统包括335种文摘：全国范围105种；联邦部分103种；加州15种；纽约州13种等等。美国文摘系统是律师、学生和学者深入研究、学习美国法律的总指南。

现在全国判例集系统和美国文摘系统都已经全文收入Westlaw和WestlawNext。

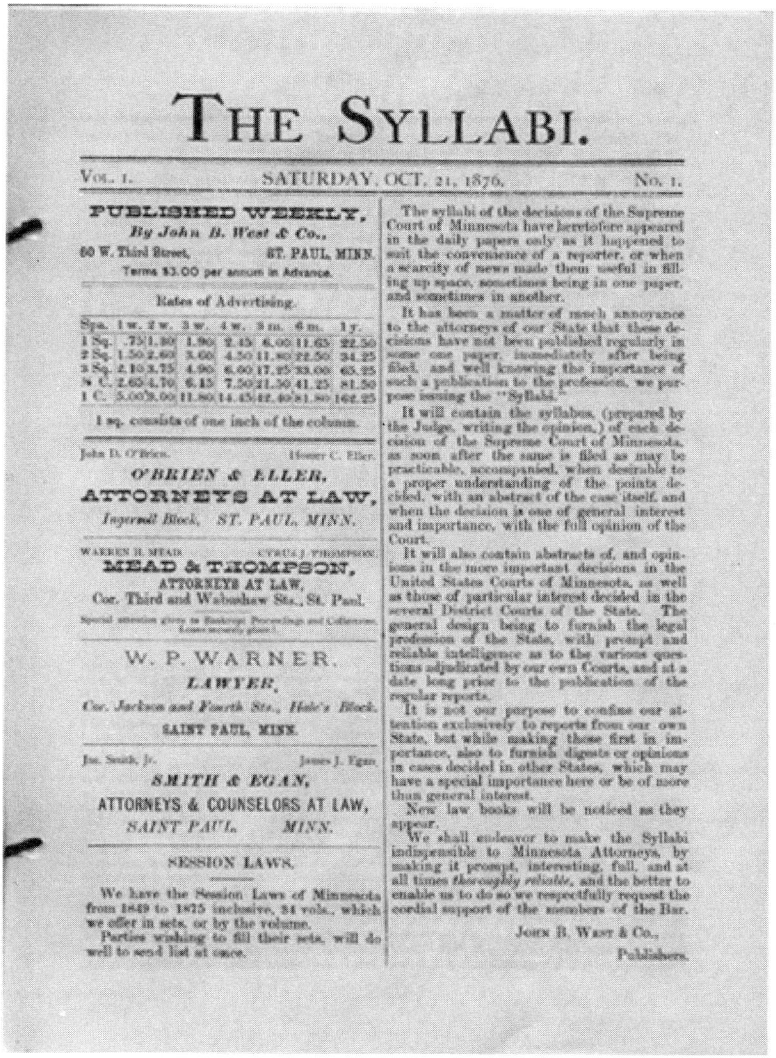

THE SYLLABI.

Vol. 1. SATURDAY, OCT. 21, 1876. No. 1.

PUBLISHED WEEKLY,

By John B. West & Co.,

60 W. Third Street, ST. PAUL, MINN.

Terms $3.00 per annum in Advance.

Rates of Advertising.

Spa.	1w.	2w.	3w.	4w.	3m.	6m.	1y.
1 Sq.	.75	1.30	1.90	2.45	6.00	11.65	22.50
2 Sq.	1.50	2.60	3.60	4.50	11.80	22.50	34.25
3 Sq.	2.10	3.75	4.90	6.00	17.25	33.00	65.25
¼ C.	2.65	4.70	6.15	7.50	21.50	41.25	81.50
1 C.	5.00	9.00	11.80	14.45	42.40	81.80	162.25

1 sq. consists of one inch of the column.

John D. O'Brien. Homer C. Eller.

O'BRIEN & ELLER,

ATTORNEYS AT LAW,

Ingersoll Block, ST. PAUL, MINN.

WARREN H. MEAD CYRUS J. THOMPSON.

MEAD & THOMPSON,

ATTORNEYS AT LAW,

Cor. Third and Wabashaw Sts., St. Paul.

Special attention given to Bankrupt Proceedings and Collections. [illegible]

W. P. WARNER.

LAWYER,

Cor. Jackson and Fourth Sts., Hale's Block.

SAINT PAUL, MINN.

Jas. Smith, Jr. James J. Egan.

SMITH & EGAN,

ATTORNEYS & COUNSELORS AT LAW,

SAINT PAUL, MINN.

SESSION LAWS.

We have the Session Laws of Minnesota from 1849 to 1875 inclusive, 34 vols., which we offer in sets, or by the volume.

Parties wishing to fill their sets, will do well to send list at once.

The syllabi of the decisions of the Supreme Court of Minnesota have heretofore appeared in the daily papers only as it happened to suit the convenience of a reporter, or when a scarcity of news made them useful in filling up space, sometimes being in one paper, and sometimes in another.

It has been a matter of much annoyance to the attorneys of our State that these decisions have not been published regularly in some one paper, immediately after being filed, and well knowing the importance of such a publication to the profession, we purpose issuing the "Syllabi."

It will contain the syllabus, (prepared by the Judge, writing the opinion,) of each decision of the Supreme Court of Minnesota, as soon after the same is filed as may be practicable, accompanied, when desirable to a proper understanding of the points decided, with an abstract of the case itself, and when the decision is one of general interest and importance, with the full opinion of the Court.

It will also contain abstracts of, and opinions in the more important decisions in the United States Courts of Minnesota, as well as those of particular interest decided in the several District Courts of the State. The general design being to furnish the legal profession of the State, with prompt and reliable intelligence as to the various questions adjudicated by our own Courts, and at a date long prior to the publication of the regular reports.

It is not our purpose to confine our attention exclusively to reports from our own State, but while making those first in importance, also to furnish digests or opinions in cases decided in other States, which may have a special importance here or be of more than general interest.

New law books will be noticed as they appear.

We shall endeavor to make the Syllabi indispensible to Minnesota Attorneys, by making it prompt, interesting, full, and at all times *thoroughly reliable*, and the better to enable us to do so we respectfully request the cordial support of the members of the Bar.

John B. West & Co.,

Publishers.

《判决书要旨》第一卷第一期，

1876 年 10 月 21 日由约翰 · B. 韦斯特在美国明尼苏达州圣保罗市出版。

***The Syllabi*, Volume 1, Number 1, published by John B. West in St. Paul, Minnesota, on Saturday, October 21, 1876.**

We the People

Article I

《美利坚合众国宪法》原稿第一页

Page one of the original copy of the United States Constitution

Article. II.

《美利坚合众国宪法》原稿第二页

Page two of the original copy of the United States Constitution

《美利坚合众国宪法》原稿第三页

Page three of the original copy of the United States Constitution

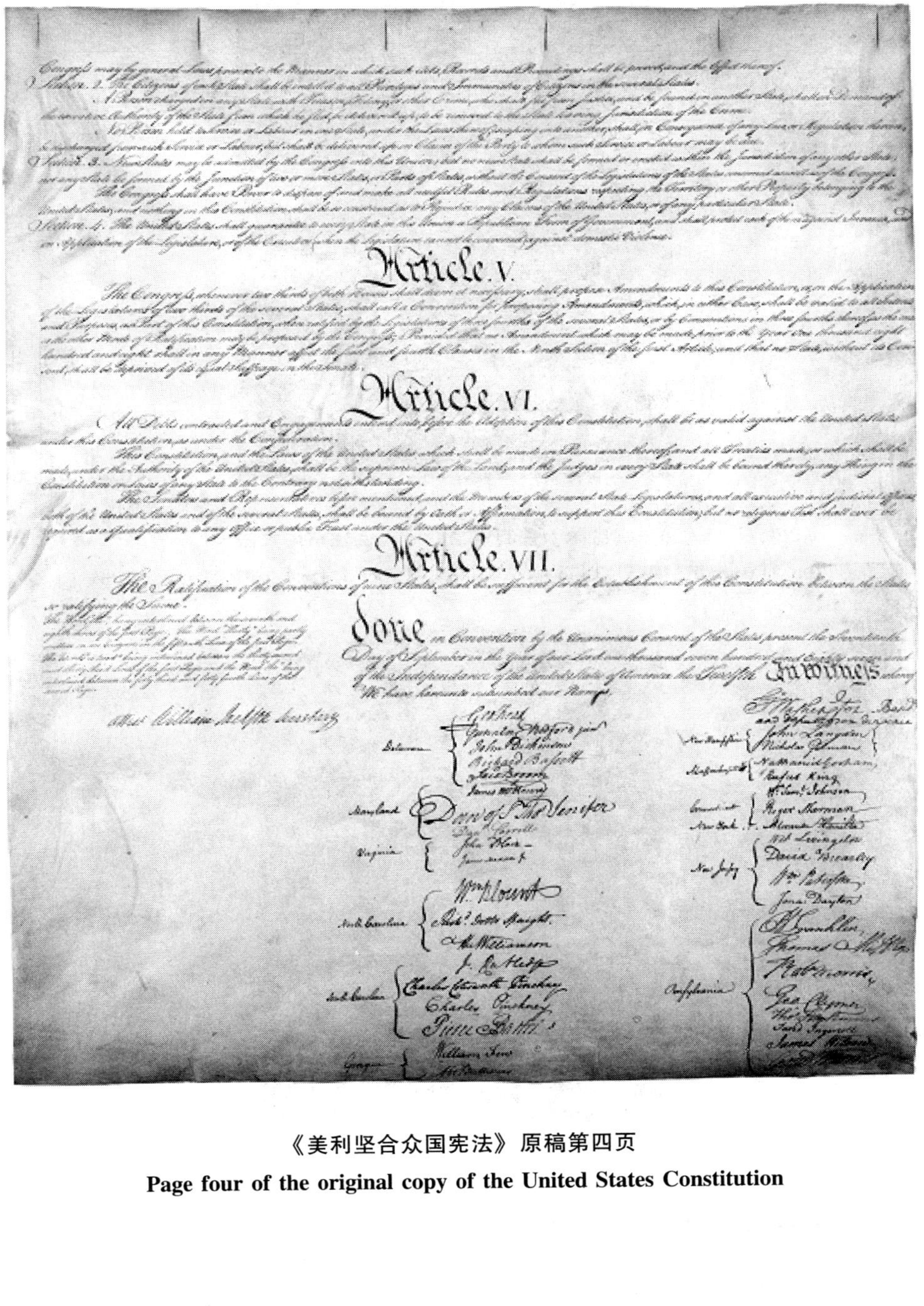

《美利坚合众国宪法》原稿第四页

Page four of the original copy of the United States Constitution

约翰·马歇尔，美利坚合众国第四任首席大法官

John Marshall (1755 – 1835), the fourth Chief Justice of the United States

厄尔·沃伦，美利坚合众国第十四任首席大法官

Earl Warren (1891 – 1974), the fourteenth Chief Justice of the United States

雨果· 布莱克大法官
Justice Hugo Black

威廉· O. 道格拉斯大法官
Justice William O. Douglas

威廉· J. 布列侬大法官
Justice William J. Brennan, Jr.

波特· 斯图尔特大法官
Justice Potter Stewart

拜伦· R. 怀特大法官
Justice Byron R. White

瑟古德·马歇尔大法官
Justice Thurgood Marshall

布莱克法律大词典第十版

Black's Law Dictionary, 10th Edition

布莱克法律大词典第一版（1891）－第十版（2014）书脊

Black's Law Dictionary, from the 1st Edition (1891) to the 10th Edition (2014)

美国法律文献选编和导读

为帮助读者了解美国法之中的各种模式和关联关系，本卷中所有的文件都直接或间接地涉及一个美国最高法院的判例：纽约时报公司诉美利坚合众国案——一个有里程碑意义的判决，在该判决中，美国联邦最高法院要对报纸是否享有出版被政府界定为“秘密”级的文件的宪法权利进行判定。

希望这章选编和导读能有助于读者对美国法律体系及法律文献与信息检索学的深层理解。特别是在“维基解密案”余波犹在，“棱镜计划”风波未平之际，以此卷文献管窥美国法律，似乎机缘巧合。

1.《美利坚合众国宪法》

（联邦宪法）

◎导读[1]

一、美国宪法及其修正案形成的过程

美国宪法是美国的最高法。

宪法界定了联邦政府的组织结构和职权以及联邦政府与各州之间的关系。

宪法的前十条修正案，通常被称为“权利法案”，列明了美国公民享有的各项自由。

美国宪法始于1787年在费城召开的制宪会议，当时13个州的代表批准生效。1787年宪法的重要意义在于开启了美国联邦制的历史篇章，奠定了之后美国经济社会发展的基础。

在1776年，美国13个殖民地宣布独立，脱离英国的殖民统治。独立后，实际上形成了13个独立领地组成的邦联，其形成的法律基础是1781年的《邦联条例》。但是由于彼此独立造成的困窘局面，各独立领地的政治领袖不得不坐在一起商讨建立一个更加统一的联邦，1787年宪法就是在这样的背景下诞生的。为了实现邦联制向联邦制的平稳过渡，如何在平衡联邦和州之间的权力就成为宪法所要解决的核心问题。因此，美国宪法从它诞生的第一天起，就是一部深刻带有联邦体制烙印的法律。

1787年宪法确立了三权分立原则和联邦制的政体，但是有两个问题悬而

---

〔1〕本节中文导读由李舒编撰。

未决：一个是宪法的地位问题，即仅仅肯定了宪法具有最高法律权威的地位，但是没有确立宪法对各州法律的违宪审查权；另一个是公民权利问题，即在联邦制政体下公民权利如何得到规定和保障。在之后的几年里，这些问题得到回应。首先是“马伯里诉麦迪逊”案之后，联邦法院具有对立法机关通过法律的违宪审查权。其次，自1791年开始，美国国会以宪法修正案的形式对公民权利进行保障。

可以说，1787年宪法和之后最高法院、国会的一系列努力，使美国联邦宪法具备了一个基本的框架。自此之后，凡涉及美国联邦政治体制问题、公民权利问题等基本宪法问题，宪法文本就像夜晚的灯塔一样，提供解决问题的方向和基本立场。但是宪法文本本身是静止的，而司法过程本身却是动态的，所谓“树欲静而风不止”，所以实施宪法离不开对宪法的解释，自宪法诞生的那一天起，其核心的问题就变成了如何正确解释宪法。因此，从法律文献学角度探究美国宪法的精神也就主要是围绕这样的两个方面进行：首先是制定法意义上的美国联邦宪法和宪法性文件；其次是判例法意义上的宪法判例。这两个部分组成了美国宪法研究的最重要的一手法律文献（primary authority）。

二、原始法律资源（Primary Authority）视野下的宪法介绍

原始法律资源是指原始的、具有法律效力的一手法律资源，主要由成文法（statutes）、判例（cases）和法规（regulations）组成。正如上文所说，狭义上的宪法仅仅指宪法条文和之后通过的一系列宪法修正案，而广义上的宪法还应当包括宪法判例和宪法性文件，它们都是原始法律资源视角下的研究对象。

美国联邦宪法最初由7个条文组成。联邦宪法第5条规定宪法可以根据时代的变化以修正案的方式补充宪法，但必须满足一定的条件，由2/3以上多数的州或者国会议员发起。时至今日，联邦宪法一共通过了27个宪法修正案，其中1791年通过的最初的10个修正案被称为“权利法案”，足以看出公民权利的至高无上。把美国宪法条文和宪法修正案结合在一起审视，我们不难发现，宪法最重要的功能在于为联邦政府的建立提供一个合理的根基，同时保护和促进公共福利。宪法就是以公民福祉为前提，构建合理的联邦政体。

联邦宪法和其他制定法尽管都是成文的原始法律资源，具有重要的指引

作用，但是它们有着本质的不同。宪法提供广泛的基本原则，为政府的建立和其他法律的制定提供基础，体现人民的意志；而制定法（statutes）解决的是具体的、细节的问题。在效力层级上，宪法是至高无上的，任何制定法不能与宪法相抵触。

美国是联邦制国家，除了联邦层面的美国联邦宪法之外，美国各州还有自己的州宪法。州宪法在内容上与联邦宪法没有本质的区别，都是为了限制政府的权利，保障人权。在效力层级上，州宪法是联邦宪法的下级法律，这意味着州宪法和其他任何制定法一样，不能制定与联邦宪法相冲突的规定。

美国联邦宪法能有现在这样至高无上的地位和旺盛的生命力，与宪法判例的推动密不可分。从"马伯里诉麦迪逊"案开始，联邦法院每一次在个案中对宪法的解释都在深刻影响着美国社会经济和司法体系。也正是在这样一次次的争论和解释中，宪法的精神得以彰显，公民权利得以重视和保障。这样的例子不胜枚举，比如在"布朗诉教育委员会"案（347 U. S. 483）中，最高法院判定，公立教育中的种族隔离违反了宪法第十四修正案，第十四修正案的"平等"不但指"政治平等"，还指"社会平等"。再如著名的"纽约时报诉沙利文"案（376 U. S. 254），联邦最高法院推翻亚拉巴马州最高法院的判决，认为公民对公共问题的讨论应当是不受拘束的，因此，亚拉巴马州最高法院的判决违反了宪法第一修正案关于言论自由的规定。

三、二次法律资源（Secondary Authority）视野下的宪法介绍

二次法律资源是指对原始法律资源进行分析和评论的、没有直接法律效力的权威资源。二次法律资源主要包括法律百科全书（Legal Encyclopedia）、著名学者的论著（treatise）、法律评论文章（law review）、法律重述（Restatement of Law）等等。

American Jurisprudence（Am Jur）是最重要的法律百科全书（Legal Encyclopedia）之一，是研究美国法律的重要二次法律资源。在联邦宪法部分，Am Jur 用具体的十五章对联邦宪法的方方面面进行了阐释，从宪法的基本特征和功能，到宪法条文和修正案的解读，再到宪法的实施都做出全面的介绍。与 Am Jur 有同样地位的 Corpus Juris Secundum（CJS）用 23 章的内容对宪法问题进行解读，是研究宪法的重要二次法律资源。

THE UNITED STATES CONSTITUTION

Introductory Notes [1]

Adopted in 1787, the Constitution is the supreme law of the United States.

The Constitution defines the organization and powers of the federal government and the relationship between the federal government and the states. There are seven original articles in the constitution, in which the first three express the separation of powers. The federal government is divided into three branches: the legislative branch, the executive branch and the judicial branch. The legislative branch consists of the Congress, both the Senate and the House of Representatives, the Executive branch consists of the President, and the Judicial Branch consists of the Supreme Court and other federal courts.

The fourth and sixth articles of the constitution embody the doctrine of Federalism, which describes the relationship between the Federal Government and the States. Within these articles, the power to govern is divided and balanced between the two powers. The power to govern between these two powers has a long and delicate history bordering the desire for freedom and security.

The first ten amendments to the Constitution—commonly known as the "Bill of Rights" — set forth the freedoms to which individual Americans are entitled. The Bill of Rights established the fundamental treatment of persons living in the United States, protected those persons from abuse of powers, and expressly prohibited the government from taking away those rights. The Bill of Rights emphasizes the importance of individual rights.

---

〔1〕 Introductory notes by Al Maleson and Jocylyn Varghese.

美利坚合众国宪法（中文翻译全文）

◎序言

我们美利坚合众国的人民，为了组织一个更完善的联邦，树立正义，保障国内的安宁，建立共同的国防，增进全民福利和确保我们自己及我们后代能安享自由带来的幸福，乃为美利坚合众国制定和确立这一部宪法。

第一条

第一款 本宪法所规定的立法权，全属合众国的国会，国会由一个参议院和一个众议院组成。

第二款 众议院应由各州人民每两年选举一次之议员组成，各州选举人应具有该州州议会中人数最多之一院的选举人所需之资格。凡年龄未满25岁，或取得合众国公民资格未满7年，或于某州当选而并非该州居民者，均不得任众议员。众议员人数及直接税税额，应按联邦所辖各州的人口数目比例分配，此项人口数目的计算法，应在全体自由人民——包括订有契约的短期仆役，但不包括未被课税的印第安人——数目之外，再加上所有其他人口之3/5。实际人口调查，应于合众国国会第一次会议后3年内举行，并于其后每10年举行一次，其调查方法另以法律规定之。众议员的数目，不得超过每3万人口有众议员1人，但每州至少应有众议员1人；在举行人口调查以前，各州得按照下列数目选举众议员：新罕布什尔3人、马萨诸塞8人、罗德岛及普罗维登斯垦殖区1人、康涅狄格5人、纽约州6人、新泽西4人、宾夕法尼亚8人、特拉华1人、马里兰6人、弗吉尼亚10人、北卡罗来纳5人、南卡罗来纳5人、佐治亚3人。任何一州的众议员有缺额时，该州的行政长官应颁选举令，选出众议员以补充缺额。众议院应选举该除议长及其他官员；只有众议院具有提出弹劾案的权力。

第三款 合众国的参议院由每州的州议会选举两名参议员组成之，参议员的任期为6年，每名参议员有一票表决权。参议员于第一次选举后举行会议之时，应当立即尽量均等地分成3组。第一组参议员的任期，到第二年年终时届满，第二组到第四年年终时届满，第三组到第六年年终时届满，以使每两年有1/3的参议员改选；如果在某州州议会休会期间，有参议员因辞职或其他原因出缺，该州的行政长官得任命临时参议员，等到州议会下次集会时，再予选举补缺。凡年龄未满30岁，或取得合众国公民资格未满9年，或于某州当选而并非该州居民者，均不得任参议员。合众国副总统应为参议院议长，除非在投票票数相等时，议长无投票权。参议院应选举该院的其他官员，在副总统缺席或执行合众国总统职务时，还应选举临时议长。所有弹劾案，只有参议院有权审理。在开庭审理弹劾案时，参议员们均应宣誓或誓愿。如受审者为合众国总统，则应由最高法院首席大法官担任主席；在未得到出席的参议员的2/3的同意时，任何人不得被判有罪。弹劾案的判决，不得超过免职及取消其担任合众国政府任何有荣誉、有责任或有俸给的职位资格的范围；但被判处者仍须服从另据法律所作之控诉、审讯、判决及惩罚。

第四款 各州州议会应规定本州参议员及众议员之选举时间、地点及程序；但国会得随时以法律制定或变更此种规定，唯有选举议员的地点不在此例。国会应至少每年集会一次，开会日期应为12月的第一个星期一，除非他们通过法律来指定另一个日期。

第五款 参众两院应各自审查本院的选举、选举结果报告和本院议员的资格，每院议员过半数即构成可以议事的法定人数；不足法定人数时，可以一天推一天地延期开会，并有权依照各该议院所规定的程序和罚则，强迫缺席的议员出席。参众两院得各自规定本院的议事规则，处罚本院扰乱秩序的议员，并且得以2/3的同意，开除本院的议员。参众两院应各自保存一份议事记录，并经常公布，唯各该院认为应保守秘密之部分除外；两院议员对于每一问题之赞成或反对，如有1/5出席议员请求，则应记载于议事记录内。在国会开会期间，任一议院未得别院同意，不得休会3日以上，亦不得迁往非两院开会的其他地点。

第六款 参议员与众议员得因其服务而获报酬，报酬的多寡由法律定之，并由合众国国库支付。两院议员除犯叛国罪、重罪以及扰乱治安罪外，在出席各该院会议及往返各该院途中，有不受逮捕之特权；两院议员在议院内所发表之演说及辩论，在其他场合不受质询。参议员或众议员不得在其当选任期内担任合众国政府任何新添设的职位，或在其任期内支取因新职位而增添的俸给；在合众国政府供职的人，不得在其任职期间担任国会议员。

第七款　有关征税的所有法案应在众议院中提出；但参议院得以处理其他法案的方式，以修正案提出建议或表示同意。经众议院和参议院通过的法案，在正式成为法律之前，须呈送合众国总统；总统如批准，便须签署，如不批准，即应连同他的异议把它退还给原来提出该案的议院，该议院应将异议详细记入议事记录，然后进行复议。倘若在复议之后，该议院议员的2/3仍然同意通过该法案，该院即应将该法案连同异议书送交另一院，由其同样予以复议，若此另一院亦以2/3的多数通过，该法案即成为法律。但遇有这样的情形时，两院的表决均应以赞同或反对来定，而赞同和反对该法案的议员的姓名，均应由两院分别记载于各该院的议事记录之内。如总统接到法案后10日之内（星期日除外），不将之退还，该法案即等于曾由总统签署一样，成为法律。只有当国会休会因而无法将该法案退还时，该法案才不得成为法律。任何命令、决议或表决（有关休会问题者除外），凡须由参议院及众议院予以同意者，均应呈送合众国总统；经其批准之后，方始生效，如总统不予批准，则参众两院可依照对于通过法案所规定的各种规则和限制，各以2/3的多数，再行通过。

第八款　国会有权规定并征收税金、捐税、关税和其他赋税，用以偿付国债并为合众国的共同防御和全民福利提供经费；但是各种捐税、关税和其他赋税，在合众国内应划一征收；以合众国的信用举债；管理与外国的、州与州间的，以及对印第安部落的贸易；制定在合众国内一致适用的归化条例，和有关破产的一致适用的法律；铸造货币，调议其价值，并厘定外币价值，以及制定度量衡的标准；制定对伪造合众国证券和货币的惩罚条例；设立邮政局及建造驿路；为促进科学和实用技艺的进步，对作家和发明家的著作和发明，在一定期限内给予专利权的保障；设置最高法院以下的各级法院；界定并惩罚海盗罪、在公海所犯的重罪和违背国际公法的罪行；宣战，对民用船颁发捕押敌船及采取报复行动的特许证，制定在陆地和海面虏获战利品的规则；募集和维持陆军，但每次拨充该项费用的款项，其有效期不得超过两年；配备和保持海军；制定管理和控制陆海军的各种条例；制定召集民兵的条例，以便执行联邦法律，镇压叛乱和击退侵略；规定民兵的组织、装备和训练，以及民兵为合众国服务时的管理办法，但各州保留其军官任命权，和依照国会规定的条例训练其民团的权力；对于由某州让与而由国会承受，用以充当合众国政府所在地的地区（不逾十里见方），握有对其一切事务的全部立法权；对于经州议会同意，向州政府购得，用以建筑要塞、弹药库、兵工厂、船坞和其他必要建筑物的地方，也握有同样的权力；并且为了行使上述各项权力，以及行使本宪法赋予合众国政府或其各部门或其官员的种种权力，制定一切必要的和适当的法律。

第九款 对于现有任何一州所认为的应准其移民或入境的人，在1808年以前，国会不得加以禁止，但可以对入境者课税，唯以每人不超过十美元为限。不得中止人身保护令所保障的特权，唯在叛乱或受到侵犯的情况下，出于公共安全的必要时不在此限。不得通过任何褫夺公权的法案或者追溯既往的法律。除非按本宪法所规定的人口调查或统计之比例，不得征收任何人口税或其他直接税。对各州输出之货物，不得课税。任何有关商务或纳税的条例，均不得赋予某一州的港口以优惠待遇；亦不得强迫任何开往或来自某一州的船，驶入或驶出另一州，或向另一州纳税。除了依照法律的规定拨款之外，不得自国库中提出任何款项；一切公款收支的报告和账目，应经常公布。合众国不得颁发任何贵族爵位：凡是在合众国政府担任有俸给或有责任之职务者，未经国会许可，不得接受任何国王、王子或外国的任何礼物、薪酬、职务或爵位。

第十款 各州不得缔结任何条约、结盟或组织邦联；不得对民用船颁发捕押敌船及采取报复行动之特许证；不得铸造货币；不得发行纸币；不得指定金银币以外的物品作为偿还债务的法定货币；不得通过任何褫夺公权的法案、追溯既往的法律和损害契约义务的法律；也不得颁发任何贵族爵位。未经国会同意，各州不得对进口货物或出口货物征收任何税款，但为了执行该州的检查法律而有绝对的必要时，不在此限；任何州对于进出口货物所征的税，其净收益应归合众国国库使用；所有这一类的检查法律，国会对之有修正和监督之权。未经国会同意，各州不得征收船舶吨位税，不得在和平时期保持军队和军舰，不得和另外一州或国缔结任何协定或契约，除非实际遭受入侵，或者遇到刻不容缓的危急情形时，不得从事战争。

第二条

第一款　行政权力赋予美利坚合众国总统。总统任期四年，总统和具有同样任期的副总统，按照下列手续选举：每州应依照该州州议会所规定之手续，指定选举人若干名，其人数应与该州在国会之参议员及众议员之总数相等；但参议员、众议员及任何在合众国政府担任有责任及有俸给之职务的人，均不得被指定为选举人。各选举人应于其本身所属的州内集会，每人投票选举 2 人，其中至少应有 1 人不属本州居民。选举人应开列全体被选人名单，注明每人所得票数；他们还应签名作证明，并将封印后的名单送至合众国政府所在地交与参议院议长。参议院议长应于参众两院全体议员之前，开拆所有来件，然后计算票数。得票最多者，如其所得票数超过全体选举人的半数，即当选为总统；如同时不止 1 人得票过半数，且又得同等票数，则众议院应立即投票表决，选定其中一人为总统 ；如无人得票过半数，则众议院应自得票最多之前五名中用同样方法选举总统。但依此法选举总统时，应以州为单位，每州之代表共有一票；如全国 2/3 的州各有一名或多名众议员出席，即构成选举总统的法定人数；当选总统者需获全部州的过半数票。在每次这样的选举中，于总统选出后，其获得选举人所投票数最多者，即为副总统。但如有 2 人或 2 人以上得票相等时，则应由参议院投票表决，选取其中一人为副总统。国会得决定各州选出选举人的时期以及他们投票的日期；投票日期全国统一。只有出生时为合众国公民，或在本宪法实施时已为合众国公民者，可被选为总统；凡年龄未满 35 岁，或居住合众国境内未满 14 年者，不得被选为总统。如遇总统被免职，或因死亡、辞职或丧失能力而不能执行其权力及职务时，总统职权应由副总统执行之。国会得以法律规定，在总统及副总统均被免职，或死亡、辞职或丧失能力时，由何人代理总统职务，该人应即遵此视事，至总统能力恢复，或新总统被选出时为止。总统得因其服务而在规定的时间内接受俸给，在其任期之内，俸金数额不得增加或减低，他亦不得在此任期内，自合众国政府和任何州政府接受其他报酬。在他就职之前，他应宣誓或誓愿如下：我郑重宣誓（或矢言）我必忠诚地执行合众国总统的职务，并尽我最大的能力，维持、保护和捍卫合众国宪法。

第二款　总统为合众国陆海军的总司令，并在各州民团奉召为合众国执行任务的统帅；他可以要求每个行政部门的主管官员提出有关他们职务的任何事件的书面意见，除了弹劾案之外，他有权对于违犯合众国法律者颁赐缓刑和特赦。总统有权缔订条约，但须争取参议院的意见和同意，并须出席的参议员中2/3的人赞成；他有权提名，并于取得参议院的意见和同意后，任命大使、公使及领事、最高法院的法官，以及一切其他在本宪法中未经明定、但以后将依法律的规定而设置之合众国官员；国会可以制定法律，酌情把这些较低级官员的任命权，授予总统本人，授予法院，或授予各行政部门的首长。在参议院休会期间，如遇有职位出缺，总统有权任命官员补充缺额，任期于参议院下届会议结束时终结。

第三款　总统应经常向国会报告联邦的情况，并向国会提出他认为必要和适当的措施，供其考虑；在特殊情况下，他得召集两院或其中一院开会，并得于两院对于休会时间意见不一致时，命令两院休会到他认为适当的时期为止；他应接见大使和公使；他应注意使法律切实执行，并任命所有合众国的军官。

第四款　合众国总统、副总统及其他所有文官，因叛国、贿赂或其他重罪和轻罪，被弹劾而判罪者，均应免职。

第三条

第一款　合众国的司法权属于一个最高法院以及由国会随时下令设立的低级法院。最高法院和低级法院的法官，如果尽忠职守，应继续任职，并按期接受俸给作为其服务之报酬，在其继续任职期间，该项俸给不得削减。

第二款　司法权适用的范围，应包括在本宪法、合众国法律和合众国已订的及将订的条约之下发生的一切涉及普通法及衡平法的案件；一切有关大使、公使及领事的案件；一切有关海上裁判权及海事裁判权的案件；合众国为当事一方的诉讼；州与州之间的诉讼，州与另一州的公民之间的诉讼，一州公民与另一州公民之间的诉讼，同州公民之间为不同之州所让与之土地而争执的诉讼，以及一州或其公民与外国政府、公民或其属民之间的诉讼。在一切有关大使、公使、领事以及州为当事一方的案件中，最高法院有最初审理权。在上述所有其他案件中，最高法院有关于法律和事实的受理上诉权，但由国会规定为例外及另有处理条例者，不在此限。对一切罪行的审判，除了弹劾案以外，均应由陪审团裁定，并且该审判应在罪案发生的州内举行；但如罪案发生地点并不在任何一州之内，该项审判应在国会按法律指定之地点或几个地点进行。

第三款 只有对合众国发动战争，或投向它的敌人，予敌人以协助及方便者，方构成叛国罪。无论何人，如非经由两个证人证明他的公然的叛国行为，或经由本人在公开法庭认罪者，均不得被判叛国罪。国会有权宣布对于叛国罪的惩处，但因叛国罪而被褫夺公权者，其后人之继承权不受影响，叛国者之财产亦只能在其本人生存期间被没收。

第四条

第一款 各州对其他各州的公共法案、记录和司法程序，应给予完全的信赖和尊重。国会得制定一般法律，用以规定这种法案、记录和司法程序如何证明以及具有何等效力。

第二款 每州公民应享受各州公民所有之一切特权及豁免。凡在任何一州被控犯有叛国罪、重罪或其他罪行者，逃出法外而在另一州被缉获时，该州应即依照该罪犯所逃出之州的行政当局之请求，将该罪犯交出，以便移交至该犯罪案件有管辖权之州。凡根据一州之法律应在该州服役或服劳役者，逃往另一州时，不得因另一州之任何法律或条例，解除其服役或劳役，而应依照有权要求该项服役或劳役之当事一方的要求，把人交出。

第三款 国会得准许新州加入联邦；如无有关各州之州议会及国会之同意，不得于任何州之管辖区域内建立新州；亦不得合并两州或数州或数州之一部分而成立新州。国会有权处置合众国之属地及其他产业，并制定有关这些属地及产业的一切必要的法规和章则；本宪法中任何条文，不得作有损于合众国或任何一州之权利的解释。

第四款 合众国保证联邦中的每一州皆为共和政体，保障它们不受外来的侵略；并且根据各州州议会或行政部门（当州议会不能召集时）的请求，平定其内部的暴乱。

第五条

举凡两院议员各以 2/3 的多数认为必要时，国会应提出对本宪法的修正案；或者，当现有诸州 2/3 的州议会提出请求时，国会应召集修宪大会，以上两种修正案，如经诸州 3/4 的州议会或 3/4 的州修宪大会批准时，即成为本宪法之一部分而发生全部效力，至于采用那一种批准方式，则由国会议决；但

1808 年以前可能制定之修正案，在任何情形下，不得影响本宪法第 1 条第 9 款之第 1、第 4 项两项；任何一州，没有它的同意，不得被剥夺它在参议院中的平等投票权。

第六条

合众国政府于本宪法被批准之前所积欠之债务及所签订之条约，于本宪法通过后，具有和在邦联政府时同等的效力。本宪法及依本宪法所制定之合众国法律；以及合众国已经缔结及将要缔结的一切条约，皆为全国之最高法律；每个州的法官都应受其约束，任何一州宪法或法律中的任何内容与之抵触时，均不得有违这一规定。前述之参议员及众议员，各州州议会议员，合众国政府及各州政府之一切行政及司法官员，均应宣誓或誓愿拥护本宪法；但合众国政府之任何职位或公职，皆不得以任何宗教信仰作为任职的必要条件。

第七条

本宪法经过九个州的制宪大会批准后，即在批准本宪法的各州之间开始生效 。

本宪法于公元 1787 年，即美利坚合众国独立后第 12 年的 9 月 17 日，经出席制宪会议的各州在会上一致同意后制定。我们谨在此签名作证。……

按照宪法第五条，由国会提出并经各州批准的增添和修改美利坚合众国宪法的条款。

第一条　修正案〔1791〕

国会不得制定关于下列事项的法律：确立国教或禁止宗教活动自由；限制言论自由或出版自由；剥夺公民和平集会和向政府请愿申冤的权利。

第二条　修正案〔1791〕

纪律严明的民兵是保障自由州的安全所必需的，因此人民持有和携带武器的权利不得侵犯。

第三条　修正案〔1791〕

在和平时期，未经房主同意，士兵不得在民房驻扎；除依法律规定的方式，战时也不允许如此。

第四条　修正案〔1791〕

人民的人身、住宅、文件和财产不受无理搜查和扣押的权利，不得侵犯。

除依照合理根据，以宣誓或代誓宣言保证，并具体说明搜查地点和扣押的人或物，不得发出搜查和扣押状。

第五条 修正案〔1791〕

无论何人，除非根据大陪审团的报告或起诉，不得受判处死罪或其他不名誉罪行之审判，但发生在陆、海军中或发生在战时或出现公共危险时服现役的民兵中的案件，不在此限。

任何人不得因同一罪行为而两次遭受生命或身体的危害；不得在任何刑事案件中被迫自证其罪；不经正当法律程序，不得被剥夺生命、自由或财产。

不给予公平赔偿，私有财产不得充作公用。

第六条 修正案〔1791〕

在一切刑事诉讼中，被告享有下列权利：

由犯罪行为发生地的州和地区的公正陪审团予以迅速而公开的审判，该地区应事先已由法律确定；

得知被控告的性质和理由；

同原告证人对质；

以强制程序取得对其有利的证人；

取得律师帮助为其辩护。

第七条 修正案〔1791〕

在普通法的诉讼中，其争执价值超过20美元，由陪审团审判的权利应受到保护。由陪审团裁决的事实，合众国的任何法院除非按照普通法规则，不得重新审查。

第八条 修正案〔1791〕

不得要求过多的保释金，不得处以过重的罚金，不得施加残酷和非常的惩罚。

第九条 修正案〔1791〕

本宪法对某些权利的列举，不得被解释为否定或忽视由人民保留的其他权利。

第十条 修正案〔1791〕

本宪法未授予合众国、也未禁止各州行使的权力，保留给各州行使，或保留给人民行使。

第十一条　修正案〔1798〕

合众国的司法权，不得被解释为可以扩展到受理由他州公民或任何外国公民或臣民对合众国一州提出的或起诉的任何普通法或衡平法的诉讼。

第十二条　修正案〔1791〕

选举人在各自州内集会，投票选举总统和副总统，其中必须至少有一人不是选举人所属州的居民。选举人须在选票上写明被选为总统之人的姓名，并在另一选票上写明被选为副总统之人的姓名。选举人须将所有被选为总统之人和所有被选为副总统之人分别开列名单，写明每人所得票数，并在该名单上签名作证，然后封印送合众国政府所在地，呈参议院议长。参议院议长在参议院和众议院全体议员面前开拆所有证明书，然后计算票数。获得总统选票最多的人，如所得票数超过所选派选举人总数的半数，即为总统。如无人获得这种过半数票，众议院应立即从被选为总统之人名单中得票最多的但不超过 3 人中间，投票选举总统。但选举总统时，以州为单位计票，每州全体代表有一票表决权。2/3 的州各有一名或多名众议员出席，即构成选举总统的法定人数，决选总统需要所有州的过半数票。（当选举总统的权力转移到众议院时，如该院在次年 3 月 4 日前尚未选出总统，则由副总统代理总统，如同总统死亡或宪法规定的其他丧失任职能力的情况一样。）得副总统选票最多者，如所得票数超过所选派选举人总数的半数，即为副总统，如无人得票超过半数，参议院应从名单上得票最多的两人中选举副总统。选举副总统的法定人数由参议员总数的 2/3 构成，选出副总统需要参议员总数的过半数票。但依宪法无资格担任总统的人，也无资格担任合众国副总统。

第十三条　修正案〔1865〕

第一款　在合众国境内或受合众国管辖的任何地方，奴隶制和强迫劳役都不得存在，但作为对依法判罪者犯罪之惩罚，不在此限。

第二款　国会有权以适当立法实施本条。

第十四条　修正案〔1868〕

第一款　凡在合众国出生或归化合众国并受其管辖的人，均为合众国的和其居住州的公民。任何一州，都不得制定或实施限制合众国公民的特权或豁免权的任何法律；不经正当法律程序，不得剥夺任何人的生命、自由或财产；对于在其管辖下的任何人，亦不得拒绝给予平等法律保护。

第二款　众议员的名额应按各州人口比例进行分配。每州人口统计包括该州除未纳税的印第安人之外的全部人口，但在选举合众国总统和副总统选举人、国会议员、州行政和司法官员或州议会议员的任何选举中，一州的年满21岁并且是合众国公民的任何男性居民，如其上述选举权被剥夺或受到任何方式的限制（因参加叛乱或其他犯罪而被剥夺者除外)，则该州代表权的基础，应按以上男性公民的人数占该州年满21岁男性公民总人数的比例核减。

第三款 无论何人，凡先前曾以国会议员，或合众国官员，或任何州议会议员，或任何州行政或司法官员的身份宣誓维护合众国宪法，以后颠覆或反叛合众国，或给予合众国敌人帮助或支援，概不得担任国会参议员或众议员或总统和副总统选举人，或担任合众国或任何州属下的任何文职或军职官员，但国会有权以两院各2/3的票数取消此种限制。

第四款 对于法律批准的合众国公共债务，包括因支付平定作乱或反叛的有功人员的年金和奖金而产生的债务，其效力不得有所怀疑。但无论合众国或任何一州，都不得偿付或承担因援助对合众国的作乱或反叛而产生的任何债务或义务，亦不得偿付或承担因丧失或解放任何奴隶而提出的任何赔偿要求；所有这类债务、义务和要求，都应被认为是非法和无效的。

第五款 国会有权以适当立法实施本条规定。

第十五条 修正案〔1870〕

第一款 合众国公民的投票权，不得因种族、肤色或曾被强迫服劳役而被合众国或任何一州加以剥夺或限制。

第二款 国会有权以适当立法实施本条。

第十六条 修正案〔1913〕

国会有权对任何来源的收入规定和征收所得税，不必在各州按比例分配，也无须考虑任何人口普查或人口统计。

第十七条 修正案〔1913〕

第一款 合众国参议院由每州两名参议员组成，参议员由本州人民选举，任期6年；每名参议员各有一票表决权。每个州的选举人应具备该州州议会人数最多一院选举人所需具备之资格。

第二款 任何一州在参议院的代表出现缺额时，该州行政当局应发布选举令，以填补此项缺额，但任何一州的议会得授权该州行政长官，在人民依该议会指示举行选举填补缺额以前，任命临时参议员。

第三款 对本条修正案的解释不得影响在本条修正案作为宪法的一部分

生效以前当选的任何参议员的选举或任期。

第十八条 修正案〔1919〕

第一款 本条批准一年后，禁止在合众国及其管辖下的一切领土内酿造、出售或运送作为饮料的致醉酒类；禁止此类酒类输入或输出合众国及其管辖下的一切领土。

第二款 国会和各州都有权以适当立法实施本条。

第三款 本条除非在国会将其提交各州之日起 7 年以内，由各州议会按本宪法规定批准为宪法修正案，不得发生效力。

第十九条 修正案〔1920〕

第一款 合众国公民的选举权，不得因性别而被合众国或任何一州加以剥夺或限制。

第一款 国会有权以适当立法实施本条。

第二十条 修正案〔1933〕

第一款 本条未获批准前，总统和副总统的任期在原定任期届满之年的 1 月 20 日正午结束，参议员和众议员的任期在本条未获批准前原定任期届满之年的 1 月 3 日正午结束，他们继任人的任期在同时开始。

第二款 国会应每年至少开会一次，除国会以法律另订日期外，此会议在 1 月 3 日正午开始。

第三款 如当选总统在规定总统任期开始的时间之前亡故，当选副总统应成为总统。如在规定总统任期开始的时间以前，总统尚未选出，或当选总统不合乎资格，则当选副总统应代理总统直到产生一名合乎资格的总统时为止。在当选总统和当选副总统都不合乎资格时，国会得以法律规定代理总统之人，或宣布选出代理总统的办法。此人应代理总统直到产生一名合乎资格的总统或副总统时为止。

第四款 国会得以法律对以下情况做出规定：在选举总统的权利转移到众议院时，可被该院选为总统的人中有人死亡；在选举副总统的权利转移到参议院时，可被该院选为副总统的人中有人死亡。

第五款 第一款和第二款应在本条批准以后的 10 月 15 日生效。

第六款 本条除非在其提交各州之日起 7 年以内，由 3/4 州议会批准为宪法修正案，不得发生效力。

第二十一条　修正案〔1933〕

第一款　美利坚合众国宪法第18条修正案现予废除。

第二款　在合众国任何州、准州或属地内，凡违反当地法律为在当地发货或使用而运送或输入致醉酒类，均予以禁止。

第三款　本条除非在国会将其提交各州之日起7年以内，由各州修宪会议依本宪法规定批准为宪法修正案，不得发生效力。

第二十二条　修正案〔1951〕

第一款　无论何人，当选担任总统职务不得超过两次；无论何人，在他人当选总统任期内担任总统职务或代理总统2年以上，不得当选担任总统职务一次以上。但本条不适用于在国会提出本条时正在担任总统职务的任何人；也不妨碍在本条生效时正在担任总统职务或代理总统的任何人在一届任期结束前的时间里继续担任总统职务或代理总统。

第二款　本条除非在国会将其提交各州之日起7年以内，由3/4州议会批准为宪法修正案，不得发生效力。

第二十三条　修正案〔1961〕

第一款　作为合众国政府所在地的特区，应依国会规定方式选派：一定数目的总统和副总统选举人，其数目等于把特区看作一个州时，它在国会中有权拥有的参议员和众议员人数的总和，但决不得超过人口最少之州的选举人人数。他们是在各州所选派的选举人以外增添的人，但为了选举总统和副总统的目的，应被视为一个州选派的选举人；他们在特区集会，履行第十二条修正案所规定的职责。

第二款　国会有权以适当立法实施本条。

第二十四条　修正案〔1964〕

第一款　在总统或副总统，总统或副总统选举人、国会参议员或众议员的任何预选或其他选举中，合众国公民的选举权不得因未交纳人头税或其他税而被合众国或任何一州加以剥夺或限制。

第二款　国会有权以适当立法实施本条。

第二十五条　修正案〔1967〕

第一款　如遇总统被免职、亡故或辞职，副总统应成为总统。

第二款　凡当副总统职位出缺时，总统应提名一名副总统，经国会两院都以过半数票批准后就职。

第三款　凡当总统向参议院临时议长和众议院议长提交书面声明，称他不能够履行其职务的权力和责任，直至他向他们提交一份内容与此相反的声明为止，其权力和责任应由副总统作为代理总统履行。

第四款　凡当副总统和行政各部主官的多数或国会通过法律设立的其他机构成员的多数，向参议院临时议长和众议院议长提交书面声明，称总统不能够履行总统职务的权力和责任时，副总统应立即作为代理总统承担总统职务的权力和责任。此后，当总统向参议院临时议长和众议院议长提交书面声明，称丧失能力的情况不存在时，他应恢复总统职务的权力和责任，除非副总统和行政各部主官的多数或国会通过法律设立的其他机构成员的多数在 4 天之内向参议院临时议长和众议院议长提交书面声明，称总统不能够履行总统职务的权力和责任。在这种情况下，国会应对此问题做出裁决，如在休会期间，应为此目的在 48 小时以内集会。如果国会在收到书面声明后的 21 天之内，或者如果国会因适逢休会而按照要求专门为此目的集会以后的 21 天之内，以两院 2/3 的票数决定总统不能够履行总统职务的权力和责任，则副总统应继续作为代理总统履行总统职务的权力和责任；否则总统应恢复总统职务的权力和责任。

第二十六条　修正案〔1971〕

第一款　年满 18 岁或 18 岁以上的合众国公民的选举权，不得因为年龄而被合众国或任何一州加以剥夺或限制。

第二款　国会有权以适当立法实施本条。

第二十七条　修正案〔1992〕

改变参议员和众议员服务报酬的法律，在众议员选举举行之前不得生效。

美利坚合众国宪法 (英文原文)

THE UNITED STATES CONSTITUTION

We the People of the United States, in Order to form a more perfect Union, establish Justice, insure domestic Tranquility, provide for the common defense, promote the general Welfare, and secure the Blessings of Liberty to ourselves and our Posterity, do ordain and establish this Constitution for the United States of America.

ArticleI.

Section 1.

All legislative Powers herein granted shall be vested in a Congress of the United States, which shall consist of a Senate and House of Representatives.

Section 2.

The House of Representatives shall be composed of Members chosen every second Year by the People of the several States, and the Electors in each State shall have the Qualifications requisite for Electors of the most numerous Branch of the State Legislature.

No Person shall be a Representative who shall not have attained to the Age of twenty five Years, and been seven Years a Citizen of the United States, and who shall not, when elected, be an Inhabitant of that State in which he shall be chosen.

Representatives and direct Taxes shall be apportioned among the several States which may be included within this Union, according to their respective Numbers, which shall be determined by adding to the whole Number of free Persons, including those bound to Service for a Term of Years, and excluding Indians not taxed, three fifths of all other Persons. The actual Enumeration shall be made within three Years after the first Meeting of the Congress of the United States, and within every subsequent Term of ten Years, in such Manner as they shall by Law direct. The Number of Representatives shall not exceed one for every thirty Thousand, but each State shall have at Least one Representative; and until such enumeration shall be made, the State of New Hampshire shall be entitled to choose three, Massachusetts eight, Rhode – Island and Providence Plantations one, Connecticut five, New – York six, New Jersey four, Pennsylvania eight, Delaware one, Maryland six, Virginia ten, North Carolina five, South Carolina five, and Georgia three.

When vacancies happen in the Representation from any State, the Executive Authority thereof shall issue Writs of Election to fill such Vacancies.

The House of Representatives shall choose their Speaker and other Officers; and shall have the sole Power of Impeachment.

Section 3.

The Senate of the United States shall be composed of two Senators from each State, chosen by the Legislature thereof for six Years; and each Senator shall have one Vote.

Immediately after they shall be assembled in Consequence of the first Election, they shall be divided as equally as may be into three Classes. The Seats of the Senators of the first Class shall be vacated at the Expiration of the second Year, of the second Class at the Expiration of the fourth Year, and of the third Class at the Expiration of the sixth Year, so that one third may be chosen every second Year; and if Vacancies happen by Resignation, or otherwise, during the Recess of the Legislature of any State, the Executive thereof may make temporary Appointments until the next Meeting of the Legislature, which shall then fill such Vacancies.

No Person shall be a Senator who shall not have attained to the Age of thirty Years, and been nine Years a Citizen of the United States, and who shall not, when elected, be an Inhabitant of that State for which he shall be chosen.

The Vice President of the United States shall be President of the Senate, but shall have no Vote, unless they be equally divided.

The Senate shall choose their other Officers, and also a President pro tempore, in the Absence of the Vice President, or when he shall exercise the Office of President of the United States.

The Senate shall have the sole Power to try all Impeachments. When sitting for that Purpose, they shall be on Oath or Affirmation. When the President of the United States is tried, the Chief Justice shall preside: And no Person shall be convicted without the Concurrence of two thirds of the Members present.

Judgment in Cases of Impeachment shall not extend further than to removal from Office, and disqualification to hold and enjoy any Office of honor, Trust or Profit under the United States: but the Party convicted shall nevertheless be liable and subject to Indictment, Trial, Judgment and Punishment, according to Law.

Section 4.

The Times, Places and Manner of holding Elections for Senators and Representatives, shall be prescribed in each State by the Legislature thereof; but the Congress may at any time by Law make or alter such Regulations, except as to the Places of choosing Senators.

The Congress shall assemble at least once in every Year, and such Meeting shall be on the first Monday in December, unless they shall by Law appoint a different Day.

Section 5.

Each House shall be the Judge of the Elections, Returns and Qualifications of its own Members, and a Majority of each shall constitute a Quorum to do Business; but a smaller Number may adjourn from day to day, and may be authorized to compel the Attendance of absent Members, in such Manner, and under such Penalties as each House may provide.

Each House may determine the Rules of its Proceedings, punish its Members for disorderly Behavior, and, with the Concurrence of two thirds, expel a Member.

Each House shall keep a Journal of its Proceedings, and from time to time publish the same, excepting such Parts as may in their Judgment require Secrecy; and the Yeas and Nays of the Members of either House on any question shall, at the Desire of one fifth of those Present, be entered on the Journal.

Neither House, during the Session of Congress, shall, without the Consent of the other, adjourn for more than three days, nor to any other Place than that in which the two Houses shall be sitting.

Section 6.

The Senators and Representatives shall receive a Compensation for their Services, to be ascertained by Law, and paid out of the Treasury of the United States. They shall in all Cases, except Treason, Felony and Breach of the Peace, be privileged from Arrest during their Attendance at the Session of their respective Houses, and in going to and returning from the same; and for any Speech or Debate in either House, they shall not be questioned in any other Place.

No Senator or Representative shall, during the Time for which he was elected, be appointed to any civil Office under the Authority of the United States, which shall have been created, or the Emoluments whereof shall have been increased during such time; and no Person holding any Office under the United States, shall be a Member of either House during his Continuance in Office.

Section 7.

All Bills for raising Revenue shall originate in the House of Representatives; but the Senate may propose or concur with Amendments as on other Bills.

Every Bill which shall have passed the House of Representatives and the Senate, shall, before it become a Law, be presented to the President of the United States: If he approve he shall sign it, but if not he shall return it, with his Objections to that House in which it shall have originated, who shall enter the Objections at large on their Journal, and proceed to reconsider it. If after such Reconsideration two thirds of that House shall agree to pass the Bill, it shall be sent, together with the Objections, to the other House, by which it shall likewise be reconsidered, and if approved by two thirds of that House, it shall become a Law. But in all such Cases the Votes of both Houses shall be determined by yeas and Nays, and the Names of the Persons voting for and against the Bill shall be entered on the Journal of each House respectively. If any Bill shall not be returned by the President within ten Days (Sundays excepted) after it shall have been presented to him, the Same shall be a Law, in like Manner as if he had signed it, unless the Congress by their Adjournment prevent its Return, in which Case it shall not be a Law.

Every Order, Resolution, or Vote to which the Concurrence of the Senate and House of Representatives may be necessary (except on a question of Adjournment) shall be presented to the President of the United States; and before the Same shall take Effect, shall be approved by him, or being disapproved by him, shall be repassed by two thirds of the Senate and House of Representatives, according to the Rules and Limitations prescribed in the Case of a Bill.

Section 8.

The Congress shall have Power To lay and collect Taxes, Duties, Imposts and Excises, to pay the Debts and provide for the common Defense and general Welfare of the United States; but all Duties, Imposts and Excises shall be uniform throughout the United States;

To borrow Money on the credit of the United States;

To regulate Commerce with foreign Nations, and among the several States, and with the Indian Tribes;

To establish an uniform Rule of Naturalization, and uniform Laws on the subject of Bankruptcies throughout the United States;

To coin Money, regulate the Value thereof, and of foreign Coin, and fix the Standard of Weights and Measures;

To provide for the Punishment of counterfeiting the Securities and current Coin of the United States;

To establish Post Offices and post Roads;

To promote the Progress of Science and useful Arts, by securing for limited

Times to Authors and Inventors the exclusive Right to their respective Writings and Discoveries;

To constitute Tribunals inferior to the Supreme Court;

To define and punish Piracies and Felonies committed on the high Seas, and Offences against the Law of Nations;

To declare War, grant Letters of Marque and Reprisal, and make Rules concerning Captures on Land and Water;

To raise and support Armies, but no Appropriation of Money to that Use shall be for a longer Term than two Years;

To provide and maintain a Navy;

To make Rules for the Government and Regulation of the land and naval Forces;

To provide for calling forth the Militia to execute the Laws of the Union, suppress Insurrections and repel Invasions;

To provide for organizing, arming, and disciplining, the Militia, and for governing such Part of them as may be employed in the Service of the United States, reserving to the States respectively, the Appointment of the Officers, and the Authority of training the Militia according to the discipline prescribed by Congress;

To exercise exclusive Legislation in all Cases whatsoever, over such District (not exceeding ten Miles square) as may, by Cession of particular States, and the Acceptance of Congress, become the Seat of the Government of the United States, and to exercise like Authority over all Places purchased by the Consent of the Legislature of the State in which the Same shall be, for the Erection of Forts, Magazines, Arsenals, dock – Yards, and other needful Buildings; – And

To make all Laws which shall be necessary and proper for carrying into Execution the foregoing Powers, and all other Powers vested by this Constitution in the Government of the United States, or in any Department or Officer thereof.

Section 9.

The Migration or Importation of such Persons as any of the States now existing shall think proper to admit, shall not be prohibited by the Congress prior to the Year one thousand eight hundred and eight, but a Tax or duty may be imposed on such Importation, not exceeding ten dollars for each Person.

The Privilege of the Writ of Habeas Corpus shall not be suspended, unless when in Cases of Rebellion or Invasion the public Safety may require it.

No Bill of Attainder or ex post facto Law shall be passed.

No Capitation, or other direct, Tax shall be laid, unless in Proportion to the Census or enumeration herein before directed to be taken.

No Tax or Duty shall be laid on Articles exported from any State.

No Preference shall be given by any Regulation of Commerce or Revenue to the Ports of one State over those of another; nor shall Vessels bound to, or from, one State, be obliged to enter, clear, or pay Duties in another.

No Money shall be drawn from the Treasury, but in Consequence of Appropriations made by Law; and a regular Statement and Account of the Receipts and Expenditures of all public Money shall be published from time to time.

No Title of Nobility shall be granted by the United States: And no Person holding any Office of Profit or Trust under them, shall, without the Consent of the Congress, accept of any present, Emolument, Office, or Title, of any kind whatever, from any King, Prince, or foreign State.

Section 10.

No State shall enter into any Treaty, Alliance, or Confederation; grant Letters of Marque and Reprisal; coin Money; emit Bills of Credit; make any Thing but gold and silver Coin a Tender in Payment of Debts; pass any Bill of Attainder, ex post facto Law, or Law impairing the Obligation of Contracts, or grant any Title of Nobility.

No State shall, without the Consent of the Congress, lay any Imposts or Duties on Imports or Exports, except what may be absolutely necessary for executing it's inspection Laws: and the net Produce of all Duties and Imposts, laid by any State on Imports or Exports, shall be for the Use of the Treasury of the United States; and all such Laws shall be subject to the Revision and Control of the Congress.

No State shall, without the Consent of Congress, lay any Duty of Tonnage, keep

Troops, or Ships of War in time of Peace, enter into any Agreement or Compact with another State, or with a foreign Power, or engage in War, unless actually invaded, or in such imminent Danger as will not admit of delay.

Article II.

Section 1.

The executive Power shall be vested in a President of the United States of America. He shall hold his Office during the Term of four Years, and, together with the Vice President, chosen for the same Term, be elected, as follows:

Each State shall appoint, in such Manner as the Legislature thereof may direct, a Number of Electors, equal to the whole Number of Senators and Representatives to which the State may be entitled in the Congress: but no Senator or Representative, or Person holding an Office of Trust or Profit under the United States, shall be appointed an Elector.

The Electors shall meet in their respective States, and vote by Ballot for two Persons, of whom one at least shall not be an Inhabitant of the same State with themselves. And they shall make a List of all the Persons voted for, and of the Number of Votes for each; which List they shall sign and certify, and transmit sealed to the Seat of the Government of the United States, directed to the President of the Senate. The President of the Senate shall, in the Presence of the Senate and House of Representatives, open all the Certificates, and the Votes shall then be counted. The Person having the greatest Number of Votes shall be the President, if such Number be a Majority of the whole Number of Electors appointed; and if there be more than one who have such Majority, and have an equal Number of Votes, then the House of Representatives shall immediately choose by Ballot one of them for President; and if no Person have a Majority, then from the five highest on the List the said House shall in like Manner choose the President. But in choosing the President, the Votes shall be taken by States, the Representation from each State having one Vote; a quorum for this purpose shall consist of a Member or Members from two thirds of the States, and a Majority of all the States shall be necessary to a Choice. In every Case, after the Choice of the President, the Person having the greatest Number of Votes of the Electors shall be the Vice President. But if there should remain two or more who have equal Votes, the Senate shall choose from them by Ballot the Vice President.

The Congress may determine the Time of choosing the Electors, and the Day on which they shall give their Votes; which Day shall be the same throughout the United States.

No Person except a natural born Citizen, or a Citizen of the United States, at the time of the Adoption of this Constitution, shall be eligible to the Office of President; neither shall any Person be eligible to that Office who shall not have attained to the Age of thirty five Years, and been fourteen Years a Resident within the United States.

In Case of the Removal of the President from Office, or of his Death, Resignation, or Inability to discharge the Powers and Duties of the said Office, the Same shall devolve on the Vice President, and the Congress may by Law provide for the Case of Removal, Death, Resignation or Inability, both of the President and Vice President, declaring what Officer shall then act as President, and such Officer shall act accordingly, until the Disability be removed, or a President shall be elected.

The President shall, at stated Times, receive for his Services, a Compensation, which shall neither be increased nor diminished during the Period for which he shall have been elected, and he shall not receive within that Period any other Emolument from the United States, or any of them.

Before he enter on the Execution of his Office, he shall take the following Oath or Affirmation: — "I do solemnly swear (or affirm) that I will faithfully execute the Office of President of the United States, and will to the best of my Ability, preserve, protect and defend the Constitution of the United States."

Section 2.

The President shall be Commander in Chief of the Army and Navy of the United States, and of the Militia of the several States, when called into the actual Service of the United States; he may require the Opinion, in writing, of the principal Officer in each of the executive Departments, upon any Subject relating to the Duties of their respective Offices, and he shall have Power to grant Reprieves and Pardons for Offences against the United States, except in Cases of Impeachment.

He shall have Power, by and with the Advice and Consent of the Senate, to make Treaties, provided two thirds of the Senators present concur; and he shall nominate, and by and with the Advice and Consent of the Senate, shall appoint Ambassadors, other public Ministers and Consuls, Judges of the supreme Court, and all other Officers of the United States, whose Appointments are not herein otherwise provided for, and which shall be established by Law: but the Congress may by Law vest the Appointment of such inferior Officers, as they think proper, in the President alone, in the Courts of Law, or in the Heads of Departments.

The President shall have Power to fill up all Vacancies that may happen during the Recess of the Senate, by granting Commissions which shall expire at the End of their next Session.

Section 3.

He shall from time to time give to the Congress Information of the State of the Union, and recommend to their Consideration such Measures as he shall judge necessary and expedient; he may, on extraordinary Occasions, convene both Houses, or either of them, and in Case of Disagreement between them, with Respect to the Time of Adjournment, he may adjourn them to such Time as he shall think proper; he shall receive Ambassadors and other public Ministers; he shall take Care that the Laws be faithfully executed, and shall Commission all the Officers of the United States.

Section 4.

The President, Vice President and all civil Officers of the United States, shall be removed from Office on Impeachment for, and Conviction of, Treason, Bribery, or other high Crimes and Misdemeanors.

Article III.

Section 1.

The judicial Power of the United States shall be vested in one Supreme Court, and in such inferior Courts as the Congress may from time to time ordain and establish. The Judges, both of the supreme and inferior Courts, shall hold their Offices during good Behavior, and shall, at stated Times, receive for their Services a Compensation, which shall not be diminished during their Continuance in Office.

Section 2.

The judicial Power shall extend to all Cases, in Law and Equity, arising under this Constitution, the Laws of the United States, and Treaties made, or which shall be made, under their Authority; —to all Cases affecting Ambassadors, other public Ministers and Consuls; —to all Cases of admiralty and maritime Jurisdiction; —to Controversies to which the United States shall be a Party; —to Controversies between two or more States; —between a State and Citizens of another State, —between Citizens of different States, —between Citizens of the same State claiming Lands under Grants of different States, and between a State, or the Citizens thereof, and foreign States, Citizens or Subjects.

In all Cases affecting Ambassadors, other public Ministers and Consuls, and those in which a State shall be Party, the Supreme Court shall have original Jurisdiction. In all the other Cases before mentioned, the Supreme Court shall have appellate Jurisdiction, both as to Law and Fact, with such Exceptions, and under such Regulations as the Congress shall make.

The Trial of all Crimes, except in Cases of Impeachment, shall be by Jury; and such Trial shall be held in the State where the said Crimes shall have been committed; but when not committed within any State, the Trial shall be at such Place or Places as the Congress may by Law have directed.

Section 3.

Treason against the United States, shall consist only in levying War against them, or in adhering to their Enemies, giving them Aid and Comfort. No Person shall be convicted of Treason unless on the Testimony of two Witnesses to the same overt Act, or on Confession in open Court.

The Congress shall have Power to declare the Punishment of Treason, but no Attainder of Treason shall work Corruption of Blood, or Forfeiture except during the Life of the Person attainted.

Article IV.

Section 1.

Full Faith and Credit shall be given in each State to the public Acts, Records, and judicial Proceedings of every other State. And the Congress may by general Laws prescribe the Manner in which such Acts, Records and Proceedings shall be proved, and the Effect thereof.

Section 2.

The Citizens of each State shall be entitled to all Privileges and Immunities of Citizens in the several States.

A Person charged in any State with Treason, Felony, or other Crime, who shall flee from Justice, and be found in another State, shall on Demand of the executive Authority of the State from which he fled, be delivered up, to be removed to the State having Jurisdiction of the Crime.

No Person held to Service or Labor in one State, under the Laws thereof, escaping into another, shall, in Consequence of any Law or Regulation therein, be discharged from such Service or Labor, but shall be delivered up on Claim of the Party to whom such Service or Labor may be due.

Section 3.

New States may be admitted by the Congress into this Union; but no new State shall be formed or erected within the Jurisdiction of any other State; nor any State be formed by the Junction of two or more States, or Parts of States, without the Consent of the Legislatures of the States concerned as well as of the Congress.

The Congress shall have Power to dispose of and make all needful Rules and Regulations respecting the Territory or other Property belonging to the United States; and nothing in this Constitution shall be so construed as to Prejudice any Claims of the United States, or of any particular State.

Section 4.

The United States shall guarantee to every State in this Union a Republican Form of Government, and shall protect each of them against Invasion; and on Application of the Legislature, or of the Executive (when the Legislature cannot be convened), against domestic Violence.

Article V.

The Congress, whenever two thirds of both Houses shall deem it necessary, shall propose Amendments to this Constitution, or, on the Application of the Legislatures of two thirds of the several States, shall call a Convention for proposing Amendments, which, in either Case, shall be valid to all Intents and Purposes, as Part of this Constitution, when ratified by the Legislatures of three fourths of the several States, or by Conventions in three fourths thereof, as the one or the other Mode of Ratification may be proposed by the Congress; Provided that no Amendment which may be made prior to the Year One thousand eight hundred and eight shall in any Manner affect the first and fourth Clauses in the Ninth Section of the first Article; and that no State, without its Consent, shall be deprived of its equal Suffrage in the Senate.

Article VI.

All Debts contracted and Engagements entered into, before the Adoption of this Constitution, shall be as valid against the United States under this Constitution, as under the Confederation.

This Constitution, and the Laws of the United States which shall be made in Pursuance thereof; and all Treaties made, or which shall be made, under the Authority of the United States, shall be the supreme Law of the Land; and the Judges in every State shall be bound thereby, any Thing in the Constitution or Laws of any State to the Contrary notwithstanding.

The Senators and Representatives before mentioned, and the Members of the several State Legislatures, and all executive and judicial Officers, both of the United States and of the several States, shall be bound by Oath or Affirmation, to support this Constitution; but no religious Test shall ever be required as a Qualification to any Office or public Trust under the United States.

Article VII.

The Ratification of the Conventions of nine States, shall be sufficient for the Establishment of this Constitution between the States so ratifying the same.

Done in Convention by the Unanimous Consent of the States present the Seventeenth Day of September in the Year of our Lord one thousand seven hundred and Eighty seven and of the Independence of the United States of America the Twelfth.

In witness whereof We have hereunto subscribed our Names,

George Washington – President and deputy from Virginia

New Hampshire – John Langdon, Nicholas Gilman

Massachusetts – Nathaniel Gorham, Rufus King

Connecticut – William Samuel Johnson, Roger Sherman

New York – Alexander Hamilton

New Jersey – William Livingston, David Brearley, William Paterson, Jonathan Dayton

Pennsylvania – Benjamin Franklin, Thomas Mifflin, Robert Morris, George Clymer, Thomas Fitzsimons, Jared Ingersoll, James Wilson, Gouvernour Morris

Delaware – George Read, Gunning Bedford Jr. , John Dickinson, Richard Bassett, Jacob Broom

Maryland – James McHenry, Daniel of St Thomas Jenifer, Daniel Carroll

Virginia – John Blair, James Madison Jr.

North Carolina – William Blount, Richard Dobbs Spaight, Hugh Williamson

South Carolina – John Rutledge, Charles Cotesworth Pinckney, Charles Pinckney, Pierce Butler

Georgia – William Few, Abraham Baldwin

Attest: William Jackson, Secretary

Amendment 1

Congress shall make no law respecting an establishment of religion, or prohibiting the free exercise thereof; or abridging the freedom of speech, or of the press; or the right of the people peaceably to assemble, and to petition the Government for a redress of grievances.

Amendment 2

A well – regulated Militia, being necessary to the security of a free State, the right of the people to keep and bear Arms, shall not be infringed.

Amendment 3

No Soldier shall, in time of peace be quartered in any house, without the consent of the Owner, nor in time of war, but in a manner to be prescribed by law.

Amendment 4

The right of the people to be secure in their persons, houses, papers, and effects, against unreasonable searches and seizures, shall not be violated, and no

Warrants shall issue, but upon probable cause, supported by Oath or affirmation, and particularly describing the place to be searched, and the persons or things to be seized.

Amendment 5

No person shall be held to answer for a capital, or otherwise infamous crime, unless on a presentment or indictment of a Grand Jury, except in cases arising in the land or naval forces, or in the Militia, when in actual service in time of War or public danger; nor shall any person be subject for the same offense to be twice put in jeopardy of life or limb; nor shall be compelled in any criminal case to be a witness against himself, nor be deprived of life, liberty, or property, without due process of law; nor shall private property be taken for public use, without just compensation.

Amendment 6

In all criminal prosecutions, the accused shall enjoy the right to a speedy and public trial, by an impartial jury of the State and district wherein the crime shall have been committed, which district shall have been previously ascertained by law, and to be informed of the nature and cause of the accusation; to be confronted with the witnesses against him; to have compulsory process for obtaining witnesses in his favor, and to have the Assistance of Counsel for his defense.

Amendment 7

In Suits at common law, where the value in controversy shall exceed twenty dollars, the right of trial by jury shall be preserved, and no fact tried by a jury, shall be otherwise re – examined in any Court of the United States, than according to the rules of the common law.

Amendment 8

Excessive bail shall not be required, nor excessive fines imposed, nor cruel and unusual punishments inflicted.

Amendment 9

The enumeration in the Constitution, of certain rights, shall not be construed to deny or disparage others retained by the people.

Amendment 10

The powers not delegated to the United States by the Constitution, nor prohibited by it to the States, are reserved to the States respectively, or to the people.

Amendment 11

The Judicial power of the United States shall not be construed to extend to any suit in law or equity, commenced or prosecuted against one of the United States by Citizens of another State, or by Citizens or Subjects of any Foreign State.

Amendment 12

The Electors shall meet in their respective states, and vote by ballot for President and Vice – President, one of whom, at least, shall not be an inhabitant of the same state with themselves; they shall name in their ballots the person voted for as President, and in distinct ballots the person voted for as Vice – President, and they shall make distinct lists of all persons voted for as President, and of all persons voted for as Vice – President and of the number of votes for each, which lists they shall sign and certify, and transmit sealed to the seat of the government of the United States, directed to the President of the Senate;

The President of the Senate shall, in the presence of the Senate and House of Representatives, open all the certificates and the votes shall then be counted;

The person having the greatest Number of votes for President, shall be the President, if such number be a majority of the whole number of Electors appointed; and if no person have such majority, then from the persons having the highest numbers not exceeding three on the list of those voted for as President, the House of Representatives shall choose immediately, by ballot, the President. But in choosing the President, the votes shall be taken by states, the representation from each state having one vote; a quorum for this purpose shall consist of a member or members from two – thirds of the states, and a majority of all the states shall be necessary to a choice. And if the House of Representatives shall not choose a President whenever the right of choice shall devolve upon them, before the fourth day of March next following, then the Vice President shall act as President, as in the case of the death or other constitutional disability of the President.

The person having the greatest number of votes as Vice – President, shall be the Vice – President, if such number be a majority of the whole number of Electors appointed, and if no person have a majority, then from the two highest number son the list, the Senate shall choose the Vice President; a quorum for the purpose shall consist of two – thirds of the whole number of Senators, and a majority of the whole number shall be necessary to a choice. But no person constitutionally ineligible to the office of President shall be eligible to that of Vice President of the United States.

Amendment 13

1. Neither slavery nor involuntary servitude, except as a punishment for crime whereof the party shall have been duly convicted, shall exist within the United States, or any place subject to their jurisdiction.

2. Congress shall have power to enforce this article by appropriate legislation.

Amendment 14

1. All persons born or naturalized in the United States, and subject to the jurisdiction thereof, are citizens of the United States and of the State wherein they reside. No State shall make or enforce any law which shall abridge the privileges or immunities of citizens of the United States; nor shall any State deprive any person of life, liberty, or property, without due process of law; nor deny to any person within its jurisdiction the equal protection of the laws.

2. Representatives shall be apportioned among the several States according to their respective numbers, counting the whole number of persons in each State, excluding Indians not taxed. But when the right to vote at any election for the choice

of electors for President and Vice President of the United States, Representatives in Congress, the Executive and Judicial officers of a State, or the members of the Legislature thereof, is denied to any of the male inhabitants of such State, being twenty – one years of age, and citizens of the United States, or in any way abridged, except for participation in rebellion, or other crime, the basis of representation therein shall be reduced in the proportion which the number of such male citizens shall bear to the whole number of male citizens twenty – one years of age in such State.

3. No person shall be a Senator or Representative in Congress, or elector of President and Vice President, or hold any office, civil or military, under the United States, or under any State, who, having previously taken an oath, as a member of Congress, or as an officer of the United States, or as a member of any State legislature, or as an executive or judicial officer of any State, to support the Constitution of the United States, shall have engaged in insurrection or rebellion against the same, or given aid or comfort to the enemies thereof. But Congress may by a vote of two – thirds of each House, remove such disability.

4. The validity of the public debt of the United States, authorized by law, including debts incurred for payment of pensions and bounties for services in suppressing insurrection or rebellion, shall not be questioned. But neither the United States nor any State shall assume or pay any debt or obligation incurred in aid of insurrection or rebellion against the United States, or any claim for the loss or emancipation of any slave; but all such debts, obligations and claims shall be held illegal and void.

5. The Congress shall have power to enforce, by appropriate legislation, the provisions of this article.

Amendment 15

1. The right of citizens of the United States to vote shall not be denied or abridged by the United States or by any State on account of race, color, or previous condition of servitude.

2. The Congress shall have power to enforce this article by appropriate

legislation.

Amendment 16

The Congress shall have power to lay and collect taxes on incomes, from whatever source derived, without apportionment among the several States, and without regard to any census or enumeration.

Amendment 17

The Senate of the United States shall be composed of two Senators from each State, elected by the people thereof, for six years; and each Senator shall have one vote. The electors in each State shall have the qualifications requisite for electors of the most numerous branch of the State legislatures.

When vacancies happen in the representation of any State in the Senate, the executive authority of such State shall issue writs of election to fill such vacancies: Provided, That the legislature of any State may empower the executive thereof to make temporary appointments until the people fill the vacancies by election as the legislature may direct.

This amendment shall not be so construed as to affect the election or term of any Senator chosen before it becomes valid as part of the Constitution.

Amendment 18

1. After one year from the ratification of this article the manufacture, sale, or transportation of intoxicating liquors within, the importation thereof into, or the exportation thereof from the United States and all territory subject to the jurisdiction thereof for beverage purposes is hereby prohibited.

2. The Congress and the several States shall have concurrent power to enforce this article by appropriate legislation.

3. This article shall be inoperative unless it shall have been ratified as an amendment to the Constitution by the legislatures of the several States, as provided in the Constitution, within seven years from the date of the submission hereof to the States by the Congress.

Amendment 19

The right of citizens of the United States to vote shall not be denied or abridged by the United States or by any State on account of sex.

Congress shall have power to enforce this article by appropriate legislation.

Amendment 20

1. The terms of the President and Vice President shall end at noon on the 20th day of January, and the terms of Senators and Representatives at noon on the 3d day of January, of the years in which such terms would have ended if this article had not been ratified; and the terms of their successors shall then begin.

2. The Congress shall assemble at least once in every year, and such meeting shall begin at noon on the 3d day of January, unless they shall by law appoint a different day.

3. If, at the time fixed for the beginning of the term of the President, the President elect shall have died, the Vice President elect shall become President. If a President shall not have been chosen before the time fixed for the beginning of his term, or if the President elect shall have failed to qualify, then the Vice President elect shall act as President until a President shall have qualified; and the Congress may by law provide for the case wherein neither a President elect nor a Vice President elect shall have qualified, declaring who shall then act as President, or the manner in which one who is to act shall be selected, and such person shall act accordingly until a President or Vice President shall have qualified.

4. The Congress may by law provide for the case of the death of any of the persons from whom the House of Representatives may choose a President whenever the right of choice shall have devolved upon them, and for the case of the death of any of the persons from whom the Senate may choose a Vice President whenever the right of choice shall have devolved upon them.

5. Sections 1 and 2 shall take effect on the 15th day of October following the ratification of this article.

6. This article shall be inoperative unless it shall have been ratified as an

amendment to the Constitution by the legislatures of three – fourths of the several States within seven years from the date of its submission.

Amendment 21

1. The eighteenth article of amendment to the Constitution of the United States is hereby repealed.

2. The transportation or importation into any State, Territory, or possession of the United States for delivery or use therein of intoxicating liquors, in violation of the laws thereof, is hereby prohibited.

3. The article shall be inoperative unless it shall have been ratified as an amendment to the Constitution by conventions in the several States, as provided in the Constitution, within seven years from the date of the submission hereof to the States by the Congress.

Amendment 22

1. No person shall be elected to the office of the President more than twice, and no person who has held the office of President, or acted as President, for more than two years of a term to which some other person was elected President shall be elected to the office of the President more than once. But this Article shall not apply to any person holding the office of President, when this Article was proposed by the Congress, and shall not prevent any person who may be holding the office of President, or acting as President, during the term within which this Article becomes operative from holding the office of President or acting as President during the remainder of such term.

2. This article shall be inoperative unless it shall have been ratified as anamendment to the Constitution by the legislatures of three – fourths of the several States within seven years from the date of its submission to the States by the Congress.

Amendment 23

1. The District constituting the seat of Government of the United States shall appoint in such manner as the Congress may direct: A number of electors of

President and Vice President equal to the whole number of Senators and Representatives in Congress to which the District would be entitled if it were a State, but in no event more than the least populous State; they shall be in addition to those appointed by the States, but they shall be considered, for the purposes of the election of President and Vice President, to be electors appointed by a State; and they shall meet in the District and perform such duties as provided by the twelfth article of amendment.

2. The Congress shall have power to enforce this article by appropriate legislation.

Amendment 24

1. The right of citizens of the United States to vote in any primary or other election for President or Vice President, for electors for President or Vice President, or for Senator or Representative in Congress, shall not be denied or abridged by the United States or any State by reason of failure to pay any poll tax or other tax.

2. The Congress shall have power to enforce this article by appropriate legislation.

Amendment 25

1. In case of the removal of the President from office or of his death or resignation, the Vice President shall become President.

2. Whenever there is a vacancy in the office of the Vice President, the President shall nominate a Vice President who shall take office upon confirmation by a majority vote of both Houses of Congress.

3. Whenever the President transmits to the President pro tempore of the Senate and the Speaker of the House of Representatives his written declaration that he is unable to discharge the powers and duties of his office, and until he transmits to them a written declaration to the contrary, such powers and duties shall be discharged by the Vice President as Acting President.

4. Whenever the Vice President and a majority of either the principal officers of the executive departments or of such other body as Congress may by law provide,

transmit to the President pro tempore of the Senate and the Speaker of the House of Representatives their written declaration that the President is unable to discharge the powers and duties of his office, the Vice President shall immediately assume the powers and duties of the office as Acting President.

Thereafter, when the President transmits to the President pro tempore of the Senate and the Speaker of the House of Representatives his written declaration that no inability exists, he shall resume the powers and duties of his office unless the Vice President and a majority of either the principal officers of the executive department or of such other body as Congress may by law provide, transmit within four days to the President pro tempore of the Senate and the Speaker of the House of Representatives their written declaration that the President is unable to discharge the powers and duties of his office. Thereupon Congress shall decide the issue, assembling within forty eight hours for that purpose if not in session. If the Congress, within twenty one days after receipt of the latter written declaration, or, if Congress is not in session, within twenty one days after Congress is required to assemble, determines by two thirds vote of both Houses that the President is unable to discharge the powers and duties of his office, the Vice President shall continue to discharge the same as Acting President; otherwise, the President shall resume the powers and duties of his office.

Amendment 26

1. The right of citizens of the United States, who are eighteen years of age or older, to vote shall not be denied or abridged by the United States or by any State on account of age.

2. The Congress shall have power to enforce this article by appropriate legislation.

Amendment 27

No law, varying the compensation for the services of the Senators and Representatives, shall take effect, until an election of Representatives shall have intervened.

2.《明尼苏达州宪法》

(州宪法)

◎导读[1]

美国在政治体制上与我国家最大的不同就是美国采取的是联邦制，即每一个州无论是在政治还是在经济权力上都拥有当然的自主管辖权。从在美国联邦宪法制定过程中联邦党人与反联邦党人的论战到联邦宪法的制定与公布，联邦权力与州权力的斗争从未停止过。但争论的内容从来都不涉及否认关于州享有权力制定并保留自己宪法的联邦宪法，这项州所拥有的绝对权力受美国联邦宪法第十条修正案的保护。第十条修正案规定："宪法未授予合众国、也未禁止各州行使的权力，由各州各自保留，或由人民保留。"[2]

明尼苏达州宪法的制定遵循于大多数州宪法的制定步骤。基于美国国会于1857年2月颁布的《授权法案》，1857年6月1日由明尼苏达州境内的共和党和民主党代表共同组成州制宪机构，该制宪会议从7月13日到8月29日在圣保罗举行。因为两个政党之间的分歧非常大，代表们无法达成统一的意见，所以最后两个党派仅签署了自己的那份文本。这两份文本基本上是相同的，但却存在许多的标点、语法和措辞的不一致。然而，这两份宪法草案最终在当年10月13日举行的州宪法投票中得以通过。根据史料证明，这两个版本的宪法都提供给了联邦参议院，最终共和党版本的草案被联邦通过，成

〔1〕 本节中文导读由陈晨编撰。

〔2〕 US Constitution, Amendment X: Rights of the States under Constitution states that "The powers not delegated to the United States by the Constitution, nor prohibited by it to the States, are reserved to the States respectively, or to the people."

为真正的明尼苏达州宪法。因而此部宪法，与随后明尼苏达州议会通过的一系列的宪法修正案，共同组成了明尼苏达州成文宪法的内容。

1971 年，州立法机构组建了一个委员会来研究宪法和希望针对存在的问题提出修改意见。委员会经过两年的研究，建议修订宪法并以现代语言重写它，以方便适用。该修正案由选民于1974 年11 月5 日通过投票批准，修改后的文本并没有改变宪法的含义。如果有因修改而导致歧义的，原始文件仍然具有最终权威。此外，现行明尼苏达州宪法还包括所有 1857 年通过批准的修正案。

联邦制的奇妙之处就在于，它既保留了小国自治的特权，又在一些重要的权力上保持着大国统一的优势，而联邦与州宪法的关系正好体现了这一特点，即是州宪法规定的标准不能低于联邦宪法的标准。

在州的制度层面内，明尼苏达州成文宪法属于立法机关制定的法律，具有本州范围内最高的效力与权威，其规定了本州最为基本的政治制度与法律制度，是本州范围内所有立法和普通法的基础。比如说，若是仅由州法院有权管辖的案件，则州法院只能根据州宪法进行违宪审查。当然其对于联邦法律的排除力也存在例外，但仅有一类例外即州宪法违反了美国联邦宪法的规定。

因而，如果要寻找明尼苏达州成文宪法的文本，盲目地在联邦法中寻找必然没有收获，必须首先应将目标锁定于州法范围内，再考虑到宪法的性质，就必须具体到明尼苏达州的立法分支制定的立法体系中去寻找。

美国普通法宪法在美国是以保护人权和限制政府权力为逻辑起点建构的，因而政府的权力只产生于宪法中的授权，而人只有在宪法中规定限制的领域才能限制人权。也就是说，与联邦宪法相比，州宪法中对于人权的限制不能多于联邦宪法，因而可能各州的宪法结构也与联邦宪法不同。

大部分的中国法学院的学生应该知道普通法即指判例法，在美国宪法制度中，无论是联邦还是州宪法，宪法判例法都是宪法制度中重要的组成部分。明尼苏达州的宪法也许在文字上与美国联邦宪法的差别不大，但正是这些细微的表达上的差别，使得明尼苏达州的宪法判例中对于明尼苏达州宪法的解释与联邦宪法有着很大的差别。

明尼苏达州宪法一个突出的特点是宪法第一章即规定公民权利，目前有17 个部分，其中许多内容与美国联邦宪法的权利法案差不多，尽管措辞上略有不同。然而，这些措辞上的细微的不同，很可能导致由拥有对宪法解释权的明尼苏达最高法院对其进行解释，从而给出不同于联邦宪法的一个含义。

明尼苏达州宪法第1章第3节规定："新闻出版自由应当永远不受侵犯，所有的人可以自由地说、写，或者可以通过任何方式发表他们的观点，并为自己的行为负责。"[1]相比之下，美国宪法第一修正案规定"国会不得制定关于下列事项的法律：确立国教或禁止信教自由；剥夺言论自由或出版自由；或剥夺人民和平集会和向政府请愿救助的权利。"[2]尽管明尼苏达州宪法第1章第3节保护言论自由，但正是由于宪法中措辞的微妙差别，明尼苏达州最高法院提出了与联邦宪法第一修正案不同的含义，如State v. Wicklund[3]。

更加奇妙的是，尽管第1章第10节中的表达与美国宪法第四修正案一样，明尼苏达最高法院做出的解释却经常与联邦宪法不同，州宪法更倾向于给受刑事起诉的人更多的保护。例如，在State v. Carter[4](2005)案中法院裁定，警犬"嗅"一个租用储物柜的行为是在权利法案下的一个"侦查"行为，而在联邦宪法中这种行为不属于搜查的行为。

因此，要完整地了解明尼苏达州宪法，仅查找到宪法文本是远远不够的，众多的宪法判例也是了解宪法时必须理解和总结的。从不同时代的宪法判例中，我们可以看到法院对于同一宪法条文的理解随着时代价值观的变化而改变。从不同州之间的宪法判例中，我们也可以了解各州的法官对于各州相类似的宪法条文的判例的不同，从而也有助于我们更加深入地了解美国社会不同的价值观冲突。

---

[1] Section 3 states that "the liberty of the press shall forever remain inviolate, and all persons may freely speak, write and publish their sentiments on all subjects, being responsible for the abuse of such right."

[2] Amendment I states that "Congress shall make no law respecting an establishment of religion, or prohibiting the free exercise thereof; or abridging the freedom of speech, or of the press; or the right of the people peaceably to assemble, and to petition the Government for a redress of grievances."

[3] State v. Wicklund (1999) No. C7-97-1381, http://caselaw.findlaw.com/mn-supreme-court/1224143.html，最后访问日期：2013年6月10日。

[4] State v. Carter (2005) No. A03-1215, http://caselaw.findlaw.com/mn-supreme-court/1180901.html，最后访问日期：2013年6月10日。

Constitution of the State of Minnesota

Introductory Notes [1]

In accordance with the enabling act of February 26, 1857, an election was held on June 1, 1857, at which Republican and Democratic delegates were elected to the constitutional convention. When these delegates assembled in St. Paul on July 13, 1857, to draft the Minnesota constitution, bitterness between the two parties was so intense that Republican delegates and Democratic delegates refused to meet in the same convention. As a result, each party held separate sessions in different rooms of the first capitol building.

The Democratic "convention" was presided over by Henry H. Sibley, later elected first governor of Minnesota. The Republican "convention" was presided over first by John W. North, and later by St. Andrew D. Balcombe.

The political cleavage was so great that the two bodies never acted in joint meeting during the entire constitutional convention: July 13 to Aug. 29. The final work was done through a conference committee composed of five conferees from each of the conventions. The conferees, by reporting to and receiving advice from their respective conventions, were able to draft a constitution that would be acceptable to both bodies. On August 28, 1857, in spite of numerous protests by delegates, the report of the conference committee was adopted without amendment by both the Republican and Democratic conventions.

However, when it came time to sign the constitution, the bitter feeling was still so intense that Democrats would not sign an instrument which bore Republican signatures, and the Republicans objected to signing an instrument that bore the signatures of Democrats. The solution to this impasse: two constitutions. One constitution was written on white paper and signed only by Republicans. The other

---

[1] Minnesota Secretary of State's Notes on the Constitution of the State of Minnesota.

constitution was written on blue – tinted paper and signed only by Democrats.

Thus, on the 29th day of August, after seven weeks of political dispute and disagreement, the two conventions adjourned when as many members as could bring themselves to do so signed the copy of the constitution enrolled for their particular convention.

The schedule to the constitution provided for an election to be held on October 13, 1857. At this election the voters were to accept or reject the constitution. The ballots used for this purpose were printed to provide only for affirmative votes. A voter who wished to reject the constitution had to alter his ballot and write in a negative vote. The result: 30, 055 for acceptance and 571 for rejection.

The procedure for acquiring statehood not only requires a constitution to be approved by the voters of the proposed state, the constitution must also be approved by Congress. In December of 1857 the Minnesota constitution was submitted to the United States Senate for ratification.

A certified copy of the Democratic constitution was transmitted to the senate by the territorial secretary: a Democrat. This copy was attached to the bill for the admission of Minnesota into the union. However, when the bill was reported back from the senate, historians report that the Republican constitution was attached. In any event, there is substantial authority that both constitutions were before Congress when Minnesota was admitted to the union on May 11, 1858.

In reality, the constitution ratified by Congress was not the original constitution. At the election of October 13, 1857, in addition to voting on the constitution, the voters elected executive, legislative and judicial officers. The state officers were content to wait for the act of Congress before assuming office. But the legislature took a contrary view. It convened on December 3, 1857, on the theory that under the enabling act the statehood of Minnesota began when the voters approved the constitution. Even though this theory was incorrect, the legislature proceeded to enact laws, the effects of which have remained undisturbed by the courts.

The first two acts passed by the legislature were proposed amendments to the constitution. One amendment authorized a loan to railroads of MYM5 million and the other related to the term of office of the first state officers. These amendments were ratified by the voters at a special election held April 15, 1858. It would appear that the constitution that Congress approved on May 11, 1858 was an amended constitution, not the original adopted by the constitutional convention and approved by the voters in 1857.

The legislature in 1971 established a constitutional study commission to review the constitution and make recommendations to maintain its utility. After two years' study, the commission recommended that an amendment restructuring the constitution for easy reference and rewriting it in modern language be prepared.

The amendment was introduced and passed in both houses, signed by the governor, and approved by the voters on November 5, 1974. The previous wording of the constitution is printed, with all the amendments approved by voters since its adoption in 1857, in the Minnesota Legislative Manual 1973 – 74, pages 445 – 484. The amendment approved in 1974 did not alter the meaning of the constitution. In cases of constitutional law, the original document remains the final authority.

明尼苏达州宪法（英文原文）

Constitution of the State of Minnesota

Adopted October 13, 1857

Generally Revised November 5, 1974

Further amended November 1974, 1980, 1982, 1984, 1988, 1990, 1996, 1998, 2006 and 2008.

We, the people of the state of Minnesota, grateful to God for our civil and religious liberty, and desiring to perpetuate its blessings and secure the same to ourselves and our posterity, do ordain and establish this Constitution.

ARTICLE I

BILL OF RIGHTS

Section 1. Object of government

Government is instituted for the security, benefit and protection of the people, in whom all political power is inherent, together with the right to alter, modify or reform government whenever required by the public good.

Sec. 2. Rights and privileges

No member of this state shall be disfranchised or deprived of any of the rights or privileges secured to any citizen thereof, unless by the law of the land or the judgment of his peers. There shall be neither slavery nor involuntary servitude in the state otherwise than as punishment for a crime of which the party has been convicted.

Sec. 3. Liberty of the press

The liberty of the press shall forever remain inviolate, and all persons may freely speak, write and publish their sentiments on all subjects, being responsible for the abuse of such right.

Sec. 4. Trial by jury

The right of trial by jury shall remain inviolate, and shall extend to all cases at law without regard to the amount in controversy. A jury trial may be waived by the parties in all cases in the manner prescribed by law. The legislature may provide that the agreement of five-sixths of a jury in a civil action or proceeding, after not less than six hours' deliberation, is a sufficient verdict. The legislature may provide for the number of jurors in a civil action or proceeding, provided that a jury have at least six members.

[Amended, November 8, 1988]

Sec. 5. No excessive bail or unusual punishments

Excessive bail shall not be required, nor excessive fines imposed, nor cruel or unusual punishments inflicted.

Sec. 6. Rights of accused in criminal prosecutions

In all criminal prosecutions the accused shall enjoy the right to a speedy and public trial by an impartial jury of the county or district wherein the crime shall have been committed, which county or district shall have been previously ascertained by law. In all prosecutions of crimes defined by law as felonies, the accused has the right to a jury of 12 members. In all other criminal prosecutions, the legislature may provide for the number of jurors, provided that a jury have at least six members. The accused shall enjoy the right to be informed of the nature and cause of the accusation, to be confronted with the witnesses against him, to have compulsory process for obtaining witnesses in his favor and to have the assistance of counsel in his defense.

[Amended, November 8, 1988]

Sec. 7. Due process; prosecutions; double jeopardy; self – incrimination; bail; habeas corpus

No person shall be held to answer for a criminal offense without due process of law, and no person shall be put twice in jeopardy of punishment for the same offense, nor be compelled in any criminal case to be a witness against himself, nor be deprived of life, liberty or property without due process of law. All persons before conviction shall be bailable by sufficient sureties, except for capital offenses when the proof is evident or the presumption great. The privilege of the writ of habeas corpus shall not be suspended unless the public safety requires it in case of rebellion or invasion.

Sec. 8. Redress of injuries or wrongs

Every person is entitled to a certain remedy in the laws for all injuries or wrongs which he may receive to his person, property or character, and to obtain justice freely and without purchase, completely and without denial, promptly and without delay, conformable to the laws.

Sec. 9. Treason defined

Treason against the state consists only in levying war against the state, or in adhering to its enemies, giving them aid and comfort. No person shall be convicted of treason unless on the testimony of two witnesses to the same overt act or on confession in open court.

Sec. 10. Unreasonable searches and seizures prohibited

The right of the people to be secure in their persons, houses, papers, and effects against unreasonable searches and seizures shall not be violated; and no warrant shall issue but upon probable cause, supported by oath or affirmation, and particularly describing the place to be searched and the person or things to be seized.

Sec. 11. Attainders, ex post facto laws and laws impairing contracts prohibited

No bill of attainder, ex post facto law, or any law impairing the obligation of contracts shall be passed, and no conviction shall work corruption of blood or forfeiture of estate.

Sec. 12. Imprisonment for debt; property exemption

No person shall be imprisoned for debt in this state, but this shall not prevent the legislature from providing for imprisonment, or holding to bail, persons charged with fraud in contracting said debt. A reasonable amount of property shall be exempt from seizure or sale for the payment of any debt or liability. The amount of such exemption shall be determined by law. Provided, however, that all property so exempted shall be liable to seizure and sale for any debts incurred to any person for work done or materials furnished in the construction, repair or improvement of the same, and provided further, that such liability to seizure and sale shall also extend to all real property for any debt to any laborer or servant for labor or service performed.

Sec. 13. Private property for public use

Private property shall not be taken, destroyed or damaged for public use without just compensation therefor, first paid or secured.

Sec. 14. Military power subordinate

The military shall be subordinate to the civil power and no standing army shall be maintained in this state in times of peace.

Sec. 15. Lands allodial; void agricultural leases

All lands within the state are allodial and feudal tenures of every description with all their incidents are prohibited. Leases and grants of agricultural lands for a longer period than 21 years reserving rent or service of any kind shall be void.

Sec. 16. Freedom of conscience; no preference to be given to any religious establishment or mode of worship

The enumeration of rights in this constitution shall not deny or impair others retained by and inherent in the people. The right of every man to worship God according to the dictates of his own conscience shall never be infringed; nor shall any man be compelled to attend, erect or support any place of worship, or to maintain any religious or ecclesiastical ministry, against his consent; nor shall any control of or interference with the rights of conscience be permitted, or any preference be given by law to any religious establishment or mode of worship; but the liberty of conscience hereby secured shall not be so construed as to excuse acts of licentiousness or justify practices inconsistent with the peace or safety of the state, nor shall any money be drawn from the treasury for the benefit of any religious societies or religious or theological seminaries.

Sec. 17. Religious tests and property qualifications prohibited

No religious test or amount of property shall be required as a qualification for any office of public trust in the state. No religious test or amount of property shall be required as a qualification of any voter at any election in this state; nor shall any person be rendered incompetent to give evidence in any court of law or equity in consequence of his opinion upon the subject of religion.

ARTICLE II

NAME AND BOUNDARIES

Section 1. Name and boundaries; acceptance of organic act

This state shall be called the state of Minnesota and shall consist of and have jurisdiction over the territory embraced in the act of Congress entitled, "An act to authorize the people of the Territory of Minnesota to form a constitution and state government, preparatory to their admission into the Union on equal footing with the original states," and the propositions contained in that act are hereby accepted, ratified and confirmed, and remain irrevocable without the consent of the United States.

Sec. 2. Jurisdiction on boundary waters

The state of Minnesota has concurrent jurisdiction on the Mississippi and on all other rivers and waters forming a common boundary with any other state or states. Navigable waters leading into the same, shall be common highways and forever free to citizens of the United States without any tax, duty, impost or toll therefor.

ARTICLE III

DISTRIBUTION OF THE POWERS OF GOVERNMENT

Section 1. Division of powers

The powers of government shall be divided into three distinct departments: legislative, executive and judicial. No person or persons belonging to or constituting one of these departments shall exercise any of the powers properly belonging to either of the others except in the instances expressly provided in this constitution.

ARTICLE IV

LEGISLATIVE DEPARTMENT

Section 1. Composition of legislature

The legislature consists of the senate and house of representatives.

Sec. 2. Apportionment of members

The number of members who compose the senate and house of representatives shall be prescribed by law. The representation in both houses shall be apportioned equally throughout the different sections of the state in proportion to the population thereof.

Sec. 3. Census enumeration apportionment; congressional and legislative district boundaries; senate districts

At its first session after each enumeration of the inhabitants of this state made by the authority of the United States, the legislature shall have the power to prescribe the bounds of congressional and legislative districts. Senators shall be chosen by single districts of convenient contiguous territory. No representative district shall be divided in the formation of a senate district. The senate districts shall be numbered in a regular series.

Sec. 4. Terms of office of senators and representatives; vacancies

Representatives shall be chosen for a term of two years, except to fill a vacancy. Senators shall be chosen for a term of four years, except to fill a vacancy and except there shall be an entire new election of all the senators at the first election of representatives after each new legislative apportionment provided for in this article. The governor shall call elections to fill vacancies in either house of the legislature.

Sec. 5. Restriction on holding office

No senator or representative shall hold any other office under the authority of the United States or the state of Minnesota, except that of postmaster or of notary public. If elected or appointed to another office, a legislator may resign from the legislature by tendering his resignation to the governor.

Sec. 6. Qualification of legislators; judging election returns and eligibility

Senators and representatives shall be qualified voters of the state, and shall have resided one year in the state and six months immediately preceding the election in the district from which elected. Each house shall be the judge of the election returns and eligibility of its own members. The legislature shall prescribe by law the manner for taking evidence in cases of contested seats in either house.

Sec. 7. Rules of government

Each house may determine the rules of its proceedings, sit upon its own adjournment, punish its members for disorderly behavior, and with the concurrence of two-thirds expel a member; but no member shall be expelled a second time for the same offense.

Sec. 8. Oath of office

Each member and officer of the legislature before entering upon his duties shall take an oath or affirmation to support the Constitution of the United States, the constitution of this state, and to discharge faithfully the duties of his office to the best of his judgment and ability.

Sec. 9. Compensation

The compensation of senators and representatives shall be prescribed by law. No increase of compensation shall take effect during the period for which the members of the existing house of representatives may have been elected.

Sec. 10. Privilege from arrest

The members of each house in all cases except treason, felony and breach of the peace, shall be privileged from arrest during the session of their respective houses and in going to or returning from the same. For any speech or debate in either house they shall not be questioned in any other place.

Sec. 11. Protest and dissent of members

Two or more members of either house may dissent and protest against any act or resolution which they think injurious to the public or to any individual and have the reason of their dissent entered in the journal.

Sec. 12. Biennial meetings; length of session; special sessions; length of adjournments

The legislature shall meet at the seat of government in regular session in each biennium at the times prescribed by law for not exceeding a total of 120 legislative days. The legislature shall not meet in regular session, nor in any adjournment thereof, after the first Monday following the third Saturday in May of any year. After meeting at a time prescribed by law, the legislature may adjourn to another time. "Legislative day" shall be defined by law. A special session of the legislature may be called by the governor on extraordinary occasions.

Neither house during a session of the legislature shall adjourn for more than three days (Sundays excepted) nor to any other place than that in which the two houses shall be assembled without the consent of the other house.

Sec. 13. Quorum

A majority of each house constitutes a quorum to transact business, but a smaller number may adjourn from day to day and compel the attendance of absent members in the manner and under the penalties it may provide.

Sec. 14. Open sessions

Each house shall be open to the public during its sessions except in cases which in its opinion require secrecy.

Sec. 15. Officers; journals

Each house shall elect its presiding officer and other officers as may be provided by law. Both houses shall keep journals of their proceedings, and from time to time publish the same, and the yeas and nays, when taken on any question, shall be entered in the journals.

Sec. 16. Elections viva voce

In all elections by the legislature members shall vote viva voce and their votes shall be entered in the journal.

Sec. 17. Laws to embrace only one subject

No law shall embrace more than one subject, which shall be expressed in its title.

Sec. 18. Revenue bills to originate in house

All bills for raising revenue shall originate in the House of Representatives, but the senate may propose and concur with the amendments as on other bills.

Sec. 19. Reporting of bills.

Every bill shall be reported on three different days in each house, unless, in case of urgency, two-thirds of the house where the bill is pending deem it expedient to dispense with this rule.

Sec. 20. Enrollment of bills

Every bill passed by both houses shall be enrolled and signed by the presiding officer of each house. Any presiding officer refusing to sign a bill passed by both houses shall thereafter be disqualified from any office of honor or profit in the state. Each house by rule shall provide the manner in which a bill shall be certified for presentation to the governor in case of such refusal.

Sec. 21. Passage of bills on last day of session prohibited

No bill shall be passed by either house upon the day prescribed for adjournment. This section shall not preclude the enrollment of a bill or its transmittal from one house to the other or to the executive for his signature.

Sec. 22. Majority vote of all members to pass a law

The style of all laws of this state shall be: "Be it enacted by the legislature of the state of Minnesota." No law shall be passed unless voted for by a majority of all the members elected to each house of the legislature, and the vote entered in the journal of each house.

Sec. 23. Approval of bills by governor; action on veto,

Every bill passed in conformity to the rules of each house and the joint rules of the two houses shall be presented to the governor. If he approves a bill, he shall sign it, deposit it in the office of the secretary of state and notify the house in which it originated of that fact. If he vetoes a bill, he shall return it with his objections to the house in which it originated. His objections shall be entered in the journal. If, after reconsideration, two-thirds of that house agree to pass the bill, it shall be sent, together with the governor's objections, to the other house, which shall likewise reconsider it. If approved by two-thirds of that house it becomes a law and shall be deposited in the office of the secretary of state. In such cases the votes of both houses shall be determined by yeas and nays, and the names of the persons voting for or against the bill shall be entered in the journal of each house. Any bill not returned by the governor within three days (Sundays excepted) after it is presented to him becomes a law as if he had signed it, unless the legislature by adjournment within that time prevents its return. Any bill passed during the last three days of a session may be presented to the governor during the three days following the day of final adjournment and becomes law if the governor signs and deposits it in the office of the secretary of state within 14 days after the adjournment of the legislature. Any bill passed during the last three days of the session which is not signed and deposited within 14 days after adjournment does not become a law.

If a bill presented to the governor contains several items of appropriation of money, he may veto one or more of the items while approving the bill. At the time he signs the bill the governor shall append to it a statement of the items he vetoes and the vetoed items shall not take effect. If the legislature is in session, he shall transmit to the house in which the bill originated a copy of the statement, and the items vetoed shall be separately reconsidered. If on reconsideration any item is approved by two-thirds of the members elected to each house, it is a part of the law notwithstanding the objections of the governor.

Sec. 24. Presentation of orders, resolutions, and votes to governor

Each order, resolution or vote requiring the concurrence of the two houses except such as relate to the business or adjournment of the legislature shall be presented to the governor and is subject to his veto as prescribed in case of a bill.

Sec. 25. Disorderly conduct

During a session each house may punish by imprisonment for not more than 24 hours any person not a member who is guilty of any disorderly or contemptuous behavior in its presence.

Sec. 26. Banking laws; two-thirds votes

Passage of a general banking law requires the vote of two-thirds of the members of each house of the legislature.

ARTICLE V

EXECUTIVE DEPARTMENT

Section 1. Executive officers

The executive department consists of a governor, lieutenant governor, secretary of state, auditor, and attorney general, who shall be chosen by the electors of the state. The governor and lieutenant governor shall be chosen jointly by a single vote applying to both offices in a manner prescribed by law.

[Amended, November 3, 1998]

Sec. 2. Term of governor and lieutenant governor; qualifications

The term of office for the governor and lieutenant governor is four years and until a successor is chosen and qualified. Each shall have attained the age of 25 years and, shall have been a bona fide resident of the state for one year next preceding his election, and shall be a citizen of the United States.

Sec. 3. Powers and duties of governor

The governor shall communicate by message to each session of the legislature information touching the state and country. He is commander–in–chief of the military and naval forces and may call them out to execute the laws, suppress insurrection and repel invasion. He may require the opinion in writing of the principal officer in each of the executive departments upon any subject relating to his duties. With the advice and consent of the senate he may appoint notaries public and other officers provided by law. He may appoint commissioners to take the acknowledgment of deeds or other instruments in writing to be used in the state. He shall take care that the laws be faithfully executed. He shall fill any vacancy that may occur in the offices of secretary of state, auditor, attorney general and the other state and district offices hereafter created by law until the end of the term for which the person who had vacated the office was elected or the first Monday in January following the next general election, whichever is sooner, and until a successor is chosen and qualified.

[Amended, November 3, 1998]

Sec. 4. Terms and salaries of executive officers

The term of office of the secretary of state, attorney general and state auditor is four years and until a successor is chosen and qualified. The duties and salaries of the executive officers shall be prescribed by law.

[Amended, November 3, 1998]

Sec. 5. Succession to offices of governor and lieutenant governor

In case a vacancy occurs from any cause whatever in the office of governor, the lieutenant governor shall be governor during such vacancy. The compensation of the lieutenant governor shall be prescribed by law. The last elected presiding officer of the senate shall become lieutenant governor in case a vacancy occurs in that office. In case the governor is unable to discharge the powers and duties of his office, the same devolves on the lieutenant governor. The legislature may provide by law for the case of the removal, death, resignation, or inability both of the governor and lieutenant governor to discharge the duties of governor and may provide by law for continuity of government in periods of emergency resulting from disasters caused by enemy attack in this state, including but not limited to, succession to the powers and duties of public office and change of the seat of government.

Sec. 6. Oath of office of state officers

Each officer created by this article before entering upon his duties shall take an oath or affirmation to support the constitution of the United States and of this state and to discharge faithfully the duties of his office to the best of his judgment and ability.

Sec. 7. Board of pardons

The governor, the attorney general and the chief justice of the supreme court constitute a board of pardons. Its powers and duties shall be defined and regulated by law. The governor in conjunction with the board of pardons has power to grant reprieves and pardons after conviction for an offense against the state except in cases of impeachment.

ARTICLE VI

JUDICIARY

Section 1. Judicial power

The judicial power of the state is vested in a supreme court, a court of appeals, if established by the legislature, a district court and such other courts, judicial officers and commissioners with jurisdiction inferior to the district court as the legislature may establish.

[Amended, November 2, 1982]

Sec. 2. Supreme Court

The Supreme Court consists of one chief judge and not less than six nor more than eight associate judges as the legislature may establish. It shall have original jurisdiction in such remedial cases as are prescribed by law, and appellate jurisdiction in all cases, but there shall be no trial by jury in the Supreme Court.

The legislature may establish a court of appeals and provide by law for the number of its judges, who shall not be judges of any other court, and its organization and for the review of its decisions by the Supreme Court. The court of appeals shall have appellate jurisdiction over all courts, except the Supreme Court, and other appellate jurisdiction as prescribed by law.

As provided by law judges of the court of appeals or of the district court may be assigned temporarily to act as judges of the Supreme Court upon its request and judges of the district court may be assigned temporarily by the Supreme Court to act as judges of the court of appeals.

The Supreme Court shall appoint to serve at its pleasure a clerk, a reporter, a state law librarian and other necessary employees.

[Amended, November 2, 1982]

Sec. 3. Jurisdiction of district court

The district court has original jurisdiction in all civil and criminal cases and shall have appellate jurisdiction as prescribed by law.

Sec. 4. Judicial districts; district judges

The number and boundaries of judicial districts shall be established in the manner provided by law but the office of a district judge shall not be abolished during his term. There shall be two or more district judges in each district. Each judge of the district court in any district shall be a resident of that district at the time of his selection and during his continuance in office.

Sec. 5. Qualifications; compensation

Judges of the supreme court, the court of appeals and the district court shall be learned in the law. The qualifications of all other judges and judicial officers shall be prescribed by law. The compensation of all judges shall be prescribed by the legislature and shall not be diminished during their term of office.

[Amended, November 2, 1982]

Sec. 6. Holding other office

A judge of the supreme court, the court of appeals or the district court shall not hold any office under the United States except a commission in a reserve component of the military forces of the United States and shall not hold any other office under this state. His term of office shall terminate at the time he files as a candidate for an elective office of the United States or for a nonjudicial office of this state.

[Amended, November 2, 1982]

Sec. 7. Term of office; election

The term of office of all judges shall be six years and until their successors are qualified. They shall be elected by the voters from the area which they are to serve in the manner provided by law.

Sec. 8. Vacancy

Whenever there is a vacancy in the office of judge the governor shall appoint in the manner provided by law a qualified person to fill the vacancy until a successor is elected and qualified. The successor shall be elected for a six year term at the next general election occurring more than one year after the appointment.

Sec. 9. Retirement, removal and discipline

The legislature may provide by law for retirement of all judges and for the extension of the term of any judge who becomes eligible for retirement within three years after expiration of the term for which he is selected. The legislature may also provide for the retirement, removal or other discipline of any judge who is disabled, incompetent or guilty of conduct prejudicial to the administration of justice.

Sec. 10. Retired judges

As provided by law a retired judge may be assigned to hear and decide any cause over which the court to which he is assigned has jurisdiction.

Sec. 11. Probate jurisdiction

Original jurisdiction in law and equity for the administration of the estates of deceased persons and all guardianship and incompetency proceedings, including jurisdiction over the administration of trust estates and for the determination of taxes contingent upon death, shall be provided by law.

Sec. 12. Abolition of probate court; status of judges

If the probate court is abolished by law, judges of that court who are learned in the law shall become judges of the court that assumes jurisdiction of matters described in section 11.

Sec. 13. District court clerks.

There shall be in each county one clerk of the district court whose qualifications, duties and compensation shall be prescribed by law. He shall serve at the pleasure of a majority of the judges of the district court in each district.

ARTICLE VII

ELECTIVE FRANCHISE

Section 1. Eligibility; place of voting; ineligible persons

Every person 18 years of age or more who has been a citizen of the United States for three months and who has resided in the precinct for 30 days next preceding an election shall be entitled to vote in that precinct. The place of voting by one otherwise qualified who has changed his residence within 30 days preceding the election shall be prescribed by law. The following persons shall not be entitled or permitted to vote at any election in this state: A person not meeting the above requirements; a person who has been convicted of treason or felony, unless restored to civil rights; a person under guardianship, or a person who is insane or not mentally competent.

Sec. 2. Residence

For the purpose of voting no person loses residence solely by reason of his absence while employed in the service of the United States; nor while engaged upon the waters of this state or of the United States; nor while a student in any institution of learning; nor while kept at any almshouse or asylum; nor while confined in any public prison. No soldier, seaman or marine in the army or navy of the United States is a resident of this state solely in consequence of being stationed within the state.

Sec. 3. Uniform oath at elections

The legislature shall provide for a uniform oath or affirmation to be administered at elections and no person shall be compelled to take any other or different form of oath to entitle him to vote.

Sec. 4. Civil process suspended on election day

During the day on which an election is held no person shall be arrested by virtue of any civil process.

Sec. 5. Elections by ballot

All elections shall be by ballot except for such town officers as may be directed by law to be otherwise chosen.

Sec. 6. Eligibility to hold office

Every person who by the provisions of this article is entitled to vote at any election and is 21 years of age is eligible for any office elective by the people in the district wherein he has resided 30 days previous to the election, except as otherwise provided in this constitution, or the constitution and law of the United States.

Sec. 7. Official year of state

The official year for the state of Minnesota commences on the first Monday in January in each year and all terms of office terminate at that time. The general election shall be held on the first Tuesday after the first Monday in November in each even numbered year.

Sec. 8. Election returns to secretary of state; board of canvassers

The returns of every election for officeholders elected statewide shall be made to the secretary of state who shall call to his assistance two or more of the judges of the supreme court and two disinterested judges of the district courts. They shall constitute a board of canvassers to canvass the returns and declare the result within three days after the canvass.

Sec. 9. Campaign spending limits

The amount that may be spent by candidates for constitutional and legislative offices to campaign for nomination or election shall be limited by law. The legislature shall provide by law for disclosure of contributions and expenditures made to support or oppose candidates for state elective offices.

[Adopted, November 4, 1980]

ARTICLE VIII

IMPEACHMENT AND REMOVAL FROM OFFICE

Section 1. Impeachment powers

The house of representatives has the sole power of impeachment through a concurrence of a majority of all its members. All impeachments shall be tried by the senate. When sitting for that purpose, senators shall be upon oath or affirmation to do justice according to law and evidence. No person shall be convicted without the concurrence of two – thirds of the senators present.

Sec. 2. Officers subject to impeachment; grounds; judgment

The governor, secretary of state, auditor, attorney general and the judges of the supreme court, court of appeals and district courts may be impeached for corrupt conduct in office or for crimes and misdemeanors; but judgment shall not extend further than to removal from office and disqualification to hold and enjoy any office of honor, trust or profit in this state. The party convicted shall also be subject to indictment, trial, judgment and punishment according to law.

[Amended, November 2, 1982; November 3, 1998]

Sec. 3. Suspension

No officer shall exercise the duties of his office after he has been impeached and before his acquittal.

Sec. 4. Service of impeachment papers

No person shall be tried on impeachment before he has been served with a copy thereof at least 20 days previous to the day set for trial.

Sec. 5. Removal of inferior officers

The legislature of this state may provide for the removal of inferior officers for malfeasance or nonfeasance in the performance of their duties.

Sec. 6. Recall

A member of the senate or the House of Representatives, an executive officer of the state identified in section 1 of article V of the constitution, or a judge of the Supreme Court, the court of appeals, or a district court is subject to recall from office by the voters. The grounds for recall of a judge shall be established by the Supreme Court. The grounds for recall of an officer other than a judge are serious malfeasance or nonfeasance during the term of office in the performance of the duties of the office or conviction during the term of office of a serious crime. A petition for recall must set forth the specific conduct that may warrant recall. A petition may not be issued until the Supreme Court has determined that the facts alleged in the petition are true and are sufficient grounds for issuing a recall petition. A petition must be signed by a number of eligible voters who reside in the district where the officer serves and who number not less than 25 percent of the number of votes cast for the office at the most recent general election. Upon a determination by the secretary of state that a petition has been signed by at least the minimum number of eligible voters, a recall election must be conducted in the manner provided by law. A recall election may not occur less than six months before the end of the officer's term. An officer who is removed from office by a recall election or who resigns from office after a petition for recall issues may not be appointed to fill the vacancy that is created.

[Adopted, November 5, 1996]

ARTICLE IX

AMENDMENTS TO THE CONSTITUTION

Section 1. Amendments; ratification

A majority of the members elected to each house of the legislature may propose amendments to this constitution. Proposed amendments shall be published with the laws passed at the same session and submitted to the people for their approval or rejection at a general election. If a majority of all the electors voting at the election vote to ratify an amendment, it becomes a part of this constitution. If two or more amendments are submitted at the same time, voters shall vote for or against each separately.

Sec. 2. Constitutional convention

Two – thirds of the members elected to each house of the legislature may submit to the electors at the next general election the question of calling a convention to revise this constitution. If a majority of all the electors voting at the election vote for a convention, the legislature at its next session, shall provide by law for calling the convention. The convention shall consist of as many delegates as there are members of the House of Representatives. Delegates shall be chosen in the same manner as members of the House of Representatives and shall meet within three months after their election. Section 5 of Article IV of the constitution does not apply to election to the convention.

Sec. 3. Submission to people of constitution drafted at convention

A convention called to revise this constitution shall submit any revision to the people for approval or rejection at the next general election held not less than 90 days after submission of the revision. If three – fifths of all the electors voting on the question vote to ratify the revision, it becomes a new constitution of the state of Minnesota.

ARTICLE X

TAXATION

Section 1. Power of taxation; exemptions; legislative powers

The power of taxation shall never be surrendered, suspended or contracted away. Taxes shall be uniform upon the same class of subjects and shall be levied and collected for public purposes, but public burying grounds, public school houses, public hospitals, academies, colleges, universities, all seminaries of learning, all churches, church property, houses of worship, institutions of purely public charity, and public property used exclusively for any public purpose, shall be exempt from taxation except as provided in this section. There may be exempted from taxation personal property not exceeding in value $ 200 for each household, individual or head of a family, and household goods and farm machinery as the legislature determines. The legislature may authorize municipal corporations to levy and collect assessments for local improvements upon property benefited thereby without regard to cash valuation. The legislature by law may define or limit the property exempt under this section other than churches, houses of worship, and property solely used for educational purposes by academies, colleges, universities and seminaries of learning.

Sec. 2. Forestation

To encourage and promote forestation and reforestation of lands whether owned by private persons or the public, laws may be enacted fixing in advance a definite and limited annual tax on the lands for a term of years and imposing a yield tax on the timber and other forest products at or after the end of the term.

Sec. 3. Occupation tax; ores

Every person engaged in the business of mining or producing iron ore or other ores in this state shall pay to the state an occupation tax on the valuation of all ores mined or produced, which tax shall be in addition to all other taxes provided by law. The tax is due on the first day of May in the calendar year next following the mining or producing. The valuation of ore for the purpose of determining the amount of tax shall be ascertained as provided by law. Funds derived from the tax shall be used as follows: 50 percent to the state general revenue fund, 40 percent for the support of elementary and secondary schools and ten percent for the general support of the university.

Sec. 4. Motor fuel taxation

The state may levy an excise tax upon any means or substance for propelling aircraft or for propelling or operating motor or other vehicles or other equipment used for airport purposes and not used on the public highways of this state.

Sec. 5. Aircraft

The legislature may tax aircraft using the air space overlying the state on a more onerous basis than other personal property. Any such tax on aircraft shall be in lieu of all other taxes. The legislature may impose the tax on aircraft of companies paying taxes under any gross earnings system of taxation notwithstanding that earnings from the aircraft are included in the earnings on which gross earnings taxes are computed. The law may exempt from taxation aircraft owned by a nonresident of the state temporarily using the air space overlying the state.

Sec. 6. Taconite taxation

Laws of Minnesota 1963, Chapter 81, relating to the taxation of taconite and semi – taconite, and facilities for the mining, production and beneficiation thereof shall not be repealed, modified or amended, nor shall any laws in conflict therewith be valid until November 4, 1989. Laws may be enacted fixing or limiting for a period not extending beyond the year 1990, the tax to be imposed on persons engaged in (1) the mining, production or beneficiation of copper, (2) the mining, production or beneficiation of copper – nickel, or (3) the mining, production or beneficiation of nickel. Taxes imposed on the mining or quarrying of taconite or semi – taconite and on the production of iron ore concentrates therefrom, which are in lieu of a tax on real or personal property, shall not be considered to be occupation, royalty, or excise taxes within the meaning of this amendment.

Sec. 7.

[Repealed, November 5, 1974]

Sec. 8. Parimutuel betting

The legislature may authorize on – track parimutuel betting on horse racing in a manner prescribed by law.

[Adopted, November 2, 1982]

ARTICLE XI

APPROPRIATIONS AND FINANCES

Section 1. Money paid from state treasury

No money shall be paid out of the treasury of this state except in pursuance of an appropriation by law.

Sec. 2. Credit of the state limited

The credit of the state shall not be given or loaned in aid of any individual, association or corporation except as hereinafter provided.

Sec. 3. Internal improvements prohibited; exceptions

The state shall not be a party in carrying on works of internal improvements except as authorized by this constitution. If grants have been made to the state especially dedicated to specific purposes, the state shall devote the proceeds of the grants to those purposes and may pledge or appropriate the revenues derived from the works in aid of their completion.

Sec. 4. Power to contract public debt; public debt defined

The state may contract public debts for which its full faith, credit and taxing powers may be pledged at the times and in the manner authorized by law, but only for the purposes and subject to the conditions stated in section 5. Public debt includes any obligation payable directly in whole or in part from a tax of state wide application on any class of property, income, transaction or privilege, but does not include any obligation which is payable from revenues other than taxes.

Sec. 5. Public debt and works of internal improvement; purposes

Public debt may be contracted and works of internal improvements carried on for the following purposes:

(a) to acquire and to better public land and buildings and other public improvements of a capital nature and to provide money to be appropriated or loaned to any agency or political subdivision of the state for such purposes if the law authorizing the debt is adopted by the vote of at least three – fifths of the members of each house of the legislature;

(b) to repel invasion or suppress insurrection;

(c) to borrow temporarily as authorized in section 6;

(d) to refund outstanding bonds of the state or any of its agencies whether or not the full faith and credit of the state has been pledged for the payment of the bonds;

(e) to establish and maintain highways subject to the limitations of article XIV;

(f) to promote forestation and prevent and abate forest fires, including the compulsory clearing and improving of wild lands whether public or private;

(g) to construct, improve and operate airports and other air navigation facilities;

(h) to develop the state's agricultural resources by extending credit on real estate security in the manner and on the terms and conditions prescribed by law;

(i) to improve and rehabilitate railroad rights – of – way and other rail facilities whether public or private, provided that bonds issued and unpaid shall not at any time exceed $200, 000, 000 par value; and

(j) as otherwise authorized in this constitution.

As authorized by law political subdivisions may engage in the works permitted by (f), (g), and (i) and contract debt therefor.

[Amended, November 2, 1982]

Sec. 6. Certificates of indebtedness

As authorized by law certificates of indebtedness may be issued during a biennium, commencing on July 1 in each odd – numbered year and ending on and including June 30 in the next odd–numbered year, in anticipation of the collection of taxes levied for and other revenues appropriated to any fund of the state for expenditure during that biennium.

No certificates shall be issued in an amount which with interest thereon to maturity, added to the then outstanding certificates against a fund and interest thereon to maturity, will exceed the then unexpended balance of all money which will be credited to that fund during the biennium under existing laws. The maturities of certificates may be extended by refunding to a date not later than December 1 of the first full calendar year following the biennium in which the certificates were issued. If money on hand in any fund is not sufficient to pay all non – refunding certificates of indebtedness issued on a fund during any biennium and all certificates refunding the same, plus interest thereon, which are outstanding on December 1 immediately following the close of the biennium, the state auditor shall levy upon all taxable property in the state a tax collectible in the ensuing year sufficient to pay the same on or before December 1 of the ensuing year with interest to the date or dates of payment.

Sec. 7. Bonds

Public debt other than certificates of indebtedness authorized in section 6 shall be evidenced by the issuance of bonds of the state. All bonds issued under the provisions of this section shall mature not more than 20 years from their respective dates of issue and each law authorizing the issuance of bonds shall distinctly specify the purposes thereof and the maximum amount of the proceeds authorized to be expended for each purpose. A separate and special state bond fund shall be maintained on the official books and records. When the full faith and credit of the state has been pledged for the payment of bonds, the state auditor shall levy each year on all taxable property within the state a tax sufficient with the balance then on hand in the fund to pay all principal and interest on bonds issued under this section due and to become due within the ensuing year and to and including July 1 in the second ensuing year. The legislature by law may appropriate funds from any source to the state bond fund. The amount of money actually received and on hand pursuant to appropriations prior to the levy of the tax in any year shall be used to reduce the amount of tax otherwise required to be levied.

[Amended, November 3, 1998]

Sec. 8. Permanent school fund; source; investment; board of investment

The permanent school fund of the state consists of (a) the proceeds of lands granted by the United States for the use of schools within each township, (b) the proceeds derived from swamp lands granted to the state, (c) all cash and investments credited to the permanent school fund and to the swamp land fund, and (d) all cash and investments credited to the internal improvement land fund and the lands therein. No portion of these lands shall be sold otherwise than at public sale, and in the manner provided by law. All funds arising from the sale or other disposition of the lands, or income accruing in any way before the sale or disposition thereof, shall be credited to the permanent school fund. Within limitations prescribed by law, the fund shall be invested to secure the maximum return consistent with the maintenance of the perpetuity of the fund. The principal of the permanent school fund shall be perpetual and inviolate forever. This does not prevent the sale of investments at less than the cost to the fund; however, all losses not offset by gains shall be repaid to the fund from the interest and dividends earned thereafter. The net interest and dividends arising from the fund shall be distributed to the different school districts of the state in a manner prescribed by law.

A board of investment consisting of the governor, the state auditor, the secretary of state, and the attorney general is constituted for the purpose of administering and directing the investment of all state funds. The board shall not permit state funds to be used for the underwriting or direct purchase of municipal securities from the issuer or the issuer's agent.

[Amended, November 6, 1984; November 3, 1998]

Sec. 9. Investment of permanent university fund; restrictions

The permanent university fund of this state may be loaned to or invested in the bonds of any county, school district, city or town of this state and in first mortgage loans secured upon improved and cultivated farm lands of this state, but no such investment or loan shall be made until approved by the board of investment; nor shall a loan or investment be made when the bonds to be issued or purchased would make the entire bonded indebtedness exceed 15 percent of the assessed valuation of the taxable property of the county, school district, city or town issuing the bonds; nor shall any farm loan or investment be made when the investment or loan would exceed 30 percent of the actual cash value of the farm land mortgaged to secure the investment; nor shall investments or loans be made at a lower rate of interest than two percent per annum nor for a shorter period than one year nor for a longer period than 30 years.

Sec. 10. Exchange of public lands; reservation of rights

As the legislature may provide, any of the public lands of the state, including lands held in trust for any purpose, may be exchanged for any publicly or privately held lands with the unanimous approval of the governor, the attorney general and the state auditor. Lands so acquired shall be subject to the trust, if any, to which the lands exchanged therefor were subject. The state shall reserve all mineral and water power rights in lands transferred by the state.

[Amended, November 6, 1984]

Sec. 11. Timber lands set apart as state forests; disposition of revenue

School and other public lands of the state better adapted for the production of timber than for agriculture may be set apart as state school forests, or other state forests as the legislature may provide. The legislature may also provide for their management on forestry principles. The net revenue therefrom shall be used for the purposes for which the lands were granted to the state.

Sec. 12. County, township or municipal aid to railroads limited

The legislature shall not authorize any county, township or municipal corporation to become indebted to aid in the construction or equipment of railroads to any amount that exceeds five percent of the value of the taxable property within that county, township or Municipal Corporation. The amount of taxable property shall be determined by the last assessment previous to the incurring of the indebtedness.

Sec. 13. Safekeeping state funds; security; deposit of funds; embezzlement

All officers and other persons charged with the safekeeping of state funds shall be required to give ample security for funds received by them and to keep an accurate entry of each sum received and of each payment and transfer. If any person converts to his own use in any manner or form, or shall loan, with or without interest, or shall deposit in his own name, or otherwise than in the name of the state of Minnesota; or shall deposit in banks or with any person or persons or exchange for other funds or property, any portion of the funds of the state or the school funds aforesaid, except in the manner prescribed by law, every such act shall be and constitute an embezzlement of so much of the aforesaid state and school funds, or either of the same, as shall thus be taken, or loaned, or deposited or exchanged, and shall be a felony. Any failure to pay over, produce or account for the state school funds, or any part of the same entrusted to such officer or persons as by law required on demand, shall be held and be taken to be prima facie evidence of such embezzlement.

Sec. 14. Environment and natural resources fund

A permanent environment and natural resources trust fund is established in the state treasury. Loans may be made of up to five percent of the principal of the fund for water system improvements as provided by law. The assets of the fund shall be appropriated by law for the public purpose of protection, conservation, preservation, and enhancement of the state's air, water, land, fish, wildlife, and other natural resources. The amount appropriated each year of a biennium, commencing on July 1 in each odd-numbered year and ending on and including June 30 in the next odd-numbered year, may be up to 5 - 1/2 percent of the market value of the fund on June 30 one year before the start of the biennium. Not less than 40 percent of the net proceeds from any state - operated lottery must be credited to the fund until the year 2025.

[Adopted, November 8, 1988; Amended, November 6, 1990; November 3, 1998]

Sec. 15. Outdoor heritage, clean water, parks and trails, and arts and cultural heritage; sales tax dedicated funds

Beginning July 1, 2009, until June 30, 2034, the sales and use tax rate shall be increased by three - eighths of one percent on sales and uses taxable under the general state sales and use tax law. Receipts from the increase, plus penalties and interest and reduced by any refunds, are dedicated, for the benefit of Minnesotans, to the following funds: 33 percent of the receipts shall be deposited in the outdoor heritage fund and may be spent only to restore, protect, and enhance wetlands, prairies, forests, and habitat for fish, game, and wildlife; 33 percent of the receipts shall be deposited in the clean water fund and may be spent only to protect, enhance, and restore water quality in lakes, rivers, and streams and to protect groundwater from degradation, and at least five percent of the clean water fund must be spent only to protect drinking water sources; 14.25 percent of the receipts shall be deposited in the parks and trails fund and may be spent only to support parks and trails of regional or statewide significance; and 19.75 percent shall be deposited in the arts and cultural heritage fund and may be spent only for arts, arts education, and arts access and to preserve Minnesota's history and cultural heritage. An outdoor heritage fund; a parks and trails fund; a clean water fund and a sustainable drinking water account; and an arts and cultural heritage fund are created in the state treasury. The money dedicated under this section shall be appropriated by law. The dedicated money under this section must supplement traditional sources of funding for these purposes and may not be used as a substitute. Land acquired by fee with money deposited in the outdoor heritage fund under this section must be open to the public taking of fish and game during the open season unless otherwise provided by law. If the base of the sales and use tax is changed, the sales and use tax rate in this section may be proportionally adjusted by law to within one-thousandth of one percent in order to provide as close to the same amount of revenue as practicable for each fund as existed before the change to the sales and use tax.

[Adopted, November 4, 2008]

ARTICLE XII

SPECIAL LEGISLATION; LOCAL GOVERNMENT

Section 1. Prohibition of special legislation; particular subjects

In all cases when a general law can be made applicable, a special law shall not be enacted except as provided in section 2. Whether a general law could have been made applicable in any case shall be judicially determined without regard to any legislative assertion on that subject. The legislature shall pass no local or special law authorizing the laying out, opening, altering, vacating or maintaining of roads, highways, streets or alleys; remitting fines, penalties or forfeitures; changing the names of persons, places, lakes or rivers; authorizing the adoption or legitimation of children; changing the law of descent or succession; conferring rights on minors; declaring any named person of age; giving effect to informal or invalid wills or deeds, or affecting the estates of minors or persons under disability; granting divorces; exempting property from taxation or regulating the rate of interest on money; creating private corporations, or amending, renewing, or extending the charters thereof; granting to any private corporation, association, or individual any special or exclusive privilege, immunity or franchise whatever or authorizing public taxation for a private purpose. The inhibitions of local or special laws in this section shall not prevent the passage of general laws on any of the subjects enumerated.

Sec. 2. Special laws; local government

Every law which upon its effective date applies to a single local government unit or to a group of such units in a single county or a number of contiguous counties is a special law and shall name the unit or, in the latter case, the counties to which it applies. The legislature may enact special laws relating to local government units, but a special law, unless otherwise provided by general law, shall become effective only after its approval by the affected unit expressed through the voters or the governing body and by such majority as the legislature may direct. Any special law may be modified or superseded by a later home rule charter or amendment applicable to the same local government unit, but this does not prevent the adoption of subsequent laws on the same subject. The legislature may repeal any existing special or local law, but shall not amend, extend or modify any of the same except as provided in this section.

Sec. 3. Local government; legislation affecting

The legislature may provide by law for the creation, organization, administration, consolidation, division and dissolution of local government units and their functions, for the change of boundaries thereof, for their elective and appointive officers including qualifications for office and for the transfer of county seats. A county boundary may not be changed or county seat transferred until approved in each county affected by a majority of the voters voting on the question.

Sec. 4. Home rule charter

Any local government unit when authorized by law may adopt a home rule charter for its government. A charter shall become effective if approved by such majority of the voters of the local government unit as the legislature prescribes by general law. If a charter provides for the consolidation or separation of a city and a county, in whole or in part, it shall not be effective without approval of the voters both in the city and in the remainder of the county by the majority required by law.

Sec. 5. Charter commissions

The legislature shall provide by law for charter commissions. Notwithstanding any other constitutional limitations the legislature may require that commission members be freeholders, provide for their appointment by judges of the district court, and permit any member to hold any other elective or appointive office other than judicial. Home rule charter amendments may be proposed by a charter commission or by a petition of five percent of the voters of the local government unit as determined by law and shall not become effective until approved by the voters by the majority required by law. Amendments may be proposed and adopted in any other manner provided by law. A local government unit may repeal its home rule charter and adopt a statutory form of government or a new charter upon the same majority vote as is required by law for the adoption of a charter in the first instance.

ARTICLE XIII

MISCELLANEOUS SUBJECTS

Section 1. Uniform system of public schools

The stability of a republican form of government depending mainly upon the intelligence of the people, it is the duty of the legislature to establish a general and uniform system of public schools. The legislature shall make such provisions by taxation or otherwise as will secure a thorough and efficient system of public schools throughout the state.

Sec. 2. Prohibition as to aiding sectarian school

In no case shall any public money or property be appropriated or used for the support of schools wherein the distinctive doctrines, creeds or tenets of any particular Christian or other religious sect are promulgated or taught.

Sec. 3. University of Minnesota

All the rights, immunities, franchises and endowments heretofore granted or conferred upon the University of Minnesota are perpetuated unto the university.

Sec. 4. Lands taken for public way or use; compensation; common carriers

Land may be taken for public way and for the purpose of granting to any corporation the franchise of way for public use. In all cases, however, a fair and equitable compensation shall be paid for land and for the damages arising from taking it. All corporations which are common carriers enjoying the right of way in pursuance of the provisions of this section shall be bound to carry the mineral, agricultural and other productions of manufacturers on equal and reasonable terms.

Sec. 5. Lotteries

The legislature shall not authorize any lottery or the sale of lottery tickets, other than authorizing a lottery and sale of lottery tickets for a lottery operated by the state.

[Amended, November 8, 1988]

Sec. 6. Prohibition of combinations to affect markets

Any combination of persons either as individuals or as members or officers of any corporation to monopolize markets for food products in this state or to interfere with, or restrict the freedom of markets is a criminal conspiracy and shall be punished as the legislature may provide.

Sec. 7. No license required to peddle

Any person may sell or peddle the products of the farm or garden occupied and cultivated by him without obtaining a license therefor.

Sec. 8. Veterans' bonus

The state may pay an adjusted compensation to persons who served in the armed forces of the United States during the period of the Vietnam conflict or the Persian Gulf War. Whenever authorized and in the amounts and on the terms fixed by law, the state may expend monies and pledge the public credit to provide money for the purposes of this section. The duration of the Vietnam conflict and the Persian Gulf War may be defined by law.

[Amended, November 5, 1996]

Sec. 9. Militia organization

The legislature shall pass laws necessary for the organization, discipline and service of the militia of the state.

Sec. 10. Seat of government

The seat of government of the state is in the city of St. Paul. The legislature may provide by law for a change of the seat of government by a vote of the people, or may locate the same upon the land granted by Congress for a seat of government. If the seat of government is changed, the capitol building and grounds shall be dedicated to an institution for the promotion of science, literature and the arts to be organized by the legislature of the state. The Minnesota Historical Society shall always be a department of this institution.

Sec. 11. State seal

A seal of the state shall be kept by the secretary of state and be used by him officially. It shall be called the great seal of the state of Minnesota.

Sec. 12. Preservation of hunting and fishing

Hunting and fishing and the taking of game and fish are a valued part of our heritage that shall be forever preserved for the people and shall be managed by law and regulation for the public good.

[Adopted, November 3, 1998]

ARTICLE XIV

PUBLIC HIGHWAY SYSTEM

Section 1. Authority of state; participation of political subdivisions

The state may construct, improve and maintain public highways, may assist political subdivisions in this work and by law may authorize any political subdivision to aid in highway work within its boundaries.

Sec. 2. Trunk highway system

There is hereby created a trunk highway system which shall be constructed, improved and maintained as public highways by the state. The highways shall extend as nearly as possible along the routes number 1 through 70 described in the constitutional amendment adopted November 2, 1920, and the routes described in any act of the legislature which has made or hereafter makes a route a part of the trunk highway system.

The legislature may add by law new routes to the trunk highway system. The trunk highway system may not exceed 12, 200 miles in extent, except the legislature may add trunk highways in excess of the mileage limitation as necessary or expedient to take advantage of any federal aid made available by the United States to the state of Minnesota.

Any route added by the legislature to the trunk highway system may be relocated or removed from the system as provided by law. The definite location of trunk highways numbered 1 through 70 may be relocated as provided by law but no relocation shall cause a deviation from the starting points or terminals nor cause any deviation from the various villages and cities through which the routes are to pass under the constitutional amendment adopted November 2, 1920. The location of routes may be determined by boards, officers or tribunals in the manner prescribed by law.

Sec. 3. County state-aid highway system

A county state - aid highway system shall be constructed, improved and maintained by the counties as public highways in the manner provided by law. The system shall include streets in municipalities of less than 5, 000 population where necessary to provide an integrated and coordinated highway system and may include similar streets in larger municipalities.

Sec. 4. Municipal state - aid street system

A municipal state - aid street system shall be constructed, improved and maintained as public highways by municipalities having a population of 5, 000 or more in the manner provided by law.

Sec. 5. Highway user tax distribution fund

There is hereby created a highway user tax distribution fund to be used solely for highway purposes as specified in this article. The fund consists of the proceeds of any taxes authorized by sections 9 and 10 of this article. The net proceeds of the taxes shall be apportioned: 62 percent to the trunk highway fund; 29 percent to the county state-aid highway fund; nine percent to the municipal state-aid street fund. Five percent of the net proceeds of the highway user tax distribution fund may be set aside and apportioned by law to one or more of the three foregoing funds. The balance of the highway user tax distribution fund shall be transferred to the trunk highway fund, the county state-aid highway fund, and the municipal state-aid street fund in accordance with the percentages set forth in this section. No change in the apportionment of the five percent may be made within six years of the last previous change.

Sec. 6. Trunk highway fund

There is hereby created a trunk highway fund which shall be used solely for the purposes specified in section 2 of this article and the payment of principal and interest of any bonds issued under the authority of section 11 of this article and any bonds issued for trunk highway purposes prior to July 1, 1957. All payments of principal and interest on bonds issued shall be a first charge on money coming into this fund during the year in which the principal or interest is payable.

Sec. 7. County state-aid highway fund

There is hereby created a county state-aid highway fund. The county state-aid highway fund shall be apportioned among the counties as provided by law. The funds apportioned shall be used by the counties as provided by law for aid in the construction, improvement and maintenance of county state-aid highways. The legislature may authorize the counties by law to use a part of the funds apportioned to them to aid in the construction, improvement and maintenance of other county highways, township roads, municipal streets and any other public highways, including but not limited to trunk highways and municipal state-aid streets within the respective counties.

Sec. 8. Municipal state-aid street fund

There is hereby created a municipal state-aid street fund to be apportioned as provided by law among municipalities having a population of 5, 000 or more. The fund shall be used by municipalities as provided by law for the construction, improvement and maintenance of municipal state-aid streets. The legislature may authorize municipalities to use a part of the fund in the construction, improvement and maintenance of other municipal streets, trunk highways, and county state-aid highways within the counties in which the municipality is located.

Sec. 9. Taxation of motor vehicles

The legislature by law may tax motor vehicles using the public streets and highways on a more onerous basis than other personal property. Any such tax on motor vehicles shall be in lieu of all other taxes thereon, except wheelage taxes imposed by political subdivisions solely for highway purposes. The legislature may impose this tax on motor vehicles of companies paying taxes under the gross earnings system of taxation notwithstanding that earnings from the vehicles may be included in the earnings on which gross earnings taxes are computed. The proceeds of the tax shall be paid into the highway user tax distribution fund. The law may exempt from taxation any motor vehicle owned by a nonresident of the state properly licensed in another state and transiently or temporarily using the streets and highways of the state.

Sec. 10. Taxation of motor fuel

The legislature may levy an excise tax on any means or substance used for propelling vehicles on the public highways of this state or on the business of selling it. The proceeds of the tax shall be paid into the highway user tax distribution fund.

Sec. 11. Highway bonds

The legislature may provide by law for the sale of bonds to carry out the provisions of section 2. The proceeds shall be paid into the trunk highway fund. Any bonds shall mature serially over a term not exceeding 20 years and shall not be sold for less than par and accrued interest. If the trunk highway fund is not adequate to pay principal and interest of these bonds when due, the legislature may levy on all taxable property of the state in an amount sufficient to meet the deficiency or it may appropriate to the fund money in the state treasury not otherwise appropriated.

[Amended, November 2, 1982]

Sec. 12. Motor vehicle sales tax apportionment

Beginning with the fiscal year starting July 1, 2007, 63.75 percent of the revenue from a tax imposed by the state on the sale of a new or used motor vehicle must be apportioned for the transportation purposes described in section 13, then the revenue apportioned for transportation purposes must be increased by ten percent for each subsequent fiscal year through June 30, 2011, and then the revenue must be apportioned 100 percent for transportation purposes after June 30, 2011.

[Adopted, November 7, 2006]

Sec. 13. Motor vehicle sales tax allocation

The revenue apportioned in section 12 must be allocated for the following transportation purposes: not more than 60 percent must be deposited in the highway user tax distribution fund, and not less than 40 percent must be deposited in a fund dedicated solely to public transit assistance as defined by law.

[Adopted, November 7, 2006]

3.《马伯里诉麦迪逊案》

（美国联邦最高法院司法判决书）

◎导读[1]

美国最高法院于1803年公布了马伯里诉麦迪逊一案的判决。

在马伯里诉麦迪逊一案中，最高法院判决自己及其他法院有宣告一项法律“违宪”（与美国宪法设定的原则相抵触）并因此使其无效的权利。

通过宣称（法院）具有“司法审查”的权力，马伯里诉麦迪逊一案极大地加强了美国政府中“平衡与制约”的原则——政府的某一个分支应抗衡或抑制其他部门的滥权行为。

在本书的下面章节中，读者可以看到，在纽约时报公司诉美利坚合众国一案中，最高法院将行使其在马伯里诉麦迪逊一案中所确定的权利来对政府其他分支行为的合宪性进行裁定。

当我们看到一篇法院的判决书时，在从法律的角度去阅读该文书之前，首先要懂得如何从法律文献学的角度该如何看待一篇法院的判决文书。学习从法律文献学的角度分析案件的判决，不但可以帮助我们更有效地了解案件判决中的法律问题，同时也可以让我们认识到文书的规范性。那么，摆在我们面前的问题便是：一份判决书可以分成几个部分，我们能从中得到那些信息？以马伯里诉麦迪逊一案为例，我们可以得到以下的信息：

（1）案件的名称。马伯里诉麦迪逊是本案的名称，案件的名称一般是以原告（或上诉人）诉被告（或被上诉人）的形式来命名。在公诉案件中，也

[1] 本节中文导读由刘道纪编撰。

会出现以州或国家为一方或双方当事人情况。如：米兰达诉亚利桑那，*Miranda v. Arizona*，384 U. S. 436（1966）、纽约诉合众国，*New York v. United States*，505 U. S. 144（1992）。

（2）引证码。引证码是一个案件的标签，我们可以通过引证码迅速地寻找到一个案件的判决书。本案的引证码是：5 U. S. 137。它的意思是，马伯里诉麦迪逊一案编入《美国联邦最高法院判例集》第 5 卷，起始于第 137 页。美国最高法院的判例共有三种引证码，我们刚刚提到的是官方出版物的引证码，此外 Westlaw 和 Lexis 也各有一套引证码。需要注意的是，在标注引证码的时候要将官方出版物的引证码放在前面。如果只能写一个引证码，那么就只能标注官方引证码。

（3）日期。在案件名称下方的日期是指判决的日期，而不是审理日期。一般而言，判决中都会标注出审理的日期和判决的日期，具体到某一天。本案可能因为年代久远，所以只标注了 1803 年 2 月。

（4）眉批。眉批是由 West 集团的律师编辑们撰写的，从而帮助法律研究者更快更容易地找到和分析与他们所研究的法律问题相关的案例和案件中的法律点。值得注意的是，虽然眉批中的内容来自于判决文本，但是眉批自己本身不是法律。如果要对案件中所确立的规则进行引用，还要回到判决文本之中。以本案为例，共有 18 个法律眉批，分别涉及了诉由、联邦最高法院的上诉和原始管辖权、法律条文的合宪性及签发委任状等多个法律问题。

（5）判决意见。本案由马歇尔大法官给出了判决意见，并通过此判例创设了违宪审查制度。

（6）判决的效力。美国联邦最高法院的判决是所有下级法院都应该遵守的判决。即联邦地区法院、联邦巡回法院、各州初审法院、各州上诉法院及各州的最高法院都应该遵守美国联邦最高法院所确立的判决。

注：读者在马伯里诉麦迪逊判决正文之前会看到法律眉批的汇编——每一个眉批都总结了判决中包含的一个法律要旨。法律眉批是由 West 集团的律师们编辑撰写的，根据钥匙码系统进行分类（在每一个法律眉批之前都钥匙码分类等级列表）。法律眉批帮助法律研究者更快更容易地找到和分析与他们所研究的法律问题相关的案例。

MARBURY v. MADISON

(UNITED STATES SUPREME COURT DECISION)

Introductory Notes [1]

The United States Supreme Court handed down its *Marbury v. Madison* decision in 1803.

In *Marbury v. Madison*, the court claimed for itself and other courts the right to declare a law "unconstitutional" (i. e., not in keeping with principles set forth in the U. S. Constitution) and, therefore, void. This was the first decision of the Supreme Court to declare a law unconstitutional.

By claiming this power of "judicial review", *Marbury v. Madison* greatly strengthened the principle of "checks and balances" in American government – the principle that one branch of government should nullify or counterbalance the excesses of another branch. Chief Justice Marshall took the opportunity presented before the court to define and strengthen the powers of the Supreme Court. This authority empowered the court to review acts of the legislative branch and the executive branch and evaluate whether legislation was constitutional, a power raising the judiciary branch to equal that of the Executive and Legislative branches. This decision embodies the United States' desire and struggle to create equal branches of government to ensure a democratic government.

As we shall see, in *New York Times Co. v. U. S.*, the Supreme Court will exercise the right it claimed in *Marbury v. Madison* to rule on the constitutionality of actions by other branches of government.

NOTE: Before the text of *Marbury v. Madison*, you will see a collection of West headnotes, each of which summarizes a point of law found in the decision.

Written by West Attorney Editors and classified within the West Key Number System® (the hierarchy of classifications above each headnote), West headnotes

---

[1] Introductory Notes by Al Maleson.

help make it faster and easier for legal researchers to find and analyze cases relevant to their legal issues.

You can read more about West headnotes and the West Key Number System in the Section of Legal Information: Tools and Reports, in this volume.

马伯里诉麦迪逊案的中文译本请见：［美］斯坦利·I. 库特勒 编著，朱曾汶、林铮 译，《最高法院与宪法——美国宪法史上重要判例选读》，商务印书馆2006年版，第25页。

马伯里诉麦迪逊案（英文原文）

5（1 Cranch）U. S. 137

Supreme Court of the United States

William MARBURY

v.

James MADISON, Secretary of State of the United States.

Feb. 1803.

West Headnotes (18)

1 Action ⚷ Acts or Omissions Constituting Causes of Action in General

13 Action

13I Grounds and Conditions Precedent

13k2 Acts or Omissions Constituting Causes of Action in General

Where there is a legal right, there is also a legal remedy by suit, or action at law, whenever that right is invaded.

2 Federal Courts ⚷ Appellate Jurisdiction and Procedure in General

170B Federal Courts

170BVII Supreme Court

170BVII (A) In General

170Bk445 Appellate Jurisdiction and Procedure in General

(Formerly 30k17)

It is the essential criterion of "appellate jurisdiction" that it revises and corrects the proceedings in a cause already instituted and does not create that cause.

3 Evidence Laws of United States

157Evidence

157I Judicial Notice

157k34 Laws of United States

The federal constitution being intended as a rule for the courts as well as the legislature, the courts will take judicial notice of its provisions.

4 Mandamus Acts and Proceedings of Public Officers and Boards and Municipalities in General

Mandamus Officers Subject to Mandamus in General

250 Mandamus

250I Nature and Grounds in General

250k3 Existence and Adequacy of Other Remedy in General

250k3(2) Remedy at Law

250k3(4) Acts and Proceedings of Public Officers and Boards and Municipalities in General

250Mandamus

250II Subjects and Purposes of Relief

250II (B) Acts and Proceedings of Public Officers and Boards and Municipalities

250k63 Officers Subject to Mandamus in General.

To render mandamus a proper remedy, the officer to whom it is directed, must be one to whom, on legal principles, such writ may be directed, and the person applying for it must be without any other specific and legal remedy.

5 Mandamus Officers Subject to Mandamus in General

250 Mandamus

250II Subjects and Purposes of Relief

250II (B) Acts and Proceedings of Public Officers and Boards and Municipalities

250k63 Officers Subject to Mandamus in General

The propriety or impropriety of issuing a writ of mandamus is to be determined by the nature of the thing to be done and not by the office of the person to whom the writ is directed.

6 Mandamus ⚷ State or National Boards and Officers

250 Mandamus

250II Subjects and Purposes of Relief

250II (B) Acts and Proceedings of Public Officers and Boards and Municipalities

250k64 State or National Boards and Officers

Where heads of departments are political and confidential agents of executives, their acts in cases in which the executive possesses a constitutional or legal discretion are only politically examinable, but where a specific duty is assigned by law, and individual rights depend upon the performance of that duty, the individual who considers himself injured can resort to the laws of his country for a remedy.

7 Mandamus ⚷ State or National Boards and Officers

250 Mandamus

250II Subjects and Purposes of Relief

250II (B) Acts and Proceedings of Public Officers and Boards and Municipalities

250k64 State or National Boards and Officers

A writ of mandamus is directed to an officer of the government, and its mandate to him to do a particular thing therein specified, which appertains to his office and duty, and which the court has previously interpreted, or at least supposes, to be consonant to right and justice.

8 Mandamus ⚷ Ministerial Acts in General

250 Mandamus

250II Subjects and Purposes of Relief

250II (B) Acts and Proceedings of Public Officers and Boards and Municipalities

250k71 Ministerial Acts in General

While the head of a governmental department is not subject to mandamus in any matter involving the exercise of discretion, this writ may issue against him in relation to matters wherein he performs a mere ministerial duty.

9 Mandamus ⊶ Administering Oath and Issuing Commission or Certificate

250 Mandamus

250II Subjects and Purposes of Relief

250II (B) Acts and Proceedings of Public Officers and Boards and Municipalities

250k77Title to and Possession of Office

250k77 (2) Administering Oath and Issuing Commission or Certificate

A mandamus is the proper remedy to compel a secretary of state to deliver a commission to which a party is entitled.

10 Federal Courts ⊶ Original Jurisdiction

Mandamus ⊶ Jurisdiction and Authority

170B Federal Courts

170BVII Supreme Court

170BVII (A) In General

170Bk442 Original Jurisdiction

170Bk442. 1 In General

(Formerly 106k379)

250 Mandamus

250III Jurisdiction, Proceedings, and Relief

250k141 Jurisdiction and Authority

Under U. S. C. A. Const. art. 3, § 2, providing that the supreme court shall have original jurisdiction in all cases affecting ambassadors and other public ministers, and in cases in which a state is a party, it has no power to issue a writ of mandamus to the secretary of state, the issuing of such writ being the exercise of an original jurisdiction not conferred by the constitution.

11 Mandamus ⚷ Jurisdiction and Authority
250 Mandamus
250III Jurisdiction, Proceedings, and Relief
250k141 Jurisdiction and Authority
To issue a writ of mandamus to an officer for the delivery of a paper is in effect the same as to sustain an original action for the paper, and belongs to "original jurisdiction" and not to "appellate jurisdiction."

12 Officers and Public Employees ⚷ Commission
283 Officers and Public Employees
283I Appointment, Qualification, and Tenure
283I(C) Eligibility and Qualification
283k38 Commission
The commission is not the appointment, but is only evidence of an appointment; and a delivery of the commission is not necessary to constitute the appointment

13 Officers and Public Employees ⚷ Commission
283Officers and Public Employees
283I Appointment, Qualification, and Tenure
283I (C) Eligibility and Qualification
283k38Commission
The secretary of state cannot lawfully withhold a commission signed and sealed, though directed so to do by the president of the United States.

14 Officers and Public Employees Commission

283Officers and Public Employees

283I Appointment, Qualification, and Tenure

283I (C) Eligibility and Qualification

283k38Commission

When a commission for an officer, who does not hold his office at the will of the president of the United States, is signed by the president and transmitted to the secretary of state, to be sealed and recorded, it is irrevocable. The appointment is complete.

15 Constitutional Law Constitutionality of Statutory Provisions

92 Constitutional Law

92V Construction and Operation of Constitutional Provisions

92V(F) Constitutionality of Statutory Provisions

92k655 In General

(Formerly 92k38)

An act of congress that is repugnant to the constitution cannot become a law.

16 Constitutional Law Encroachment on Executive

92 Constitutional Law

92XX Separation of Powers

92XX(C) Judicial Powers and Functions

92XX(C) 3Encroachment on Executive

92k2540In General

(Formerly 92k73)

While the head of a governmental department is not subject to mandamus or injunction in any matter involving the exercise of discretion, these writs may yet be issued against him in relation to matters wherein he performs a mere ministerial duty, or is without power to act at all.

17 Federal Courts 🔑 Original Jurisdiction
170B Federal Courts
170BVII Supreme Court
170BVII(A) In General
170Bk442 Original Jurisdiction
170Bk442. 1 In General
(Formerly 106k379)
Congress cannot give the supreme court appellate jurisdiction where the constitution declares that it shall be original, nor original jurisdiction where the constitution declares that it shall be appellate; hence the authority given by the thirteenth section of the judiciary act of 1789 (1 Stat. 80), to issue writs of mandamus to public officers, is not warranted by the constitution.

18 District of Columbia 🔑 Officers, Agents, and Employees
132 District of Columbia
132k7 Officers, Agents, and Employees
A justice of the peace, in the District of Columbia, does not hold his office at the will of the president.

Opinion

MARSHALL.

The supreme court of the U. States has not power to issue a mandamus to a secretary of state of the U. States, it being an exercise of *original* jurisdiction not warranted by the constitution. Congress have not power to give original jurisdiction to the supreme court in other cases than those described in the constitution. An act of congress repugnant to the constitution cannot become a law. The courts of the U. States are bound to take notice of the constitution. A commission is not necessary to the appointment of an officer by the executive – Semb. A commission is only *evidence* of an appointment.

Delivery is not necessary to the validity of letters patent. The President cannot authorize a secretary of state to omit the performance of those duties which are enjoined by law.

A justice of peace in the District of Columbia is not removable at the will of the President. When a commission for an officer not holding his office at the will of the President, is by him signed and transmitted to the secretary of state to be sealed and recorded, it is irrevocable; the appointment is complete. A mandamus is the proper remedy to compel a secretary of state to deliver a commission to which the party is entitled.

At the last term, viz. December term, 1801, William Marbury, Dennis Ramsay, Robert Townsend Hooe, and William Harper, by their counsel, Charles Lee, esq. late attorney general of the United States, severally moved the court for a rule to James Madison, secretary of state of the United States, to shew cause why a mandamus should not issue commanding him to cause to be delivered to them respectively their several commissions as justices of the peace in the district of Columbia. This motion was supported by affidavits of the following facts; that notice of this motion had been given to Mr. Madison; that Mr. Adams, the late president of the United States, nominated the applicants to the senate for their advice and consent to be appointed justices of the peace of the district of Columbia; that the senate advised and consented to the appointments; that commissions in due form were signed by the said president appointing them justices, &c. and that the seal of the United States was in due form affixed to the said commissions by the secretary of state; that the applicants have requested Mr. Madison to deliver them their said commissions, who has not complied with that request; and that their said commissions are withheld from them; that the applicants have made application to Mr. Madison as secretary of state of the United States at his office, for information whether the commissions were signed and sealed as aforesaid; that explicit and satisfactory information has not been given in answer to that inquiry, either by the secretary of state or any officer in the department of state; that application has been made to the secretary of the Senate for a certificate of the nomination of the applicants, and of the advice and consent of the senate, who has declined giving such a certificate; whereupon a rule was laid to shew cause on the 4th day of this term. This rule having been duly served.

Mr. Lee, in support of the rule, observed that it was important to know on what ground a justice of peace in the District of Columbia holds his office, and what proceedings are necessary to constitute an appointment to an office not held at the will of the president. However notorious the facts are, upon the suggestion of which this rule has been laid, yet the applicants have been much embarrassed in obtaining evidence of them. Reasonable information has been denied at the office of the department of state. Although a respectful memorial has been made to the senate praying them to suffer their secretary to give extracts from their executive journals respecting the nomination of the applicants to the senate, and of their advice and consent to the appointments, yet their request has been denied, and their petition rejected. They have therefore been compelled to summon witnesses to attend in court, whose voluntary affidavits they could not obtain. Mr. Lee here read the affidavit of Dennis Ramsay, and the printed journals of the senate of 31 January, 1803, respecting the refusal of the senate to suffer their secretary to give the information requested. He then called Jacob Wagner and Daniel Brent, who had been summoned to attend the court, and who had, as it is understood, declined giving a voluntary affidavit. They objected to being sworn, alleging that they were clerks in the department of state and not bound to disclose any facts relating to the business or transactions in the office.

Mr. Lee observed, that to show the propriety of examining these witnesses, he would make a few remarks on the nature of the office of secretary of state. His duties are of two kinds, and he exercises his functions in two distinct capacities; as a public ministerial officer of the United States, and as agent of the President. In the first his duty is to the United States or its citizens; in the other his duty is to the President; in the one he is an independent, and an accountable officer; in the other he is dependent upon the President, is his agent, and accountable to him alone. In the former capacity he is compellable by mandamus to do his duty; in the latter he is not. This distinction is clearly pointed out by the two acts of congress upon this subject. The first was passed 27th July, 1789, vol. 1. p. 359, entitled "an act for establishing an executive department, to be denominated the department of foreign affairs." The first section ascertains the duties of the secretary so far as he is considered as a mere executive agent. It is in these words, "Be it enacted, &c. that there shall be an executive department, to be denominated the department of foreign affairs, and that there shall be a principal officer therein, to be called the secretary of the department of foreign affairs, who shall perform and execute such duties as shall from time to time be enjoined on, or entrusted to him by the President of the United States, agreeable to the constitution, relative to correspondencies, commissions or instructions to or with public ministers or consuls from the United States; or to negotiations with public ministers from foreign states or princes, or to memorials or other applications from foreign public ministers, or other foreigners, or to such other matters respecting foreign affairs as the President of the United States shall assign to the said department; and furthermore, that the said principal officer shall conduct the business of the said department in such manner as the President of the United States shall from time to time order or instruct."

The second section provides for the appointment of a chief clerk; the third section prescribes the oath to be taken which is simply, "well and faithfully to execute the trust committed to him;" and the fourth and last section gives him the custody of the books and papers of the department of foreign affairs under the old congress. Respecting the powers given and the duties imposed by this act, no mandamus will lie. The secretary is responsible only to the President. The other act of congress respecting this department was passed at the same session on the 15th September 1789, vol. 1, p. 41, c. 14, and is entitled "An act to provide for the safe keeping of the acts, records, and seal of the United States, and for other purposes." The first section changes the name of the department and of the secretary, calling the one the department and the other the secretary of state. The second section assigns new duties to the secretary, in the performance of which it is evident, from their nature, he cannot be lawfully controlled by the president, and for the non-performance of which he is not more responsible to the president than to any other citizen of the United States. It provides that he shall receive from the president all bills, orders, resolutions and votes of the senate and house of representatives, which shall have been approved and signed by him; and shall cause them to be published, and printed copies to be delivered to the senators and representatives and to the executives of the several states; and makes it his duty carefully to preserve the originals; and to cause them to be recorded in books to be provided for that purpose. The third section provides a seal of the United States. The fourth makes it his duty to keep the said seal, and to make out and record, and to affix the seal of the United States to all civil commissions, after they shall have been signed by the President. The fifth section provides for a seal of office, and that all copies of records and papers in his office, authenticated under that seal, shall be as good evidence as the originals. The sixth section establishes fees for copies, &c. The seventh and last section gives him the custody of the papers of the office of the secretary of the old congress. Most of the duties assigned by this act are of a public nature, and the secretary is bound to perform them, without the control of any person. The President has no right to prevent him from receiving the bills, orders, resolutions and votes of the legislature, or from publishing and distributing them, or from preserving or recording them. While the secretary remains in office the President cannot take from his custody the seal of the United States, nor prevent him from recording, and affixing the seal to civil commissions of such officers as hold not their offices at the will of the President, after he has signed them and delivered them to the secretary for that purpose. By other laws he is to make out and record in his office patents for useful discoveries, and patents of lands granted under the authority of the United States. In the performance of all these duties he is a public ministerial officer of the United States. And the duties being enjoined upon him by law, he is, in executing them, uncontrollable by the President; and if he neglects or refuses to perform them, he may be compelled by mandamus, in the same manner as other persons holding offices under the authority of the United States. The President is no party to this case. The secretary is called upon to perform a duty over which the President has no control, and in regard to which he has no dispensing power, and for the neglect of which he is in no manner responsible. The secretary alone is the person to whom they are entrusted, and he alone is answerable for their due performance. The secretary of state, therefore, being in the same situation, as to these duties, as every other ministerial officer of the United States, and equally liable to be compelled to perform them, is also bound by the same rules of evidence. These duties are not of a confidential nature, but are of a public kind, and his clerks can have no exclusive privileges. There are undoubtedly facts, which may come to their knowledge by means of their connection with the secretary of state, respecting which they cannot be bound to answer. Such are the facts concerning foreign correspondencies, and confidential communications between the head of the department and the President. This, however, can be no objection to their being sworn, but may be a ground of objection to any particular question. Suppose I claim title to land under a patent from the United States. I demand a copy of it from the secretary of state. He refuses. Surely he may be compelled by mandamus to give it. But in order to obtain a mandamus, I must show that the patent is recorded in his office. My case would be hard indeed if I could not call upon the clerks in the office to give evidence of that fact. Again, suppose a private act of congress had passed for my benefit. It becomes necessary for me to have the use of that act in a court of law. I apply for a copy. I am refused. Shall I not be permitted, on a motion for a mandamus, to call upon the clerks in the office to prove that such an act is among the rolls of the office, or that it is duly recorded? Surely it cannot be contended that although the laws are to be recorded, yet no access is to be had to the records, and no benefit to result therefrom.

The court ordered the witnesses to be sworn and their answers taken in writing, but informed them that when the questions were asked they might state their objections to answering each particular question, if they had any.

Mr. Wagner being examined upon interrogatories, testified, that at this distance of time he could not recollect whether he had seen any commission in the office, constituting the applicants, or either of them justices of the peace. That Mr. Marbury and Mr. Ramsay called on the secretary of state respecting their commissions. That the secretary referred them to him; he took them into another room and mentioned to them, that two of the commissions had been signed, but the other had not. That he did not know that fact of his own knowledge, but by the information of others. Mr. Wagner declined answering the question "who gave him that information;" and the court decided that he was not bound to answer it, because it was not pertinent to this cause. He further testified that some of the commissions of the justices, but he believed not all, were recorded. He did not know whether the commissions of the applicants were recorded, as he had not had recourse to the book for more than twelve months past.

Mr. Daniel Brent testified, that he did not remember certainly the names of any of the persons in the commissions of justices of the peace signed by Mr. Adams; but believed, and was almost certain, that Mr. Marbury's and col. Hooe's commissions were made out, and that Mr. Ramsay's was not; that he made out the list of names by which the clerk who filled up the commissions was guided; he believed that the name of Mr. Ramsay was pretermitted by mistake, but to the best of his knowledge it contained the names of the other two; he believed none of the commissions for justices of the peace signed by Mr. Adams, were recorded. After the commissions for justices of the peace were made out, he carried them to Mr. Adams for his signature. After being signed he carried them back to the secretary's office, where the seal of the United States was affixed to them. That commissions are not usually delivered out of the office before they are recorded; but sometimes they are, and a note of them only is taken, and they are recorded afterwards. He believed none of those commissions of justices were ever sent out, or delivered to the persons for whom they were intended; he did not know what became of them, nor did he know that they are now in the office of the secretary of state.

Mr. Lincoln, attorney general, having been summoned, and now called, objected to answering. He requested that the questions might be put in writing, and that he might afterwards have time to determine whether he would answer. On the one hand he respected the jurisdiction of this court, and on the other he felt himself bound to maintain the rights of the executive. He was acting as secretary of state at the time when this transaction happened. He was of opinion, and his opinion was supported by that of others whom he highly respected, that he was not bound, and ought not to answer, as to any facts which came officially to his knowledge while acting as secretary of state.

The questions being written were then read and handed to him. He repeated the ideas he had before suggested, and said his objections were of two kinds.

1st. He did not think himself bound to disclose his official transactions while acting as secretary of state; and

2d. He ought not to be compelled to answer any thing which might tend to criminate himself.

Mr. Lee, in reply, repeated the substance of the observations he had before made in answer to the objection of Mr. Wagner and Mr. Brent. He stated that the duties of a secretary of state were two-fold. In discharging one part of those duties he acted as a public ministerial officer of the United States, totally independent of the President, and that as to any facts which came officially to his knowledge, while acting in this capacity, he was as much bound to answer as a marshal, a collector, or any other ministerial officer. But that in the discharge of the other part of his duties, he did not act as a public ministerial officer, but in the capacity of an agent of the President, bound to obey his orders, and accountable to him for his conduct. And that as to any facts which came officially to his knowledge in the discharge of this part of his duties, he was not bound to answer. He agreed that Mr. Lincoln was not bound to disclose any thing which might tend to criminate himself.

Mr. Lincoln thought it was going a great way to say that every secretary of state should at all times be liable to be called upon to appear as a witness in a court of justice, and testify to facts which came to his knowledge officially. He felt himself delicately situated between his duty to this court, and the duty he conceived he owed to an executive department; and hoped the court would give him time to consider of the subject.

The court said, that if Mr. Lincoln wished time to consider what answers he should make, they would give him time; but they had no doubt he ought to answer. There was nothing confidential required to be disclosed. If there had been he was not obliged to answer it; and if he thought that anything was communicated to him in confidence he was not bound to disclose it; nor was he obliged to state anything which would criminate himself; but that the fact whether such commissions had been in the office or not, could not be a confidential fact; it is a fact which all the world have a right to know. If he thought any of the questions improper, he might state his objections.

Mr. Lincoln then prayed time till the next day to consider of his answers under this opinion of the court.

The court granted it and postponed further consideration of the cause till the next day.

At the opening of the court on the next morning, Mr. Lincoln said he had no objection to answering the questions proposed, excepting the last which he did not think himself obliged to answer fully. The question was, what had been done with the commissions. He had no hesitation in saying that he did not know that they ever came to the possession of Mr. Madison, nor did he know that they were in the office when Mr. Madison took possession of it. He prayed the opinion of the court whether he was obliged to disclose what had been done with the commissions.

The court were of opinion that he was not bound to say what had become of them; if they never came to the possession of Mr. Madison, it was immaterial to the present cause, what had been done with them by others.

To the other questions he answered that he had seen commissions of justices of the peace of the district of Columbia, signed by Mr. Adams, and sealed with the seal of the United States. He did not recollect whether any of them constituted Mr. Marbury, col. Hooe, or col. Ramsay, justices of the peace; there were when he went into the office several commissions for justices of peace of the district made out; but he was furnished with a list of names to be put into a general commission, which was done, and was considered as superseding the particular commissions; and the individuals whose names were contained in this general commission were informed of their being thus appointed. He did not know that any one of the commissions was ever sent to the person for whom it was made out, and did not believe that any one had been sent.

Mr. Lee then read the affidavit of James Marshall, who had been also summoned as a witness. It stated that on the 4th of March 1801, having been informed by some person from Alexandria that there was reason to apprehend riotous proceedings in that town on that night, he was induced to return immediately home, and to call at the office of the secretary of state, for the commissions of the justices of the peace; that as many as 12, as he believed, commissions of justices for that county were delivered to him for which he gave a receipt, which he left in the office. That finding he could not conveniently carry the whole, he returned several of them, and struck a pen through the names of those, in the receipt, which he returned. Among the commissions so returned, according to the best of his knowledge and belief, was one for colonel Hooe, and one for William Harper.

Mr. Lee then observed, that having proved the existence of the commissions, he should confine such further remarks as he had to make in support of the rule to three questions;

1st. Whether the Supreme Court can award the writ of mandamus in any case.

2d. whether it will lie to a secretary of state in any case whatever.

3d. whether in the present case the court may award a mandamus to James Madison, secretary of state.

The argument upon the 1st question is derived not only from the principles and practice of that country, from whence we derive many of the principles of our political institutions, but from the constitution and laws of the United States.

This is the *Supreme Court*, and by reason of its supremacy must have the superintendance of the inferior tribunals and officers, whether judicial or ministerial. In this respect there is no difference between a judicial and a ministerial officer. From this principle alone the court of King's Bench in England derives the power of issuing the writs of mandamus and prohibition. 3. Inst. 70, 71. Shall it be said that the court of King's Bench has this power in consequence of its being the supreme court of judicature, and shall we deny it to this court which the constitution makes the *Supreme Court*? It is a beneficial, and a necessary power; and it can never be applied where there is another *adequate*, *specific*, *legal remedy*.

The second section of the third article of the constitution gives this court appellate jurisdiction in all cases in law and equity arising under the constitution and laws of the United States (except the cases in which it has original jurisdiction) with such exceptions, and under such regulations as congress shall make. The term "appellate jurisdiction" is to be taken in its largest sense, and implies in its nature the right of superintending the inferior tribunals.

Proceedings in nature of appeals are of various kinds, according to the subject matter. 3 Bl. com. 402. It is a settled and invariable principle, that every right, when withheld, must have a remedy, and every injury its proper redress. 3 Bl. com. 109. There are some injuries which can only be redressed by a writ of mandamus, and others by a writ of prohibition. There must then be a jurisdiction somewhere competent to issue that kind of process. Where are we to look for it but in that court which the constitution and laws have made supreme, and to which they have given appellate jurisdiction? Blackstone, vol. 3, p. 110, says that a writ of mandamus is "a command issuing in the king's name from the court of king's bench, and directed to any *person*, corporation or inferior court, requiring them to do some particular thing therein specified, *which appertains to their office and duty*, and which the court has previously determined, or at least supposes, to be consonant to right and justice. It is a writ of a most extensively remedial nature, and issues in all cases where the party has a right to have anything done, *and has no other specific means of compelling its performance.*"

In the Federalist, vol. 2, p. 239, it is said, that the word "appellate" is not to be taken in its technical sense, as used in reference to appeals in the course of the *civil* law, but in its broadest sense, in which it denotes nothing more than the power of one tribunal to review the proceedings of another, either as to law or fact, or both. The writ of mandamus is in the nature of an appeal as to fact as well as law. It is competent for congress to prescribe the forms of process by which the Supreme Court shall exercise its appellate jurisdiction, and they may well declare a mandamus to be one. But the power does not depend upon implication alone. It has been recognized by legislative provision as well as in judicial decisions in this court.

Congress, by a law passed at the very first session after the adoption of the constitution, vol. 1, p. 58, sec. 13, have expressly given the supreme court the power of issuing writs of mandamus. The words are, "The supreme court shall also have appellate jurisdiction from the circuit courts, and courts of the several states, in the cases herein after specially provided for; and shall have power to issue writs of prohibition to the district courts, when proceeding as courts of admiralty and maritime jurisdiction; and writs of *mandamus*, in cases warranted by the principles and usages of law, to any courts appointed, or *persons holding office*, under the authority of the United States."

Congress is not restrained from conferring original jurisdiction in other cases than those mentioned in the constitution. 2 Dal. Rep. 298.

This court has entertained jurisdiction on a mandamus in one case, and on a prohibition in another. In the case of the United States v. judge Lawrence, 3. Dal. Rep. 42, a mandamus was moved for by the attorney general at the instance of the French minister, to compel Judge Lawrence to issue a warrant against captain Barre, commander of the French ship of war Le Perdrix, grounded on an article of the consular convention with France. In this case the power of the court to issue writs of mandamus, was taken for granted in the arguments of counsel on both sides, and seems to have been so considered by the court. The mandamus was refused, because the case in which it was required, was not a proper one to support the motion. In the case of the United States v. judge Peters a writ of prohibition was granted, 3. Dal. Rep. 121, 129. This was the celebrated case of the French corvette the Cassius, which afterwards became a subject of diplomatic controversy between the two nations. On the 5th Feb. 1794, a motion was made to the Supreme Court in behalf of one John Chandler, a citizen of Connecticut, for a mandamus to the *secretary at war*, commanding him to place Chandler on the invalid pension list. After argument, the court refused the mandamus, because the two acts of congress respecting invalids, did not support the case on which the applicant grounded his motion. The case of the United States v. Hopkins, at February term, 1794, was a motion for a mandamus to Hopkins, loan officer for the district of Virginia, to command him to admit a person to subscribe to the United States loan. Upon argument the mandamus was refused because the applicant had not sufficiently established his title. In none of these cases, nor in any other, was the power of this court to issue a mandamus ever denied. Hence it appears there has been a legislative construction of the constitution upon this point, and a judicial practice under it, for the whole time since the formation of the government.

2d. The second point is, can a mandamus go to a secretary of state in any case? It certainly cannot in *all* cases; nor to the President in *any* case. It may not be proper to mention this position; but I am compelled to do it. An idea has gone forth, that a mandamus to a secretary of state is equivalent to a mandamus to the President of the United States. I declare it to be my opinion, grounded on a comprehensive view of the subject that the President is not amenable to any court of judicature for the exercise of his high functions, but is responsible only in the mode pointed out in the constitution. The secretary of state acts, as before observed, in two capacities. As the agent of the President, he is not liable to a mandamus; but as a recorder of the laws of the United States; as keeper of the great seal, as recorder of deeds of land, of letters patent, and of commissions, &c. he is a ministerial officer of the people of the United States. As such he has duties assigned him by law, in the execution of which he is independent of all control, but that of the laws. It is true he is a high officer, but he is not above law. It is not consistent with the policy of our political institutions, or the manners of the citizens of the United States, that any ministerial officer having public duties to perform, should be above the compulsion of law in the exercise of those duties. As a ministerial officer he is compellable to do his duty, and if he refuses, is liable to indictment. A prosecution of this kind might be the means of punishing the officer, but a specific civil remedy to the injured party can only be obtained by a writ of mandamus. If a mandamus can be awarded by this court in any case, it may issue to a secretary of state; for the act of congress expressly gives the power to award it, "in cases warranted by the principles and usages of law, *to any person holding offices under the authority of the United States.*"

Many cases may be supposed, in which a secretary of state ought to be compelled to perform his duty specifically. By the 5th and 6th sections of the act of congress, vol. 1, p. 43, copies under seal of the office of the department of state are made evidence in courts of law, and fees are given for making them out. The intention of the law must have been, that every person needing a copy should be entitled to it. Suppose the secretary refuses to give a copy, ought he not to be compelled? Suppose I am entitled to a patent for lands purchased of the United States; it is made out and signed by the President who gives a warrant to the secretary to affix the great seal to the patent; he refuses to do it; shall I not have a mandamus to compel him? Suppose the seal is affixed, but the secretary refuses to record it; shall he not be compelled? Suppose it recorded, and he refuses to deliver it; shall I have no remedy?

In this respect there is no difference between a patent for lands, and the commission of a judicial officer. The duty of the secretary is precisely the same.

Judge Patterson inquired of Mr. Lee whether he understood it to be the duty of the secretary to deliver a commission, unless ordered so to do by the President.

Mr. Lee replied, that after the President has signed a commission for an office not held at his will, and it comes to the secretary to be sealed, the President has done with it, and nothing remains, but that the secretary perform those ministerial acts which the law imposes upon him. It immediately becomes his duty to seal, record, and deliver it on demand. In such a case the appointment becomes complete by the signing and sealing; and the secretary does wrong if he withholds the commission.

3d. The third point is, whether in the present case a writ of mandamus ought to be awarded to James Madison, secretary of state.

The justices of the peace in the District of Columbia are judicial officers, and hold their office for five years. The office is established by the act of Congress passed the 27th of Feb. 1801, entitled "An act concerning the district of Columbia," ch. 86, sec. 11 and 14; page 271, 273. They are authorized to hold courts and have cognizance of personal demands of the value of 20 dollars. The act of May 3d, 1802, ch. 52, sec. 4, considers them as judicial officers, and provides the mode in which execution shall issue upon their judgments. They hold their offices independent of the will of the President. The appointment of such an officer is complete when the President has nominated him to the senate, and the senate have advised and consented, and the President has signed the commission and delivered it to the secretary to be sealed. The President has then done with it; it becomes irrevocable. An appointment of a judge once completed, is made forever. He holds under the constitution. The requisites to be performed by the secretary are ministerial, ascertained by law, and he has no discretion, but must perform them; there is no dispensing power. In contemplation of law they are as if done.

These justices exercise part of the judicial power of the United States. They ought therefore to be independent. Mr. Lee begged leave again to refer to the Federalist, vol. 2, Nos. 78 and 79, as containing a correct view of this subject. They contained observations and ideas which he wished might be generally read and understood. They contained the principles upon which this branch of our constitution was constructed. It is important to the citizens of this district that the justices should be independent; almost all the authority immediately exercised over them is that of the justices. They wish to know whether the justices of this district are to hold their commissions at the will of a secretary of state. This cause may seem trivial at first view, but it is important in principle. It is for this reason that this court is now troubled with it. The emoluments or the dignity of the office, are no objects with the applicants. They conceive themselves to be duly appointed justices of the peace, and they believe it to be their duty to maintain the rights of their office, and not to suffer them to be violated by the hand of power. The citizens of this district have their fears excited by every stretch of power by a person so high in office as the secretary of state.

It only remains now to consider whether a mandamus to compel the delivery of a commission by a public ministerial officer, is one of "the cases warranted by the principles and usages of law."

It is the general principle of law that a mandamus lies, if there be no other *adequate*, *specific*, *legal* remedy; 3 *Burrow*, 1067, *King v. Barker, and al.* This seems to be the result of a view of all the cases on the subject.

The case of Rex. v. Borough of Midhurst, 1. Wils. 283, was a mandamus to compel the presentment of certain conveyances to purchasers of burgage tenements, whereby they would be entitled to vote for members of parliament. In the case of Rex v. Dr. Hay, 1. W. Bl. Rep. 640, a mandamus issued to admit one to administer an estate.

A mandamus gives no right, but only puts the party in a way to try his right. Sid. 286.

It lies to compel a ministerial act which concerns the public. 1. Wilson, 283, 1. Bl. Rep. 640 – although there be a more tedious remedy, Str. 1082, 4 Bur. 2188, 2 Bur. 1045; So if there be a legal right, and a remedy in equity, 3. Term Rep. 652. A mandamus lies to obtain admission into a trading company. Rex v. Turkey Company, 2 Bur. 1000. Carthew 448. 5 Mod. 402; So it lies to put the corporate seal to an instrument. 4. Term. Rep. 699; to commissioners of the excise to grant a permit, 2 Term. Rep. 381; to admit to an office, 3 Term. Rep. 575; to deliver papers which concern the public, 2 Sid. 31. A mandamus will sometimes lie in a doubtful case, 1 Levinz 123, to be further considered on the return, 2 Levinz, 14. 1 Sidersin, 169.

It lies to be admitted a member of a church, 3. Bur. 1265, 1043.

The process is as ancient as the time of Ed. 2d. 1 Levinz 23.

The first writ of mandamus is not peremptory, it only commands the officer to do the thing or shew cause why he should not do it. If the cause returned be sufficient, there is an end of the proceeding, if not, a peremptory mandamus is then awarded.

It is said to be a writ of discretion. But the discretion of a court always means a found, legal discretion, not an arbitrary will. If the applicant makes out a proper case, the court are bound to grant it. They can refuse justice to no man.

On a subsequent day, and before the court had given an opinion, Mr. Lee read the affidavit of Hazen Kimball, who had been a clerk in the office of the Secretary of State, and had been to a distant part of the United States, but whose return was not known to the applicant till after the argument of the case.

It stated that on the third of March, 1801, he was a clerk in the department of state. That there were in the office, on that day, commissions made out and signed by the president, appointing William Marbury a justice of peace for the county of Washington; and Robert T. Hooe a justice of the peace for the county of Alexandria, in the district of Columbia.

Afterwards, on the 24th of February the following opinion of the court was delivered by the chief justice.

Opinion of the court.

At the last term on the affidavits then read and filed with the clerk, a rule was granted in this case, requiring the secretary of state to shew cause why a mandamus should not issue, directing him to deliver to William Marbury his commission as a justice of the peace for the county of Washington, in the district of Columbia.

No cause has been shewn, and the present motion is for a mandamus. The peculiar delicacy of this case, the novelty of some of its circumstances, and the real difficulty attending the points which occur in it, require a complete exposition of the principles, on which the opinion to be given by the court, is founded.

These principles have been, on the side of the applicant, very ably argued at the bar. In rendering the opinion of the court, there will be some departure in form, though not in substance, from the points stated in that argument.

In the order in which the court has viewed this subject, the following questions have been considered and decided.

1st. Has the applicant a right to the commission he demands?

2dly. If he has a right, and that right has been violated, do the laws of his country afford him a remedy?

3dly. If they do afford him a remedy, is it a *mandamus* issuing from this court?

The first object of inquiry is,

1st. Has the applicant a right to the commission he demands?

His right originates in an act of congress passed in February 1801, concerning the District of Columbia.

After dividing the district into two counties, the 11th section of this law, enacts, "that there shall be appointed in and for each of the said counties, such number of discreet persons to be justices of the peace as the president of the United States shall, from time to time, think expedient, to continue in office for five years."

It appears, from the affidavits, that in compliance with this law, a commission for William Marbury as a justice of peace for the county of Washington, was signed by John Adams, then president of the United States; after which the seal of the United States was affixed to it; but the commission has never reached the person for whom it was made out.

In order to determine whether he is entitled to this commission, it becomes necessary to enquire whether he has been appointed to the office. For if he has been appointed, the law continues him in office for five years, and he is entitled to the possession of those evidences of office, which, being completed, became his property.

The 2d section of the 2d article of the constitution, declares, that, "the president shall nominate, and, by and with the advice and consent of the senate, shall appoint ambassadors, other public ministers and consuls, and all other officers of the United States, whose appointments are not otherwise provided for."

The third section declares, that "he shall commission all the officers of the United States."

An act of congress directs the secretary of state to keep the seal of the United States, "to make out and record, and affix the said seal to all civil commissions to officers of the United States, to be appointed by the President, by and with the consent of the senate, or by the President alone; provided that the said seal shall not be affixed to any commission before the same shall have been signed by the President of the United States."

These are the clauses of the constitution and laws of the United States, which affect this part of the case. They seem to contemplate three distinct operations:

1st. The nomination. This is the sole act of the President, and is completely voluntary.

2d. the appointment. This is also the act of the President, and is also a voluntary act, though it can only be performed by and with the advice and consent of the senate.

3d. the commission. To grant a commission to a person appointed, might perhaps be deemed a duty enjoined by the constitution. "He shall," says that instrument, "commission all the officers of the United States."

The acts of appointing to office, and commissioning the person appointed, can scarcely be considered as one and the same; since the power to perform them is given in two separate and distinct sections of the constitution. The distinction between the appointment and the commission will be rendered more apparent, by adverting to that provision in the second section of the second article of the constitution, which authorizes congress "to vest, by law, the appointment of such inferior officers, as they think proper, in the President alone, in the courts of law, or in the heads of departments;" thus contemplating cases where the law may direct the President to commission an officer appointed by the courts, or by the heads of departments. In such a case, to issue a commission would be apparently a duty distinct from the appointment, the performance of which, perhaps, could not legally be refused.

Although that clause of the constitution which requires the President to commission all the officers of the United States, may never have been applied to officers appointed otherwise than by himself, yet it would be difficult to deny the legislative power to apply it to such cases. Of consequence the constitutional distinction between the appointment to an office and the commission of an officer, who has been appointed, remains the same as if in practice the President had commissioned officers appointed by an authority other than his own.

It follows too, from the existence of this distinction, that, if an appointment was to be evidenced by any public act, other than the commission, the performance of such public act would create the officer; and if he was not removable at the will of the President, would either give him a right to his commission, or enable him to perform the duties without it.

These observations are premised solely for the purpose of rendering more intelligible those which apply more directly to the particular case under consideration.

This is an appointment made by the President, by and with the advice and consent of the senate, and is evidenced by no act but the commission itself. In such a case therefore the commission and the appointment seem inseparable; it being almost impossible to shew an appointment otherwise than by proving the existence of a commission; still the commission is not necessarily the appointment; though conclusive evidence of it.

But at what stage does it amount to this conclusive evidence?

The answer to this question seems an obvious one. The appointment being the sole act of the President, must be completely evidenced, when it is shewn that he has done everything to be performed by him.

Should the commission, instead of being evidence of an appointment, even be considered as constituting the appointment itself; still it would be made when the last act to be done by the President was performed, or, at furthest, when the commission was complete.

The last act to be done by the President, is the signature of the commission. He has then acted on the advice and consent of the senate to his own nomination. The time for deliberation has then passed. He has decided. His judgment, on the advice and consent of the senate concurring with his nomination, has been made, and the officer is appointed. This appointment is evidenced by an open, unequivocal act; and being the last act required from the person making it, necessarily excludes the idea of its being, so far as respects the appointment, an inchoate and incomplete transaction.

Some point of time must be taken when the power of the executive over an officer, not removable at his will, must cease. That point of time must be when the constitutional power of appointment has been exercised. And this power has been exercised when the last act, required from the person possessing the power, has been performed. This last act is the signature of the commission. This idea seems to have prevailed with the legislature, when the act passed, converting the department of foreign affairs into the department of state. By that act it is enacted, that the secretary of state shall keep the seal of the United States, "and shall make out and record, and shall affix the said seal to all civil commissions to officers of the United States, to be appointed by the President." "Provided that the said seal shall not be affixed to any commission, before the same shall have been signed by the President of the United States; nor to any other instrument or act, without the special warrant of the President therefore."

The signature is a warrant for affixing the great seal to the commission; and the great seal is only to be affixed to an instrument which is complete. It attests, by an act supposed to be of public notoriety, the verity of the Presidential signature.

It is never to be affixed till the commission is signed, because the signature, which gives force and effect to the commission, is conclusive evidence that the appointment is made.

The commission being signed, the subsequent duty of the secretary of state is prescribed by law, and not to be guided by the will of the President. He is to affix the seal of the United States to the commission, and is to record it.

This is not a proceeding which may be varied, if the judgment of the executive shall suggest one more eligible; but is a precise course accurately marked out by law, and is to be strictly pursued. It is the duty of the secretary of state to conform to the law, and in this he is an officer of the United States, bound to obey the laws. He acts, in this respect, as has been very properly stated at the bar, under the authority of law, and not by the instructions of the President. It is a ministerial act which the law enjoins on a particular officer for a particular purpose.

If it should be supposed, that the solemnity of affixing the seal, is necessary not only to the validity of the commission, but even to the completion of an appointment, still when the seal is affixed the appointment is made, and the commission is valid. No other solemnity is required by law; no other act is to be performed on the part of government. All that the executive can do to invest the person with his office, is done; and unless the appointment be then made, the executive cannot make one without the co-operation of others.

After searching anxiously for the principles on which a contrary opinion may be supported, none have been found which appear of sufficient force to maintain the opposite doctrine.

Such as the imagination of the court could suggest, have been very deliberately examined, and after allowing them all the weight which it appears possible to give them, they do not shake the opinion which has been formed.

In considering this question, it has been conjectured that the commission may have been assimilated to a deed, to the validity of which, delivery is essential.

This idea is founded on the supposition that the commission is not merely *evidence* of an appointment, but is itself the actual appointment; a supposition by no means unquestionable. But for the purpose of examining this objection fairly, let it be conceded, that the principle, claimed for its support, is established.

The appointment being, under the constitution, to be made by the President *personally, the delivery of the deed of appointment, if necessary to its completion, must be made by the President also.* It is not necessary that the livery should be made personally to the grantee of the office: It never is so made. The law would seem to contemplate that it should be made to the secretary of state, since it directs the secretary to affix the seal to the commission *after* it shall have been signed by the President. If then the act of livery be necessary to give validity to the commission, it has been delivered when executed and given to the secretary for the purpose of being sealed, recorded, and transmitted to the party.

But in all cases of letters patent, certain solemnities are required by law, which solemnities are the evidences of the validity of the instrument. A formal delivery to the person is not among them. In cases of commissions, the sign manual of the President, and the seal of the United States, are those solemnities. This objection therefore does not touch the case.

It has also occurred as possible, and barely possible, that the transmission of the commission, and the acceptance thereof, might be deemed necessary to complete the right of the plaintiff.

The transmission of the commission, is a practice directed by convenience, but not by law. It cannot therefore be necessary to constitute the appointment which must precede it, and which is the mere act of the President. If the executive required that every person appointed to an office, should himself take means to procure his commission, the appointment would not be the less valid on that account. The appointment is the sole act of the President; the transmission of the commission is the sole act of the officer to whom that duty is assigned, and may be accelerated or retarded by circumstances which can have no influence on the appointment. A commission is transmitted to a person already appointed; not to a person to be appointed or not, as the letter enclosing the commission should happen to get into the post-office and reach him in safety, or to miscarry.

It may have some tendency to elucidate this point, to enquire, whether the possession of the original commission be indispensably necessary to authorize a person, appointed to any office, to perform the duties of that office. If it was necessary, then a loss of the commission would lose the office. Not only negligence, but accident or fraud, fire or theft, might deprive an individual of his office. In such a case, I presume it could not be doubted, but that a copy from the record of the office of the secretary of state, would be, to every intent and purpose, equal to the original. The act of congress has expressly made it so. To give that copy validity, it would not be necessary to prove that the original had been transmitted and afterwards lost. The copy would be complete evidence that the original had existed, and that the appointment had been made, but, not that the original had been transmitted. If indeed it should appear that the original had been mislaid in the office of state, that circumstance would not affect the operation of the copy. When all the requisites have been performed which authorize a recording officer to record any instrument whatever, and the order for that purpose has been given, the instrument is, in law, considered as recorded, although the manual labor of inserting it in a book kept for that purpose may not have been performed.

In the case of commissions, the law orders the secretary of state to record them. When therefore they are signed and sealed, the order for their being recorded is given; and whether inserted in the book or not, they are in law recorded.

A copy of this record is declared equal to the original, and the fees, to be paid by a person requiring a copy, are ascertained by law. Can a keeper of a public record, erase therefrom a commission which has been recorded? Or can he refuse a copy thereof to a person demanding it on the terms prescribed by law?

Such a copy would, equally with the original, authorize the justice of peace to proceed in the performance of his duty, because it would, equally with the original, attest his appointment.

If the transmission of a commission be not considered as necessary to give validity to an appointment; still less is its acceptance. The appointment is the sole act of the President; the acceptance is the sole act of the officer, and is, in plain common sense, posterior to the appointment. As he may resign, so may he refuse to accept: but neither the one, nor the other, is capable of rendering the appointment a non-entity.

That this is the understanding of the government, is apparent from the whole tenor of its conduct.

A commission bears date, and the salary of the officer commences from his appointment; not from the transmission or acceptance of his commission. When a person, appointed to any office, refuses to accept that office, the successor is nominated in the place of the person who has declined to accept, and not in the place of the person who had been previously in office, and had created the original vacancy.

It is therefore decidedly the opinion of the court, that when a commission has been signed by the President, the appointment is made; and that the commission is complete, when the seal of the United States has been affixed to it by the secretary of state.

Where an officer is removable at the will of the executive, the circumstance which completes his appointment is of no concern; because the act is at any time revocable; and the commission may be arrested, if still in the office. But when the officer is not removable at the will of the executive, the appointment is not revocable, and cannot be annulled. It has conferred legal rights which cannot be resumed.

The discretion of the executive is to be exercised until the appointment has been made. But having once made the appointment, his power over the office is terminated in all cases, where, by law, the officer is not removable by him. The right to the office is *then* in the person appointed, and he has the absolute, unconditional, power of accepting or rejecting it.

Mr. Marbury, then, since his commission was signed by the President, and sealed by the secretary of state, was appointed; and as the law creating the office, gave the officer a right to hold for five years, independent of the executive, the appointment was not revocable; but vested in the officer legal rights, which are protected by the laws of this country.

To withhold his commission, therefore, is an act deemed by the court not warranted by law, but violate of a vested legal right.

This brings us to the second inquiry; which is,

2dly. if he has a right, and that right has been violated, do the laws of this country afford him a remedy?

The very essence of civil liberty certainly consists in the right of every individual to claim the protection of the laws, whenever he receives an injury. One of the first duties of government is to afford that protection. In Great Britain the king himself is sued in the respectful form of a petition, and he never fails to comply with the judgment of his court.

In the 3d vol. of his commentaries, p. 23, Blackstone states two cases in which a remedy is afforded by mere operation of law.

"In all other cases," he says, "it is a general and indisputable rule, that where there is a legal right, there is also a legal remedy by suit or action at law, whenever that right is invaded."

And afterwards, p. 109, of the same vol. he says, "I am next to consider such injuries as are cognizable by the courts of the common law. And herein I shall for the present only remark, that all possible injuries whatsoever, that did not fall within the exclusive cognizance of either the ecclesiastical, military, or maritime tribunals, are for that very reason, within the cognizance of the common law courts of justice; for it is a settled and invariable principle in the laws of England, that every right, when withheld, must have a remedy, and every injury its proper redress."

The government of the United States has been emphatically termed a government of laws, and not of men. It will certainly cease to deserve this high appellation, if the laws furnish no remedy for the violation of a vested legal right.

If this obloquy is to be cast on the jurisprudence of our country, it must arise from the peculiar character of the case.

It behoves us then to enquire whether there be in its composition any ingredient which shall exempt it from legal investigation, or exclude the injured party from legal redress. In pursuing this inquiry the first question which presents itself, is, whether this can be arranged with that class of cases which come under the description of *damnum absque injuria*—a loss without an injury.

This description of cases never has been considered, and it is believed never can be considered, as comprehending offices of trust, of honor or of profit. The office of justice of peace in the district of Columbia is such an office; it is therefore worthy of the attention and guardianship of the laws. It has received that attention and guardianship. It has been created by special act of congress, and has been secured, so far as the laws can give security to the person appointed to fill it, for five years. It is not then on account of the worthlessness of the thing pursued, that the injured party can be alleged to be without remedy.

Is it in the nature of the transaction? Is the act of delivering or withholding a commission to be considered as a mere political act, belonging to the executive department alone, for the performance of which, entire confidence is placed by our constitution in the supreme executive; and for any misconduct respecting which, the injured individual has no remedy.

That there may be such cases is not to be questioned; but that every act of duty, to be performed in any of the great departments of government, constitutes such a case, is not to be admitted.

By the act concerning invalids, passed in June, 1794, vol. 3. p. 112, the secretary at war is ordered to place on the pension list, all persons whose names are contained in a report previously made by him to congress. If he should refuse to do so, would the wounded veteran be without remedy? Is it to be contended that where the law in precise terms, directs the performance of an act, in which an individual is interested, the law is incapable of securing obedience to its mandate? Is it on account of the character of the person against whom the complaint is made? Is it to be contended that the heads of departments are not amenable to the laws of their country?

Whatever the practice on particular occasions may be, the theory of this principle will certainly never be maintained. No act of the legislature confers so extraordinary a privilege, nor can it derive countenance from the doctrines of the common law. After stating that personal injury from the king to a subject is presumed to be impossible, Blackstone, vol. 3. p. 255, says, "but injuries to the rights of property can scarcely be committed by the crown without the intervention of its officers; for whom, the law, in matters of right, entertains no respect or delicacy; but furnishes various methods of detecting the errors and misconduct of those agents, by whom the king has been deceived and induced to do a temporary injustice."

By the act passed in 1796, authorizing the sale of the lands above the mouth of Kentucky river (vol. 3d. p. 299) the purchaser, on paying his purchase money, becomes completely entitled to the property purchased; and on producing to the secretary of state, the receipt of the treasurer upon a certificate required by the law, the president of the United States is authorized to grant him a patent. It is further enacted that all patents shall be countersigned by the secretary of state, and recorded in his office. If the secretary of state should choose to withhold this patent; or the patent being lost, should refuse a copy of it; can it be imagined that the law furnishes to the injured person no remedy?

It is not believed that any person whatever would attempt to maintain such a proposition.

It follows then that the question, whether the legality of an act of the head of a department be examinable in a court of justice or not, must always depend on the nature of that act.

If some acts be examinable, and others not, there must be some rule of law to guide the court in the exercise of its jurisdiction.

In some instances there may be difficulty in applying the rule to particular cases; but there cannot, it is believed, be much difficulty in laying down the rule.

By the constitution of the United States, the President is invested with certain important political powers, in the exercise of which he is to use his own discretion, and is accountable only to his country in his political character, and to his own conscience. To aid him in the performance of these duties, he is authorized to appoint certain officers, who act by his authority and in conformity with his orders.

In such cases, their acts are his acts; and whatever opinion may be entertained of the manner in which executive discretion may be used, still there exists, and can exist, no power to control that discretion. The subjects are political. They respect the nation, not individual rights, and being entrusted to the executive, the decision of the executive is conclusive. The application of this remark will be perceived by adverting to the act of congress for establishing the department of foreign affairs. This officer, as his duties were prescribed by that act, is to conform precisely to the will of the President. He is the mere organ by whom that will is communicated. The acts of such an officer, as an officer, can never be examinable by the courts.

But when the legislature proceeds to impose on that officer other duties; when he is directed peremptorily to perform certain acts; when the rights of individuals are dependent on the performance of those acts; he is so far the officer of the law; is amenable to the laws for his conduct; and cannot at his discretion sport away the vested rights of others.

The conclusion from this reasoning is, that where the heads of departments are the political or confidential agents of the executive, merely to execute the will of the President, or rather to act in cases in which the executive possesses a constitutional or legal discretion, nothing can be more perfectly clear than that their acts are only politically examinable. But where a specific duty is assigned by law, and individual rights depend upon the performance of that duty, it seems equally clear that the individual who considers himself injured, has a right to resort to the laws of his country for a remedy.

If this be the rule, let us enquire how it applies to the case under the consideration of the court.

The power of nominating to the senate, and the power of appointing the person nominated, are political powers, to be exercised by the President according to his own discretion. When he has made an appointment, he has exercised his whole power, and his discretion has been completely applied to the case. If, by law, the officer be removable at the will of the President, then a new appointment may be immediately made, and the rights of the officer are terminated. But as a fact which has existed cannot be made never to have existed, the appointment cannot be annihilated; and consequently if the officer is by law not removable at the will of the President; the rights he has acquired are protected by the law, and are not resumable by the President. They cannot be extinguished by executive authority, and he has the privilege of asserting them in like manner as if they had been derived from any other source.

The question whether a right has vested or not, is, in its nature, judicial, and must be tried by the judicial authority. If, for example, Mr. Marbury had taken the oaths of a magistrate, and proceeded to act as one; in consequence of which a suit had been instituted against him, in which his defense had depended on his being a magistrate; the validity of his appointment must have been determined by judicial authority.

So, if he conceives that, by virtue of his appointment, he has a legal right, either to the commission which has been made out for him, or to a copy of that commission, it is equally a question examinable in a court, and the decision of the court upon it must depend on the opinion entertained of his appointment.

That question has been discussed, and the opinion is, that the latest point of time which can be taken as that at which the appointment was complete, and evidenced, was when, after the signature of the president, the seal of the United States was affixed to the commission.

It is then the opinion of the court,

1st. That by signing the commission of Mr. Marbury, the president of the United States appointed him a justice of peace, for the county of Washington in the district of Columbia; and that the seal of the United States, affixed thereto by the secretary of state, is conclusive testimony of the verity of the signature, and of the completion of the appointment; and that the appointment conferred on him a legal right to the office for the space of five years.

2dly. that, having this legal title to the office, he has a consequent right to the commission; a refusal to deliver which, is a plain violation of that right, for which the laws of his country afford him a remedy.

It remains to be inquired whether,

3dly. He is entitled to the remedy for which he applies. This depends on,

1st. The nature of the writ applied for, and,

2dly. the power of this court.

1st. The nature of the writ.

Blackstone, in the 3d volume of his commentaries, page 110, defines a mandamus to be, "a command issuing in the king's name from the court of king's bench, and directed to any person, corporation, or inferior court of judicature within the king's dominions, requiring them to do some particular thing therein specified, which appertains to their office and duty, and which the court of king's bench has previously determined, or at least supposes, to be consonant to right and justice."

Lord Mansfield, in 3d Burrows 1266, in the case of the *King v. Baker*, *et al.* states with much precision and explicitness the cases in which this writ may be used.

"Whenever," says that very able judge, "there is a right to execute an office, perform a service, or exercise a franchise (more especially if it be in a matter of public concern, or attended with profit) and a person is kept out of possession, or dispossessed of such right, and has no other specific legal remedy, this court ought to assist by mandamus, upon reasons of justice, as the writ expresses, and upon reasons of public policy, to preserve peace, order and good government." In the same case he says, "this writ ought to be used upon all occasions where the law has established no specific remedy, and where in justice and good government there ought to be one."

In addition to the authorities now particularly cited, many others were relied on at the bar, which show how far the practice has conformed to the general doctrines that have been just quoted.

This writ, if awarded, would be directed to an officer of government, and its mandate to him would be, to use the words of Blackstone, "to do a particular thing therein specified, which appertains to his office and duty and which the court has previously determined, or at least supposes, to be consonant to right and justice." Or, in the words of Lord Mansfield, the applicant, in this case, has a right to execute an office of public concern, and is kept out of possession of that right.

These circumstances certainly concur in this case.

Still, to render the mandamus a proper remedy, the officer to whom it is to be directed, must be one to whom, on legal principles, such writ may be directed; and the person applying for it must be without any other specific and legal remedy.

1st. With respect to the officer to whom it would be directed. The intimate political relation, subsisting between the president of the United States and the heads of departments, necessarily renders any legal investigation of the acts of one of those high officers peculiarly irksome, as well as delicate; and excites some hesitation with respect to the propriety of entering into such investigation. Impressions are often received without much reflection or examination, and it is not wonderful that in such a case as this, the assertion, by an individual, of his legal claims in a court of justice; to which claims it is the duty of that court to attend; should at first view be considered by some, as an attempt to intrude into the cabinet, and to intermeddle with the prerogatives of the executive.

It is scarcely necessary for the court to disclaim all pretensions to such a jurisdiction. An extravagance, so absurd and excessive, could not have been entertained for a moment. The province of the court is, solely, to decide on the rights of individuals, not to enquire how the executive, or executive officers, perform duties in which they have a discretion. Questions, in their nature political, or which are, by the constitution and laws, submitted to the executive, can never be made in this court.

But, if this be not such a question; if so far from being an intrusion into the secrets of the cabinet, it respects a paper, which, according to law, is upon record, and to a copy of which the law gives a right, on the payment of ten cents; if it be no intermeddling with a subject, over which the executive can be considered as having exercised any control; what is there in the exalted station of the officer, which shall bar a citizen from asserting, in a court of justice, his legal rights, or shall forbid a court to listen to the claim; or to issue a mandamus, directing the performance of a duty, not depending on executive discretion, but on particular acts of congress and the general principles of law?

If one of the heads of departments commits any illegal act, under color of his office, by which an individual sustains an injury, it cannot be pretended that his office alone exempts him from being sued in the ordinary mode of proceeding, and being compelled to obey the judgment of the law. How then can his office exempt him from this particular mode of deciding on the legality of his conduct, if the case be such a case as would, were any other individual the party complained of, authorize the process?

It is not by the office of the person to whom the writ is directed, but the nature of the thing to be done that the propriety or impropriety of issuing a mandamus, is to be determined. Where the head of a department acts in a case, in which executive discretion is to be exercised; in which he is the mere organ of executive will; it is again repeated, that any application to a court to control, in any respect, his conduct, would be rejected without hesitation.

But where he is the head of a good department is directed by law to do a certain act affecting the absolute rights of individuals, in the performance of which he is not placed under the particular direction of the President, and the performance of which, the President cannot lawfully forbid, and therefore is never presumed to have forbidden; as for example, to record a commission, or a patent for land, which has received all the legal solemnities; or to give a copy of such record; in such cases, it is not perceived on what ground the courts of the country are further excused from the duty of giving judgment, that right be done to an injured individual, than if the same services were to be performed by a person not the head of a department.

This opinion seems not now, for the first time, to be taken up in this country.

It must be well recollected that in 1792, an act passed, directing the secretary at war to place on the pension list such disabled officers and soldiers as should be reported to him, by the circuit courts, which act, so far as the duty was imposed on the courts, was deemed unconstitutional; but some of the judges, thinking that the law might be executed by them in the character of commissioners, proceeded to act and to report in that character.

This law being deemed unconstitutional at the circuits, was repealed, and a different system was established; but the question whether those persons, who had been reported by the judges, as commissioners, were entitled, in consequence of that report, to be placed on the pension list, was a legal question, properly determinable in the courts, although the act of placing such persons on the list was to be performed by the head of a department.

That this question might be properly settled, congress passed an act in February, 1793, making it the duty of the secretary of war, in conjunction with the attorney general, to take such measures, as might be necessary to obtain an adjudication of the supreme court of the United States on the validity of any such rights, claimed under the act aforesaid.

After the passage of this act, a mandamus was moved for, to be directed to the secretary at war, commanding him to place on the pension list, a person stating himself to be on the report of the judges.

There is, therefore, much reason to believe, that this mode of trying the legal right of the complainant, was deemed by the head of a department, and by the highest law officer of the United States, the most proper which could be selected for the purpose.

When the subject was brought before the court the decision was, not that a mandamus would not lie to the head of a department, directing him to perform an act, enjoined by law, in the performance of which an individual had a vested interest; but that a mandamus ought not to issue in that case – the decision necessarily to be made if the report of the commissioners did not confer on the applicant a legal right.

The judgment in that case, is understood to have decided the merits of all claims of that description; and the persons on the report of the commissioners found it necessary to pursue the mode prescribed by the law subsequent to that which had been deemed unconstitutional, in order to place themselves on the pension list.

The doctrine, therefore, now advanced, is by no means a novel one.

It is true that the mandamus, now moved for, is not for the performance of an act expressly enjoined by statute.

It is to deliver a commission; on which subject the acts of Congress are silent. This difference is not considered as affecting the case. It has already been stated that the applicant has, to that commission, a vested legal right, of which the executive cannot deprive him. He has been appointed to an office, from which he is not removable, at the will of the executive; and being so appointed, he has a right to the commission which the secretary has received from the president for his use. The act of congress does not indeed order the secretary of state to send it to him, but it is placed in his hands for the person entitled to it; and cannot be more lawfully withheld by him, than by any other person.

It was at first doubted whether the action of *detinue* was not a specific legal remedy for the commission which has been withheld from Mr. Marbury; in which case a mandamus would be improper. But this doubt has yielded to the consideration that the judgment in *detinue* is for the thing itself, *or* its value. The value of a public office not to be sold, is incapable of being ascertained; and the applicant has a right to the office itself, or to nothing. He will obtain the office by obtaining the commission, or a copy of it from the record.

This, then, is a plain case for a mandamus, either to deliver the commission, or a copy of it from the record; and it only remains to be inquired,

Whether it can issue from this court.

The act to establish the judicial courts of the United States authorizes the Supreme Court "to issue writs of mandamus, in cases warranted by the principles and usages of law, to any courts appointed, or persons holding office, under the authority of the United States."

The secretary of state, being a person holding an office under the authority of the United States, is precisely within the letter of the description; and if this court is not authorized to issue a writ of mandamus to such an officer, it must be because the law is unconstitutional, and therefore absolutely incapable of conferring the authority, and assigning the duties which its words purport to confer and assign.

The constitution vests the whole judicial power of the United States in one Supreme Court, and such inferior courts as congress shall, from time to time, ordain and establish. This power is expressly extended to all cases arising under the laws of the United States; and consequently, in some form, may be exercised over the present case; because the right claimed is given by a law of the United States.

In the distribution of this power it is declared that "the supreme court shall have original jurisdiction in all cases affecting ambassadors, other public ministers and consuls, and those in which a state shall be a party. In all other cases, the supreme court shall have appellate jurisdiction."

It has been insisted, at the bar, that as the original grant of jurisdiction, to the supreme and inferior courts, is general, and the clause, assigning original jurisdiction to the supreme court, contains no negative or restrictive words; the power remains to the legislature, to assign original jurisdiction to that court in other cases than those specified in the article which has been recited; provided those cases belong to the judicial power of the United States.

If it had been intended to leave it in the discretion of the legislature to apportion the judicial power between the supreme and inferior courts according to the will of that body, it would certainly have been useless to have proceeded further than to have defined the judicial power, and the tribunals in which it should be vested. The subsequent part of the section is mere surplusage, is entirely without meaning, if such is to be the construction. If congress remains at liberty to give this court appellate jurisdiction, where the constitution has declared their jurisdiction shall be original; and original jurisdiction where the constitution has declared it shall be appellate; the distribution of jurisdiction, made in the constitution, is form without substance.

Affirmative words are often, in their operation, negative of other objects than those affirmed; and in this case, a negative or exclusive sense must be given to them or they have no operation at all.

It cannot be presumed that any clause in the constitution is intended to be without effect; and therefore such a construction is inadmissible, unless the words require it.

If the solicitude of the convention, respecting our peace with foreign powers, induced a provision that the supreme court should take original jurisdiction in cases which might be supposed to affect them; yet the clause would have proceeded no further than to provide for such cases, if no further restriction on the powers of congress had been intended. That they should have appellate jurisdiction in all other cases, with such exceptions as congress might make, is no restriction; unless the words be deemed exclusive of original jurisdiction.

When an instrument organizing fundamentally a judicial system, divides it into one supreme, and so many inferior courts as the legislature may ordain and establish; then enumerates its powers, and proceeds so far to distribute them, as to define the jurisdiction of the supreme court by declaring the cases in which it shall take original jurisdiction, and that in others it shall take appellate jurisdiction; the plain import of the words seems to be, that in one class of cases its jurisdiction is original, and not appellate; in the other it is appellate, and not original. If any other construction would render the clause inoperative, that is an additional reason for rejecting such other construction, and for adhering to their obvious meaning.

To enable this court then to issue a mandamus, it must be shewn to be an exercise of appellate jurisdiction, or to be necessary to enable them to exercise appellate jurisdiction.

It has been stated at the bar that the appellate jurisdiction may be exercised in a variety of forms, and that if it be the will of the legislature that a mandamus should be used for that purpose that will must be obeyed. This is true, yet the jurisdiction must be appellate, not original.

It is the essential criterion of appellate jurisdiction that it revises and corrects the proceedings in a cause already instituted, and does not create that cause. Although, therefore, a mandamus may be directed to courts, yet to issue such a writ to an officer for the delivery of a paper, is in effect the same as to sustain an original action for that paper, and therefore seems not to belong to appellate, but to original jurisdiction. Neither is it necessary in such a case as this, to enable the court to exercise its appellate jurisdiction.

The authority, therefore, given to the supreme court, by the act establishing the judicial courts of the United States, to issue writs of mandamus to public officers, appears not to be warranted by the constitution; and it becomes necessary to enquire whether a jurisdiction, so conferred, can be exercised.

The question, whether an act, repugnant to the constitution, can become the law of the land, is a question deeply interesting to the United States; but, happily, not of an intricacy proportioned to its interest. It seems only necessary to recognize certain principles, supposed to have been long and well established, to decide it.

That the people have an original right to establish, for their future government, such principles as, in their opinion, shall most conduce to their own happiness, is the basis, on which the whole American fabric has been erected. The exercise of this original right is a very great exertion; nor can it, nor ought it to be frequently repeated. The principles, therefore, so established, are deemed fundamental. And as the authority, from which they proceed, is supreme, and can seldom act, they are designed to be permanent.

This original and supreme will organizes the government, and assigns, to different departments, their respective powers. It may either stop here; or establish certain limits not to be transcended by those departments.

The government of the United States is of the latter description. The powers of the legislature are defined, and limited; and that those limits may not be mistaken, or forgotten, the constitution is written. To what purpose are powers limited, and to what purpose is that limitation committed to writing, if these limits may, at any time, be passed by those intended to be restrained? The distinction, between a government with limited and unlimited powers, is abolished, if those limits do not confine the persons on whom they are imposed, and if acts prohibited and acts allowed, are of equal obligation. It is a proposition too plain to be contested, that the constitution controls any legislative act repugnant to it; or, that the legislature may alter the constitution by an ordinary act.

Between these alternatives there is no middle ground. The constitution is either a superior, paramount law, unchangeable by ordinary means, or it is on a level with ordinary legislative acts, and like other acts, is alterable when the legislature shall please to alter it.

If the former part of the alternative be true, then a legislative act contrary to the constitution is not law: if the latter part be true, then written constitutions are absurd attempts, on the part of the people, to limit a power, in its own nature illimitable.

Certainly all those who have framed written constitutions contemplate them as forming the fundamental and paramount law of the nation, and consequently the theory of every such government must be, that an act of the legislature, repugnant to the constitution, is void.

This theory is essentially attached to a written constitution, and is consequently to be considered, by this court, as one of the fundamental principles of our society. It is not therefore to be lost sight of in the further consideration of this subject.

If an act of the legislature, repugnant to the constitution, is void, does it, notwithstanding its invalidity, bind the courts, and oblige them to give it effect? Or, in other words, though it be not law, does it constitute a rule as operative as if it was a law? This would be to overthrow in fact what was established in theory; and would seem, at first view, an absurdity too gross to be insisted on. It shall, however, receive a more attentive consideration.

It is emphatically the province and duty of the judicial department to say what the law is. Those who apply the rule to particular cases, must of necessity expound and interpret that rule. If two laws conflict with each other, the courts must decide on the operation of each.

So if a law be in opposition to the constitution; if both the law and the constitution apply to a particular case, so that the court must either decide that case conformably to the law, disregarding the constitution; or conformably to the constitution, disregarding the law; the court must determine which of these conflicting rules governs the case. This is of the very essence of judicial duty.

If then the courts are to regard the constitution; and the constitution is superior to any ordinary act of the legislature; the constitution, and not such ordinary act, must govern the case to which they both apply.

Those then who controvert the principle that the constitution is to be considered, in court, as a paramount law, are reduced to the necessity of maintaining that courts must close their eyes on the constitution, and see only the law.

This doctrine would subvert the very foundation of all written constitutions. It would declare that an act, which, according to the principles and theory of our government, is entirely void; is yet, in practice, completely obligatory. It would declare, that if the legislature shall do what is expressly forbidden, such act, notwithstanding the express prohibition, is in reality effectual. It would be giving to the legislature a practical and real omnipotence, with the same breath which professes to restrict their powers within narrow limits. It is prescribing limits, and declaring that those limits may be passed as pleasure.

That it thus reduces to nothing what we have deemed the greatest improvement on political institutions–a written constitution–would of itself be sufficient, in America, where written constitutions have been viewed with so much reverence, for rejecting the construction. But the peculiar expressions of the constitution of the United States furnish additional arguments in favour of its rejection.

The judicial power of the United States is extended to all cases arising under the constitution.

Could it be the intention of those who gave this power, to say that, in using it, the constitution should not be looked into? That a case arising under the constitution should be decided without examining the instrument under which it arises?

This is too extravagant to be maintained.

In some cases then, the constitution must be looked into by the judges. And if they can open it at all, what part of it are they forbidden to read, or to obey?

There are many other parts of the constitution which serve to illustrate this subject.

It is declared that "no tax or duty shall be laid on articles exported from any state." Suppose a duty on the export of cotton, of tobacco, or of flour; and a suit instituted to recover it. Ought judgment to be rendered in such a case? Ought the judges to close their eyes on the constitution, and only see the law.

The constitution declares that "no bill of attainder or *ex post facto* law shall be passed."

If, however, such a bill should be passed and a person should be prosecuted under it; must the court condemn to death those victims whom the constitution endeavors to preserve?

"No person," says the constitution, "shall be convicted of treason unless on the testimony of two witnesses to the same overt act, or on confession in open court."

Here the language of the constitution is addressed especially to the courts. It prescribes, directly for them, a rule of evidence not to be departed from. If the legislature should change that rule, and declare *one* witness, or a confession *out of* court, sufficient for conviction, must the constitutional principle yield to the legislative act?

From these, and many other selections which might be made, it is apparent, that the framers of the constitution contemplated that instrument, as a rule for the government of *courts*, as well as of the legislature.

Why otherwise does it direct the judges to take an oath to support it? This oath certainly applies, in an especial manner, to their conduct in their official character. How immoral to impose it on them, if they were to be used as the instruments, and the knowing instruments, for violating what they swear to support?

The oath of office, too, imposed by the legislature, is completely demonstrative of the legislative opinion on this subject. It is in these words, "I do solemnly swear that I will administer justice without respect to persons, and do equal right to the poor and to the rich; and that I will faithfully and impartially discharge all the duties incumbent on me as according to the best of my abilities and understanding, agreeably to *the constitution*, and laws of the United States."

Why does a judge swear to discharge his duties agreeably to the constitution of the United States, if that constitution forms no rule for his government? if it is closed upon him, and cannot be inspected by him?

If such be the real state of things, this is worse than solemn mockery. To prescribe, or to take this oath, becomes equally a crime.

It is also not entirely unworthy of observation, that in declaring what shall be the *supreme* law of the land, the *constitution* itself is first mentioned; and not the laws of the United States generally, but those only which shall be made in *pursuance* of the constitution, have that rank.

Thus, the particular phraseology of the constitution of the United States confirms and strengthens the principle, supposed to be essential to all written constitutions that a law repugnant to the constitution is void; and that *courts*, as well as other departments, are bound by that instrument.

The rule must be discharged.

4.《信息自由法案》

(联邦法律)

◎**导读**〔1〕

联邦法律是指由国会通过并经美国总统签署的法律。

联邦法律可被总统否决，并要经过有权宣布一项法律违宪并因此无效的法院的审查。

一项众所周知的联邦法律是《信息自由法案》(Freedom of Information Act)。

《信息自由法案》由国会通过，并于1966年由林登约翰逊总统签署成为法律，它旨在确保公众获悉美国政府相关信息资料的内容(特别是指行政部门的相关信息资料)。

除非政府能够证明某信息资料具有九种豁免情形之一，其他情形下，《信息自由法案》要求联邦机构向提出书面申请者披露记录。

如果公民认为联邦机构不正当地拒绝披露被要求披露的信息，其有权向联邦法院起诉以实现其获悉该信息资料内容的权利。

美国关于信息公开的最重要法律是《信息自由法案》。政府信息的公开与保密，在美国一直是一个纠缠不清的问题。在1966年《信息自由法案》颁布以前，最突出的问题是行政机关通过主张行政特权(主要包括国家安全、法律规定的保密、行政机关内部的意见等)，而拒绝提供政府信息，法律也不承认公民有知情权。1946年美国制定了《行政程序法》，该法第3条规定公众

〔1〕 本节中文导读由王丽美编撰。

可以得到政府文件，但同时规定了非常广泛的限制。行政机关可以以“公共利益”的理由而拒绝提供政府文件，在实践中，行政机关可以随意解释“公共利益”并将其作为拒绝提供文件的“正当理由”。更为重要的是，这部法律没有规定行政机关违法后的救济手段，这是《行政程序法》的一个致命的缺点。1955 年开始，美国考虑逐步修改这项法律。1966 年，美国国会制定了《信息自由法案》，并由林登·约翰逊总统签署成为法律。该法案代替了 1946 年《行政程序法》第 3 条的规定，1967 年，这部法律的主要条款编入了美国法典，成为美国法典第五编第 552 节，且从 1967 年开始实施。它旨在促进美国联邦政府信息公开化，确保公众获悉美国政府记录的内容（特别是指行政分支的相关记录）。由于 1966 年制定的《信息自由法案》在立法时存在一些局限和缺陷，在实践中遇到了一些问题。因此，自 1966 年颁布此法案后，美国又对该法案进行了数次的修改与修订。1974 年对法案的修正，在政府信息免于公开范围内缩小了执法豁免与国家安全豁免的范围，并在程序方面进行了扩充，如收费、时限和法院的不公开审查等；1984 年，国会废除了由 1966 年法案规定的法院应优先处理由公民查询信息引起的诉讼案件及司法部门应快速审查该类诉讼的规定；1986 年的修正案则扩大了执法活动信息的豁免范围，增加了特殊执法活动记录的排除规定，并设立了新的收费与费率减免体系；1996 年，美国政府颁布的《电子信息自由修正案》主要解决的是电子信息的公开问题以及行政机关积压信息申请等方面的问题。因此，根据情况的变化，美国国会曾于 1974 年、1976 年、1986 年及 1996 年对《信息自由法案》进行了重大修改，使之更趋完善。这部法律标志着美国政府第一次在成文法中保障了公民以个人名义取得政府信息的权利，这在美国立法历史上是一次革命，在世界行政的发展史上也是一个重要的里程碑。

《信息自由法案》的主要原则包括：①政府信息以公开为原则，以不公开为例外。这条原则的含义是，强调所有政府信息都必须公开，不公开的信息仅限于该法规定的 9 项免除公开的情况。②获得政府信息的权利人人平等。政府信息具有公共财产的性质，一切人具有同等享受的权利，不受申请人资格的限制。③政府对拒绝提供的信息负有举证责任，政府如果拒绝申请人所要求的文件，必须负责提供拒绝的理由。④政府机关拒绝提供信息时申请人可以向法院请求获得司法救济，法院如认为行政机关拒绝提供的文件不属于法律所规定的免除公开的信息，可以判决行政机关公开申请人请求获得的信息。其主要内容是：联邦政府的记录和档案除属于某些政府九种豁免情形之一的信息免于公开外，原则上向所有人开放，联邦政府部门向提出书面申请者披露该记录；公民可以向任何一级政府机构提出查询、索取复印件的申请；政府机构必须公布本部门的建制和本部门各级组织受理信息咨询的查找程序、方法和项目，并提供信息分类索引；公民在查询信息的要求被拒绝后，该公民可以向司法部门提起诉讼，并应得到法院的优先处理；行政、司法部门必须在一定的时效范围内处理有关信息公开申请和诉讼。

虽然《信息自由法案》没有在联邦最高法院关于纽约时报公司诉美利坚合众国一案的判决中被援引，然双方的法律意见书中对其进行了讨论——该法所蕴含的政务公开的精神从未被各方当事人和大法官们忽略。

以下章节讨论的是《信息自由法案》中关于何种信息必须由联邦政府部门对众公开。这一章节转载自 Westlaw 中的《美国法典注释版》(United States Code Annotated®)(USCA)。

FREEDOM OF INFORMATION ACT

(FEDERAL STATUTE)

Introductory Notes [1]

Federal statutes are laws passed by Congress and signed by the President of the United States.

Federal statutes are subject to veto by the President and review by the courts, which have the power to declare a law unconstitutional and, therefore, void. Federal Statutes have the power to preempt conflicting state law but the scope of federal preemption is limited. The powers of federal statues derive from what is commonly referred to as the "Supremacy Clause" found under Article VI Clause 2 of the United States Constitution and Article III. The Supremacy Clause claims that the Constitution, Federal Laws and U. S. Treaties are the Supreme Law of the Land. This

[1] Introductory Notes by Al Maleson and Jocylyn Varghese.

allows a "check" on state courts, and focuses supreme power in federal courts or the Supreme Court. In doing so, the government can also ensure that state governments are abiding by the U. S. Constitution. The emphasis of the power of federal statutes demonstrate the founding father's fears that unsupervised judicial review by state court judges may be insufficient to protect constitutional liberty. The power of federal statutes demonstrates the importance of protecting and enforcing constitutional freedoms.

One well-known federal statute is The Freedom of Information Act.

Passed by congress and signed into law by President Lyndon B. Johnson in 1966, The Freedom of Information Act (FOIA) is intended to ensure public access to U. S. government records (specifically, those of the executive branch). This act allows full or partial disclosure of previously unreleased documents and information of the United States Government.

Unless the government can prove that records fall under one of nine exemptions or by one of three special law enforcement record exclusions, the FOIA requires federal agencies to disclose records to those who file written requests. A request can be made for any agency record, but citizens should determine which agency is likely to have the records before sending requests.

If a citizen feels that a federal agency has improperly withheld requested records, the citizen can pursue his right of access in the federal courts. The President, the Congress and the Supreme Court have all recognized that the Freedom of Information Act is a vital part of democracy.

While the Freedom of Information Act was not cited in the Supreme Court's *New York Times Co. v. U. S.* decision, it was discussed in the briefs of both parties-and its spirit of government openness surely was never far from the minds of the parties and the justices.

What follows is a section of the Freedom of Information Act discussing what information a Federal Agency must make available to the public. The section is reproduced from United States Code Annotated® (USCA®) on Westlaw.

《信息自由法案》中文译本

此法案中文译本由徐新华编译自美国司法部(United States Ministry of Justice)网站《信息自由法案》专题:http://www.justice.gov/oip/foia-resources.html.

中文译本见上海档案信息网:http://www.archives.sh.cn/dalt/wgdagz/201203/t20120313_9375.html.

《信息自由法案》英文原文

FREEDOM OF INFORMATION ACT

United States Code Annotated

Title 5. Government Organization and Employees (Refs & Annos)

Part I. The Agencies Generally

Chapter 5. Administrative Procedure (Refs & Annos)

Subchapter II. Administrative Procedure (Refs & Annos)

5 U.S.C.A. § 552

§ 552. Public information; agency rules, opinions, orders, records, and proceedings

Effective: October 28, 2009

Public information; agency rules, opinions, orders, records, and proceedings

(a) Each agency shall make available to the public information as follows:

(1) Each agency shall separately state and currently publish in the Federal Register for the guidance of the public—

(A) descriptions of its central and field organization and the established places at which, the employees (and in the case of a uniformed service, the members) from whom, and the methods whereby, the public may obtain information, make submittals or requests, or obtain decisions;

(B) statements of the general course and method by which its functions are channeled and determined, including the nature and requirements of all formal and informal procedures available;

(C) rules of procedure, descriptions of forms available or the places at which forms may be obtained, and instructions as to the scope and contents of all papers, reports, or examinations;

(D) substantive rules of general applicability adopted as authorized by law, and statements of general policy or interpretations of general applicability formulated and adopted by the agency; and

(E) each amendment, revision, or repeal of the foregoing.

Except to the extent that a person has actual and timely notice of the terms thereof, a person may not in any manner be required to resort to, or be adversely affected by, a matter required to be published in the Federal Register and not so published. For the purpose of this paragraph, matter reasonably available to the class of persons affected thereby is deemed published in the Federal Register when incorporated by reference therein with the approval of the Director of the Federal Register.

(2) Each agency, in accordance with published rules, shall make available for public inspection and copying—

(A) final opinions, including concurring and dissenting opinions, as well as orders, made in the adjudication of cases;

(B) those statements of policy and interpretations which have been adopted by the agency and are not published in the Federal Register;

(C) administrative staff manuals and instructions to staff that affect a member of the public;

(D) copies of all records, regardless of form or format, which have been released to any person under paragraph (3) and which, because of the nature of their subject matter, the agency determines have become or are likely to become the subject of subsequent requests for substantially the same records; and

(E) a general index of the records referred to under subparagraph (D);

unless the materials are promptly published and copies offered for sale. For records created on or after November 1, 1996, within one year after such date, each agency shall make such records available, including by computer telecommunications or, if computer telecommunications means have not been established by the agency, by other electronic means. To the extent required to prevent a clearly unwarranted invasion of personal privacy, an agency may delete identifying details when it makes available or publishes an opinion, statement of policy, interpretation, staff manual, instruction, or copies of records referred to in subparagraph (D). However, in each case the justification for the deletion shall be explained fully in writing, and the extent of such deletion shall be indicated on the portion of the record which is made available or published, unless including that indication would harm an interest protected by the exemption in subsection (b) under which the deletion is made. If technically feasible, the extent of the deletion shall be indicated at the place in the record where the deletion was made. Each agency shall also maintain and make available for public inspection and copying current indexes providing identifying information for the public as to any matter issued, adopted, or promulgated after July 4, 1967, and required by this paragraph to be made available or published. Each agency shall promptly publish, quarterly or more frequently, and distribute (by sale or otherwise) copies of each index or supplements thereto unless it determines by order published in the Federal Register that the publication would be unnecessary and impracticable, in which case the agency shall nonetheless provide copies of such index on request at a cost not to exceed the direct cost of duplication. Each agency shall make the index referred to in subparagraph (E) available by computer telecommunications by December 31, 1999. A final order, opinion, statement of policy, interpretation, or staff manual or instruction that affects a member of the public may be relied on, used, or cited as precedent by an agency against a party other than an agency only if—

(i) it has been indexed and either made available or published as provided by this paragraph; or

(ii) the party has actual and timely notice of the terms thereof.

(3) (A) Except with respect to the records made available under paragraphs (1) and (2) of this subsection, and except as provided in subparagraph (E), each agency, upon any request for records which (i) reasonably describes such records and (ii) is made in accordance with published rules stating the time, place, fees (if any), and procedures to be followed, shall make the records promptly available to any person.

(B) In making any record available to a person under this paragraph, an agency shall provide the record in any form or format requested by the person if the record is readily reproducible by the agency in that form or format. Each agency shall make reasonable efforts to maintain its records in forms or formats that are reproducible for purposes of this section.

(C) In responding under this paragraph to a request for records, an agency shall make reasonable efforts to search for the records in electronic form or format, except when such efforts would significantly interfere with the operation of the agency's automated information system.

(D) For purposes of this paragraph, the term "search" means to review, manually or by automated means, agency records for the purpose of locating those records which are responsive to a request.

(E) An agency, or part of an agency, that is an element of the intelligence community 〔as that term is defined in section 3 (4) of the National Security Act of 1947 [50 U. S. C. 401a (4)]〕 shall not make any record available under this paragraph to—

(i) any government entity, other than a State, territory, commonwealth, or district of the United States, or any subdivision thereof; or

(ii) a representative of a government entity described in clause (i).

(4) (A) (i) In order to carry out the provisions of this section, each agency

shall promulgate regulations, pursuant to notice and receipt of public comment, specifying the schedule of fees applicable to the processing of requests under this section and establishing procedures and guidelines for determining when such fees should be waived or reduced. Such schedule shall conform to the guidelines which shall be promulgated, pursuant to notice and receipt of public comment, by the Director of the Office of Management and Budget and which shall provide for a uniform schedule of fees for all agencies.

(ii) Such agency regulations shall provide that—

(I) fees shall be limited to reasonable standard charges for document search, duplication, and review, when records are requested for commercial use;

(II) fees shall be limited to reasonable standard charges for document duplication when records are not sought for commercial use and the request is made by an educational or noncommercial scientific institution, whose purpose is scholarly or scientific research; or a representative of the news media; and

(III) for any request not described in (I) or (II), fees shall be limited to reasonable standard charges for document search and duplication.

In this clause, the term "a representative of the news media" means any person or entity that gathers information of potential interest to a segment of the public, uses its editorial skills to turn the raw materials into a distinct work, and distributes that work to an audience. In this clause, the term "news" means information that is about current events or that would be of current interest to the public. Examples of news-media entities are television or radio stations broadcasting to the public at large and publishers of periodicals (but only if such entities qualify as disseminators of "news") who make their products available for purchase by or subscription by or free distribution to the general public. These examples are not all-inclusive. Moreover, as methods of news delivery evolve (for example, the adoption of the electronic dissemination of newspapers through telecommunications services), such alternative media shall be considered to be news-media entities. A freelance journalist shall be regarded as working for a news-media entity if the journalist can demonstrate a solid basis for expecting publication through that entity, whether or not the journalist is actually employed by the entity. A publication contract would present a solid basis for such an expectation; the Government may also consider the past publication record of the requester in making such a determination.

(iii) Documents shall be furnished without any charge or at a charge reduced below the fees established under clause (ii) if disclosure of the information is in the public interest because it is likely to contribute significantly to public understanding of the operations or activities of the government and is not primarily in the commercial interest of the requester.

(iv) Fee schedules shall provide for the recovery of only the direct costs of search, duplication, or review. Review costs shall include only the direct costs incurred during the initial examination of a document for the purposes of determining whether the documents must be disclosed under this section and for the purposes of withholding any portions exempt from disclosure under this section. Review costs may not include any costs incurred in resolving issues of law or policy that may be raised in the course of processing a request under this section. No fee may be charged by any agency under this section—

(I) if the costs of routine collection and processing of the fee are likely to equal or exceed the amount of the fee; or

(II) for any request described in clause (ii) (II) or (III) of this subparagraph for the first two hours of search time or for the first one hundred pages of duplication.

(v) No agency may require advance payment of any fee unless the requester has previously failed to pay fees in a timely fashion, or the agency has determined that the fee will exceed $250.

(vi) Nothing in this subparagraph shall supersede fees chargeable under a statute specifically providing for setting the level of fees for particular types of records.

(vii) In any action by a requester regarding the waiver of fees under this section, the court shall determine the matter de novo: *Provided*, That the court's review of the matter shall be limited to the record before the agency.

(viii) An agency shall not assess search fees [or in the case of a requester described under clause (ii) (II), duplication fees] under this subparagraph if the agency fails to comply with any time limit under paragraph (6), if no unusual or exceptional circumstances [as those terms are defined for purposes of paragraphs (6) (B) and (C), respectively] apply to the processing of the request.

(B) On complaint, the district court of the United States in the district in which the complainant resides, or has his principal place of business, or in which the agency records are situated, or in the District of Columbia, has jurisdiction to enjoin the agency from withholding agency records and to order the production of any agency records improperly withheld from the complainant. In such a case the court shall determine the matter de novo, and may examine the contents of such agency records in camera to determine whether such records or any part thereof shall be withheld under any of the exemptions set forth in subsection (b) of this section, and the burden is on the agency to sustain its action. In addition to any other matters to which a court accords substantial weight, a court shall accord substantial weight to an affidavit of an agency concerning the agency's determination as to technical feasibility under paragraph (2) (C) and subsection (b) and reproducibility under paragraph (3) (B).

(C) Notwithstanding any other provision of law, the defendant shall serve an answer or otherwise plead to any complaint made under this subsection within thirty days after service upon the defendant of the pleading in which such complaint is made, unless the court otherwise directs for good cause shown.

[(D) Repealed. Pub. L. 98 – 620, Title IV, § 402 (2), Nov. 8, 1984, 98 Stat. 3357]

(E) (i) The court may assess against the United States reasonable attorney fees and other litigation costs reasonably incurred in any case under this section in which the complainant has substantially prevailed.

(ii) For purposes of this subparagraph, a complainant has substantially prevailed if the complainant has obtained relief through either—

(I) a judicial order, or an enforceable written agreement or consent decree; or

(II) a voluntary or unilateral change in position by the agency, if the complainant's claim is not insubstantial.

(F) (i) Whenever the court orders the production of any agency records improperly withheld from the complainant and assesses against the United States reasonable attorney fees and other litigation costs, and the court additionally issues a written finding that the circumstances surrounding the withholding raise questions whether agency personnel acted arbitrarily or capriciously with respect to the withholding, the Special Counsel shall promptly initiate a proceeding to determine whether disciplinary action is warranted against the officer or employee who was primarily responsible for the withholding. The Special Counsel, after investigation and consideration of the evidence submitted, shall submit his findings and recommendations to the administrative authority of the agency concerned and shall send copies of the findings and recommendations to the officer or employee or his representative. The administrative authority shall take the corrective action that the Special Counsel recommends.

(ii) The Attorney General shall—

(I) notify the Special Counsel of each civil action described under the first sentence of clause (i); and

(II) annually submit a report to Congress on the number of such civil actions in the preceding year.

(iii) The Special Counsel shall annually submit a report to Congress on the actions taken by the Special Counsel under clause (i) .

(G) In the event of noncompliance with the order of the court, the district court may punish for contempt the responsible employee, and in the case of a uniformed service, the responsible member.

(5) Each agency having more than one member shall maintain and make available for public inspection a record of the final votes of each member in every agency proceeding.

(6) (A) Each agency, upon any request for records made under paragraph (1), (2), or (3) of this subsection, shall—

(i) determine within 20 days (excepting Saturdays, Sundays, and legal public holidays) after the receipt of any such request whether to comply with such request and shall immediately notify the person making such request of such determination and the reasons therefor, and of the right of such person to appeal to the head of the agency any adverse determination; and

(ii) make a determination with respect to any appeal within twenty days (excepting Saturdays, Sundays, and legal public holidays) after the receipt of such appeal. If on appeal the denial of the request for records is in whole or in part upheld, the agency shall notify the person making such request of the provisions for judicial review of that determination under paragraph (4) of this subsection.

The 20-day period under clause (i) shall commence on the date on which the request is first received by the appropriate component of the agency, but in any event not later than ten days after the request is first received by any component of the agency that is designated in the agency's regulations under this section to receive requests under this section. The 20-day period shall not be tolled by the agency except—

(I) that the agency may make one request to the requester for information and toll the 20-day period while it is awaiting such information that it has reasonably requested from the requester under this section; or

(II) if necessary to clarify with the requester issues regarding fee assessment. In either case, the agency's receipt of the requester's response to the agency's request for information or clarification ends the tolling period.

(B) (i) In unusual circumstances as specified in this subparagraph, the time limits prescribed in either clause (i) or clause (ii) of subparagraph (A) may be extended by written notice to the person making such request setting forth the unusual circumstances for such extension and the date on which a determination is expected to be dispatched. No such notice shall specify a date that would result in an extension for more than ten working days, except as provided in clause (ii) of this subparagraph.

(ii) With respect to a request for which a written notice under clause (i) extends the time limits prescribed under clause (i) of subparagraph (A), the agency shall notify the person making the request if the request cannot be processed within the time limit specified in that clause and shall provide the person an opportunity to limit the scope of the request so that it may be processed within that time limit or an opportunity to arrange with the agency an alternative time frame for processing the request or a modified request. To aid the requester, each agency shall make available its FOIA Public Liaison, who shall assist in the resolution of any disputes between the requester and the agency. Refusal by the person to reasonably modify the request or arrange such an alternative time frame shall be considered as a factor in determining whether exceptional circumstances exist for purposes of subparagraph (C).

(iii) As used in this subparagraph, "unusual circumstances" means, but only to the extent reasonably necessary to the proper processing of the particular requests—

(I) the need to search for and collect the requested records from field facilities or other establishments that are separate from the office processing the request;

(II) the need to search for, collect, and appropriately examine a voluminous amount of separate and distinct records which are demanded in a single request; or

(III) the need for consultation, which shall be conducted with all practicable speed, with another agency having a substantial interest in the determination of the request or among two or more components of the agency having substantial subject-matter interest therein.

(iv) Each agency may promulgate regulations, pursuant to notice and receipt of public comment, providing for the aggregation of certain requests by the same requestor, or by a group of requestors acting in concert, if the agency reasonably believes that such requests actually constitute a single request, which would otherwise satisfy the unusual circumstances specified in this subparagraph, and the requests involve clearly related matters. Multiple requests involving unrelated matters shall not be aggregated.

(C) (i) Any person making a request to any agency for records under paragraph (1), (2), or (3) of this subsection shall be deemed to have exhausted his administrative remedies with respect to such request if the agency fails to comply with the applicable time limit provisions of this paragraph. If the Government can show exceptional circumstances exist and that the agency is exercising due diligence in responding to the request, the court may retain jurisdiction and allow the agency additional time to complete its review of the records. Upon any determination by an agency to comply with a request for records, the records shall be made promptly available to such person making such request. Any notification of denial of any request for records under this subsection shall set forth the names and titles or positions of each person responsible for the denial of such request.

(ii) For purposes of this subparagraph, the term "exceptional circumstances" does not include a delay that results from a predictable agency workload of requests under this section, unless the agency demonstrates reasonable progress in reducing its backlog of pending requests.

(iii) Refusal by a person to reasonably modify the scope of a request or arrange an alternative time frame for processing a request (or a modified request) under clause (ii) after being given an opportunity to do so by the agency to whom the person made the request shall be considered as a factor in determining whether exceptional circumstances exist for purposes of this subparagraph.

(D) (i) Each agency may promulgate regulations, pursuant to notice and receipt of public comment, providing for multitrack processing of requests for records based on the amount of work or time (or both) involved in processing requests.

(ii) Regulations under this subparagraph may provide a person making a request that does not qualify for the fastest multitrack processing an opportunity to limit the scope of the request in order to qualify for faster processing.

(iii) This subparagraph shall not be considered to affect the requirement under subparagraph (C) to exercise due diligence.

(E) (i) Each agency shall promulgate regulations, pursuant to notice and receipt of public comment, providing for expedited processing of requests for records—

(I) in cases in which the person requesting the records demonstrates a compelling need; and

(II) in other cases determined by the agency.

(ii) Notwithstanding clause (i), regulations under this subparagraph must ensure—

(I) that a determination of whether to provide expedited processing shall be made, and notice of the determination shall be provided to the person making the request, within 10 days after the date of the request; and

(II) expeditious consideration of administrative appeals of such determinations of whether to provide expedited processing.

(iii) An agency shall process as soon as practicable any request for records to which the agency has granted expedited processing under this subparagraph. Agency action to deny or affirm denial of a request for expedited processing pursuant to this subparagraph, and failure by an agency to respond in a timely manner to such a request shall be subject to judicial review under paragraph (4), except that the judicial review shall be based on the record before the agency at the time of the determination.

(iv) A district court of the United States shall not have jurisdiction to review an agency denial of expedited processing of a request for records after the agency has provided a complete response to the request.

(v) For purposes of this subparagraph, the term "compelling need" means—

(I) that a failure to obtain requested records on an expedited basis under this paragraph could reasonably be expected to pose an imminent threat to the life or physical safety of an individual; or

(II) with respect to a request made by a person primarily engaged in disseminating information, urgency to inform the public concerning actual or alleged Federal Government activity.

(vi) A demonstration of a compelling need by a person making a request for expedited processing shall be made by a statement certified by such person to be true and correct to the best of such person's knowledge and belief.

(F) In denying a request for records, in whole or in part, an agency shall make a reasonable effort to estimate the volume of any requested matter the provision of which is denied, and shall provide any such estimate to the person making the request, unless providing such estimate would harm an interest protected by the exemption in subsection (b) pursuant to which the denial is made.

(7) Each agency shall—

(A) establish a system to assign an individualized tracking number for each request received that will take longer than ten days to process and provide to each person making a request the tracking number assigned to the request; and

(B) establish a telephone line or Internet service that provides information about the status of a request to the person making the request using the assigned tracking number, including—

(i) the date on which the agency originally received the request; and

(ii) an estimated date on which the agency will complete action on the request.

(b) This section does not apply to matters that are—

(1) (A) specifically authorized under criteria established by an Executive order to be kept secret in the interest of national defense or foreign policy and (B) are in fact properly classified pursuant to such Executive order;

(2) related solely to the internal personnel rules and practices of an agency;

(3) specifically exempted from disclosure by statute (other than section 552b of this title), if that statute—

(A) (i) requires that the matters be withheld from the public in such a manner as to leave no discretion on the issue; or

(ii) establishes particular criteria for withholding or refers to particular types of matters to be withheld; and

(B) if enacted after the date of enactment of the OPEN FOIA Act of 2009, specifically cites to this paragraph.

(4) trade secrets and commercial or financial information obtained from a person and privileged or confidential;

(5) inter-agency or intra-agency memorandums or letters which would not be available by law to a party other than an agency in litigation with the agency;

(6) personnel and medical files and similar files the disclosure of which would constitute a clearly unwarranted invasion of personal privacy;

(7) records or information compiled for law enforcement purposes, but only to the extent that the production of such law enforcement records or information (A) could reasonably be expected to interfere with enforcement proceedings, (B) would deprive a person of a right to a fair trial or an impartial adjudication, (C) could reasonably be expected to constitute an unwarranted invasion of personal privacy, (D) could reasonably be expected to disclose the identity of a confidential source, including a State, local, or foreign agency or authority or any private institution

which furnished information on a confidential basis, and, in the case of a record or information compiled by criminal law enforcement authority in the course of a criminal investigation or by an agency conducting a lawful national security intelligence investigation, information furnished by a confidential source, (E) would disclose techniques and procedures for law enforcement investigations or prosecutions, or would disclose guidelines for law enforcement investigations or prosecutions if such disclosure could reasonably be expected to risk circumvention of the law, or (F) could reasonably be expected to endanger the life or physical safety of any individual;

(8) contained in or related to examination, operating, or condition reports prepared by, on behalf of, or for the use of an agency responsible for the regulation or supervision of financial institutions; or

(9) geological and geophysical information and data, including maps, concerning wells.

Any reasonably segregable portion of a record shall be provided to any person requesting such record after deletion of the portions which are exempt under this subsection. The amount of information deleted, and the exemption under which the deletion is made, shall be indicated on the released portion of the record, unless including that indication would harm an interest protected by the exemption in this subsection under which the deletion is made. If technically feasible, the amount of the information deleted, and the exemption under which the deletion is made, shall be indicated at the place in the record where such deletion is made.

(c) (1) Whenever a request is made which involves access to records described in subsection (b) (7) (A) and—

(A) the investigation or proceeding involves a possible violation of criminal law; and

(B) there is reason to believe that (i) the subject of the investigation or proceeding is not aware of its pendency, and (ii) disclosure of the existence of the records could reasonably be expected to interfere with enforcement proceedings,

the agency may, during only such time as that circumstance continues, treat the records as not subject to the requirements of this section.

(2) Whenever informant records maintained by a criminal law enforcement agency under an informant's name or personal identifier are requested by a third party according to the informant's name or personal identifier, the agency may treat the records as not subject to the requirements of this section unless the informant's status as an informant has been officially confirmed.

(3) Whenever a request is made which involves access to records maintained by the Federal Bureau of Investigation pertaining to foreign intelligence or counterintelligence, or international terrorism, and the existence of the records is classified information as provided in subsection (b)(1), the Bureau may, as long as the existence of the records remains classified information, treat the records as not subject to the requirements of this section.

(d) This section does not authorize withholding of information or limit the availability of records to the public, except as specifically stated in this section. This section is not authority to withhold information from Congress.

(e) (1) On or before February 1 of each year, each agency shall submit to the Attorney General of the United States a report which shall cover the preceding fiscal year and which shall include—

(A) the number of determinations made by the agency not to comply with requests for records made to such agency under subsection (a) and the reasons for each such determination;

(B) (i) the number of appeals made by persons under subsection (a) (6), the result of such appeals, and the reason for the action upon each appeal that results in a denial of information; and

(ii) a complete list of all statutes that the agency relies upon to authorize the agency to withhold information under subsection (b) (3), the number of occasions on which each statute was relied upon, a description of whether a court has upheld the decision of the agency to withhold information under each such statute, and a concise description of the scope of any information withheld;

(C) the number of requests for records pending before the agency as of September 30 of the preceding year, and the median and average number of days that such requests had been pending before the agency as of that date;

(D) the number of requests for records received by the agency and the number of requests which the agency processed;

(E) the median number of days taken by the agency to process different types of requests, based on the date on which the requests were received by the agency;

(F) the average number of days for the agency to respond to a request beginning on the date on which the request was received by the agency, the median number of days for the agency to respond to such requests, and the range in number of days for the agency to respond to such requests;

(G) based on the number of business days that have elapsed since each request was originally received by the agency—

(i) the number of requests for records to which the agency has responded with a determination within a period up to and including 20 days, and in 20 - day increments up to and including 200 days;

(ii) the number of requests for records to which the agency has responded with a determination within a period greater than 200 days and less than 301 days;

(iii) the number of requests for records to which the agency has responded with a determination within a period greater than 300 days and less than 401 days; and

(iv) the number of requests for records to which the agency has responded with a determination within a period greater than 400 days;

(H) the average number of days for the agency to provide the granted information beginning on the date on which the request was originally filed, the median number of days for the agency to provide the granted information, and the range in number of days for the agency to provide the granted information;

(I) the median and average number of days for the agency to respond to administrative appeals based on the date on which the appeals originally were received by the agency, the highest number of business days taken by the agency to respond to an administrative appeal, and the lowest number of business days taken by the agency to respond to an administrative appeal;

(J) data on the 10 active requests with the earliest filing dates pending at each agency, including the amount of time that has elapsed since each request was originally received by the agency;

(K) data on the 10 active administrative appeals with the earliest filing dates pending before the agency as of September 30 of the preceding year, including the number of business days that have elapsed since the requests were originally received by the agency;

(L) the number of expedited review requests that are granted and denied, the average and median number of days for adjudicating expedited review requests, and the number adjudicated within the required 10 days;

(M) the number of fee waiver requests that are granted and denied, and the average and median number of days for adjudicating fee waiver determinations;

(N) the total amount of fees collected by the agency for processing requests; and

(O) the number of full - time staff of the agency devoted to processing requests for records under this section, and the total amount expended by the agency for processing such requests.

(2) Information in each report submitted under paragraph (1) shall be expressed in terms of each principal component of the agency and for the agency overall.

(3) Each agency shall make each such report available to the public including by computer telecommunications, or if computer telecommunications means have not been established by the agency, by other electronic means. In addition, each agency shall make the raw statistical data used in its reports available electronically to the public upon request.

(4) The Attorney General of the United States shall make each report which has been made available by electronic means available at a single electronic access point. The Attorney General of the United States shall notify the Chairman and ranking minority member of the Committee on Government Reform and Oversight of the House of Representatives and the Chairman and ranking minority member of the Committees on Governmental Affairs and the Judiciary of the Senate, no later than April 1 of the year in which each such report is issued, that such reports are available by electronic means.

(5) The Attorney General of the United States, in consultation with the Director

of the Office of Management and Budget, shall develop reporting and performance guidelines in connection with reports required by this subsection by October 1, 1997, and may establish additional requirements for such reports as the Attorney General determines may be useful.

(6) The Attorney General of the United States shall submit an annual report on or before April 1 of each calendar year which shall include for the prior calendar year a listing of the number of cases arising under this section, the exemption involved in each case, the disposition of such case, and the cost, fees, and penalties assessed under subparagraphs (E), (F), and (G) of subsection (a) (4). Such report shall also include a description of the efforts undertaken by the Department of Justice to encourage agency compliance with this section.

(f) For purposes of this section, the term—

(1) "agency" as defined in section 551 (1) of this title includes any executive department, military department, Government corporation, Government controlled corporation, or other establishment in the executive branch of the Government (including the Executive Office of the President), or any independent regulatory agency; and

(2) "record" and any other term used in this section in reference to information includes—

(A) any information that would be an agency record subject to the requirements of this section when maintained by an agency in any format, including an electronic format; and

(B) any information described under subparagraph (A) that is maintained for an agency by an entity under Government contract, for the purposes of records management.

(g) The head of each agency shall prepare and make publicly available upon request, reference material or a guide for requesting records or information from the agency, subject to the exemptions in subsection (b), including—

(1) an index of all major information systems of the agency;

(2) a description of major information and record locator systems maintained by the agency; and

(3) a handbook for obtaining various types and categories of public information from the agency pursuant to chapter 35 of title 44, and under this section.

(h) (1) There is established the Office of Government Information Services within the National Archives and Records Administration.

(2) The Office of Government Information Services shall—

(A) review policies and procedures of administrative agencies under this section;

(B) review compliance with this section by administrative agencies; and

(C) recommend policy changes to Congress and the President to improve the administration of this section.

(3) The Office of Government Information Services shall offer mediation services to resolve disputes between persons making requests under this section and administrative agencies as a non – exclusive alternative to litigation and, at the discretion of the Office, may issue advisory opinions if mediation has not resolved the dispute.

(i) The Government Accountability Office shall conduct audits of administrative agencies on the implementation of this section and issue reports detailing the results of such audits.

(j) Each agency shall designate a Chief FOIA Officer who shall be a senior official of such agency (at the Assistant Secretary or equivalent level) .

(k) The Chief FOIA Officer of each agency shall, subject to the authority of the head of the agency—

(1) have agency – wide responsibility for efficient and appropriate compliance with this section;

(2) monitor implementation of this section throughout the agency and keep the head of the agency, the chief legal officer of the agency, and the Attorney General appropriately informed of the agency's performance in implementing this section;

(3) recommend to the head of the agency such adjustments to agency practices, policies, personnel, and funding as may be necessary to improve its implementation of this section;

(4) review and report to the Attorney General, through the head of the agency,

at such times and in such formats as the Attorney General may direct, on the agency's performance in implementing this section;

(5) facilitate public understanding of the purposes of the statutory exemptions of this section by including concise descriptions of the exemptions in both the agency's handbook issued under subsection (g), and the agency's annual report on this section, and by providing an overview, where appropriate, of certain general categories of agency records to which those exemptions apply; and

(6) designate one or more FOIA Public Liaisons.

(l) FOIA Public Liaisons shall report to the agency Chief FOIA Officer and shall serve as supervisory officials to whom a requester under this section can raise concerns about the service the requester has received from the FOIA Requester Center, following an initial response from the FOIA Requester Center Staff. FOIA Public Liaisons shall be responsible for assisting in reducing delays, increasing transparency and understanding of the status of requests, and assisting in the resolution of disputes.

Credits

Pub. L. 89-554, Sept. 6, 1966, 80 Stat. 383; Pub. L. 90-23, § 1, June 5, 1967, 81 Stat. 54; Pub. L. 93-502, § § 1 to 3, Nov. 21, 1974, 88 Stat. 1561 to 1564; Pub. L. 94 - 409, § 5(b), Sept. 13, 1976, 90 Stat. 1247; Pub. L. 95 - 454, Title IX, § 906(a)(10), Oct. 13, 1978, 92 Stat. 1225; Pub. L. 98-620, Title IV, § 402(2), Nov. 8, 1984, 98 Stat. 3357; Pub. L. 99-570, Title I, § § 1802, 1803, Oct. 27, 1986, 100 Stat. 3207-48, 3207-49; Pub. L. 104 - 231, § § 3 to 11, Oct. 2, 1996, 110 Stat. 3049 to 3054; Pub. L. 107-306, Title III, § 312, Nov. 27, 2002, 116 Stat. 2390; Pub. L. 110-175, § § 3, 4(a), 5, 6(a)(1), (b)(1), 7(a), 8 to 10 (a), 12, Dec. 31, 2007, 121 Stat. 2525 to 2530; Pub. L. 111-83, Title V, § 564 (b), Oct. 28, 2009, 123 Stat. 2184.

Editors' Notes

EXECUTIVE ORDERS

EXECUTIVE ORDER NO. 12174

Ex. Ord. No. 12174, Nov. 30, 1979, 44 F. R. 69609, which related to minimizing Federal paperwork, was revoked by Ex. Ord. No. 12291, Feb. 17, 1981, 46 F. R. 13193, formerly set out as a note under section 601 of this title.

EXECUTIVE ORDER NO. 12600

< June 23, 1987, 52 F. R. 23781 >

PREDISCLOSURE NOTIFICATION PROCEDURES FOR CONFIDENTIAL COMMERCIAL INFORMATION

By the authority vested in me as President by the Constitution and statutes of the United States of America, and in order to provide predisclosure notification procedures under the Freedom of Information Act [this section] concerning confidential commercial information, and to make existing agency notification provisions more uniform, it is hereby ordered as follows:

Section 1. The head of each Executive department and agency subject to the Freedom of Information Act [5 U. S. C. A. § 552] shall, to the extent permitted by law, establish procedures to notify submitters of records containing confidential commercial information as described in section 3 of this Order, when those records are requested under the Freedom of Information Act [FOIA], 5 U. S. C. 552, as amended, if after reviewing the request, the responsive records, and any appeal by the requester, the department or agency determines that it may be required to disclose the records. Such notice requires that an agency use good-faith efforts to advise submitters of confidential commercial information of the procedures established under this Order. Further, where notification of a voluminous number of submitters is required, such notification may be accomplished by posting or publishing the notice in a place reasonably calculated to accomplish notification.

Sec. 2. For purposes of this Order, the following definitions apply:

(a) "Confidential commercial information" means records provided to the government by a submitter that arguably contain material exempt from release under Exemption 4 of the Freedom of Information Act, 5 U. S. C. 552 (b) (4) [subsec. (b) (4) of this section], because disclosure could reasonably be expected to cause substantial competitive harm.

(b) "Submitter" means any person or entity who provides confidential commercial information to the government. The term "submitter" includes, but is not limited to, corporations, state governments, and foreign governments.

Sec. 3. (a) For confidential commercial information submitted prior to January 1, 1988, the head of each Executive department or agency shall, to the extent permitted by law, provide a submitter with notice pursuant to section 1 whenever:

(i) the records are less than 10 years old and the information has been designated by the submitter as confidential commercial information; or

(ii) the department or agency has reason to believe that disclosure of the information could reasonably be expected to cause substantial competitive harm.

(b) For confidential commercial information submitted on or after January 1, 1988, the head of each Executive department or agency shall, to the extent permitted by law, establish procedures to permit submitters of confidential commercial information to designate, at the time the information is submitted to the Federal government or a reasonable time thereafter, any information the disclosure of which the submitter claims could reasonably be expected to cause substantial competitive harm. Such agency procedures may provide for the expiration, after a specified period of time or changes in circumstances, of designations of competitive harm made by submitters. Additionally, such procedures may permit the agency to designate specific classes of information that will be treated by the agency as if the information had been so designated by the submitter. The head of each Executive department or agency shall, to the extent permitted by law, provide the submitter notice in accordance with section 1 of this Order whenever the department or agency determines that it may be required to disclose records:

(i) designated pursuant to this subsection; or

(ii) the disclosure of which the department or agency has reason to believe could reasonably be expected to cause substantial competitive harm.

Sec. 4. When notification is made pursuant to section 1, each agency's procedures shall, to the extent permitted by law, afford the submitter a reasonable period of time in which the submitter or its designee may object to the disclosure of any specified portion of the information and to state all grounds upon which disclosure is opposed.

Sec. 5. Each agency shall give careful consideration to all such specified grounds for nondisclosure prior to making an administrative determination of the issue. In all instances when the agency determines to disclose the requested records, its procedures shall provide that the agency give the submitter a written statement briefly explaining why the submitter's objections are not sustained. Such statement shall, to the extent permitted by law, be provided a reasonable number of days prior to a specified disclosure date.

Sec. 6. Whenever a FOIA requester brings suit seeking to compel disclosure of confidential commercial information, each agency's procedures shall require that the submitter be promptly notified.

Sec. 7. The designation and notification procedures required by this Order shall be established by regulations, after notice and public comment. If similar procedures or regulations already exist, they should be reviewed for conformity and revised where necessary. Existing procedures or regulations need not be modified if they are in compliance with this Order.

Sec. 8. The notice requirements of this Order need not be followed if:

(a) The agency determines that the information should not be disclosed;

(b) The information has been published or has been officially made available to the public;

(c) Disclosure of the information is required by law (other than 5 U. S. C. 552);

(d) The disclosure is required by an agency rule that (1) was adopted pursuant to notice and public comment, (2) specifies narrow classes of records submitted to the agency that are to be released under the Freedom of Information Act [5 U. S. C. A. § 552], and (3) provides in exceptional circumstances for notice when the submitter provides written justification, at the time the information is submitted or a reasonable time thereafter, that disclosure of the information could reasonably be expected to cause substantial competitive harm;

(e) The information requested is not designated by the submitter as exempt from disclosure in accordance with agency regulations promulgated pursuant to section 7, when the submitter had an opportunity to do so at the time of submission of the information or a reasonable time thereafter, unless the agency has substantial reason to believe that disclosure of the information would result in competitive harm; or

(f) The designation made by the submitter in accordance with agency regulations promulgated pursuant to section 7 appears obviously frivolous; except that, in such case, the agency must provide the submitter with written notice of any final administrative disclosure determination within a reasonable number of days prior to the specified disclosure date.

Sec. 9. Whenever an agency notifies a submitter that it may be required to disclose information pursuant to section 1 of this Order, the agency shall also notify the requester that notice and an opportunity to comment are being provided the submitter. Whenever an agency notifies a submitter of a final decision pursuant to section 5 of this Order, the agency shall also notify the requester.

Sec. 10. This Order is intended only to improve the internal management of the Federal government, and is not intended to create any right or benefit, substantive or procedural, enforceable at law by a party against the United States, its agencies, its officers, or any person.

RONALD REAGAN

EXECUTIVE ORDER NO. 13110

<Jan. 11, 1999, 64 F. R. 2419>

NAZI WAR CRIMINAL RECORDS INTERAGENCY WORKING GROUP

By the authority vested in me as President by the Constitution and the laws of the United States of America, including the Nazi War Crimes Disclosure Act (Public Law 105 - 246) (the "Act") [set out as a note under this section], it is hereby ordered as follows:

Section 1. Establishment of Working Group. There is hereby established the Nazi War Criminal Records Interagency Working Group (Working Group). The function of the Group shall be to locate, inventory, recommend for declassification, and make available to the public at the National Archives and Records Administration all classified Nazi war criminal records of the United States, subject to certain designated exceptions as provided in the Act. The Working Group shall coordinate with agencies and take such actions as necessary to expedite the release of such records to the public.

Sec. 2. Schedule. The Working Group should complete its work to the greatest extent possible and report to the Congress within 1 year.

Sec. 3. Membership. (a) The Working Group shall be composed of the following members:

(1) Archivist of the United States (who shall serve as Chair of the Working Group);

(2) Secretary of Defense;

(3) Attorney General;

(4) Director of Central Intelligence;

(5) Director of the Federal Bureau of Investigation;

(6) Director of the United States Holocaust Memorial Museum;

(7) Historian of the Department of State; and

(8) Three other persons appointed by the President.

(b) The Senior Director for Records and Access Management of the National Security Council will serve as the liaison to and attend the meetings of the Working Group. Members of the Working Group who are full – time Federal officials may serve on the Working Group through designees.

Sec. 4. Administration. (a) To the extent permitted by law and subject to the availability of appropriations, the National Archives and Records Administration shall provide the Working Group with funding, administrative services, facilities, staff, and other support services necessary for the performance of the functions of the Working Group.

(b) The Working Group shall terminate 3 years from the date of this Executive order.

WILLIAM J. CLINTON

EXECUTIVE ORDER NO. 13392

<Dec. 14, 2005, 70 F. R. 75373>

IMPROVING AGENCY DISCLOSURE OF INFORMATION

By the authority vested in me as President by the Constitution and the laws of the United States of America, and to ensure appropriate agency disclosure of information, and consistent with the goals of section 552 of title 5, United States Code, it is hereby ordered as follows:

Section 1. Policy

(a) The effective functioning of our constitutional democracy depends upon the participation in public life of a citizenry that is well informed. For nearly four decades, the Freedom of Information Act (FOIA) [The Freedom of Information Act, is 5 U. S. C. A. § 552] has provided an important means through which the public can obtain information regarding the activities of Federal agencies. Under the FOIA, the public can obtain records from any Federal agency, subject to the exemptions enacted by the Congress to protect information that must be held in confidence for the Government to function effectively or for other purposes.

(b) FOIA requesters are seeking a service from the Federal Government and should be treated as such. Accordingly, in responding to a FOIA request, agencies shall respond courteously and appropriately. Moreover, agencies shall provide FOIA requesters, and the public in general, with citizen-centered ways to learn about the FOIA process, about agency records that are publicly available (e. g., on the agency's website), and about the status of a person's FOIA request and appropriate information about the agency's response.

(c) Agency FOIA operations shall be both results-oriented and produce results. Accordingly, agencies shall process requests under the FOIA in an efficient and appropriate manner and achieve tangible, measurable improvements in FOIA processing. When an agency's FOIA program does not produce such results, it should be reformed, consistent with available resources appropriated by the Congress and applicable law, to increase efficiency and better reflect the policy goals and objectives of this order.

(d) A citizen-centered and results-oriented approach will improve service and performance, thereby strengthening compliance with the FOIA, and will help avoid disputes and related litigation.

Sec. 2. Agency Chief FOIA Officers

(a) Designation. The head of each agency shall designate within 30 days of the date of this order a senior official of such agency (at the Assistant Secretary or equivalent level), to serve as the Chief FOIA Officer of that agency. The head of the agency shall promptly notify the Director of the Office of Management and Budget (OMB Director) and the Attorney General of such designation and of any changes thereafter in such designation.

(b) General Duties. The Chief FOIA Officer of each agency shall, subject to the authority of the head of the agency:

(i) have agency-wide responsibility for efficient and appropriate compliance with the FOIA;

(ii) monitor FOIA implementation throughout the agency, including through the use of meetings with the public to the extent deemed appropriate by the agency's Chief FOIA Officer, and keep the head of the agency, the chief legal officer of the agency, and the Attorney General appropriately informed of the agency's performance in implementing the FOIA, including the extent to which the agency meets the milestones in the agency's plan under section 3 (b) of this order and training and reporting standards established consistent with applicable law and this order;

(iii) recommend to the head of the agency such adjustments to agency practices, policies, personnel, and funding as may be necessary to carry out the policy set forth in section 1 of this order;

(iv) review and report, through the head of the agency, at such times and in such formats as the Attorney General may direct, on the agency's performance in implementing the FOIA; and

(v) facilitate public understanding of the purposes of the FOIA's statutory exemptions by including concise descriptions of the exemptions in both the agency's FOIA handbook issued under section 552 (g) of title 5, United States Code, and the agency's annual FOIA report, and by providing an overview, where appropriate, of certain general categories of agency records to which those exemptions apply.

(c) FOIA Requester Service Center and FOIA Public Liaisons. In order to ensure appropriate communication with FOIA requesters:

(i) Each agency shall establish one or more FOIA Requester Service Centers (Center), as appropriate, which shall serve as the first place that a FOIA requester can contact to seek information concerning the status of the person's FOIA request and appropriate information about the agency's FOIA response. The Center shall include appropriate staff to receive and respond to inquiries from FOIA requesters;

(ii) The agency Chief FOIA Officer shall designate one or more agency officials, as appropriate, as FOIA Public Liaisons, who may serve in the Center or who may serve in a separate office. FOIA Public Liaisons shall serve as supervisory officials to whom a FOIA requester can raise concerns about the service the FOIA requester has received from the Center, following an initial response from the Center staff. FOIA Public Liaisons shall seek to ensure a service-oriented response to FOIA requests and FOIA-related inquiries. For example, the FOIA Public Liaison shall assist, as appropriate, in reducing delays, increasing transparency and understanding of the status of requests, and resolving disputes. FOIA Public Liaisons shall report to the agency Chief FOIA Officer on their activities and shall perform their duties consistent with applicable law and agency regulations;

(iii) In addition to the services to FOIA requesters provided by the Center and FOIA Public Liaisons, the agency Chief FOIA Officer shall also consider what other FOIA-related assistance to the public should appropriately be provided by the agency;

(iv) In establishing the Centers and designating FOIA Public Liaisons, the agency shall use, as appropriate, existing agency staff and resources. A Center shall have appropriate staff to receive and respond to inquiries from FOIA requesters;

(v) As determined by the agency Chief FOIA Officer, in consultation with the FOIA Public Liaisons, each agency shall post appropriate information about its Center or Centers on the agency's website, including contact information for its FOIA Public Liaisons. In the case of an agency without a website, the agency shall publish the information on the Firstgov. gov website or, in the case of any agency with neither a website nor the capability to post on the Firstgov. gov website, in the Federal Register; and

(vi) The agency Chief FOIA Officer shall ensure that the agency has in place a method (or methods), including through the use of the Center, to receive and respond promptly and appropriately to inquiries from FOIA requesters about the status of their requests. The Chief FOIA Officer shall also consider, in consultation with the FOIA Public Liaisons, as appropriate, whether the agency's implementation of other means (such as tracking numbers for requests, or an agency telephone or Internet hotline) would be appropriate for responding to status inquiries.

Sec. 3. Review, Plan, and Report

(a) Review. Each agency's Chief FOIA Officer shall conduct a review of the agency's FOIA operations to determine whether agency practices are consistent with the policies set forth in section 1 of this order. In conducting this review, the Chief FOIA Officer shall:

(i) evaluate, with reference to numerical and statistical benchmarks where appropriate, the agency's administration of the FOIA, including the agency's expenditure of resources on FOIA compliance and the extent to which, if any, requests for records have not been responded to within the statutory time limit (backlog);

(ii) review the processes and practices by which the agency assists and informs the public regarding the FOIA process;

(iii) examine the agency's:

(A) use of information technology in responding to FOIA requests, including without limitation the tracking of FOIA requests and communication with requesters;

(B) practices with respect to requests for expedited processing; and

(C) implementation of multi-track processing if used by such agency;

(iv) review the agency's policies and practices relating to the availability of public information through websites and other means, including the use of websites to make available the records described in section 552 (a) (2) of title 5, United States Code; and

(v) identify ways to eliminate or reduce its FOIA backlog, consistent with available resources and taking into consideration the volume and complexity of the FOIA requests pending with the agency.

(b) Plan.

(i) Each agency's Chief FOIA Officer shall develop, in consultation as appropriate with the staff of the agency (including the FOIA Public Liaisons), the Attorney General, and the OMB Director, an agency - specific plan to ensure that the agency's administration of the FOIA is in accordance with applicable law and the policies set forth in section 1 of this order. The plan, which shall be submitted to the head of the agency for approval, shall address the agency's implementation of the FOIA during fiscal years 2006 and 2007.

(ii) The plan shall include specific activities that the agency will implement to eliminate or reduce the agency's FOIA backlog, including (as applicable) changes that will make the processing of FOIA requests more streamlined and effective, as well as increased reliance on the dissemination of records that can be made available to the public through a website or other means that do not require the public to make a request for the records under the FOIA.

(iii) The plan shall also include activities to increase public awareness of FOIA processing, including as appropriate, expanded use of the agency's Center and its FOIA Public Liaisons.

(iv) The plan shall also include, taking appropriate account of the resources available to the agency and the mission of the agency, concrete milestones, with specific timetables and outcomes to be achieved, by which the head of the agency, after consultation with the OMB Director, shall measure and evaluate the agency's success in the implementation of the plan.

(c) Agency Reports to the Attorney General and OMB Director.

(i) The head of each agency shall submit a report, no later than 6 months from the date of this order, to the Attorney General and the OMB Director that summarizes the results of the review under section 3 (a) of this order and encloses a copy of the agency's plan under section 3 (b) of this order. The agency shall publish a copy of the agency's report on the agency's website or, in the case of an agency without a website, on the Firstgov. gov website, or, in the case of any agency with neither a website nor the capability to publish on the Firstgov. gov website, in the Federal Register.

(ii) The head of each agency shall include in the agency's annual FOIA reports for fiscal years 2006 and 2007 a report on the agency's development and implementation of its plan under section 3 (b) of this order and on the agency's performance in meeting the milestones set forth in that plan, consistent with any related guidelines the Attorney General may issue under section 552 (e) of title 5, United States Code.

(iii) If the agency does not meet a milestone in its plan, the head of the agency shall:

(A) identify this deficiency in the annual FOIA report to the Attorney General;

(B) explain in the annual report the reasons for the agency's failure to meet the milestone;

(C) outline in the annual report the steps that the agency has already taken, and will be taking, to address the deficiency; and

(D) report this deficiency to the President's Management Council.

Sec. 4. Attorney General

(a) Report. The Attorney General, using the reports submitted by the agencies under subsection 3 (c) (i) of this order and the information submitted by agencies in their annual FOIA reports for fiscal year 2005, shall submit to the President, no later than 10 months from the date of this order [Dec. 14, 2005], a report on agency FOIA implementation. The Attorney General shall consult the OMB Director in the preparation of the report and shall include in the report appropriate recommendations on administrative or other agency actions for continued agency dissemination and release of public information. The Attorney General shall thereafter submit two further annual reports, by June 1, 2007, and June 1, 2008, that provide the President with an update on the agencies' implementation of the FOIA and of their plans under section 3 (b) of this order.

(b) Guidance. The Attorney General shall issue such instructions and guidance to the heads of departments and agencies as may be appropriate to implement sections 3 (b) and 3 (c) of this order.

Sec. 5. OMB Director

The OMB Director may issue such instructions to the heads of agencies as are necessary to implement this order, other than sections 3 (b) and 3 (c) of this order.

Sec. 6. Definitions. As used in this order

(a) the term "agency" has the same meaning as the term "agency" under section 552 (f) (1) of title 5, United States Code; and

(b) the term "record" has the same meaning as the term "record" under section 552 (f) (2) of title 5, United States Code.

Sec. 7. General Provisions

(a) The agency reviews under section 3 (a) of this order and agency plans under section 3 (b) of this order shall be conducted and developed in accordance with applicable law and applicable guidance issued by the President, the Attorney General, and the OMB Director, including the laws and guidance regarding information technology and the dissemination of information.

(b) This order:

(i) shall be implemented in a manner consistent with applicable law and subject to the availability of appropriations;

(ii) shall not be construed to impair or otherwise affect the functions of the OMB Director relating to budget, legislative, or administrative proposals; and

(iii) is intended only to improve the internal management of the executive branch and is not intended to, and does not, create any right or benefit, substantive or procedural, enforceable at law or in equity by a party against the United States, its departments, agencies, instrumentalities, or entities, its officers or employees, or any other person.

GEORGE W. BUSH

MEMORANDA OF PRESIDENT

PRESIDENTIAL MEMORANDUM

FREEDOM OF INFORMATION ACT

<Jan. 21, 2009, 74 F. R. 4683>

Memorandum for the Heads of Executive Departments and Agencies

A democracy requires accountability, and accountability requires transparency. As Justice Louis Brandeis wrote, "sunlight is said to be the best of disinfectants." In our democracy, the Freedom of Information Act (FOIA), which encourages accountability through transparency, is the most prominent expression of a profound national commitment to ensuring an open Government. At the heart of that commitment is the idea that accountability is in the interest of the Government and the citizenry alike.

The Freedom of Information Act should be administered with a clear presumption: In the face of doubt, openness prevails. The Government should not keep information confidential merely because public officials might be embarrassed by disclosure, because errors and failures might be revealed, or because of speculative or abstract fears. Nondisclosure should never be based on an effort to protect the personal interests of Government officials at the expense of those they are supposed to serve. In responding to requests under the FOIA, executive branch agencies (agencies) should act promptly and in a spirit of cooperation, recognizing that such agencies are servants of the public.

All agencies should adopt a presumption in favor of disclosure, in order to renew their commitment to the principles embodied in FOIA, and to usher in a new era of open Government. The presumption of disclosure should be applied to all decisions involving FOIA.

The presumption of disclosure also means that agencies should take affirmative steps to make information public. They should not wait for specific requests from the public. All agencies should use modern technology to inform citizens about what is known and done by their Government. Disclosure should be timely.

I direct the Attorney General to issue new guidelines governing the FOIA to the heads of executive departments and agencies, reaffirming the commitment to accountability and transparency, and to publish such guidelines in the Federal Register. In doing so, the Attorney General should review FOIA reports produced by the agencies under Executive Order 13392 of December 14, 2005. I also direct the Director of the Office of Management and Budget to update guidance to the agencies to increase and improve information dissemination to the public, including through the use of new technologies, and to publish such guidance in the Federal Register.

This memorandum does not create any right or benefit, substantive or procedural, enforceable at law or in equity by any party against the United States, its departments, agencies, or entities, its officers, employees, or agents, or any other person.

The Director of the Office of Management and Budget is hereby authorized and directed to publish this memorandum in the Federal Register.

BARACK OBAMA

PRESIDENTIAL MEMORANDUM
TRANSPARENCY AND OPEN GOVERNMENT

<Jan. 21, 2009, 74 F. R. 4685>

Memorandum for the Heads of Executive Departments and Agencies

My Administration is committed to creating an unprecedented level of openness in Government. We will work together to ensure the public trust and establish a system of transparency, public participation, and collaboration. Openness will strengthen our democracy and promote efficiency and effectiveness in Government.

Government should be transparent. Transparency promotes accountability and provides information for citizens about what their Government is doing. Information maintained by the Federal Government is a national asset. My Administration will take appropriate action, consistent with law and policy, to disclose information rapidly in forms that the public can readily find and use. Executive departments and agencies should harness new technologies to put information about their operations and decisions online and readily available to the public. Executive departments and agencies should also solicit public feedback to identify information of greatest use to the public.

Government should be participatory. Public engagement enhances the Government's effectiveness and improves the quality of its decisions. Knowledge is widely dispersed in society, and public officials benefit from having access to that dispersed knowledge. Executive departments and agencies should offer Americans increased opportunities to participate in policymaking and to provide their Government with the benefits of their collective expertise and information. Executive departments and agencies should also solicit public input on how we can increase and improve opportunities for public participation in Government.

Government should be collaborative. Collaboration actively engages Americans in the work of their Government. Executive departments and agencies should use innovative tools, methods, and systems to cooperate among themselves, across all levels of Government, and with nonprofit organizations, businesses, and individuals in the private sector. Executive departments and agencies should solicit public feedback to assess and improve their level of collaboration and to identify new opportunities for cooperation.

I direct the Chief Technology Officer, in coordination with the Director of the Office of Management and Budget (OMB) and the Administrator of General Services, to coordinate the development by appropriate executive departments and agencies, within 120 days, of recommendations for an Open Government Directive, to be issued by the Director of OMB, that instructs executive departments and agencies to take specific actions implementing the principles set forth in this memorandum. The independent agencies should comply with the Open Government Directive.

This memorandum is not intended to, and does not, create any right or benefit, substantive or procedural, enforceable at law or in equity by a party against the United States, its departments, agencies, or entities, its officers, employees, or agents, or any other person.

This memorandum shall be published in the Federal Register.

BARACK OBAMA

Notes of Decisions (5305)

Current through P. L. 111-264 (excluding P. L. 111-203, 111-240, 111-257, 111-259, and 111-260) approved 10-8-10

5.《公众对信息的获取》

(联邦法规)

◎导读[1]

一项法律一经立法机关——国会通过并经总统签署，行政部门和机构的工作便是根据立法意图起草管理民众和机构的行为的具体规章。

在国会通过并由总统签署《信息自由法案》后，国家首都规划委员会(National Capital Planning Commission)通过订立规章明确依据《信息自由法案》从委员会获取信息的程序来协助该法的实施。

一、本法规指定的背景和意义

“公众对信息的获取”(Public Access to Information)被规定在美国联邦法规(CFR)第1编第4章第456条的第4项(Title 1, Chapter 4, §456.4)。该部分内容实际上是美国国家首都计划委员会(National Capital Planning Commission)对于《信息自由法案》(Freedom of Information Act)在本部门的具体实施细则。《信息自由法案》是保障公众获取政府信息的一部法案，该法案从要求联邦政府部门制定本部门的信息公开法规来具体执行本部门的信息公开事务。

我们要想准确理解国家首都计划委员会对于“公众对信息的获取”的内容，就必须从国家首都计划委员会的设立背景和机构职能说起。国家首都计划委员会(以下简称NCPC)，设立于1924年，最初名称为“国家首都园林委

[1] 本节中文导读由李舒编撰。

员会”（National Capital Park Commission）。该机构最初的设立目的是保护首都地区的环境，扩大园林用地规模。1952 年，首都计划法案（Capital Planning Act）的颁布，使得委员会变为现有名称，职能也涵盖了包括首都地区规划事务的方方面面。1973 年的《地方自治法案》（Home Rule Act）给予 NCPC 在哥伦比亚特区地方规划的权力，同时保留有联邦土地或建筑的规划权。委员会目前由 12 人构成，包括总统任命的 3 人、华盛顿市长、哥伦比亚特区委员会主席以及来自参众两院的代表。NCPC 目前最主要的职责是保护和合理利用首都地区的资源。正是 NCPC 有如此重要的权力和职责，涉及公共利益，其信息的公开才会如此的重要。可以说，一部合理的信息公开法规不仅可以帮助公众获取相关信息，也可以起到监督 NCPC 的作用。

二、法律文献学视野下本法规的介绍

前文提到，“公众对信息的获取”（Public Access to Information），（以下简称 PATI）是美国联邦规则的组成部分，更详细地说，是 CFR 中有关 NCPC 信息公开的规定。因此，从文献分类角度说，该规定尽管是对成文法（Statute）的具体实施，但仍然是原始法律资源（Primary Authority）。

在法律文献学视野下研究 PATI，需要着重分析理顺两个关系：第一个是 PATI 与《信息自由法案》的关系；第二个是 PATI 与《隐私权法案》（Privacy Act of 1974）的关系。

PATI 与《信息自由法案》一脉相承，是公众为了获得 NCPC 相关信息的具体规定。因此，PATI 不能与《信息自由法案》的基本原则和规定相冲突，这主要表现在以下几个方面：首先，以信息公开为基本原则。PATI 在（d）项中具体列举了 5 种经过申请应当公开的信息，包括委员会和公众的通信往来、行政长官的推荐信、委员会报告、委员会决议的备忘录和地图。其中，前四个应当向信息自由官员申请，地图应当向公共事务官员申请。其次，只有在存在豁免或者例外的情况下才可以不公开相关信息。根据 PATI 的规定，这些例外和豁免与《信息自由法案》相关规定完全一致［5 U.S.C. 552 (b)］。最后，与《信息自由法案》一样，PATI 也规定上诉的程序。申请人对于结果不满的，可以向委员会主席提交书面说明，委员会主席应当在 20 个工作日内做出说明。

PATI 在具体的实施细节上又有自己的特点：首先，在申请审查的时间要求上，委员会要求相关人员必须在10个工作日内进行答复，这较之《信息自由法案》的20个工作日有更严格的要求。其次，在审查延迟事由上，PATI有自己的规定。这体现在PATI（f）项中，包括①信息的收集来自于不同的部门；②信息的收集需要参阅大量的、分散的资料才能完成；③涉及几个对象的请求，并且需要多个部门的讨论协调。再次，为了方便申请人，PATI特别规定了工作人员修改通知的责任。如果申请指向的信息来源错误，那么，委员会主管信息公开的工作人员应当将其转移给正确的部门，并且同时通知申请人。最后，在申请的费用上，PATI有严格的规定，不同的申请对象费用不同。

在NCPC中，与PATI相对的是隐私法案在NCPC中的适用。第455条中，即规定了《隐私权法案》的适用。该条规定实际上是在行政机构中的个人隐私和政府信息中建立一种平衡关系，既防止因为强调隐私而隐瞒政府信息情况的发生，又防止因强调信息公开而泄露个人信息情况的发生。

在Westlaw上联邦法规法典（Code of Federal Regulations）数据库中可以搜索到该委员会的规定。

FEDERAL REGULATIONS

Introductory Notes [1]

Once the legislative branch, Congress, has passed a law and the president has signed it, it becomes the job of departments and agencies within the Executive branch to draft specific regulations that govern the conduct of people and organizations in accordance with the intent of the legislation. The system encourages input from a number of branches of government, as well as from citizens to ensure a proper democratic process.

As one small example, once Congress had passed and the president had signed

[1] Introductory Notes by Al Maleson.

The Freedom of Information Act, the National Capital Planning Commission helped implement it by writing a regulation specifying the procedure for obtaining information from the Commission under the Freedom of Information Act.

The Commission's rule, as found on Westlaw in The Code of Federal Regulations, is published here.

1 C. F. R. § 456. 4 Public Access to Information

Category	Regulatory Information
Collection	Code of Federal Regulations (annual edition)
SuDoc Class Number	AE 2. 106/3: 1/
Contained Within	Title 1 – General Provisions Title 1 – General Provisions Chapter IV – MISCELLANEOUS AGENCIES Part 456 – NATIONAL CAPITAL PLANNING COMMISSION (FREEDOM OF INFORMATION ACT REGULATIONS) Section 456. 4 – Public access to information.
Date	January 1, 2005
Citation Text	47 FR 44229, Oct. 7, 1982. Redesignated and amended at 52 FR 34373 – 34374, Sept. 11, 1987
Federal Register References	47 FR 44229, 52 FR 34373
United States Code Reference	5 U. S. C. 552 (b)
Public and Private Law Reference	Public Law 93 – 502

《公众对信息的获取》联邦法规英文全文

Code of Federal Regulations

Title 1. General Provisions

Chapter IV. Miscellaneous Agencies

Part 456. National Capital Planning Commission (Freedom of Information Act Regulations) (Refs & Annos)

1 C. F. R. § 456. 4

§ 456. 4 Public access to information.

(a) General policy. It is the Commission's general policy to facilitate the broadest possible availability and dissemination of information to the public. The Commission's staff is available to assist the public in obtaining information formally by using the procedures herein or informally by discussions with the staff. The Commission's staff may, therefore, continue to furnish informally to the public information, which, prior to the amendments to the Act contained in Public Law 93-502, enacted November 21, 1974, was customarily furnished in the regular performance of their duties, provided the staff do so in a manner not inconsistent with these regulations. In addition, to the extent permitted by other laws, the Commission will make available records which it is authorized to withhold under the Act when it determines that such disclosure is in the public interest.

(b) Established place of obtaining information. Information may be obtained only from the Commission's offices, which are located at 1325 G Street, NW., Washington, DC 20576. Its official hours are 8:00 a.m. to 6:00 p.m., Monday through Friday, excluding legal holidays.

(c) Information sources within the Commission. Requests for Commission publications, offered for sale or informal requests for general information on the Commission should be directed to the Public Affairs Officer. All formal requests for agency records pursuant to the Act must be directed to the Freedom of Information Officer.

Any request directed initially to the wrong information source will be correctly routed by the Commission's staff and the requesting party will be so notified. The ten-day time period within which the Commission is required to determine whether to comply with a request shall not begin to run until the request reaches, or with the exercise of due diligence should have reached, the appropriate information source.

(d) Information routinely available. The following types of information shall be routinely available (subject to the fee schedule, infra) for public dissemination without recourse to the Commission's formal information request procedures unless such information falls within one of the exemptions to agency disclosure listed in 5 U.S.C. 552 (b):

(1) Correspondence between the Commission and the public;

(2) Executive Director's Recommendations;

(3) Committee Reports;

(4) Commission Memorandums of Actions; and

(5) Maps.

Requests for information, other than maps, shall be directed to the Freedom of Information Officer; map requests shall be directed to the Public Affairs Officer.

(e) Formal requests for information. All formal requests for information pursuant to the Act shall be made in writing to the Freedom of Information Officer. To expedite internal handling of such requests, the words "Freedom of Information Request" shall appear on the face of the envelope bearing such request. The request shall state that the request is made pursuant to the Freedom of Information Act; shall reasonably describe the information sought, including the date the Commission received or produced the requested information, if known; shall state, pursuant to the fee schedule set forth infra, the maximum fee the party making the request would be willing to pay for the duplication of the requested records without further approval; and shall, if possible, provide a telephone number at which the requesting party can be contacted to facilitate handling of the request.

(f) Commission response to formal requests. The Freedom of Information Officer, upon request for information made in compliance with these regulations, shall determine within ten days (excepting Saturdays, Sundays, and legal holidays) after the receipt of any such request whether to comply with such request and shall immediately notify the person making such request of such determination and the reasons therefor and of the right of such person to appeal to the head of the agency any adverse determination. In unusual circumstances as specified infra, the ten-day time limit may be extended by written notice to the person making the request setting forth the reasons for such extension and the date on which a determination is expected to be dispatched. No such notice shall specify a date that would result in an extension for more than ten working days. As used in this paragraph, "unusual circumstances" means, but only to the extent reasonably necessary to the proper processing of the particular request:

(1) The need to search for and collect the requested records from establishments that are separate from the Commission's offices;

(2) The need to search for, collect, and appropriately examine a voluminous amount of separate and distinct records which are demanded in a single request; or

(3) The need for consultation, which shall be conducted with all practicable speed, with another agency having a substantial interest in the determination of the request or among two or more components of the agency having substantial subject matter interest therein.

(g) Determination to grant request. If the Freedom of Information Officer makes a determination to grant a request in whole or in part, the person making such request will be so notified in writing. The notice shall also include a description of the information to be made available, a statement of the time when and the place where such information may be inspected or alternatively, the procedure for duplication and delivery (by mail or other means) of the information to the requesting party and a statement of the total fees chargeable to the requesting person pursuant to the fee schedule infra.

(h) Determination to deny request – appeal procedure. If the Freedom of Information Officer makes a determination to deny, in whole or in part, a request for information, he shall so notify the party making the request in writing. Any appeal of such determination shall be made in writing to the Chairman of the Commission and shall include a brief statement of the legal, factual, or other basis for the party's objection to the initial decision. The Chairman shall, within twenty days (excepting Saturdays, Sundays, and legal holidays) of the receipt of any such appeal determine whether to grant or deny the appeal and shall, immediately upon making his decision, give written notice of the decision to the party, including a brief statement of the reasons therefor.

(i) Waiver. Whenever a waiver of any of the procedures set forth herein would further the purpose of the Act by causing the public disclosure of non–confidential information within the time period required by the Act, the Freedom of Information Officer may, in the context of individual requests for information, waive any of the procedural requirements herein.

(j) Schedule of fees.

(1) The Commission may charge the following fees for the production of information pursuant to the Act:

(i) Publications offered for sale—as marked.

(ii) Commission reports—$0. 25/page.

(iii) Committee reports—$0. 25/page.

(iv) Commission Memorandums of Actions—$0. 25/page.

(v) Transcripts of Commission meetings and Committee meetings—$0. 25/page.

(vi) Other records—$0. 25/page.

(vii) Map publications—microfilm printout—$ 1. 00/each; ozalid maps—$0. 30/linear foot.

(viii) Manual record research: $ 2.25 per quarter hour if conducted by a clerical employee; $ 5.00 per quarter hour if conducted by a professional or managerial employee. The Commission may charge for search costs, where applicable, even if there is ultimately no disclosure of records.

(ix) Review charges: $5.00 per quarter hour. The Commission may charge for review costs, where applicable, even if there is ultimately no disclosure of records.

(2) The Commission may charge the above-stated fees for the production of information pursuant to the Act, based upon the following requester classifications:

(i) Commercial use requester. The Commission may charge requesters in this category for all the direct costs of searching for, reviewing for release, and duplicating the records sought. In determining whether a request is for commercial use, the Commission will look to the use to which a requester will put the documents requested. Where a requester does not explain the use or where the explanation is insufficient, the Commission may draw reasonable inferences from the requester's identity.

(ii) Educational and non-commercial scientific institution requesters. The Commission shall provide documents to requesters in this category for the cost of reproduction alone, excluding charges for the first 100 pages. Requesters must show that the request is being made as authorized by or under the auspices of a qualifying institution and that the records sought are not for a commercial use, but are sought in furtherance of scholarly (if the request is from an educational institution) or non-commercial scientific research (if the request is from a non-commercial scientific institution).

(iii) Representatives of the news media. The Commission shall provide documents to requesters in this category for the cost of reproduction alone, excluding charges for the first 100 pages.

(iv) All other requesters. The Commission may charge requesters who do not fit into any of the categories above fees which recover the full reasonable direct costs of searching for and reproducing records that are responsive to the request, excluding the first 100 pages and first two hours of search time. Requests from record subjects for records about themselves filed in the Commission's system of records will continue to be treated under the fee provisions of the Privacy Act of 1974 which permit fees only for reproduction.

(3) The Commission keeps on file a limited quantity of back copies of Executive Director's Recommendations, Committee Reports, and Commission Memorandums of Actions. The Commission will first attempt to fill specific requests for these documents from its supply of back copies and until the supply is exhausted, the Commission will provide the documents at no charge. Once the supply is exhausted, the requested documents will be provided in accord with the fee schedule.

(4) The Commission may not charge fees to any requester if the cost of collecting the fee would be equal to or greater than the fee itself. The minimum fee for the production of information will be $2.00 (over and above the first free 100 pages and 2 hours search time, where applicable). The Commission's Freedom of Information Officer shall provide documents furnished under the Act without any charge or at a charge reduced below the fees established under § 456.3 (j) (1) if disclosure of the information is in the public interest because it is likely to contribute significantly to public understanding of the operations or activities of the government and it is not primarily in the commercial interest of the requester.

(5) In deciding whether a fee waiver or reduction under § 456.4 (j) (4) is justified, the Commission will consider the following factors:

(i) The subject of the request: Whether the subject of the requested records concerns "the operations or activities of the Government";

(ii) The informative value of the information to be disclosed: Whether the disclosure is "likely to contribute" to an understanding of government operations or activities;

(iii) The contribution to an understanding of the subject by the general public likely to result from disclosure: Whether disclosure of the requested information will contribute to "public understanding"; and

(iv) The significance of the contribution to public understanding: Whether the disclosure is likely to contribute "significantly" to public understanding of government operations or activities.

(v) The existence and magnitude of a commercial interest: Whether the requester has a commercial interest that would be furthered by the requested disclosure; and, if so

(vi) The primary interest in disclosure: Whether the magnitude of the identified commercial interest of the requester is sufficiently large, in comparison with the public interest disclosure, that disclosure is "primarily in the commercial interest of the requester."

(k) Prior approval or advance deposit of fees.

(1) Where the agency estimates that duplication, review or search charges are likely to exceed $25.00, it shall notify the requester of the estimated amount of fees, unless the requester has indicated in advance his or her willingness to pay fees as high as those estimated. Where the fees anticipated to result from a request are substantially greater than the amount estimated in the written request, the persons requesting the information shall be immediately notified of the estimated fees and his approval of such fees requested. Such person shall also be afforded the opportunity to revise his or her request to reduce the fees but satisfy his or her needs for information.

(2) Where the Freedom of Information Officer determines that fees are likely to exceed $250.00, the Commission may require advance payment of the fee in whole or in part. Where a requester has previously failed to pay a fee charged in a timely manner or is presently in arrears, the Commission may require the requester to pay the full amount owed and to make an advance payment of the full amount of the estimated fees before the agency begins to process a new request or completes a pending request.

(3) The dispatch of any such request for an estimated fee approval or advance deposit shall suspend, until a reply is received by the Freedom of Information Officer, the period pursuant to 5 U.S.C., 552 and paragraph (f) supra within which the Freedom of Information Officer must respond to a written request for information.

(4) A requester may not file multiple requests at the same time, each seeking portions of a document (s), solely in order to avoid payment of fees. When the Commission reasonably believes a requester (s) is attempting to break a request

down into a series of requests for the purpose of evading the assessment of fees, the Commission may aggregate any such requests and charge accordingly.

(l) Payment of fees. Fees charged a person for the production of information must be paid in full prior to release of the information. Payment of fees shall be made by a personal check, postal money order or bank draft on a bank in the United States, made payable to the order of the Treasurer of the United States.

Credits

[52 FR 34373, 34374, Sept. 11, 1987]

SOURCE: 47 FR 44229, Oct. 7, 1982; 52 FR 34373, Sept. 11, 1987, unless otherwise noted.

AUTHORITY: 5 U. S. C. 522, as amended.

6. 《联邦民事诉讼程序条例》

（联邦程序法）

◎导读[1]

为促进公平，秩序和效率，美国审判和诉讼的当事人必须从案件一开始到决议以及在上诉过程中遵循严格的规则。

纽约时报公司诉美国政府一案的双方当事人必须得密切注意并严格遵循这些规则和程序，因为对这些规则的违反可能使其遭受与败诉同样严厉的处罚。

在以下篇幅中，将会看到联邦民事诉讼程序条例，刑事诉讼程序条例和联邦证据规则。这些规则由美国最高法院编写，并由国会批准或修订，其对联邦法院中的行为进行规范。这些规则同样被许多州自行采用来适用到法律系统中。

联邦民事诉讼程序条例规则几乎规范着联邦法院系统中民事诉讼的各方各面。主要的例外是证据的采信，其由联邦证据规则来规范。

英美法民事诉讼发展历史上，“令状制度”是传统英国法程序制度的最集中的表现，其对程序的苛求甚至到了不合理的程度，当事人对于传统英国法对于程序法的适用正确与否，往往决定了此起诉是否能最终胜诉。美国在建国初期在一定程度上也适用了英国传统的“令状制”，但随后又对其进行了反思与改革。

1934 年，美国国会授权美国最高法院制定统一适用于联邦地区法院第一

---

〔1〕 本节中文导读由陈晨编撰。

审审理的程序规则。根据授权法案，联邦最高法院聚集了当时众多的律师、法官和法学学者，组成了“民事规则顾问委员会”（Advisory Committee on civil Rules）对联邦民诉法的制定进行商讨，最终于1938年起草了《美国联邦地区法院民事诉讼规则草案》。此草案最终由国会予以通过，并由联邦最高法院批准，《美国联邦地区法院民事诉讼规则》就此生效。美国作为普通法系的代表国家，对于普通法系国家对于法典的认可与制定做出了十分重大的贡献，联邦民诉规则就是美国制定法中的代表。然而，联邦民诉规则的制定和产生并不是一帆风顺的。

美国早期联邦和州的民事诉讼程序的发展十分特别，它传承了传统的普通法程序，同时也是具有十分鲜明的特色。民诉法中的规则包括不同类型的民事案件，如普通法上的“诉”法或衡平法上的“请求”，这两类诉讼规则是从英国曾经作为独立的法院系统“普通法”和“衡平法”的历史传统而来，但并不是所有的规则都适用。当事人往往为了诉讼的成功，需要同时采取两种平行的诉讼形式，将衡平法的诉讼作为附属，以防普通法的起诉失败。

早期各个联邦法院使用的民诉程序非常混乱，1792年程序法案授权联邦法庭制定自己的所有程序规则，但诉讼规则除外。在诉讼规则中，1789年的程序法案中很少涉及，这就迫使联邦法庭必须使用州法中涉及起诉、答辩等诉讼程序的普通法规则，而这些规则大多都是各州在加入美利坚合众国时的规定，并没有接受各州随后对于诉讼规则的修改的规定。[1]换句话说，即使一个州的普通法诉讼制度是在不断地通过判例法而逐渐发展的，而联邦法院所适用的诉讼法的发展却是被冻结了的。1828年国会通过了一项法案，法案规定设立在新加入美国联邦的各州的联邦法院，仍将适用影响加入联邦时各州的民事诉讼法。[2]

随着19世纪中期各州民事诉讼法的迅速发展。各州也逐渐对各州现存的诉讼法系统进行了反思。各州通过大量的判例对具体的普通法民诉规则进行了纷乱复杂的修改，但这些修改却没有改变民诉法整体的建构。相反，法典

---

〔1〕 Charles Alan Wright and Arthur R. Miller, *Federal Practice and Procedure*, 3rd ed. , vol. 4 (St. Paul: West Group, 2002) p. 10.

〔2〕 Charles Alan Wright and Arthur R. Miller, Federal Practice and Procedure, 3rd ed. , vol. 4, St. Paul: West Group, 2002, § 1002 at p. 12 ~ 13.

中的诉讼制度是被精心设计的，至少在理论上，与整个复杂的判例法规则系统相比，法典的规定是清楚的、简洁的和具有逻辑性的，并通过由州立法机关制定一个“民事诉讼”法典来实施。基于法典化的优势，最终24个州制定了各州自己的“菲尔德法典”(Field Code)。

19世纪末期，由于律师们的建议和推动，1872年国会通过一项法案，决定各个联邦法院的诉讼规则可以依据各州普通法规则进行修改，之后联邦法院使用的证据规则也可以进行相应发展。但是，这些并没有在实质上改变联邦法院适用的诉讼规则中存在的问题。1906年罗科斯庞德在ABA年会上以“公众对于司法管理不满的原因”为主题的历史性演讲集中批判了19世纪晚期的美国诉讼程序，拉开了改革民诉运动的序幕。在这场历时三十多年的改革运动中，在美国法典化的思潮的推动下，各方势力交互竞争，意图给予法官更多自由裁量权的保守派，期望法律、律师和法官帮助政府发挥更为积极作用的自由主义者，担心法典僵化缺点的法官和法学教授们，以及那些希望在罗斯福以构建“更为积极的政府”为特征的新政形成过程中成为关键人物而又有利可图的律师们，组成了推动20世纪初联邦民事诉讼制度改革的力量。

美国最高法院在完成联邦民诉法的制定工作之后，又多次主持了修改工作，该《规则》实际上已经是经历了数次重新编修以后的版本，分别为1948年、1961年、1962年、1966年、1970年、1980年、1983年、1991年、1993年、2005年、2010年，最后一次是2013年。比较重要的改革有：对股东代表诉讼(Derivative Actions by Shareholders)、集团诉讼(Class Action)的改革、证据开示制度(Evidence Discovery System)的改革[1]。值得注意的是，根据2005年12月1日修订生效的规则，其条文只有83条，其中第74、75、76条已经被废除。《联邦民事诉讼程序条例》最为重要的特点，一为统一民事诉讼方式，使诉答程序摆脱了传统的形式主义，二为引进了发现程序，改变了诉讼结构。

美国《联邦民事诉讼程序条例》从整体上看可以分为两大部分，即规则(Rules)部分和诉讼文书格式附录(Appendix of Forms)部分。美国联邦民诉规则的主体“规则”部分共分为11节86条，其主要内容可分为4个方面：①第1章至第4章规定诉讼开始，诉答书状和申请书的内容以及当事人和请

〔1〕 白绿铉:《美国民事诉讼法》，经济日报出版社1998年版，第87页。

求的合并；②第 5 章规定了发现程序；③第 6 章至第 7 章，规定了开庭审理及判决；④第 8 章至第 11 章，规定了临时扣押财产、书记官及其他有关事项。[1]

联邦民诉规则大体包括了诉答程序、审前程序、庭审程序和判决的救济四个部分。从各部分内容来看，联邦民诉规则仅规定了联邦地区法院第一审民事案件审理程序规则，并没有包含上诉审程序规则、证据规则、判决的执行以及非讼程序等。就一般的诉讼实践而言，基于美国民诉所强调的集中审理原则，规则将条文的重点放在诉答程序、发现程序和动议程序三个部分。[2] 诉讼文书格式附录部分其实也十分重要，尤其是对于律师的司法实践，因为附录是当事人在联邦法院系统进行诉讼所使用的诉讼文书格式的举例范本，这些附录部分中的格式与联邦民事诉讼程序条例有着密切的联系。正如联邦民事诉讼程序条例的起草者查尔斯·克拉克所说的："这些格式样式的意图不是提供一个办公手册，我们的目的是提供规则的实例，希望用那些格式向人们生动地解释规则。"[3]

当然，我们要更加深入地了解诉讼法每个条文的含义，就必须到判例法中寻求对于每一个条文不同时期、不同地区的法官在适用上的不同，也就是说，从成文法到判例法的逻辑仍然是我们在研究联邦民诉时的重要研究方法。

FEDERAL RULES OF CIVIL PROCEDURE

Introductory Notes [4]

To promote fairness, order and efficiency, parties to American trials and litigation must follow strict rules from the beginning of a case through its resolution

---

[1] 白绿铉、卞建林：《美国联邦民事诉讼规则·联邦证据条例》，中国法制出版社 1999 年版。

[2] Stephen B Burbank & Linda J. Silberman, "Civil Procedure Reform in Comparative context: The United States of America", *Am. J. Comp. L.*, 45 (1997), 675, 680.

[3] [美] 史蒂文·苏本·玛格瑞特：《美国民事诉讼的真谛：从历史、文化、实务的视角》，蔡彦敏、徐卉译，法律出版社 2002 年版。

[4] Introductory Notes by Al Maleson.

and appeal. The rules discuss matters as time limitations, pleadings allowed, and grounds for appeal. The Supreme Court promulgates court rules for itself and the lower courts under the authority of 28 U. S. C. § 2072. Rules are drafted by committees of the Judicial Conference of the United States, approved by the Judicial Conference then submitted to the Supreme Court for adoption.

Both parties to *New York Times Co. v. U. S.* had to pay close attention to these rules and procedures and follow them closely, as violations could have earned penalties as severe as losing the case.

On the following pages, you will find the Federal Rules of Civil Procedure and Federal Rules of Evidence. Written by the United States Supreme Court and ratified or amended by congress, these rules govern actions in federal courts. They have also been voluntarily adopted by many states for their court systems.

The Federal Rules of Civil Procedure govern almost every aspect of civil litigation in the federal court system. The rules were established in 1938 and are frequently revised, often times with substantial revisions (i. e provisions for electronic records and discovery) . The rules replaced the earlier Field Code and common law pleadings system. The rules were established in order to ensure a systematic and efficient system and revisions were made according to recommendations from the Judicial Conference of the United States. There are exceptions to what areas Civil Procedure govern; one main exception is the admission of evidence, which is governed by the Federal Rules of Evidence.

The Federal Rules of Civil Procedure govern civil proceedings in the United States district courts. Their purpose is "to secure the just, speedy, and inexpensive determination of every action and proceeding." Fed. R. Civ. P. 1. The rules and accompanying forms were first adopted by order of the Supreme Court on December 20, 1937, transmitted to Congress on January 3, 1938, and effective September 16, 1938. The Civil Rules were last amended in 2013.

《联邦民事诉讼程序条例》英文目录

FEDERAL RULES OF CIVIL PROCEDURE

(As amended to December 1, 2013)

RULES OF CIVIL PROCEDURE FOR THE UNITED STATES DISTRICT COURTS

Rule 7. 1. Disclosure Statement

Rule 8. General Rules of Pleading

Rule 9. Pleading Special Matters

Rule 10. Form of Pleadings

Rule 11. Signing Pleadings, Motions, and Other Papers; Representations to the Court; Sanctions

Rule 12. Defenses and Objections: When and How Presented; Motion for Judgment on the Pleadings; Consolidating Motions; Waiving Defenses; Pretrial Hearing

Rule 13. Counterclaim and Cross – claim

Rule 14. Third–Party Practice

Rule 15. Amended and Supplemental Pleadings

Rule 16. Pretrial Conferences; Scheduling; Management

TITLE IV. PARTIES

Rule 17. Plaintiff and Defendant; Capacity; Public Officers

Rule 18. Joinder of Claims

Rule 19. Required Joinder of Parties

Rule 20. Permissive Joinder of Parties

Rule 21. Misjoinder and Nonjoinder of Parties

Rule 22. Interpleader

Rule 23. Class Actions

Rule 23. 1. Derivative Actions

Rule 23. 2. Actions Relating to Unincorporated Associations

Rule 24. Intervention

Rule 25. Substitution of Parties

TITLE V. DISCLOSURES AND DISCOVERY

Rule 26. Duty to Disclose; General Provisions Governing Discovery

Rule 27. Depositions to Perpetuate Testimony

Rule 28. Persons Before Whom Depositions May Be Taken

Rule 29. Stipulations About Discovery Procedure

Rule 30. Depositions by Oral Examination

Rule 31. Depositions by Written Questions

Rule 32. Using Depositions in Court Proceedings

Rule 33. Interrogatories to Parties

Rule 34. Producing Documents, Electronically Stored Information, and Tangible Things, or Entering onto Land, for Inspection and Other Purposes

Rule 35. Physical and Mental Examinations

Rule 36. Requests for Admission

Rule 37. Failure to Make Disclosures or to Cooperate in Discovery; Sanctions

TITLE VI. TRIALS

Rule 38. Right to a Jury Trial; Demand

Rule 39. Trial by Jury or by the Court

Rule 40. Scheduling Cases for Trial

Rule 41. Dismissal of Actions

Rule 42. Consolidation; Separate Trials

Rule 43. Taking Testimony

Rule 44. Proving an Official Record

Rule 44. 1. Determining Foreign Law

Rule 45. Subpoena

Rule 46. Objecting to a Ruling or Order

Rule 47. Selecting Jurors

Rule 48. Number of Jurors; Verdict; Polling

Rule 49. Special Verdict; General Verdict and Questions

Rule 50. Judgment as a Matter of Law in a Jury Trial; Related Motion for a New Trial; Conditional Ruling

Rule 51. Instructions to the Jury; Objections; Preserving a Claim of Error

Rule 52. Findings and Conclusions by the Court; Judgment on Partial Findings

Rule 53. Masters

TITLE VII. JUDGMENT

Rule 54. Judgment; Costs

Rule 55. Default; Default Judgment

Rule 56. Summary Judgment

Rule 57. Declaratory Judgment

Rule 58. Entering Judgment

Rule 59. New Trial; Altering or Amending a Judgment

Rule 60. Relief from a Judgment or Order

Rule 61. Harmless Error

Rule 62. Stay of Proceedings to Enforce a Judgment

Rule 62. 1. Indicative Ruling on a Motion for Relief That is Barred by a Pending Appeal

Rule 63. Judge's Inability to Proceed

TITLE VIII. PROVISIONAL AND FINAL REMEDIES

Rule 64. Seizing a Person or Property

Rule 65. Injunctions and Restraining Orders

Rule 65. 1. Proceedings Against a Surety

Rule 66. Receivers

Rule 67. Deposit into Court

Rule 68. Offer of Judgment

Rule 69. Execution

Rule 70. Enforcing a Judgment for a Specific Act

Rule 71. Enforcing Relief For or Against a Nonparty

TITLE IX. SPECIAL PROCEEDINGS

Rule 71. 1. Condemning Real or Personal Property

Rule 72. Magistrate Judges: Pretrial Order

Rule 73. Magistrate Judges: Trial by Consent; Appeal

Rule 74. [Abrogated (Apr. 11, 1997, eff. Dec. 1, 1997).]

Rule 75. [Abrogated (Apr. 11, 1997, eff. Dec. 1, 1997).]

Rule 76. [Abrogated (Apr. 11, 1997, eff. Dec. 1, 1997).]

[Rule 71A. Renumbered Rule 71. 1]

TITLE X. DISTRICT COURTS AND CLERKS: CONDUCTING BUSINESS; ISSUING ORDERS

Rule 77. Conducting Business; Clerk's Authority; Notice of an Order or Judgment

Rule 78. Hearing Motions; Submission on Briefs

Rule 79. Records Kept by the Clerk

Rule 80. Stenographic Transcript as Evidence

TITLE XI. GENERAL PROVISIONS

Rule 81. Applicability of the Rules in General; Removed Actions

Rule 82. Jurisdiction and Venue Unaffected

Rule 83. Rules by District Courts; Judge's Directives

Rule 84. Forms

Rule 85. Title

Rule 86. Effective Dates

XII. APPENDIX OF FORMS (U. S. Courts site)

XIII. SUPPLEMENTAL RULES FOR ADMIRALTY OR MARITIME CLAIMS AND ASSET FORFEITURE ACTIONS

Rule A. Scope of Rules

Rule B. In Personam Actions: Attachment and Garnishment

Rule C. In Rem Actions: Special Provisions

Rule D. Possessory, Petitory, and Partition Actions

Rule E. Actions in Rem and Quasi in Rem: General Provisions

Rule F. Limitation of Liability

Rule G. Forfeiture Actions in Rem

For the whole text of Federal Rules of Civil Procedure:

http://www.uscourts.gov/uscourts/rules/civil-procedure.pdf

7. 《联邦刑事诉讼程序条例》

（联邦程序法）

◎导读[1]

美国的刑事诉讼有如下几个法律渊源：①美国联邦宪法中的相关条文与修正案；②联邦和各州的法律；③联邦和各州的刑事诉讼规则；④联邦和各州的判例法。我们将要介绍的是美国联邦刑事诉讼程序条例，属于刚才提到的第三种，是一手法律资源。美国联邦最高法院根据其法定权力颁布和修订该规则。在修订过程中，还需要国会决议的通过。《联邦刑事诉讼程序条例》最早在 1944 年 12 月 26 日被美国联邦最高法院通过了，1945 年 1 月 3 日被总检察长（Attorney General）送达国会，1946 年 3 月 21 日开始生效。

自 1946 年实施以来，该规则经历了多次修订，最近的一次修订是在 2012 年 12 月 1 日。现在，美国联邦刑事诉讼程序条例有九章，分别是：

第一章　范围、目的和结构

第二章　预备诉讼

第三章　大陪审团起诉书和检察官起诉书

第四章　传讯和准备审判

第五章　审判地点

第六章　审判

第七章　判决

第八章　补充诉讼和特别诉讼

[1] 本节中文导读由刘道纪编撰。

第九章　一般规定

该规则现在共有 61 条，其实这样表达也许并不准确。因为一般而言，美国在修订法律的过程当中不会像中国修订法律一样更换条文的顺序。例如，第 19 条在废止之后，该条文就变成了空的，不会把后面的条文编号前移。另外，还会出现如同第 12 条的情况，在一个编号中包含了多个条文。第 12 条是审判前的通知书状和申请；辩护和异议。如删除条文的原则一样，在此之后增加与此相关的条文不会变成第 13 条、第 14 条。而是如第 12. 1 条通知不在犯罪现场、第 12. 2 条通知作精神病辩护或者专家关于被告人精神状况的证词、第 12. 3 条通知以公共权力为由辩护、第 12. 4 条披露声明，等等。

《联邦刑事诉讼程序条例》是一部管理美国联邦地区法院、美国联邦上诉法院和美国联邦最高法院刑事诉讼制度的程序规则。其目的在于为正确处理每一起刑事诉讼提供规则，以保证简化诉讼，公正司法，避免不必要的费用和延缓。我们也可以看到，《联邦刑事诉讼程序条例》中的条文多为原则性的规定，且调整的范围仅限于狭义的诉讼，即始于控告，终于判决。而不像大陆法系国家的刑事诉讼法那样系统和完整。

Federal Rules of Criminal Procedure

Introductory Notes〔1〕

The Federal Rules of Criminal Procedure govern criminal proceedings and prosecutions in the U. S. district courts, the courts of appeals, and the Supreme Court. Their purpose is to "provide for the just determination of every criminal proceeding, to secure simplicity in procedure and fairness in administration, and to eliminate unjustifiable expense and delay." Fed. R. Crim. P. 2. The original rules were adopted by order of the Supreme Court on December 26, 1944, transmitted to Congress on January 3, 1945, and effective March 21, 1946. The rules have since

〔1〕 Introductory Notes by Legal Information Institute, http://www.law.cornell.edu/wex/criminal_procedure.

been amended numerous times, most recently in 2012.

Criminal procedure deals with the set of rules governing the series of proceedings through which the government enforces substantive criminal law. Municipalities, states, and the federal government each have their own criminal codes, defining types of conduct that constitute crimes. Title 18 of the U. S. Code outlines all federal crimes. Typically, federal crimes deal with activities that either extend beyond state boundaries or directly impact federal interests.

The U. S. Supreme Court, pursuant to its authority under the Rules Enabling Act, first promulgated the Federal Rules of Criminal Procedure, (F. R. Crim. Pro.) which Congress, in turn, passed. The Federal Rules outline the procedure for conducting federal criminal trials. Similarly, states have their own codes of criminal procedure of which many closely model the Federal Rules. The Federal Rules incorporate and expound upon all guarantees included within the U. S. Constitution's Bill of Rights. A few of the rights guaranteed to criminal defendants by the Constitution include the guarantees of due process and equal protection under the laws, the right to have legal counsel present, the right to confront witnesses, the right to a jury trial, and the right to not testify against oneself. While state constitutions and procedural rules may increase the protection afforded to criminal defendants, they may not offer less protection than that guaranteed by the U. S. Constitution.

《联邦刑事诉讼程序条例》英文目录

FEDERAL RULES OF CRIMINAL PROCEDURE

(As amended to December 1, 2013)

TITLE IV. ARRAIGNMENT AND PREPARATION FOR TRIAL

Rule 10. Arraignment
Rule 11. Pleas
Rule 12. Pleadings and Pretrial Motions
Rule 12. 1 Notice of an Alibi Defense
Rule 12. 2 Notice of an Insanity Defense; Mental Examination
Rule 12. 3 Notice of a Public – Authority Defense
Rule 12. 4 Disclosure Statement
Rule 13. Joint Trial of Separate Cases
Rule 14. Relief from Prejudicial Joinder
Rule 15. Depositions
Rule 16. Discovery and Inspection
Rule 17. Subpoena
Rule 17. 1 Pretrial Conference

TITLE V. VENUE

Rule 18. Place of Prosecution and Trial
Rule 19. [Reserved]
Rule 20. Transfer for Plea and Sentence
Rule 21. Transfer for Trial
Rule 22. [Transferred]

TITLE VI. TRIAL

Rule 23. Jury or Nonjury Trial
Rule 24. Trial Jurors
Rule 25. Judge's Disability
Rule 26. Taking Testimony
Rule 26. 1 Foreign Law Determination
Rule 26. 2 Producing a Witness's Statement
Rule 26. 3 Mistrial
Rule 27. Proving an Official Record

Rule 28. Interpreters

Rule 29. Motion for a Judgment of Acquittal

Rule 29. 1 Closing Argument

Rule 30. Jury Instructions

Rule 31. Jury Verdict

TITLE VII. POST-CONVICTION PROCEDURES

Rule 32. Sentencing and Judgment

Rule 32. 1 Revoking or Modifying Probation or Supervised Release

Rule 32. 2 Criminal Forfeiture

Rule 33. New Trial

Rule 34. Arresting Judgment

Rule 35. Correcting or Reducing a Sentence

Rule 36. Clerical Error

Rule 37. Indicative Ruling on a Motion for Relief That Is Barred by a Pending Appeal

Rule 38. Staying a Sentence or a Disability

Rule 39. [Reserved]

TITLE VIII. SUPPLEMENTARY AND SPECIAL PROCEEDINGS

Rule 40. Arrest for Failing to Appear in Another District or for Violating Conditions of Release Set in Another District

Rule 41. Search and Seizure

Rule 42. Criminal Contempt

TITLE IX. GENERAL PROVISIONS

Rule 43. Defendant's Presence

Rule 44. Right to and Appointment of Counsel

Rule 45. Computing and Extending Time

Rule 46. Release from Custody; Supervising Detention

Rule 47. Motions and Supporting Affidavits

For the whole text of Federal Rules of Criminal Procedure:

http://www.uscourts.gov/uscourts/rules/criminal-procedure.pdf

8.《联邦证据规则》

（联邦程序法）

◎导读〔1〕

一、美国联邦证据规则的制定背景和意义

联邦证据规则对联邦审判中证据的可采性进行了规定。

该规则赋予审判法官采信与案件相关并具有证明价值的证据的权力——并排除那些不相关的、可能造成不公平偏见的、迷惑性的、误导性的、重复性的以及其他有缺陷的证据。

美国联邦证据规则最终于1975年由福特总统签署通过，在此之前，联邦证据规则的制定和争论经历了一个漫长的过程，这个过程也是普通法国家法典化过程中必然经过的阶段。

20世纪30年代末，民事诉讼程序规则在美国确立。随着民事诉讼程序规则的确立，构建一个独立的证据规则的呼声也越来越高。美国法学会（American Law Institute）最早关注这个问题，并且进行了有益的尝试，形成了模范证据法典以期为各种制定统一的证据法奠定基础和样本，但结果以失败告终。1950年开始，美国国会着手统一证据规则（Uniform Rules of Evidence）的制定，但是统一证据规则也没有达到人们最初期望达到的效果，只有很少几个州参考该规则制定州证据法。真正对联邦证据规则制定完成有实质影响的力量来自最高法院（the Supreme Court）。1965年，当时的首席大

〔1〕 本节中文导读由李舒编撰。

法官沃伦组成一个由 15 名律师和学者构成的顾问委员会(Advisory Committee)。经过 4 年的努力，证据规则的草案初步形成，之后经过 3 次大的修改，证据规则在最高法院处得到通过。1974 年，参众两院经过斗争和妥协，最终通过该法案，第二年由福特总统签署生效。

联邦证据规则的制定具有十分重要的意义。在美国，事实判断由初审法院完成，上诉法院针对初审法院的审理对于适用的法律问题进行分析和判断，而不会对事实问题进行审理。因此，如何建立和还原事实就成为非常重要的问题，证据规则的制定正是为这一问题设置了一个守卫者的角色。证据规则将合法的和可以采信的证据放入门内，使其接受法律意义上的再次判断；而对于存疑的证据或难以达到盖然性标准的证据，则置之门外。证据规则对于保护受追诉者的合法权利、防止冤假错案的发生有着非常重要的意义。

1975 年生效的联邦证据规则对于各州产生了深远的影响，大多数州以此为蓝本建立自己的证据法。但是法典化所带来的僵硬性是包括联邦证据规则在内的所有制定法都逃脱不了的。因此，如何对联邦证据规则进行解释和修改就成为立法者和司法者必须面对的问题。在联邦证据规则之前，法院对于证据的认定和采信主要借助普通法的规则，在联邦证据规则诞生之后，法院不可避免地要面临这样的问题：如何解决证据规则与普通法原则相冲突的情况。根据美国最高法院的众多判例法，联邦证据规则的效力优先于传统普通法原则，也即普通法原则只是联邦证据规则的补充，如果两者冲突，普通法原则即被相应的证据规则取代(详见 483 U. S. 171 和 469 U. S. 45 等判例)。

美国联邦证据规则在生效后进行了几次修改，最近的一次发生在 2011 年。2011 年修改被称作“形式化修改”(Restyle the Federal Rules of Evidence)，其目的不是对证据规则的内容进行实质性的修改，而是统一表达方式，防止同样的含义在不同条文或者规则之间出现不同的表达和理解。修改后的联邦证据规则于 2011 年 12 月 1 日生效。

二、法律文献学视野下的联邦证据规则介绍

从法律文献学视角下对联邦证据规则进行研究，主要资源仍可以划分为两种：原始法律资源(Primary Authority)和二次法律资源(Secondary Authority)。

联邦证据规则最主要的原始法律资源就是美国联邦证据规则(Federal

Rules of Evidence)。在美国法典（United States Code）中，联邦证据规则被专门集中地安排在第 28 部分“司法制度和司法程序”（Judiciary and Judicial Procedure）中，与美国联邦民事诉讼程序条例、最高法院规则并列。美国联邦证据规则主要包括这样的几个部分：一般规定、法院确认、民事程序中的推定、证据关联性和限制、特权、证人、专家证据、传闻证据、证据的采信、书面录音图像证据的内容以及其他规则。可以说，联邦证据规则作为独立的证据规则具有其独立的地位，因此是最重要的原始法律资源。

在研究联邦证据规则时，我们也不能忽略其他成文法中的证据条款。在美国法典下，我们还不能忽视这样的原始法律资源的存在，它们是联邦证据规则的重要补充。比如：《美国法典》第 11 章“破产”中的第 101 条、第 18 章“犯罪和刑事程序”中的 §3181 至 §3195 条等。除了制定法（Statute），美国联邦法规中也有关于证据的规定（如 29 CFR §101. 10 等）。在美国联邦民事诉讼程序条例和联邦刑事诉讼程序条例中，更是含有大量的涉及证据的原始法律资源（如 Fed. R. Civ. P. 16 和 Fed. R. Crim. P. 42 等）。行政命令（Executive Order）是原始法律资源的一种，指总统签署实施国会发布的法律或者总统基于宪法直接下达的某项要求，在证据规则方面，也会涉及少数的以行政命令形式出现的原始法律资源，如 Exec. Order No. 12473。

除了原始法律资源，我们还可以从二次法律资源（Second Authority）中寻找资料，来研究证据规则或者尝试对证据规则进行解释。美国法律百科全书（American Jurisprudence）中，证据（Evidence）作为重要的一部分被单独阐释，而美国联邦证据规则自然也被逐条地分析和争论。美国学者对于联邦证据规则也有众多的论著，比如 Mueller 和 Krikpatrick 的《联邦证据》（Federal Evidence）、Graham 的“联邦证据指南”（Handbook of Federal Evidence）以及 McCormick 论证据（McCormick on Evidence）等。

FEDERAL RULES OF EVIDENCE

Introductory Notes [1]

Evidence is the many types of information presented to a judge or jury designed to convince them of the truth or falsity of key facts. Evidence typically includes testimony of witnesses, documents, photographs, items of damaged property, government records, videos, and laboratory reports. Strict rules limit what can be properly admitted as evidence, but dozens of exceptions often mean that creative lawyers find a way to introduce such testimony or other items into evidence.

The Federal Rules of Evidence govern the admission or exclusion of evidence in most proceedings in the United States courts. The Supreme Court submitted proposed Federal Rules of Evidence to Congress on February 5, 1973, but Congress exercised its power under the Rules Enabling Act to suspend their implementation. The Federal Rules of Evidence became federal law on January 2, 1975, when President Ford signed the Act to Establish Rules of Evidence for Certain Courts and Proceedings, Pub. L. No. 93 - 595. As enacted, the Evidence Rules included amendments by Congress to the rules originally proposed by the Supreme Court. The most recent amendments to the Federal Rules of Evidence were adopted in 2011.

The Rules give trial judges the power to admit evidence that is relevant to the case and has probative value and exclude evidence that is irrelevant, likely to cause unfair prejudice, confusing, misleading, repetitive or otherwise defective. The rules are designed to secure fairness and promote the growth and development of the law of evidence as well as ensure a fair trial.

Rules of evidence are, as the name indicates, the rules by which a court determines what evidence is admissible at trial. In the U. S., federal courts follow the

[1] Introductory Notes by Al Maleson and Cornell University Law school Legal Information Institute: http://www.law.cornell.edu/wex/evidence.

Federal Rules of Evidence, while state courts generally follow their own rules. *See*, *for example* California's evidence rules, Indiana's evidence rules, or Washington's evidence rules. State rules of evidence are generally imposed by the state legislature upon the state courts.

In establishing what evidence is admissible, many rules of evidence concentrate first on the relevancy of the offered evidence. *See*, *for example* Article IV of the Federal Rules of Evidence.

Rules of evidence also allocate among the parties the burden of producing evidence and the burden of persuading the court. *See*, *for example* Article III of the Federal Rules of Evidence or Division 5 of the California Evidence Code.

The Federal Rules of Evidence also address the admissibility of hearsay, oral testimony, and Article V of the Federal Rules of Evidence and Division Eight of the California Evidence Code.

联邦证据规则(中文翻译全文)

第一章　一般规定

第101条　适用范围

本规则根据第1101条规定的范围和例外,适用于在联邦法院、联邦破产法院和联邦治安法院进行的诉讼。

(根据1987年3月2日的修改,同年10月1日生效;1988年4月25日的修改,同年11月1日生效)

第102条　目的和结构

本规则将用以保证公正施行,消除不合理的耗费和延误,促进证据法的发展壮大,以实现确定事实真相,公正处理诉讼。

第103条　关于证据的裁定

(a)错误裁定的后果

除非影响到当事人的实体权利和具有下列情况,否则错误可以不作为采纳或排除证据的依据:

(1)异议对于一项采纳证据的裁定,适时提出要求撤销的异议,或申请记录在案并阐明异议的具体理由,如果该理由未能从上下文中显露出来;或者

(2)提供证明对于一项排除证据的裁定,可以提供该证据的要旨使法庭了解或者使其从所提问题的内容中显露出来。

(b)关于提供证据和裁定的记录

法庭可以增加任何与表明证据特征、证据被提供的方式、提出的异议和

相关的裁定有关的其他的或进一步的证词，可以指示用提问和回答的方式来提供。

（c）陪审团审理

在陪审团审理的情况下，法官将指导诉讼，以防止不能采纳的证据通过各种手段，如做出陈述、提供证明或进行提问等，对陪审团产生影响。

（d）显见错误

本规则不妨碍对涉及实体权利的显见错误提请注意，虽然这些显见错误未引起法庭注意。

第 104 条 初步询问

（a）关于可采性的一般询问

关于证人资格、存在（拒绝作证的）特权或证据可采性的初步询问将由法庭决定，适用下述（b）款的规定。除涉及特权的问题外，法庭做出决定时不受证据规则的限制。

（b）以事实为条件的相关性

当证据的相关性依赖于满足一定的事实条件时，在介绍足以确定具备该事实条件的证据后，法庭应采纳该证据。

（c）陪审团审理

在所有案件中，有关（被告人）自白的可采性的审理将避开陪审团。审理其他初步事项时，出于公正利益的考虑，或者当被告人作证时提出这样的请求，也可以避开陪审团。

（d）被告人作证

当被告人对初步事项作证时，与案件中其他争议不同，不适用交叉询问。

（e）重要性和可信性

本规则不限制当事人在陪审团面前介绍与重要性或可信性相关的证据的权利。

（根据 1987 年 3 月 2 日的修改，1987 年 10 月 1 日生效）

第 105 条 有限的可采性

如果证据对于一方当事人或出于一种目的可以采纳，而对于他方当事人或出于另一种目的不能采纳，当这种证据被采纳时，法庭根据请求，应将该证据限制在适当的范围，并相应对陪审团做出指示。

第 106 条 书面或录音证词的剩余部分或相关部分

当一份书面证词或录音证词，或其中一部分由一方当事人出示时，他方当事人可以请求同时出示该书面证词或录音证词的剩余部分，或者任何其他出于公正立场应予考虑同时出示的书面证词或录音证词。

（根据1987年3月2日的修改，1987年10月1日生效）

第二章　司法认知

第201条　关于裁判事实的司法认知

（a）适用范围

本条规则仅适用于关于裁判事实的司法认知。

（b）事实种类

适用司法认知的事实必须不属于合理争议的范畴，即：（1）在审判法院管辖范围内众所周知的事实；或（2）能够被准确地确认和随时可借助某种手段加以确认，该手段的准确性不容合理质疑。

（c）任意采用

无论被请求与否，法庭可以采用司法认知。

（d）强制采用

如果当事人提出请求并辅之以必要的资料，法庭应当采用司法认知。

（e）被听证的机会

对于采用司法认知是否妥当和关于认知的要旨，当事人有权及时请求给予听证的机会。在未事先通知的情况下，可以在司法认知做出后提出这样的请求。

（f）采用司法认知的时间

在诉讼的任何阶段都可以采用司法认知。

（g）指示陪审团

在民事诉讼中，法庭应指示陪审团将已经认知的事实作为结论性事实采纳。在刑事诉讼中，法庭应指示陪审团可以（但不要求这样做）将已经司法认知的事实作为结论性事实采纳。

第301条　民事诉讼中推定的一般规定

在所有民事诉讼中，除国会制定法或本证据规则另有规定外，一项推定赋予其针对的当事人举证反驳或满足该推定的责任，但未向该当事人转移未履行说服责任即需承担风险意义上的证明责任。该证明责任仍由在审判过程中原先承担的当事人承担。

第 302 条 民事诉讼中州法的适用性

在民事诉讼中，作为主张或辩解内容的事实如果适用州法确定，那么对于该事实的推定的效力依据州法规定。

第 401 条 “相关证据”的定义

“相关证据”指证据具有某种倾向，使决定某项在诉讼中待确认的争议事实的存在比没有该项证据时更有可能或更无可能。

第 402 条 相关证据一般可以采纳；无相关性的证据不能采纳

所有具有相关性的证据均可采纳，但美国宪法、国会立法、本证据规则以及联邦最高法院根据立法授权确立的其他规则另有规定的除外。没有相关性的证据不能采纳。

第 403 条 因偏见、混淆或浪费时间而排除相关证据

证据虽然具有相关性，但可能导致不公正的偏见、混淆争议或误导陪审团的危险大于该证据可能具有的价值时，或者考虑到过分拖延、浪费时间或无需出示重复证据时，也可以不采纳。

第 404 条 品格证据不能采纳来证明行为；例外；其他犯罪

（a）品格证据的一般规定

有关某人品格或品格特征的证据，不能用以证明该人在某特定场合的行为与其品格或品格特征相一致。下列情况除外：

（1）被告人的品格

由被告人提供的证明其有关品格特征的证据，或者由起诉方提供反驳被告人品格的证据；

（2）被害人的品格

由被告人提供的关于被害人品格的证据，或者由起诉方提供来反驳被告人所举关于被害人品格的证据，或者在杀人案件中起诉方为反驳证明被害人先动手的证据而提供的证明被害人一贯性格平和的证据；

（3）证人的品格

关于证人品格的证据，适用第 607、608 和 609 条的规定。

（b）其他犯罪、错误或行为

关于其他犯罪、错误或行为的证据不能用来证明某人的品格以说明其行为的一贯性。但是，如果出于其他目的，如证明动机、机会、意图、预备、

计划、知识、身份或缺乏过失，或意外事件等，可以采纳。

（根据1987年3月2日的修改，同年10月1日生效）

第405条 证明品格的方法

（a）名声或评价

在所有允许采纳有关某人品格证据的案件中，由提供关于名声的证言或者以评价方式做出的证言来进行证明。在交叉询问中，允许对相关的特定行为实例进行质询。

（b）特定行为实例

当关于某人的品格或一贯品行成为一项指控、主张或辩护中至关重要部分时，可以举出该人的特定行为实例加以证明。

第406条 习惯；日常工作

关于某人的习惯或某组织日常工作的证据，不管是否已经证实，也不管是否有目击证人在场，对于证明该人或该组织在特定场合或时刻的行为与其习惯或日常工作一致，是相关的。

第407条 随后的补救措施

当一起事件发生后采取了那些如果事先采取很可能会避免该事件发生的措施时，关于这些事后补救措施的证据不能采纳来证明与该事件相联系的过失或应受处罚的行为。本规则不要求排除为其他目的而提供证明采取随后措施的证据，如为证明所有权、控制权或者预防措施的可行性，如果这些遭到辩驳或异议的话。

第408条 和解与要求和解

关于在对一项诉讼主张进行和解或企图和解的过程中，（1）提出、表示或允诺提出；（2）接受、表示或允诺接受，一项有价值的考虑的证据，当该诉讼主张的效力或数额引起争议时，不能作为证明对该诉讼主张无效或其数额负有责任的证据采纳。有关在和解谈判中所作行为或陈述的证据同样也不能采纳。本规则并不要求对通过其他途径可能发现的证据，仅仅因其在和解谈判中出示便加以排除。本规则同样不要求，当上述证据为其他目的出示时，如证明某证人有偏见，否认意图不正当拖延诉讼或阻碍刑事侦查、起诉等，也加以排除。

第409条 支付医疗或类似费用

关于支付、表示或允诺支付因伤害而引起的医疗、住院或类似费用的证据，不能作为证明对伤害负有责任的证据采纳。

第 410 条 答辩、答辩讨论和有关陈述不可采纳

除本规则另有规定外，下列证据在任何民事和刑事诉讼中不能作为不利于作过答辩或参加过答辩讨论的被告的证据而采纳：

（1）曾作有罪答辩后来又撤回；

（2）作不愿辩解又不承认有罪的答辩；

（3）在根据联邦刑事诉讼程序条例第 11 条或类似的州程序进行的诉讼中做出以上答辩的陈述；或者

（4）在答辩讨论中对代表控诉方的律师所作的陈述，该答辩讨论并未产生被告作有罪答辩的结果，或者被告作有罪答辩后又撤回。

但是，此种陈述在以下情况可以采纳：

（i）其他在同一答辩或答辩讨论中所作的陈述在诉讼中已经被提供，而本陈述应被公正地认为是与该陈述同时产生的；

（ii）在对伪证或虚假陈述进行的刑事诉讼中，如果本陈述是被告在宣誓后、经记录在案或律师在场的情况下作出的。

（根据 1979 年 4 月 30 日的修改，1980 年 12 月 1 日生效）

第 411 条 责任保险

关于某人曾经或者未曾进行责任保险的证据，不能采纳来证明该人是否行为有疏忽或其他过失的争议。本规则不要求有关责任保险的证据在为其他目的出示时，如证明代理、所有权或占有、证人有偏见或不公正等，也加以排除。

（根据 1987 年 3 月 2 日的修改，1987 年 10 月 1 日生效）

第 412 条 性犯罪案件；与被害人过去行为相关

（a）不管法律有何其他规定，在被指控犯有美国法典第 18 编第 109 章所规定罪行的刑事案件中，关于所谓被害人过去性行为方面的名声或评价的证据，一律不予采纳。

（b）不管法律有何其他规定，在被指控犯有美国法典第 18 编第 109 章所规定罪行的刑事案件中，关于所谓被害人过去性行为方面的证据，尽管不是涉及名声或评价的证据，除以下情况外，同样也不能采纳：

（1）根据本条（c）（1）和（c）（2）规定可以允许和根据宪法要求可以允许的；或者

(2) 根据 (c) 规定被允许，并且属于下列证据：

(A) 证明与被告人以外的其他人曾有过性行为的证据，由被告人针对被告人是否对所谓被害人有性行为或伤害的争议而提供；或者

(B) 证明与被告人过去有过性行为的证据，由被告人针对所谓被害人是否同意与被告人进行被控犯罪的性行为的争议而提供。

(C) (1) 如果被指控犯有美国法典第 18 编第 109 章所规定罪行的被告人根据 (b) 规定意图提供关于所谓被害人过去性行为方面的证据时，至迟需在确定的审判期日 15 日前提出书面申请，要求在审判中出示此证据。如果法庭确认，此证据系新发现的，不可能通过正常工作而更早获得，或者与此证据相关的争议系最近从案件中产生，可以允许此书面申请在规定期限后提出，甚至在审判期间提出。根据本规定提出的书面申请，将送达所有其他当事人和被害人。

(2) 按照前项规定提出申请，需同时提出书面证明。如果法庭认为，提供的证明含有前 (b) 款规定的证据，将命令在会议室举行听证以决定是否采纳此类证据。在举行听证时，当事人可以传唤证人，包括其所称的被害人，以及提供相关证据。

依照第 104 条 (b) 款之规定，如果被告人寻求在审判中出示的证据的相关性取决于满足一定的事实条件，法庭在此听证会上或者此后为此目的安排的听证会上，应采纳与证明该事实条件是否已经满足有关的证据，并对此问题做出决定。

(3) 如果法庭在举行前项规定的听证会的基础上，确认被告人意图提供的证据具有相关性，而且这些证据可能具有的价值将大于不公正偏向的危险，可允许在审理时有限度地采纳这些证据。即法庭做出一项指示，明确限定可被提供的证据和所称被害人可被询问或交叉询问的范围。

(d) 在本规则中，“过去性行为”是指，除依据美国法典第 18 编第 109 章规定构成犯罪的性行为以外的性行为。

第五章　特权

第 501 条　一般规则

除联邦宪法、国会制定法和联邦最高法院根据授权确定的规则另有规定

外，关于证人、个人、政府、州或有关政治组织的特权适用普通法的原则，由联邦法院根据理性和经验加以解释。但是，在民事诉讼中，如关于一项诉讼主张或辩解的内容需适用州法做出决定时，关于证人、个人、政府、州或有关政治组织的特权将按照州法确定。

第六章 证人

第 601 条 关于证人能力的一般规则

除本证据规则另有规定外，每个人都有资格作为证人。但是，在民事诉讼中，有关构成一项诉讼主张或辩解的内容需适用州法做出决定时，证人能力将按照州法确定。

第 602 条 缺乏亲身体验

除非有证据足以确定证人对待证事项具有亲身体验，否则其不能作证。证明有亲身体验的证据可以是，但不必要是，证人自己的证言。本条规则服从于有关专家证人提供意见证据的第 703 条规则的规定。

（根据 1987 年 3 月 2 日的修改，1987 年 10 月 1 日生效；1988 年 4 月 25 日修改，1988 年 11 月 1 日生效）

第 603 条 宣誓或郑重声明

作证前要求每个证人声明如实提供证词，通过宣誓或虽不宣誓但以某种旨在唤醒证人良知和加深证人责任感的方式来进行。

（根据 1987 年 3 月 2 日的修改，1987 年 10 月 1 日生效）

第 604 条 译员

译员适用关于专家证人资格的规定，通过宣誓或不经宣誓的其他方法来保证如实翻译。

（根据 1987 年 3 月 1 日的修改，1987 年 10 月 1 日生效）

第 605 条 法官作为证人的能力

主持审判的法官不能在该审判中充当证人提供证词。不需要通过提出异议来执行本规定。

第 606 条 陪审员作为证人的能力

（a）参加审理陪审团成员不能在自己充当陪审的案件中作为证人提供证词。如果陪审员被传唤作证，对方当事人有权被授予机会在陪审团不出席的情况下提出异议。

(b) 对陪审团裁决或起诉书合法性的调查。当对陪审团裁决或起诉书的合法性进行调查时，陪审员不能对陪审团评议期间的任何事项或陈述作证，也不能对涉及评议事项的作用，或影响其他陪审员赞成或反对该裁决或起诉的心灵或感情因素，或者与此相关的陪审员的思想过程作证。但陪审员可以对以下问题作证，即是否有额外的偏见的信息不适当地吸引了陪审团的注意，或者是否对陪审员存在任何外界的不适当影响。凡涉及陪审员不应作证的事项，不管是陪审员的宣誓，还是陪审员陈述的任何证据，都不能为此目的而采纳。

(根据 1987 年 3 月 2 日的修改，1987 年 10 月 1 日生效)

第 607 条 谁可以提出质疑

关于证人的诚信问题，任何一方当事人，包括传唤该证人作证的当事人，都可以提出质疑。

(根据 1987 年 3 月 2 日的修改，1987 年 10 月 1 日生效)

第 608 条 关于证人品格和行为的证据

(a) 关于品格的评价证据和名声证据

证人的诚信可以通过提供评价证据和名声证据来进行抨击和支持。但受以下限制：(1) 证据只能涉及证人可信和不可信方面的品行；和 (2) 证明可信品行的证据只能在该证人的诚信已经受到评价证据和名声证据抨击后才能采纳。

(b) 行为的具体实例

出于抨击或支持证人诚信的目的，关于证人行为的具体实例，而不是第 609 条规则所规定的定罪记录，可以不需以外来证据证明。但是，根据法庭的裁量，如果存在诚信或不诚信的可能性，可以在对证人进行交叉询问时对以下事项进行询问：(1) 关于该证人可信或不可信的品行问题；或 (2) 关于其他证人可信或不可信的品行问题，而此问题在该证人被交叉询问时已得到证明。

无论是被告人还是其他证人作证，当仅就有关诚信问题进行审查时，不作为被告或证人放弃反对自我归罪的特权来运作。

(根据 1987 年 3 月 2 日的修改，1987 年 10 月 1 日生效；1988 年 4 月 25 日修改，1988 年 11 月 1 日生效)

第 609 条 以曾被定罪的证据提出质疑

（a）一般规则

出于抨击证人可信性的目的，证明证人曾被定罪的证据可以采纳，如果此证据是在交叉询问中从该证人处得到的，或者是由公共记录证实的，但仅限于以下情形：（1）按照该证人被定罪时依据的法律，该罪行属于可判死刑或一年以上徒刑的罪行，而且法庭确认采纳此证据可能具有的价值大于它对被告人可能造成的偏见后果；或者（2）不管法定刑如何，是涉及伪证或虚假作证的罪行。

注：上述第 609 条（a）（1）和（2）于 1990 年 1 月 26 日修改。修改案于 1990 年 12 月 1 日生效。修改案如下：

（a）一般规则

出于抨击证人的目的

（1）有关非被告人的证人曾被定罪的证据，如果该罪法定刑为死刑或一年以上徒刑，可以采纳；有关被告人曾被裁决犯有此种罪行的证据，如果法庭确认采纳此种证据可能具有的价值大于它对被告人可能造成的偏见后果，也可以采纳；和

（2）有关任何证人曾被定罪的证据，如果该罪行涉及伪证或虚伪陈述，则不管法定刑如何，均可以采纳。

（b）时间限制

本规则所规定的有关曾被定罪的证据，如果自定罪之日起算已逾 10 年，或者该证人已从因定罪所受的限制中解脱出来，不管时间长短，都不能采纳。除非法庭从正义的立场考虑，由确定的事实和环境支持的定罪可能具有的价值确实超过它的偏见后果。但是，已逾 10 年的有关定罪的证据不能采纳，除非准备举证者事先留有充分的时间，以书面通知对方当事人准备使用这样的证据，为对方当事人提供一个公平的机会对此种证据的使用进行辩驳。

（c）赦免、撤销或证明恢复名誉的效果

如果具有下列情况，本规则所规定的有关曾被定罪的证据不能采纳：

（1）该定罪已被赦免、撤销或证明恢复名誉，或基于对被定罪人恢复名誉而采取了其他相应程序，以及该人未被认定犯有可判死刑或一年以上有期

徒刑的罪行，或者

（2）该定罪已被赦免、撤销或因发现无罪而采取其他相应程序。

（d）未成年人的裁判

根据本规则，有关对未成年人裁判的证据总的来说不能采纳。但是，在刑事案件中，法庭可以允许被告人以外的证人未成年时被裁判的证据，如果该曾被定罪的证据可被采纳来抨击一名成人的可信性，而且法庭有理由认为采纳此种证据对公正地确定罪与非罪是必要的。

（e）上诉未决

上诉未决并不导致有关定罪的证据不能采纳。关于未决上诉的证据可以采纳。

第 610 条　宗教信仰或主张

有关证人关于宗教事务的信仰或主张的证据不能采纳来证明由于此方面的原因使该证人的可信性受到损害或增强。

（根据 1987 年 3 月 2 日的修改，1987 年 10 月 1 日生效）

第 611 条　询问和举证的方式和次序

（a）法庭控制

法庭应当对询问证人和出示证据的方式和次序加以合理的控制，以做到：

（1）使询问和出示证据能有效地帮助确定事实真相；

（2）避免不必要的浪费时间；

（3）保护证人不受折磨或不正当的非难。

（b）交叉询问的范围

交叉询问应限于直接询问时的主题和与证人诚信有关的问题。法庭经斟酌决定，可以允许像直接询问时那样对附加的问题进行询问。

（c）诱导性问题

在对证人进行直接询问时，除非为展开证人作证所必需，否则不能提出诱导性问题。在交叉询问时可以允许一般的诱导性问题。当一方当事人传唤怀有敌意的证人、对方当事人或属于对方当事人一方的证人时，可以用诱导性问题进行询问。

第 612 条　使用书面材料来唤醒记忆

除在刑事诉讼中《美国法典》第 18 编第 3500 条另有规定外，如果证人在下列场合出于作证目的使用书面材料来唤醒记忆：

（1）作证过程中；或

（2）在作证前，如法庭裁量决定从公正角度考虑是必需的，对方当事人有权获得在听证时制作的有关书面材料进行审查，有权对有关证人进行交叉询问，以及出示与该证人证言相关的证据。如果声称该书面材料所含内容与证明的主题无关，法庭将在密议室对该书面材料进行审查，删除所有无关的部分，然后命令将剩余部分移交经授权的当事人。因提出异议而被扣留的部分将予保存，以备案件上诉时移送上诉法院。如果书面材料未按照本规则的命令制作或移交，法庭将依据公正的要求做出适当的命令，取消该证言，除非在刑事案件中控诉方选择不这样做。或者在法庭认为必要时，宣告审判无效。

（根据 1987 年 3 月 2 日的修改，1987 年 10 月 1 日生效）

第 613 条 证人先前的陈述

（a）就证人先前的陈述进行询问

在对证人就其先前的陈述进行询问时，不管该陈述是否书面，不必出示，内容也不必向证人透露。但对方律师要求时，应当向对方律师出示或公开。

（b）有关证人先前陈述不一致的外部证据

有关证人先前陈述不一致的外部证据，除非向该证人提供机会进行解释或否认，向对方当事人提供机会对该证人进行质询，或者出于其他司法利益的要求，否则不能采纳。本规定不适用于按照本证据规则第 801 条（d）（2）规定允许对立当事人的情况。

（根据 1987 年 3 月 2 日的修改，1987 年 10 月 1 日生效；1988 年 4 月 25 日的修改，1988 年 11 月 1 日生效）

第 614 条 法庭传唤和询问证人

（a）法庭传唤证人

法庭可以自己提议或者根据当事人的建议传唤证人。所有当事人均有权对传唤的证人进行交叉询问。

（b）法庭询问

法庭可以询问证人，不管该证人是法庭传唤的，还是当事人传唤的。

（c）异议

对法庭传唤证人或询问证人，可以当时或者随后在陪审团不在场的适当时机提出异议。

第 615 条 排除证人

根据当事人请求，法庭可以命令证人退场以便他们听不到其他证人的证词。法庭也可以自己提议做出这种决定。本规则不可用来排除：（1）自然人的当事人；或（2）非自然人的当事人的官员或雇员，被其律师称为代表人的；或（3）当事人表明其在场对代表当事人的利益而言至关重要的人。

（根据 1987 年 3 月 2 日的修改，1987 年 10 月 1 日生效；1988 年 4 月 25 日的修改，1988 年 11 月 1 日生效）

第七章 意见证据和专家证词

第 701 条 一般证人的意见证词

如果证人不属于专家，则他以意见或推理形式做出证词仅限于以下情况：（a）合理建立在证人的感觉之上；和（b）对清楚理解该证人的证词或确定争议中的事实有益。

（根据 1987 年 3 月 2 日的修改，1987 年 10 月 1 日生效）

第 702 条 专家证词

如果科学、技术或其他专业知识将有助于事实审判者理解证据或确定争议事实，凭其知识、技能、经验、训练或教育有资格成为专家的证人可以用意见或其他方式作证。

第 703 条 专家意见证词的基础

在特定案件中，专家意见或推理所基于的事实或数据可以是专家听证时或听证前感觉或获悉的。如果专家对待证问题形成意见或推理所依据的是在特定领域可合理作为根据的事实或数据，这些事实和数据不必要作为证据采纳。

（根据 1987 年 3 月 2 日的修改，1987 年 10 月 1 日生效）

第 704 条 关于最终争议的意见

（a）除本条（b）款规定的以外，其他可采纳的意见或推理证据不能因其涉及有待事实裁判者决定的最终争议而受到异议。

（b）在刑事案件中，关于被告人精神状态或境况的专家证人证词不能对该被告是否具有属于被指控的犯罪构成要素或相关辩护要素的精神状态或境况表态，此类最终争议应由事实裁判者独立决定。

（根据 1984 年 10 月 12 日的修改，载公法 98 - 473，第 2 章第 406 条）

第 705 条 公开专家意见所依据的事实和数据

专家可以意见或推理的方式作证并提供相关理由，除法庭另有要求外，不需要事先公开该意见所依据的事实和数据。无论怎样，在交叉询问时可以要求作证专家公开其意见所依据的事实和数据。

（根据 1987 年 3 月 2 日的修改，1987 年 10 月 1 日生效）

第 706 条 法庭指定专家

（a）指定

法庭可以自行决定或根据当事人的申请，做出一项指令以说明为什么不能指定专家证人的原因，也可以要求当事人提名。法庭可以指定经当事人同意的任何专家证人，也可以根据自己的选择指定专家证人。如专家证人本人不同意，则法庭不能指定。被指定的专家证人要由法庭以书面形式通知其作证的责任，通知副本由书记官归档或者在当事人有机会参加的会议上出示。如果有什么发现或研究结果，被指定的专家证人应告知当事人。该专家证人的证词，任何一方当事人均可获得。法庭或任何一方当事人均可传唤该专家证人作证。该专家证人将接受包括传唤其作证的当事人一方在内的各方当事人交叉询问。

（b）补偿

如此指定的专家证人有权在法庭允许的数额内获得补偿。在刑事案件和根据宪法第 5 条修正案包含此类补偿的民事诉讼中，补偿金在法律规定的款项中支付。在其他的民事诉讼中，补偿金将由当事人根据法庭以与确定其他费用类似的方式所确定的比例和时间支付。

（c）将指定公开

根据法庭的斟酌裁量，法应可以授权向陪审团公开由法庭指定有关专家证人的事实。

（d）当事人自己选择专家

本条规则不限制当事人根据自己的选择传唤专家证人。

（根据 1987 年 3 月 2 日的修改，1987 年 10 月 1 日生效）

第八章 传闻证据

第801条 定义

在本章中下列用语的定义是:

(a) 陈述

一项"陈述"是指:(1) 口头或书面的主张;或(2) 个人非言词的行为,行为人意图以此来表达一个主张。

(b) 陈述者

"陈述者"是指做出一项陈述的人。

(c) 传闻

"传闻"是指不是由陈述者在审判或听证中作证时做出的陈述,在证据上将它提供来证明主张事项的真相。

(b) 不是传闻的陈述

一项陈述如果符合下列情况,则不是传闻:

(1) 证人的先前陈述。陈述者在审判或听证中作证并接受关于该陈述的交叉询问,而且该陈述具有下列情况:

(A) 和陈述者的证词不一致,在审判、听证或其他程序,或者在作证中,经宣誓如作伪证愿受惩罚后提供;或者

(B) 和陈述者的证词一致,用以反驳明示或暗示指控陈述者最近捏造或受不当影响,或有新动机的说法;或者

(C) 是在察觉某人后所作的一种辨认。

(2) 为对立当事人承认。该陈述被用来反对一方当事人,而且具有下列情况:

(A) 是该当事人自己的陈述,以个人身份或代表人资格做出;或者

(B) 该当事人已表明接受或相信其真实性的一种陈述;或者

(C) 是由当事人授权的人所作的一项关于主题的陈述;或者

(D) 由该当事人的代理人或雇员在代理或受雇期间对代理或受雇范围内事项所作的一项陈述;或者

(E) 由当事人的同谋者在同谋期间所作的一项陈述。

(根据1987年3月2日的修改,1987年10月1日生效)

第 802 条　传闻证据规则

传闻证据，除本证据规则或其他由联邦最高法院根据立法授权或国会立法所确认的规则另有规定外，不能采纳。

第 803 条　传闻证据的例外；陈述者可否作证无关紧要

下列情况不受传闻证据规则排除，即使陈述者可以作证：

（1）表达感觉印象

陈述者感受有关事件或情况时当场做出或随即做出的描述或解释该事件或情况的陈述；

（2）刺激的发泄

陈述者因受某事件或情况刺激处于极度兴奋状态中所作的与该令人吃惊的事件或情况有关的陈述；

（3）当时存在的精神、感情或身体状态

陈述者关于当时存在的心理状态、感情、知觉或身体状态（如意图、打算、动机、内心情感、疼痛或身体健康）的陈述，但不包括以记忆和信念来证明被记忆或被确信的事实的陈述，除非其与实施、撤销、识别、终止陈述者的愿望相关。

（4）出于医疗诊断或治疗目的的陈述

出于医疗诊断或治疗目的的陈述，描述医疗史、过去或现在的症状、疼痛，或知觉、病因的发端或一般症状，或外部根源的陈述，限制在与诊断或治疗合理相关的范围内。

（5）被记录的回忆

与证人曾经经历过但现在已不能充分回忆从而充分、准确地作证的事情相关的备忘录或记录，表明此系证人在记忆犹新并能准确再现时制作或接受的。如果允许采纳，该备忘录或记录可以作为证据宣读。但除非由对方当事人提供，否则其本身不能作为一个物证接受。

（6）关于日常行为、活动的记录

任何记载行为、事件、状况、意见或诊断的备忘录、报告、记录、数据汇编或其他形式的文件，由经手人通过所了解的信息当场或随后制作，经过日常进行的业务活动保存，并且制作这些备忘录、报告、记录、数据汇编等属于日常业务活动内容，均可由文件管理人或其他适格证人提供作证。除非这些材料的信息来源或准备这些材料的方法、环境表明这些材料缺乏真实性。

本规定中所用“业务活动”一词，包括商业、机构、协会、职业、工作以及其他各行各业，不管其是否以赢利为目的。

(7) 在第 (6) 项规定的记录中缺乏记载

关于在前第 (6) 项规定的各种形式的备忘录、报告、记录或数据汇编中缺乏关于某事项的记载的证据，用以证明该事项没有发生或不存在。如果该事项属于那种正常制作或保管这些备忘录、报告、记录或数据汇编时应当涉及的事项。除非信息来源或其他情况表明这些材料缺乏真实性。

(8) 公共记录或报告

公共机关或机构记载下列内容的各种记录、报告、陈述或数据汇编：

(A) 该机关或机构的活动；或者

(B) 根据法律赋予的职责对所观察、监视的事物有责任报告的，但是，不包括在刑事案件中由警察或其他执法人员观察的事项；或者

(C) 在民事诉讼和针对政府的刑事案件中，由有关部门根据法律授权通过调查做出的事实性结论，除非有材料或其他情况表明其缺乏真实性。

(9) 重要统计资料

关于出生、胎儿死亡、死亡或婚姻的各种记录或数据统计，如果这些资料是由公共机关按照法律要求制作的。

(10) 缺乏公共记录或没有记载

证明缺乏任何记录、报告、陈述或数据汇编以证明某一事项没有发生或不存在的证据。这些记录、报告、陈述或数据汇编由公共机关或机构正常制作和保存。按照第 902 条规则规定的证明书形式的证据，或证明经过认真搜查未发现有关记录、报告、陈述或数据汇编或者这些资料中没有记载的证词。

(11) 宗教组织的记录

记载在宗教组织常规制作、保存的资料中的关于出生、婚姻、离婚、死亡、合法性、家世、血缘或婚姻关系，或其他关于个人或家史的类似事实。

(12) 婚姻、洗礼和类似证明

由牧师、公共官员或其他本规则授权的人，或宗教组织的习俗，或依法进行证明活动的人在从事婚姻、其他典礼或施行洗礼时制作的证明文件中记载的有关事实的陈述，声称此类文件在进行有关活动时当场签署或随后及时签署。

（13）家庭记录

在家族文献、家谱、图册中记载，通过戒指上的刻字，家庭塑像上的铭文，雕刻在骨灰盒、墓穴、纪念碑或其他类似物体上的铭文记载的有关个人或家史事实的陈述。

（14）反映财产利益的文件记录

旨在确认或反映财产利益的文件记录，作为该原始记录文件的内容和每个财产执行人对该财产利益所作的执行和转移行为的证明。如果该记录是一份公共机关的记录，而且有适当的法律授权在该机关制作这样类型的文件记录。

（15）文件中反映财产利益的陈述

一项在文件中包含的旨在确认或反映财产利益的陈述，如果陈述的事项与文件的目的相关。除非自文件制作以来，对该财产的处置与陈述的内容或文件的主旨不符。

（16）在陈年文件中的陈述

已制作20年或以上的文件中记载的陈述，其真实性被确认。

（17）市场报告，商业出版物

市场摘要、制表、目录、指南或其他发表的汇编，为公众或特定职业经常使用和依赖的。

（18）学术论文

为在交叉询问中引起专家证人的注意，或者在直接询问中为专家证人所依赖，记载在发表或出版了的论文、期刊或小册子中有关历史、医学或其他科学、艺术的陈述，经过该专家证人或其他专家证人的作证或允许，或者司法认知确认为可靠证据。如果采纳，该陈述可以作为证据宣读，但不得作为物证接受。

（19）关于个人或家庭历史的名声

在根据血缘、收养或婚姻组成的家庭成员中，或者在个人结交圈子内，或者在社会上，关于个人的出生、收养、婚姻、离婚、死亡、合法性、血缘关系、收养关系、婚姻关系、家世名声或其他有关个人或家庭历史的类似事实。

（20）关于边界和一般历史的名声

争议发生前在公众社会中关于地产边界的名声，或者在公众社会中与土地有关的习惯，以及在对所处社会、州、国家具有重要性的一般历史事件中的名声。

(21) 性格方面的名声

在社交圈中或在社会上关于个人性格方面的名声。

(22) 先前定罪的判决

关于存在经过审判或根据被告人有罪答辩（不能根据不愿辩护但也不承认有罪的答辩）做出的最终判决，判决某人有罪并处以死刑或一年以上徒刑的证据，用以证明对维持该判决有重要性的事实。但是，如果由政府在刑事指控中出于非质疑的目的提供此类证据时，则不包括对非被告人的其他人的判决。如正在上诉期间可加以说明，但不影响可采性。

(23) 关于个人、家庭、一般历史或边界的判决

作为证明有关个人、家庭、一般历史或边界事务的判决，如果名声方面的证据也能证明同样内容，对于判决来说是必要的。

(24) 其他例外

不属于以上列举的各种例外形式，但有相类似的情况保证其真实性的陈述，如果法庭决定：

(A) 该陈述作为证明重要事实的证据提供；

(B) 该陈述对于待证明的问题来说，较提供者通过其他合理努力所能获取的其他证据来说更易检验；和

(C) 采纳这些陈述作为证据更符合本证据规则的一般目的和司法利益。但是，除非提供者在审判、听证前向对方当事人充分透露，并向对方当事人提供公正的机会来准备面对它，告知准备提供这类陈述的意图和其中的详细情况，包括陈述者的姓名和地址，否则此类例外的陈述不得采纳。

(根据 1975 年 12 月 12 日的修改，1987 年 3 月 2 日的修改，1987 年 10 月 1 日生效)

第 804 条 传闻证据的例外；陈述者不能到庭作证

(a) 不能出庭的定义

“不能作为证人出庭”包含以下情况：

(1) 陈述者被法庭以存在免除证明关于该陈述者所作陈述内容的特权为由裁定免除作证；或者

(2) 陈述者坚持拒绝对自己所作陈述的内容作证，尽管法庭命令这样做；

或者

（3）陈述者声称对自己所作陈述的内容记不清了；或者

（4）陈述者由于死亡，或正患身体或精神上的疾病，或身体虚弱不能出庭或不能作证；或者

（5）陈述者未出席听证，提供有关陈述的人不能通过传票或其他合理手段使陈述者出庭［或者根据（b）款（2）、（3）或（4）项规定在陈述者出庭或作证时适用传闻证据例外的情况］。

如果陈述者免除作证、拒绝作证、声称失去记忆、没有能力或者缺席是由于提供有关陈述的人为防止该证人出庭或作证而故意或违法造成的，则陈述者不属于不能出庭作证的情况。

（b）传闻证据的例外

如果陈述者不能作为证人出庭，下列情况不适用传闻规则加以排除：

（1）先前证词

在同一诉讼或其他诉讼过程在另外的听证中作为证人提供的证词，或者在同一诉讼或其他诉讼过程中根据法律要求的作证中作为证人提供的证词，如果该证词现被用来针对当事人，或者在民事诉讼中前任利害关系人拥有机会和类似动机通过直接询问、交叉询问或再直接询问来展开该证词。

（2）临终陈述

在指控杀人的刑事案件或者在民事诉讼中，由陈述者在相信死神临近时所作的有关造成自己死亡的原因或情况的陈述。

（3）对己不利的陈述

一项在做出时不利于陈述者的金钱或财产利益，或倾向于确定陈述者的民事或刑事责任，或声明自己针对他人的要求无效的陈述，任何理智之人处在陈述者的地位，除非相信这是真的，否则绝不会做出这样的陈述。一项企图揭露陈述者负刑事责任或者用来为被告人开脱的陈述不能采纳，除非有确证的情况清楚表明该陈述的真实性。

（4）关于个人或家史的陈述

（A）关于陈述者自身出生、收养、结婚、离婚、合法性、血缘关系、收养关系、婚姻关系、家世或其他有关个人或家庭历史相关事实的陈述，即使陈述者对所述事项不具备亲身经历；或者

（B）关于他人过去事情（包括死亡在内）的陈述，如果陈述者与该人有

血缘关系、收养关系或婚姻关系，或者与该人家庭有相当亲密的关系使陈述者有可能对所述事项有清晰的了解。

(5) 其他例外

一项陈述尽管不属于上述各种情况，但具有相应的情况保证其真实性，如果法庭确定：

(A) 该陈述作为证明重要事实的证据提供；

(B) 该陈述对于待证明的问题来说，较提供者通过合理努力所能获取的其他证据更易检验；和

(C) 采纳这些陈述为证据更符合本证据规则的一般目的和司法利益。但是，除非提供者在审判、听证前向对方当事人充分透露准备提供这类陈述的意图和其中的详细情况，包括陈述者的姓名和地址，以便向对方当事人提供公正的机会来准备面对它，否则此类证据不得采纳。

第805条 传闻中的传闻

包含在传闻之中的传闻根据传闻证据规则不需要排除，如果这些结合在一起的陈述中的各个部分均符合以上规定的传闻证据规则的例外情况。

第806条 攻击和支持陈述者的可信性

当一项传闻陈述，或者一项符合规则第801条(d)款(C)、(D)或(E)项规定的陈述，已经被作为证据采纳，该陈述者的可信性可以被攻击。如果陈述者已经作为证人作证，如果攻击可以得到任何证据的支持，此攻击可以被出于此目的而采纳。关于陈述者在任何时候所作的陈述或行为方面的证据，和陈述者的传闻陈述不一致，不需要向陈述者提供机会以便其作否认或解释。如果一项传闻陈述已经被采纳，该陈述对其不利的当事人传唤陈述者出庭作证，该当事人有权像交叉询问那样对陈述者就其陈述进行询问。

第901条 要求鉴定或辨认

(a) 一般规定

申请鉴定或辨认作为采纳的先决条件，需要举出足以认定争议对象是申请人所主张的内容的证据。

(b) 说明

以下所举各例属于符合本规则要求的鉴定或辨认，仅是通过例证来加以说明，而非局限于此：

(1) 具有知识的人的证明。关于某事物确如它被宣称的那样的证词。

（2）对笔迹的非专家意见。关于笔迹真实性的非专家意见，是基于对该笔迹的熟悉程度做出，而不是出于诉讼目的的要求。

（3）由审判者或专家证人进行比较。由事实审判者或专家证人所作的与已经鉴定证实的样本的比较。

（4）与众不同的特征或类似品质。与环境相联系，在外表、内容、物质、内在形式或其他方面具有与众不同的特征。

（5）声音辨认。或者通过亲耳聆听，或者通过机械或电子设备传送或录音，基于曾在与讲话人有关的环境中听过其声音而来对该声音进行辨认。

（6）声音通话。通过在电话公司指定的时间、指定的号码对特定的个人或单位打电话的证据来辨认电话通话，如果：（A）在对人的情况下，情况（包括自我辨认）表明接电话的人正是所寻呼的人；（B）在对单位的情况下，电话打到单位所在地，有关业务的谈话在通过电话合理地进行。

（7）公共记录或报告。有关法律授权的文字在公共机关被记录或存档或事实上被记录或存档的证据，或者所称各种形式的公共记录、报告、陈述或数据汇编来自保管此类性质资料的公共机关方面的证据。

（8）陈年文件或数据汇编。有关具有下列情况的各种形式的文件或数据汇编方面的证据：

（A）在可靠性不容置疑的条件下保存；

（B）存放在可靠的地点；

（C）至出示时已存放二十年以上。

（9）过程或系统。描述用来产生结果的过程或系统的证据，或者表明有关过程或系统产生准确结果的证据。

（10）法律或规则规定的方法。由国会立法或联邦最高法院根据立法授权确认的规则所规定的任何鉴定或辨认的方法。

第902条 自我鉴定

下列情况不要求以关于鉴定的外来证据作为可采性的先决条件：

（1）国内盖有印章的公文。盖有声称来自美国或任何州、地区、领地、联邦、所占岛屿、巴拿马运河区、太平洋群岛托管区，或者上述地区中政治组织、部门、官员或机构印章的文件，文件上的签名称作一种证明或生效。

（2）国内未盖印章的公文。声称由前款所列举的单位的官员或雇员以官方身份签字的文件，未盖印章，如果该签字官员或雇员所在的地区或政治机构中有印章并有官职的官员盖章证明该签字人具有官方资格而且其签字是真实的。

(3) 外国公文。声称由外国法律授权的人以官方身份签发或证明的文件，并且伴有对该签发人或证明人的签字和官方身份真实性的最终认证，或伴有对任何外国官员（其签字和官方身份的确认与该文件的履行和证实相关或者其处在证明与履行或证实相关的签字和官方身份真实性的环节中）的签字和官方身份真实性的最终认证。这种最终认证可以由大使馆或公使馆的秘书、总领事、领事、副领事，美国领事机构或外国委派或任命驻美国的外交或领事官员做出。如果向所有当事人提供合理的机会调查这些官方文件的真实性和准确性，法庭出于已表明的适当缘由，可以命令推定这些文件真实而不需最终认证，或者在缺乏最终认证的情况下经过简易的证实程序而允许将这些文件作为证据。

(4) 经证实的公共记录的副本。官方记录、报告或其中相关内容的副本，经法律授权做记录或汇编的文件的副本，或者实际在公共机构记录或汇编的文件（包括各种数据汇编）的副本，由保管人或法律授权的其他人员提供证明证实其真实性，证明方式遵照本条规则第（1）、（2）或（3）项的规定，或者遵照国会立法或联邦最高法院按照法律授权确认的规则的规定。

(5) 官方出版物。声称由公共机构发行的书刊、小册子或其他出版物。

(6) 报纸和期刊。声称是报纸或期刊的印刷品。

(7) 商品注册或类似标记。声称在营业过程中附加上以说明所有权、控制、产地的注册、符号、标签或标记等。

(8) 被承认的文件。附有承认证明的文件，这种承认证明由公证员或其他法律授权的人以法律规定的方式做出。

(9) 商业票据和相关文件。商业票据、签名和与一般商法规定的范围相关的文件。

(10) 根据国会立法推定。经国会立法宣布的签名、文件或其他物品被推定真实或表面真实。

（根据 1987 年 3 月 2 日的修改，1987 年 10 月 1 日生效；1988 年 4 月 25 日的修改，1988 年 11 月 1 日生效）

第 903 条 不必要有补强证人证词

对鉴定书面资料不必要有补强证人的证词，除非对该书面资料的效力所适用准据法的司法管辖区的法律有这样的要求。

第十章　文字、录音和照相的内容

第 1001 条　定义

为本章目的，适用下列定义：

（1）文字和录音。“文字”和“录音”包括文字、字母、单词、数字或其替代物，通过书写、打字、印刷、影印、照相、磁脉冲、机械或电子录音或其他形式的数据汇编记载下来。

（2）照相。“照相”包括普通摄影，射线胶片，录像带和电影胶卷。

（3）原件。文字或录音的“原件”即该文字或录音材料本身，或者由制作人或签发人使其具有与原件同样效力的副本、复本。照相的“原件”包括底片或任何由底片冲印的胶片。如果数据储存在电脑或类似设备中，任何从电脑中打印或输出的能准确反映有关数据的可读物，均为“原件”。

（4）复制品。“复制品”指通过与原件同样印刷，或者以同一字模或通过照相手段制作的副本，包括放大或缩小制品，或者通过机械或电子的再录，或通过化学的重制，或通过其他相应手段准确复制原件的副本。

第 1002 条　要求原件

为证明文字、录音或照相的内容，要求提供该文字、录音或照相的原件，除非本证据规则或国会立法另有规定。

第 1003 条　复制品的可采性

复制品可与原件在同等程度上采纳，但下列情况除外：

（1）对复制品是否忠实于原件产生疑问；

（2）以复制品替代原件采纳将导致不公正。

第 1004 条　其他关于内容的证据的可采性

在下列情况下，不要求原件，关于文字、录音或照相内容的其他证据可以采纳：

（1）原件遗失或毁坏。所有原件均已遗失或毁坏，但提供者出于不良动机遗失或毁坏的除外；或

（2）原件无法获得。不能通过适当的司法程序或行为获得原件；或

（3）原件在对方掌握中。原件处于该材料的出示对其不利的一方当事人的控制中，已通过送达原告起诉状或其他方式告知该当事人在听证时该材料

的内容属于证明对象，但该当事人在听证时不提供有关原件；或

(4) 附属事项。有关文字、录音或照相与主要争议无紧密联系。

(根据1987年3月2日的修改，1987年10月1日生效)

第1005条 公共记录

官方记录的内容，或者经授权记录、保存并已确实记录、保存的文件(包括各种数据汇编)的内容，如果其他方面允许采纳，可以通过提供按照第902条规则证实无误的副本加以证明，或者由曾与原件作过比较的证人证明无误。如果此类副本经合理努力仍不能获得时，也可以提供能证明该材料内容的其他证据。

第1006条 摘要

篇幅过长或体积过大的文字资料、录音或照相不便在法庭接受审查时，可以用图表、摘要或计算分析的方式出示。原件或副本或两者要准备就绪以备其他当事人选择合理的时间和地点进行审查。法庭可以命令将它们在法庭上出示。

第1007条 当事人的证词或书面承认

文字、录音或照相的内容可以由出示该材料所针对的当事人作证或书面承认来证明，不需计较原件是否出示。

(根据1987年3月2日的修改，1987年10月1日生效)

第1008条 法庭和陪审团的职能

当证明有关文字、录音或照相内容的其他证据的可采性按照本证据规则取决于一定事实条件的满足时，关于该事实条件是否已经具备的问题一般由法庭按照第104条规则来确定。但是，当出现下列争议时，与确定其他事实争议一样，留待事实裁判者确定：

(a) 所称文字资料是否存在过；或

(b) 在法庭上出示的其他文字、录音或照相是否为原件；或

(c) 其他证明该材料内容的证据是否正确反映了有关内容。

第1101条 规则的适用性

(a) 法院和治安法院

本证据规则适用于在联邦地区法院、关岛地区法院、维尔京群岛地区法院、北马里兰群岛地区法院、联邦上诉法院、联邦申诉法院，以及联邦破产法官和联邦治安法官进行的如下规定的诉讼案件和程序。本规则中所用“法

官”和“法庭”包括联邦破产法官和联邦治安法官。

(b) 诉讼范围

本证据规则普遍适用于民事诉讼和程序，包括海事案件和海商案件；适用于刑事案件和刑事诉讼；适用于藐视法庭诉讼。但法院可以采用简易程序和根据《美国法典》第 11 编进行的诉讼或案件除外。

(c) 关于特权的规则

有关特权方面的规则适用于所有诉讼、案件和程序的任何阶段。

(d) 不适用规则的情况

除有关特权方面的规则外，本证据规则不适用下列情况：

(1) 对事实的初步询问

当法庭按照第 104 条规则确定争议时，对与确定证据可采性首先相关的事实的询问。

(2) 大陪审团

在大陪审团前进行的程序。

(3) 综合诉讼

关于引渡的程序；刑事案件的预审；判刑，批准或撤销缓刑；签发逮捕令，刑事传票和搜查令；与保释有关的程序或其他程序。

(e) 部分适用的规则

在下列诉讼中，如果该诉讼适用的制定法或联邦最高法院按照立法授权确认的其他规则没有对证据问题做出规定，则适用本证据规则：

由联邦治安法官审理的轻微刑事犯罪；

根据美国法典第 5 编第 706 (2) (F) 条规定，对属于司法审查范围的政府行政行为进行的司法审查；

对农业部根据 1922 年 2 月 18 日批准的《核准农产品生产者协会法》第 2 条和 1930 年《易腐烂农产品法》第 6 条和第 7 条 (C) 款做出的命令所进行的司法审查；

根据《移民和国籍法》第 310 条至第 318 条做出的归化和撤销归化的诉讼；

根据《美国法典》第 10 编第 7651 条至第 7681 条规定进行的海事捕获诉讼；

根据 1934 年 6 月 25 日批准的《水产品生产者协会法》第 2 条对内务部

命令进行的司法审查;

根据1935年2月22日批准的《通过禁运违反美国法律生产的石油及石油产品规范国内和国际石油及石油产品贸易和其他目的法》第5条对控制石油装卸的命令进行的司法审查;

根据1930年《交通法》第4编第5部分或《反走私法》做出的罚款、惩戒或没收的诉讼;

根据《联邦粮食、药品和化妆品法》做出的定罪、禁止进口或其他诉讼;

根据《修订法》第4079、4080和4081条处理发生在海员中的争议;

根据《美国法典》第28编第2241至2254条申请人身保护令状;

根据《修订法》第4578条对拒绝运送贫穷海员予以惩罚的诉讼;

根据1925年3月批准的《授权在海事法院对由属于美国的公共船只引起的损害或为其提供海难救助及其他目的向美国提起的诉讼法》(美国法典第10编第7730条规定实施)对美国提起的诉讼。

第1102条 修改

对联邦证据规则的修改可以根据《美国法典》第28编第2076条进行。

第1103条 标题

这些规则可以称为或引用为《联邦证据规则》。

附:

《美国法典》第28编修改情况

(a) 对美国法典第28编第2章作以下修改:

(1) 在第2075条后增加一条新条文,内容如下:

第2076条 证据规则

联邦最高法院有权指示对联邦证据规则进行修改。此类修改由最高法院首席大法官在国会例会开始后,至迟在5月1日前向国会报告,在报告届满180天生效。但是,如果国会任何一院在此期间决定对所报告的修改不予批准,则修改无效。修改的生效日期可以由国会中任何一院予以推迟或直至国会立法批准。任何规则,不论是拟议中的还是已在执行中的,均可由国会立法加以修改。任何现行条款在上述期间届满时,凡与未被国会不批准的修改条款相冲突之处,在修改条款生效后自行废止。任何涉及确立、废止或修改特权的修改,在经国会立法批准前不发生法律效力。

（2）在第 131 章条目表后增添下列新内容：

“2076，证据规则”。

（b）对美国法典第 28 编第 1732 条作修改，去掉（a）和（b）款。

（c）在美国法典第 28 编第 1733 条后增加下述新的一款：本条不适用于适用联邦证据规则的案件、诉讼和程序。

1975 年 1 月 2 日批准。

《联邦证据规则》英文目录

FEDERAL RULES OF EVIDENCE

(As amended to December 1, 2013)

ARTICLE I. GENERAL PROVISIONS

ARTICLE II. JUDICIAL NOTICE

ARTICLE III. PRESUMPTIONS IN CIVIL CASES

ARTICLE IV. RELEVANCE AND ITS LIMITS

Rule 402. General Admissibility of Relevant Evidence

Rule 403. Excluding Relevant Evidence for Prejudice, Confusion, Waste of Time, or Other Reasons

Rule 404. Character Evidence; Crimes or Other Acts

Rule 405. Methods of Proving Character

Rule 406. Habit; Routine Practice

Rule 407. Subsequent Remedial Measures

Rule 408. Compromise Offers and Negotiations

Rule 409. Offers to Pay Medical and Similar Expenses

Rule 410. Pleas, Plea Discussions, and Related Statements

Rule 411. Liability Insurance

Rule 412. Sex-Offense Cases: The Victim's Sexual Behavior or Predisposition

Rule 413. Similar Crimes in Sexual - Assault Cases

Rule 414. Similar Crimes in Child Molestation Cases

Rule 415. Similar Acts in Civil Cases Involving Sexual Assault or Child Molestation

ARTICLE V. PRIVILEGES

Rule 501. Privilege in General

Rule 502. Attorney-Client Privilege and Work Product; Limitations on Waiver

ARTICLE VI. WITNESSES

Rule 601. Competency to Testify in General

Rule 602. Need for Personal Knowledge

Rule 603. Oath or Affirmation to Testify Truthfully

Rule 604. Interpreter

Rule 605. Judge's Competency as a Witness

Rule 606. Juror's Competency as a Witness

Rule 607. Who May Impeach a Witness

Rule 608. A Witness's Character for Truthfulness or Untruthfulness

Rule 609. Impeachment by Evidence of a Criminal Conviction

ARTICLE VII. OPINIONS AND EXPERT TESTIMONY

ARTICLE VIII. HEARSAY

ARTICLE IX. AUTHENTICATION AND IDENTIFICATION

ARTICLE X. CONTENTS OF WRITINGS, RECORDINGS, AND PHOTOGRAPHS

Rule 1001. Definitions That Apply to This Article

Rule 1002. Requirement of the Original

Rule 1003. Admissibility of Duplicates

Rule 1004. Admissibility of Other Evidence of Content

Rule 1005. Copies of Public Records to Prove Content

Rule 1006. Summaries to Prove Content

Rule 1007. Testimony or Statement of a Party to Prove Content

Rule 1008. Functions of the Court and Jury

ARTICLE XI. MISCELLANEOUS RULES

Rule 1101. Applicability of the Rules

Rule 1102. Amendments

Rule 1103. Title

For the whole text of Federal Rules of Evidence:

http://www.uscourts.gov/uscourts/rules/rules-evidence.pdf

9.《美国联邦最高法院规则》

（司法程序规定）

◎**导读**〔1〕

《美国联邦最高法院规则》是美国联邦最高法院处理日常工作及事务的程序性规则。该规则事无巨细地将最高法院的所有工作的内容以法律形式确定并公布，以便于指导所有最高法院工作参加人的行为。尤其是律师等法律专业人士，必须熟知该规则，才能按照该规则要求申请获得联邦最高法院的执业资格，同时才能熟知最高法院的审判程序、文书要求等一系列的规定，从而代理当事人完成最高法院的所有法律事务。它从本质上是最高法院工作的管理法与程序法。它随着最高法院工作程序变更的需求而被及时地修正，目前所使用的版本是于2013年4月19日通过，2013年6月1日生效的修订版。该规则共9章48条。

·法院，规定了书记员（第1条）、图书馆（第2条）、开庭期（第3条）、开庭和法定人数（第4条）等内容。

·律师和法律顾问，规定了律师资格许可（第5条）、一次性申辩（第6条）、从业禁止（第7条）、律师资格吊销和纪律处分（第8条）、律师出庭（第9条）等内容。

·关于调卷令的管辖权，规定了根据调卷令对案件进行复审需要考虑的事项（第10条）、向一家美国上诉法院调取案卷的令状（第11条）、调卷令审查：寻求途径；当事人（第12条）、根据调卷令进行复审：申请期限（第

〔1〕 本节中文导读由王丽美编撰。

13 条)、调卷令请求书的内容（第 14 条)、抗辩书、答辩书、补充辩护状(第 15 条)、调卷令请求书的处置（第 16 条）等内容。

· 其他管辖权，规定了原始诉讼程序（第 17 条)、来自美国联邦地区法院的上诉案件（第 18 条)、关于被证明的问题的程序（第 19 条)、请求特别令状的程序（第 20 条）等内容。

· 附带请求和申请，规定了向法院提出的附带请求（第 21 条)、对独任法官的申请（第 22 条)、中止（第 23 条）等内容。

· 辩护状与口头辩论，规定了辩护状：一般情况（第 24 条)、辩护状：副本数目和提交时间（第 25 条)、联合附录（第 26 条)、案件日程表（第 27 条)、口头辩论（第 28 条）等内容。

· 实践与程序，规定了文件的提交和送达、特别通知、公司列表（第 29 条)、期限的计算和延长（第 30 条)、翻译（第 31 条)、模型、图表和证物(第 32 条)、文书准备：小册子形式；8.5 英寸宽、11 英寸长的文本格式（第 33 条)、文书准备：一般要求（第 34 条)、死亡、替代和恢复诉讼程序；公职人员（第 35 条)、人身保护程序中犯人的羁押（第 36 条)、"法庭之友" 意见书（第 37 条)、规费（第 38 条)、以贫民身份诉讼（第 39 条)、退伍军人、海员、军事案件（第 40 条）等内容。

· 案件的处理，规定了法庭意见（第 41 条)、利息和损害赔偿金（第 42 条)、诉讼费（第 43 条)、复审（第 44 条)、程序；执行令（第 45 条)、案件的驳回（第 46 条）等内容。

· 定义与生效日期，规定了 "州法院" 和 "州法律" 的适用（第 47 条)、规则的生效日期（第 48 条）等内容。

该规则阐明了美国联邦最高法院审理案件的过程，如下：

当事人首先应按照《美国联邦最高法院规则》的要求制作并提交调卷令申请状，被称为调卷令（writ of certiorari）（调卷令在拉丁语的意思是 "被通知"）;

联邦最高法院收到调卷令申请状后，由法官助理审查令状，向大法官提交摘要。

法官依照程序对申请状进行审阅、筛选，审查调卷令备忘录，并决定是否复审该案。提交的案件应适合于法院审理，或可以由法院裁决；案件应包含重要的法律问题或者存在严重的法律冲突。

进行“四人规则（Rule of Four）”表决，即调卷令申请状至少应获得4位大法官的同意，联邦最高法院才能受理案件。如果4名大法官同意复审，那么这个案件将进入美国联邦最高法院的待审案件表，而上诉人将收到一项表明调卷令已被接收的法庭令。大法官们共同公开审理案件。

大法官投票表决。多数决定被总结成多数意见（majority opinion）。同意意见（concurring opinion）可能是由一名投多数意见票，但持不同理由的法官所撰写。少数决定是否会被总结为反对意见（dissenting opinion），取决于持反对意见的法官对主题和裁决的态度的强烈程度。

九位大法官出具的司法判决意见书是终局性的。

Rules of the Supreme Court of the United States

Introductory Notes[1]

Court rules prescribe procedures for practice in the courts, including the U. S. Supreme Court. The Supreme Court rules dictate such matters as how to petition for writ of certiorari, how to be admitted to the Supreme Court bar, and how to conduct an oral argument before the Court.

Westlaw: US－RULES (annotated)

Database contains U. S. Supreme Court rules along with the rules of many other federal courts. To find only rules of the U. S. Supreme Court, do a terms and connectors search that includes the following field restriction: ci ("s ct rule") .

---

〔1〕 Introductory Notes by the US Supreme Court: http://www.supremecourt.gov/.

《美国联邦最高法院规则》英文目录

RULES OF THE SUPREME COURT OF THE UNITED STATES

Rule 14. Content of a Petition for a Writ of Certiorari

Rule 15. Briefs in Opposition; Reply Briefs; Supplemental Briefs

Rule 16. Disposition of a Petition for a Writ of Certiorari

PART IV. OTHER JURISDICTION

Rule 17. Procedure in an Original Action

Rule 18. Appeal from a United States District Court

Rule 19. Procedure on a Certi? ed Question

Rule 20. Procedure on a Petition for an Extraordinary Writ

PART V. MOTIONS AND APPLICATIONS

Rule 21. Motions to the Court

Rule 22. Applications to Individual Justices

Rule 23. Stays

PART VI. BRIEFS ON THE MERITS AND ORAL ARGUMENT

Rule 24. Briefs on the Merits: In General

Rule 25. Briefs on the Merits: Number of Copies and Time to File

Rule 26. Joint Appendix

Rule 27. Calendar

Rule 28. Oral Argument

PART VII. PRACTICE AND PROCEDURE

Rule 29. Filing and Service of Documents; Special Notifications; Corporate Listing

Rule 30. Computation and Extension of Time

Rule 31. Translations

Rule 32. Models, Diagrams, Exhibits, and Lodgings

Rule 33. Document Preparation: Booklet Format; 8 1/2-by 11-Inch Paper Format

Rule 34. Document Preparation: General Requirements

Rule 35. Death, Substitution, and Revivor; Public Officers

Rule 36. Custody of Prisoners in Habeas Corpus Proceedings

Rule 37. Brief for an Amicus Curiae

Rule 38. Fees

Rule 39. Proceedings In Forma Pauperis

Rule 40. Veterans, Seamen, and Military Cases

PART VIII. DISPOSITION OF CASES

Rule 41. Opinions of the Court

Rule 42. Interest and Damages

Rule 43. Costs

Rule 44. Rehearing

Rule 45. Process; Mandates

Rule 46. Dismissing Cases

PART IX. DEFINITIONS AND EFFECTIVE DATE

Rule 47. Reference to "State Court" and "State Law"

Rule 48. Effective Date of Rules

For the whole text of the Rules of the Supreme Court of the United States:
http://www.supremecourt.gov/ctrules/2013RulesoftheCourt.pdf

10. 五角大楼文件案

（纽约时报公司诉美利坚合众国案）法律文件集

◎导读〔1〕

为展示一个案件在美国法院系统中的诉讼过程——以及这个过程中所产生的文件——以下章节提供了纽约时报公司诉美国政府一案从美国初审法院到最高法院的庭审中所涉及和产生的文件。

纽约时报公司诉美国政府案件背景：1967 年，越南战争期间，美国国防部长罗伯特麦克纳马拉委托完成了有关美国参与越南战争的历史的绝密报告。该报告的官方题目是："美国和越南的关系，1945 - 1967：由国防部编写的研究报告"。

该报告揭示了美国政府关于战争的原因和行为的欺骗模式。

1971 年，纽约时报获得了该报告的副本并且在 1971 年 6 月 13 日开始发表它的摘录。

（在纽约时报开始发表这篇报告后，该报告作为"五角大楼文件"被熟知，我们将在此使用这一名称。）

美国政府几乎立即开始采取法律行动，迫使纽约时报停止刊登五角大楼文件。在以下篇幅中，我们将通过美国最高法院做出的具有里程碑意义的新闻自由的判决从法律文献学的角度对案件进行研究。

---

〔1〕 本节文件集总导读由王昶编撰，各法律文件导读由刘道纪编撰。

The Pentagon Papers Case

(A Life Cycle of a Litigation)
Introductory Notes[1]

To show you how a case works its way through the American court system—and some documents that are generated along the way—the following section offers documents that track *New York Times v. U. S.* from the trial court through the United States Supreme Court.

BACKGROUND OF THE CASE: In 1967, during the Vietnam War, U. S. Secretary of Defense Robert McNamara commissioned a top-secret report on the history of American involvement in Vietnam. The official title of the report was *United States-Vietnam Relations*, 1945 - 1967: *A Study Prepared by the Department of Defense*.

The report revealed a pattern of U. S. government deception regarding the causes and conduct of the war. The reports revealed that the U. S. had kept from the media and the people actions that expanded the war such as bombing Cambodia, Laos, and Coastal raids on Northern Vietnam and misleading the public on government intentions and persistence in Viet Nam.

In 1971, the *New York Times* acquired a copy of the report and—on Sunday, June 13, 1971—began publishing excerpts from it. The paper began to publish the first installment of the 7, 000 page document. Briefly, the Times was prevented from publishing its articles on the orders of the Nixon administration, but the Supreme Court allowed the publication to resume. Soon after, several other newspapers began publishing its own series of the articles based on the report, including The Washington Post. Circulation was wide spread, and was an embarrassment to not only the Nixon administration, but also the Johnson and Kennedy Administration revealing

---

[1] All introductory Notes in this section are authored by Al Maleson, Chang Wang, and Jocelyn Varghese.

their prior involvements.

(After the *New York Times* began publishing the report, the report became popularly known as *The Pentagon Papers*, the name we will use here.)

The U. S. government almost immediately began legal action to force the *New York Times* to stop publishing the Pentagon Papers. In the following pages, we will follow this case from the trial court through a landmark freedom of the press decision by the United States Supreme Court.

10. a. 美国联邦纽约南区地区法院司法意见判决书

在美国纽约南区地区法院，政府申请限制令和初步禁令，禁止纽约时报刊登五角大楼文件。政府声称，继续刊登将会对国防造成无法弥补的伤害。

在1971年6月15日，星期二，该地区法院法官发布临时限制令，禁止纽约时报刊登五角大楼文件，直至法官对政府的初步禁令的请求做出裁决。

在1971年6月19日，星期六，在听取双方的论辩后，法官拒绝发布针对纽约时报的初步禁令，并拒绝继续限制令。

【地区法院判决】

当我们看到初审法院判决书时，可以发现案件的名称是美国政府诉纽约时报公司。为什么这与我们经常提到的纽约时报公司诉美国政府是相反过来的呢？其原因是，一般而言，案件的名称是由原告诉被告，或上诉人诉被上诉人的形式构成。在地区法院受理本案中，美国政府是原告，纽约时报公司是被告，所以案件的名称是美国政府诉纽约时报。而当该案件上诉至美国联邦最高法院的时候，纽约时报公司是上诉人，美国政府是被上诉人，所以案件的名称也就变成了纽约时报公司诉美国政府了。

本案在美国纽约南区地区法院进行审理。纽约南区地区法院是联邦法院，在美国司法体系上，联邦法院系统具有有限司法管辖权。联邦法院系统只处理以下5种案件：①美利坚合众国是争议或讼辩一方的案件；②涉及外国官员的案件；③涉及来自不同州的居民的案件；④涉及美利坚合众国联邦宪法问题的案件；⑤涉及专利、版权和破产问题的案件。州法院系统可以处理除了上述①、②和⑤类案件之外的所有案件。本案中，由于美国政府作为原告，所以案件只能在联邦法院进行审理，而不能在纽约州的州法院中进行审理。

本案在地区法院判决的引证码是 328 F. Supp. 324，即该判决意见收入《联邦法院补充判例集》第 328 卷，起始页码为第 324 页。

本案由格法因（Gurfein）法官审理，做出了有利于纽约时报公司的判决。需要注意的是，初审法院的判决只对特定案件的双方具有约束力，这些判决也无法成为先例。此外，联邦地区法院所审理的案例也没有官方汇编，《联邦法院补充判例集》是非官方出版物，由汤森路透出版。

United States v. New York Times Co., 328 F. Supp. 324 (S. D. N. Y. 1971)

GOVERNMENT MOTION FOR PRELIMINARY INJUNCTION

United States District Court, Southern District, New York

In the United States District Court, Southern District, New York, the government sought a restraining order and preliminary injunction prohibiting the *New York Times* from publishing the Pentagon Papers. The government alleged that continued publication would cause "irreparable injury to the national defense." The government argued that the Pentagon Papers were top secret and secret. On June 12, June 13 and June 14, 1971 The *New York Times* published summaries and portions of alleged top secret or secret documents. The United States sued to enjoin the *New York Times* from "further dissemination, disclosure or divulgence" of materials contained in the 1968 study. The United States also asked the Court to order the *New York Times* to hand over to the Court all the documents involved so that they could be impounded pending a determination.

On Tuesday, June 15, 1971, the district – court judge issued a temporary restraining order, barring the *New York Times* from publishing the Pentagon Papers until the judge had ruled on the government's request for a preliminary injunction. The court did take matters of security and national security seriously and the allegations were delicate enough to take precautions. However, the restraining order was only temporary for allegations against an inherit freedom was also a vital matter.

On Saturday, June 19, 1971—after hearing arguments from both sides—the judge declined to issue a preliminary injunction against the *New York Times* and refused to continue the restraining order. The court found that the government had not provided persuasive enough facts or argument for their intended motion. The court stated, "That there is no reasonable likelihood of the Government successfully proving that the actions of the *New York Times* were not in good faith, nor is there irreparable injury to the Government. This has been an effort on the part of the *New York Times* to vindicate the right of the public to know. It is not a case involving an intent to communicate vital secrets for the benefit of a foreign government or to the detriment of the United States." The motion was denied based on the Court's findings of fact and conclusions of law under Rule 52 (a) of the Federal Rules of Civil Procedure.

In the following pages, you will see the text of the judge's rulings, as reported on Westlaw.

美国联邦纽约南区地区法院司法意见判决书（英文原文）

328 F. Supp. 324

United States District Court, S. D. New York.

UNITED STATES of America, Plaintiff,

v.

NEW YORK TIMES COMPANY et al., Defendants.

No. 71 Civ. 2662. | June 15, 1971, Motion for Preliminary Injunction June 19, 1971.

Proceeding on application for a temporary restraining order and a preliminary injunction against a newspaper to restrain it from publication of a Pentagon study relating to Vietnam and a defense department study relating to the Tonkin Gulf incident. The District Court, Gurfein, J., granted a restraining order, and on the motion for preliminary injunction held that evidence was insufficient to establish that publication of documents in question would seriously breach national security.

Order in accordance with opinion.

The Court of, appeals remanded for further proceedings, order, 2 Cir., 444 F. 2d 544; the Supreme Court, 403 U. S. 713, 91 S. Ct. 2140, 29 L. Ed. 2d 822.

Reversed the Court of Appeals and remanded to affirm the District Court.

West Headnotes (8)

[1] **Injunction Armed** services and national security

Even in absence of statute, government may obtain injunctive relief against a publication based on its inherent right to protect itself from breaches of security.

[2] **War and National Emergency**

Offenses and prosecutions

Statute proscribing publication of certain classified information did not have application to or proscribe publication of historical documents pertaining to the war in Vietnam and the Tonkin Gulf incident. 18 U. S. C. A. §§794, 798.

[3] **Injunction**

Armed services and national security

The government has the right to injunctive relief against a newspaper that is about to publish information or documents absolutely vital to current national security.

[4] **Injunction**

Publishing, journalism, and bookselling

Evidence, in proceeding on motion for a preliminary injunction restraining a newspaper from publishing a Pentagon study relating to Vietnam and a defense department study relating to the Tonkin Gulf incident was insufficient to establish that publication of such historical documents would seriously breach the national security.

3 Cases that cite this headnote

[5] **Injunction**

Publishing, journalism, and bookselling

To sustain a preliminary injunction against publication of certain documents government would have to establish not only irreparable injury, but also probability of success in the litigation itself.

[6] **Injunction**

Publishing, journalism, and bookselling

A newspaper would not be preliminarily enjoined from publishing certain government documents relating to Vietnam and the Tonkin Gulf incident on basis of application of statute proscribing disclosure of classified information where there was no reasonable likelihood of government successfully proving willful belief that information to be published could be used to injury of the United States or advantage of any foreign nation. 18 U. S. C. A. §798.

[7] **Constitutional Law**

Press in General

A cantankerous press, an obstinate press, an ubiquitous press must be suffered by those in authority in order to preserve values of freedom of expression and right of the people to know.

3 Cases that cite this headnote

[8] **Constitutional Law**

Press in General

It is not merely the opinion of an editorial writer or of a columnist which is protected by the First Amendment, but it is the free flow of information so that the public will be informed about the government and its actions. U. S. C. A. Const. Amend. 1.

3 Cases that cite this headnote

Attorneys and Law Firms

Whitney North Seymour, Jr., U. S. Atty. for Southern Dist. of New York, for plaintiff, United States, by Michael D. Hess, Joseph D. Danas, Daniel Riesel, Michael I. Saltzman, Milton Sherman, Howard S. Sussman, Asst. U. S. Attys., New York City.

Cahill, Gordon, Sonnett, Reindel & Ohl, New York City, for defendant New

York Times Co. , Alexander M. Bickel, New Haven, Conn. , Floyd Abrams, William E. Hegarty, New York City, of counsel.

American Civil Liberties Union, New York Civil Liberties Union, by Norman Dorsen, Melvin L. Wulf, Osmond K. Fraenkel, Burt Newborne, National Emergency Civil Liberties Committee, by Victor Rabinowitz, Kristin Booth Glen, New York City, amici curiae.

Opinion

MEMORANDUM

GURFEIN, District Judge.

The United States seeks a temporary restraining order and a preliminary injunction against The New York Times, its publisher and other officers and employees to restrain them from further dissemination or disclosure of certain alleged top secret or secret documents of the United States referred to in a verified complaint filed therewith.

I have granted the order to show cause as to why a preliminary injunction against the defendants should not be entered and have made it returnable Friday morning, June 18. Preliminarily thereto the Government has requested a temporary restraining order and also a direction from this Court to require the defendants to deliver to the Court certain documents and other tangible evidence to be held by the Court pending final determination of the cause. At this stage of the proceeding I do not direct The New York Times or the other defendants to produce the documents pending the outcome of the litigation. I do not believe that The New York Times will wilfully disregard the spirit of our restraining order. I am restraining The New York Times and the other defendants, however, from publishing or further disseminating or disclosing the documents consisting of 47 volumes entitled ‘HISTORY OF UNITED STATES DECISION MAKING PROCESS ON VIETNAM POLICY’ covering the period 1945 – 67, prepared in 1967 – 1968 at the direction of the then Secretary of Defense Robert McNamara, the internal documents from which the aforesaid documents were prepared, and a one volume ‘COMMAND AND CONTROL STUDY OF THE

TONKIN GULF INCIDENT' prepared in 1965 for the Joint Chiefs of Staff by the Weapons System Evaluation Group of the United States Department of Defense, pending the hearing of the Government's application for a preliminary injunction.

The questions raised by this action are serious and fundamental. They involve not only matters of procedure, but matters of substance and presumptively of constitutional implication as well. I have, in effect, been asked by the parties to pass upon the merits of the litigation upon the arguments made on the order to show cause. I believe that the matter is so important and so involved with the history of the relationship between the security of the Government and a free press that a more thorough briefing than the parties have had an opportunity to do is required. I have granted the restraining order because in my opinion any temporary harm that may result from not publishing during the pendency of the application for a preliminary injunction is far outweighed by the irreparable harm that could be done to the interests of the United States Government if it should ultimately prevail. I have intentionally expressed no opinion on the merits, but I believe this matter is brought in good faith by the United States and that on the balancing of interests mentioned, both parties deserve a full consideration of the issues raised.

Accordingly, the restraining order will be in effect until Saturday afternoon at one o'clock unless the Court directs otherwise.

The parties are requested to brief as thoroughly as possible the points adverted to in the oral argument by 5 p. m. Thursday, June 17, 1971.

On Motion for

Preliminary Injunction

On June 12, June 13 and June 14, 1971 The New York Times published summaries and portions of the text of two documents— certain volumes from a 1968 Pentagon study relating to Vietnam and a summary of a 1965 Defense Department study relating to the Tonkin Gulf incident. The United States sues to enjoin the Times from 'further dissemination, disclosure or divulgence' of materials contained in the 1968 study of the decision making process with respect to Vietnam and the summary of the 1965 Tonkin Gulf study. In its application for a temporary restraining order the United States also asked the Court to order the Times the furnish to the Court all the documents involved so that they could be impounded pending a determination. On June 15 upon the argument of the order to show cause the Court entered a temporary restraining order against The New York Times in substance preventing the further publication until a determination by the Court upon the merits of the Government's application for a preliminary injunction. The Court at that time, in the absence of any evidence, refused to require the documents to be impounded.

The Government contends that the documents still unpublished and the information in the possession of the Times involve a serious breach of the security of the United States and that the further publication will cause ' irreparable injury to the national defense. '

The articles involved material that has been classified as Top Secret and Secret, although the Government concedes that these classifications are related to volumes rather than individual documents and that included within the volumes may be documents which should not be classified in such high categories. The documents involved are a 47 – volume study entitled ' HISTORY OF UNITED STATES DECISION MAKING PROCESS ON VIETNAM POLICY ' and a document entitled ' THE COMMAND AND CONTROL STUDY OF THE TONKIN GULF INCIDENT DONE BY THE DEFENSE DEPARTMENT'S WEAPONS SYSTEM EVALUATION GROUP IN 1965. ' There is no question that the documents are in the possession of the Times.

The issue of fact with respect to national security was resolved in the following manner. In view of the claim of the Government that testimony in support of its claim that publication of the documents would involve a serious security danger would in itself be dangerous the Court determined that under the ' Secrets of State ' doctrine an in camera proceeding should be held at which only the attorneys for each side, witnesses for the Government and two designated representatives of The New York Times would be present. It was believed that this would enable the Government to present its case forcefully and without restraint so that the accommodation of the national security interest with the rights of a free press could be determined with no holds barred. It was with reluctance that the Court granted a hearing from which the public was excluded, but it seemed that there was no other way to serve the needs of justice. My finding with respect to the testimony on security will be adverted to below.

1. This case is one of first impression. In the researches of both counsel and of the Court nobody has been able to find a case remotely resembling this one—where a claim is made that national security permits a prior restraint on the publication of a newspaper. The Times in affidavits has indicated a number of situations in which classified information has been 'leaked' to the press without adverse governmental or judicial action. It cites news stories and the memoirs of public officials who have used (shortly after the events) classified material in explaining their versions of the decision making process. They point out that no action has ever been taken against any such publication of 'leaks.' The Government on the other hand points out that there has never been an attempt to publish such a massive compilation of documents which is probably unique in the history of 'leaks.' The Vietnam study had been authorized by Secretary of Defense McNamara, continued under Secretary Clifford and finally delivered to Secretary of Defense Laird. The White House was not given a copy. The work was done by a group of historians, including certain persons on contract with the Government. It is actually called a 'history.' The documents in the Vietnam study relate to the period from 1945 to early 1968. There is no reference to any material subsequent to that date. The Tonkin Gulf incident analysis was prepared in 1965, six years ago. The Times contends that the material is historical and that the circumstance that it involves the decision making procedures of the Government is no different from the descriptions that have emerged in the writings of diarists and memoirists. The Government on the other hand contends that by reference to the totality of the studies an enemy might learn something about United States methods which he does not know, that references to past relationships with foreign governments might affect the conduct of our relations in the future and that the duty of public officials to advise their superiors frankly and freely in the decision making process would be impeded if it was believed that newspapers could with impunity publish such private information. These are indeed troublesome questions.

This case, in the judgment of the Court, was brought by the Government in absolute good faith to protect its security and not as a means of suppressing dissident or contrary political opinion. The issue is narrower—as to whether and to what degree the alleged security of the United States may ' chill ' the right of newspapers to publish. That the attempt by the Government to restrain the Times is not an act of attempted precensorship as such is also made clear by the historic nature of the documents themselves. It has been publicly stated that the present Administration had adopted a new policy with respect to Vietnam. Prior policy must, therefore, be considered as history rather than as an assertion of present policy the implementation of which could be seriously damaged by the publication of these documents.

2. The Times contends that the Government has no inherent power to seek injunction against publication and that the power of the Court to grant such an injunction can be derived only from a statute. The Government has asserted a statutory authority for the injunction, namely, the Act of June 25, 1948, c. 645, 62 Stat. 736; Sept. 23, 1950, c. 1024, Tit. I, Sec. 18, 64 Stat. 1003 (18 U. S. C. 793). The Government contends moreover, that it has an inherent right ton protect itself in its vital functions and that hence an injunction will lie even in the absence of a specific statute.

There seems little doubt that the Government may ask a Federal District Court for injunctive relief even in the absence of a specific statute authorizing such relief.

The Supreme Court has held that ' our decisions have established the general rule that the United States may sue to protect its interests. This rule is not necessarily inapplicable when the particular governmental interest sought to be protected is expressed in a statute carrying criminal penalties for its violation. ' Wyandotte Transp. Co. v. United States, 389 U. S. 191, 201 – 202, 88 S. Ct. 379, 386, 19 L. Ed. 2d 407 (1967).

In recent times the United States has obtained an injunction against the State of Alabama from enforcing the miscegenation laws of that State. United States v. Brittain, D. C. , 319 F. Supp. 1058, 1061. The United States has been held entitled to restrain a collection of a tax because ' the interest of the national government in the proper implementation of its policies and programs involving the national defense is such as to vest in it the non-statutory right to maintain this action' United States v. Arlington County, 326 F. 2d 929, 932-933 (4th Cir. 1964). Recently United States v. Brand Jewelers, Inc., D. C., 318 F. Supp. 1293, 1299, a decision by Judge Frankel of this Court collects the authorities illustrating the various situations in which the classic case of In re Debs, 158 U. S. 564, 15 S. Ct. 900, 39 L. Ed. 1092 (1895) has been cited. Accordingly, even in the absence of statute the Government's inherent right to protect itself from breaches of security is clear.

That, however, is only the threshold question. Assuming the right of the United States and, indeed, its duty in this case to attempt to restrain the further publication of these documents, the Government claims and the Times denies that there is any statute which proscribes such publication. The argument requires an analysis of the various sections (792-799) contained in Chapter 37 of Title 18 of the U. S. Criminal Code entitled 'ESPIONAGE AND CENSORSHIP.' The statute seems to be divided into two parts. The first which for lack of a better term may be considered simple espionage, and the second, the publication of information. The Government relies upon Section 793. There are two subsections concerning which the question of interpretation has arisen. Subsection (d) deals with persons with lawful possession— 'whoever, lawfully having possession of any document, writing, code book, (etc.) relating to the national defense or information relating to the national defense which information the possessor has reason to believe could be used to the injury of the United States or to the advantage of any foreign nation' It seems clear that neither the Times nor the Government now claim that subsection (d) applies since it is fairly obvious that 'lawful' possession means the possession of Government officials or others who have authorized possession of the documents. The Government, however, relies on subsection (e) which reads as follows:

'(e) Whoever having unauthorized possession of, access to, or control over any document, writing, code book, signal book, sketch, photograph, photographic negative, blueprint, plan, map, model, instrument, appliance, or note relating to the national defense, or information relating to the national defense which information the possessor has reason to believe could be used to the injury of the United States or to the advantage of any foreign nation, willfully communicates, delivers, transmits or causes to be communicated, delivered, or transmitted, or attempts to communicate, deliver, transmit or cause to be communicated, delivered, or transmitted the same to any person not entitled to receive it, or willfully retains the same and fails to deliver it to the officer or employee of the United States entitled to receive it; or'

It will be noted that the word 'publication' does not appear in this section. The Government contends that the word 'communicates' covers the publication by a newspaper of the material interdicted by the subsection. A careful reading of the section would indicate that this is truly an espionage section where what is prohibited is the secret or clandestine communication to a person not entitled to receive it where the possessor has reason to believe that it may be used to the injury of the United States or the advantage of any foreign nation. This conclusion is fortified by the circumstance that in other sections of Chapter 37 there is specific reference to publication. The distinction is sharply made in Section 794 entitled 'Gathering or delivering defense information to aid foreign government.' Subsection (a) deals with peace – time communication of documents, writings, code books, etc. relating to national defense. It does not use the word 'publication.' Subsection (b) on the other hand which deals with 'in time of war' does punish anyone who 'publishes' specific information 'with respect to the movement, numbers, description, condition, or disposition of any of the Armed Forces, ships, aircraft, or war materials of the United States, or with respect to the plans or conduct, or supposed plans or conduct of any naval or military operations, or *329 with respect to any works or measures undertaken for or connected with, or intended for the fortification or defense of any place, or any other information relating to the public defense, which might be useful to the enemy'

Similarly, in Section 797 one who publishes, photographs, sketches, etc. of vital military and naval installations or equipment is subject to punishment. And finally, in Section 798 which deals with 'Disclosure of Classified Information' there is a specific prohibition against one who 'publishes' any classified information. This classified information is limited to the nature, preparation, or use of any code, cipher, or cryptographic system of the United States or any foreign government; or the design, construction, use, maintenance, or repair of any device, apparatus, or appliance used or prepared or planned for use by the United States or any foreign government for cryptographic or communication intelligence purposes; or the communication intelligence activities of the United States or any foreign government; or obtained by the processes of communication intelligence from the communications of any foreign government, knowing the same to have been obtained by such processes.

The Government does not contend, nor do the facts indicate, that the publication of the documents in question would disclose the types of classified information specifically prohibited by the Congress. Aside from the internal evidence of the language of the various sections as indicating that newspapers were not intended by Congress to come within the purview of Section 793, there is Congressional history to support the conclusion. Section 793 derives from the original espionage act of 1917 (Act of June 15, 1917, Chap. 30, Title I, Sections 1, 2, 4, 6, 40 Stat. 217, 218, 219). At that time there was proposed in H. R. 291 a provision that 'during any national emergency resulting from a war to which the United States is a party or from threat of such a war, the President may, by proclamation, prohibit the publishing or communicating of, or the attempting to publish or communicate any information relating to the national defense, which in his judgment is of such character that it is or might be useful to the enemy.' This provision for prior restraint on publication for security reasons limited to war time or threat of war was voted down by the Congress. In the debate Senator Ashhurst in a scholarly speech stated the problem as follows:

'Freedom of the press means simply, solely, and only the right to be free from a precensorship, the right to be free from the restraints of a censor. In other words, under the Constitution as amended by amendment No. 1, 'freedom of the press' means nothing except that the citizen is guaranteed that he may publish whatever he sees fit and not be subjected to pains and penalties because he did not consult the censor before doing so.'

It would appear, therefore, that Congress recognizing the Constitutional problems of the First Amendment with respect to free press, refused to include a form of precensorship even in war time.

In 1957 the report of the United States Commission on Government Security in urging further safeguards against publication of matters affecting national security recognized that ‘ any statute designed to correct this difficulty must necessarily minimize constitutional objections by maintaining the proper balance between the guarantee of the first amendment, on one hand, and required measures to establish a needed safeguard against any real danger to our national security. ’ Report of the United States Commission on Government Security 619-20 (1957).

Senator Cotton, a sponsor of the bill, recognized in debate that ‘ it should be made crystal clear that at the present time penalties for disclosure of secret information can only be applied against those employed by the Government. The recommendation extended such control over those outside the Government. ’ The bill proposed was never passed. The significance lies, however, in the awareness by the Congress of the problems of prior restraint and its determination to reject them except in the limited cases involved in Section 794 and Section 798 involving codes, communication intelligence, and the like.

The injunction sought by the Government must, therefore, rest upon the premise that in the absence of statutory authority there is inherent power in the Executive to protect the national security. It was conceded at the argument that there is Constitutional power to restrain serious security breaches vitally affecting the interests of the Nation. This Court does not doubt the right of the Government to injunctive relief against a newspaper that is about to publish information or documents absolutely vital to current national security. But it does not find that to be the case here. Nor does this Court have to pass on the delicate question of the power of the President in the absence of legislation to protect the functioning of his prerogatives—the conduct of foreign relations, the right to impartial advice and military security, for the responsibility of which the Executive is charged against private citizens who are not Government officials. For I am constrained to find as a fact that the in camera proceedings at which representatives of the Department of State, Department of Defense and the Joint Chiefs of Staff testified, did not convince this Court that the publication of these historical documents would seriously breach the national security. It is true, of course, that any breach of security will cause the jitters in the security agencies themselves and indeed in foreign governments who deal with us. But to sustain a preliminary injunction the Government would have to establish not only irreparable injury, but also the probability of success in the litigation itself. It is true that the Court has not been able to read through the many volumes of documents in the history of Vietnam, but it did give the Government an opportunity to pinpoint what it believed to be vital breaches to our national security of sufficient impact to controvert the right of a free press. Without revealing the content of the testimony, suffice it to say that no cogent reasons were advanced as to why these documents except in the general framework of embarrassment previously mentioned, would vitally affect the security of the Nation. In the light of such a finding the inquiry must end. If the statute (18 U. S. C. 793) were applicable (which I must assume as an alternative so that this decision may be reviewed by an appellate court), it is doubtful that it could be applied to the activities of the New York Times. For it would be necessary to find as an element of the violation a willful belief that the information to be published 'could be used to the injury of the United States or to the advantage of any foreign nation.' That this is an essential element of the offense is clear. Gorin v. United States, 312 U. S. 19, 61 S. Ct. 429, 85 L. Ed. 488 (1941).

I find that there is no reasonable likelihood of the Government successfully proving that the actions of the Times were not in good faith, nor is there irreparable injury to the Government. This has been an effort on the part of the Times to vindicate the right of the public to know. It is not a case involving an intent to communicate vital secrets for the benefit of a foreign government or to the detriment of the United States.

3. As a general matter we start with the proposition that prior restraint on publication is unconstitutional. Near v. Minnesota ex rel. Olson, 283 U. S. 697, 51 S. Ct. 625, 75 L. Ed. 1357 (1931). As the Supreme Court observed in *331 Grosjean v. American Press Co., Inc., 297 U. S. 233, 56 S. Ct. 444, 80 L. Ed. 660:

'The predominant purpose of the (First Amendment) was to preserve an untrammeled press as a vital source of public information. The newspapers, magazines, and other journals of the country, it is safe to say, have shed and continue to shed, more light on the public and business affairs of the nation than any other instrumentality of publicity; and since informed public opinion is the most potent of all restraints upon misgovernment, the suppression or abridgement of the publicity afforded by a free press cannot be regarded otherwise than with grave concern. ' (297 U. S. at 250, 56 S. Ct. at 449)

Yet the free press provision of the First Amendment is not absolute. Near v. Minnesota ex rel. Olson, supra. In the Near case the Court said that ' no one would question but that a government might prevent actual obstruction to its recruiting service or the publication of the sailing dates of transports or the number and location of troops. ' The illustrations accent how limited is the filed of security protection in the context of the compelling force of First Amendment right. The First Amendment concept of a ' free press ' must be read in the light of the struggle of free men against prior restraint of publication. From the time of Blackstone it was a tenet of the founding fathers that precensorship was the primary evil to be dealt with in the First Amendment. Fortunately upon the facts adduced in this case there is no sharp clash such as might have appeared between the vital security interest of the Nation and the compelling Constitutional doctrine against prior restraint. If there be some embarrassment to the Government in security aspects as remote as the general embarrassment that flows from any security breach, we must learn to live with it. The security of the Nation is not at the ramparts alone. Security also lies in the value of our free institutions. A cantankerous press, an obstinate press, an ubiquitous press must be suffered by those in authority in order to preserve the even greater values of freedom of expression and the right of the people to know. In this case there has been no attempt by the Government at political suppression. There has been no attempt to stifle criticism. Yet in the last analysis it is not merely the opinion of the editorial writer or of the columnist which is protected by the First Amendment. It is the free flow of information so that the public will be informed about the Government and its actions.

These are troubled times. There is no greater safety valve for discontent and cynicism about the affairs of Government than freedom of expression in any form. This has been the genius of our institutions throughout our history. It is one of the marked traits of our national life that distinguish us from other nations under different forms of government.

For the reasons given the Court will not continue the restraining order which expires today and will deny the application of the Government for a preliminary injunction. The temporary restraining order will continue, however, until such time during the day as the Government may seek a stay from a Judge of the Court of Appeals for the Second Circuit.

The foregoing shall constitute the Court's findings of fact and conclusions of law under Rule 52 (a) of the Federal Rules of Civil Procedure.

So ordered.

Footnotes1

The First Amendment reads: ' Congress shall make no law respecting an establishment of religion, or prohibiting the free exercise thereof; or abridging the freedom of speech, or of the press; or the right of the people peaceably to assemble, and to petition the Government for a redress of grievances. '

10. b. 美国联邦第二巡回上诉区司法意见判决书

◎导读

在地区法院拒绝发布针对纽约时报的初步禁令后，政府向美国第二巡回上诉法院提起上诉。

上诉法院将案件发回地区法院，责令其复审政府的主张：刊登五角大楼文件中特定的材料构成了“对美国安全的严重和直接威胁”。

法院还延长了其先前做出的临时限制令（stay），禁止纽约时报发布五角大楼文件中有争议的材料，直至地区法院对案件做出判决。

【巡回法院判决介绍】

在经过美国政府的上诉之后，本案由美国联邦第二巡回法院审理。在美国联邦法院系统中有13个巡回区，每一个联邦巡回法院负责受理该巡回区内经联邦法院系统的上诉案件。例如，美国联邦第二巡回区的司法管辖范围包括康涅狄格州、纽约州和佛蒙特州，因此美国联邦第二巡回法院对康涅狄格联邦地区法院、佛蒙特联邦地区法院、纽约东部联邦地区法院、纽约北部联邦地区法院、纽约南部联邦地区法院和纽约西部联邦地区法院拥有上诉管辖权。本案由纽约南部联邦地区法院初审，所以在上诉审时，就由联邦第二巡回法院审理。

本案的引证码是444 F. 2d 544，其含义为该判决被收入《联邦法院判例集》第二系列第444卷，起始于第544页。该判例集也是由汤森路透出版的，并不是官方出版物。需要注意的是2d的意思是第二系列，是因为之前的判例集已排满999卷，而重新开启一个系列。它的意思并不是第二版，也不代表之前的判例集就过时了。

在上诉法院审理案件的过程中，只会对法律问题进行讨论，而不讨论事实问题。审判案件的法官也会从初审法院时的一名法官增加到最少3名法官，组成合议庭。在本案在上诉法院时做出了全院庭审，有8名法官参与了审判。

上诉法院的判决有3种情况：维持、推翻和发回重审。本案的上诉法院判决是发回重审。就判决的效力而言，联邦第二巡回法院的判例是联邦第二巡回区内所有地区法院的先例，即具有约束力（binding）。而对其他联邦巡回法院和联邦地区法院具有说服力（persuasive authority）。但是，由于该判例在之后被美国联邦最高法院的审判推翻，现在它就变成了一个不好的法律，不会再继续使用。我们在Westlaw中进行检索时，这些被推翻的案例会用红旗标注出来，以提醒大家注意。

United States v. New York Times Co. , 444 F. 2d 544 (2d Cir. 1971)

Introductory Notes

After the District Court declined to issue a preliminary injunction against the *New York Times*, the government appealed to the Court of Appeals for the Second Circuit.

The Court of Appeals remanded the case to the District Court, ordering it to review the government's claim that publishing specified Pentagon Papers' material presented a "grave and immediate danger to the security of the United States." The Court of Appeals rules on issues of law and it is the jurisdiction of the lower courts to rule on issues of fact. The Court of Appeals found that the argument of "grave and immediate danger to the security of the United States" was an important enough matter to take precautions and deserved a second review.

The Court also extended a stay it had previously issued, prohibiting the *New York Times* from publishing disputed materials from the Pentagon Papers until the District Court had decided the case.

美国联邦第二巡回上诉区司法意见判决书（英文原文）
444 F. 2d 544

United States Court of Appeals, Second Circuit.
UNITED STATES of America, Plaintiff - Appellant,
v.
NEW YORK TIMES COMPANY et al., Defendants - Appellees.

No. 1067, Docket 71 - 1617. | Argued June 22, 1971 En Banc. | Decided June 23, 1971, Certiorari Granted June 25, 1971, See 91 S. Ct. 2270.

Appeal from 328 F. Supp. 324. Reversed 403 U. S. 713, 91 S. Ct. 2140, 29 L. Ed. 822.

Before FRIENDLY, Chief Judge, and LUMBARD, SMITH, KAUFMAN, HAYS, FEINBERG, MANSFIELD, and OAKES, Circuit Judges.

Opinion

PER CURIAM:

Upon consideration by the court in banc, it is ordered that the case be remanded to the District Court for further in camera proceedings to determine, on or before July 3, 1971, whether disclosure of any of those items specified in the Special Appendix filed with this Court on June 21, 1971, or any of such additional items as may be specified by the plaintiff with particularity on or before June 25, 1971, pose such grave and immediate danger to the security of the United States as to warrant their publication being enjoined, and to act accordingly, subject to the condition that the stay heretofore issued by this court, shall continue in effect until June 25, 1971, at which time it shall be vacated except as to those items which have been specified in the Special Appendix as so supplemented and shall continue in effect as to such items until disposition by the District Court.

IRVING R. KAUFMAN, FEINBERG and OAKES, Circuit Judges.

We dissent and would vacate the stay and affirm the judgment of the Court below.

10. c. 美国联邦最高法院调卷令

◎导读

由上诉法院做出的临时限制令禁止纽约时报刊登任何被政府认定为对国家安全至关重要的五角大楼文件材料，直至地区法院解决该发回重申的案件。

纽约时报认为这个没有前例的对于出版发行的“提前限制”侵犯了其新闻自由的宪法权利，因此向美国最高法院提起上诉。

考虑到最高法院每年对其收到的案件进行审理的比例低于2%，纽约时报面临的第一个挑战是要使得美国最高法院审理该案件。最高法院只同意审理涉及重大的，悬而未决的宪法问题，以期将能够树立具有约束力先例的案件。

最高法院认为纽约时报诉美国政法一案符合其审理标准，因此发出调卷令，同意受理该案件并确定庭审日期。

如果一个案件想要上诉到美国联邦最高法院，那么案件的一方当事人要向法官提交申诉，被称为调卷令。法官审查调卷令备忘录，并决定是否复审该案。如果4名大法官［被称为“四人规则”（Rule of Four）］同意复审，那么这个案件将进入美国联邦最高法院的待审案件表，而上诉人将收到一项表明调卷令已被接收的法庭令。大法官们共同公开审理案件。

这一调卷令的引证码是 91 S. Ct. 2270，其含义是该文件被收入《最高法院判例集》第 91 卷，起始于第 2270 页。

在本调卷令中，在一开始给出了案件在上诉审时的引证码，帮助读者方便地查阅案件的事实以及联邦第二巡回法院对此案之前的判决意见。之后的主体部分是大法官们对调卷令的意见。

在调卷令的最后部分，是平行引证。即两个不同的引证码所代表的是同一个文件。之所以会出现这种情况，是因为该文件被两个不同的出版物所收录。S. Ct. 是 Westlaw 的出版物，L. Ed 是 LexisNexis 的出版物。

New York Times Co. v. United States, 403 U. S. 942, 91 S. Ct. 2270 (1971)

(Grant of Certiorari)

The stay issued by Court of Appeals prohibited the *New York Times* from publishing, until the remanded case was resolved in the District Court, any Pentagon Paper material that the government labeled as vital to national security.

Believing this unprecedented "prior restraint" on publication violated its constitutional right to freedom of the press, the *New York Times* appealed to the United States Supreme Court.

The first challenge the *New York Times* faced was getting the U. S. Supreme Court to hear the case, as the Supreme Court agrees to hear fewer than 2% of the cases it receives each year. The Court agrees to hear only cases involving significant, unresolved constitutional issues for which it will be able to establish binding precedent.

Believing that *New York Times v. U. S.* met its criteria, the Court issued a Grant of Certiorari, in which it agreed to take the case and set the date for a hearing.

美国联邦最高法院调卷令（英文原文）

91 S. Ct. 2270

Supreme Court of the United States

NEW YORK TIMES COMPANY, petitioner,

v.

UNITED STATES.

No. 1873. | June 25, 1971

Facts and opinion, 444 F. 2d 544.

Opinion

Petition for writ of certiorari to the United States Court of Appeals for the Second Circuit granted and the case is set for oral argument on Saturday, June 26, 1971, at 11 : 00 a. m. Briefs and records shall be filed simultaneously, the requirement for printing being waived.

The application of the New York Times Company for stay of mandate of the Court of Appeals for the Second Circuit is granted pending further order of this Court. The Special Appendix referred to in the order of the Court of Appeals, and any additional items as the United States may have specified with particularity, shall be served on the New York Times Company and filed in this Court by 5 : 00 p. m. today, June 25, 1971. The restraint imposed upon the New York Times by the Court of Appeals for the Second Circuit is continued pending argument and decision in this case.

For purposes of argument this case is consolidated with No. 1885, United States v. Washington Post Co., certiorari granted, 403 U. S. 943, 91 S. Ct. 2271, 29 L. Ed. 2d 853. Portions of record or argument relating to matters claimed to affect national security may be filed in sealed form.

Mr. Justice BLACK, Mr. Justice DOUGLAS, Mr. Justice BRENNAN and Mr. Justice MARSHALL would grant the motion to vacate the order of the Court of Appeals except insofar as it affirms the judgment of the District, would not continue the restraint imposed upon the *New York Times* by the Court of Appeals for the Second Circuit, and would deny the petition for certiorari.

Parallel Citations

91 S. Ct. 2270 (Mem), 29 L. Ed. 2d 853

10. d；10. e. ；10. f.

上诉人（《纽约时报》）上诉法律意见书

被上诉人（美利坚合众国）上诉答辩法律意见书

“法庭之友”（美国公民自由联盟）上诉法律意见书

◎导读

为展示一方当事人如何在最高法院对案件进行争论，以下是纽约时报和政府提交的法律意见书。此外，在此转载美国公民自由联盟（American Civil Liberties Union）（一个支持纽约时报的私立非营利组织）提交的法庭之友（Amicus Curiae）法律意见书。

上诉人（《纽约时报》）上诉法律意见书：

这份文件是纽约时报公司的代理律师提供给美国联邦最高法院的上诉摘要（appellate brief）。在一开始的部分，我们可以在索引（index）之中看到这份文件包括哪些内容，包括有：管辖权、所争议的问题、相关的宪法和法律法规、对案件的陈述（statement）、对争论的总结、各个争论点以结论。随后一部分列出了支持自己论证的相关案例、宪法条文和法规、书和论著以及其他杂项。它们在各个类别中是按照首字母顺序排列而成的，并在后方注明了在本文件的第几页中引用了这些相关的内容。

在正文部分，该意见书分别详细说明了以上各部分内容。在对案件的陈述部分，其又拓展出了以下四部分内容：在联邦地区法院审理时政府的证人所提供的证据、纽约时报所提供的证据、联邦地区法院的决定和上诉法院的决定。

被上诉人（美利坚合众国）上诉答辩法律意见书：

美国政府的上诉摘要在内容框架和格式上与我们刚刚看到纽约时报公司的上诉摘要都十分相似。但是原文件第一页中的目录已经丢失，所以这份文件缺失了上一份文件中“索引”的部分。

“法庭之友”（美国公民自由联盟）上诉法律意见书：

法庭之友不是诉讼当事人，它可以是除诉讼当事人外的任何一个人或者组织。其作用是自愿地给法庭提供与受审案件相关的资讯和法律解释，以协助诉讼进行，或让法官更了解争议的所在。

在联邦最高法院批准了本案的调卷令之后，美国公民自由联盟向法院提供了法庭之友意见。这份法律文书的格式与原被告双方提交的案由的格式大体相似，也在开始的地方列出了所引用的相关的一手法律资源及二手法资源。在正文部分通过运用这些法律资源分析和阐释了本案中所争议的法律问题，并在最后得出了自己的结论。

Appellate Briefs

Brief for the Petitioner, New York Times Company,
1971 WL 134368 (U. S.)

Brief for the Respondent, United States,
1971 WL 167581 (U. S.)

Brief of American Civil Liberties Union, Amicus Curiae,
1971 WL 126420 (U. S.)

Introductory Notes

To show how each party argued its case before the Supreme Court, what follows are the briefs filed the *New York Times* and the government. In addition, we reproduce here the *amicus curiae* brief filed by the American Civil Liberties Union (a private, non – profit organization in support of the *New York Times.*) The briefs filed on behalf of the *New York Times* claimed a right to publish the Pentagon Papers based on freedom of speech found under the First and Fifth Amendments of the United

States Constitutions. The brief filed on behalf of the government argued that The First Amendment does not necessarily protect newspaper articles that pose a grave and immediate danger to the security of the United States nor does it provide an absolute bar to any prior restraint upon the publication by a newspaper of particular material. The arguments on both sides were persuasive and precedent changing.

In support of the *New York Times*, The Civil Liberties Union filed an Amicus Curie Brief, a non - party opinion in the form of a legal brief presented to influence the outcome of the case. Founded in 1920, The Civil Liberties Union was a non - profit organization that had a long history of fighting to protect freedom of speech. The Civil Liberties Union defended anti - war protestors, combated racism, and supported gay rights and women's rights through litigation, lobbying and education. The Civil Liberties Union's support during the *New York Times case* helped creat profound advancements in the freedom of the press.

上诉人（《纽约时报》）上诉法律意见书（英文原文）在 Westlaw 上搜索引证码：1971 WL 134368。

被上诉人（美利坚合众国）上诉答辩法律意见书（英文原文）在 Westlaw 上搜索引证码：1971 WL 167581。

"法庭之友"（美国公民自由联盟）上诉法律意见书（英文原文）在 Westlaw 上搜索引证码：1971 WL 126420。

10. g. 美国联邦最高法院司法意见判决书

◎导读

在 1971 年 6 月 30 日，美国联邦最高法院以 6:3 多数做出了支持纽约时报的具有里程碑意义的裁决。法院撤销第二巡回上诉法院发布的临时限制令，允许纽约时报继续刊登五角大楼文件。

在此转载在 Westlaw 上登载的法院判决。请注意，在判决正文之前是一个判决要旨（Case Synopsis）及 Westlaw 法律眉批。重申一下，正文之前的判决要旨及 Westlaw 法律眉批由 Westlaw 律师编辑书写，以使法律工作者更容易地找到并分析案例。

美国联邦最高法院的判决

中国采用的是两审终审制的审判方式。那么美国采用的是几审终审制呢？答案是美国没有这样的限制。只要美国联邦最高法院肯受理，所有案件都可以上诉到美国联邦最高法院。经过了美国联邦最高法院的审理，才是最终意义上的终审。我想，这也是为什么美国联邦最高法院被称为终审法院（Court of Last Resort）的原因。以本案为例，从纽约南区地区法院初审，到联邦第二巡回法院的上诉审，再到联邦最高法院的审理共经过三次审理。还有另外的可能是，理论上讲，一个案件可以经过州初审法院、州上诉法院、州最高法院的审理后，再上诉至美国联邦最高法院审理。这样，一个案件就经历了四次审理，但是由于美国联邦最高法院每年只审理极少数的案件，这样的情况也就很少会发生。

看到这份判决书之后，我们的另一个疑问也许就是案件的名称与之前的区别。本案的名称是纽约时报公司（上诉人）诉美国政府，这一部分在前面的文章中已经介绍过了，应该比较容易理解。而在这后面，案名还有另外一部分，是美国政府（上诉人）诉华盛顿邮报公司。这是因为纽约时报公司在收到法院发出的禁止令后，无法再继续发表从五角大楼获取的相关文件，而后便找到华盛顿邮报公司继续发表这些文件。美国政府便提起了对华盛顿邮报公司的诉讼，经过哥伦比亚特区的联邦地区法院和联邦巡回法院的审理后，上诉至美国联邦最高法院。我个人的理解是法院对这两个案件进行了合并审理。该案件于1971年6月26日进行审理，同年6月30日做出判决。

本案官方出版物的引证码是403 U. S. 713（1971），在案件结尾处的平行引证标题下的内容告诉我们，我们还可以通过91 S. Ct. 2140, 29 L. Ed. 2d 822, 1 Media L. Rep. 1031这三个引证码找到这份判决。但是，如果我们要引用这份判决的内容，必须要标注出官方出版物的引证码，即403 U. S. 713（1971），并将它放在第一位。

在司法意见判决书中，标题下面的第一部分是案件的简介，这一部分简要介绍了案件的背景、审理过程、法院的判决以及各个大法官给出了怎样的意见。随后一部分是眉批，列出了案件当中的法律点。本案中有两个眉批，我以第一个眉批为例，对眉批当中的内容进行简要的介绍。这一条眉批所涉及的法律点是关于宪法中言论、表达和出版自由总类下预先审查中的推定无效问题。这一问题在 Westlaw 中的钥匙码是 92k1527，我们可以通过这一个钥匙码检索与这一问题相关的判例法、成文法及相关二次法律资源。在钥匙码下方给出的是本案中解决这一问题的规则。需要注意的是虽然这一部分是直接来自于司法意见判决当中的，但是眉批并不能当作法律使用，只有判决中的那一部分才可以当作法律使用。最后，我们也可以看到，已经有其他 428 个案件引用了这一规则。另外，需要再次提醒大家的是，案件简介和眉批是由 Westlaw 的律师编辑们撰写的，从而帮助法律工作者理解和分析案件。

再往后一部分是律师及律师事务所（attorneys and law firms），我们在这一部分可以看到各个当事人的代理律师。

以上的内容结束后，就进入了这份司法判决意见书中最重要的一部分——司法意见。最高法院的大法官共有 9 人，通过投票表决后，案件的司法意见分为 3 种：①投出 5 票及以上的意见是多数意见（majority opinion）。②因为不同的理由而投了多数意见票的是同意意见（concurring opinion）。③投少数票的便是反对意见（dissenting opinion）。

在本案中，法庭的多数意见是法庭共同决定（per curiam）下的内容。随后有 6 个同意意见和 3 个反对意见。我们可以在案件简介的那一部分中的第三段看到这些意见都是由谁写的。需要注意的是，只有多数意见中的内容才是判例法，同意意见和反对意见中的内容都不可以当作法律来使用。那么，为什么法官还要写出同意意见和反对意见呢？这是因为，法官需要写出的意见去表达自己的观点和看法，即投出这样一票的理由。另外，假如将来法院要对自己之前做出的判决进行翻案，那么法官的反对意见可以作为翻案的依据。这样的情况在美国联邦最高法院的历史上也是存在的。可以说这份司法意见判决书当中，具备一份判决书中可能拥有的一切要素。每位法官都给出了自己的意见，这也足以看出本案的争议性和重要性。

通过学习这样的一个经典案例，比较阅读相关主要法律文献，我们可以清楚地了解到一个案件从“出生”到“结束”的整个过程。无论从法律的角度来看，还是从法律文献学的角度来看，这都是大家了解和学习美国法律很好的途径。

New York Times Co. v. United States, 403 U. S. 713, 91 S. Ct. 2140 (1971)

Introductory Notes

On June 30, 1971, the Supreme Court issued a landmark, 6 – 3 ruling in favor of the *New York Times*. The Court vacated the stay issued by the Court of Appeals for the Second Circuit, permitting the *New York Times* to resume publication of the Pentagon Papers.

The court's decision was based on the very reason for the establishment and preservation of the First Amendment. Justice Black stated, "In the First Amendment the Founding Fathers gave the free press the protection it must have to fulfill its essential role in our democracy. The press was to serve the governed, not the governors. The Government's power to censor the press was abolished so that the press would remain forever free to censure the Government. The press was protected so that it could bare the secrets of government and inform the people. Only a free and unrestrained press can effectively expose deception in government. And paramount among the responsibilities of a free press is the duty to prevent any part of the government from deceiving the people and sending them off to distant lands to die of foreign fevers and foreign shot and shell. In my view, far from deserving condemnation for their courageous reporting, the *New York Times*, the *Washington Post*, and other newspapers should be commended for serving the purpose that the Founding Fathers saw so clearly. In revealing the workings of government that led to the Vietnam war, the newspapers nobly did precisely that which the Founders hoped and trusted they would do. "

The decision made remarkable advancements for the freedom of the press and civil liberties, founded in the very principles of the Constitution. The justices allude to the founding fathers' ideology and how the actions of *New York Times* are protected in the very foundation of the American Government. However, as much as the First

Amendment allows the press to maintain a "check" on the government the decision was made with caution and on a narrow issue regarding "prior restraint." Chief Justice Burger and other dissents leave cautionary opinions in regards to the limitations this case presented and the dangerous implications of future cases. In a world of globalization and increasingly advanced technology, cases regarding privacy, security and freedom will continue to challenge the courts.

The Court's decision, as it appears on Westlaw, is reproduced here. Note that a Case Synopsis and West Headnotes precede the text of the decision. Again, the Synopsis and Headnotes preceding the text have been prepared by West attorney editors to make it easier for legal researcher to find and analyze the case.

纽约时报公司诉美利坚合众国案之美国联邦最高法院司法判决书（中文译本）

见：[美] 斯坦利·I. 库特勒编著，朱曾汶、林铮译，《最高法院与宪法——美国宪法史上重要判例选读》，商务印书馆2006年版，第450页。

纽约时报公司诉美利坚合众国案之美国联邦最高法院司法判决书（英文原文）

Supreme Court of the United States
NEW YORK TIMES COMPANY, Petitioner,
v.
UNITED STATES.
UNITED STATES, Petitioner,
v.
The WASHINGTON POST COMPANY et al.
Nos. 1873, 1885.
Argued June 26, 1971.
Decided June 30, 1971.

The United States sought to enjoin newspapers from publishing contents of classified historical study on Viet Nam policy. In one case, the District Court for the Southern District of New York, 328 F. Supp. 324, rendered judgment from which the Government appealed, and the Court of Appeals for the Second Circuit, 444 F. 2d 544, remanded and continued stay. In the other case, the District Court for the District of Columbia rendered judgment from which the Government appealed, and the Court of Appeals for the District of Columbia Circuit affirmed, 446 F. 2d 1327. In both cases certiorari was granted. The Supreme Court held that the Government had not met its burden of showing justification for imposition of restraint on publication of the contents of the study.

Judgment of the Court of Appeals for the District of Columbia Circuit affirmed;

order of the Court of Appeals for the Second Circuit reversed and case remanded with directions.

Mr. Justice Black filed concurring opinion in which Mr. Justice Douglas joined; Mr. Justice Douglas filed concurring opinion in which Mr. Justice Black joined; Mr. Justice Brennan filed concurring opinion; Mr. Justice Stewart filed concurring opinion in which Mr. Justice White joined; Mr. Justice White filed concurring opinion in which Mr. Justice Stewart joined; Mr. Justice Marshall filed concurring opinion; Mr. Chief Justice Burger dissented and filed opinion; Mr. Justice Harlan dissented and filed opinion in which The Chief Justice and Mr. Justice Blackmun joined; and Mr. Justice Blackmun dissented and filed opinion.

West Headnotes

[1] Constitutional Law 92 1527

92 Constitutional Law
92XVIII Freedom of Speech, Expression, and Press
92XVIII (A) In General
92XVIII (A) 1 In General
92k1525 Prior Restraints
92k1527 k. Presumption of invalidity. Most Cited Cases
[Formerly 92k90 (1), 92k90]

Any system of prior restraints of expression bears heavy presumption against its constitutional validity, and Government carries heavy burden of showing justification for imposition of such a restraint.

[2] Injunction 212 1380

212 Injunction
212IV Particular Subjects of Relief
212IV (L) Trade or Business

212k1380 k. Publishing, journalism, and bookselling. Most Cited Cases

[Formerly 212k128 (9), 212k128]

In cases in which the Government sought to enjoin newspapers from publishing contents of classified study on the "History of U. S. Decision – Making Process on Viet Nam Policy", Government failed to meet its burden of showing justification for imposition of such restraint.

713 Sol. Gen. Erwin N. Griswold, for the United States.

Alexander M. Bickel, New Haven, Conn., for the New York Times.

William R. Glendon, Washington, D. C., for the Washington Post Co.

PER CURIAM.

We granted certiorari, 403 U. S. 942, 943, 91 S. Ct. 2270, 2271, 29 L. Ed. 2d 853 (1971) in these cases in which the United States seeks to enjoin the New York Times and the Washington Post from publishing the contents of a classified study entitled 'History of U. S. Decision – Making Process on Viet Nam Policy.'

'Any system of prior restraints of expression comes to this Court bearing a heavy presumption against its constitutional validity.' Bantam Books, Inc. v. Sullivan, 372 U. S. 58, 70, 83 S. Ct. 631, 639, 9 L. Ed. 2d 584 (1963); see also Near v. Minnesota ex rel. Olson, 283 U. S. 697, 51 S. Ct. 625, 75 L. Ed. 1357 (1931). The Government 'thus carries a heavy burden of showing justification for the imposition of such a restraint.' Organization for a Better Austin v. Keefe, 402 U. S. 415, 419, 91 S. Ct. 1575, 1578, 29 L. Ed. 2d 1 (1971). The District Court for the Southern District of New York in the New York Times case, 328 F. Supp. 324, and the District Court for the District of Columbia and the Court of Appeals for the District of Columbia Circuit, 446 F. 2d 1327, in the Washington Post case held that the Government had not met that burden. We agree.

The judgment of the Court of Appeals for the District of Columbia Circuit is therefore affirmed. The order of the Court of Appeals for the Second Circuit is reversed, 444 F. 2d 544, and the case is remanded with directions to enter a judgment affirming the judgment of the District Court for the Southern District of New York. The stays entered June 25, 1971, by the Court are vacated. The judgments shall issue forthwith.

So ordered.

Judgment of the Court of Appeals for the District of Columbia Circuit affirmed; order of the Court of Appeals for the Second Circuit reversed and case remanded with directions.

Mr. Justice BLACK, with whom Mr. Justice DOUGLAS joins, concurring. DP I adhere to the view that the Government's case against the Washington Post should have been dismissed and that the injunction against the New York Times should have been vacated without oral argument when the cases were first presented to this Court. I believe that every moment's continuance of the injunctions against these newspapers amounts to a flagrant, indefensible, and continuing violation of the First Amendment. Furthermore, after oral argument, I agree completely that we must affirm the judgment of the Court of Appeals for the District of Columbia Circuit and reverse the judgment of the Court of Appeals for the Second Circuit for the reasons stated by my Brothers DOUGLAS and BRENNAN. In my view it is unfortunate that some of my Brethren are apparently willing to hold that the publication of news may sometimes be enjoined. Such a holding would make a shambles of the First Amendment.

Our Government was launched in 1789 with the adoption of the Constitution. The Bill of Rights, including the First Amendment, followed in 1791. Now, for the first time in the 182 years since the founding of the Republic, the federal courts are asked to hold that the First Amendment does not mean what it says, but rather means that the Government can halt the publication of current news of vital importance to the people of this country.

In seeking injunctions against these newspapers and in its presentation to the Court, the Executive Branch seems to have forgotten the essential purpose and history of the First Amendment. When the Constitution was adopted, many people strongly opposed it because the document contained no Bill of Rights to safeguard certain basic freedoms. [FN1] They especially feared that the new powers granted to a central government might be interpreted to permit the government to curtail freedom of religion, press, assembly, and speech. In response to an overwhelming public clamor, James Madison offered a series of amendments to satisfy citizens that these great liberties would remain safe and beyond the power of government to abridge. Madison proposed what later became the First Amendment in three parts, two of which are set out below, and one of which proclaimed: 'The people shall not be deprived or abridged of their right to speak, to write, or to publish their sentiments; and the freedom of the press, as one of the great bulwarks of liberty, shall be inviolable.'[FN2] The amendments were offered to curtail and restrict the general powers granted to the Executive, Legislative, and Judicial Branches two years before in the original Constitution. The Bill of Rights changed the original Constitution into a new charter under which no branch of government could abridge the people's freedoms of press, speech, religion, and assembly. Yet the Solicitor General argues and some members of the Court appear to agree that the general powers of the Government adopted in the original Constitution should be interpreted to limit and restrict the specific and emphatic guarantees of the Bill of Rights adopted later. I can imagine no greater perversion of history. Madison and the other Framers of the First Amendment, able men that they were, wrote in language they earnestly believed could never be misunderstood: 'Congress shall make no law abridging the freedom of the press.' Both the history and language of the First Amendment support the view that the press must be left free to publish news, whatever the source, without censorship, injunctions, or prior restraints.

FN1. In introducing the Bill of Rights in the House of Representatives, Madison said: 'But I believe that the great mass of the people who opposed (the Constitution), disliked it because it did not contain effectual provisions against the encroachments on particular rights.' 1 Annals of Cong. 433. Congressman Goodhue added: 'It is the wish of many of our constituents, that something should be added to the Constitution, to secure in a stronger manner their liberties from the inroads of power.' Id., at 426.

FN2. The other parts were:

'The civil rights of none shall be abridged on account of religious belief or worship, nor shall any national religion be established, nor shall the full and equal rights of conscience be in any manner, or on any pretext, infringed.'

'The people shall not be restrained from peaceably assembling and consulting for their common good; nor from applying to the Legislature by petitions, or remonstrances, for redress of their grievances.' 1 Annals of Cong. 434.

In the First Amendment the Founding Fathers gave the free press the protection it must have to fulfill its essential role in our democracy. The press was to serve the governed, not the governors. The Government's power to censor the press was abolished so that the press would remain forever free to censure the Government. The press was protected so that it could bare the secrets of government and inform the people. Only a free and unrestrained press can effectively expose deception in government. And paramount among the responsibilities of a free press is the duty to prevent any part of the government from deceiving the people and sending them off to distant lands to die of foreign fevers and foreign shot and shell. In my view, far from deserving condemnation for their courageous reporting, the New York Times, the Washington Post, and other newspapers should be commended for serving the purpose that the Founding Fathers saw so clearly. In revealing the workings of government that led to the Vietnam war, the newspapers nobly did precisely that which the Founders hoped and trusted they would do.

The Government's case here is based on premises entirely different from those that guided the Framers of the First Amendment. The Solicitor General has carefully and emphatically stated:

'Now, Mr. Justice (BLACK), your construction of (the First Amendment) is well known, and I certainly respect it. You say that no law means no law, and that should be obvious. I can only *718 say, Mr. Justice, that to me it is equally obvious that 'no law' does not mean 'no law', and I would seek to persuade the Court that that is true. There are other parts of the Constitution that grant powers and responsibilities to the Executive, and the First Amendment was not intended to make it impossible for the Executive to function or to protect the security of the United States.' [FN3]

FN3. Tr. of Oral Arg. 76.

And the Government argues in its brief that in spite of the First Amendment, 'the authority of the Executive Department to protect the nation against publication of information whose disclosure would endanger the national security stems from two interrelated sources: the constitutional power of the President over the conduct of foreign affairs and his authority as Commander – in – Chief. ' FN4

FN4. Brief for the United States 13—14.

In other words, we are asked to hold that despite the First Amendment's emphatic command, the Executive Branch, the Congress, and the Judiciary can make laws enjoining publication of current news and abridging freedom of the press in the name of ' national security. ' The Government does not even attempt to rely on any act of Congress. Instead it makes the bold and dangerously farreaching contention that the courts should take it upon themselves to ' make' a law abridging freedom of the press in the name of equity, presidential power and national security, even when the representatives of the people in Congress have adhered to the command of the First Amendment and refused to make such a law. FN5 See concurring opinion of Mr. Justice DOUGLAS, post, at 2145. To find that the President has ' inherent power' to halt the publication of news by resort to the courts would wipe out the First Amendment and destroy the fundamental liberty and security of the very people the Government hopes to make ' secure. ' No one can read the history of the adoption of the First Amendment without being convinced beyond any doubt that it was injunctions like those sought here that Madison and his collaborators intended to outlaw in this Nation for all time.

FN5. Compare the views of the Solicitor General with those of James Madison, the author of the First Amendment. When speaking of the Bill of Rights in the House of Representatives, Madison said: ' If they (the first ten amendments) are incorporated into the Constitution, independent tribunals of justice will consider themselves in a peculiar manner the guardians of those rights; they will be an impenetrable bulwark against every assumption of power in the Legislative or Executive; they will be naturally led to resist every encroachment upon rights expressly stipulated for in the Constitution by the declaration of rights. ' 1 Annals of Cong. 439.

The word ' security' is a broad, vague generality whose contours should not be invoked to abrogate the fundamental law embodied in the First Amendment. The guarding of military and diplomatic secrets at the expense of informed representative government provides no real security for our Republic. The Framers of the First Amendment, fully aware of both the need to defend a new nation and the abuses of the English and Colonial Governments, sought to give this new society strength and security by providing that freedom of speech, press, religion, and assembly should not be abridged. This thought was eloquently expressed in 1937 by Mr. Chief Justice Hughes—great man and great Chief Justice that he was—when the Court held a man could not be punished for attending a meeting run by Communists.

'The greater the importance of safeguarding the community from incitements to the overthrow of our institutions by force and violence, the more imperative is the need to preserve inviolate the constitutional rights of free speech, free press and free assembly in order to maintain the opportunity for free political discussion, to the end that government may be responsive to the will of the people and that changes, if desired, may be obtained by peaceful means. Therein lies the security of the Republic, the very foundation of constitutional government.' [FN6]

FN6. De Jonge v. Oregon, 299 U. S. 353, 365, 57 S. Ct. 255, 260, 81 L. Ed. 278.

Mr. Justice DOUGLAS, with whom Mr. Justice BLACK joins, concurring.

While I join the opinion of the Court I believe it necessary to express my views more fully.

It should be noted at the outset that the First Amendment provides that 'Congress shall make no law abridging the freedom of speech, or of the press.' That leaves, in my view, no room for governmental restraint on the press. [FN1]

FN1. See Beauharnais v. Illinois, 343 U. S. 250, 267, 72 S. Ct. 725, 736, 96 L. Ed. 919 (dissenting opinion of Mr. Justice Black), 284, 72 S. Ct. 744 (my dissenting opinion); Roth v. United States, 354 U. S. 476, 508, 77 S. Ct. 1304, 1321, 1 L. Ed. 2d 1498 (my dissenting opinion which Mr. Justice Black joined); Yates v. United States, 354 U. S. 298, 339, 77 S. Ct. 1064, 1087, 1 L. Ed. 2d 1356 (separate opinion of Mr. Justice Black which I joined); New York Times Co. v. Sullivan, 376 U. S. 254, 293, 84 S. Ct. 710, 733, 11 L. Ed. 2d 686 (concurring opinion of Mr. Justice Black which I joined); Garrison v. Louisiana,

379 U. S. 64, 80, 85 S. Ct. 209, 218, 13 L. Ed. 2d 125 (my concurring opinion which Mr. Justice Black joined).

There is, moreover, no statute barring the publication by the press of the material which the Times and the Post seek 2145 to use. Title 18 U. S. C. s 793 (e) provides that 'whoever having unauthorized possession of, access to, or control over any document, writing or information relating to the national defense which information the possessor has reason to believe could be used to the injury of the United States or to the advantage of any foreign nation, willfully communicates the same to any person not entitled to receive it Shall be fined not more than $10, 000 or imprisoned not more than ten years, or both.'

The Government suggests that the word 'communicates' is broad enough to encompass publication.

There are eight sections in the chapter on espionage and censorship, ss 792—799. In three of those eight 'publish' is specifically mentioned: s 794 (b) applies to 'Whoever, in time of war, with intent that the same shall be communicated to the enemy, collects, records, publishes, or communicates (the disposition of armed forces).'

Section 797 applies to whoever 'reproduces, publishes, sells, or gives away' photographs of defense installations.

Section 798 relating to cryptography applies to whoever: 'communicates, furnishes, transmits, or otherwise makes available *** or publishes' the described materials. [FN2] (Emphasis added.)

FN2. These documents contain data concerning the communications system of the United States, the publication of which is made a crime. But the criminal sanction is not urged by the United States as the basis of equity power.

Thus it is apparent that Congress was capable of and did distinguish between publishing and communication in the various sections of the Espionage Act.

The other evidence that s 793 does not apply to the press is a rejected version of s 793. That version read: 'During any national emergency resulting from a war to which the United States is a party, or from threat of such a war, the President may, by proclamation, declare the existence of such emergency and, by proclamation, prohibit the publishing or communicating of, or the attempting to publish or communicate any information relating to the national defense which, in his judgment, is of such character that it is or might be useful to the enemy.' 55 Cong. Rec. 1763. During the debates in the Senate the First Amendment was specifically cited and that provision was defeated. 55 Cong. Rec. 2167.

Judge Gurfein's holding in the Times case that this Act does not apply to this case was therefore preeminently sound. Moreover, the Act of September 23, 1950, in amending 18 U. S. C. s 793 states in s 1 (b) that:

'Nothing in this Act shall be construed to authorize, require, or establish military or civilian censorship or in any way to limit or infringe upon freedom of the press or of speech as guaranteed by the Constitution of the United States and no regulation shall be promulgated hereunder having that effect.' 64 Stat. 987.

Thus Congress has been faithful to the command of the First Amendment in this area.

So any power that the Government possesses must come from its 'inherent power.'

The power to wage war is 'the power to wage war successfully.' See Kiyoshi Hirabayashi v. United States, 320 U. S. 81, 93, 63 S. Ct. 1375, 1382, 87 L. Ed. 1774. But the war power stems from a declaration of war. The Constitution by Art. I, s 8, gives Congress, not the President, power 'to declare War.' Nowhere are presidential wars authorized. We need not decide therefore what leveling effect the war power of Congress might have.

These disclosures [FN3] may have a serious impact. But that is no basis for sanctioning a previous restraint on *723 the press. As stated by Chief Justice Hughes in Near v. Minnesota ex rel. Olson, 283 U. S. 697, 719—720, 51 S. Ct. 625, 632, 75 L. Ed. 1357:

FN3. There are numerous sets of this material in existence and they apparently are not under any controlled custody. Moreover, the President has sent a set to the Congress. We start then with a case where there already is rather wide distribution of the material that is destined for publicity, not secrecy. I have gone over the material listed in the in camera brief of the United States. It is all history, not future events. None of it is more recent than 1968.

'While reckless assaults upon public men, and efforts to bring obloquy upon those who are endeavoring faithfully to discharge official duties, exert a baleful influence and deserve the severest condemnation in public opinion, it cannot be said that this abuse is greater, and it is believed to be less, than that which characterized the period in which our institutions took shape. Meanwhile, the administration of government has become more complex, the opportunities for malfeasance and corruption have multiplied, crime has grown to most serious proportions, and the danger of its protection by unfaithful officials and of the impairment of the fundamental security of life and property by criminal alliances and official neglect, emphasizes the primary need of a vigilant and courageous press, especially in great cities. The fact that the liberty of the press may be abused by miscreant purveyors of scandal does not make any the less necessary the immunity of the press from previous restraint in dealing with official misconduct.'

As we stated only the other day in Organization for a Better Austin v. Keefe, 402 U. S. 415, 419, 91 S. Ct. 1575, 1578, 29 L. Ed. 2d 1 'any prior restraint on expression comes to this Court with a 'heavy presumption' against its constitutional validity.'

The Government says that it has inherent powers to go into court and obtain an injunction to protect the national interest, which in this case is alleged to be national security.

Near v. Minnesota ex rel. Olson, 283 U. S. 697, 51 S. Ct. 625, 75 L. Ed. 1357, repudiated that expansive doctrine in no uncertain terms.

The dominant purpose of the First Amendment was to prohibit the widespread practice of governmental suppression *724 of embarrassing information. It is common knowledge that the First Amendment was adopted against the widespread use of the common law of seditious libel to punish the dissemination of material that is embarrassing to the powers – that – be. See T. Emerson, The System of Freedom of Expression, c. V (1970); Z. Chafee, Free Speech in the United States, c. XIII (1941). The present cases will, I think, go down in history as the most dramatic illustration of that principle. A debate of large proportions goes on in the Nation over our posture in Vietnam. That debate antedated the disclosure of the contents of the present documents. The latter are highly relevant to the debate in progress.

Secrecy in government is fundamentally anti – democratic, perpetuating bureaucratic errors. Open debate and discussion of public issues are vital to our national health. On public questions there should be 'uninhibited, robust, and wide – open' debate. New York Times Co. v. Sullivan, 376 U. S. 254, 269—270, 84 S. Ct. 710, 720—721, 11 L. Ed. 2d 686.

I would affirm the judgment of the Court of Appeals in the Post case, vacate the stay of the Court of Appeals in the Times case and direct that it affirm the District Court.

The stays is these cases that have been in effect for more than a week constitute a flouting of the principles of the First Amendment as interpreted in Near v. Minnesota ex rel. Olson.

Mr. Justice BRENNAN, concurring.

I

I write separately in these cases only to emphasize what should be apparent: that our judgments in the present cases may not be taken to indicate the propriety, in the future, of issuing temporary stays and restraining orders to block the publication of material sought to be suppressed by the Government. So far as I can determine, never before has the United States sought to enjoin a newspaper from publishing information in its possession. The relative novelty of the questions presented, the necessary haste with which decisions were reached, the magnitude of the interests asserted, and the fact that all the parties have concentrated their arguments upon the question whether permanent restraints were proper may have justified at least some of the restraints heretofore imposed in these cases. Certainly it is difficult to fault the several courts below for seeking to assure that the issues here involved were preserved for ultimate review by this Court. But even if it be assumed that some of the interim restraints were proper in the two cases before us, that assumption has no bearing upon the propriety of similar judicial action in the future. To begin with, there has now been ample time for reflection and judgment; whatever values there may be in the preservation of novel questions for appellate review may not support any restraints in the future. More important, the First Amendment stands as an absolute bar to the imposition of judicial restraints in circumstances of the kind presented by these cases.

II

The error that has pervaded these cases from the outset was the granting of any injunctive relief whatsoever, interim or otherwise. The entire thrust of the Government's claim throughout these cases has been that publication of the material sought to be enjoined 'could,' or 'might,' or 'may' prejudice the national interest in various ways. But the First Amendment tolerates absolutely no prior judicial restraints of the press predicated upon surmise or conjecture that untoward consequences may result. FN* Our cases, it is true, have indicated that there is a single, extremely narrow class of cases in which the First Amendment's ban on prior judicial restraint may be overridden. Our cases have thus far indicated that such cases may arise only when the Nation 'is at war,' Schenck v. United States, 249 U. S. 47, 52, 39 S. Ct. 247, 249, 63 L. Ed. 470 (1919), during which times 'no one would question but that a government might prevent actual obstruction to its recruiting service or the publication of the sailing dates of transports or the number and location of troops.' Near v. Minnesota ex rel. Olson, 283 U. S. 697, 716, 51 S. Ct. 625, 631, 75 L. Ed. 1357 (1931). Even if the present world situation were assumed to be tantamount to a time of war, or if the power of presently available armaments would justify even in peacetime the suppression of information that would set in motion a nuclear holocaust, in neither of these actions has the Government presented or even alleged that publication of items from or based upon the material at issue would cause the happening of an event of that nature. 'The chief purpose of (the First Amendment's) guaranty (is) to prevent previous restraints upon publication.' Near v. Minnesota ex rel. Olson, supra, at 713, 51 S. Ct., at 630. Thus, only governmental allegation and proof that publication must inevitably, directly, and immediately cause the occurrence of an event kindred to imperiling the safety of a transport already at sea can support even the issuance of an interim restraining order. In no event may mere conclusions be sufficient: for if the Executive Branch seeks judicial aid in preventing publication, it must inevitably submit the basis upon which that aid is sought to scrutiny by the judiciary. And therefore, every restraint issued in this case, whatever its form, has violated the First Amendment—and not less so because that restraint was justified as necessary to afford the courts an opportunity to examine the claim more thoroughly. Unless and until the Government has clearly made out its case, the First Amendment commands that no injunction may issue.

FN * Freedman v. Maryland, 380 U. S. 51, 85 S. Ct. 734, 13 L. Ed. 2d 649 (1965), and similar cases regarding temporary restraints of allegedly obscene materials are not in point. For those cases rest upon the proposition that 'obscenity is not protected by the freedoms of speech and press.' Roth v. United States, 354 U. S. 476, 481, 77 S. Ct. 1304, 1307, 1 L. Ed. 2d 1498 (1957). Here there is no question but that the material sought to be suppressed is within the protection of the First Amendment; the only question is whether, notwithstanding that fact, its publication may be enjoined for a time because of the presence of an overwhelming national interest. Similarly, copyright cases have no pertinence here: the Government is not asserting an interest in the particular form of words chosen in the documents, but is seeking to suppress the ideas expressed therein. And the copyright laws, of course, protect only the form of expression and not the ideas expressed.

Mr. Justice STEWART, with whom Mr. Justice WHITE joins, concurring.

In the governmental structure created by our Constitution, the Executive is endowed with enormous power in the two related areas of national defense and international relations. This power, largely unchecked by the Legislative [FN1] and Judicial [FN2] branches, has been pressed to the very hilt since the advent of the nuclear missile age. For better of for worse, the simple fact is that a President of the United States possesses vastly greater constitutional independence in these two vital areas of power than does, say, a prime minister of a country with a parliamentary form of government.

FN1. The President's power to make treaties and to appoint ambassadors is, of course, limited by the requirement of Art. II, s 2, of the Constitution that he obtain the advice and consent of the Senate. Article I, s 8, empowers Congress to ' raise and support Armies, ' and ' provide and maintain a Navy. ' And, of course, Congress alone can declare war. This power was last exercised almost 30 years ago at the inception of World War II. Since the end of that war in 1945, the Armed Forces of the United States have suffered approximately half a million casualties in various parts of the world.

FN2. See Chicago & Southern Air Lines Inc. v. Waterman S. S. Corp. , 333 U. S. 103, 68 S. Ct. 431, 92 L. Ed. 568; Kiyoshi Hirabayashi v. United States, 320 U. S. 81, 63 S. Ct. 1375, 87 L. Ed. 1774; United States v. Curtiss – Wright Export Corp. , 299 U. S. 304, 57 S. Ct. 216, 81 L. Ed. 255; cf. Mora v. McNamara, 389 U. S. 934, 88 S. Ct. 282, 19 L. Ed. 2d 287 (Stewart, J. , dissenting).

In the absence of the governmental checks and balances present in other areas of our national life, the only effective restraint upon executive policy and power in the areas of national defense and international affairs may lie in an enlightened citizenry—in an informed and critical public opinion which alone can here protect the values of democratic government. For this reason, it is perhaps here that a press that is alert, aware, and free most vitally serves the basic purpose of the First Amendment. For without an informed and free press there cannot be an enlightened people.

Yet it is elementary that the successful conduct of international diplomacy and the maintenance of an effective national defense require both confidentiality and secrecy. Other nations can hardly deal with this Nation in an atmosphere of mutual trust unless they can be assured that their confidences will be kept. And within our own executive departments, the development of considered and intelligent international policies would be impossible if those charged with their formulation could not communicate with each other freely, frankly, and in confidence. In the area of basic national defense the frequent need for absolute secrecy is, of course, self – evident.

I think there can be but one answer to this dilemma, if dilemma it be. The responsibility must be where the power is. [FN3] If the Constitution gives the Executive a large degree of unshared power in the conduct of foreign affairs and the maintenance of our national defense, then under the Constitution the Executive must have the largely unshared duty to determine and preserve the degree of internal security necessary to exercise that power successfully. It is an awesome responsibility, requiring judgment and wisdom of a high order. I should suppose that moral, political, and practical considerations would dictate that a very first principle of that wisdom would be an insistence upon avoiding secrecy for its own sake. For when everything is classified, then nothing is classified, and the system becomes one to be disregarded by the cynical or the careless, and to be manipulated by those intent on self-protection or self-promotion. I should suppose, in short, that the hallmark of a truly effective internal security system would be the maximum possible disclosure, recognizing that secrecy can best be preserved only when credibility is truly maintained. But be that as it may, it is clear to me that it is the constitutional duty of the Executive—as a matter of sovereign prerogative and not as a matter of law as the courts know law—through the promulgation and enforcement of executive regulations, to protect the confidentiality necessary to carry out its responsibilities in the fields of international relations and national defense.

FN3. 'It is quite apparent that if, in the maintenance of our international relations, embarrassment—perhaps serious embarrassment—is to be avoided and success for our aims achieved, congressional legislation which is to be made effective through negotiation and inquiry within the international field must often accord to the President a degree of discretion and freedom from statutory restriction which would not be admissible were domestic affairs alone involved. Moreover, he, not Congress, has the better opportunity of knowing the conditions which prevail in foreign countries, and especially is this true in time of war. He has his confidential sources of information. He has his agents in the form of diplomatic, consular and other officials. Secrecy in respect of information gathered by them may be highly necessary, and the premature disclosure of it productive of harmful results. Indeed, so clearly is this true that the first President refused to accede to a request to lay before the House of Representatives the instructions, correspondence and documents relating to the negotiation of the Jay Treaty—a refusal the wisdom of which was recognized by the House itself and has never since been doubted. ' United States v. Curtiss – Wright Export Corp. , 299 U. S. 304, 320, 57 S. Ct. 216, 221, 81 L. Ed. 255.

This is not to say that Congress and the courts have no role to play. Undoubtedly Congress has the power to enact specific and appropriate criminal laws to protect government property and preserve government secrets. Congress has passed such laws, and several of them are of very colorable relevance to the apparent circumstances of these cases. And if a criminal prosecution is instituted, it will be the responsibility of the courts to decide the applicability of the criminal law under which the charge is brought. Moreover, if Congress should pass a specific law authorizing civil proceedings in this field, the courts would likewise have the duty to decide the constitutionality of such a law as well as its applicability to the facts proved.

But in the cases before us we are asked neither to construe specific regulations nor to apply specific laws. We are asked, instead, to perform a function that the Constitution gave to the Executive, not the Judiciary. We are asked, quite simply, to prevent the publication by two newspapers of material that the Executive Branch insists should not, in the national interest, be published. I am convinced that the Executive is correct with respect to some of the documents involved. But I cannot say that disclosure of any of them will surely result in direct, immediate, and irreparable damage to our Nation or its people. That being so, there can under the First Amendment be but one judicial resolution of the issues before us. I join the judgments of the Court.

Mr. Justice WHITE, with whom Mr. Justice STEWART joins, concurring.

I concur in today's judgments, but only because of the concededly extraordinary protection against prior restraints enjoyed by the press under our constitutional system. I do not say that in no circumstances would the First Amendment permit an injunction against publishing information about government plans or operations. FN1 Nor, after examining the materials the Government characterizes as the most sensitive and destructive, can I deny that revelation of these documents will do substantial damage to public interests. Indeed, I am confident that their disclosure will have that result. But I nevertheless agree that the United States has not satisfied the very heavy burden that it must meet to warrant an injunction against publication in these cases, at least in the absence of express and appropriately limited congressional authorization for prior restraints in circumstances such as these.

FN1. The Congress has authorized a strain of prior restraints against private parties in certain instances. The National Labor Relations Board routinely issues cease – and – desist orders against employers who it finds have threatened or coerced employees in the exercise of protected rights. See 29 U. S. C. s 160 (c). Similarly, the Federal Trade Commission is empowered to impose cease – and – desist orders against unfair methods of competition. 15 U. S. C. s 45 (b). Such orders can, and quite often do, restrict what may be spoken or written under certain circumstances. See, e. g., NLRB v. Gissel Packing Co., 395 U. S. 575, 616—620, 89 S. Ct. 1918, 1941—1943, 23 L. Ed. 2d 547 (1969). Article I, s 8, of the Constitution authorizes Congress to secure the ‘exclusive right’ of authors to their writings, and no one denies that a newspaper can properly be enjoined from publishing the copyrighted works of another. See L. A. Westermann Co. v. Dispatch Printing Co., 249 U. S. 100, 39 S. Ct. 194, 63 L. Ed. 499 (1919). Newspapers do themselves rely from time to time on the copyright as a means of protecting their accounts of important events. However, those enjoined under the statutes relating to the National Labor Relations Board and the Federal Trade Commission are private parties, not the press; and when the press is enjoined under the copyright laws the complainant is a private copyright holder enforcing a private right. These situations are quite distinct from the Government's request for an injunction against publishing information about the affairs of government, a request admittedly not based on any statute.

The Government's position is simply stated: The responsibility of the Executive for the conduct of the foreign affairs and for the security of the Nation is so basic that the President is entitled to an injunction against publication of a newspaper story whenever he can convince a court that the information to be revealed threatens ‘grave and irreparable’ injury to the public interest; FN2 and the injunction should issue whether or not the material to be published is classified, whether or not publication would be lawful under relevant criminal statutes enacted by Congress, and regardless of the circumstances by which the newspaper came into possession of the information.

FN2. The ' grave and irreparable danger ' standard is that asserted by the Government in this Court. In remanding to Judge Gurfein for further hearings in the Times litigation, five members of the Court of Appeals for the Second Circuit directed him to determine whether disclosure of certain items specified with particularity by the Government would ' pose such grave and immediate danger to the security of the United States as to warrant their publication being enjoined. '

At least in the absence of legislation by Congress, based on its own investigations and findings, I am quite unable to agree that the inherent powers of the Executive and the courts reach so far as to authorize remedies having such sweeping potential for inhibiting publications by the press. Much of the difficulty inheres in the ' grave and irreparable danger' standard suggested by the United States. If the United States were to have judgment under such a standard in these cases, our decision would be of little guidance to other courts in other cases, for the material at issue here would not be available from the Court's opinion or from public records, nor would it be published by the press. Indeed, even today where we hold that the United States has not met its burden, the material remains sealed in court records and it is properly not discussed in today's opinions. Moreover, because the material poses substantial dangers to national interests and because of the hazards of criminal sanctions, a responsible press may choose never to publish the more sensitive materials. To sustain the Government in these cases would start the courts down a long and hazardous road that I am not willing to travel, at least without congressional guidance and direction.

It is not easy to reject the proposition urged by the United States and to deny relief on its good - faith claims in these cases that publication will work serious damage to the country. But that discomfiture is considerably dispelled by the infrequency of prior-restraint cases. Normally, publication will occur and the damage be done before the Government has either opportunity or grounds for suppression. So here, publication has already begun and a substantial part of the threatened damage has already occurred. The fact of a massive breakdown in security is known, access to the documents by many unauthorized people is undeniable, and the efficacy of equitable relief against these or other newspapers to avert anticipated damage is doubtful at best.

What is more, terminating the ban on publication of the relatively few sensitive documents the Government now seeks to suppress does not mean that the law either requires or invites newspapers or others to publish them or that they will be immune from criminal action if they do. Prior restraints require an unusually heavy justification under the First Amendment; but failure by the Government to justify prior restraints does not measure its constitutional entitlement to a conviction for criminal publication. That the Government mistakenly chose to proceed by injunction does not mean that it could not successfully proceed in another way.

When the Espionage Act was under consideration in 1917, Congress eliminated from the bill a provision that would have given the President broad powers in time of war to proscribe, under threat of criminal penalty, the publication of various categories of information related to the national defense. FN3 Congress at that time was unwilling to clothe the President with such far-reaching powers to monitor the press, and those opposed to this part of the legislation assumed that a necessary concomitant of such power was the power to 'filter out the news to the people through some man.' 55 Cong. Rec. 2008 (remarks of Sen. Ashurst). However, these same members of Congress appeared to have little doubt that newspapers would be subject to criminal prosecution if they insisted on publishing information of the type Congress had itself determined should not be revealed. Senator Ashurst, for example, was quite sure that the editor of such a newspaper 'should be punished if he did publish information as to the movements of the fleet, the troops, the aircraft, the location of powder factories, the location of defense works, and all that sort of thing.' Id., at 2009. FN4

FN3. 'Whoever, in time of war, in violation of reasonable regulations to be prescribed by the President, which he is hereby authorized to make and promulgate, shall publish any information with respect to the movement, numbers, description, condition, or disposition of any of the armed forces, ships, aircraft, or war materials of the United States, or with respect to the plans or conduct of any naval or military operations, or with respect to any works or measures undertaken for or connected with, or intended for the fortification or defense of any place, or any other information relating to the public defense calculated to be useful to the enemy, shall be punished by a fine or by imprisonment.' 55 Cong. Rec. 2100.

FN4. Senator Ashurst also urged that freedom of the press 'means freedom from the restraints of a censor, means the absolute liberty and right to publish whatever you wish; but you take your chances of punishment in the courts of your country for the violation of the laws of libel, slander, and treason.' 55 Cong. Rec. 2005.

The Criminal Code contains numerous provisions potentially relevant to these cases. Section 797[FN5] makes it a crime to publish certain photographs or drawings of military installations. Section 798,[FN6] also in precise language, proscribes knowing and willful publication of any classified information concerning the cryptographic systems or communication intelligence activities of the United States as well as any information obtained from communication intelligence operations.[FN7] If any of the material here at issue is of this nature, the newspapers are presumably now on full notice of the position of the United States and must face the consequences if they publish. I would have no difficulty in sustaining convictions under these sections on facts that would not justify the intervention of equity and the imposition of a prior restraint.

FN5. Title 18 U. S. C. s 797 provides:

'On and after thirty days from the date upon which the President defines any vital military or naval installation or equipment as being within the category contemplated under section 795 of this title, whoever reproduces, publishes, sells, or gives away any photograph, sketch, picture, drawing, map, or graphical representation of the vital military or naval installations or equipment so defined, without first obtaining permission of the commanding officer of the military or naval post, camp, or station concerned, or higher authority, unless such photograph, sketch, picture, drawing, map, or graphical representation has clearly indicated thereon that it has been censored by the proper military or naval authority, shall be fined not more than MYM1, 000 or imprisoned not more than one year, or both.'

FN6. In relevant part 18 U. S. C. s 798 provides:

‘(a) Whoever knowingly and willfully communicates, furnishes, transmits, or otherwise makes available to an unauthorized person, or publishes, or uses in any manner prejudicial to the safety or interest of the United States or for the benefit of any foreign government to the detriment of the United States any classified information—

‘(1) concerning the nature, preparation, or use of any code, cipher, or cryptographic system of the United States or any foreign government; or

‘(2) concerning the design, construction, use, maintenance, or repair of any device, apparatus, or appliance used or prepared or planned for use by the United States or any foreign government for cryptographic or communication intelligence purposes; or

‘(3) concerning the communication intelligence activities of the United States or any foreign government; or

‘(4) obtained by the process of communication intelligence from the communications of any foreign government, knowing the same to have been obtained by such processes—

‘Shall be fined not more than MYM10, 000 or imprisoned not more than ten years, or both.’

FN7. The purport of 18 U. S. C. s 798 is clear. Both the House and Senate Reports on the bill, in identical terms, speak of furthering the security of the United States by preventing disclosure of information concerning the cryptographic systems and the communication intelligence systems of the United States, and explaining that ‘this bill make it a crime to reveal the methods, techniques, and mate riel used in the transmission by this Nation of enciphered or coded messages. Further, it makes it a crime to reveal methods used by this Nation in breaking the secret codes of a foreign nation. It also prohibits under certain penalties the divulging of any information which may have come into this Government's hands as a result of such a code – breaking.’ H. R. Rep. No. 1895, 81st Cong., 2d Sess., 1 (1950). The narrow reach of the statute was explained as covering ‘only a small category of classified matter, a category which is both vital and vulnerable to an almost unique degree. ' Id. , at 2. Existing legislation was deemed inadequate.

'At present two other acts protect this information, but only in a limited way. These are the Espionage Act of 1917 (40 Stat. 217) and the act of June 10, 1933 (48 Stat. 122). Under the first, unauthorized revelation of information of this kind can be penalized only if it can be proved that the person making the revelation did so with an intent to injure the United States. Under the second, only diplomatic codes and messages transmitted in diplomatic codes are protected. The present bill is designed to protect against knowing and willful publication or any other revelation of all important information affecting the United States communication intelligence operations and all direct information about all United States codes and ciphers.' Ibid. Section 798 obviously was intended to cover publications by non-employees of the Government and to ease the Government's burden in obtaining convictions. See H. R. Rep. No. 1895, supra, at 2-5. The identical Senate Report, not cited in parallel in the text of this footnote, is S. Rep. No. 111, 81st Cong., 1st Sess. (1949).

The same would be true under those sections of the Criminal Code casting a wider net to protect the national defense. Section 793 (e)[FN8] makes it a criminal act for any unauthorized possessor of a document 'relating to the national defense' either (1) willfully to communicate or cause to be communicated that document to any person not entitled to receive it or (2) willfully to retain the document and fail to deliver it to an officer of the United States entitled to receive it. The subsection was added in 1950 because pre-existing law provided no penalty for the unauthorized possessor unless demand for the documents was made.[FN9] 'The dangers surrounding the unauthorized possession of such items are self-evident, and it is deemed advisable to require their surrender in such a case, regardless of demand, especially since their unauthorized possession may be unknown to the authorities who would otherwise make the demand.' S. Rep. No. 2369, pt. 1, 81st Cong., 2d Sess., 9 (1950). Of course, in the cases before us, the unpublished documents have been demanded by the United States and their import has been made known at least to counsel for the newspapers involved. In Gorin v. United States, 312 U. S. 19, 28, 61 S. Ct. 429, 434, 85 L. Ed. 488 (1941), the words 'national defense' as used in a predecessor of s 793 were held by a unanimous Court to have ‘a well understood connotation’ —a ‘generic concept of broad connotations, referring to the military and naval establishments and the related activities of national preparedness’ —and to be ‘sufficiently definite to apprise the public of prohibited activities’ and to be consonant with due process. 312 U. S. , at 28, 61 S. Ct. , at 434. Also, as construed by the Court in Gorin, information ‘connected with the national defense’ is obviously not limited to that threatening ‘grave and irreparable’ injury to the United States. [FN10]

FN8. Section 793 (e) of 18 U. S. C. provides that:

‘(e) Whoever having unauthorized possession of, access to, or control over any document, writing, code book, signal book, sketch, photograph, photographic negative, blueprint, plan, map, model, instrument, appliance, or note relating to the national defense, or information relating to the national defense which information the possessor has reason to believe could be used to the injury of the United States or to the advantage of any foreign nation, willfully communicates, delivers, transmits or causes to be communicated, delivered, or transmitted, or attempts to communicate, deliver, transmit or cause to be communicated, delivered, or transmitted the same to any person not entitled to receive it, or willfully retains the same and fails to deliver it to the officer or employee of the United States entitled to receive it;’ is guilty of an offense punishable by 10 years in prison, a $10, 000 fine, or both. It should also be noted that 18 U. S. C. s 793 (g), added in 1950 [see 64 Stat. 1004; S. Rep. No. 2369, pt. 1, 81st Cong. , 2d Sess. , 9 (1950)], provides that ‘if two or more persons conspire to violate any of the foregoing provisions of this section, and one or more of such persons do any act to effect the object of the conspiracy, each of the parties to such conspiracy shall be subject to the punishment provided for the offense which is the object of such conspiracy.’

FN9. The amendment of s 793 that added subsection (e) was part of the Subversive Activities Control Act of 1950, which was in turn Title I of the Internal Security Act of 1950. See 64 Stat. 987. The report of the Senate Judiciary Committee best explains the purposes of the amendment:

‘Section 18 of the bill amends section 793 of title 18 of the United States Code (espionage statute). The several paragraphs of section 793 of title 18 are designated as subsections (a) through (g) for purposes of convenient reference. The significant changes which would be made in section 793 of title 18 are as follows:

'(1) Amends the fourth paragraph of section 793, title 18 [subsec. (d)], to cover the unlawful dissemination of 'information relating to the national defense which information the possessor has reason to believe could be used to the injury of the United States or to the advantage of any foreign nation.' The phrase 'which information the possessor has reason to believe could be used to the injury of the United States or to the advantage of any foreign nation' would modify only 'information relating to the national defense' and not the other items enumerated in the subsection. The fourth paragraph of section 793 is also amended to provide that only those with lawful possession of the items relating to national defense enumerated therein may retain them subject to demand therefor. Those who have unauthorized possession of such items are treated in a separate subsection.

'(2) Amends section 793, title 18 [subsec. (e)], to provide that unauthorized possessors of items enumerated in paragraph 4 of section 793 must surrender possession thereof to the proper authorities without demand. Existing law provides no penalty for the unauthorized possession of such items unless a demand for them is made by the person entitled to receive them. The dangers surrounding the unauthorized possession of such items are self-evident, and it is deemed advisable to require their surrender in such a case, regardless of demand, especially since their unauthorized possession may be unknown to the authorities who would otherwise make the demand. The only difference between subsection (d) and subsection (e) of section 793 is that a demand by the person entitled to receive the items would be a necessary element of an offense under subsection (d) where the possession is lawful, where as such a demand would not be a necessary element of an offense under subsection (e) where the possession is unauthorized.' S. Rep. No. 2369, pt. 1, 81st Cong., 2d Sess., 8-9 (1950) (emphasis added).

It seems clear from the foregoing, contrary to the intimations of the District Court for the Southern District of New York in this case, that in prosecuting for communicating or withholding a 'document' as contrasted with similar action with respect to 'information' the Government need not prove an intent to injure the United States or to benefit a foreign nation but only willful and knowing conduct. The District Court relied on Gorin v. United States, 312 U. S. 19, 61 S. Ct. 429, 85 L. Ed. 488 (1941). But that case arose under other parts of the predecessor to s 793, see 312 U. S., at 21—22, 61 S. Ct., at 430—432—parts that imposed different intent standards not repeated in s 793 (d) or s 793 (e). Cf. 18 U. S. C. s 793 (a), (b), and (c). Also, from the face of subsection (e) and from the context of the Act of which it was a part, it seems undeniable that a newspaper, as well as others unconnected with the Government, are vulnerable to prosecution under s 793 (e) if they communicate or withhold the materials covered by that section. The District Court ruled that 'communication' did not reach publication by a newspaper of documents relating to the national defense. I intimate no views on the correctness of that conclusion. But neither communication nor publication is necessary to violate the subsection.

FN10. Also relevant is 18 U. S. C. s 794. Subsection (b) thereof forbids in time of war the collection or publication, with intent that it shall be communicated to the enemy, of any information with respect to the movements of military forces, 'or with respect to the plans or conduct of any naval or military operations or any other information relating to the public defense, which might be useful to the enemy.'

is thus clear that Congress has addressed itself to the problems of protecting the security of the country and the national defense from unauthorized disclosure of potentially damaging information. Cf. Youngstown Sheet & Tube Co. v. Sawyer, 343 U. S. 579, 585—586, 72 S. Ct. 863, 865—866, 96 L. Ed. 1153 (1952); see also id., at 593—628, 72 S. Ct., at 888—928 (Frankfurter, J., concurring). It has not, however, authorized the injunctive remedy against threatened publication. It has apparently been satisfied to rely on criminal sanctions and their deterrent effect on the responsible as well as the irresponsible press. I am not, of course, saying that either of these newspapers has yet committed a crime or that either would commit a crime if it published all the material now in its possession. That matter must await resolution in the context of a criminal proceeding if one is instituted by the United States. In that event, the issue of guilt or innocence would be determined by procedures and standards quite different from those that have purported to govern these injunctive proceedings.

Mr. Justice MARSHALL, concurring.

The Government contends that the only issue in these cases is whether in a suit by the United States, ' the First Amendment bars a court from prohibiting a newspaper from publishing material whose disclosure would pose a ' grave and immediate danger to the security of the United States. ' ' Brief for the United States 7. With all due respect, I believe the ultimate issue in this case is even more basic than the one posed by the Solicitor General. The issue is whether this Court or the Congress has the power to make law.

In these cases there is no problem concerning the President's power to classify information as ' secret' or ' top secret. ' Congress has specifically recognized Presidential authority, which has been formally exercised in Exec. Order 10501 (1953), to classify documents and information. See, e. g. , 18 U. S. C. s 798; 50 U. S. C. s 783. [FN1] Nor is there any issue here regarding the President's power as Chief Executive and Commander in Chief to protect national security by disciplining employees who disclose information and by taking precautions to prevent leaks.

FN1. See n. 3, infra.

The problem here is whether in these particular cases the Executive Branch has authority to invoke the equity jurisdiction of the courts to protect what it believes to be the national interest. See In re Debs, 158 U. S. 564, 584, 15 S. Ct. 900, 906, 39 L. Ed. 1092 (1895). The Government argues that in addition to the inherent power of any government to protect itself, the President's power to conduct foreign affairs and his position as Commander in Chief give him authority to impose censorship on the press to protect his ability to deal effectively with foreign nations and to conduct the military affairs of the country. Of course, it is beyond cavil that the President has broad powers by virtue of his primary responsibility for the conduct of our foreign affairs and his position as Commander in Chief. Chicago & Southern Air Lines v. Waterman S. S. Corp. , 333 U. S. 103, 68 S. Ct. 431, 92 L. Ed. 568 (1948); Kiyoshi Hirabayashi v. United States, 320 U. S. 81, 93, 63 S. Ct. 1375, 1382, 87 L. Ed. 1774 (1943); United States v. Curtiss – Wright Export Corp. , 299

U. S. 304, 57 S. Ct. 216, 81 L. Ed. 255 (1936). FN2 And in some situations it may be that under whatever inherent powers the Government may have, as well as the implicit authority derived from the President's mandate to conduct foreign affairs and to act as Commander in Chief, there is a basis for the invocation of the equity jurisdiction of this Court as an aid to prevent the publication of material damaging to 'national security', however that term may be defined.

FN2. But see Kent v. Dulles, 357 U. S. 116, 78 S. Ct. 1113, 2 L. Ed. 2d 1204 (1958); Youngstown Sheet & Tube Co. v. Sawyer, 343 U. S. 579, 72 S. Ct. 863, 96 L. Ed. 1153 (1952).

It would, however, be utterly inconsistent with the concept of separation of powers for this Court to use its power of contempt to prevent behavior that Congress has specifically declined to prohibit. There would be a similar damage to the basic concept of these co-equal branches of Government if when the Executive Branch has adequate authority granted by Congress to protect 'national security' it can choose instead to invoke the contempt power of a court to enjoin the threatened conduct. The Constitution provides that Congress shall make laws, the President execute laws, and courts interpret laws. Youngstown Sheet & Tube Co. v. Sawyer, 343 U. S. 579, 72 S. Ct. 863, 96 L. Ed. 1153 (1952). It did not provide for government by injunction in which the courts and the Executive Branch can 'make law' without regard to the action of Congress. It may be more convenient for the Executive Branch if it need only convince a judge to prohibit conduct rather than ask the Congress to pass a law, and it may be more convenient to enforce a contempt order than to seek a criminal conviction in a jury trial. Moreover, it may be considered politically wise to get a court to share the responsibility for arresting those who the Executive Branch has probable cause to believe are violating the law. But convenience and political considerations of the moment do not justify a basic departure from the principles of our system of government.

In these cases we are not faced with a situation where Congress has failed to provide the Executive with broad power to protect the Nation from disclosure of damaging state secrets. Congress has on several occasions given extensive consideration to the problem of protecting the military and strategic secrets of the

United States. This consideration has resulted in the enactment of statutes making it a crime to receive, disclose, communicate, withhold, and publish certain documents, photographs, instruments, appliances, and information. The bulk of these statutes is found in chapter 37 of U. S. C. , Title 18, entitled Espionage and Censorship. FN3 In that chapter, *744 Congress has provided penalties ranging from a MYM10, 000 fine to death for violating the various statutes.

FN3. There are several other statutory provisions prohibiting and punishing the dissemination of information, the disclosure of which Congress thought sufficiently imperiled national security to warrant that result. These include 42 U. S. C. ss 2161 through 2166 relating to the authority of the Atomic Energy Commission to classify and declassify 'Restricted Data' ('Restricted Data' is a term of art employed uniquely by the Atomic Energy Act). Specifically, 42 U. S. C. s 2162 authorizes the Atomic Energy Commission to classify certain information. Title 42 U. S. C. s 2274, subsection (a), provides penalties for a person who 'communicates, transmits, or discloses (restricted data) with intent to injure the United States or with intent to secure an advantage to any foreign nation.' Subsection (b) of s 2274 provides lesser penalties for one who 'communicates, transmits, or discloses' such information 'with reason to believe such data will be utilized to injure the United States or to secure an advantage to any foreign nation.' Other sections of Title 42 of the United States Code dealing with atomic energy prohibit and punish acquisition, removal, concealment, tampering with, alteration, mutilation, or destruction of documents incorporating 'Restricted Data' and provide penalties for employees and former employees of the Atomic Energy Commission, the armed services, contractors and licensees of the Atomic Energy Commission. Title 42 U. S. C. ss 2276, 2277. Title 50 U. S. C. App. s 781, 56 Stat. 390, prohibits the making of any sketch or other representation of military installations or any military equipment located on any military installation, as specified; and indeed Congress in the National Defense Act of 1940, 54 Stat. 676, as amended, 56 Stat. 179, conferred jurisdiction on federal district courts over civil actions 'to enjoin any violation' thereof. 50 U. S. C. App. s 1152 (6). Title 50 U. S. C. s 783 (b) makes it unlawful for any officers or employees of the United States or any corporation which is owned by the

United States to communicate material which has been ‘classified’ by the President to any person who that governmental employee knows or has reason to believe is an agent or representative of any foreign government or any Communist organization.

Thus it would seem that in order for this Court to issue an injunction it would require a showing that such an injunction would enhance the already existing power of the Government to act. See People ex rel. Bennett v. Laman, 277 N. Y. 368, 14 N. E. 2d 439 (1938). It is a traditional axiom of equity that a court of equity will not do a useless thing just as it is a traditional axiom that equity will not enjoin the commission of a crime. See Z. Chafee & E. Re, Equity 935—954 (5th ed. 1967); 1 H. Joyce, Injunctions ss 58—60a (1909) . Here there has been no attempt to make such a showing. The Solicitor General does not even mention in his brief whether the Government considers that there is probable cause to believe a crime has been committed or whether there is a conspiracy to commit future crimes.

If the Government had attempted to show that there was no effective remedy under traditional criminal law, it would have had to show that there is no arguably applicable statute. Of course, at this stage this Court could not and cannot determine whether there has been a violation of a particular statute or decide the constitutionality of any statute. Whether a good – faith prosecution could have been instituted under any statute could, however, be determined.

745 At least one of the many statutes in this area seems relevant to these cases. Congress has provided in 18 U. S. C. s 793 (e) that whoever ‘having unauthorized possession of, access to, or control over any document, writing, code book, signal book or note relating to the national defense, or information relating to the national defense which information the possessor has reason to believe could be used to the injury of the United States or to the advantage of any foreign nation, willfully communicates, delivers, transmits the same to any person not entitled to receive it, or willfully retains the same and fails to deliver it to the officer or employee of the United States entitled to receive it shall be fined not more than $10, 000 or imprisoned not more than ten years, or both.’ Congress has also made it a crime to conspire to commit any of the offenses listed in 18 U. S. C. s 793 (e).

It is true that Judge Gurfein found that Congress had not made it a crime to publish the items and material specified in s 793 (e). He found that the words 'communicates, delivers, transmits' did not refer to publication of newspaper stories. And that view has some support in the legislative history and conforms with the past practice of using the statute only to prosecute those charged with ordinary espionage. But see 103 Cong. Rec. 10449 (remarks of Sen. Humphrey). Judge Gurfein's view of the Statute is not, however, the only plausible construction that could be given. See my Brother WHITE's concurring opinion.

Even if it is determined that the Government could not in good faith bring criminal prosecutions against the New York Times and the Washington Post, it is clear that Congress has specifically rejected passing legislation that would have clearly given the President the power he seeks here and made the current activity of the newspapers unlawful. When Congress specifically declines to make conduct unlawful it is not for this Court to redecide those issues—to overrule Congress. See Youngtown Sheet & Tube Co. v. Sawyer, 343 U. S. 579, 72 S. Ct. 863, 96 L. Ed. 1153 (1952).

On at least two occasions Congress has refused to enact legislation that would have made the conduct engaged in here unlawful and given the President the power that he seeks in this case. In 1917 during the debate over the original Espionage Act, still the basic provisions of s 793, Congress rejected a proposal to give the President in time of war or threat of war authority to directly prohibit by proclamation the publication of information relating to national defense that might be useful to the enemy. The proposal provided that:

'During any national emergency resulting from a war to which the United States is a party, or from threat of such a war, the President may, by proclamation, declare the existence of such emergency and, by proclamation, prohibit the publishing or communicating of, or the attempting to publish or communicate any information relating to the national defense which, in his judgment, is of such character that it is or might be useful to the enemy. Whoever violates any such prohibition shall be punished by a fine of not more than $10, 000 or by imprisonment for not more than 10 years, or both: Provided, that nothing in this section shall be construed to limit or restrict any discussion, comment, or criticism of the acts or policies of the

Government or its representatives or the publication of the same. ' 55 Cong. Rec. 1763.

Congress rejected this proposal after war against Germany had been declared even though many believed that there was a grave national emergency and that the threat of security leaks and espionage was serious. The Executive Branch has not gone to Congress and requested that the decision to provide such power be reconsidered. Instead, the Executive Branch comes to this Court and asks that it be granted the power Congress refused to give.

In 1957 the United States Commission on Government Security found that ' airplane journals, scientific periodicals, and even the daily newspaper have featured articles containing information and other data which should have been deleted in whole or in part for security reasons. ' In response to this problem the Commission proposed that ' Congress enact legislation making it a crime for any person willfully to disclose without proper authorization, for any purpose whatever, information classified ' secret ' or ' top secret, ' knowing, or having reasonable grounds to believe, such information to have been so classified. ' Report of Commission on Government Security 619 – 620 (1957) . After substantial floor discussion on the proposal, it was rejected. See 103 Cong. Rec. 10447 – 10450. If the proposal that Sen. Cotton championed on the floor had been enacted, the publication of the documents involved here would certainly have been a crime. Congress refused, however, to make it a crime. The Government is here asking this Court to remake that decision. This Court has no such power.

Either the Government has the power under statutory grant to use traditional criminal law to protect the country or, if there is no basis for arguing that Congress has made the activity a crime, it is plain that Congress has specifically refused to grant the authority the Government seeks from this Court. In either case this Court does not have authority to grant the requested relief. It is not for this Court to fling itself into every breach perceived by some Government official nor is it for this Court to take on itself the burden of enacting law, especially a law that Congress has refused to pass.

I believe that the judgment of the United States Court of Appeals for the District of Columbia Circuit should be affirmed and the judgment of the United States Court of Appeals for the Second Circuit should be reversed insofar as it remands the case for further hearings.

Mr. Chief Justice BURGER, dissenting.

So clear are the constitutional limitations on prior restraint against expression, that from the time of Near v. Minnesota ex rel. Olson, 283 U. S. 697, 51 S. Ct. 625, 75 L. Ed. 1357 (1931), until recently in Organization for a Better Austin v. Keefe, 402 U. S. 415, 91 S. Ct. 1575, 29 L. Ed. 2d 1 (1971), we have had little occasion to be concerned with cases involving prior restraints against news reporting on matters of public interest. There is, therefore, little variation among the members of the Court in terms of resistance to prior restraints against publication. Adherence to this basic constitutional principle, however, does not make these cases simple ones. In these cases, the imperative of a free and unfettered press comes into collision with another imperative, the effective functioning of a complex modern government and specifically the effective exercise of certain constitutional powers of the Executive. Only those who view the First Amendment as an absolute in all circumstances—a view I respect, but reject—can find such cases as these to be simple or easy.

These cases are not simple for another and more immediate reason. We do not know the facts of the cases. No District Judge knew all the facts. No Court of Appeals Judge knew all the facts. No member of this Court knows all the facts.

Why are we in this posture, in which only those judges to whom the First Amendment is absolute and permits of no restraint in any circumstances or for any reason, are really in a position to act?

I suggest we are in this posture because these cases have been conducted in unseemly haste. Mr. Justice HARLAN covers the chronology of events demonstrating the hectic pressures under which these cases have been processed and I need not restate them. The prompt settling of these cases reflects our universal abhorrence of prior restraint. But prompt judicial action does not mean injudicial haste.

Here, moreover, the frenetic haste is due in large part to the manner in which the Times proceeded from the date it obtained the purloined documents. It seems reasonably clear now that the haste precluded reasonable and deliberate judicial treatment of these cases and was not warranted. The precipitate action of this Court aborting trials not yet completed is not the kind of judicial conduct that ought to attend the disposition of a great issue.

The newspapers make a derivative claim under the First Amendment; they denominate this right as the public 'right to know'; by implication, the Times asserts a sole trusteeship of that right by virtue of its journalistic 'scoop.' The right is asserted as an absolute. Of course, the First Amendment right itself is not an absolute, as Justice Holmes so long ago pointed out in his aphorism concerning the right to shout 'fire' in a crowded theater if there was no fire. There are other exceptions, some of which Chief Justice Hughes mentioned by way of example in Near v. Minnesota ex rel. Olson. There are no doubt other exceptions no one has had occasion to describe or discuss. Conceivably such exceptions may be lurking in these cases and would have been flushed had they been properly considered in the trial courts, free from unwarranted deadlines and frenetic pressures. An issue of this importance should be tried and heard in a judicial atmosphere conducive to thoughtful, reflective deliberation, especially when haste, in terms of hours, is unwarranted in light of the long period the Times, by its own choice, deferred publication. [FN1]

FN1. As noted elsewhere the Times conducted its analysis of the 47 volumes of Government documents over a period of several months and did so with a degree of security that a government might envy. Such security was essential, of course, to protect the enterprise from others. Meanwhile the Times has copyrighted its material and there were strong intimations in the oral argument that the Times contemplated enjoining its use by any other publisher in violation of its copyright. Paradoxically this would afford it a protection, analogous to prior restraint, against all others—a protection the Times denies the Government of the United States.

It is not disputed that the Times has had unauthorized possession of the documents for three to four months, during which it has had its expert analysts studying them, presumably digesting them and preparing the material for publication. During all of this time, the Times, presumably in its capacity as trustee of the public's ' right to know, ' has held up publication for purposes it considered proper and thus public knowledge was delayed. No doubt this was for a good reason; the analysis of 7, 000 pages of complex material drawn from a vastly greater volume of material would inevitably take time and the writing of good news stories takes time. But why should the United States Government, from whom this information was illegally acquired by someone, along with all the counsel, trial judges, and appellate judges be placed under needless pressure? After these months of deferral, the alleged ' right to know' has somehow and suddenly become a right that must be vindicated instanter.

Would it have been unreasonable, since the newspaper could anticipate the Government's objections to release of secret material, to give the Government an opportunity to review the entire collection and determine whether agreement could be reached on publication? Stolen or not, if security was not in fact jeopardized, much of the material could not doubt have been declassified, since it spans a period ending in 1968. With such an approach—one that great newspapers have in the past practiced and stated editorially to be the duty of an honorable press—the newspapers and Government might well have narrowed the area of disagreement as to what was and was not publishable, leaving the remainder to be resolved in orderly litigation, if necessary. To me it is hardly believable that a newspaper long regarded as a great institution in American life would fail to perform one of the basic and simple duties of every citizen with respect to the discovery or possession of stolen property or secret government documents. That duty, I had thought—perhaps naively—was to report forthwith, to responsible public officers. This duty rests on taxi drivers, Justices, and the New York Times. The course followed by the Times, whether so calculated or not, removed any possibility of orderly litigation of the issues. If the action of the judges up to now has been correct, that result is sheer happenstance. [FN2]

FN2. Interestingly the Times explained its refusal to allow the Government to examine its own purloined documents by saying in substance this might compromise its sources and informants! The Times thus asserts a right to guard the secrecy of its sources while denying that the Government of the United States has that power.

Our grant of the writ of certiorari before final judgment in the Times case aborted the trial in the District Court before it had made a complete record pursuant to the mandate of the Court of Appeals for the Second Circuit.

The consequence of all this melancholy series of events is that we literally do not know what we are acting on. As I see it, we have been forced to deal with litigation concerning rights of great magnitude without an adequate record, and surely without time for adequate treatment either in the prior proceedings or in this Court. It is interesting to note that counsel, on both sides, in oral argument before this Court, were frequently unable to respond to questions on factual points. Not surprisingly they pointed out that they had been working literally 'around the clock' and simply were unable to review the documents that give rise to these cases and were not familiar with them. This Court is in no better posture. I agree generally with Mr. Justice HARLAN and Mr. Justice BLACKMUN but I am not prepared to reach the merits. [FN3]

FN3. With respect to the question of inherent power of the Executive to classify papers, records, and documents as secret, or otherwise unavailable for public exposure, and to secure aid of the courts for enforcement, there may be an analogy with respect to this Court. No statute gives this Court express power to establish and enforce the utmost security measures for the secrecy of our deliberations and records. Yet I have little doubt as to the inherent power of the Court to protect the confidentiality of its internal operations by whatever judicial measures may be required.

I would affirm the Court of Appeals for the Second Circuit and allow the District Court to complete the trial aborted by our grant of certiorari, meanwhile preserving the status quo in the post case. I would direct that the District Court on remand give priority to the Times case to the exclusion of all other business of that court but I would not set arbitrary deadlines.

I should add that I am in general agreement with much of what Mr. Justice WHITE has expressed with respect to penal sanctions concerning communication or retention of documents or information relating to the national defense.

We all crave speedier judicial processes but when judges are pressured as in these cases the result is a parody of the judicial function.

Mr. Justice HARLAN, with whom THE CHIEF JUSTICE and Mr. Justice BLACKMUN join, dissenting.

These cases forcefully call to mind the wise admonition of Mr. Justice Holmes, dissenting in Northern Securities Co. v. United States, 193 U. S. 197, 400—401, 24 S. Ct. 436, 468, 48 L. Ed. 679 (1904):

'Great cases, like hard cases, make bad law. For great cases are called great, not by reason of their real importance in shaping the law of the future, but because of some accident of immediate overwhelming interest which appeals to the feelings and distorts the judgment. These immediate interests exercise a kind of hydraulic pressure which makes what previously was clear seem doubtful, and before which even well settled principles of law will bend.'

With all respect, I consider that the Court has been almost irresponsibly feverish in dealing with these cases.

oth the Court of Appeals for the Second Circuit and the Court of Appeals for the District of Columbia Circuit rendered judgment on June 23. The New York Times' petition for certiorari, its motion for accelerated consideration thereof, and its application for interim relief were filed in this Court on June 24 at about 11 a. m. The application of the United States for interim relief in the Post case was also filed here on June 24 at about 7:15 p. m. This Court's order setting a hearing before us on June 26 at 11 a. m., a course which I joined only to avoid the possibility of even more peremptory action by the Court, was issued less than 24 hours before. The record in the Post case was filed with the Clerk shortly before 1 p. m. on June 25; the record in the Times case did not arrive until 7 or 8 o'clock that same night. The briefs of the parties were received less than two hours before argument on June 26.

This frenzied train of events took place in the name of the presumption against prior restraints created by the First Amendment. Due regard for the extraordinarily important and difficult questions involved in these litigations should have led the Court to shun such a precipitate timetable. In order to decide the merits of these cases properly, some or all of the following questions should have been faced:

1. Whether the Attorney General is authorized to bring these suits in the name of the United States. CompareIn re Debs, 158 U. S. 564, 15 S. Ct. 900, 39 L. Ed. 1092

(1895), with Youngstown Sheet & Tube Co. v. Sawyer, 343 U. S. 579, 72 S. Ct. 863, 96 L. Ed. 1153 (1952) . This question involves as well the construction and validity of a singularly opaque statute—the Espionage Act, 18 U. S. C. s 793 (e).

2. Whether the First Amendment permits the federal courts to enjoin publication of stories which would present a serious threat to national security. See Near v. Minnesota, ex rel. Olson, 283 U. S. 697, 716, 51 S. Ct. 625, 631, 75 L. Ed. 1357 (1931) (dictum).

3. Whether the threat to publish highly secret documents is of itself a sufficient implication of national security to justify an injunction on the theory that regardless of the contents of the documents harm enough results simply from the demonstration of such a breach of secrecy.

4. Whether the unauthorized disclosure of any of these particular documents would seriously impair the national security.

5. What weight should be given to the opinion of high officers in the Executive Branch of the Government with respect to questions 3 and 4.

6. Whether the newspapers are entitled to retain and use the documents notwithstanding the seemingly uncontested facts that the documents, or the originals of which they are duplicates, were purloined from the Government's possession and that the newspapers received them with knowledge that they had been feloniously acquired. Cf. Liberty Lobby, Inc. v. Pearson, 129 U. S. App. D. C. 74, 390 F. 2d 489 (1967, amended 1968).

7. Whether the threatened harm to the national security or the Government's possessory interest in the documents justifies the issuance of an injunction against publication in light of—

a. The strong First Amendment policy against prior restraints on publication;

b. The doctrine against enjoining conduct in violation of criminal statutes; and

c. The extent to which the materials at issue have apparently already been otherwise disseminated.

These are difficult questions of fact, of law, and of judgment; the potential consequences of erroneous decision are enormous. The time which has been available to us, to the lower courts, FN * and to the parties has been wholly inadequate for giving these cases the kind of consideration they deserve. It is a reflection on the stability of the judicial process that these great issues—as important as any that have arisen during my time on the Court—should have been decided under the pressures engendered by th torrent of publicity that has attended these litigations from their inception.

FN * The hearing in the Post case before Judge Gesell began at 8 a. m. on June 21, and his decision was rendered, under the hammer of a deadline imposed by the Court of Appeals, shortly before 5 p. m. on the same day. The hearing in the Times case before Judge Gurfein was held on June 18 and his decision was rendered on June 19. The Government's appeals in the two cases were heard by the Courts of Appeals for the District of Columbia and Second Circuits, each court sitting en banc, on June 22. Each court rendered its decision on the following afternoon.

Forced as I am to reach the merits of these cases, I dissent from the opinion and judgments of the Court. Within the severe limitations imposed by the time constraints under which I have been required to operate, I can only state my reasons in telescoped form, even though in different circumstances I would have felt constrained to deal with the cases in the fuller sweep indicated above.

It is a sufficient basis for affirming the Court of Appeals for the Second Circuit in the Times litigation to observe that its order must rest on the conclusion that because of the time elements the Government had not been given an adequate opportunity to present its case to the District Court. At the least this conclusion was not an abuse of discretion.

In the Post litigation the Government had more time to prepare; this was apparently the basis for the refusal of the Court of Appeals for the District of Columbia Circuit on rehearing to conform its judgment to that of the Second Circuit. But I think there is another and more fundamental reason why this judgment cannot stand—a reason which also furnishes an additional ground for not reinstating the judgment of the District Court in the Times litigation, set aside by the Court of Appeals. It is plain to me that the scope of the judicial function in passing upon the activities of the Executive Branch of the Government in the field of foreign affairs is very narrowly restricted. This view is, I think, dictated by the concept of separation of powers upon which our constitutional system rests.

In a speech on the floor of the House of Representatives, Chief Justice John Marshall, then a member of that body, stated:

'The President is the sole organ of the nation in its external relations, and its sole representative with foreign nations.' 10 Annals of Cong. 613.

From that time, shortly after the founding of the Nation, to this, there has been no substantial challenge to this description of the scope of executive power. See United States v. Curtiss – Wright Export Corp., 299 U. S. 304, 319—321, 57 S. Ct. 216, 220—221, 81 L. Ed. 255 (1936), collecting authorities.

From this constitutional primacy in the field of foreign affairs, it seems to me that certain conclusions necessarily follow. Some of these were stated concisely by President Washington, declining the request of the House of Representatives for the papers leading up to the negotiation of the Jay Treaty:

'The nature of foreign negotiations requires caution, and their success must often depend on secrecy; and even when brought to a conclusion a full disclosure of all the measures, demands, or eventual concessions which may have been proposed or contemplated would be extremely impolitic; for this might have a pernicious influence on future negotiations, or produce immediate inconveniences, perhaps danger and mischief, in relation to other powers.' 1 J. Richardson, Messages and Papers of the Presidents 194—195 (1896).

The power to evaluate the 'pernicious influence' of premature disclosure is not, however, lodged in the Executive alone. I agree that, in performance of its duty to protect the values of the First Amendment against political pressures, the judiciary must review the initial Executive determination to the point of satisfying itself that the subject matter of the dispute does lie within the proper compass of the President's foreign relations power. Constitutional considerations forbid 'a complete abandonment of judicial control.' Cf. United States v. Reynolds, 345 U. S. 1, 8, 73 S. Ct. 528, 532, 97 L. Ed. 727 (1953). Moreover the judiciary may properly insist that the determination that disclosure of the subject matter would irreparably impair the national security be made by the head of the Executive Department concerned—here the Secretary of State or the Secretary of Defense—after actual personal consideration by that officer. This safeguard is required in the analogous area of executive claims of privilege for secrets of state. See id. , at 8 and n. 20, 73 S. Ct. , at 532; Duncan v. Cammell, Laird & Co. , (1942) A. C. 624, 638 (House of Lords).

But in my judgment the judiciary may not properly go beyond these two inquiries and redetermine for itself the probable impact of disclosure on the national security.

'The very nature of executive decisions as to foreign policy is political, not judicial. Such decisions *758 are wholly confided by our Constitution to the political departments of the government, Executive and Legislative. They are delicate, complex, and involve large elements of prophecy. They are and should be undertaken only by those directly responsible to the people whose welfare they advance or imperil. They are decisions of a kind for which the Judiciary has neither aptitude, facilities nor responsibility and have long been held to belong in the domain of political power not subject to judicial intrusion or inquiry.' Chicago & Southern Air Lines, Inc. v. Waterman Steamship Corp. , 333 U. S. 103, 111, 68 S. Ct. 431, 436, 92 L. Ed. 568 (1948) (Jackson J.).

Even if there is some room for the judiciary to override the executive determination, it is plain that the scope of review must be exceedingly narrow. I can see no indication in the opinions of either the District Court or the Court of Appeals in the Post litigation that the conclusions of the Executive were given even the deference owing to an administrative agency, much less that owing to a co-equal branch of the Government operating within the field of its constitutional prerogative.

Accordingly, I would vacate the judgment of the Court of Appeals for the District of Columbia Circuit on this ground and remand the case for further proceedings in the District Court. Before the commencement of such further proceedings, due opportunity should be afforded the Government for procuring from the Secretary of State or the Secretary of Defense or both an expression of their views on the issue of national security. The ensuing review by the District Court should be in accordance with the views expressed in this opinion. And for the reasons stated above I would affirm the judgment of the Court of Appeals for the Second Circuit.

Pending further hearings in each case conducted under the appropriate ground rules, I would continue the restraints on publication. I cannot believe that the doctrine prohibiting prior restraints reaches to the point of preventing courts from maintaining the status quo long enough to act responsibly in matters of such national importance as those involved here.

Mr. Justice BLACKMUN, dissenting.

I join Mr. Justice HARLAN in his dissent. I also am in substantial accord with much that Mr. Justice WHITE says, by way of admonition, in the latter part of his opinion.

At this point the focus is on only the comparatively few documents specified by the Government as critical. So far as the other material—vast in amount—is concerned, let it be published and published forthwith if the newspapers, once the strain is gone and the sensationalism is eased, still feel the urge so to do.

But we are concerned here with the few documents specified from the 47 volumes. Almost 70 years ago Mr. Justice Holmes, dissenting in a celebrated case, observed:

'Great cases, like hard cases, make bad law. For great cases are called great, not by reason of their real importance in shaping the law of the future, but because of some accident of immediate overwhelming interest which appeals to the feelings and distorts the judgment. These immediate interests exercise a kind of hydraulic pressure.' Northern Securities Co. v. United States, 193 U. S. 197, 400—401, 24 S. Ct. 436, 468, 48 L. Ed. 679 (1904).

The present cases, if not great, are at least unusual in their posture and implications, and the Holmes observation certainly has pertinent application.

The New York Times clandestinely devoted a period of three months to examining the 47 volumes that came into its unauthorized possession. Once it had begun publication of material from those volumes, the New York case now before us emerged. It immediately assumed, and ever since has maintained, a frenetic pace and character. Seemingly once publication started, the material could not be made public fast enough. Seemingly, from then on, every deferral or delay, by restraint or otherwise, was abhorrent and was to be deemed violative of the First Amendment and of the public's 'right immediately to know.' Yet that newspaper stood before us at oral argument and professed criticism of the Government for not lodging its protest earlier than by a Monday telegram following the initial Sunday publication.

The District of Columbia case is much the same.

Two federal district courts, two United States courts of appeals, and this Court—within a period of less than three weeks from inception until today—have been pressed into hurried decision of profound constitutional issues on inadequately developed and largely assumed facts without the careful deliberation that, one would hope, should characterize the American judicial process. There has been much writing about the law and little knowledge and less digestion of the facts. In the New York case the judges, both trial and appellate, had not yet examined the basic material when the case was brought here. In the District of Columbia case, little more was done, and what was accomplished in this respect was only on required remand, with the Washington Post, on the excuse that it was trying to protect its source of information, initially refusing to reveal what material it actually possessed, and with the District Court forced to make assumptions as to that possession.

With such respect as may be due to the contrary view, this, in my opinion, is not the way to try a lawsuit of this magnitude and asserted importance. It is not the way for federal courts to adjudicate, and to be required to adjudicate, issues that allegedly concern the Nation's vital welfare. The country would be none the worse off were the cases tried quickly, to be sure, but in the customary and properly deliberative manner. The most recent of the material, it is said, dates no later than 1968, already about three years ago, and the Times itself took three months to formulate its plan of procedure and, thus, deprived its public for that period.

The First Amendment, after all, is only one part of an entire Constitution. Article II of the great document vests in the Executive Branch primary power over the conduct of foreign affairs and places in that branch the responsibility for the Nation's safety. Each provision of the Constitution is important, and I cannot subscribe to a doctrine of unlimited absolutism for the First Amendment at the cost of downgrading other provisions. First Amendment absolutism has never commanded a majority of this Court. See, for example, Near v. Minnesota, ex rel. Olson, 283 U. S. 697, 708, 51 S. Ct. 625, 628, 75 L. Ed. 1357 (1931), and Schenck v. United States, 249

U. S. 47, 52, 39 S. Ct. 247, 249, 63 L. Ed. 470 (1919). What is needed here is a weighing, upon properly developed standards, of the broad right of the press to print and of the very narrow right of the Government to prevent. Such standards are not yet developed. The parties here are in disagreement as to what those standards should be. But even the newspapers concede that there are situations where restraint is in order and is constitutional. Mr. Justice Holmes gave us a suggestion when he said in Schenck,

'It is a question of proximity and degree. When a nation is at war many things that might be said in time of peace are such a hindrance to its effort that their utterance will not be endured so long as men fight and that no Court could regard them as protected by any constitutional right.' 249 U. S., at 52, 39 S. Ct., at 249.

I therefore would remand these cases to be developed expeditiously, of course, but on a schedule permitting the orderly presentation of evidence from both sides, with the use of discovery, if necessary, as authorized by the rules, and with the preparation of briefs, oral argument, and court opinions of a quality better than has been seen to this point. In making this last statement, I criticize no lawyer or judge. I know from past personal experience the agony of time pressure in the preparation of litigation. But these cases and the issues involved and the courts, including this one, deserve better than has been produced thus far.

It may well be that if these cases were allowed to develop as they should be developed, and to be tried as lawyers should try them and as courts should hear them, free of pressure and panic and sensationalism, other light would be shed on the situation and contrary considerations, for me, might prevail. But that is not the present posture of the litigation.

The Court, however, decides the cases today the other way. I therefore add one final comment.

I strongly urge, and sincerely hope, that these two newspapers will be fully aware of their ultimate responsibilities to the United States of America. Judge Wilkey, dissenting in the District of Columbia case, after a review of only the affidavits before his court (the basic papers had not then been made available by either party), concluded that there were a number of examples of documents that, if in the possession of the Post, and if published, 'could clearly result in great harm to the nation,' and he defined 'harm' to mean 'the death of soldiers, the destruction of alliances, the greatly increased difficulty of negotiation with our enemies, the inability of our diplomats to negotiate.' I, for one, have now been able to give at least some cursory study not only to the affidavits, but to the material itself. I regret to say that from this examination I fear that Judge Wilkey's statements have possible foundation. I therefore share his concern. I hope that damage has not already been done. If, however, damage has been done, and if, with the Court's action today, these newspapers proceed to publish the critical documents and there results therefrom 'the death of soldiers, the destruction of alliances, the greatly increased difficulty of negotiation with our enemies, the inability of our diplomats to negotiate,' to which list I might add the factors of prolongation of the war and of further delay in the freeing of United States prisoners, then the Nation's people will know where the responsibility for these sad consequences rests.

U. S. Dist. Col. 1971.

New York Times Co. v. U. S.

403 U. S. 713, 91 S. Ct. 2140, 29 L. Ed. 2d 822, 1 Media L. Rep. 1031

11. 《信息自由法案》相关诉讼

（《美国法律百科全书·审判卷》条目）

◎导读[1]

《美国法律百科全书》（American Jurisprudence）是一部关于美国法律的大百科全书。现在的版本是1962年开始出版的第二系列，至今已经出版140余卷。该书收录几百位律师学者、法官和其他法律专家基于他们的知识和经验所撰写的专题文章，不仅提供了成功的诉讼技巧和策略的深度探讨，也提供了贯穿整个庭审和上诉阶段的逐项指导。

例如，《美国法律百科全书》分卷之一《审判卷》就收录了一篇文章，专门讨论“《信息自由法案》相关诉讼”。

一、《信息自由法案》颁布的背景和意义

美国最引以为傲的民主社会并不是空中楼阁，而是建立在一系列重要的政治制度和法律制度基础之上。宪法作为最重要的法律奠定了民主宪政的基础，在宪法之下，凡民主制度所及之细节均有法律制度提供保障，美国《信息自由法案》(Freedom of Information Act，即FOIA）即是这样的一种体现。联邦宪法所解决的根本问题是政府权力如何得到约束，为了实现这一目的，政府的信息必须向社会公开，也就是说人民有权利查阅、知悉政府文件的内容和相关信息。1967年，《信息自由法案》经约翰逊总统签署，并与次年生效，这一法案被收入在美国法典第五部分“政府机构和员工”第552条。

---

〔1〕 本节中文导读由李舒编撰。

《信息自由法案》的生效使得社会公众（主要是学者和记者）查阅政府文献有了法律保障，尤其对于记者而言，可以说，《信息自由法案》的颁布是新闻自由斗争的结果。《信息自由法案》针对的是联邦政府机构，而不是用于国会、法院或者总统。对于各州而言，各州可以制定自己的法律规定政府信息公开的具体规定，因此，各州的政府机构不受联邦《信息自由法案》的约束。但是，总体来说，州的有关规定与联邦《信息自由法案》的规定没有大的差别。

按照《信息自由法案》的内容，政府有义务对于公众提出的知悉文件内容的请求做出回应，同时，考虑到公共安全和个人隐私等因素，《信息自由法案》也对部分信息做出了公开例外或豁免的安排。

二、《信息自由法案》的内容和相关诉讼的介绍

《信息自由法案》最核心的要求是使公众尽可能地接近政府的信息，但是这一要求天然的可能侵入到另一个领地，这就是个人隐私。美国于 1974 年通过《隐私权法案》（Privacy Act of 1974），该法案旨在保护公民在联邦政府机构登记的信息不受非法获取。《信息自由法案》的颁布不可避免地对《隐私权法案》造成了一定的冲击，最具有代表性的当属 1974 年的“水门事件”（418 U. S. 683）。这之后，福特总统期望通过在隐私权法案中加强 FOIA 适用的修正案。尽管 1974 年《信息自由法案》得到了大范围的修改，但是福特总统的有关设想没有被国会通过。因此，今天的《信息自由法案》与《隐私权法案》的关系仍然十分微妙，一些涉及行政保密的公开例外一般通过司法审查加以制衡。

《信息自由法案》对于公众申请信息公开的条件和政府的相关义务都有非常明确而具体的规定。根据《信息自由法案》，只要申请人的申请符合规定，相关政府机构就应当做出回应：对于符合公开范围的文件，应当及时公开；而对于不符合公开范围的文件，应当说明不公开的依据。每个联邦机构都有 FOIA 的主管工作人员，他们工作的责任就是迅速地对信息公开的要求做出回应。根据 FOIA 的规定，工作人员回应的时间应当控制在 20 个工作日以内，对由于过度积压造成的可能延迟的情况，必须由法院做出延迟审查的决定。FOIA 还为申请人设立了紧急申请通道，期望相关信息快速公开的申请人可以通过紧急程序（Expedited Review）达到目的。为了防止申请人的申请被错误

的驳回，FOIA 为申请人设立了救济程序，申请人可以把问题上诉至专门负责信息自由上诉的官员处进行解决。另外，政府机构承担保存相关信息的义务，同时还要保证足够完整的提供相关信息。在“阿姆斯特朗诉美国国家安全委员会”案中，两个被告（美国国家安全委员会和总统办公室）有着截然不同的命运：对于后者，法院认为总统不受《信息自由法案》的约束；而对于前者，法院则认为国家安全委员会必须妥善地保存相关文件，受到文件申请公开的约束。

《信息自由法案》的重要内容还在于其对于豁免和例外的规定。《信息自由法案》对于申请公开的豁免和例外主要包含九种情况：国家安全、内部机构职员、其他联邦法律设置的豁免信息、商业秘密、内部机构备忘录或讨论意见、个人隐私、法律实施情况调查以及涉及联邦银行或石油天然气地点的信息。以上公开的豁免和例外很容易就会成为政府部门隐瞒信息的借口，因此在《信息自由法案》和相关判例中，都明确规定例外和豁免只涉及信息中的相关部分，而非信息的全部。言外之意，若信息本身既包含可公开部分，又包含例外和豁免，应当仅仅对后者不予公开。在“美国空军诉罗斯”案（425 U. S. 352）中，最高法院准确的指出，“公开”而非“豁免”才是信息安全法案的实质，“例外和豁免”不过是法律平衡之道的体现。

三、法律文献学视野下《信息自由法案》的解读

《信息自由法案》作为美国政府信息公开最重要的制定法（statute）必然是最重要的原始法律资源（primary authority）。在《信息自由法案》之外，还有一些原始法律资源也值得我们关注，这主要包括上文已经提到的《隐私权法案》（Privacy Act of 1974）、1976 年对《阳光法案》的修正案（the 1976 Government in the Sunshine Act amendments）、12356 号行政命令（Exec. Order No. 12356）、1996 年的电子《信息自由法案》（EFOIA）以及 2007 年布什政府通过的《公开政府法案》（Open Government of Act）等。这些原始法律资源共同的目的都是保障公众接近政府信息，促进信息自由，维护民主社会制度。

AMERICAN JURISPRUDENCE TRIALS (AM JUR TRIALS)

Litigation under Freedom of Information Act

Introductory Notes

American Jurisprudence (second edition is cited as Am. Jur. 2d) is an encyclopedia of United States law, published by West. It was originated by Lawyers Cooperative Publishing, which was subsequently acquired by the Thomson Corporation. The series is now in its second edition, launched in 1962. It is a staple of law libraries, and the current edition is over 140 volumes, updated with replacement volumes, annual pocket supplements, and a New Topic Service binder. The discussion has extensive research references to other Thomson West publications, including sister publications Am. Jur. Trials, Am. Jur. Proof of Facts, Am. Jur. Pleading and Practice Forms, and Am. Jur. Legal Forms. Before Thomson's acquisition of West Publishing, it was a competitor to Corpus Juris Secundum. Am. Jur. is available online through Westlaw.

Am Jur 2d, a comprehensive encyclopedia of state and federal law covering a broad range of legal topics, provides background information, applicable primary law, and references to other secondary materials. An Am Jur 2d title typically contains navigation aids such as general and expanded outlines and indexes, research references to related legislation and secondary sources, and substantive text that explains underlying legal principles and leading cases.

How Do I Search Am Jur 2d? The General Index to Am Jur 2d is arranged by legal and factual terms. In addition, Am Jur 2d provides tables that show you where specific statutes, regulations, uniform laws, and other authorities are cited in the text. A ring-bound volume, the New Topic Service, updates Am Jur 2d with articles covering new and rapidly evolving areas of the law.

In Am Jur Trials, more than 300 prominent trial attorneys, judges and other legal experts draw on their knowledge and experience to offer in-depth discussions of successful litigation techniques and strategies-offering step-by-step guidance through all the phases of trial and appeal.

Below is the Am Jur Trials article about litigating on the Freedom of Information Act.

《信息自由法案》相关诉讼
《美国法律百科全书·审判卷》条目（英文原文节选）

《美国法律百科全书·审判卷》有关《信息自由法案》诉讼的文章"LITIGATION UNDER FREEDOM OF INFORMATION ACT"可以在 Westlaw 上通过引证码 110 Am. Jur. Trials 367 获得。以下是文章目录和总论部分。

American Jurisprudence
Trials
Database updated August 2013

Litigation Under Freedom of Information Act [FN *]

Elizabeth O'Connor Tomlinson, J. D. [FN * *]

TABLE OF CONTENTS

ARTICLE OUTLINE

§ 2.5 Constitutional rights
§ 3 FOIA and Privacy Act
§ 4 Overview of FOIA
§ 5 Persons entitled to make FOIA request
§ 6 Agencies covered by FOIA
§ 7 Records available under FOIA
§ 8 Electronic Freedom of Information Act（EFOIA）
§ 8.5 Federal Educational Rights and Privacy Act
§ 8.7 Inspection of Public Records Act（IPRA）
§ 8.8 State acts
§ 9 Initial preparation for making FOIA request
§ 10 Mandatory declassification review（MDR）
II Understanding and Exhausting Administrative Remedies
§ 11 Contents of proper request
§ 12 Expedited review
§ 13 Agency's duty to respond
§ 13.5 Documents previously released or subject to previous actions
§ 13.7 Adequacy of search and/or response
§ 14 Fees and fee waivers
§ 15 Administrative appeal
III Exemptions from Disclosure
§ 16 Generally
§ 16.5 Foreign government entities
§ 17 National security information
§ 18 Internal personnel rules and practices
§ 19 Information prohibited from disclosure by another federal statute
§ 20 Trade secrets and privileged commercial or financial information
§ 21 Internal agency memoranda and policy discussions
§ 22 Personal privacy
§ 23 Law enforcement information
§ 24 Federally regulated banks

I. Introduction and Background

§ 1. Scope of article

This article sets forth and examines the procedure for making a request under the Freedom of Information Act (FOIA), from the initial request through judicial review. Practical suggestions are made to assist the attorney throughout the process. Model request and appeal letters are provided, as well as sample pleadings. Information regarding the federal agencies subject to compliance with the Freedom of Information Act is also contained in this article. While the article focuses primarily on the federal Freedom of Information Act, there is a brief discussion of the freedom of information acts in various states, together with a list of the states and the statute governing information requests in each of those jurisdictions.

§ 2. Freedom of Information Act（FOIA）, generally

[Cumulative Supplement]

In the United States, most aspects of life are, in some way, affected by the federal government. While the news media is a valuable source of information about government actions and policies, the public's right to obtain additional records and information has been further enhanced by the passage of the Freedom of Information Act（FOIA）. FOIA is a federal law, enacted in 1966, that establishes the right of the public to obtain information from federal government agencies. [FN1] In other words, FOIA makes government information accessible to the people. The cornerstone of FOIA is that individuals are entitled to know what the government is doing. Under FOIA, agencies of the federal government have a duty to fully disclose any and all records unless such information is subject to one of the specific nine statutory exemptions and three exclusions set forth in FOIA.

All 15 departments of the federal government are subject to FOIA, as are 73 other federal agencies in the executive branch of the government of the United States. FOIA does not, however, apply to the Congress, the courts, or the president. [FN2] Moreover, state departments and agencies are not subject to FOIA, although each of the 50 states has its own version of a freedom of information act. Some cities also have similar laws to govern requests for information in their jurisdictions.

FOIA dictates the type of information the federal agencies are required to publish as a matter of course. Such publication must be made in print and also on the Web sites of the agencies. [FN3] Under FOIA, individuals are permitted to request documents and records not generally prepared for distribution and dissemination to the public. The standards for determining what records must be made available are set out in FOIA. [FN4]

Outlined in FOIA are the procedures to be followed by individuals who are requesting records from the federal departments and agencies. Additionally, the process for pursuing an appeal of a denial of a request for information is also contained in the federal statute. Should an individual fail in the administrative appeal proceedings, there is a right to judicial recourse. An aggrieved individual can seek remedies through litigation in federal court against the agency that has failed to comply with FOIA.

Since the passage of FOIA, it has been used by investigative journalists, scholars, and researchers. Information revealed by documents and records obtained pursuant to FOIA has often been the catalyst for much – needed changes. Although FOIA is an important information source, it does have its limitations as will be discussed in this article.

CUMULATIVE SUPPLEMENT

Cases:

Kennedy assassination records: Post hoc explanation by Central Intelligence Agency (CIA), that it "is not required to search these documents because the 'postponed collection' under the JFK Act is not reasonably likely to contain information responsive to request" for records pertaining to deceased Central Intelligence Agency (CIA) officer as part of investigation into assassination of President John F. Kennedy, was not sufficient to relieve CIA of obligation to search those documents and distinguish between protected and unprotected records. 5 U. S. C. A. § 552; 44 U. S. C. A. § 2107. Morley v. C. I. A., 508 F. 3d 1108, 36 Media L. Rep. (BNA) 1976 (D. C. Cir. 2007); West's Key Number Digest, Records 🔑62.

Requestor's Administrative Procedure Act (APA) claims would be dismissed, where Freedom of Information Act (FOIA) provides Plaintiff with an adequate remedy for its claims, which contested Department of Homeland Security's (DHS) FOIA determinations. 5 U. S. C. A. § § § 703, 704, 706 (2), 552. Gonzales and Gonzales Bonds and Ins. Agency Inc v. U. S. Dept. of Homeland Sec., 913 F. Supp. 2d 865 (N. D. Cal. 2012).

Jurisdiction in a Freedom of Information Act (FOIA) case is dependent upon a showing that an agency has (1) improperly (2) withheld (3) agency records. 5 U. S. C. A. § 552. American Civil Liberties Union v. Department of Justice, 808 F. Supp. 2d 280 (D. D. C. 2011).

Freedom of Information Act (FOIA) requests must reasonably describe records sought in a way that enables an agency's staff to identify and produce the records with reasonable effort and without unduly burdening or significantly interfering with any of the agency's operations. 12 C. F. R. § 309.5 (b) (3). McKinley v. F. D. I. C., 807 F. Supp. 2d 1 (D. D. C. 2011).

To meet its burden in a Freedom of Information Act (FOIA) case, an agency may submit affidavits or declarations that explain in reasonable detail the scope and method of the agency's search, and in the absence of contrary evidence, such affidavits or declarations are sufficient to demonstrate the agency's compliance with FOIA. 5 U. S. C. A. § 552 et seq. Anderson v. Federal Bureau of Prisons, 806 F. Supp. 2d 121 (D. D. C. 2011).

[Top of Section]

[END OF SUPPLEMENT]

§ 2.5. Constitutional rights

[Cumulative Supplement]

The following authority considered the application of constitutional rights to FOIA litigation.

CUMULATIVE SUPPLEMENT

Cases:

Parents, who sought to obtain records from Department of Children and Families that pertained to themselves and their minor children, failed to establish that statute permitting Freedom of Information Commission to dismiss a matter without a hearing under certain circumstances was unconstitutional; parents, other than claiming that their constitutional due process and equal protection rights had been violated by statute, supplied no analysis of their constitutional claim. U. S. C. A. Const. Amend. 14; C. G. S. A. § 1-206 (b) (4) (A). Albright-Lazzari v. Freedom of Information Com'n, 136 Conn. App. 76, 44 A. 3d 859 (2012).

[Top of Section]

[END OF SUPPLEMENT]

§ 3. FOIA and Privacy Act

[Cumulative Supplement]

The Privacy Act of 1974 is a federal statute regulating the disclosure of information about individuals. There is considerable interplay between the Privacy Act and FOIA vis – à – vis regulations concerning individuals and public access to such information. FOIA and the Privacy Act, working in combination, restrict the disclosure of personal information about an individual that might violate his right to privacy but provide for allowing access to an individual to obtain his own records.

While FOIA and the Privacy Act overlap, each contains different exemptions and exclusions. Thus, while certain information may be disclosed pursuant to one of the statutes, it might be unavailable due to an exemption under the other federal law. If an attorney is representing an individual who is seeking information about himself, the request should cite both FOIA and the Privacy Act to ensure full disclosure of records. If the client is asking for information and records that are not exclusively about him, then only FOIA should be referred to in the request. In terms of the administrative procedure followed for dealing with requests under FOIA and the Privacy Act, they are usually treated the same.

CUMULATIVE SUPPLEMENT

Cases:

Genuine issue of material fact, as to whether disclosures were for a "routine use" so as to fall within Privacy Act exemption from improper disclosure, precluded summary judgment on Navy Reserve enlistee's Privacy Act claim for monetary damages based on improper disclosures to police department where he worked; Navy argued that disclosures of Disciplinary Review Board (DRB) records were compatible with purposes for which they were collected, to assess enlistee's future status in Reserve, and Command Master Chief (CMC) disclosed information from those records to collect more potentially relevant information that would inform the same assessment, that non judicial punishment (NJP) records were collected to memorialize proceedings and ascertain enlistee's fitness for duty as Navy sailor, and in turn, Lieutenant Commander (LCDR) disclosed records to assist police department in ascertaining enlistee's fitness for duty as police officer, and that disclosures were authorized by Department of Defense's (DoD's) "law enforcement" and "requesting information" blanket routine use exemptions to Privacy Act's prohibitions on disclosure and were also proper pursuant to Navy System of Records Notice (SORN). 5 U. S. C. A. § 552a (a) (7), (b) (3), (e) (4) (D), (g) (4); 32 C. F. R. § 701. 112. Reed v. Department of Navy, 899 F. Supp. 2d 25 (D. D. C. 2012).

Report of investigation from Army Major General regarding African – American female National Guard officer's complaints of gender and race discrimination against other officers was not maintained within system of records within meaning of Privacy Act, so as to require its production; officer did not demonstrate that report was record that could be retrieved by name, social security number, or any other personal identifier, nor did she demonstrate that any actual repository for report qualified as system of records. 5 U. S. C. A. § 552a (d). Augustus v. McHugh, 825 F. Supp. 2d 245 (D. D. C. 2011).

[Top of Section]

[END OF SUPPLEMENT]

§ 4. Overview of FOIA

[Cumulative Supplement]

Unless the records fall within one of the nine exemptions set forth in the statute, FOIA provides access to all federal agency records in the executive branch of the United States government. Even if a record is exempted by statute, an agency is generally not required to withhold the information but rather is just permitted to do so.

When seeking information and records, the attorney may try to make an informal telephone request to an agency to obtain the desired documents. In most cases, however, the agencies require that written requests be made. It is important to note that while making an informal telephone request might seem like the easier procedure, the only way to establish the legal rights of the client under FOIA is to file a written request with the agency. Once the FOIA written request has been filed, then the government has the burden to promptly release the documents or, in the alternative, to demonstrate that the records are not subject to release because they are exempted by FOIA.

Each of the federal agencies has a FOIA officer whose responsibility is to respond to FOIA requests. Pursuant to FOIA, the agency must respond to a request for records within 20 working days from the date of the written request. While this time limitation is a statutory requirement, it is rare that an agency strictly complies with this deadline. In the past, agencies often extended the time for response. If agencies had a backlog of requests, some federal courts had permitted the agencies to delay their responses. The agencies only had to implement procedures to ensure that the backlog of requests would be dealt with in a timely and reasonable manner. Often, the procedure employed was a "first come, first served" basis. Now, the Electronic FOI Improvements Act of 1996 allows agencies to delay responses when "extraordinary circumstances" exist. However, agencies cannot consider routine backlogs of request to be "extraordinary."

Where there is a compelling and urgent need for the information, the attorney should request expedited review. Expedited review is mandated where health and safety are at issue. Such expedited review is also available where the person requesting the information is an individual primarily involved in disseminating information, and there is an urgent reason or need to provide information to the public concerning a government activity, either actual or alleged. Individual agencies may, on their own, decide to grant expedited review to other particular types of requests. For example, the Department of Justice permits expedited review for requests about issues regarding government integrity if such issues have already become the object of widespread interest in the media. Also, the Department of Justice allows expedited review if a delay in responding to the request might cause a violation of the individual's due process rights.

Under FOIA, an agency is permitted to assess reasonable charges for the provision of the requested records. There are, however, cases in which reduced fees and/or fee waivers may be available. For those individuals requesting records on behalf of the news media, no fees can be charged by the responding agency.

An agency has 20 working days to respond to the request for records. In the case where an agency refuses to disclose all or part of the information requested, or if the agency failed to respond within 20 days of the written request, the remedy under FOIA is an appeal to the Freedom of Information (FOI) appeals officer designated by the specific agency to handle such matters. At this stage of the proceedings, an aggrieved individual cannot avoid the administrative appeal and commence a lawsuit unless the agency fails to respond within the time limitation required for administrative appeals. In considering what constitutes an appropriate response to the administrative appeal, a grant or denial of the requested records is required. If the request for information necessitates extensive search of many records and/or many agency offices, an appropriate response by the agency is also the agency's invocation of a further extension of time in which to respond. Such extension is 10 additional working days.

If an aggrieved individual files an administrative appeal and the agency denies the appeal, or fails to respond within 20 working days, a lawsuit can then be filed in federal court. The attorney representing the aggrieved client may obtain expeditious review if he can demonstrate that immediate attention is required. Successful litigants under FOIA are awarded release of the requested records, pursuant to court order requiring the agency to comply, and may also be entitled to reasonable attorney's fees and costs.

CUMULATIVE SUPPLEMENT

Cases:

The issue to be resolved on challenge to agency's response to Freedom of Information Act (FOIA) request is not whether there might exist any other documents possibly responsive to the request, but rather whether the search for those documents was adequate. 5 U. S. C. A. § 552. Prison Legal News v. Lappin, 780 F. Supp. 2d 29 (D. D. C. 2011).

Executive Office for United States Attorneys (EOUSA), a division of the Department of Justice (DOJ), conducted adequate search for records responsive to plaintiff's Freedom of Information Act (FOIA) request; supervisory paralegal specialist, who acted as FOIA coordinator, determined office's computer case tracking system had been searched using plaintiff's name and criminal case number as search terms, and then conducted second search using computerized docketing/case management system which permitted searches and queries by name, location or event on defendants, suspects, witnesses, and other individuals involved in criminal cases, investigations, and other matters. 5 U. S. C. A. §552. Richardson v. U. S. Dept. of Justice, 730 F. Supp. 2d 225 (D. D. C. 2010).

The Department of Defense (DOD), the Office of the Armed Forces Medical Examiner (OAFME), and the Armed Forces Institute of Pathology (AFIP) conducted unreasonable searches under Freedom of Information Act (FOIA) in response to requester's narrowed request for records pertaining to body armor issued to service members, which identified 18 documents the agencies had previously identified as responsive to an earlier, broader request for records but had withheld as exempt, by interpreting the requester's unarticulated purpose in seeking the records and using this purpose as a filter to reduce the number of responsive documents. 5 U. S. C. A. § 552. Charles v. Office of Armed Forces Medical Examiner, 730 F. Supp. 2d 205 (D. D. C. 2010).

Public body has not satisfied notice requirement under Freedom of Information Act (FOIA) until it "sends out" or officially circulates its denial of a public record request. M. C. L. A. § § 15. 235 (4), 15. 240 (1) (b). Prins v. Michigan State Police, 291 Mich. App. 586, 805 N. W. 2d 619 (2011), appeal granted, 489 Mich. 979, 799 N. W. 2d 17 (2011).

[Top of Section]

[END OF SUPPLEMENT]

§ 5. Persons entitled to make FOIA request

[Cumulative Supplement]

A FOIA request for records may be made by "any person." Thus, all United States citizens, as well as foreign nationals, are entitled to invoke the provisions of FOIA. Furthermore, requests for records, documents, and information may be made in the name of a corporation, partnership, and/or other entity. In other words, under FOIA, a request for federal government records can be made by anyone, anywhere, and for any reason.

Often, FOIA requests for disclosure of records are made by public interest groups or news organizations. If the attorney is representing a member of the news media, he should be aware that while FOIA provides no more rights to journalists, the fees for release of records may be reduced or waived. When making a FOIA request, it is not required that the purpose of the request be divulged. However, in order to receive consideration regarding fees, the attorney should advise the agency if the client is a member of the news media. Such information may also encourage the agency to give more prompt consideration to the request for records.

CUMULATIVE SUPPLEMENT

Cases:

Nonparty news organizations had no right of access to investigative reports, files or materials relating to a joint federal – state criminal investigation of an attempted assassination of a Member of Congress; since records were not public records within meaning of Arizona's public records law, that law was not applicable, but even if it was, asserted interest in disclosure under Arizona's public records law was outweighed by interest in protecting defendant's constitutional right to be tried fairly by an impartial jury. A. R. S. § 39 – 121. U. S. v. Loughner, 807 F. Supp. 2d 828 (D. Ariz. 2011).

Immigration attorney had standing to assert pattern and practice claims under

Freedom of Information Act (FOIA), alleging violations by United States Citizenship and Immigration Services (USCIS) in fulfilling FOIA requests on behalf of his clients, where delays or failures in fulfilling requests prejudiced attorney's ability to effectively represent his clients, and attorney had worked in immigration field for 25 years and it was reasonable to assume that he would continue to make requests for immigration – related documents from USCIS in future. 5 U. S. C. A. § 552 (a) (6) (A – C). Hajro v. U. S. Citizenship and Immigration Services, 832 F. Supp. 2d 1095 (N. D. Cal. 2011).

Assignment of Freedom of Information Act (FOIA) claim from one not – for – profit organization to another, during pendency of assignor's administrative appeal of agency's decision to withhold information under exemptions, was valid and enforceable, and thus assignee had statutory standing to assert claim challenging agency's policy or practice of refusing to recognize assigned claims, and claim for order requiring agency to process assigned claim; assignee acquired stake in claim by virtue of extensive time and effort invested by its employee, who initiated request while working for assignor, moreover, concerns over fee assessment, application of exemptions, and burden on agency's FOIA administrators did not preclude treating FOIA claims like claims to tangible property. 5 U. S. C. A. § 552 (a) (3) (A), (a) (6) (A) (i). National Sec. Counselors v. C. I. A., 898 F. Supp. 2d 233 (D. D. C. 2012).

Fugitive disentitlement doctrine did not require dismissal of fugitive's action challenging Department of Justice's (DOJ) denial of his request under Freedom of Information Act (FOIA) for records relating to him and his daughter, where fugitive's physical presence in jurisdiction was not necessary to resolve matter. 5 U. S. C. A. §552. Lazaridis v. U. S. Dept. of Justice, 713 F. Supp. 2d 64 (D. D. C. 2010).

[Top of Section]

[**END OF SUPPLEMENT**]

§ 6. Agencies covered by FOIA

[Cumulative Supplement]

The provisions of FOIA are applicable to every "agency," "department," "regulatory commission," "government controlled corporation," and "other establishment" in the executive branch of the United States government. Cabinet offices, such as the departments of Defense, State, Treasury, Interior, Justice (including the Federal Bureau of Investigation, the Immigration and Naturalization Service, and the Bureau of Prisons), are covered by FOIA as are independent regulatory agencies and commissions, such as the Federal Trade Commission (FTC), Federal Communications Commission (FCC), and the Consumer Product Safety Commission.

Government - controlled corporations, such as the Amtrak and the Postal Service, are within the purview of FOIA, too. Presidential commissions, too, are subject to FOIA. While FOIA also applies to the Executive Office of the President and to the Office of Management and Budget, the President and his immediate staff are not subject to FOIA.

FOIA requires that each and every federal agency maintain information about how to make a FOIA request to that particular agency. Such information includes the following: a handbook; reference guide; indexes; and descriptions of information locator systems. This information can be obtained directly from the agency. One of the best ways for an attorney to find the desired information about making a FOIA request to a specific agency is to search for the details on the agency's Web site. Critical to the process of making a request under FOIA is initially determining the office within the agency to which the request should be directed.

Some recipients of federal funds are not covered by FOIA because they are not charted or controlled by the federal government. Examples of such entities are the Corporation for Public Broadcasting and the American Red Cross. Private organizations that have the sole purpose of conducting research pursuant to government contracts, even if totally funded by the federal government, are not necessarily considered to be "agencies" for the purposes of FOIA.

Congress, the federal courts, private corporations, and state agencies funded by federal money are not subject to FOIA. Nevertheless, if these entities file documents with federal agencies, then such records and information may be made available under FOIA in the same way that the agency's own records would be subject to release. Although they do not fall within the coverage of FOIA, certain congressional agencies have their own rules and procedures for the disclosure of records, and such regulatory schemes are often modeled after FOIA.

FOIA is a federal act and as such, it does not apply to state or local governments. Each of the 50 states has its own laws permitting access to, and inspection of, state and local records. It should be noted, however, that even though state and local governments are not subject to FOIA, if a state or local entity files or submits documents to a federal agency, then those records are available through a FOIA request. For example, reports filed by a state or local government regarding its expenditure of federal funds it has received could be obtained pursuant to a FOIA request.

CUMULATIVE SUPPLEMENT

Cases:

Bureau of Prisons (BOP) was primarily a "law enforcement agency" for purposes of Freedom of Information Act's (FOIA) exemption for records compiled for law enforcement purposes. 5 U. S. C. A. § 552 (b) (7) (A). Jordan v. U. S. Dept. of Justice, 668 F. 3d 1188 (10th Cir. 2011).

Even though Freedom of Information Act (FOIA) requestor failed to identify an agency policy or regulation which had been violated, he stated a plausible claim for relief against the Department of State for a pattern and practice of violating FOIA; requestor alleged that on two separate occasions he had requested estimated completion dates from the agency for five separate FOIA requests he had submitted concerning information on Iraq's oil and gas industry for a book he was authoring, he identified the relevant dates and identifying numbers of the FOIA requests at issue, and alleged that he had never received an estimated completion date in response to any of his inquiries. 5 U. S. C. A. § 552. Muttitt v. U. S. Cent. Command, 813 F. Supp. 2d 221 (D. D. C. 2011).

Department of Justice (DOJ), rather than its components, Executive Office for United States Attorneys (EOUSA), Federal Bureau of Investigation (FBI), Federal Bureau of Prisons (BOP), and Drug Enforcement Administration (DEA), was proper party to federal inmate's Freedom of Information Act (FOIA) suit which sought material to challenge drug convictions that had resulted in his imprisonment, since FOIA provided a cause of action against federal agencies only, not their components. 5 U. S. C. A. § 552. Adionser v. Department of Justice, 811 F. Supp. 2d 284 (D. D. C. 2011).

Department of Justice's (DOJ) three-pronged search in response to request for records of any communications between the Civil Rights Division of DOJ and national civil rights organization concerning DOJ's dismissal of voter intimidation case against three defendants was adequate under Freedom of Information Act (FOIA); DOJ conducted a tailored search of all E-mails, networks, and local files within the records of the Voting Section, which had handled the case, under the name of the organization and a prominent official, DOJ searched a set of materials related to the case which had been collected in response to prior FOIA requests, and DOJ searched the website of the United States Commission on Civil Rights (USCCR), which had examined DOJ's handling of the case. 5 U. S. C. A. § 552. Judicial Watch, Inc. v. U. S. Dept. of Justice, 806 F. Supp. 2d 74 (D. D. C. 2011).

Department of Justice (DOJ) is under no obligation to search every system of records which might conceivably hold records responsive to a Freedom of Information Act (FOIA) request. 5 U. S. C. A. § 552. Truesdale v. U. S. Dept. of Justice, 803 F. Supp. 2d 44 (D. D. C. 2011).

United States Secret Service's workers and visitors entry system (WAVES) records remained under its control after they were transmitted to White House and deleted from Secret Service computers, and thus Secret Service was required to search transferred WAVES records in response to Freedom of Information Act (FOIA) request seeking White House visitor logs reflecting lobbyists entries and exits, even if Secret Service intended to relinquish control over records, where decision to erase records was agency's choice, Secret Service relied regularly upon WAVES records, and WAVES records were integrated into Secret Service system. 5 U. S. C. A. § 552. Judicial Watch v. U. S. Secret Service, 579 F. Supp. 2d 154 (D. D. C. 2008); West's Key Number Digest, Records 🔑54.

Office of Administration (OA) within Executive Office of the President is not an "agency" subject to Freedom of Information Act (FOIA), under *Soucie* test that focuses on entity's independent authority and its function as adviser and assistant to President; OA's charter did not invest it with functions beyond assisting and advising President through provision of unified administrative services to the various EOP components, and OA did not exercise substantial independent authority, i. e. did not oversee and coordinate federal programs and did not have statutory duty to report to Congress. 5 U. S. C. A. § 552 (a, f). Citizens for Responsibility and Ethics in Washington v. Office of Admin., 559 F. Supp. 2d 9 (D. D. C. 2008); West's Key Number Digest, Records 🔑51.

Offices of the President and the Vice President were not "agencies" within the meaning of the Freedom of Information Act (FOIA) and the Privacy Act, and thus were not subject to the provisions of those Acts. 5 U. S. C. A. § § 552 (f) (1), 552a (a) (1). Banks v. Lappin, 539 F. Supp. 2d 228 (D. D. C. 2008); West's Key Number Digest, Records 🔑51.

Visitor records pertaining to guests at White House complex and Vice President's residence, including computerized Worker and Visitor Entrance System (WAVES) and Access Control Records System (ACR) records, were under the Secret Service's control, as an element to establishing that records were agency records subject to public interest group's Freedom of Information Act (FOIA) request, notwithstanding Secret Service's intent to relinquish control over the documents in question, where the Secret Service otherwise created, used, relied on, and stored the visitor records in the legitimate conduct of its official duties. 5 U. S. C. A. § 552. Citizens for Responsibility and Ethics in Washington v. U. S. Dept. of Homeland Sec., 527 F. Supp. 2d 76, 36 Media L. Rep. (BNA) 1257 (D. D. C. 2007), appeal dismissed, 532 F. 3d 860 (D. C. Cir. 2008); West's

Key Number Digest, Records 🔑54.

[**Top of Section**]

[**END OF SUPPLEMENT**]

§ 7. Records available under FOIA

[Cumulative Supplement]

FOIA covers all "records" in the possession or control of a federal agency. The term "records" is broadly defined to include all types of documentary information, such as papers, reports, letters, films, computer tapes, photographs, and sound recordings. However, physical objects which cannot be reproduced are usually not considered records under FOIA. If an attorney seeking to request records under FOIA has any doubts as to whether the material sought is a record, he should assume it is covered by FOIA and request it.

Although an agency may possess certain documents, it is possible that such possession is not sufficient to put the documents within the ambit of FOIA. In making the determination as to whether a record is an agency record subject to disclosure under FOIA, the courts look at whether the agency also created, controlled, used, relied upon, or filed the documents in its possession. For example, if the documents in question have not been created for the sole purpose of personal convenience, they may be classified as agency records. This has been the case with regard to certain appointment calendars and phone message slips of agency officials that serve some official agency purpose. However, it has been held that transition team reports prepared by the president – elect's advisers, recommending certain agency priorities, were not agency records. This determination was made even though copies of the reports were actually physically located at the agency.

When requesting records, the attorney should reasonably describe the material he is seeking. The request should be sufficiently specific to enable a government employee, familiar with the subject area, to locate the records with a reasonable amount of effort. Such attempts by the government employee to locate requested records are contemplated to involve physical inspection of files or, in the alternative, use of computerized index and retrieval systems. A request pursuant to FOIA should be made only for documents that already exist. FOIA does not require federal agencies to create documents or records. [FN3]

CUMULATIVE SUPPLEMENT

Cases:

After the commencement of a lawsuit under Nevada Public Records Act (NPRA), the requesting party generally is entitled to a log containing a factual description of each withheld record and a specific explanation for nondisclosure unless, for example, the state entity withholding the records demonstrates that the requesting party has sufficient information to meaningfully contest the claim of confidentiality without a log. West's NRSA 239.010 (1). Reno Newspapers, Inc. v. Gibbons, 266 P.3d 623, 127 Nev. Adv. Op. No. 79 (Nev. 2011).

Department of Defense (DoD) was not required to respond to Freedom of Information Act (FOIA) requests submitted by nonprofit civil rights organizations seeking information pertaining to where and how DoD stored military – related reports and investigations about military sexual trauma (MST) complaints, equal opportunity (EO) complaints, sexual harassment (SH) complaints, and/or domestic violence (DV) complaints, and information concerning how service members could request or obtain from DoD military – related reports and investigations about MST, EO, SH, and/or DV complaints, where requests were questions about government policies. 5 U.S.C.A. § 552 (a) (4) (B). Service Women's Action Network v. Department of Defense, 888 F.Supp.2d 231 (D. Conn. 2012).

Agency's alleged policy of refusing to process requests for aggregate data did not violate Freedom of Information Act (FOIA); aggregate data sought by requester were database listings or printouts sorted by various criteria, rather than the underlying data itself, and would require the creation of a new record. 5 U.S.C.A. § 552 (a) (4) (B). National Sec. Counselors v. C.I.A., 898 F.Supp.2d 233 (D.D.C. 2012).

The fact that responsive documents once existed does not mean that they remain in a government agency's custody today, or that the agency had a duty under the Freedom of Information Act (FOIA) to retain them. 5 U. S. C. A. § 552. Callaway v. U. S. Dept. of Treasury, 893 F. Supp. 2d 269 (D. D. C. 2012).

Determination by United States Department of Agriculture (USDA), that disclosure by Missouri dog breeders and dealers of information regarding number of dogs they bought and sold each year and their annual revenue from dog sales was not exempt under Freedom of Information Act (FOIA) request by animal welfare organization on ground it would constitute a clearly unwarranted invasion of personal privacy, was not arbitrary, capricious, an abuse of discretion, or otherwise not in accordance with law; USDA found more than de minimis privacy interest, identified three public interests served by disclosure—helping public (1) decide whether it had followed Congress' directives to collect reasonable fees for licenses issued and to assess fee on equitable basis, (2) gauge effectiveness of USDA inspections, and (3) evaluate whether agency was properly assessing licensing fees—and concluded that, on balance, public interests in disclosure outweighed relatively slight private interest in withholding of that information. 5 U. S. C. A. § § 552 (b) (6), 706 (2) (A); Animal Welfare Act, 7 U. S. C. A. § 2131 et seq.; 9 C. F. R. § § 2. 5 et seq., 3. 1 et seq. Jurewicz v. U. S. Dept. of Agriculture, 891 F. Supp. 2d 147 (D. D. C. 2012).

Marshals Service's Freedom of Information Act (FOIA) search for cashier's checks for the cash seized in connection with requester's drug trafficking prosecution was sufficient and undertaken in good faith; although the Service did not initially search for the checks because requester did not ask for them in his initial request, the Service acted diligently in following clear and certain leads after receiving additional information from requester regarding the checks, which had been turned over to the Service for forfeiture proceedings, the Service then conducted multiple searches for the checks in its database of seized and forfeited property using case numbers referenced in documents previously released to requester, and the checks were located and disclosed. 5 U. S. C. A. § 552. Cooper v. U. S. Dept. of Justice, 890 F. Supp. 2d 55 (D. D. C. 2012).

Department of Veterans Affairs' (VA) search in response to veteran's Freedom of Information Act (FOIA) request for service treatment records (STRs) underlying the denial of his application for veterans disability benefits was reasonable; VA located and released the requested claim file in its entirety, VA's declarant conducted a page by page review of veteran's file and found only one STR, which was veteran's enlistment physical record, which was released, declarant stated that the claim files were stored in physical form only and that all files that were likely to contain material responsive to the request were searched, a search was also made of the Veterans Health Administration's electronic records, using veteran's social security number, but no STRs with regard to him were found. 5 U. S. C. A. § 552. Hunt v. U. S. Dept. of Veteran Affairs, 888 F. Supp. 2d 48 (D. D. C. 2012), appeal dismissed, 2012 WL 5896808 (D. C. Cir. 2012) and order amended on reconsideration, 2013 WL 595883 (D. D. C. 2013).

Non-exempt portions of document sought pursuant to Freedom of Information Act (FOIA) must be disclosed unless they are inextricably intertwined with exempt portions. 5 U. S. C. A. §552 (b). Soghoian v. U. S. Dept. of Justice, 885 F. Supp. 2d 62 (D. D. C. 2012).

For a document to be subject to Freedom of Information Act (FOIA) request, it must first be an "agency record," which requires that: (1) agency either created or obtained the requested materials, and (2) agency is in control of requested materials at the time the FOIA request is made. 5 U. S. C. A. § 552. Houghton v. U. S. Dept. of State, 875 F. Supp. 2d 22 (D. D. C. 2012).

Department of the Interior's (DOI) had no duty to preserve the actual in-take forms used in its census conducted to identify aliens present in the Commonwealth of Northern Mariana Islands before requester made initial Freedom of Information Act (FOIA) seeking records related to the census, and thus DOI's destruction of the actual census in-take forms was not done in bad faith and did not merit any remedial action that would preclude the court from finding that DOI conducted a reasonable search in the absence of such action. 5 U. S. C. A. §552. Kim v. U. S. Dept. of the Interior, 859 F. Supp. 2d 13 (D. D. C. 2012).

Public domain doctrine did not compel United States Citizenship and

Immigration Services (USCIS) to produce Compliance Review Report form in response to Freedom of Information Act (FOIA) request for documents used for requests for evidence regarding adjudicating H–1B temporary visa petitions issued as result of, in connection with, in light of, or related to Benefits Fraud Compliance Assessment Report, even though versions of instructions purportedly used by on–site investigators to complete form had been made public, where there was no evidence that instructions made public matched information USCIS had withheld. 5 U. S. C. A. § 552. American Immigration Lawyers Ass'n v. U. S. Dept. of Homeland Security, 852 F. Supp. 2d 66 (D. D. C. 2012).

To the extent non–profit organization's claim asking the court to compel the National Archives and Records Administration (NARA) to declare that audio tapes of president's conversations with historian which president had categorized as personal, and not presidential records, were presidential records within the meaning of the PRA and to assume custody and control of the tapes and deposit them in presidential library related to the availability of the tapes under Freedom of Information Act (FOIA), FOIA did not provide non–profit with a private right of action to compel NARA to retrieve the tapes, which were not in its possession; organization's suit arose out of a FOIA request, and organization alleged that the presidential library denied its request on the grounds that the tapes were not Presidential records. 5 U. S. C. A. § 552; 44 U. S. C. A. § 2201 et seq. Judicial Watch, Inc. v. National Archives and Records Admin., 845 F. Supp. 2d 288 (D. D. C. 2012) (applying federal law).

Records related to studies funded by civil settlement between oil company and state and federal governments in connection with oil spill litigation did not constitute "agency records" subject to disclosure pursuant to Freedom of Information Act (FOIA), even though National Oceanic and Atmospheric Administration (NOAA) issued invitation for proposals, and program manager for oil spill office within National Marine Fisheries Services' (NMFS) regional office served as contracting officer's technical representative (COTR) for both studies, where money for studies was administered by trustee council created by settlement, trustee council, not NOAA, was responsible for soliciting project proposals, administering proposal process, and developing work plans based on funding recommendations, and COTR did not have any substantive involvement in research projects. 5 U. S. C. A. § 552 (a) . ExxonMobil Corp. v. Department of Commerce, 2011 WL 6091470 (D. D. C. 2011).

Public domain doctrine did not apply to strip grand jury testimony of its protective cloak under Freedom of Information Act (FOIA) exemptions, on citizen's FOIA request to Executive Office for United States Attorneys (EOUSA) for transcripts of that testimony, where citizen could only provide trial transcripts and speculate as to grand jury testimony's content and similarity to trial testimony, and EOUSA made good – faith declaration that, even when same witnesses testified in both grand jury proceedings and at trial, relevant portions of trial transcripts were not identical to grand jury transcripts. 5 U. S. C. A. § 552. Callaway v. U. S. Dept. of Treasury, 824 F. Supp. 2d 153 (D. D. C. 2011).

Whether an individual's creation of a document can be attributed to the agency for purposes of determining whether they qualify as "agency records" subject to Freedom of Information Act (FOIA) disclosure depends on the purpose for which the document was created, the actual use of the document, and the extent to which the creator of the document and other employees acting within the scope of their employment relied upon the document to carry out the business of the agency. 5 U. S. C. A. § 552 (a) (4) (B) . Media Research Center v. U. S. Dept. of Justice, 818 F. Supp. 2d 131, 39 Media L. Rep. (BNA) 2417 (D. D. C. 2011).

Executive Office for United States Attorneys (EOUSA) and Drug Enforcement Administration (DEA) supplied adequately detailed explanation for redaction of information and withholding of documents provided pursuant to federal inmate's Freedom of Information Act (FOIA) request, where *Vaughn* Index and supporting declarations set forth a reasonable basis to evaluate each claim of privilege; EOUSA and DEA provided a detailed description of each document withheld in whole or in part, including total number of pages of document, date of document when applicable, author and intended recipient of document, provided statutory provisions under which information was withheld, and gave explanation as to why information should be exempted under applicable statutory provision. 5 U. S. C. A. §

552. Adionser v. Department of Justice, 811 F. Supp. 2d 284 (D. D. C. 2011).

Requester met his initial burden of production under Freedom of Information Act (FOIA) on his claim that records relating to Drug Enforcement Administration (DEA) informant who testified at his criminal trial were in the public domain and thus could not be withheld under any valid FOIA exemption by providing DEA with excerpts of informant's testimony from his criminal trial, and thus DEA had an obligation to search for and produce any responsive records that contain information identical that which was publicly disclosed; while the excerpts of trial testimony produced by requester did not establish that the documents themselves became part of the public record, they were sufficient to demonstrate that some information within the requested documents may have been publicly disclosed. 5 U. S. C. A. § 552. North v. U. S. Dept. of Justice, 810 F. Supp. 2d 205 (D. D. C. 2011).

Federal Bureau of Prisons was not required to produce Vaughn Index to justify its withholdings of documents in Freedom of Information Act (FOIA); agency's declaration laid out in sufficient detail the justifications for the withholdings. 5 U. S. C. A. § 552 et seq. Anderson v. Federal Bureau of Prisons, 806 F. Supp. 2d 121 (D. D. C. 2011).

Official visitor logs and/or other records concerning visits made to White House, including computerized Worker and Visitor Entrance System (WAVES) and Access Control Records System (ACR) records, constituted "agency documents," rather than White House records, and thus were subject to Freedom of Information Act (FOIA), even though Secret Service intended to relinquish control of records; records were largely generated by Secret Service, and were undisputedly obtained by Secret Service, Secret Service was able to use and dispose of records as it saw fit, Secret Service used documents for limited purpose for which they were created, and records were integrated into Secret Service's record system. 5 U. S. C. A. § 552. Judicial Watch, Inc. v. U. S. Secret Service, 803 F. Supp. 2d 51 (D. D. C. 2011).

E-mails sent via political organization: E-mails between officials in the White House and the Department of Justice (DOJ) were exempt from disclosure, in response to Freedom of Information Act (FOIA) request for documents concerning the appointment, terminations, or performance of any U. S. Attorney or

U. S. Attorney's Office, pursuant to exemption for inter - agency or intra - agency memorandums or letters which would not be available by law to a party other than an agency in litigation with the agency, even though the e - mails were sent through e - mail accounts of a political organization; documents were protected from disclosure under the deliberative process privilege or the presidential communications privilege. 5 U. S. C. A. § 552 (b) (5). Democratic Nat. Committee v. U. S. Dept. of Justice, 539 F. Supp. 2d 363 (D. D. C. 2008); West's Key Number Digest, Records 🔑57.

For a record to be considered an "agency record" for Freedom of Information Act (FOIA) purposes, the agency must first create or obtain that record. 5 U. S. C. A. § 552 (a) (4) (B). Reich v. U. S. Dept. of Energy, 784 F. Supp. 2d 15 (D. Mass. 2011), reconsideration granted in part, 2011 WL 2747524 (D. Mass. 2011) and on reconsideration, 2011 WL 3679152 (D. Mass. 2011).

Bureau of Land Management's (BLM's) search was reasonably calculated to uncover all relevant documents in response to Freedom of Information Act (FOIA) request made by store and its owner and operators for documents, notes, interviews, and correspondence in relation to criminal investigation of plaintiffs, where approximately 21 BLM employees conducted good faith search of agency records in eight different offices, including searches of hard copy files, electronic files, photographs, patrol logs, handwritten notes, and sign - in/sign - out sheets for evidence rooms and evidence logs. 5 U. S. C. A. § 552. Kortlander v. Bureau of Land Management, 816 F. Supp. 2d 1001 (D. Mont. 2011).

Unique to the Freedom of Information Act (FOIA) context, affidavits submitted by an agency are accorded a presumption of good faith, and so long as such affidavits supply facts indicating that the agency has conducted a thorough search and give reasonably detailed explanations why any withheld documents fall within an exemption, they will sustain the agency's burden and summary judgment may be awarded without conducting discovery. 5 U. S. C. A. § 552 et seq.; Fed. Rules Civ. Proc. Rule 56 (c), 28 U. S. C. App. (2006 Ed.) National Day Laborer Organizing Network v. U. S. Immigration and Customs Enforcement Agency, 811 F. Supp. 2d 713 (S. D. N. Y. 2011), amended on reconsideration, (Aug. 8, 2011).

Public domain exception: A Freedom of Information Act (FOIA) requester has the burden of proving that the specific information has been officially disseminated to the public, as to qualify for "public domain" exception to Freedom of Information Act (FOIA) exemptions; if the requester meets its burden, the agency must release the information. 5 U. S. C. A. § 552. Cozen O'Connor v. U. S. Dept. of Treasury, 570 F. Supp. 2d 749 (E. D. Pa. 2008); West's Key Number Digest, Records 🔑62.

Police department was not required under Freedom of Information Act to transcribe or to retain any type of voice mail message left on its answering machine system; nothing in Act required public agency to transcribe content of voice mail message and retain such record for any period of time, and "voice mail" meant all information transmitted by voice for sole purpose of its electronic receipt, storage and playback by public agency. C. G. S. A. § 1-213 (b) (3). Lucarelli v. Freedom of Information Com'n, 135 Conn. App. 807, 43 A. 3d 237 (2012).

Fact that portion of citizen's records request under state Freedom of Information Act was invalid as requesting future records did not require entirety of citizen's circuit court claim for improper denial of access to records be dismissed. S. H. A. 5 ILCS 140/1 et seq. Heinrich v. White, 2012 IL App (2d) 110564, 975 N. E. 2d 726 (Ill. App. Ct. 2d Dist. 2012).

Individual notes taken by a decision-maker on a governmental issue are only a "public record," within meaning of Freedom of Information Act (FOIA), when the notes are taken in furtherance of an official function. M. C. L. A. § 15.232 (e). Hopkins v. Duncan Tp., 294 Mich. App. 401, 39 Media L. Rep. (BNA) 2513, 2011 WL 5008557 (2011), appeal denied, 491 Mich. 908, 810 N. W. 2d 582 (2012).

An agency responding to a demand under the Freedom of Information Law (FOIL) may not withhold a record solely because some of the information in that record may be exempt from disclosure; where it can do so without unreasonable difficulty, the agency must redact the record to take out the exempt information. McKinney's Public Officers Law § 85 et seq. Schenectady County Society for Prevention of Cruelty to Animals, Inc. v. Mills, 18 N. Y. 3d 42, 935 N. Y. S. 2d 279, 39 Media L. Rep. (BNA) 2649 (2011).

Video and/or photographs obtained from county's red light camera enforcement program at intersection where insured was involved in an accident was exempt from disclosure under the Freedom of Information Law (FOIL); insurer, which sought the video and/or photographs for use in future litigation, could obtain the video and/or photographs at their own expense directly through the vendor operating the program. McKinney's Public Officers Law § 87 (2) (k). Travelers Property Cas. Co. of America v. Nassau County Traffic and Parking Violations Agency, 937 N. Y. S. 2d 536 (Sup 2011).

School district was not required to provide itemized attorney – fee billing statements in response to public records request, and its provision of summaries of invoices, including attorney's name, fee total, and general matter involved, was sufficient, where statements were either themselves covered by attorney – client privilege or so inextricably intertwined with privileged materials as to also be exempt from disclosure; billing statements at issue contained detailed descriptions of work performed by school district's attorneys, statements concerning their communications to each other and insurance counsel, and issues they researched. R. C. § 2317. 02 (A). State ex rel. Dawson v. Bloom – Carroll Local School Dist., 2011 – Ohio – 6009, 959 N. E. 2d 524 (Ohio 2011).

The purpose of the short deadlines set in the Right – to – Know Law, designed to effect a speedy release of public records, is not to protect government agencies, such as a charter school, but to benefit requesters by ensuring swift processing of their record requests. 65 P. S. § § 67. 704, 67. 707, 67. 901, 67. 1101 (b) (1, 2). Chester Community Charter School v. Hardy ex rel. Philadelphia Newspaper, LLC, 38 A. 3d 1079 (Pa. Commw. Ct. 2012).

Request made to township under Right to Know Law (RTKL) seeking all e – mails between township supervisors and between employees and township supervisors regarding any township business over a five year period was not sufficiently specific to enable township to ascertain which records were being requested and, therefore, township was not required to produce such records. 65 P. S. § 67. 1101. Mollick v. Township of Worcester, 32 A. 3d 859 (Pa. Commw. Ct. 2011).

[Top of Section]

[END OF SUPPLEMENT]

§ 8. Electronic Freedom of Information Act (EFOIA)

The Electronic Freedom of Information Act (EFOIA) Amendments of 1996 merely clarified that electronic records are subject to FOIA. They did not narrow FOIA's privacy exclusions nor invalidate the private – public interest balancing test. The government's obligation, under the Electronic Freedom of Information Act Amendments of 1996 and Paperwork Reduction Act, to make public documents available over the Internet did not conflict with the requirement that it do so by contracting the function out to the private sector if that would be more economical.

With regard to the maintenance of email records, it has been held that an agency's failure to maintain a central electronic file containing all of its director's emails did not violate the provision of the Freedom of Information Act (FOIA) requiring that agency records be maintained in such manner as to be readily reproducible. This determination was made by the court even though paper copies of e – mails were not maintained in a central location because paper copies were filed according to relevance and could be located in any of the agency's files.

§ 8. 5. Federal Educational Rights and Privacy Act

[Cumulative Supplement]

The following authority considered the application of litigation under the Freedom of Information Act to the Federal Educational Rights and Privacy Act.

CUMULATIVE SUPPLEMENT

Cases:

Amendment of definition of "personally identifiable information" in federal regulation adopted under Federal Educational Rights and Privacy Act (FERPA), to include information requested by person who the educational institution reasonably believes knows identity of student to whom requested records relate, applied retroactively to newspaper's action against state university under Iowa Open Records Act (IORA) for disclosure of records relating to reports of sexual assaults involving students; conduct at issue was university's decision not to disclose document, which was still ongoing when regulation was modified, and intent of amendment was to clarify the law, not change it. Family Educational Rights and Privacy Act of 1974, § 513 (a), 20 U. S. C. A. § 1232g (b) (1, 2); 34 C. F. R. § 99. 3; I. C. A. § § 22. 2, 22. 7, 22. 9. Press – Citizen Co., Inc. v. University of Iowa, 817 N. W. 2d 480, 40 Media L. Rep. (BNA) 2057 (Iowa 2012).

[Top of Section]

[END OF SUPPLEMENT]

§ 8. 7. Inspection of Public Records Act (IPRA)

[Cumulative Supplement]

The following authority considered the application of litigation under the Freedom of Information Act to the Inspection of Public Records Act.

CUMULATIVE SUPPLEMENT

Cases:

On a claim of executive privilege to a record request under the Inspection of Public Records Act (IPRA), courts should not balance the competing needs of the executive and the party seeking disclosure in determining whether disclosure is warranted; instead, courts considering the application of executive privilege to an IPRA request must independently determine whether the documents at issue are in fact covered by the privilege, and whether the privilege was invoked by the Governor, to whom the privilege is reserved, and where appropriate, courts should conduct an in camera review of the documents at issue as part of their evaluation of privilege. West's NMSA § 14 – 2 – 8 (C). Republican Party of New Mexico v. New Mexico Taxation and Revenue Dept., 2012 – NMSC – 026, 283 P. 3d 853

(N. M. 2012).

Department of Health (DOH) could not assert communications privilege to prevent disclosure, pursuant to a request under Inspection of Public Records Act (IPRA), of a string of E-mails between DOH employees relating to uses of federal funding for a block grant program administered by DOH; communications privilege could be asserted only by the governor, and DOH did not assert that E-mail string was a communication involving governor. West's NMSA § 14-2-1 et seq. Edenburn v. New Mexico Dept. of Health, 2013-NMCA-045, 299 P. 3d 424 (N. M. Ct. App. 2012), cert. denied, (Feb. 26, 2013).

[Top of Section]

[END OF SUPPLEMENT]

§ 8.8. State acts

[Cumulative Supplement]

The following authority considered the application of litigation under the Freedom of Information Act to litigation under state acts.

CUMULATIVE SUPPLEMENT

Cases:

Use-of-force reports prepared by municipal police department did not fall within the definition of "employee evaluation or job performance records", and therefore were not exempt from disclosure under the Arkansas Freedom of Information Act (FOIA); "employee evaluation or job performance records" were any records that were created by or at the behest of the employer and that detailed the performance or lack of performance of the employee in question with regard to a specific incident or incidents, but reports at issue were created by the police officer, not by a supervisor, and were a routine narrative account of the officer's actions during a specific incident. West's A. C. A. § 25-19-105 (c) (1). Thomas v. Hall, 2012 Ark. 66, 399 S. W. 3d 387 (2012).

Exemption from Colorado Open Records Act (CORA) for files compiled for "law enforcement purpose" was ambiguous, and thus the Court of Appeals would look to legislative history to interpret it, because it could have meant only criminal law enforcement records were exempted, or it could have included records of civil law enforcement activity. West's C. R. S. A. § 24 – 72 – 204 (2) (a) (I) . Land Owners United, LLC v. Waters, 293 P. 3d 86 (Colo. App. 2011), as modified on denial of reh'g, (Sept. 29, 2011) and cert. granted, 2012 WL 3291834 (Colo. 2012) and cert. denied as improvidently granted, (Sept. 6, 2012).

Reliance by Cabinet for Health and Family Services on a blanket policy of nondisclosure to support its refusal to disclose requested records constituted a "willful" violation of Kentucky Open Records Act, thus supporting trial court's order that Cabinet pay attorney fees and costs to prevailing party. KRS 61. 871, 620. 050 (12) (a) . Com. , Cabinet for Health and Family Services v. Lexington H – L Services, Inc. , 382 S. W. 3d 875 (Ky. Ct. App. 2012).

Police officers had a reasonable expectation of privacy in personal information contained in records of investigations by the Public Integrity Bureau (PIB) into allegations that city police officers violated the police department operations manual, and thus requester who requested all such documents generated within the past ten years could not be given unfettered review of the PIB files without the redaction of the officers' private information contained therein. LSA – Const. Art. 1, § 5, Art. 12, § 3; LSA – R. S. 40: 2532. Beckett v. Serpas, 112 So. 3d 348 (La. Ct. App. 4th Cir. 2013).

Judicial review of Attorney General's denial of petitioner's request under Freedom of Information Law for disclosure of certain records pertaining to criminal proceeding against petitioner's fellow inmate was not barred on limitations grounds, absent any evidence as to when written notice denying request was mailed to petitioner or date he received it. McKinney's Public Officers Law § 89 (5) (d) . MacKenzie v. Seiden, 106 A. D. 3d 1140, 964 N. Y. S. 2d 702 (3d Dep't 2013).

Requester's second Freedom of Information Law (FOIL) request for documents from police department and others did not extend or toll four – month limitations period to commence Article 78 proceeding challenging denial of his initial FOIL request. McKinney's Public Officers Law § 85 et seq. ; McKinney's CPLR 217

(1), 7801 et seq. Andrade v. New York City Police Dept., 106 A. D. 3d 520, 965 N. Y. S. 2d 450 (1st Dep't 2013).

By commencing Article 78 proceeding to force agency to respond to its request under Freedom of Information Law (FOIL), after tortuous history, requester finally received all information that it requested and to which it was entitled in response to FOIL litigation, and thus "substantially prevailed" within meaning of statute allowing for recovery of counsel fees and costs, warranting award of fees and costs, even though proceeding resulted in agency's certification that it did not have responsive documents. McKinney's Public Officers Law § 89 (4) (c); McKinney's CPLR 7801 et seq. Legal Aid Soc. v. New York State Dept. of Corrections and Community Supervision, 105 A. D. 3d 1120, 962 N. Y. S. 2d 773 (3d Dep't 2013).

Police department properly denied access to records compiled for law enforcement purposes, within the meaning of the Freedom of Information Law (FOIL) exemption, in response to request for records regarding policy guidelines and statistics pertaining to police department's surveillance of Muslim individuals, businesses, and organizations; police department identified raw, unevaluated field reports, derivative reports, intermediate reports, and end user reports that were highly detailed and factual reports which could disclose sources, the size and capabilities of its undercover program, and methods used. McKinney's Public Officers Law § 87 (2) (e) (i), (ii). Asian American Legal Defense and Educ. Fund v. New York City Police Dept., 964 N. Y. S. 2d 888 (Sup 2013).

Police department's claim for blanket exemption to New York Freedom of Information Law (FOIL) request for documents regarding prior murder failed to sufficiently articulate factual basis for exemption for records compiled for law enforcement purposes that, if disclosed, would interfere with law enforcement investigations, under Public Officers Law (POL), where detective's conclusory statements in mere one and one – half page affidavit, in which only three of five paragraphs were even relevant, did not provide any information on generic types of documents, or categories of documents, that were allegedly exempt due to ongoing homicide investigation. McKinney's Public Officers Law § § 84, 87 (2) (e) (i), 89 (4) (b). Loevy & Loevy v. New York City Police Dept., 957 N. Y. S.

2d 628 (Sup 2013).

Identities of members of state senate who had sought representation of outside attorneys were not protected by attorney – client privilege, and thus could not be redacted from senate records provided in response to Right to Know Law (RTKL) request for documents relating to senate members' hiring outside attorneys, since revelation of client names would not result in disclosure of privileged information based upon what had been previously disclosed; document relating to senate member who had hired attorney during grand jury investigation had been redacted to remove all but fact of counsel's engagement and that it related to a grand jury investigation, and senate expense vouchers indicating requests for payment of legal services did not involve disclosure of privileged legal advice or confidential communications. 65 P. S. § 67. 305. Levy v. Senate of Pennsylvania, 65 A. 3d 361 (Pa. 2013).

Right to Know Law (RTKL) presumes that all records in the possession of a local agency are public, and are therefore accessible for inspection and duplication. 65 P. S. § § 67. 305, 67. 701. Hearst Television, Inc. v. Norris, 54 A. 3d 23 (Pa. 2012).

Absent any indication in Right – to – Know Law (RTKL) that the personal identification information exception did not apply to government – issued personal or cellular telephone numbers, those numbers were not subject to disclosure. 65 P. S. § 67. 708 (b) (6) (i) (A). Office of Governor v. Raffle, 65 A. 3d 1105 (Pa. Commw. Ct. 2013).

Affidavit, which Governor's Office submitted in support of redactions from Governor's calendars, was not detailed, but, rather, was conclusory, and as such, affidavit, standing alone, was not sufficient to prove that calendar entries were exempt from disclosure under deliberative process exception to Right – to – Know Law (RTKL); affidavit tracked language of the exception it presupposed, rather than proved with sufficient detail, that the redacted calendar entries were reflective of internal deliberations and, therefore, exempt from disclosure, it was not enough to include in affidavit list of subjects to which internal deliberations might have related, and instead, affidavit had to be specific enough to permit Office of Open Records (OOR) or court to ascertain how disclosure of entries would reflect the internal deliberations on those subjects. 65 P. S. § 67. 708 (b) (10) (i). Office of Governor v. Scolforo, 65 A. 3d 1095 (Pa. Commw. Ct. 2013).

The Commonwealth Court independently reviews a determination of the Office of Open Records (OOR) and may substitute its own findings of fact for that of the agency; the scope of review is plenary. Coulter v. Department of Public Welfare, 65 A. 3d 1085 (Pa. Commw. Ct. 2013).

Department of Environmental Protection (DEP) demonstrated by a preponderance of the evidence that the records pertaining to its investigation of gas well fire were exempt from disclosure under Right to Know Law's (RTKL) non criminal investigation exception; chronology of the incident constructed by DEP and its records reflected discussions of the investigation of, and witnesses to, the well site fire, both of which fell within the exception, and DEP submitted affidavits from individuals familiar with the records in the log who could attest to the applicability of the grounds upon which DEP asserted the records should be withheld when the applicability of the exception was not self - evident from the description of the record. 65 P. S. § 67. 708 (b) (17). Heavens v. Pennsylvania Dept. of Environmental Protection, 65 A. 3d 1069 (Pa. Commw. Ct. 2013).

The Commonwealth Court independently reviews a determination of the Office of Open Records (OOR) and may substitute its own findings of fact for that of the agency; the scope of review is plenary. Askew v. Pennsylvania Office of Governor, 65 A. 3d 989 (Pa. Commw. Ct. 2013).

License inspection summaries issued by Department of Public Welfare during investigations of child - care providers were exempt from disclosure under non criminal investigative exception of Right to Know Law (RTKL), since license inspection summaries did not modify providers' certificates of compliance; although license inspection summaries described deficiencies in a provider's compliance with applicable statutes or regulations, the summaries did not affect or change a provider's certificate of compliance. 65 P. S. § 67. 708 (b) (17) (vi) (A). Michak v. Department of Public Welfare, 56 A. 3d 925 (Pa. Commw. Ct. 2012).

Even if noncitizen volunteer for civil rights organization had standing to challenge City of Memphis's denial of his request for winning contract bid for state advocacy/state lobbying services contract under Tennessee Public Records Act's (TPRA) citizens – only provision, barring noncitizens of Tennessee from obtaining public records, citizens – only provision did not violate noncitizen's rights under Dormant Commerce Clause; citizens – only provision had not discriminated against interstate commerce on its face, in its practical effect, or in its purpose, purpose of provision had been to promote public awareness of government's actions and to ensure accountability of government by facilitating public's access to governmental records, and provision had not served any economically protectionist purpose. U. S. C. A. Const. Art. 1, § 8, cl. 3; West's T. C. A. § 10 – 7 – 503 (a). Jones v. City of Memphis, 868 F. Supp. 2d 710 (W. D. Tenn. 2012) (applying Tennessee law).

Petitioner who did not prevail on his claim under Public Information Act against Texas Association of Appraisal Districts, Inc. (TAAD) and Property Tax Education Coalition (PTEC) was not entitled to award of attorney fees. V. T. C. A., Government Code § 552. 323 (a). Texas Ass'n of Appraisal Districts, Inc. v. Hart, 382 S. W. 3d 587 (Tex. App. Austin 2012).

Visiting physicians were medical "license holders" under the Medical Practice Act whose telephone and fax numbers qualified for exceptions to disclosure under the Public Information Act (PIA), in case of first impression in which medical board contested health care provider's request for such information; visiting physician statute provided, "On application, the board shall grant a provisional license to practice medicine … to an applicant … who is licensed in good standing as a physician in another state." V. T. C. A., Government Code § 552. 101; V. T. C. A., Occupations Code § § 155. 101, 156. 006, 164. 007. Texas Medical Bd. v. Abbott, 378 S. W. 3d 681 (Tex. App. Texarkana 2012).

Court of Appeals could not order disclosure, pursuant to a Public Records Act (PRA) request, of information contained in business – license application that was now protected by a confidentiality provision in Business License Center Act, though the information was not exempt at time of PRA request or at the time that trial court entered summary judgment against requester. West's RCWA 19. 02. 115 (2), 42. 56. 070 (1). Gronquist v. Washington State Dept. of Licensing, 302 P. 3d 534 (Wash. Ct. App. Div. 2 2013).

Deciding whether nondisclosure is essential to effective law enforcement such that investigative exemption to Public Records Act (PRA) applies is a question of fact; when making this factual determination, courts will consider the testimony, declarations, and affidavits of those with knowledge of and responsibility for investigations of that nature. West's RCWA 42. 56. 240. Ameriquest Mortg. Co. v. Office of Attorney General of Washington, 300 P. 3d 799 (Wash. 2013).

Victim impact statement, held by prosecuting attorney and prepared for sentencing in prosecution for voyeurism, was not an investigative record compiled by law enforcement, and therefore did not fall within exemption pursuant to Public Records Act (PRA); victim impact statement was communication between victim and court, not an investigative record compiled by investigative, law enforcement, or penology agency. West's RCWA 42. 56. 240. Koenig v. Thurston County, 287 P. 3d 523 (Wash. 2012).

[**Top of Section**]

[**END OF SUPPLEMENT**]

§ 9. Initial preparation for making FOIA request

In preparing to request records, pursuant to FOIA, from a federal agency, it must be determined initially which department or agency has the information or records sought. The federal government does not have a centralized office to coordinate and/or process all FOIA requests for records. Therefore, the request must be directed to the appropriate agency or department. That being said, it should also be noted that the Department of Justice does serve as a clearinghouse and source of information about FOIA and does provide information to assist in locating all of the federal agencies and departments subject to FOIA requests.

Once it is determined as to which department or agency holds the desired records, the attorney can begin to prepare the request on behalf of his client. If he is seeking information about the client, he should cite both the Privacy Act and FOIA in order to ensure full disclosure of records. If the information sought is not related only to the client, then only FOIA should be cited.

It is instructive to look at the particular agency's Web site. Each agency has a FOIA Web site that includes the following: a guide to filing requests with that agency; other FOIA – related information; and the agency's annual FOIA compliance report. The Department of Justice maintains a list of all FOIA Web sites for federal agencies and also has a current list of FOIA contact officers at the various federal departments and agencies. The Office of Information and Privacy of the Department of Justice has a service to answer general questions about FOIA. The Federal Citizen Information Center of the U. S. General Services Administration is also a resource for general information about FOIA, particularly with regard to finding the right agency from which to request the desired records.

When the attorney has determined the appropriate agency, he should next ascertain whether or not the desired information is already available on the agency's Web site. In addition to their numerous reports and other publications, all federal agencies are required by FOIA to publish certain information both in print and electronic form. Such prescribed information is as follows:

(1) descriptions of the agency organization and the office addresses;

(2) statements of the general course and method of the agency operation;

(3) rules of procedure and descriptions of forms;

(4) substantive rules of general applicability and general policy statements;

(5) final opinions made in the adjudication of cases;

(6) statements of policy and interpretations adopted by an agency, but not published in the Federal Register; and

(7) administrative staff manuals that affect the public. FOIA also requires that federal agencies publish copies of records released in response to FOIA requests that have been, or will likely be, the subject of additional requests. The agencies must also publish an index of those prior FOIA releases.

As a result of initial investigation concerning the agencies and their publications, it is possible that the attorney may not even have to make a written FOIA request for information on behalf of a client. FOIA has, as stated above, specific publication and reading room requirements. More recent legislation, such as EFOIA, mandates that those materials also be available electronically. Under FOIA, the federal government is required to facilitate the availability of certain materials to and for the general public. FOIA requires agencies to publish any regulations or general policy statements in the Federal Register. Every agency will publish its regulations to inform the general public about the rules governing its processing of request for records under FOIA. Final agency regulations are published in the Code of Federal Regulations available at law libraries. Pursuant to the Government Printing Office Electronic Information Enhancement Act of 1993, the Government Printing Office (GPO) is also required to make these materials available online as well.

Furthermore, FOIA requires agencies to make available for inspection or copying final opinions, staff instructions and other information which would affect a member of the public. EFOIA expanded the requirements that the government take certain steps to make information available to the general public. For example, all information created after November 1996 must be made available to the general public in electronic reading rooms if it would be required to be placed in reading rooms. Also, as previously stated, agencies are now required to identify requests under FOIA that have been or are likely to be the subject to requests in the future. Responses to those requests must be available by both paper and electronic means. Indexes to such records have been available electronically since 1999.

§ 10. Mandatory declassification review (MDR)

There are means other than FOIA for obtaining records. For example, the attorney may be able to obtain records from prior to the mid – 1970s by searching the National Archives and Records Administration in Washington, DC, or in College Park, MD. Such records may also be available at one of the presidential libraries. These archives are good places to engage in research because the documents are readily available and accessible. If the documents sought are not yet publicly available, the attorney, on behalf of his client, or a requester may also file a mandatory declassification review (MDR) request rather than a request pursuant to the Freedom of Information Act. While the laws are similar, they also have some significant differences.

The rules regarding declassification review provide that a final determination should be promptly issued. According to the rules, the request for declassification should be addressed within 180 days. If the agency cannot promptly process the request, it should notify the requester that additional time is required. Should the agency fail to contact the person making the request within 120 days, an appeal can be filed directly with the Interagency Security Classification Appeals Panel (ISCAP).

If the agency in question does not declassify any of the requested records, it must still release the records, or portions of the records, that it has declassified. The person requesting the declassification must be advised how to appeal the agency's decision within the agency. The appeal to the agency should be filed within 60 days. If the appeal is denied, or if no response to the initial request is received within 120 days or no response to the appeal is received within 90 days, an appeal may be filed to ISCAP.

There are some benefits to filing an MDR rather than a FOIA request. For example, under mandatory declassification review, there is a two - appeal system. The first appeal goes to the agency denying the records. If the agency continues to deny the requested records, there is also an opportunity for a second appeal to the Interagency Security Classification Appeals Panel (ISCAP) for a decision on the request.

On the other hand, there are also advantages to filing a FOIA request rather than an MDR. A FOIA request is more appropriate if the requester has a large or imprecise request covering many different kinds of classified and unclassified documents. Only classified documents are covered by MDR while both classified and unclassified materials are subject to FOIA. In the process for challenging an agency decision not to release information under FOIA, the appeal goes first to the agency and then to court. In the processing of an MDR request, there is no opportunity for the requester to engage in litigation for the release of records.

Moreover, under the mandatory declassification review, agencies are allowed to have more time to respond to a request for records. The agency does not have to comply with expedited review requirements. Furthermore, with an MDR, the agency is not authorized to waive fees. Under FOIA, an agency has specific time limits in which to respond. Also, a person requesting information under FOIA has the opportunity to seek expedited review and may also request a waiver of fees.

The attorney requesting information for a client should ask for mandatory declassification review only if he is certain as to the specific identity of the documents sought and if he knows the documents are more than 10 years old and that the records are probably still classified. In all other situations, the attorney should probably use FOIA to make the request.

12. 总论《信息自由法案》下需要披露之事项

（《美国法律释义 · 记录卷》条目）

◎导读[1]

《美国法律释义》（Corpus Juris Secundum）是一部法律的百科全书，它对美国法律进行了详尽的阐述。Corpus Juris Secundum 涵盖了包括民事和刑事法律、实体法和程序法、联邦法和州法等400多个法律主题。这些法律主题按照字母顺序排列，帮助读者了解不熟悉的法律领域，或更新已掌握法律的知识体系。每一法律主题的相关判例覆盖了全国各司法管辖区。按照辖区范围排列的案例便于读者了解当地的司法机构。作为最权威的二次法律资源之一，Corpus Juris Secundum 经常会被法院和法律工作者所使用。

《美国法律释义》记录卷第130节的内容是：总论和需要披露之事项。

为获取对美国法中不熟悉领域的概观，法律研究者通常会利用法律百科全书，如《美国法律释义》。

《美国法律释义》的文章先把法律一般性规则总结为“黑字”标题，然后提供关于该规则的扩展性讨论——包括可能的限制和例外。提供相关州和联邦案件和分析性文件的援引及法规。

我们现在将要看到的是《美国法律释义》第76卷记录（records）这个主题中第130节的内容：总论，需要披露之事项。它存在于记录（records）这个主题下，向下一层分类中法定披露要求（statutory disclosure requirements）中的总论，再向下一层分类中联邦《信息自由法案》（Federal Freedom of

---

[1] 本节中文导读由陈晨编撰。

Information Act）中的总论。

在正文开始之前，该节首先给出了“记录”（records）这一法律主题在Westlaw钥匙码文摘中的钥匙码，从而方便读者去检索其他相关的法律资源。

在正文中，作者通过汇总法律条文的规定和判决中的规则，用精练的语言为读者介绍了根据《信息自由法案》，在各种情形下哪些事项需要被披露，还介绍了出版以及公众查阅和拷贝的情形。另外在文章的最后还有一段补充，介绍了一个获得披露的例外。我们可以看到，这一篇介绍之中共有27个注释，分别是相关的成文法和判例法。这一方面展现了《美国法律释义》作为二次法律资源的权威性，另一方面也展示了它的严谨性。

Matters subject to disclosure, generally, 76 C. J. S. Records § 130

Introductory Notes[1]

To gain an overview of an unfamiliar area of American law, researchers often turn to legal encyclopedias such as Corpus Juris Secundum.

Corpus Juris Secundum articles summarize a general rule of law in a “black letter” heading, and then provide an expanded discussion of a rule – including possible limitations and exceptions.

Corpus Juris Secundum articles offer citations to relevant state and federal cases and statutes, as well as to relevant analytical documents.

In this article, Corpus Juris Secundum analyzes the law related to an aspect of the Freedom of Information Act.

---

〔1〕 Introductory Notes by Al Maleson.

总论《信息自由法案》下需要披露之事项（《美国法律释义·记录卷》条目英文原文）

76 C. J. S. Records § 130

Corpus Juris Secundum

Database updated June 2013

Records

Karl Oakes, J. D.

XI. Statutory Disclosure Requirements

A. In General

2. Federal Freedom of Information Act

a. In General

Topic Summary References Correlation Table

§ 130. Matters subject to disclosure, generally

West's Key Number Digest

West's Key Number Digest, Records ⊶ 54

Under the Freedom of Information Act, an agency must disclose materials only if it is in control of them, they have come into its possession in the legitimate conduct of its official duties, and it has created or obtained them.

Under the Freedom of Information Act, a federal agency shall make records available upon request[1] except records made available under specific provisions dealing with publication or public inspection and copying,[2] and except as provided with respect to any agency, or part of an agency, which is an element of the intelligence community.[3] For purposes of the Freedom of Information Act, the term "record" and any other term used in reference to information includes any information which would be an agency record subject to the requirements of the Act when maintained by an agency in any format, including an electronic format.[4]

Materials are agency records which an agency must disclose only if the agency is in control of the materials at the time of the request for access.[5] The control inquiry focuses on an agency's possession of the materials, rather than on its power to alter the content of the materials it receives.[6]

Materials must be disclosed only if they have come into the agency's possession in the legitimate conduct of its official duties.[7] However, materials need not be prepared to be relied upon in agency decision making in order to be agency records.[8] The physical location of documents does not render them agency records,[9] and personal materials in an employee's possession are not agency records.[10]

Materials are agency records only if the agency either created or obtained the materials.[11] An item is not an agency record merely because it could be obtained by the agency[12] or retrieved from another entity to which it has been sent.[13] Data generated, owned, and possessed by a privately controlled organization receiving federal grants are not agency records, even if the federal government has a right of access to such data, and even if the data formed the basis for published reports upon which the agency relied.[14]

Where an agency covered by the Act has obtained materials, it is irrelevant that the entity from which the documents originated is not itself covered by the Act.[15] Thus, court documents obtained by an agency may be agency records,[16] as in the case of court decisions[17] or presentence reports.[18]

An agency must disclose records even if they are publicly available from another source, and even if they have already been disclosed by another entity.[19]

Library reference material, such as a computer database containing decisions of the Supreme Court, does not constitute a record subject to release under the Freedom of Information Act.[20]

Publication.

Each agency must separately state and currently publish in the Federal Register various information.[21] Except to the extent that a person has actual and timely notice of the terms thereof, a person may not be required to resort to, or be adversely affected by, a matter required to be so published and not so published.[22]

Public inspection and copying.

Each agency, in accordance with published rules, must make the following documents available for public inspection and copying, unless the materials are promptly published and copies offered for sale: (1) final opinions, including concurring and dissenting opinions, as well as orders, made in the adjudication of cases; (2) those statements of policy and interpretations which have been adopted by the agency and are not published in the Federal Register; (3) administrative staff manuals and instructions to staff that affect a member of the public; (4) copies of all records, regardless of form or format, which have been released to any person in response to a Freedom of Information Act request and which, because of the nature of their subject matter, the agency determines have become or are likely to become the subject of subsequent requests for substantially the same records; and (5) a general index of such released records.[23] For records created on or after November 1, 1996, each agency must make such records available, including by computer telecommunications or, if computer telecommunications means have not been established by the agency, by other electronic means.[24]

Each agency must also maintain and make available for public inspection and copying current indexes providing identifying information for the public as to any such matter issued, adopted, or promulgated after July 4, 1967.[25] Each agency must promptly publish, quarterly or more frequently, and distribute (by sale or otherwise) copies of each index or supplements thereto unless it determines by order published in the Federal Register that the publication would be unnecessary and impracticable, in which case the agency must nonetheless provide copies of such index on request at a cost not to exceed the direct cost of duplication.[26]

A final order, opinion, statement of policy, interpretation, or staff manual or instruction which affects a member of the public may be relied on, used, or cited as precedent by an agency against a party other than an agency only if it has been indexed and either made available or published; or the party has actual and timely notice of the terms thereof.[27]

CUMULATIVE SUPPLEMENT

Cases:

Freedom of Information Act (FOIA) mandates that agency disclose records on request, unless they fall within one of nine exemptions; these exemptions are explicitly made exclusive and must be narrowly construed. 5 U. S. C. A. § 552 (b). Milner v. Department of Navy, 131 S. Ct. 1259 (2011).

Freedom of Information Act (FOIA) has goal of broad disclosure, and its exemptions must be given a narrow compass. 5 U. S. C. A. § 552 (b). Milner v. Department of Navy, 131 S. Ct. 1259 (2011).

Consistent with purposes of Freedom of Information Act (FOIA), statutory exemptions to disclosure under FOIA are narrowly construed. 5 U. S. C. A. § 552. Brennan Center for Justice at New York University School of Law v. U. S. Dept. of Justice, 697 F. 3d 184 (2d Cir. 2012).

The Freedom of Information Act (FOIA) strongly favors a policy of disclosure and requires the government to disclose its records unless its documents fall within one of the specific, enumerated exemptions set forth in FOIA. 5 U. S. C. A. § 552. Long v. Office of Personnel Management, 692 F. 3d 185 (2d Cir. 2012).

Freedom of Information Act (FOIA) exemptions are to be narrowly construed; this reflects FOIA's general philosophy of full agency disclosure unless information is exempted under clearly delineated statutory language. 5 U. S. C. A. § 552. Rimmer v. Holder, 700 F. 3d 246 (6th Cir. 2012).

When an agency freely discloses to a third-party confidential information covered by a Freedom of Information Act (FOIA) exemption without limiting the third – party's ability to further disseminate the information, the agency waives the ability to claim an exemption to a FOIA request for the disclosed information. 5 U. S. C. A. § 552. Watkins v. U. S. Bureau of Customs and Border Protection, 643 F. 3d 1189 (9th Cir. 2011).

Under the Freedom of Information Act (FOIA), government agencies are required to release any requested agency records unless they fall within one of the exemptions. 5 U. S. C. A. § 552 (b) . Prison Legal News v. Executive Office for U. S. Attorneys, 628 F. 3d 1243 (10th Cir. 2011).

When an agency through prior disclosure has officially acknowledged information otherwise exempt under the Freedom of Information Act (FOIA), the agency has waived its right to claim an exemption with respect to that information; in other words, when information has been officially acknowledged, its disclosure may be compelled even over an agency's otherwise valid exemption claim. 5 U. S. C. A. § 552. American Civil Liberties Union v. C. I. A., 710 F. 3d 422 (D. C. Cir. 2013).

For information to qualify as "officially acknowledged," such that plaintiff in action under Freedom of Information Act (FOIA) may compel disclosure of that information even over agency's otherwise valid exemption claim, it must satisfy three criteria: (1) information requested must be as specific as information previously released, (2) information requested must match information previously disclosed, and (3) information requested must already have been made public through an official and documented disclosure. 5 U. S. C. A. § 552 (b) . American Civil Liberties Union v. U. S. Dept. of Defense, 628 F. 3d 612 (D. C. Cir. 2011).

Mere storage of a record at a federal agency does not, by itself, make it an agency record subject to Freedom of Information Act (FOIA) disclosure requirements; instead, where an agency merely has possession of a document, the court must focus on the extent to which agency personnel read or relied upon the document. 5 U. S. C. A. § 552 (a) (4) (B). Reich v. U. S. Dept. of Energy, 784 F. Supp. 2d 15 (D. Mass. 2011), reconsideration granted in part, 2011 WL 2747524 (D. Mass. 2011) and on reconsideration, 2011 WL 3679152 (D. Mass. 2011).

Individual notes taken by a decision – maker on a governmental issue are only a "public record," within meaning of Freedom of Information Act (FOIA), when the notes are taken in furtherance of an official function. M. C. L. A. § 15.232 (e). Hopkins v. Duncan Tp., 294 Mich. App. 401, 812 N. W. 2d 27 (2011), appeal denied, 491 Mich. 908, 810 N. W. 2d 582 (2012).

Section of Right – to – Know Law (RTKL) that states that records in the possession of a party with whom an agency has contracted to perform a governmental function on behalf of the agency and is not exempt under the RTKL is a public record does not reach all records in possession of a private contractor that relate to the governmental function; rather, the records reached are only those that relate to performance of that function. 65 P. S. § 67.506 (d). Allegheny County Dept. of Administrative Services v. Parsons, 61 A. 3d 336 (Pa. Commw. Ct. 2013).

There is no absolute right to obtain disclosure of nonexempt judicial public records through state Freedom of Information Act (FOIA) if other means of disclosure exist. West's Ann. W. Va. Code, 29B – 1 – 1 et seq. Associated Press v. Canterbury, 688 S. E. 2d 317, 37 Media L. Rep. (BNA) 2569 (W. Va. 2009).

[END OF SUPPLEMENT]

Footnotes

1. 5 U. S. C. A. § 552 (a) (3) (A).

Requests for records, generally, see § 152.

2. 5 U. S. C. A. § 552 (a) (3), referring to 5 U. S. C. A. § 552 (a) (1), (a) (2).

3. 5 U. S. C. A. § 552 (a) (3) (E).

4. §127.

5. U. S. —U. S. Dept. of Justice v. Tax Analysts, 492 U. S. 136, 109 S. Ct. 2841, 106 L. Ed. 2d 112 (1989); Judicial Watch, Inc. v. Department of Energy, 412 F. 3d 125 (D. C. Cir. 2005); State of Missouri, ex rel. Garstang v. U. S. Dept. of Interior, 297 F. 3d 745 (8th Cir. 2002).

6. U. S. —U. S. Dept. of Justice v. Tax Analysts, 492 U. S. 136, 109 S. Ct. 2841, 106 L. Ed. 2d 112 (1989).

7. U. S. —U. S. Dept. of Justice v. Tax Analysts, 492 U. S. 136, 109 S. Ct. 2841, 106 L. Ed. 2d 112 (1989); State of Missouri, ex rel. Garstang v. U. S. Dept. of Interior, 297 F. 3d 745 (8th Cir. 2002); Gilmore v. U. S. Dept. of Energy, 4 F. Supp. 2d 912, 153 A. L. R. Fed. 759 (N. D. Cal. 1998).

8. U. S. —U. S. Dept. of Justice v. Tax Analysts, 492 U. S. 136, 109 S. Ct. 2841, 106 L. Ed. 2d 112 (1989).

9. U. S. —Kissinger v. Reporters Committee for Freedom of the Press, 445 U. S. 136, 100 S. Ct. 960, 63 L. Ed. 2d 267 (1980); Baizer v. U. S. Dept. of Air Force, 887 F. Supp. 225 (N. D. Cal. 1995).

10. U. S. —U. S. Dept. of Justice v. Tax Analysts, 492 U. S. 136, 109 S. Ct. 2841, 106 L. Ed. 2d 112 (1989).

11. U. S. —U. S. Dept. of Justice v. Tax Analysts, 492 U. S. 136, 109 S. Ct. 2841, 106 L. Ed. 2d 112 (1989).

12. U. S. —General Elec. Co. v. U. S. Nuclear Regulatory Com'n, 750 F. 2d 1394 (7th Cir. 1984); Forsham v. Califano, 587 F. 2d 1128 (D. C. Cir. 1978), judgment aff'd, 445 U. S. 169, 100 S. Ct. 977, 63 L. Ed. 2d 293 (1980).

13. U. S. —Founding Church of Scientology of Washington, D. C., Inc. v. Regan, 670 F. 2d 1158 (D. C. Cir. 1981).

14. U. S. —Forsham v. Harris, 445 U. S. 169, 100 S. Ct. 977, 63 L. Ed. 2d 293 (1980).

15. U. S. —U. S. Dept. of Justice v. Tax Analysts, 492 U. S. 136, 109 S. Ct. 2841, 106 L. Ed. 2d 112 (1989).

16. U. S. —Berry v. Department of Justice, 733 F. 2d 1343 (9th Cir. 1984).

17. U. S. —U. S. Dept. of Justice v. Tax Analysts, 492 U. S. 136, 109 S. Ct. 2841, 106 L. Ed. 2d 112 (1989).

18. U. S. —Julian v. U. S. Dept. of Justice, 806 F. 2d 1411 (9th Cir. 1986), judgment aff'd, 486 U. S. 1, 108 S. Ct. 1606, 100 L. Ed. 2d 1 (1988).

A. L. R. Library

Access to presentence, probation, and parole reports and recommendations under Freedom of Information Act (5 U. S. C. A. sec. 552), 81 A. L. R. Fed. 801.

19. U. S. —U. S. Dept. of Justice v. Tax Analysts, 492 U. S. 136, 109 S. Ct. 2841, 106 L. Ed. 2d 112 (1989).

20. U. S. —Baizer v. U. S. Dept. of Air Force, 887 F. Supp. 225 (N. D. Cal. 1995).

21. 5 U. S. C. A. § 552 (a) (1) .

Administrative tardiness not ground for relief

U. S. —Alcaraz v. Block, 746 F. 2d 593, 20 Ed. Law Rep. 1094 (9th Cir. 1984).

22. 5 U. S. C. A. § 552 (a) (1).

23. 5 U. S. C. A. § 552 (a) (2), requiring the general index to be made available by computer telecommunications.

What constitutes "final opinion"

U. S. —N. L. R. B. v. Sears, Roebuck & Co. , 421 U. S. 132, 95 S. Ct. 1504, 44 L. Ed. 2d 29 (1975); Rockwell Intern. Corp. v. U. S. Dept. of Justice, 235 F. 3d 598, 48 Fed. R. Serv. 3d 1221 (D. C. Cir. 2001) .

Manual

Agency need not disclose the parts of its agents manual that deal with mere "housekeeping" matters.

U. S. —Cox v. U. S. Dept. of Justice, 576 F. 2d 1302 (8th Cir. 1978).

A. L. R. Library

What are administrative staff manuals and instructions to staff that affect members of public that must be disclosed under the Freedom of Information Act (FOIA) [5 U. S. C. A. sec. 552 (a) (2) (C)], 139 A. L. R. Fed. 299.

What constitutes "final opinion" or "order" of federal administrative agency required to be made available for public inspection and copying within meaning of 5 U. S. C. A. sec. 552 (a) (2) (A), 114 A. L. R. Fed. 287.

24. 5 U. S. C. A. § 552 (a) (2).

25. 5 U. S. C. A. § 552 (a) (2).

26. 5 U. S. C. A. § 552 (a) (2).

27. 5 U. S. C. A. § 552 (a) (2).

13. 《事前限制》

（《布莱克法律大词典》条目）

◎导读[1]

《布莱克法律大词典》在美国被誉为法律界的“圣经”。美国学者默斯基说：“如果说词汇是每位法律人之武器的话，那么《布莱克法律大词典》就是一座供应充足的军工厂。”《布莱克法律大词典》收录的法律术语全面且新颖，词条的释义科学且精准，被认为是英语国家中最权威的综合法律词典、标准法律词典、一部标准的参考书目，它的地位令其他词典无法企及。它广为世界各国学者和法官所引用，是联邦最高法院引用频率最高的法律词典。它收录了世界上许多国家法律制度中的术语，特别是古老的伦巴第法、墨西哥法、印度法、罗马法以及近代的澳大利亚法和加拿大法等内容。词典中收录了相当多的法谚、法律拉丁语、法律法语、罗马法术语甚至法律俚语等等。故该词典是不仅能供从事法律史研究、法律与政治关系研究、法律与社会哲学关系研究及比较法研究等学者查询使用的必备专业词典，而且能供所有从事法律实务的律师等法律专业人士查询使用的必备专业词典。因此，该法典是迄今为止，最具综合性、权威性、学术性与便捷性的法律词典。

汤森路透出版的《布莱克法律大词典》第十版经全球知名的词典编辑家 Bryan A. Garner 编辑，作为世界上最经常被引用的法律书籍，最新收录了超过 50 000 条解释和 3000 条引文（为了为法律某一领域潜心研究的学者对这一领域的法律术语有更为精准、清晰的把握，词典的引注不仅包括司法判决意见

---

〔1〕 本节中文导读由王丽美编撰。

书，而且还有学术著作。总体而言，词典对于专著的引证数甚至超过了对判例的引证量），大量相关的缩写词和首字母缩略语，以及5300多条单词的不同拼写方式和同义词，可以称得上是法律术语的一部大百科全书。目前是法律领域最权威的工具书，也是每个法律从业者必备的工具书。

* 3000条引文来自过去五个世纪以来的权威著作；
* 超过1000个法律相关的缩写词和首字母缩略语；
* 与任何其他法律词典相比，被更经常引用，并被美国法律教师推荐购买；
* 精选50 000多条解释，这本词典对于执业律师、教授、学生以及法律研究者了解法律术语极其重要；
* 清晰标注被英、美裁判文书初次引用日期的精选法律术语；
* 增强了Westlaw独有的Key Numbers系统，方便研究（Key Numbers是WEST公司开发的案例分类方法，方便用户检索，在美国被广泛使用）；
* 独家首创《布莱克法律大词典》内容丰富的缩写词附录，是该书的一大特色，也是当前词典中的独家首创，对法律工作者的帮助很大。

此处摘录的是《布莱克法律大词典》对于在纽约时报公司诉美国政府一案中一个主要问题——“事前限制（Prior Restraint）”的定义。

Prior Restraint (*Black's Law Dictionary*)

Introductory Notes[1]

Black's Law Dictionary is the most widely used law dictionary in the United States. It was founded by Henry Campbell Black (1860–1927). It is the reference of choice for definitions in legal briefs and court opinions and has been cited as a secondary legal authority in many U. S. Supreme Court cases.

The first edition was published in 1891, and the second edition in 1910. The

[1] Introductory Notes by Al Maleson.

sixth and earlier editions of the book also provided case citations for the term cited, which some lawyers view as its most useful feature, providing a useful starting point with leading cases. The Internet made legal research easier than it ever had been, so many state – or circuit – specific case citations and outdated or overruled case citations were dropped from the seventh edition in 1999. The eighth edition introduced a unique system of perpetually updated case citations and cross – references to legal encyclopedias. The ninth edition was published in the summer of 2009. The tenth edition was published in May, 2014.

An online version of the latest edition can be accessed through Westlaw.

The most cited law book in the world, Black's Law Dictionary, contains more than 50, 000 definitions.

Here is the Black's Law Dictionary definition of "prior restraint," a major issue in *New York Times Co. v. U. S.*

事前限制（《布莱克法律词典》条目中文翻译和英文原文）

事前限制：（1833）政府在言论或出版物实际发表前予以限制。事前限制违反第一修正案，除非该言论是淫秽的，或诽谤的，或明显且现实地对社会造成威胁。

事前限制的法律原则（或出版前的形式审查）也许是最古老的媒体控制形式。当然，它是最高效的，因为信息和思想在流入人们大脑的肥沃平原之前，经过这个“分水岭”式的审查，已经抗旱化。在美国，事前限制原则绝对地违反宪法第一修正案，联邦最高法院坚决反对该原则，也许最著名的案件是1931年判决的“尼尔诉明尼苏达州案”。在1970年第11期的《大众传媒和法律》中，大卫·G. 克拉克和厄尔·哈钦森说：“但该原则背后的哲理生机蓬勃地存在着，且没有任何随着时间逐渐减弱的迹象。

PRIOR RESTRAINT

Prior Restraint (1833): A governmental restriction on speech or publication before its actual expression. Prior restraints violate the First Amendment unless the speech is obscene, is defamatory, or creates a clear and present danger to society. [Cases: Constitutional Law ⚷1525.]

"The legal doctrine of prior restraint (or formal censorship before publication) is probably the oldest form of press control. Certainly it is one of the most efficient, since one censor, working in the watershed, can create a drought of information and ideas long before they reach the fertile plain of people's minds. In the United States, the doctrine of prior restraint has been firmly opposed by the First Amendment to the Constitution, and by the Supreme Court, perhaps most notably in the case of *Near v. Minnesota*, decided in 1931. But the philosophy behind that doctrine lives zestfully on, and shows no signs of infirmities of age." David G. Clark & Earl R. Hutchinson, *Mass Media and the Law* 11 (1970).

14. 总论《信息自由法案》下需要披露之事项及例外情况

（钥匙码文摘）

◎导读[1]

“钥匙码”（Key Number），顾名思义就是一种能够方便查找所要查找资料的方式。也就是说从查找人的角度，只要遵循钥匙码的规则就能够找到自己所需要的资源；从资源公布者的角度，只要按照钥匙码系统的规则将一手或者二次法律资源录入 Westlaw，就能够被操作者查找到。

按照常理推断，只有在某件事物客体复杂、巨大到一定程度的时候，我们才希望用逻辑或数学的方式将其归类整理，以便于我们整理、补充和完善此客体。因而，钥匙码系统的出现也就属于情理之中，钥匙码就如同较大的图书馆运用的“索书码”。

19 世纪，延续英国判例法传统的美国法律体系的快速发展，日渐庞大的判例库使得法律从业人士难于寻找与某一法律要点相关的全部判例和裁判要点，他们需要在一个情况下找到法律的工具，确定具体的案例和相似的情况下不同司法管辖区内出现的不同立法规定和判例法。为了解决这样的困难，WEST 出版集团的创始人 John B. West 先生依据自己所掌握的法律专业知识以及多年从事法律工作以来对行业的了解，创造了一套法律分类系统。根据 West 先生的法律分类，把美国的法律体系划分出不同的法律专题，并在每个法律专题下逐级增加法律要点，并将这些分类以关键词形式全部整合和编号，最终形成“钥匙码系统”。后来又添加了与该法律要点相关的法律法规、专

[1] 本节中文导读由陈晨编撰。

著、法律百科全书等内容，体系日益完善。除了 Westlaw，其他的搜索法律资源的网站也相继以 West 先生的钥匙码系统为基础，创建了自己特点的“钥匙码系统”。

在今天信息化的时代，虽然信息技术与分享方式已经发生了巨大的变化，但 West 先生的钥匙码系统仍然最大限度地满足了律师们实践法律的需求设定的标准，律师在轻松获得全面、准确的法律信息的同时，还可以依赖于 Westlaw 的钥匙码系统来引导他们进行更加深入的案例研究。

美国法律体系在充满魅力的同时十分令人困惑，这种困惑尤其存在于实践美国法的过程中。钥匙码系统对美国法律的整体通过逻辑有序的分析方式，为法律人在一定程度上减少了这种混乱的感觉，也就是说钥匙码系统使法律搜索变得更容易，更准确，更具有相关性。钥匙码系统是一个指引你找到的任何法律问题的钥匙，是一个法律问题重要的目录。这意味着，它不仅会帮助你找到你想要的情况，而且它还会将帮助你识别你首先需要考虑的问题。

Westlaw 的钥匙码系统的分类标准，现已成为美国标准的法律分类系统，它将美国的法律分为七大类，包括人身、财产、合同、民事、犯罪、救济和政府。涵盖 400 个细分主题以及近 10 万个代表不同法律问题的钥匙码，这些钥匙码包含了 2 千 3 百万个法律点，并以每天新增 2345 个的增长方式与日俱增。现在，在全美各个州和联邦的判例汇编中都可以找到相应钥匙码。它有效呈现了法律法规、行政命令以及法院判决之间的关联性，法律专业人士仅需找到一个相关的裁判文书、法律法规就可以找到相同钥匙码内所有其他的信息，省却了大量浏览法律资料的时间，并可以快速了解法院、议会以及行政机构对于类似的事实该如何做出决定。

值得注意的是，钥匙码系统对美国法律的分类不是按照中国法学概念中的部门法的分类方式，而是将美国法律体系中所包含的所有法律资源，包括一手的制定法、判例法、行政命令等和二手的权威百科全书、法律评论、法学文章等，以人身、财产、合同、民事、犯罪、救济和政府 7 大主题进行分类。比如宪法、商法、证券法或者是行政命令等中关于人身的将归入同一分类，属于财产的又将归为一类。也就是说通过以 7 大主题为分类标准，完全打破立法意义上的不同法律的界线，重新建构了 7 大主题类别。再比如在判例法体系中，Westlaw 将直接根据由编纂者做出的法律眉批中的关键词组对不同的判例进行分类，因为一个案件中可能会出现多个 7 大主题关键词，那么这个案件就很可能会重复出现在不同的主题中。

当然，在这7大主题之下还有许多更为细致的分类。主题一是与人身有关的所有事项，包括一切法律中存在与保护自然人（无论个人的社会地位）或法律意义上的人（合伙企业，社团组织和公司等）的权利和义务的规定，比如罪犯的权利，婴儿的权利，经纪人的权利，夫妻关系，合伙关系等。主题二是与财产有关的所有事项，包括对财产权利主体的界定、各种财产或其相关的权利和义务等方面的法律规定，比如契约、相邻关系、抵押、信托等。

但现实中往往会出现不同关键词之间的重合的情况，这个时候Westlaw采取优先分类的规则。比如有关事项的婴儿可能由这些关键词：①婴儿的保管和保护人；②婴儿的财产处理；③婴儿的缔约能力；④婴儿的侵权责任；⑤婴儿的刑事责任；⑥婴儿的起诉或者辩护能力。尽管这些问题对应的若干个不同的类别，如"合同"、"婴儿"和"侵权行为"，但优先上规则将其归入"婴儿"这个主题，属于主题一。但是，任何规则都会存在例外，必须具体情形具体分析。

"钥匙码文摘"就是将与目标主题相关的所有钥匙码汇总在一起，以便读者进行查阅和研究，文摘里既包括可以通过具体的链接查找到具体的钥匙码所代表的内容（包括制定法、判例法和论著等），又包括可以通过文摘中已进行简单标识的判例更为方便、直观地对目标主题制度进行研究的指引。

一般的文摘分为两部分：第一部分为由钥匙码所引出法律部分，主要是对于判例法的整理与归类，判例的名称之下会对于本案件所涉及的制定法与眉批进行简单陈述；第二部分为钥匙码所引出的与目标主题相关的论文、专著等。在第一部分中，一般情况下，判例会以被引用的次数多少自动排列，被引用的次数越多，说明此判例与目标主题的相关性越大，而且判例越权威。同时还要注意在判例前的标志："红色旗"代表此判例已经被推翻，不能再作为先例适用；"黄色旗"代表判例依然有效但是存在反对意见；"蓝色大写H"表示此案在多次审理过程中存在高一级法院推翻下一级法院判决的情况，适用此类判例要确认此份判决是否在上诉审中被推翻。

美国法律体系是实用主义实践的结果，钥匙码系统对于7大主题的分类思路也恰好体现了美国法实用性的特点。在注重逻辑严谨性的大陆法系律师和法官眼中，对于法律问题的分析和论证必须在某一特定部门法的理论框架下，如分析违约责任，就不应过多地考虑侵权法的理论，中国也存在类似情况。而以美国为代表的普通法系的律师和法官对于法律问题的分析与论证往往不会被局限于某一具体的部门法范围之内，"问题主义"的思维起点经常会使得美国法律人会从不同视角，将与其相联系的其他部门法的理论适用于当前案例，从而更好地解决当前具体的法律问题。

我们研究美国法时，借鉴这种"问题主义"的思维模式是大有益处的，Westlaw 的钥匙码系统正好给我们做了一个成功的范例。我们可以通过一个钥匙码，了解几乎所有美国法律制度中出现的此类关键词的立法或判例，并归纳和总结在不同美国法制度中对同一个法律问题的规定的异同，从而整体的了解美国法律对于某个具体法律问题的立场和观点。

使用钥匙码系统时检索正确的思路是：首次的检索应当将关键词限定在一定的范围内，以一个较小的切入点去了解某一具体的法律制度的规定，再将此具体的规定逐渐一步一步放宽到较大的关键词下去检索，以求了解此问题在美国法律制度中的全貌。

由于遵循先例（*stare decisis*）的概念在美国法中扮演着如此重要的角色，律师，法官和其他人必须研究法院先前判例，以找到先例用来形成自己的论据、判决等。

为了帮助研究者找到与他们的法律问题契合的案例，Westlaw 律师编辑阅读了 Westlaw 出版的每一个法院判决（包括很多我们没有出版的）并对于判决中每一个"法律点"（有先例价值的说明）书写了批注。然后 Westlaw 律师编辑把这些批注分类整理到 Westlaw 钥匙码系统，该系统把法律组织为四百多个主题。每个主题又被以提纲的形式进一步划分和再划分为更多更具体的法律概念——每一行都由一个特定的数字来标记。

Westlaw 律师编辑对法律点的分析，总结和分类工作使得研究者能够对法律点进行有秩序的，精准的搜索，否则，在浩如烟海的，通常使用不同术语来描述同样的法律概念或事实的已出版案例中找到这些法律点是非常困难或不可能的。

在此举个例子，若要研究一个涉及《信息自由法案》的案例，Westlaw 搜索将会指引至钥匙码编号 326K54，在这个编号下，读者可以一览相关法律主体下的主要案例的判决和法律眉批。在搜索中，可以限定显示范围：联邦法院，州法院等。下面的搜索范围为美国联邦最高法院。

Matters Subject to Disclosure; Exemptions. In General. Key Number Digest 326k54

Introductory Notes [1]

Because the concept of *stare decisis* plays such an important role in American law, attorneys, judges and others must research prior court decisions to find precedents to use in developing arguments, decisions, etc.

To help researchers find cases "on-point" for their legal issues, West attorney-editors read every court decision West publishes (plus many we don't publish) and write a "headnote" for every "point of law" (statement with precedential value) in a decision.

West attorney-editors then classify these headnotes to the West Key Number System, which organizes the law into more than 400 topics. Each topic is then further divided and subdivided, in outline form, into more and more specific legal concepts-with each line having a specific number to identify it.

The work of West attorney-editors in analyzing, summarizing and classifying points of law makes it possible for legal researchers to conduct orderly, accurate searches for points of law that would otherwise be difficult or impossible to find among thousands of volumes of published cases that often use very different terminology to describe the same legal concepts or facts.

As an example, if you were researching a case involving The Freedom of Information Act, your Westlaw research might lead you to Key Number 326k54.

---

〔1〕 Introductory Notes by Al Maleson.

总论《信息自由法案》下需要披露之事项及例外情况（钥匙码文摘英文原文）

54 —In general

Jurisdiction: US Supreme Court

326 RECORDS (Up to 10, 000)

326II Public Access (Up to 10, 000)

326II (B) General Statutory Disclosure Requirements (Up to 10, 000)

326 53 Matters Subject to Disclosure; Exemptions (Up to 10, 000)

326 54 In general

Milner v. Department of Navy, 131 S. Ct. 1259

326 RECORDS

326II Public Access

326II (B) General Statutory Disclosure Requirements

326 53 Matters Subject to Disclosure; Exemptions

326k54 k. In general.

U. S. , 2011

Freedom of Information Act (FOIA) mandates that agency disclose records on request, unless they fall within one of nine exemptions; these exemptions are explicitly made exclusive and must be narrowly construed. 5 U. S. C. A. § 552 (b).

Milner v. Department of Navy, 131 S. Ct. 1259

U. S. , 2011

Freedom of Information Act (FOIA) has goal of broad disclosure, and its exemptions must be given a narrow compass. 5 U. S. C. A. § 552 (b).

Department of Interior v. Klamath Water Users Protective Ass'n, 121 S. Ct. 1060

U. S. , 2001

Disclosure, not secrecy, is dominant objective of Freedom of Information Act (FOIA), and FOIA exemptions are given a narrow compass. 5 U. S. C. A. § 552.

Department of Interior v. Klamath Water Users Protective Ass'n, 121 S. Ct. 1060

U. S. , 2001

There is no "Indian trust" exemption to disclosure requirements of Freedom of Information Act (FOIA), and though Department of Interior was required to act in tribes' interests, this duty did not permit it to refrain from disclosing, as required under FOIA, documents submitted by Indian tribes at Department's request in course of administrative and adjudicative proceedings involving water rights. 5 U. S. C. A. § 552.

John Doe Agency v. John Doe Corp. , 110 S. Ct. 471

U. S. N. Y. , 1989

Exemptions from disclosure set forth in the Freedom of Information Act must be narrowly construed and the burden is on the agency to sustain its action. 5 U. S. C. A. § 552 (a) (4) (B).

John Doe Agency v. John Doe Corp. , 110 S. Ct. 471

U. S. N. Y. , 1989

Court looks to the reason for exemption from disclosure requirements in determining whether the government has properly invoked a particular exemption from disclosure under the Freedom of Information Act. 5 U. S. C. A. § 552.

U. S. Dept. of Justice v. Tax Analysts, 109 S. Ct. 2841

U. S. D. C. , 1989

Freedom of Information Act required United States Department of Justice to make available copies of district court decision that it receives in course of litigating taxes cases on behalf of federal government. 5 U. S. C. A. § 552.

U. S. Dept. of Justice v. Tax Analysts, 109 S. Ct. 2841

U. S. D. C. , 1989

To qualify as "agency records" under Freedom of Information Act, agency must either create or obtain requested materials and agency must be in control of requested materials at time Freedom of Information Act request is made. 5 U. S. C. A. § 552.

U. S. Dept. of Justice v. Tax Analysts, 109 S. Ct. 2841

U. S. D. C. , 1989

For materials to be in "control" of agency so as to be susceptible to disclosure under Freedom of Information Act, material must have come into agency's possession in legitimate conduct of agency's official duties. 5 U. S. C. A. § 552.

U. S. Dept. of Justice v. Tax Analysts, 109 S. Ct. 2841

U. S. D. C. , 1989

Term "agency records" in Freedom of Information Act is not so broad as to include personal materials in employee's possession, even though materials may be physically located at agency. 5 U. S. C. A. § 552. See publication Words and Phrases for other judicial constructions and definitions.

U. S. Dept. of Justice v. Tax Analysts, 109 S. Ct. 2841

U. S. D. C. , 1989

District court decisions received by Department of Justice in course of litigating tax cases on behalf of federal government were "agency records" within meaning of Freedom of Information Act. 5 U. S. C. A. § 552.

U. S. Dept. of Justice v. Tax Analysts, 109 S. Ct. 2841

U. S. D. C. , 1989

In determining whether requested documents are "agency records" within Freedom of Information Act, relevant issue is whether agency covered by Act has created or obtained material sought, not whether organization from which documents originated is itself covered by Act. 5 U. S. C. A. § 552.

U. S. Dept. of Justice v. Tax Analysts, 109 S. Ct. 2841

U. S. D. C. , 1989

Fact that district court retained authority to modify tax decisions even after they were released did not negate finding that Department of Justice, for Freedom of Information Act purposes, had control of decisions obtained from district court; control focuses on agency's possession of requested materials, not on its power to alter content of material it receives. 5 U. S. C. A. § 552.

U. S. Dept. of Justice v. Tax Analysts, 109 S. Ct. 2841

U. S. D. C. , 1989

Exemptions to Freedom of Information Act disclosure requirements are explicitly exclusive. 5 U. S. C. A. § 552 (b).

U. S. Dept. of Justice v. Tax Analysts, 109 S. Ct. 2841

U. S. D. C. , 1989

District court tax decisions did not fall within any enumerated exemptions to Freedom of Information Act's disclosure requirements, and thus, were "improperly withheld" by Department of Justice despite their public availability at original source. 5 U. S. C. A. § 552 (b).

U. S. Dept. of Justice v. Tax Analysts, 109 S. Ct. 2841

U. S. D. C. , 1989

Provisions of Freedom of Information Act which state that agency need not make available materials that have already been disclosed apply only in situations in which requested materials have been previously published or made available by agency itself. 5 U. S. C. A. § 552 (a), (a) (1 -3), (b).

F. B. I. v. Abramson, 102 S. Ct. 2054

U. S. D. C. , 1982

Freedom of Information Act exemptions are to be narrowly construed. 5 U. S. C. A. § 552 (b).

F. B. I. v. Abramson, 102 S. Ct. 2054

U. S. D. C. , 1982

Congress's undeniable concern with possible misuse of governmental information for partisan political activity is not the equivalent of mandate to release any information which might document that activity. 5 U. S. C. A. § 552 (b) (7), (b) (7) (C).

Baldrige v. Shapiro, 102 S. Ct. 1103

U. S. N. J. , 1982

Master address register, which listed such information as addresses, householder's names, number of housing units, type of census inquiry and vacancy status of the unit, was part of the raw census data intended by Congress to be protected from disclosure under Census Act and therefore such information was exempted from disclosure under exemption 3 of Freedom of Information Act. 13 U. S. C. A. § § 8 (b), 9 (a); 5 U. S. C. A. § 552 (b) (3).

Baldrige v. Shapiro, 102 S. Ct. 1103

U. S. N. J., 1982

Census information concerning allegedly vacant housing units in Denver was confidential and immune from discovery as privileged information despite allegation that a meaningful challenge to census bureau's determination of Denver's population could not be made without such information. 13 U. S. C. A. § § 8 (b), 9 (a); Fed. Rules Civ. Proc. Rule 26 (b) (1), 28 U. S. C. A.

Consumer Product Safety Commission v. GTE Sylvania, Inc., 100 S. Ct. 2051

U. S. Del., 1980

Federal agencies have discretion to refuse Freedom of Information Act requests when the requested material falls within one of the nine statutory exemptions expressly set forth in the FOIA. 5 U. S. C. A. § 552 (b).

Kissinger v. Reporters Committee for Freedom of the Press, 100 S. Ct. 960

U. S. D. C., 1980

Documents consisting of notes of telephone conversations of Secretary of State concerning information which threatened internal secrecy of White House policymaking constituted documents of Secretary of State while acting in capacity as presidential advisor so that such documents were not "agency records" within meaning of FOIA. 5 U. S. C. A. § § 552, 552 (a) (4) (B). See publication Words and Phrases for other judicial constructions and definitions.

Kissinger v. Reporters Committee for Freedom of the Press, 100 S. Ct. 960

U. S. D. C., 1980

Physical location of documents does not render them "agency records" within meaning of FOIA. 5 U. S. C. A. § § 552, 552 (a) (4) (B). See publication Words and Phrases for other judicial constructions and definitions.

Forsham v. Harris, 100 S. Ct. 977

U. S. D. C., 1980

Written data generated, owned, and possessed by a privately controlled organization receiving federal study grants are not "agency records" within meaning of FOIA when copies of those data have not been obtained by a federal agency subject to FOIA. 5 U. S. C. A. § § 552, 552 (a) (4) (B) . See publication Words and Phrases for other judicial constructions and definitions.

Forsham v. Harris, 100 S. Ct. 977

U. S. D. C. , 1980

HEW funding of a privately controlled organization conducting study, in combination with federal right or access to study data, does not render the data "agency records" of HEW under terms of FOIA even though HEW is a federal "agency." 5 U. S. C. A. § § 552, 552 (a) (4) (B).

Forsham v. Harris, 100 S. Ct. 977

U. S. D. C. , 1980

Raw data developed by private group of physicians and scientists conducting studies of diabetes treatment were not "agency records" subject to disclosure under FOIA even though group had received study grants from HEW to conduct studies, HEW had authority to obtain data had it chosen to do so, and data formed basis of published reports which were relied upon by FDA in taking certain actions. 5 U. S. C. A. § § 552, 552 (a) (4) (B).

Forsham v. Harris, 100 S. Ct. 977

U. S. D. C. , 1980

An agency must first either create or obtain a record as a prerequisite to it becoming an "agency record" within meaning of FOIA. 5 U. S. C. A. § § 552, 552 (a) (4) (B).

N. L. R. B. v. Robbins Tire & Rubber Co. , 98 S. Ct. 2311

U. S. Ala. , 1978

Unless requested material falls within one of the nine statutory exemptions, the Freedom of Information Act, which is broadly conceived and basic policy of which is in favor of disclosure, requires that records and material in possession of federal agencies be made available on demand to any member of general public. 5 U. S. C. A. § 552.

Department of Air Force v. Rose, 96 S. Ct. 1592

U. S. N. Y. , 1976

Exemptions from public disclosure under Freedom of Information Act must be narrowly construed. 5 U. S. C. A. § 552.

Administrator, Federal Aviation Administration v. Robertson, 95 S. Ct. 2140

U. S. D. C. , 1975

The exemption provisions of the Freedom of Information Act represent the congressional judgment as to certain kinds of information that the Executive Branch must have the option to keep confidential, if it so chooses. 5 U. S. C. A. § 552.

Administrator, Federal Aviation Administration v. Robertson, 95 S. Ct. 2140

U. S. D. C. , 1975

Legislative history of the Freedom of Information Act, in particular, the exemption provisions, must be read in light of the legislation in existence when the Act was passed. 5 U. S. C. A. § § 552, 552 (a) (3).

Renegotiation Bd. v. Grumman Aircraft Engineering Corp. , 95 S. Ct. 1491

U. S. D. C. , 1975

Freedom of Information Act imposes no independent obligation on agencies to write opinions; it simply requires them to disclose opinions which they do write. 5 U. S. C. A. § 552 (a) (2) (A), (b) (5).

N. L. R. B. v. Sears, Roebuck & Co. , 95 S. Ct. 1504

U. S. D. C. , 1975

Under Freedom of Information Act, government could not be required to produce or create explanatory material in those instances in which an "Appeals Memorandum" referred to "the circumstances of the case." 5 U. S. C. A. § § 552, 552 (a) (1).

N. L. R. B. v. Sears, Roebuck & Co. , 95 S. Ct. 1504

U. S. D. C. , 1975

Freedom of Information Act does not give public a right to intelligible opinions in all cases; it simply gives public a right to those "final opinions" which an agency chooses to write and to which the Act applies. 5 U. S. C. A. § § 552, 552 (a) (1).

N. L. R. B. v. Getman, 92 S. Ct. 7

U. S. D. C. , 1971

Under Freedom of Information Act National Labor Relations Board could not refuse to turn over to law professors, undertaking study of labor representation elections, the names and addresses of employees eligible to vote in approximately 35 elections to be designated by the professors, notwithstanding claim of Board that delivery of records would interfere with the representation election procedures. (Per Mr. Justice Black as Acting Circuit Justice.) 5 U. S. C. A. § 552 (a) (3); National Labor Relations Act § 1 et seq. as amended 29 U. S. C. A. § 151 et seq.

References

What constitutes "final opinion" or "order" of federal administrative agency required to be made available for public inspection and copying within meaning of 5 U. S. C. A. sec. 552 (a) (2) (A) 114 American Law Reports, Federal 287 (1993).

What rules, statements, and interpretations adopted by federal agencies must be published 77 American Law Reports, Federal 572 (1986).

Waiver by Federal Government agency as affecting agency's right to claim exemption from disclosure requirements, under the Freedom of Information Act [5 U. S. C. A. sec. 552 (b)] 67 American Law Reports, Federal 595 (1984).

What are "records' of agency which must be made available under the Freedom of Information Act [5 U. S. C. A. sec. 552 (a)(3)] 50 American Law Reports, Federal 336 (1980).

What are interagency or intra agency memorandums or letters exempt from disclosure under the Freedom of Information Act [5 USC sec. 552 (b)(5)] 7 American Law Reports, Federal 855 (1971).

Existence, nature, and application to medical professional disciplinary board of privilege against disclosure of identity of informer 86 American Law Reports 4th 1024 (1991).

Failed applicant's right of access to bar examination questions and answers 57 American Law Reports 4th 1212 (1987).

Patient's right to disclosure of his or her own medical records under state freedom of information act 26 American Law Reports 4th 701（1983）.

Confidentiality of proceedings or reports of judicial inquiry board or commission 5 American Law Reports 4th 730（1981）.

APPLYING OPEN RECORDS POLICY TO WISCONSIN DISTRICT ATTORNEYS：CAN CHARGING GUIDELINES PROMOTE PUBLIC AWARENESS? 1996 Wisconsin Law Review 295（1996）.

15. 什么是在《信息自由法案》规定下政府部门必须让民众可以获取的“记录”

（《美国法律报告》条目）

◎**导读**〔1〕

美国法律报告（American Law Reports，以下简称 ALR）是由法律学者撰写的，以个案为基础的注释，从某一州或某一部联邦法律的现状进行客观的分析。ARL 在美国属于二次法律资源，也就是说，ARL 不是法律，其的内容不能直接出现在正式的法律文件中，尤其是不能出现在法院判决中。但是 ALR 无论是对于律师、法官，还是法学研究者都有十分重要的意义，特别是在信息化不发达的过去，ALR 是美国法律人用来发现与所要查找的主题有关的各种具体的法律规定、理论资源或原则。其存在就像是给所有的判例法制作了目录和摘要，因而其重要程度可想而知。自 1919 年首次出版以来，ALR 就成为法律检索的一个重要工具，而经过近百年的发展，现在的 ALR 更是成了美国法律界最为权威的二次法律资源之一。

在普通法的传统下，ALR 以对判例法的分析来代表新兴的法律或法律问题的变化和发展。ALR 第一系列记载了 1919 年～1948 年美国各州与联邦的法律，前三系列内联邦与州并没有分开各自成卷。第四系列之后的 ALR 开始将联邦与州的判例法分开记载，最新的一卷记载联邦法是 ALR 第 5 系列中联邦第 2 卷，其包含着 2005 年至今的美国联邦所有的法律。

虽然 ALR 与法律百科全书有些相似，但 ALR 的注释是不同的，其不是简

〔1〕 本节中文导读由陈晨编撰。

单地按字母顺序排列，而是更深入地阐释一个特定的法律原则。相反，百科全书则专注于更广阔的视野中的法律问题。

最新的 ALR 的内主要包括目录、本卷中所包括的主题、主题内的判例法以及一些如何使用本书的提示帮助。ALR 包含许多注释，注释就是一篇文章，其以简洁和精确的方式总结了某一具体的法律主题的演变，其中包含众多的来源于整个美国法律体系与此法律主题相关的重要案例的全文，和在以后的 ALR 系列中包含的对本案的注释。注释具体包括阐述此主题在特定的情况下如此重要的原因，管辖权冲突，从本案双方的观点，并引用所有司法管辖区内的相关案例等。此外，还包括在二次法律资源中与此主题相关的参考文献或者法律评论文章。

美国判例法的特点会使得美国法律对某一法律问题分析不断变化，ALR 也对法律的变化进行了标注。第一和第二系列往往会增补一些以后的文章，以便读者将原始的和补充的文章一起阅读。ALR 第五系列会在最后一卷注释历史表中列出所有的 ALR 系列文章的历史。

高度信息化的时代也给旧 ALR 的应用带来了新的变化，法律人不用再在费力的翻看厚重的 ALR 系列全书，Westlaw 中的 ALR 文摘系统就可以法律人省去不少时间。Westlaw 的 ALR 文摘对 ALR 文章按 Westlaw 的钥匙码系统进行了重新的分类，分为 700 多个主题，按字母顺序排列。在每一个案例中，Westlaw 都会自动将 ALR 中与此案例相关的内容作为二手资源的参考文献列入页面内，整个 ALR 系列都包括在 Westlaw 的 ALR 文摘内。当然，Westlaw 也会注明 ALR 的文章是否已被取代或补充。

如果从实证角度出发，ALR 可以使我们快速了解一个陌生的法律领域，通过一个简单的步骤找到所有相关的案例以及确定和了解哪些先例是属于现行有效的。Westlaw 的 ALR 文摘极大地发挥了 ALR 的优势，文摘利用钥匙码系统使读者的查找更加方便，并且每年一次及时公布并更替被废除的案例。通过 ALR 的文摘，你可以直接链接到支持你的法律观点的法规，规章，法规，并通过钥匙码系统的指引，你就甚至可以看到所引用的法律的现状，以及其他法律人对此问题的分析、论述和法律评论。

以下以“什么是在《信息自由法案》规定下政府部门必须让民众可以获取的‘记录’”的 ALR 条目为例，具体分析 Westlaw 中的 ALR 文摘。

条目的第一部分一开始就用一大段的文字，阐述并定义了所要查找的主题的性质、适用的法律以及法院对待此问题的大概现状。读者可以通过这一部分对于所要查找的主题进行大致的了解，明确所要寻找的主题与查找到的主题是否一致，并知晓本文摘的行文思路。

第二部分由两节组成。第一节列出了《信息自由法案》的大纲，第二节将大纲的条款顺利打乱，以首字母顺序对法案里涉及的子主题进行重新分类排列。第一节保留法案的大纲原貌，并且其中每一节的名称都可以直接链接到本条目中对应的章节，如果笔者明确知道自己要查找的目标主题属于哪个具体条款，即可直接链接到目标条款。第二节 Westlaw 以更为细致的标准对法案所包含的子主题进行分类，这一步是 Westlaw 特有的分类方式，读者可以更为准确的锁定自己所要查找的目标主题，同时读者通过对 Westlaw 对于法案的重新排列，也可以引发读者对于法案中所含的权利义务等法律关系的深入思考。

第三部分是对目标主题中的制定法和判例法进行的更为具体细致的分析。第一节制定法部分，编写者将所有联邦制定法中涉及的目标主题一一列举，读者可以直接链接查看制定法原文。第二节判例法部分，主要有联邦最高法院的判例、联邦 11 个巡回上诉法院的判例以及哥伦比亚特区、纽约州、宾夕法尼亚州共三个地区的联邦地区法院的判例，读者可以通过案件名称链接到具体的判例进行查找。这一部分在美国法律人的查找中十分重要，因为这些判例法即是法律，我们研究时也应该特别对于此部分的分析。

第四部分为对法条逐条地具体的注释，这一部分是最具有针对性地对主题进行阐述。基本上每个条款项下的注释的组成都大同小异，所以笔者在此以一个条款项下的注释为例进行总结与介绍。对于每个条款的注释，编写者一般会先对本条款进行概况性的论述，阐述本条的含义和所包含的法律关系，若是本条在判决中被多次适用，则编写者会将众多的相关判例以时间先后的顺序进行排列，并对实践中重要判决的眉批进行简要的陈述，以帮助读者更为有效、直观的了解主题所指向的具体制度。一般在行文的最后还会有一些追加补充的判例，大多都是产生于本条目编辑完成之后的。

在此强调，ALR 虽然为美国二次法律资源中最为权威的资源之一，但是无论是在其制定的完善性或者更新的频率上，都必定存在着一些缺陷。因而我们在法律实践或者法学研究时，切记不能仅以 ALR 作为资料收集的唯一途径，仍应以严谨的态度从多种不同的渠道收集目标主题的相关资料，最终形成相互补充、相互佐证的较为完整的资源体系，才能真正做到法律人应有的周全、谨慎的品质。

如前所述，分析性法律是对法律的批注。分析性的书籍和文章阐明法院如何解释法律，概述法律发展趋势，并提供实践指导等。

研究人员利用分析性书籍和文章来学习了解法律中不熟悉的领域，追踪立法和司法裁决的趋势，在不熟悉的程序中获得逐项指导，并作为定位与法律问题相关的基本性法律的一个途径。

分析性法律由学者、法官、知名律师和其他专家编写，存在于法律百科全书，论文，法律审查以及由法律学校和法律组织出版的刊物上。分析性法律的另一个重要来源是美国法律报告，它提供了与非常具体的法律观点相关的详尽的文章和引文。

在以下篇幅中，可以看到在 Westlaw 上搜索到的与信息自由法案相关的分析性法律资料的选编。

在 Westlaw 上的一个美国法律报告注释（ALR annotation）（文章）可以是一个研究一个法律问题的很好的起点，因为每个注释——除了提供关于该问题法院裁决的专家总结——提供了很多相关法院裁决的链接。

链接按照州和联邦司法管辖权进行组织，并且每个注释都进一步彻底的帮助法律研究者准确定位其所寻找的内容。

What are “records” of agency which must be made available under Freedom of Information Act 5 U. S. C. A. § 552 (a) (3) 153 A. L. R. Fed. 571

Introductory Notes [1]

As noted earlier, analytical law is commentary on the law. Analytical books and articles explain how courts have interpreted a law, outline trends in the law, and offer practice guidance, etc. Analytical Law is a helpful tool for research.

---

[1] Instroductory Notes by Westlaw and Al Maleson.

Hunfamiliar procedures, and as a way of locating primary law related to a legal issue.

Written by academics, judges, leading practitioners and other experts, analytical law is found in legal encyclopedias, treatises, law reviews and journals published by law schools and legal organizations. Another important source of analytical law is American Law Reports (ALR), which offers exhaustive articles and citations related to very specific points of law.

In American law, the American Law Reports are a resource used by American lawyers to find a variety of sources relating to specific legal rules, doctrines, or principles. It has been published by since 1919, originally by Lawyers Cooperative Publishing, and currently by West (a business unit of Thomson Reuters) and remains an important tool for legal research.

Each ALR volume contains several annotations. An annotation is an article that summarizes the evolution of a very specific legal concept in a concise and precise fashion. The article will either be preceded by the full text of an important relevant case, or in later series, contain a reference to the text of the case, which is reproduced at the end of the volume.

The article will contain a wide variety of relevant citations to cases from throughout the United States and secondary sources like law review articles. The range and number of citations is always strongly representative but not always guaranteed to be completely comprehensive.

Although similar in tone to the articles in legal encyclopedias, ALR annotations are different in that they are not organized alphabetically, and they tend to delve more deeply into a specific legal principle or doctrine, while, in contrast, encyclopedia articles aim for a broader view of the legal issue. In addition, ALR articles are careful to provide cases on both sides of the legal issue and provide listings of cases according to their jurisdiction.

Since the annotations are published in the order the leading cases were decided, there are various finding aids. The combined ALR Index indexes topics covered from ALR2d to the current series of ALR and all series of ALR Fed. West's ALR Digest now follows the classification system of the West American Digest System, and includes headnotes for the reported cases, as well as references to the annotations. For topics covered entirely by federal law, the softbound Quick Index indexes annotations in ALR Fed. The softbound Table of Cases (for a state case) or ALR Federal Table of Cases (for a federal case) provides ALR references for a particular case. A reader may also use the references in American Jurisprudence, Corpus Juris Secundum, and state encyclopedias published by Thomson West to find a more in – depth discussion in ALR. Finally, ALR articles may also be searched on Westlaw.

ALR has been published in several series (the current series is ALR 6th) and there are series of ALR Fed (which focuses on federal law). ALR 3d through ALR 6th and ALR Fed are updated by pocket part supplements (the first series has a citation service, and ALR 2d a Later Case Service). Annotations may be superseded by a later annotation in which the editor reanalyzes the law in light of recent developments.

ALR contains attorney – written annotations that cite, summarize, and analyze the case law on a particular legal issue or fact situation. An ALR annotation typically contains an article outline, references to law review articles and other analytical materials, jurisdictional tables of case and statute citations, and substantive text.

How Do I Search ALR?

Annotations in ALR are indexed under a variety of factual terms and concepts. In addition, the index contains the Table of Laws, Rules and Regulations, which lists authorities such as statutes, rules, regulations, and uniform laws and refers you to the ALR annotations that discuss them.

ACCESSING ALR

You can access ALR by using the multivolume ALR Index, which provides subject access to all of the ALR

series. When you look up an annotation in an ALR volume, you will find features such as

- an outline of the annotation

· an analysis of cases and statutes, in which the holdings of cases are summarized and the weight of authority is noted along with the direction of trends

· a word index of topics in the annotation

· a table of jurisdictions represented

· references to treatment of the issue in other publications, such as texts and treatises, practice aids, digests, and law review articles

UPDATING YOUR RESEARCH IN ALR

To update your research in ALR, consult the Annotation History Table, located in the ALR Index. This table will tell you whether an annotation has been superseded. Always check the Annotation History Table when you are performing research using ALR—you do not want to spend your time on an outdated annotation.

An ALR annotation (article) on Westlaw can be an excellent place to begin researching a legal issue, because each ALR annotation—in addition to offering an expert summary of court rulings on the issue—offers numerous links to relevant court rulings. ALR can be edited and reanalyzed by editors in light of recent development.

Links are organized by state and federal jurisdictions; and each annotation is thoroughly cited to further help the researcher locate exactly what he or she is looking for.

The following ALR annotation discusses an issue related to the Freedom of Information Act: "WHAT ARE 'RECORDS' OF AGENCY WHICH MUST BE MADE AVAILABLE UNDER FREEDOM OF INFORMATION ACT": 153 ALRFED 571.

什么是在《信息自由法案》规定下政府部门必须让民众可以获取的“记录”？（《美国法律报告》条目英文原文节选）

以下是文章目录、背景和定义部分。

153 A. L. R. Fed. 571 (Originally published in 1999)
American Law Reports
ALR Federal

The ALR databases are made current by the weekly addition of relevant new cases.

What are "records" of agency which must be made available under Freedom of Information Act

[5 U. S. C. A. § 552 (a) (3)]

Marjorie A. Shields, J. D.

For materials to qualify as "records" of an agency which must be made available under the Freedom of Information Act (FOIA) (5 U. S. C. A. § 552), the agency must either create or obtain the requested materials, and the agency must be in control of the materials at the time of the FOIA request. Many courts have followed all or part of this definition of agency records, requiring that material be created or obtained and/or controlled by an agency in order to qualify as an agency record. Other courts have also found that agency records constitute those materials made or utilized in performance of an agency's function or decisionmaking process. In Gilmore v. U. S. Dept. of Energy, 4 F. Supp. 2d 912, 153 A. L. R. Fed 759 (N. D. Cal. 1998), where an internet user brought an action against the Department of Energy (DOE) arising from the denial of his FOIA request for access to all agency records concerning "CLERVER" video conferencing software created by a national laboratory, the court concluded that the Department lacked sufficient control over the software to make it an agency record under the FOIA, since the DOE did not own the software itself, but merely possessed a license to use it for government purposes, did not have unrestricted use of it, and it did not provide information about the government's operation, structure, or decisionmaking process. This annotation collects and summarizes those cases in which courts have considered what are "records" of an agency which must be made available under the Freedom of Information Act.

TABLE OF CONTENTS

ARTICLE OUTLINE

§ 13 Presidential transition team records

§ 14 Appointment calendars and telephone logs

§ 14. 2 United States Secret Service's workers and visitors entry system

§ 14. 5 Records of visitors to the Vice President

§ 15 Grant applications

§ 16 Consumer complaint files

§ 17 [a] Records of federally regulated entity, generally—Held to be agency records

§ 17 [b] Records of federally regulated entity, generally—Held not to be agency records

§ 18 FBI index cards

§ 19 [a] Photographic depictions—Held to be agency records

§ 19 [b] Photographic depictions—Held not to be agency records

§ 20 Human remains

§ 21 [a] Unspecified materials—Held to be agency records

§ 21 [b] Unspecified materials—Held not to be agency records

§ 22 Other material

Research References

STATUTORY TEXT

Title 5 § 552 provides in pertinent part as follows:

§ 552. Public information. —Agency rules, opinions, orders, records, and proceedings. —

(a) Each agency shall make available to the public information as follows:

(3) Except with respect to the records made available under paragraphs (1) and (2) of this subsection, each agency, upon any request for records which (A) reasonably describes such records and (B) is made in accordance with published rules stating the time, place, fees (if any), and procedures to be followed, shall make the records promptly available to any person.

I. PRELIMINARY MATTERS

§ 1 [a] Introduction—Scope

This annotation1 collects and discusses those cases in which courts have determined what are "records". 2 of an agency which must be made available3 under the Freedom of Information Act [5 U. S. C. A. § 552 (a) (3)] .

§ 1 [b] Introduction—Related annotations

Related Annotations are located under the Research References heading of this Annotation.

§ 2. Summary and comment

[Cumulative Supplement]

The Freedom of Information Act (FOIA) [5 U. S. C. A. § 552 (a)(3)], provides that records which have not been otherwise made available under the FOIA must be disclosed upon a request reasonably describing the record made in accordance with published rules. Although the FOIA provides for a number of exemptions from its operation, in determining whether a particular agency record must be disclosed, the FOIA contains no definition of what constitutes an agency record. The United States Supreme Court, in U. S. Dept. of Justice v. Tax Analysts, 492 U. S. 136, 109 S. Ct. 2841, 106 L. Ed. 2d 112, 16 Media L. Rep. (BNA) 1849, 89 - 1 U. S. Tax Cas. (CCH) ¶ 9386, 63 A. F. T. R. 2d (P - H) ¶ 89 - 1492 (1989), has held that, in order for requested materials to qualify as "agency records" for the purposes of the Freedom of Information Act (FOIA) (5 U. S. C. A. § 552), the agency must either create or obtain the requested materials, and the materials must be under the control of the agency at the time the FOIA request is made. Some courts have followed all or part of the Supreme Court's definition of agency records as being either those materials created or obtained by an agency ([§ 3]) or those materials in control of an agency at the time of the FOIA request

(§ 4) or both. A number of other courts have also found that agency records constitute those materials made or utilized in performance of an agency's function or decisionmaking process (§ 5).

Courts have considered whether, under the facts and circumstances involved, particular materials constituted agency records under the FOIA. While some courts found that data from federally funded research constituted agency records under the FOIA (§ 6[a]), others ruled that such data did not constitute agency records (§ 6[b]) . Under the circumstances presented, some courts have determined that computer software or programs constituted agency records (§ 7[a]), while several courts found such materials not to be agency records (§ 7[b]) . Personal notes or letters (§ 8) and congressionally generated documents (§ 9) were held by several courts not to be agency records. Several courts determined that presentence reports were agency records (§ 10), and federal district court tax decisions were found to be agency records (§ 11).

While names and addresses have been held to be agency records in some circumstances (§ 12[a]), several courts determined that names and addresses were not agency records (§ 12[b]) . Presidential transition materials (§ 13) and appointment calendars and telephone logs (§ 14) were held by several courts not to be agency records under the FOIA, while grant applications (§ 15) and consumer complaint files (§ 16) were found to be agency records. Records of federally regulated entities were held to be agency records in some instances (§ 17[a]), but not in others (§ 17[b]) . FBI index cards (§ 18) have been held to be agency records. It has also been held, depending on the circumstances presented, that photographic depictions were (§ 19[a]), or were not (19[b]) agency records. Human remains have been held to constitute agency records (§ 20) . Finally, some courts determined that various unspecified materials constituted agency records (§ 20[a]), while other courts found such records not to be agency records (§ 20[b]).

CUMULATIVE SUPPLEMENT

Cases:

Freedom of Information Act (FOIA) mandates that agency disclose records on request, unless they fall within one of nine exemptions; these exemptions are explicitly made exclusive and must be narrowly construed. 5 U. S. C. A. § 552 (b). Milner v. Department of Navy, 131 S. Ct. 1259, 39 Media L. Rep. (BNA) 1385 (2011).

[**END OF SUPPLEMENT**]

II. DEFINITION OF AGENCY RECORD

§ 3. Material created or obtained by agency

[Cumulative Supplement]

The courts in the following cases held or recognized that material created or obtained by an agency constitutes an agency record under the Freedom of Information Act [5 U. S. C. A. § 552 (a) (3)].

Supreme Court

Kissinger v. Reporters Committee for Freedom of the Press, 445 U. S. 136, 100 S. Ct. 960, 63 L. Ed. 2d 267, 6 Media L. Rep. (BNA) 1001 (1980)

Forsham v. Harris, 445 U. S. 169, 100 S. Ct. 977, 63 L. Ed. 2d 293, 5 Media L. Rep. (BNA) 2473 (1980)

U. S. Dept. of Justice v. Tax Analysts, 492 U. S. 136, 109 S. Ct. 2841, 106 L. Ed. 2d 112, 16 Media L. Rep. (BNA) 1849, 89 – 1 U. S. Tax Cas. (CCH) 9386, 63 A. F. T. R. 2d (P – H) 89 – 1492 (1989)

First Circuit

Crooker v. U. S. Parole Com'n, 760 F. 2d 1, 81 A. L. R. Fed. 793 (1st Cir. 1985), related reference, 776 F. 2d 366 (1st Cir. 1985)

Second Circuit

Federal Labor Relations Authority v. U. S. Dept. of Veterans Affairs, 958 F. 2d 503, 139 L. R. R. M. (BNA) 2752 (2d Cir. 1992)

Ciba – Geigy Corp. v. Mathews, 428 F. Supp. 523, 2 Media L. Rep. (BNA)

1673 (S. D. N. Y. 1977)

Sibille v. Federal Reserve Bank of New York, 770 F. Supp. 134 (S. D. N. Y. 1991)

Third Circuit

Bartlett v. U. S. Dept. of Justice, F. B. I., 867 F. Supp. 314 (E. D. Pa. 1994)

Fourth Circuit

American Federation of Government Employees, AFL – CIO, Local 1923 v. U. S., Dept. of Health and Human Services, 712 F. 2d 931, 113 L. R. R. M. (BNA) 3537 (4th Cir. 1983)

Hercules, Inc. v. Marsh, 839 F. 2d 1027, 34 Cont. Cas. Fed. (CCH) 75442 (4th Cir. 1988)

Ethyl Corp. v. U. S. E. P. A., 25 F. 3d 1241, 24 Envtl. L. Rep. 21591 (4th Cir. 1994)

Seventh Circuit

General Elec. Co. v. U. S. Nuclear Regulatory Com'n, 750 F. 2d 1394, 15 Envtl. L. Rep. 20088 (7th Cir. 1984)

Illinois Institute for Continuing Legal Educ. v. U. S. Dept. of Labor, 545 F. Supp. 1229 (N. D. Ill. 1982)

Ninth Circuit

Berry v. Department of Justice, 733 F. 2d 1343 (9th Cir. 1984), on remand to, 612 F. Supp. 45 (D. Ariz. 1985)

Fendler v. U. S. Parole Com'n, 774 F. 2d 975 (9th Cir. 1985), related reference, 846 F. 2d 550 (9th Cir. 1988)

Julian v. U. S. Dept. of Justice, 806 F. 2d 1411 (9th Cir. 1986), cert. granted, 482 U. S. 926, 107 S. Ct. 3209, 96 L. Ed. 2d 695 (1987) and judgment aff'd on other grounds, 486 U. S. 1, 108 S. Ct. 1606, 100 L. Ed. 2d 1, 15 Media L. Rep. (BNA) 1393 (1988), on remand to, 859 F. 2d 124 (9th Cir. 1988)

Baizer v. U. S. Dept. of Air Force, 887 F. Supp. 225 (N. D. Cal. 1995)[4]

Na Iwi O Na Kupuna O Mokapu v. Dalton, 894 F. Supp. 1397 (D. Haw. 1995)

Gilmore v. U. S. Dept. of Energy, 4 F. Supp. 2d 912, 153 A. L. R. Fed 759 (N. D. Cal. 1998)

Tenth Circuit

Frydman v. Department of Justice, 760 F. Supp. 193 (D. Kan. 1991), related reference, 1993 WL 188287 (D. Kan. 1993), related reference, 852 F. Supp. 1497, 92 Ed. Law Rep. 463 (D. Kan. 1994), judgment aff'd, 57 F. 3d 1080 (10th Cir. 1995)

Eleventh Circuit

St. Paul's Benev. Educational and Missionary Institute v. U. S., 506 F. Supp. 822 (N. D. Ga. 1980)

Rush v. Department of State, 716 F. Supp. 598 (S. D. Fla. 1989), related reference, 748 F. Supp. 1548 (S. D. Fla. 1990)

District of Columbia Circuit

Wolfe v. Weinberger, 403 F. Supp. 238 (D. D. C. 1975)

Goland v. Central Intelligence Agency, 607 F. 2d 339, 3 Media L. Rep. (BNA) 2341 (D. C. Cir. 1978)

Weisberg v. U. S. Dept. of Justice, 631 F. 2d 824, 6 Media L. Rep. (BNA) 1401, 207 U. S. P. Q. (BNA) 1080 (D. C. Cir. 1980), appeal after remand, 745 F. 2d 1476 (D. C. Cir. 1984)

British Airports Authority v. C. A. B., 531 F. Supp. 408 (D. D. C. 1982)

Wolfe v. Department of Health and Human Services, 539 F. Supp. 276, 8 Media L. Rep. (BNA) 1649 (D. D. C. 1982), order aff'd, 711 F. 2d 1077, 9 Media L. Rep. (BNA) 2024 (D. C. Cir. 1983)

Allen v. Department of Defense, 580 F. Supp. 74 (D. D. C. 1983), related reference, 1986 WL 15623 (D. D. C. 1986) and related reference, 658 F. Supp. 15 (D. D. C. 1986), related reference, 713 F. Supp. 7 (D. D. C. 1989)

McGehee v. C. I. A., 697 F. 2d 1095 (D. C. Cir. 1983), on reh'g, 711 F. 2d 1076 (D. C. Cir. 1983)

Paisley v. C. I. A., 712 F. 2d 686 (D. C. Cir. 1983), opinion vacated in part on other grounds, 724 F. 2d 201 (D. C. Cir. 1984)

Bureau of Nat. Affairs, Inc. v. U. S. Dept. of Justice, 742 F. 2d 1484, 21 Env't. Rep. Cas. (BNA) 1512 (D. C. Cir. 1984)

Dow Jones & Co., Inc. v. General Services Admin., 714 F. Supp. 35

(D. D. C. 1989)

Teich v. Food and Drug Admin. , 751 F. Supp. 243 (D. D. C. 1990)

Animal Legal Defense Fund v. Secretary of Agriculture, 813 F. Supp. 882 (D. D. C. 1993), decision vacated on other grounds, 29 F. 3d 720 (D. C. Cir. 1994)

Gallant v. N. L. R. B. , 26 F. 3d 168, 146 L. R. R. M. (BNA) 2633 (D. C. Cir. 1994)

Katz v. National Archives & Records Admin. , 862 F. Supp. 476 (D. D. C. 1994), judgment aff'd, 68 F. 3d 1438 (D. C. Cir. 1995)

Judicial Watch, Inc. v. Clinton, 880 F. Supp. 1 (D. D. C. 1995), aff'd, 76 F. 3d 1232 (D. C. Cir. 1996)

Burka v. U. S. Dept. of Health and Human Services, 87 F. 3d 508, 34 Fed. R. Serv. 3d (LCP) 1347 (D. C. Cir. 1996), reh'g denied, (Sept. 6, 1996) and related reference, 142 F. 3d 1286 (D. C. Cir. 1998)

Tax Analysts v. U. S. Dept. of Justice, 913 F. Supp. 599, 77 A. F. T. R. 2d (P – H) ? 96 – 464 (D. D. C. 1996), judgment aff'd, 107 F. 3d 923 (D. C. Cir. 1997), reh'g denied, (Apr. 10, 1997) and cert. denied, 118 S. Ct. 336, 139 L. Ed. 2d 260 (U. S. 1997)

Nation Magazine v. U. S. Customs Service, 937 F. Supp. 39 (D. D. C. 1996)

Pa

Heicklen v. Department of Corrections, 769 A. 2d 1239 (Pa. Commw. Ct. 2001)

In order for requested materials to qualify as "agency records" for the purposes of the Freedom of Information Act (FOIA) (5 U. S. C. A. § 552), the agency must either create or obtain the requested materials, the United States Supreme Court held in U. S. Dept. of Justice v. Tax Analysts, 492 U. S. 136, 109 S. Ct. 2841, 106 L. Ed. 2d 112, 16 Media L. Rep. (BNA) 1849, 89 – 1 U. S. Tax Cas. (CCH) 9386, 63 A. F. T. R. 2d (P – H) ¶ 89 – 1492 (1989). Further, the Court determined, the FOIA applies to records which have in fact been obtained and not to records which merely could have been obtained. Additionally, the Court stated, the "agency records" determination does not turn on the intent of the creator of a document relied upon by an agency, nor are "agency records" limited to materials generated internally.

The court in Illinois Institute for Continuing Legal Educ. v. U. S. Dept. of Labor, 545 F. Supp. 1229 (N. D. Ill. 1982), recognized that, unless records have been actually obtained by an agency, the fact that individuals within the agency may have been influenced by the records is insufficient to convert the record into an agency record within the meaning of the Freedom of Information Act (FOIA) (5 U. S. C. A. § 552).

In Gilmore v. U. S. Dept. of Energy, 4 F. Supp. 2d 912, 153 A. L. R. Fed 759 (N. D. Cal. 1998), the court held that for materials to qualify as "agency records" under the Freedom of Information Act (FOIA) (5 U. S. C. A. § 552), the relevant issue is whether a FOIA agency has created or obtained the material sought, not whether the organization from which the documents originated is itself covered by the FOIA.

The court in Weisberg v. U. S. Dept. of Justice, 631 F. 2d 824, 6 Media L. Rep. (BNA) 1401, 207 U. S. P. Q. (BNA) 1080 (D. C. Cir. 1980), appeal after remand, 745 F. 2d 1476 (D. C. Cir. 1984), recognized that, generally, materials obtained from private parties and in the possession of a federal agency may be agency "records" within the meaning of the Freedom of Information Act (FOIA) [5 U. S. C. A. § 552 (a) (3)], and that the mere existence of a copyright on the material, by itself, does not automatically render the FOIA inapplicable to materials that are clearly agency records.

CUMULATIVE SUPPLEMENT

Cases:

For a requested record to qualify as an federal agency record, under the Freedom of Information Act (FOIA), an agency must (1) either create or obtain the requested materials, and (2) be in control of the requested materials at the time the FOIA request is made. 5 U. S. C. A. § 552. State of Missouri, ex rel. Garstang v. U. S. Dept. of Interior, 297 F. 3d 745 (8th Cir. 2002).

For purposes of Freedom of Information Act (FOIA) requests, the term "agency records" encompasses records that are (1) created or obtained by an agency and (2) under agency control at the time of the request. 5 U. S. C. A. § 552. Shannahan v. I. R. S., 637 F. Supp. 2d 902, 103 A. F. T. R. 2d 2009 – 2592 (W. D. Wash. 2009).

Freedom of Information Act (FOIA) requires disclosure only of "agency records," which are documents created or obtained by agency and under agency's control at time FOIA request is made. 5 U. S. C. A. § 552 et seq. Judicial Watch, Inc. v. Department of Energy, 412 F. 3d 125 (D. C. Cir. 2005).

Pursuant to the Supreme Court's *Tax Analysts* decision, documents qualify as "agency records" subject to Freedom of Information Act (FOIA) disclosure if they are (1) created or obtained by an agency, and (2) in the agency's control. 5 U. S. C. A. § 552. United We Stand America, Inc. v. I. R. S., 359 F. 3d 595 (D. C. Cir. 2004).

For a document to be subject to Freedom of Information Act (FOIA) request, it must first be an "agency record," which requires that: (1) agency either created or obtained the requested materials, and (2) agency is in control of requested materials at the time the FOIA request is made. 5 U. S. C. A. § 552. Houghton v. U. S. Dept. of State, 875 F. Supp. 2d 22 (D. D. C. 2012).

Mere fact that private researcher who created requested records received federal funds to finance research is insufficient to conclude that data were created or obtained by agency, and thus were subject to disclosure pursuant to Freedom of Information Act (FOIA), but data produced by private researcher may be considered agency records if researcher was acting on agency's behalf. 5 U. S. C. A. § 552 (a). ExxonMobil Corp. v. Department of Commerce, 2011 WL 6091470 (D. D. C. 2011).

The term "agency record" under Freedom of Information Act (FOIA) means records that the agency creates or obtains, and records under its control at the time it receives a FOIA request. 5 U. S. C. A. § 552 (a) (3) (A). Lewis v. U. S. Dept. of Justice, 867 F. Supp. 2d 1 (D. D. C. 2011).

Documents are considered "agency records" within the meaning of the Freedom of Information Act (FOIA) if two criteria are met: (1) the agency must either have created or obtained the records, and (2) the agency must be in control of the records at the time of the FOIA request. 5 U. S. C. A. § 552. Judicial Watch,

Inc. v. Federal Housing Finance Agency, 744 F. Supp. 2d 228 (D. D. C. 2010).

To constitute "agency records" for purposes of a Freedom of Information Act (FOIA) request, documents must have been either created or obtained by the agency, and the agency must be in control of the requested materials at the time the FOIA request is made. 5 U. S. C. A. § 552 (a) (3), (b). In Defense of Animals v. National Institutes of Health, 543 F. Supp. 2d 70 (D. D. C. 2008).

A document is an agency record, within the meaning of the Freedom of Information Act (FOIA), if (1) an agency either creates or obtains the requested materials, and (2) the agency is in control of the requested materials at the time the FOIA request is made. 5 U. S. C. A. § 552 (a) (4) (B) . Summers v. U. S. Dept. of Justice, 517 F. Supp. 2d 231 (D. D. C. 2007).

The test used to determine under what is attributable to a government agency, thereby making the material an agency record disclosable under the Freedom of Information Act (FOIA), rather than personal material not covered by the FOIA test focuses on the circumstances surrounding the creation, maintenance and use of the documents within the agency, which includes factors such as whether the document (1) was generated within the agency, (2) has been placed into the agency's files, (3) is in the agency's control, and (4) was used by the agency for an agency purpose. 5 U. S. C. A. § 552. Consumer Federation of America v. U. S. Dept. of Agriculture, 383 F. Supp. 2d 1 (D. D. C. 2005).

Exemptions to general rule that government records are subject to disclosure under Freedom of Information Law (FOIL) must be narrowly construed, and burden rests on government agency to show that requested material qualifies for exemption. McKinney's Public Officers Law § 87, subd. 2. Fappiano v. New York City Police Dept., 95 N. Y. 2d 738, 724 N. Y. S. 2d 685, 747 N. E. 2d 1286 (2001).

[**END OF SUPPLEMENT**]

§ 4. Material controlled by agency

[Cumulative Supplement]

Material controlled by an agency constitutes an agency record under the Freedom of Information Act [5 U. S. C. A. § 552 (a)(3)], the courts in the following cases held or recognized.

Supreme Court

Kissinger v. Reporters Committee for Freedom of the Press, 445 U. S. 136, 100 S. Ct. 960, 63 L. Ed. 2d 267, 6 Media L. Rep. (BNA) 1001 (1980)

U. S. Dept. of Justice v. Tax Analysts, 492 U. S. 136, 109 S. Ct. 2841, 106 L. Ed. 2d 112, 16 Media L. Rep. (BNA) 1849, 89 – 1 U. S. Tax Cas. (CCH) ¶ 9386, 63 A. F. T. R. 2d (P – H) ¶ 89 – 1492 (1989)

Second Circuit

Federal Labor Relations Authority v. U. S. Dept. of Veterans Affairs, 958 F. 2d 503, 139 L. R. R. M. (BNA) 2752 (2d Cir. 1992)

Ciba – Geigy Corp. v. Mathews, 428 F. Supp. 523, 2 Media L. Rep. (BNA) 1673 (S. D. N. Y. 1977)

Sibille v. Federal Reserve Bank of New York, 770 F. Supp. 134 (S. D. N. Y. 1991)

Third Circuit

Bartlett v. U. S. Dept. of Justice, F. B. I., 867 F. Supp. 314 (E. D. Pa. 1994)

Fourth Circuit

Hercules, Inc. v. Marsh, 839 F. 2d 1027, 34 Cont. Cas. Fed. (CCH) ¶ 75442 (4th Cir. 1988)

Ethyl Corp. v. U. S. E. P. A., 25 F. 3d 1241, 24 Envtl. L. Rep. 21591 (4th Cir. 1994)

Ninth Circuit

Baizer v. U. S. Dept. of Air Force, 887 F. Supp. 225 (N. D. Cal. 1995)

Na Iwi O Na Kupuna O Mokapu v. Dalton, 894 F. Supp. 1397 (D. Haw. 1995)

Gilmore v. U. S. Dept. of Energy, 4 F. Supp. 2d 912, 153 A. L. R. Fed 759 (N. D. Cal. 1998)

Tenth Circuit

Frydman v. Department of Justice, 760 F. Supp. 193 (D. Kan. 1991), related reference, 1993 WL 188287 (D. Kan. 1993), related reference, 852 F. Supp. 1497, 92 Ed. Law Rep. 463 (D. Kan. 1994), judgment aff'd, 57 F. 3d 1080 (10th Cir. 1995)

Eleventh Circuit

St. Paul's Benev. Educational and Missionary Institute v. U. S., 506 F. Supp. 822 (N. D. Ga. 1980)

Rush v. Department of State, 716 F. Supp. 598 (S. D. Fla. 1989), related reference, 748 F. Supp. 1548 (S. D. Fla. 1990)

District of Columbia Circuit

Goland v. Central Intelligence Agency, 607 F. 2d 339, 3 Media L. Rep. (BNA) 2341 (D. C. Cir. 1978)

Carson v. U. S. Dept. of Justice, 631 F. 2d 1008 (D. C. Cir. 1980)

Holy Spirit Ass'n for the Unification of World Christianity v. Central Intelligence Agency, 636 F. 2d 838 (D. C. Cir. 1980), judgment vacated in part on other grounds, 455 U. S. 997, 102 S. Ct. 1626, 71 L. Ed. 2d 858 (1982) and on remand to, 558 F. Supp. 41, 12 Fed. R. Evid. Serv. (LCP) 1145 (D. D. C. 1983)

Iglesias v. Central Intelligence Agency, 525 F. Supp. 547 (D. D. C. 1981)

Center for Nat. Sec. Studies v. C. I. A., 577 F. Supp. 584 (D. D. C. 1983)

Allen v. Department of Defense, 580 F. Supp. 74 (D. D. C. 1983), related reference, 1986 WL 15623 (D. D. C. 1986) and related reference, 658 F. Supp. 15 (D. D. C. 1986), related reference, 713 F. Supp. 7 (D. D. C. 1989)

Paisley v. C. I. A., 712 F. 2d 686 (D. C. Cir. 1983), opinion vacated in part on other grounds, 724 F. 2d 201 (D. C. Cir. 1984)

International Broth. of Teamsters, Chauffeurs, Warehousemen & Helpers of America v. National Mediation Bd., 712 F. 2d 1495, 113 L. R. R. M. (BNA) 3757, 98 Lab. Cas. (CCH) ¶ 10373 (D. C. Cir. 1983)

Lykins v. United States Dept. of Justice, 725 F. 2d 1455 (D. C. Cir. 1984), on remand to, 608 F. Supp. 693 (D. D. C. 1984)

Bureau of Nat. Affairs, Inc. v. U. S. Dept. of Justice, 742 F. 2d 1484, 21 Env't. Rep. Cas. (BNA) 1512 (D. C. Cir. 1984)

Dow Jones & Co., Inc. v. General Services Admin., 714 F. Supp. 35 (D. D. C. 1989)

Animal Legal Defense Fund v. Secretary of Agriculture, 813 F. Supp. 882 (D. D. C. 1993), decision vacated on other grounds, 29 F. 3d 720 (D. C. Cir. 1994)

Katz v. National Archives & Records Admin., 862 F. Supp. 476 (D. D. C. 1994), judgment aff'd, 68 F. 3d 1438 (D. C. Cir. 1995)

Judicial Watch, Inc. v. Clinton, 880 F. Supp. 1 (D. D. C. 1995), aff'd, 76 F. 3d 1232 (D. C. Cir. 1996)

Burka v. U. S. Dept. of Health and Human Services, 87 F. 3d 508, 34 Fed. R. Serv. 3d (LCP) 1347 (D. C. Cir. 1996), reh'g denied, (Sept. 6, 1996) and related reference, 142 F. 3d 1286 (D. C. Cir. 1998)

Tax Analysts v. U. S. Dept. of Justice, 913 F. Supp. 599, 77 A. F. T. R. 2d (P-H) ¶ 96-464 (D. D. C. 1996), judgment aff'd, 107 F. 3d 923 (D. C. Cir. 1997), reh'g denied, (Apr. 10, 1997) and cert. denied, 118 S. Ct. 336, 139 L. Ed. 2d 260 (U. S. 1997)

In U. S. Dept. of Justice v. Tax Analysts, 492 U. S. 136, 109 S. Ct. 2841, 106 L. Ed. 2d 112, 16 Media L. Rep. (BNA) 1849, 89-1 U. S. Tax Cas. (CCH) ¶ 9386, 63 A. F. T. R. 2d (P-H) ¶ 89-1492 (1989), the United States Supreme Court held that, for requested materials to qualify as agency records under the Freedom of Information Act (FOIA) (5 U. S. C. A. § 552), the agency must be in control of those materials at the time the FOIA request is made. The court found, moreover, that such a control inquiry focuses on an agency's possession of the requested materials, not on the agency's power to alter the contents of the material the agency receives.

In Gilmore v. U. S. Dept. of Energy, 4 F. Supp. 2d 912, 153 A. L. R. Fed 759 (N. D. Cal. 1998), the court ruled that, in order for materials to qualify as agency records under the Freedom of Information Act (FOIA) (5 U. S. C. A. § 552), the agency must be in control of the requested materials at the time the FOIA request is made. The court defined "control" to mean that the materials must have come into the agency's possession in the legitimate conduct of its official duties. However, the court commented, mere possession of the material by the agency may be not be synonymous with control, but rather, the agency must have the right to use, transfer and/or dispose of it.

The court in Dow Jones & Co., Inc. v. General Services Admin., 714 F. Supp. 35 (D. D. C. 1989), recognized that an agency must have control over a document to make it an agency record under the Freedom of Information Act (FOIA) (5 U. S. C. A. § 552 (a)(3)). In determining whether sufficient control over a document exists to make it an agency record under the FOIA, the court stated, several factors should be taken into account: (1) the intent of the document's creator to retain or relinquish control over the records; (2) the ability of the agency to use and dispose of the record as it sees fit; (3) the extent to which agency personnel have read or relied upon the document; and (4) the degree to which the document was integrated into the agency's record system or files.

In Tax Analysts v. U. S. Dept. of Justice, 913 F. Supp. 599, 77 A. F. T. R. 2d (P - H) ¶ 96 - 464 (D. D. C. 1996), judgment aff'd, 107 F. 3d 923 (D. C. Cir. 1997), reh'g denied, (Apr. 10, 1997) and cert. denied, 118 S. Ct. 336, 139 L. Ed. 2d 260 (U. S. 1997), the court found that agency records, within the meaning of the Freedom of Information Act (FOIA) [5 U. S. C. A. § 552 (a)(3)], are documents that are under agency control at the time of the FOIA request. "Control," the court noted, is determined not solely by possession, but by whether, considering all of the circumstances of the case, including, of course, physical possession, the records at issue are subject to the free disposition of the agency.

CUMULATIVE SUPPLEMENT

Cases:

The Freedom of Information Act's (FOIA) disclosure requirement generally covers only those records that are in the agency's custody and control at the time of the FOIA request. 5 U. S. C. A. § 552 (b). Kretchmar v. F. B. I., 882 F. Supp. 2d 52 (D. D. C. 2012).

Freedom of Information Act's (FOIA) disclosure requirement generally covers only those records that are in the agency's custody and control at the time of the request. 5 U. S. C. A. § 552 (b). Brillhart v. F. B. I., 869 F. Supp. 2d 12 (D. D. C. 2012).

The Freedom of Information Act (FOIA) reaches only records that the agency controls at the time of the request; in this context, "control" means the materials have come into the agency's possession in the legitimate conduct of its official duties. 5 U. S. C. A. § 552. McKinley v. Board of Governors of the Federal Reserve System, 849 F. Supp. 2d 47 (D. D. C. 2012).

To determine whether agency exercises sufficient control over document to render it "agency record" under Freedom of Information Act (FOIA), four factors must be balanced under totality of circumstances test: (1) intent of document's creator to retain or relinquish control over records; (2) agency's ability to use and dispose of record as it sees fit; (3) extent to which agency personnel have read or relied upon document; and (4) degree to which document was integrated into agency's record system or files. 5 U. S. C. A. § 552 (a). ExxonMobil Corp. v. Department of Commerce, 2011 WL 6091470 (D. D. C. 2011).

Once an agency gains ownership of records and has the ability to access them at any time, it has "obtained" them for Freedom of Information Act (FOIA) purposes. 5 U. S. C. A. § 552. Judicial Watch, Inc. v. Federal Housing Finance Agency, 744 F. Supp. 2d 228 (D. D. C. 2010).

To show that an agency is in control of requested materials at the time a Freedom of Information Act (FOIA) request is made, court examines the intent of the document's creator to retain or relinquish control over the records, the ability of the agency to use and dispose of the record as it sees fit, the extent to which agency personnel have read or relied upon the document, and the degree to which the document was integrated into the agency's record system or files. 5 U. S. C. A. § 552 (a) (3), (b). In Defense of Animals v. National Institutes of Health, 543 F. Supp.

2d 70（D. D. C. 2008）.

The physical location in which the agency employees create, generate, obtain or review records does not determine whether the records are agency records subject to the Freedom of Information Act（FOIA）. 5 U. S. C. A. § 552. Judicial Watch, Inc. v. U. S. Dept. of Energy, 310 F. Supp. 2d 271（D. D. C. 2004）.

[**END OF SUPPLEMENT**]

§ 5. Material made or utilized in performance of agency's function or decisionmaking process

[Cumulative Supplement]

The courts in the following cases held or recognized that material made or utilized in performance of an agency's function or decisionmaking process constitutes an agency record under the Freedom of Information Act [5 U. S. C. A. § 552（a）（3）].

Second Circuit

Ciba – Geigy Corp. v. Mathews, 428 F. Supp. 523, 2 Media L. Rep.（BNA）1673（S. D. N. Y. 1977）

Third Circuit

RCA Global Communications, Inc. v. F. C. C., 524 F. Supp. 579（D. Del. 1981）

Fourth Circuit

American Federation of Government Employees, AFL – CIO, Local 1923 v. U. S., Dept. of Health and Human Services, 712 F. 2d 931, 113 L. R. R. M.（BNA）3537（4th Cir. 1983）

Hercules, Inc. v. Marsh, 839 F. 2d 1027, 34 Cont. Cas. Fed.（CCH）75442（4th Cir. 1988）

Seventh Circuit

General Elec. Co. v. U. S. Nuclear Regulatory Com'n, 750 F. 2d 1394, 15 Envtl. L. Rep. 20088（7th Cir. 1984）

Porter County Chapter of Izaak Walton League of America, Inc. v. U. S. Atomic Energy Commission, 380 F. Supp. 630（N. D. Ind. 1974）

Illinois Institute for Continuing Legal Educ. v. U. S. Dept. of Labor, 545 F. Supp. 1229 (N. D. Ill. 1982)

Ninth Circuit

SDC Development Corp. v. Mathews, 542 F. 2d 1116 (9th Cir. 1976)

Berry v. Department of Justice, 733 F. 2d 1343 (9th Cir. 1984), on remand to, 612 F. Supp. 45 (D. Ariz. 1985)

Julian v. U. S. Dept. of Justice, 806 F. 2d 1411 (9th Cir. 1986), cert. granted, 482 U. S. 926, 107 S. Ct. 3209, 96 L. Ed. 2d 695 (1987) and judgment aff'd on other grounds, 486 U. S. 1, 108 S. Ct. 1606, 100 L. Ed. 2d 1, 15 Media L. Rep. (BNA) 1393 (1988), on remand to, 859 F. 2d 124 (9th Cir. 1988)

Baizer v. U. S. Dept. of Air Force, 887 F. Supp. 225 (N. D. Cal. 1995)

Gilmore v. U. S. Dept. of Energy, 4 F. Supp. 2d 912, 153 A. L. R. Fed 759 (N. D. Cal. 1998) 7

Eleventh Circuit

St. Paul's Benev. Educational and Missionary Institute v. U. S. , 506 F. Supp. 822 (N. D. Ga. 1980)

District of Columbia Circuit

Soucie v. David, 448 F. 2d 1067, 2 Env't. Rep. Cas. (BNA) 1626, 1 Media L. Rep. (BNA) 2435, 1 Envtl. L. Rep. 20147 (D. C. Cir. 1971)

Washington Research Project, Inc. v. Department of Health, Ed. and Welfare, 366 F. Supp. 929 (D. D. C. 1973), judgment aff'd in part, rev'd in part on other grounds, 504 F. 2d 238 (D. C. Cir. 1974)

Bureau of Nat. Affairs, Inc. v. U. S. Dept. of Justice, 742 F. 2d 1484, 21 Env't. Rep. Cas. (BNA) 1512 (D. C. Cir. 1984)

Katz v. National Archives & Records Admin. , 862 F. Supp. 476 (D. D. C. 1994), judgment aff'd, 68 F. 3d 1438 (D. C. Cir. 1995)

Burka v. U. S. Dept. of Health and Human Services, 87 F. 3d 508, 34 Fed. R. Serv. 3d (LCP) 1347 (D. C. Cir. 1996), reh'g denied, (Sept. 6, 1996) and related reference, 142 F. 3d 1286 (D. C. Cir. 1998)

Tax Analysts v. U. S. Dept. of Justice, 913 F. Supp. 599, 77 A. F. T. R. 2d (P – H) ¶ 96 – 464 (D. D. C. 1996), judgment aff'd, 107 F. 3d 923 (D. C. Cir. 1997), reh'g denied, (Apr. 10, 1997) and cert. denied, 118 S. Ct. 336, 139 L. Ed. 2d 260 (U. S. 1997),

Nation Magazine v. U. S. Customs Service, 937 F. Supp. 39 (D. D. C. 1996)

To determine whether a given record qualifies as an agency record under the Freedom of Information Act [5 U. S. C. A. § 552 (a) (3)], the court in Illinois Institute for Continuing Legal Educ. v. U. S. Dept. of Labor, 545 F. Supp. 1229 (N. D. Ill. 1982), held, that some nexus between the agency's work and the records must be established. The requisite nexus between the agency and the record is present only if the record was prepared or actually used by an agency official in connection with his duties, the court stated. This test, the court noted, preserves the distinction between an individual's private papers, which may "influence" him but which remain private, and papers that are utilized in the course of official business and hence lose their private character.

In Gilmore v. U. S. Dept. of Energy, 4 F. Supp. 2d 912, 153 A. L. R. Fed 759 (N. D. Cal. 1998), the court recognized that for materials to qualify as agency records under the Freedom of Information Act (5 U. S. C. A. § 552), they must provide information about the government's operation, structure, or decisionmaking process.

In determining whether a record constitutes an agency record for the purposes of the Freedom of Information Act (FOIA) [5 U. S. C. A. § 552 (a)], the court in Bureau of Nat. Affairs, Inc. v. U. S. Dept. of Justice, 742 F. 2d 1484, 21 Env't. Rep. Cas. (BNA) 1512 (D. C. Cir. 1984), found that, where a record is created by an employee of an agency covered by the FOIA, at least in part to enable the employee to conduct agency business, it is necessary to consider both the agency's asserted interest in the document and the extent to which the document is used to conduct agency business. In sum, the court found, the inquiry must therefore focus on the totality of the circumstances surrounding the creation, maintenance, and use of the document to determine whether the document is in fact an agency record and not an employee's record that happens to be located physically within an agency.

The Freedom of Information Act (FOIA) (5 U. S. C. A. § 552) promotes the disclosure of information that will inform the public about what the executive branch is doing; a record must therefore reveal "official information" about the structure and the operation of an agency to qualify as an agency record under the FOIA, the court said in Tax Analysts v. U. S. Dept. of Justice, 913 F. Supp. 599, 77 A. F. T. R. 2d (P – H) ¶ 96 – 464 (D. D. C. 1996), judgment aff'd, 107 F. 3d 923 (D. C. Cir. 1997), reh'g denied, (Apr. 10, 1997) and cert. denied, 118 S. Ct. 336, 139 L. Ed. 2d 260 (U. S. 1997).

CUMULATIVE SUPPLEMENT

Cases:

Mere storage of a record at a federal agency does not, by itself, make it an agency record subject to Freedom of Information Act (FOIA) disclosure requirements; instead, where an agency merely has possession of a document, the court must focus on the extent to which agency personnel read or relied upon the document. 5 U. S. C. A. § 552 (a) (4) (B). Reich v. U. S. Dept. of Energy, 784 F. Supp. 2d 15 (D. Mass. 2011), reconsideration granted in part, 2011 WL 2747524 (D. Mass. 2011) and on reconsideration, 2011 WL 3679152 (D. Mass. 2011).

Records need not be generated by an agency, or be in the actual possession of an agency, for the records to be considered owned or obtained by an agency, for purposes of the Freedom of Information Act (FOIA). 5 U. S. C. A. § 552. Judicial Watch, Inc. v. Federal Housing Finance Agency, 744 F. Supp. 2d 228 (D. D. C. 2010).

While the Freedom of Information Act's (FOIA's) purpose is furthered by disclosure of official information that sheds light on an agency's performance of its statutory duties, information that reveals little or nothing about an agency's own conduct does not further the statutory purpose; thus the public has no cognizable interest in the release of such information. 5 U. S. C. A. §552. Schoenman v. F. B. I., 573 F. Supp. 2d 119 (D. D. C. 2008), subsequent determination on other grounds, 2008 WL 4191056 (D. D. C. 2008).

美国法律文献研究工具和研究报告

美国法律文献研究工具和研究报告 A

United States Code, Table of Titles
《美国法典》50 编目录（分卷标题中英对照一览表）

第 1 编　总则	Title 1 General Provisions
第 2 编　国会	Title 2 The Congress
第 3 编　总统	Title 3 The President
第 4 编　国旗和国玺、政府所在地以及各州	Title 4 Flag and Seal, Seat Of Government, and the States
第 5 编　政府组织与雇员	Title 5 Government Organization and Employees
第 6 编　国内安全	Title 6 Domestic Security
第 7 编　农业	Title 7 Agriculture
第 8 编　外籍人和国籍	Title 8 Aliens and Nationality
第 9 编　仲裁	Title 9 Arbitration
第 10 编　武装力量	Title 10 Armed Forces
第 11 编　破产	Title 11 Bankruptcy
第 12 编　银行和银行业	Title 12 Banks and Banking
第 13 编　人口普查	Title 13 Census
第 14 编　海岸警卫队	Title 14 Coast Guard
第 15 编　商业和贸易	Title 15 Commerce and Trade
第 16 编　资源保护	Title 16 Conservation

第 17 编　版权	Title 17 Copyrights
第 18 编　罪行和刑事诉讼	Title 18 Crimes and Criminal Procedure
第 19 编　关税	Title 19 Customs Duties
第 20 编　教育	Title 20 Education
第 21 编　食品和药品	Title 21 Food and Drugs
第 22 编　对外关系与交往	Title 22 Foreign Relations and Intercourse
第 23 编　公路	Title 23 Highways
第 24 编　医院和救济院	Title 24 Hospitals and Asylums
第 25 编　印第安人	Title 25 Indians
第 26 编　国内税收法典	Title 26 Internal Revenue Code
第 27 编　酒	Title 27 Intoxicating Liquors
第 28 编　司法制度和司法程序	Title 28 Judiciary and Judicial Procedure
第 29 编　劳工	Title 29 Labor
第 30 编　矿藏土地和采矿	Title 30 Mineral Lands and Mining
第 31 编　货币和财政	Title 31 Money and Finance
第 32 编　国民警卫队	Title 32 National Guard
第 33 编　航行和通航水域	Title 33 Navigation and Navigable Waters
第 34 编　海军（废止）	Title 34 Navy (repealed)
第 35 编　专利	Title 35 Patents
第 36 编　爱国团体与章程	Title 36 Patriotic Societies and Observances
第 37 编　军职部门的薪金与津贴	Title 37 Pay and Allowances Of the Uniformed Services
第 38 编　退伍军人的福利	Title 38 Veterans' Benefits
第 39 编　邮政	Title 39 Postal Service
第 40 编　公共建筑、财产和工程	Title 40 Public Buildings, Property, and Works
第 41 编　公共合同	Title 41 Public Contracts
第 42 编　公众健康与福利	Title 42 The Public Health and Welfare
第 43 编　公共土地	Title 43 Public Lands
第 44 编　公共印刷业与文件	Title 44 Public Printing and Documents

第45编 铁路	Title 45 Railroads
第46编 航运	Title 46 Shipping
第47编 电报、电话和无线电讯	Title 47 Telegraphs, Telephones, and Radiotelegraphs
第48编 领地和岛屿属地	Title 48 Territories and Insular Possessions
第49编 运输	Title 49 Transportation
第50编 战争和国防	Title 50 War and National Defense

注:

- 第34个主题原本是海军(Navy),现在已经废止。这个主题已经与其他主题合并,主要是第10个主题——武装力量。
- 第6个主题曾经是担保债券(Surety Bonds),但是很多年前被归入第31个主题——货币和财政之内。第6个主题一直空缺,直到2002年,美国国会通过了《国土安全法》(Homeland Security Act),才重建了第六个主题——国内安全。
- 第42个主题包括环境法规和《社会保障管理法》(Social Security Administration)。

美国法律文献研究工具和研究报告 B

美国联邦法院体系巡回上诉区图示和联邦地区法院列表
US Federal Judicial Circuits and Federal District Courts

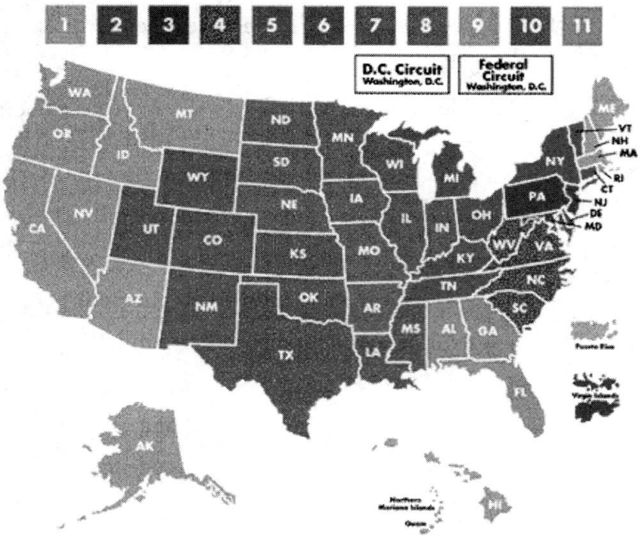

哥伦比亚特区巡回上诉区	D. C. Circuit (Washington)
·华盛顿哥伦比亚特区地区	District of Columbia
联邦第一巡回上诉区（波士顿）	1st Circuit (Boston)
·缅因州地区	District of Maine

· 马萨诸塞州地区	District of Massachusetts
· 新罕布什尔州地区	District of New Hampshire
· 波多黎各地区	District of Puerto Rico
· 罗得岛州地区	District of Rhode Island
联邦第二巡回上诉区（纽约）	2nd Circuit (New York)
· 康涅狄格州地区	District of Connecticut
· 纽约州东部地区	Eastern District of New York
· 纽约州北部地区	Northern District of New York
· 纽约州南部地区	Southern District of New York
· 纽约州西部地区	Western District of New York
· 佛蒙特州地区	District of Vermont
联邦第三巡回上诉区（费城）	3rd Circuit (Philadelphia)
· 特拉华州地区	District of Delaware
· 新泽西州地区	District of New Jersey
· 宾夕法尼亚州东部地区	Eastern District of Pennsylvania
· 宾夕法尼亚州中部地区	Middle District of Pennsylvania
· 宾夕法尼亚州西部地区	Western District of Pennsylvania
· 维尔京群岛地区	District Court of the Virgin Islands
联邦第四巡回上诉区（里士满）	4th Circuit (Richmond)
· 马里兰州地区	District of Maryland
· 北卡罗来纳州东部地区	Eastern District of North Carolina
· 北卡罗来纳州中部地区	Middle District of North Carolina
· 北卡罗来纳州西部地区	Western District of North Carolina
· 南卡罗来纳州地区	District of South Carolina
· 弗吉尼亚州东部地区	Eastern District of Virginia
· 弗吉尼亚州西部地区	Western District of Virginia
· 西弗吉尼亚州北部地区	Northern District of West Virginia
· 西弗吉尼亚州南部地区	Southern District of West Virginia
联邦第五巡回上诉区（新奥尔良）	5th Circuit (New Orleans)
· 路易斯安那州东部地区	Eastern District of Louisiana
· 路易斯安那州中部地区	Middle District of Louisiana

· 路易斯安那州西部地区	Western District of Louisiana
· 密西西比州北部地区	Northern District of Mississippi
· 密西西比州南部地区	Southern District of Mississippi
· 得克萨斯州东部地区	Eastern District of Texas
· 得克萨斯州北部地区	Northern District of Texas
· 得克萨斯州南部地区	Southern District of Texas
· 得克萨斯州西部地区	Western District of Texas
联邦第六巡回上诉区（辛辛那提）	6th Circuit（Cincinnati）
· 肯塔基州东部地区	Eastern District of Kentucky
· 肯塔基州西部地区	Western District of Kentucky
· 密歇根州东部地区	Eastern District of Michigan
· 密歇根州西部地区	Western District of Michigan
· 俄亥俄州北部地区	Northern District of Ohio
· 俄亥俄州南部地区	Southern District of Ohio
· 田纳西州东部地区	Eastern District of Tennessee
· 田纳西州中部地区	Middle District of Tennessee
· 田纳西州西部地区	Western District of Tennessee
联邦第七巡回上诉区（芝加哥）	7th Circuit（Chicago）
· 伊利诺伊州中部地区	Central District of Illinois
· 伊利诺伊州北部地区	Northern District of Illinois
· 伊利诺伊州南部地区	Southern District of Illinois
· 印第安纳州北部地区	Northern District of Indiana
· 印第安纳州南部地区	Southern District of Indiana
· 威斯康星州东部地区	Eastern District of Wisconsin
· 威斯康星州西部地区	Western District of Wisconsin
联邦第八巡回上诉区（圣路易斯）	8th Circuit（St. Louis）
· 阿肯色州东部地区	Eastern District of Arkansas
· 阿肯色州西部地区	Western District of Arkansas
· 艾奥瓦州北部地区	Northern District of Iowa
· 艾奥瓦州南部地区	Southern District of Iowa
· 明尼苏达州地区	District of Minnesota
· 密苏里州东部地区	Eastern District of Missouri

·密苏里州西部地区	Western District of Missouri
·内布拉斯加州地区	District of Nebraska
·北达科他州地区	District of North Dakota
·南达科他州地区	District of South Dakota
联邦第九巡回上诉区（旧金山）	9th Circuit (San Francisco)
·阿拉斯加州地区	District of Alaska
·亚利桑那州地区	District of Arizona
·加利福尼亚州中部地区	Central District of California
·加利福尼亚州东部地区	Eastern District of California
·加利福尼亚州北部地区	Northern District of California
·加利福尼亚州南部地区	Southern District of California
·夏威夷州地区	District of Hawaii
·爱达荷州地区	District of Idaho
·蒙大拿州地区	District of Montana
·内华达州地区	District of Nevada
·俄勒冈州地区	District of Oregon
·华盛顿州地区东部地区	Eastern District of Washington
·华盛顿州地区西部地区	Western District of Washington
·关岛地区	District of Guam
·北马里亚纳群岛地区	District of the Northern Mariana Islands
联邦第十巡回上诉区（丹佛）	10th Circuit (Denver)
·科罗拉多州地区	District of Colorado
·堪萨斯州地区	District of Kansas
·新墨西哥州地区	District of New Mexico
·俄克拉荷马州东部地区	Eastern District of Oklahoma
·俄克拉荷马州北部地区	Northern District of Oklahoma
·俄克拉荷马州西部地区	Western District of Oklahoma
·犹他州地区	District of Utah
·怀俄明州地区	District of Wyoming
联邦第十一巡回上诉区（亚特兰大）	11th Circuit (Atlanta)
·亚拉巴马州中部地区	Middle District of Alabama
·亚拉巴马州北部地区	Northern District of Alabama

· 亚拉巴马州南部地区	Southern District of Alabama
· 佛罗里达州中部地区	Middle District of Florida
· 佛罗里达州北部地区	Northern District of Florida
· 佛罗里达州南部地区	Southern District of Florida
· 佐治亚州中部地区	Middle District of Georgia
· 佐治亚州北部地区	Northern District of Georgia
· 佐治亚州南部地区	Southern District of Georgia
联邦巡回上诉法院（华盛顿）	Federal Circuit（Washington）
宪法第一条法院（非司法分支法院）	**Article I tribunals**：
美国联邦申诉法院	United States Court of Federal Claims
美国退伍军人申诉上诉法院	United States Court of Appeals for Veterans Claims
美国商标审判和上诉庭	United States Trademark Trial and Appeal Board
美国专利上诉和争议合议庭	United States Board of Patent Appeals and Interferences
美国合同上诉合议庭	Boards of Contract Appeals
美国考绩制度保护合议庭	United States Merit Systems Protection Board
美国国际贸易委员会	United States International Trade Commission
宪法第三条法院（司法分支法院）	**Article III tribunals**：
美国国际贸易法院	United States Court of International Trade
根据宪法第三条设立的其他法院	Various other Article III tribunals

美国法律文献研究工具和研究报告 C

全国判例集系统图示（中英对照）
National Reporter System

Regional Reporters (State Cases)

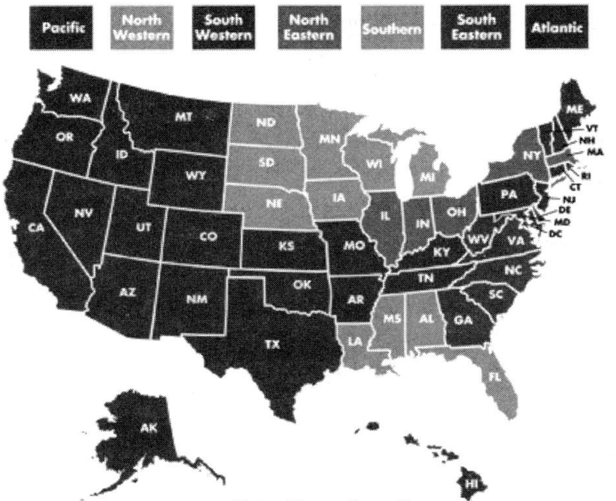

National Reporter System Map
showing the states included in each reporter

《太平洋地区判例集》（Pacific Reporter），收录如下各州法院系统上诉级法院判例：

阿拉斯加州　Alaska
亚利桑那州　Arizona
加利福尼亚州　California

科罗拉多州	Colorado
夏威夷州	Hawaii
爱达荷州	Idaho
堪萨斯州	Kansas
蒙大拿州	Montana
内华达州	Nevada
新墨西哥州	New Mexico
俄克拉何马州	Oklahoma
俄勒冈州	Oregon
犹他州	Utah
华盛顿州	Washington
怀俄明州	Wyoming

《西北部地区判例集》(Northwestern Reporter),收录如下各州法院系统上诉级法院判例:

爱荷华州	Iowa
密歇根州	Michigan
明尼苏达州	Minnesota
内部拉斯加州	Nebraska
北达科他州	North Dakota
南达科他州	South Dakota
威斯康星州	Wisconsin

《西南部地区判例集》(South Western Reporter),收录如下各州法院系统上诉级法院判例:

阿肯萨州	Arkansas
肯塔基州	Kentucky
密苏里州	Missouri
田纳西州	Tennessee
得克萨斯州	Texas

《东北部地区判例集》(North Easter Reporter),收录如下各州法院系统上诉级法院判例:

伊利诺伊州	Illinois
印第安纳州	Indiana
马萨诸塞州	Massachusetts
纽约州	New York
俄亥俄州	Ohio

《南方判例集》(Southern Reporter)，收录如下各州法院系统上诉级法院判例：

阿拉巴马州	Alabama
佛罗里达州	Florida
路易斯安那州	Louisiana
密西西比州	Mississippi

《东南部地区判例集》(South Eastern Reporter)，收录如下各州法院系统上诉级法院判例：

佐治亚州	Georgia
北卡罗来纳州	North Carolina
南卡罗来纳州	South Carolina
弗吉尼亚州	Virginia
西弗吉尼亚州	West Virginia

《大西洋地区判例集》(Atlantic Reporter)，收录如下各州法院系统上诉级法院判例：

康涅狄格州	Connecticut
特拉华州	Delaware
哥伦比亚特区	District of Columbia
缅因州	Maine
马里兰州	Maryland
新罕布什尔州	New Hampshire
新泽西州	New Jersey
宾夕法尼亚州	Pennsylvania
罗得岛州	Rhode Island
佛蒙特州	Vermont

美国法律文献研究工具和研究报告 D

美国法律分类大纲（中英文对照）
West Outline of the Law

1. 人 Persons
2. 财产 Property
3. 合同 Contracts
4. 侵权 Torts
5. 犯罪 Crimes
6. 救济 Remedies
7. 政府 Government

1. 人 persons

与自然人相关的——总则（Relating to Natural Persons in General）

民事权利 Civil Rights
尸体 Dead Bodies
死亡 Death
住所 Domicile
食物 Food
健康 Health
假期 Holidays

烈酒 Intoxicating Liquors
姓名 Names
印章 Seals
签名 Signatures
星期天 Sunday
时间 Time
武器 Weapon

专属于自然人的分类（Particular Classes of Natural Persons）

不在场者 Absentees
外国人、移民与公民资格 Aliens, Immigration, and Citizenship
化学从属物 Chemical Dependents
非婚生子女 Children Out of Wedlock
已决犯 Convicts
印第安人 Indians
未成年人 Infants
精神健康 Mental Health
对处于危险状态下的人的保护 Protection of Endangered Persons
奴隶 Slaves
挥霍者 Spendthrifts

人身关系（Personal Relations）

收养 Adoption
律师与客户 Attorney and Client
子女抚养 Child Support
遗嘱执行人与遗产管理人 Executors and Administrators
监护人与被监护人 Guardian and Ward
丈夫与妻子 Husband and Wife
劳动和雇佣 Labor and Employment
婚姻 Marriage

父母与子女 Parent and Child
委托人与代理人 Principal and Agent
劳工赔偿 Workers' Compensation

关联法人 (Associated and Artificial Persons)

协会 Associations
慈善团体 Beneficial Associations
住房贷款协会 Building and Loan Associations
俱乐部 Clubs
公司和商业组织 Corporations and Business Organizations
交易所 Exchanges
合伙 Partnership
宗教团体 Religious Societies

特殊职业 (Particular Occupations)

会计师 Accountants
农业 Agriculture
反垄断与贸易规制 Antitrust and Trade Regulation
拍卖与拍卖人 Auction and Auctioneers
航空 Aviation
银行与银行业 Banks and Banking
桥梁 Bridges
经纪人 Brokers
承运人 Carriers
商事活动 Commerce
消费信贷 Consumer Credit
信用报告机构 Credit Reporting Agencies
侦探与保安人员 Detectives and Security Guards
电力 Electricity
爆炸品 Explosives

代销商 Factors
轮渡 Ferries
汽油 Gas
流动商贩 Hawkers and Peddlers
旅店主人 Innkeepers
保险 Insurance
许可 Licenses
院外活动 Lobbying
制造业 Manufactures
领航员 Pilots
公共娱乐与消遣 Public Amusement and Entertainment
铁路 Railroads
海员 Seamen
海运 Shipping
蒸汽 Steam
电信 Telecommunications
拖船费 Towage
收费公路 Turnpikes and Toll Roads
城市铁路 Urban Railroads
仓库管理人 Warehousemen
码头 Wharves

2. **财产** Property

<u>**性质、主体、所有权的附属权力**（Nature, Subjects, and Incidents of Ownership in General）</u>

抛弃物与遗失物 Abandoned and Lost Property
添附 Accession
相邻土地所有人 Adjoining Landowner
物的混合 Confusion of Goods
不动产的改进 Improvements

财产　Property

特殊主体与所有权的附属权力（Particular Subjects and Incidents of Ownership）

动物　Animals
年金　Annuities
机动车　Automobiles
边界　Boundaries
墓地　Cemeteries
公共土地　Common Lands
版权和知识产权　Copyrights and Intellectual Property
农作物　Crops
栅栏　Fences
鱼类　Fish
不动产附着物　Fixtures
特许经营权　Franchises
野生动物　Game
商誉　Good Will
原木与伐木　Logs and Logging
矿山与矿物　Mines and Minerals
垄断　Monopolies
界墙　Party Walls
专利　Patents
共有土地　Public Lands
商标　Trademarks
水法　Water Law
树木与森林　Woods and Forests

财产法中地产和收益的特别分类（Particular Classes of Estates or Interests in Property）

慈善事业　Charities

利益共同体　Common Interest Communities

亡夫遗产与亡妻遗产　Dower and Curtesy

地役权　Easements

不动产所有权　Estates In Property

共同共有　Joint Tenancy

不动产出租人与承租人　Landlord and Tenant

终身地产权　Life Estates

财产永久性处分　Perpetuities

权力　Powers

剩余财产　Remainders

归复权　Reversions

一般共有　Tenancy in Common

信托　Trusts

获得或转让财产的特殊方式（Particular Modes of Acquiring or Transferring Property）

产权说明书　Abstracts of Title

相反占有　Adverse Possession

法律文书的修改　Alteration of Instruments

转让　Assignments

动产抵押　Chattel Mortgages

捐献　Dedication

不动产转让契约　Deeds

血统继承和遗产分配　Descent and Distribution

衡平法上的转化　Equitable Conversion

土地归复　Escheat

欺诈性财产转让　Fraudulent Conveyances

赠与　Gifts

遗失的文件　Lost Instruments

抵押　Mortgages

质押　Pledges
担保交易　Secured Transactions
遗嘱　Wills

3. 合同 Contracts

性质、必要条件以及协议的附带条件——总则（Nature, Requisites, and Incidents of Agreements in General）

合同　Contracts
惯例与习惯法　Customs and Usages
欺诈法　Frauds, statute of
权益　Interest
高利贷　Usury

协议的特殊分类（Particular Classes of Agreements）

寄托　Bailment
商业票据　Bill and Notes
债券　Bonds
违反婚姻之承诺　Breach Of Marriage Promise
帮诉和唆诉　Champerty and Maintenance
和解协议　Compromise and Settlement
契约　Covenants
无偿寄托财产和第三者代管契约　Deposits and Escrows
财产交易　Exchange of Property
赌博　Gaming
保证　Guaranty
默示合同与推定合同　Implied and Constructive Contracts
损失补偿　Indemnity
保险　Insurance
联营　Joint Adventures
彩票　Lotteries

委托人与保证人　Principal and Surety
公共合同　Public Contracts
赏金　Rewards
销售　Sales
认购　Subscriptions
卖方与买方　Vendor and Purchaser

默示合同与推定合同或类似合同的特殊分类（Particular Classes of Implied or Constructive Contracts or Quasi Contracts）

明细账单　Account Stated
财产分配　Contribution
默示合同与推定合同　Implied and Constructive Contracts

取消合同的特殊方式 Particular Modes of Discharging Contracts

债的变更　Novation
清偿　Payment
免除　Release
代位追偿　Subrogation
偿付　Tender

4. 侵权 Torts

企图伤害罪和殴击罪　Assault and Battery
碰撞　Collision
共谋　Conspiracy
侵占和民事盗窃　Conversion and Civil Theft
非法拘禁　False Imprisonment
强行侵入并拘留　Forcible Entry and Detainer
欺诈　Fraud
书面诽谤与口头诽谤　Libel And Slander
诬告　Malicious Prosecution

过失　Negligence
妨害　Nuisance
产品责任　Products Liability
诱奸罪　Seduction
侵权　Torts
侵入　Trespass
损毁　Waste

5. 犯罪 Crimes

堕胎和节育　Abortion and Birth Control
掺杂掺假　Adulteration
通奸　Adultery
纵火罪　Arson
企图伤害罪和殴击罪　Assault and Battery
重婚罪　Bigamy
贿赂罪　Bribery
夜盗罪　Burglary
共谋　Conspiracy
管制物品　Controlled Substances
伪造货币罪　Counterfeiting
刑法　Criminal Law
妨害治安行为　Disorderly Conduct
扰乱治安之场所　Disorderly House
扰乱公众集会　Disturbance of Public Assemblage
侵占罪　Embezzlement
逃脱　Escape
勒索罪　Extortion
假冒他人名义罪　False Personation
诈骗罪　False Pretenses
火灾　Fires
伪造文书罪　Forgery

欺诈 Fraud

杀人 Homicide

乱伦 Incest

暴动罪与煽动罪 Insurrection and Sedition

绑架罪 Kidnapping

偷盗罪 Larceny

蓄意损毁财产罪 Malicious Mischief

重伤罪 Mayhem

中立法 Neutrality Laws

淫秽 Obscenity

阻碍审判罪 Obstructing Justice

伪证罪 Perjury

卖淫罪 Prostitution

反勒索与受贿组织 Racketeer Influenced and Corrupt Organizations

强奸罪 Rape

收受盗窃赃物 Receiving Stolen Goods

援救 Rescue

暴乱 Riot

抢劫 Robbery

反自然性行为 Sodomy

自杀 Suicide

威胁、跟踪和骚扰 Threats, Stalking, and Harassment

叛国罪 Treason

非法集会 Unlawful Assembly

游民罪 Vagrancy

6. 救济 Remedies

依据法律或协议的救济（Remedies by Act or Agreement of Parties）

和解与清偿 Accord and Satisfaction

替代纠纷解决程序 Alternative Dispute Resolution

合意案件 Submission of Controversy

占有或公示的救济方式（Remedies by Possession or Notice）

留置权 Liens
未决诉讼 Lis Pendens
船舶优先权 Maritime Liens
建筑物上优先权 Mechanics' Liens
通知 Notice
海上救助 Salvage

证明方法（Means and Methods of Proof）

承认 Acknowledgment
宣誓书 Affidavits
禁止反言的证据 Estoppel Evidence
宣誓 Oath
免责言论和秘密 Privileged Communications and Confidentiality
记录 Records
证人 Witnesses

民事诉讼权力——总则（Civil Actions in General）

诉讼 Action
确认判决 Declaratory Judgment
救济选择权 Election Of Remedies
诉讼时效 Limitation Of Action
当事人 Parties
债务低效与反诉 Set-Off And Counterclaim
审判地 Venue

民事诉讼中的特别程序（Particular Proceedings in Civil Actions）

终止与恢复 Abatement and Revival
出庭 Appearance
费用 Costs
损害赔偿 Damages
执行 Execution
财产豁免权 Exemptions
宅地 Homestead
判决 Judgment
陪审团 Jury
动议 Motions
诉状 Pleading
审前程序 Pretrial Procedure
诉讼程序 Process
提交审断 Reference
诉讼协议 Stipulations
审判 Trial

附属于民事行为的特别救济（Particular Remedies Incident to Civil Actions）

逮捕 Arrest
援助令状 Assistance, writ of
扣押 Attachment
保释 Bail
讼争物寄托 Deposits in Court
债券扣押程序 Garnishment
禁止令 Injunction
司法拍卖 Judicial Sales
禁止离境令 Ne Exeat
涉诉财产管理人 Receivers
具结 Recognizances

隔离证人　Sequestration
允诺　Undertakings

民事行为的特殊审查程序（Particular Modes of Review in Civil Actions）

上诉与错判　Appeal and Error
怨诉听审令　Audita Querela
调卷令　Certiorari
异议书　Bill of Exceptions
重新审理　New Trial
复审　Review

对特定财物所有权的确定或恢复占有而提起的诉讼（Actions to Establish Ownership or Recover Possession of Specific Property）

请求返还动产之诉　Detinue
收回土地之诉　Ejectment
回复土地占有令　Writ of Entry
确定竞合权利之诉　Interpleader
恢复占有令　Possessory Warrant
确权诉讼　Quieting Title
物权诉讼　Real actions
返还原物之诉　Replevin
收回不动产并要求损害赔偿之诉　Trespass to Try Title

债务之诉或损害赔偿之诉的形式（Forms of Actions for Debts or Damages）

金钱赔偿之诉　Account，action on
类案诉讼　Action on the Case
简约之诉　Action of Assumpsit
违反契约之诉　Action of Covenant
金钱债务之诉　Action of Debt

对于特别形式或特殊救济提起的诉讼（Actions for Particular Forms or Special Relief）

账目 Account
法律文书的废除 Cancellation of Instruments
债务人与债权人 Debtor and Creditor
离婚 Divorce
分割 Partition
法律文书的修正 Reformation of Instruments
特定履行 Specific Performance

诉讼外的民事程序（Civil Proceedings Other Than Actions）

人身保护令 Habeas Corpus
执行职务令 Mandamus
禁令 Prohibition
权力开示令 Quo Warranto
告知令状 Scire Facias
中止诉讼令 Supersedeas

特别民事管辖与程序（Special Civil Jurisdictions and Procedure Therein）

海事法院 Admiralty
破产 Bankruptcy
衡平法 Equity
联邦民事诉讼程序 Federal Civil Procedure

刑事案件特别诉讼（Proceedings Peculiar to Criminal Cases）

双重追诉 Double Jeopardy
引渡与拘留 Extradition and Detainers
罚金 Fines
没收物 Forfeitures

大陪审团　Grand Jury
大陪审团起诉书与检察官起诉书　Indictment and Information
赦免与告发　Pardon and Information
赦免与假释　Pardon and Parole
处罚　Penalties
搜查与扣押　Searches and Seizures
判刑与刑罚　Sentencing and Punishment

7. **政府** Government

国家机关与分支（Political Bodies and Divisions）

郡县　Counties
哥伦比亚特区　District of Columbia
市政法人　Municipal Corporations
州　States
领土　Territories
美国　United States

法律渊源与法律系统（Systems and Sources of Law）

行政法和行政诉讼法　Administrative Law and Procedure
普通法　Common Law
宪法　Constitutional Law
国际法　International Law
议会法　Parliamentary Law
制定法　Statutes
条约　Treaties

立法权和行政权及其功能（Legislative and Executive Powers and Functions）

奖金　Bounties
人口普查　Census

商品期货交易管理 Commodity Future Trading Regulation
教育 Education
选举法 Election Law
国家征用权 Eminent Domain
环境法 Environmental Law
高速公路 Highways
检查 Inspection
国内税收 Internal Revenue
养老金 Pensions
邮政业务 Postal Service
私人道路 Private Roads
公共补助 Public Assistance
公共合同 Public Contracts
公共事业 Public Utilities
证券条例 Securities Regulation
社会保障 Social Security
税收 Taxation
失业补偿金 Unemployment Compensation
水法 Water Law
度量衡 Weights And Measure
分区与规划 Zoning And Planning

司法权及作用、法院及法官（Judicial Power and Functions, and Courts and Their Officers）

法庭之友 Amicus Curiae
法庭书记员 Clerks of Courts
藐视法庭罪 Contempt
法庭执达员 Courts Commissioners
法院 Courts
联邦法院 Federal Courts

法官　Judges

治安法官　Justices of the Peace

案件移送　Removal of Cases

报告　Reports

美国地方法官　United States Magistrates

公务员、官员和机关（Civil Service, Officers, and Institutions）

大使与领事　Ambassadors and Consuls

庇护和援助住所设施　Asylums and Assisted Living Facilities

总检察长　Attorney General

验尸官　Coroners

地区检察官　District and Prosecuting Attorneys

选举法　Election Law

报纸　Newspapers

公证员　Notaries

官员和公职人员　Officers and Public Employees

监狱　Prisons

契据登记官　Registers of Deeds

行政司法官与治安官　Sheriffs and Constables

美国执法官　United States Marshals

军事、海事以及战争（Military and Naval Service and War）

武装部队　Armed Services

军事司法　Military Justice

国民警卫队　Militia

战争与国家紧急状态　War and National Emergency

美国法律文献研究工具和研究报告 E

West “钥匙码” 系统
法律专题分类表和专题清单（中英文对照）
West Key Number System–Topics by Specialty

替代争端解决 Alternative Dispute Resolution

25T 替代争端解决 Alternative Dispute Resolution

76D 儿童抚养权 Child Custody

217 保险 Insurance

231H 劳动和雇佣 Labor and Employment

233 地主和租户 Landlord and Tenant

289 合伙 Partnership

354 运输 Shipping

反垄断 Antitrust

29T 反垄断与贸易规制 Antitrust and Trade Regulation

破产 Bankruptcy

51 破产 Bankruptcy

117T 债务人和债权人 Debtor and Creditor

163 财产豁免权 Exemptions

202 宅地 Homestead

349A 担保交易 Secured Transactions

商业及其他组织 Business and Other Organizations

41 协会 Associations

52 银行与银行业 Banks and Banking

54 慈善团体 Beneficial Associations

65 经纪人 Brokers

66 住房贷款协会 Building and Loan Associations

70 承运人 Carriers

71 墓地 Cemeteries

75 慈善事业 Charities

80 俱乐部 Clubs

83T 利益共同体 Common Interest Communities

101 公司和商业组织 Corporations and Business Organizations

108A 信用报告机构 Credit Reporting Agencies

141E 教育 Education

145 电力 Electricity

167 代销商 Factors

190 汽油 Gas

213 旅店主人 Innkeepers

217 保险 Insurance

224 联营 Joint Adventures

289 合伙 Partnership

317A 公共事业 Public Utilities

320 铁路 Railroads

332 宗教团体 Religious Societies

372 电信 Telecommunications

396A 城市铁路 Urban Railroads

民事诉讼程序——联邦判例 Civil Procedure—Federal Cases

2 终止与恢复 Abatement and Revival

13 诉讼 Action

25T 替代纠纷解决 Alternative Dispute Resolution

48 怨诉听审令 Audita Querela
96 财产分配 Contribution
106 法院 Courts
115 损害赔偿 Damages
118A 确认判决 Declaratory Judgment
135 住所 Domicile
143 救济选择权 Election of Remedies
156 禁止反言 Estoppel
157 证据 Evidence
158 异议书 Exceptions, Bill of
170A 联邦民事诉讼程序 Federal Civil Procedure
170B 联邦法院 Federal Courts
197 人身保护令 Habeas Corpus
212 禁制令 Injunction
222 确定竞合权利之诉 Interpleader
227 法官 Judges
228 判决 Judgment
230 陪审团 Jury
241 诉讼时效 Limitation of Actions
250 执行职务令 Mandamus
311H 免责言论和秘密 Privileged Communications and Confidentiality
314 禁令 Prohibition
319 权利开示令 Quo Warranto
334 案件移送 Removal of Cases
378 时间 Time
394 美国地方法官 United States Magistrates
410 证人 Witnesses

民事诉讼程序——州判例 Civil Procedure—State Cases

2 终止与恢复 Abatement and Revival
13 诉讼 Action

21 宣誓书　Affidavits
25T 替代纠纷解决　Alternative Dispute Resolution
30 上诉与错判　Appeal and Error
31 出庭　Appearance
44 扣押　Attachment
48 怨诉听审令　Audita Querela
73 调卷令　Certiorari
96 财产分配　Contribution
105 法庭执达员　Court Commissioners
106 法院　Courts
115 损害赔偿　Damages
118A 确认判决　Declaratory Judgment
123 讼争物寄托　Deposits in Court
135 住所　Domicile
143 救济选择权　Election of Remedies
150 衡平法　Equity
156 禁止反言　Estoppel
157 证据　Evidence
158 异议书　Bill of Exceptions
161 执行　Execution
189 债权扣押程序　Garnishment
197 人身保护令　Habeas Corpus
212 禁制令　Injunction
222 确定竞合权利之诉　Interpleader
227 法官　Judges
228 判决　Judgment
230 陪审团　Jury
231 治安法官　Justices of the Peace
241 诉讼时效　Limitation of Actions
242 未决诉讼　Lis Pendens
250 执行职务令　Mandamus

267 动议 Motions
271 禁止离境令 Ne Exeat
275 重新审判 New Trial
277 通知 Notice
287 当事人 Parties
302 诉状 Pleading
307A 审前程序 Pretrial Procedure
311H 免责言论和秘密 Privileged Communications and Confidentiality
313 诉讼程序 Process
314 禁令 Prohibition
319 权利开示令 Quo Warranto
322 不动产权益诉讼 Real Actions
327 提交审断 Reference
334 案件移送 Removal of Cases
339 复审 Review
346 告知令状 Scire Facias
351 隔离证人 Sequestration
352 债务抵销与反诉 Set – Off and Counterclaim
363 诉讼协议 Stipulations
370 中止诉讼 Supersedeas
378 时间 Time
388 审判 Trial
401 审判地 Venue
410 证人 Witnesses

商法 Commercial Law

29T 反垄断与贸易规制 Antitrust and Trade Regulation
38 转让 Assignments
51 破产 Bankruptcy
52 银行与银行业 Banks and Banking
56 商业票据 Bills and Notes

70 承运人 Carriers
76 动产抵押 Chattel Mortgages
92B 消费信贷 Consumer Credit
95 合同 Contracts
117T 债务人和债权人 Debtor and Creditor
186 欺诈性转让财产 Fraudulent Conveyances
219 权益 Interest
278 债的变更 Novation
294 支付 Payment
303 质押 Pledges
343 销售 Sales
349A 担保交易 Secured Transactions
403 仓库管理人 Warehousemen

通讯 Communications

92 宪法 Constitutional Law
99 版权与知识产权 Copyrights and Intellectual Property
237 书面诽谤与口头诽谤 Libel and Slander
306 邮政业务 Postal Service
311H 免责言论和秘密 Privileged Communications and Confidentiality
372 电信 Telecommunications

刑事司法 Criminal Justice

18 掺杂掺假 Adulteration
19 通奸 Adultery
35 逮捕 Arrest
36 纵火罪 Arson
37 企图伤害罪和殴击罪 Assault and Battery
55 重婚罪 Bigamy
63 贿赂罪 Bribery
67 夜盗罪 Burglary

76A 化学从属物 Chemical Dependents
91 共谋 Conspiracy
96H 管制物品 Controlled Substances
98 已决犯 Convicts
103 伪造货币罪 Counterfeiting
110 刑法 Criminal Law
129 妨害治安行为 Disorderly Conduct
130 扰乱治安之场所 Disorderly House
131 地区检察官 District and Prosecuting Attorneys
133 扰乱公众集会 Disturbance of Public Assemblage
135H 双重追诉 Double Jeopardy
146 侵占罪 Embezzlement
149E 环境法 Environmental Law
151 逃脱 Escape
164 爆炸品 Explosives
164T 勒索罪 Extortion
166 引渡与拘留 Extradition and Detainers
168 非法拘禁 False Imprisonment
169 假冒他人名义罪 False Personation
170 诈骗罪 False Pretenses
174 罚金 Fines
175 火灾 Fires
180 没收物 Forfeitures
181 伪造文书罪 Forgery
184 欺诈 Fraud
193 大陪审团 Grand Jury
197 人身保护令 Habeas Corpus
198H 健康 Health
203 杀人 Homicide
207 乱伦 Incest
209 印第安人 Indians

210 大陪审团起诉书与检察官起诉书　Indictment and Information
211 未成年人　Infants
218 暴动罪与煽动罪　Insurrection and Sedition
231E 绑架罪　Kidnapping
234 偷盗罪　Larceny
248 蓄意损毁财产罪　Malicious Mischief
256 重伤罪　Mayhem
273 中立法　Neutrality Laws
281 淫秽　Obscenity
282 阻碍审判罪　Obstructing Justice
284 赦免与假释　Pardon and Parole
297 伪证罪　Perjury
310 监狱　Prisons
311H 免责言论和秘密　Privileged Communications and Confidentiality
315H 卖淫罪　Prostitution
315P 对有生命危险之人的保护　Protection of Endangered Persons
319H 反勒索及受贿组织　Racketeer Influenced and Corrupt Organizations
321 强奸罪　Rape
324 收受盗窃赃物　Receiving Stolen Goods
337 援救　Rescue
341 暴乱　Riot
342 抢劫　Robbery
349 搜查与扣押　Searches and Seizures
350 诱奸罪　Seduction
350H 判刑与刑罚　Sentencing and Punishment
357 反自然性行为　Sodomy
368 自杀　Suicide
377E 威胁、跟踪和骚扰　Threats, Stalking, and Harassment
384 叛国罪　Treason
396 非法集会　Unlawful Assembly
399 流浪罪　Vagrancy

406 武器　Weapons

410 证人　Witnesses

教育　Education

141E 教育　Education

就业法　Employment Law

78 民事权利　Civil Rights

104 郡县　Counties

141E 教育　Education

198H 健康　Health

231H 劳动和雇佣　Labor and Employment

268 市政法人　Municipal Corporations

283 官员与公职人员　Officers and Public Employees

356H 社会保障　Social Security

360 州　States

381 镇　Towns

392T 失业补偿　Unemployment Compensation

393 美国　United States

413 劳工赔偿　Workers' Compensation

能源　Energy

145 电力　Electricity

190 汽油　Gas

260 矿山与矿物　Mines and Minerals

317A 公共事业　Public Utilities

362 蒸汽　Steam

402 战争与国家紧急状态　War and National Emergency

环境法　Environmental Law

23 农业　Agriculture

145 电力　Electricity

149E 环境法　Environmental Law
260 矿山与矿物　Mines and Minerals
279 妨害　Nuisance
405 水法　Waters Law
414 分区与规划　Zoning and Planning

财产计划　Estate Planning

17 收养　Adoption
75 慈善事业　Charities
76H 非婚生子女　Children Out of Wedlock
124 血统继承与遗产分配　Descent and Distribution
136 亡夫遗产与亡妻遗产　Dower and Curtesy
154 不动产所有权　Estates in Property
162 遗嘱执行人与遗产管理人　Executors and Administrators
191 赠与　Gifts
220 国内税收　Internal Revenue
226 共同共有　Joint Tenancy
240 终身地产权　Life Estates
298 财产永久性处分　Perpetuities
307 权力　Powers
333 剩余财产　Remainders
338 归复权　Reversions
371 税收　Taxation
373 一般共有　Tenancy in Common
390 信托　Trusts
409 遗嘱　Wills

家庭法　Family Law

4 堕胎和节育　Abortion and Birth Control
17 收养　Adoption
19 通奸　Adultery

55 重婚罪 Bigamy

61 违反婚姻之承诺 Breach of Marriage Promise

76D 子女监护 Child Custody

76E 子女抚养 Child Support

76H 非婚生子女 Children Out of Wedlock

134 离婚 Divorce

136 亡夫遗产与亡妻遗产 Dower and Curtesy

196 监护人与被监护人 Guardian and Ward

205 丈夫与妻子 Husband and Wife

207 乱伦 Incest

211 未成年人 Infants

253 婚姻 Marriage

285 父母与子女 Parent and Child

315P 对有生命危险之人的保护 Protection of Endangered Persons

350 诱奸罪 Seduction

金融机构 Financial Institutions

52 银行与银行业 Banks and Banking

66 住房贷款协会 Building and Loan Associations

92B 消费信贷 Consumer Credit

108A 信用报告机构 Credit Reporting Agencies

217 保险 Insurance

政府 Government

64 桥梁 Bridges

104 郡县 Counties

132 哥伦比亚特区 District of Columbia

141E 教育 Education

142T 选举法 Election Law

200 高速公路 Highways

244H 院外活动 Lobbying

268 市政法人　Municipal Corporations
316E 公共补助　Public Assistance
316H 公共合同　Public Contracts
360 州　States
375 领土　Territories
381 镇　Towns
393 美国　United States
405 水法　Water Law

健康　Health

76A 化学从属物　Chemical Dependents
96H 管制物品　Controlled Substances
198H 健康　Health
257A 精神健康　Mental Health
315P 对有生命危险之人的保护　Protection of Endangered Persons

移民和公民资格　Immigration And Citizenship

24 外国人、移民与公民资格　Aliens, Immigration, and Citizenship

保险　Insurance

217 保险　Insurance
356H 社会保障　Social Security
392T 失业补偿　Unemployment Compensation
413 劳工赔偿　Workers' Compensation

知识产权　Intellectual Property

29T 反垄断与贸易规制　Antitrust and Trade Regulation
99 版权与知识产权　Copyrights and Intellectual Property
291 专利　Patents
382T 商标　Trademarks

国际问题 International Issues

24 外国人、移民与公民资格 Aliens, Immigration, and Citizenship
26 大使与领事 Ambassadors and Consuls
114 关税 Customs Duties
221 国际法 International Law
385 条约 Treaties
402 战争与国家紧急状态 War and National Emergency

未成年人司法 Juvenile Justice

211 未成年人 Infants

法律服务 Legal Services

12 承认 Acknowledgment
25T 替代纠纷解决 Alternative Dispute Resolution
45 律师与客户 Attorney and Client
46 总检察长 Attorney General
79 法庭书记员 Clerks of Courts
105 法庭执达员 Court Commissioners
106 法院 Courts
131 地区检察官 District and Prosecuting Attorneys
227 法官 Judges
231 治安法官 Justices of the Peace
276 公证员 Notaries
327 提交审断 Reference
394 美国地方法官 United States Magistrates

海商法 Maritime Law

16 海事法院 Admiralty
82 碰撞 Collision
172 轮渡 Ferries
252 船舶优先权 Maritime Liens
300 领航员 Pilots

344 海上救助 Salvage
348 海员 Seamen
354 海运 Shipping
405 水法 Water Law
408 码头 Wharves

医疗补助 Medicaid

198H 健康 Health

医疗保险 Medicare

198H 健康 Health

军事法 Military Law

34 武装部队 Armed Services
258A 军事司法 Military Justice
259 国民警卫队 Militia
402 战争与国家紧急状态 War and National Emergency

产品责任 Products Liability

145 电力 Electricity
164 爆炸品 Explosives
178 食物 Food
190 汽油 Gas
313A 产品责任 Products Liability

专业人员失职 Professional Malpractice

11A 会计师 Accountants
45 律师与客户 Attorney and Client
65 经纪人 Brokers
141E 教育 Education
198H 健康 Health
211 未成年人 Infants

257A 精神健康　Mental Health
272 过失　Negligence
332 宗教团体　Religious Societies

不动产　Real Property

6 产权说明书　Abstracts of Title
7 添附　Accession
15 相邻土地所有人　Adjoining Landowners
20 相反占有　Adverse Possession
59 边界　Boundaries
65 经纪人　Brokers
66 住房贷款协会　Building and Loan Associations
83T 利益共同体　Common Interest Communities
84 公用土地　Common Lands
108 契约　Covenants
119 捐献　Dedication
120 不动产转让契约　Deeds
141 地役权　Easements
142 收回土地之诉　Ejectment
148 国家征用权　Eminent Domain
149 回复土地占有令　Entry, Writ of
149T 衡平法上的转化　Equitable Conversion
154 不动产所有权　Estates in Property
171 栅栏　Fences
177 不动产附着物　Fixtures
179 强行侵入并拘留　Forcible Entry and Detainer
206 不动产的改进　Improvements
233 不动产出租人与承租人　Landlord and Tenant
238 许可　Licenses
239 留置权　Liens
242 未决诉讼　Lis Pendens

257 建筑物上优先权　Mechanics' Liens
266 抵押　Mortgages
272 过失　Negligence
288 分割　Partition
290 界墙　Party Walls
311 私人道路　Private Roads
315 财产　Property
315T 公共娱乐与消遣　Public Amusement and Entertainment
317 公有土地　Public Lands
318 确权诉讼　Quieting Title
322 物权诉讼　Real Actions
330 契据登记官　Registers of Deeds
338 归复权　Reversions
358 特定履行　Specific Performance
386 侵入　Trespass
387 收回不动产并要求损害赔偿之诉　Trespass to Try Title
400 卖方与买方　Vendor and Purchaser
405 水法　Water Law
414 分区与规划　Zoning and Planning

证券与商品管理　Securities and Commodities Regulations
83H 商品期货交易管理　Commodity Futures Trading Regulation
160 交易所　Exchanges
349B 证券条例　Securities Regulation

税收　Taxation
83 商事活动　Commerce
104 郡县　Counties
141E 教育　Education
220 国内税收　Internal Revenue
223 烈酒　Intoxicating Liquors

238 许可 Licenses
268 市政法人 Municipal Corporations
371 税收 Taxation
381 镇 Towns

侵权 Torts

37 企图伤害罪和殴击罪 Assault and Battery
45 律师与客户 Attorney and Client
48A 机动车 Automobiles
48B 航空 Aviation
52 银行与银行业 Banks and Banking
70 承运人 Carriers
78 民事权利 Civil Rights
97C 侵占和民事盗窃 Conversion and Civil Theft
115 损害赔偿 Damages
117 死亡 Death
145 电力 Electricity
164 爆炸品 Explosives
168 非法拘禁 False Imprisonment
178 食物 Food
179 强制侵入并拘留 Forcible Entry and Detainer
184 欺诈 Fraud
190 汽油 Gas
198H 健康 Health
213 旅店主人 Innkeepers
233 不动产出租人与承租人 Landlord and Tenant
237 书面诽谤与口头诽谤 Libel and Slander
249 诬告 Malicious Prosecution
272 过失 Negligence
279 妨害 Nuisance
313A 产品责任 Products Liability

315T 公共娱乐与消遣　Public Amusement and Entertainment
320 铁路　Railroads
350 诱奸罪　Seduction
354 海运　Shipping
379 侵权　Torts
386 侵入　Trespass
404 毁损　Waste
406 武器　Weapons

交通运输　Transportation

16 海事法院　Admiralty
48A 机动车　Automobiles
48B 航空　Aviation
64 桥梁　Bridges
70 承运人　Carriers
82 碰撞　Collision
83 商事活动　Commerce
172 轮渡　Ferries
200 高速公路　Highways
320 铁路　Railroads
348 海员　Seamen
354 海运　Shipping
391 收费公路　Turnpikes and Toll Roads
396A 城市铁路　Urban Railroads
405 水法　Water Law

失业补偿　Unemployment Compensation

392T 失业补偿　Unemployment Compensation

West“钥匙码”系统
法律专题清单（中英文对照）
West Key Number System–Digest Topics

1 抛弃物与遗失物 Abandoned and Lost Property
2 终止与恢复 Abatement and Revival
4 堕胎和节育 Abortion and Birth Control
5 不在场者 Absentees
6 产权说明书 Abstracts of Title
7 添附 Accession
8 和解与清偿 Accord and Satisfaction
9 账目 Account
10 金钱赔偿之诉 Account, Action on
11 明细账单 Account Stated
11A 会计师 Accountants
12 承认 Acknowledgment
13 诉讼 Action
14 类案诉讼 Action on the Case
15 相邻土地所有人 Adjoining Landowners
15A 行政法和行政诉讼法 Administrative Law and Procedure
16 海事法院 Admiralty
17 收养 Adoption
18 掺杂掺假 Adulteration
20 相反占有 Adverse Possession
21 宣誓书 Affidavits
23 农业 Agriculture
24 外国人、移民与公民资格 Aliens, Immigration, and Citizenship
25 法律文书的修改 Alteration of Instruments
25T 替代纠纷解决 Alternative Dispute Resolution

26 大使与领事　Ambassadors and Consuls

27 法庭之友　Amicus Curiae

28 动物　Animals

29 年金　Annuities

29T 反垄断与贸易规制　Antitrust and Trade Regulation

30 上诉与错判　Appeal and Error

31 出庭　Appearance

34 武装部队　Armed Services

35 逮捕　Arrest

36 纵火罪　Arson

37 企图伤害罪和殴击罪　Assault and Battery

38 转让　Assignments

40 援助令状　Assistance, Writ of

41 协会　Associations

42 简约之诉　Assumpsit, Action of

43 庇护和援助住所设施　Asylums and Assisted Living Facilities

44 扣押　Attachment

45 律师与客户　Attorney and Client

46 总检察长　Attorney General

47 拍卖和拍卖人　Auctions and Auctioneers

48 怨诉听审令　Audita Querela

48A 机动车　Automobiles

48B 航空　Aviation

49 保释　Bail

50 寄托　Bailment

51 破产　Bankruptcy

52 银行与银行业　Banks and Banking

54 慈善团体　Beneficial Associations

55 重婚罪　Bigamy

56 商业票据　Bills and Notes

58 债券　Bonds

59 边界 Boundaries
60 奖金 Bounties
61 违反婚姻之承诺 Breach of Marriage Promise
63 贿赂罪 Bribery
64 桥梁 Bridges
65 经纪人 Brokers
66 住房贷款协会 Building and Loan Associations
67 夜盗罪 Burglary
69 法律文书的废除 Cancellation of Instruments
70 承运人 Carriers
71 墓地 Cemeteries
72 人口普查 Census
73 调卷令 Certiorari
74 帮诉和唆诉 Champerty and Maintenance
75 慈善事业 Charities
76 动产抵押 Chattel Mortgages
76A 化学从属物 Chemical Dependents
76D 子女监护 Child Custody
76E 子女抚养 Child Support
76H 非婚生子女 Children Out of Wedlock
78 民事权利 Civil Rights
79 法庭书记员 Clerks of Courts
80 俱乐部 Clubs
82 碰撞 Collision
83 商事活动 Commerce
83H 商品期货交易管理 Commodity Futures Trading Regulation
83T 利益共同体 Common Interest Communities
84 公用土地 Common Lands
85 普通法 Common Law
89 和解协议 Compromise and Settlement
90 物的混合 Confusion of Goods

91 共谋 Conspiracy
92 宪法 Constitutional Law
92B 消费信贷 Consumer Credit
93 藐视法庭罪 Contempt
95 合同 Contracts
96 财产分配 Contribution
96H 管制物品 Controlled Substances
97C 侵占和民事盗窃 Conversion and Civil Theft
98 已决犯 Convicts
99 版权与知识产权 Copyrights and Intellectual Property
100 验尸官 Coroners
101 公司和商业组织 Corporations and Business Organizations
102 费用 Costs
103 伪造货币罪 Counterfeiting
104 郡县 Counties
105 法庭执达员 Court Commissioners
106 法院 Courts
107 违反契约之诉 Covenant, Action of
108 契约 Covenants
108A 信用报告机构 Credit Reporting Agencies
110 刑法 Criminal Law
111 农作物 Crops
113 惯例与习惯法 Customs and Usages
114 关税 Customs Duties
115 损害赔偿 Damages
116 尸体 Dead Bodies
117 死亡 Death
117G 金钱债务之诉 Action of Debt
117T 债务人与债权人 Debtor and Creditor
118A 确认判决 Declaratory Judgment
119 捐献 Dedication

120 不动产转让契约 Deeds
122A 无偿寄托财产和第三者代管契约 Deposits and Escrows
123 讼争物寄托 Deposits in Court
124 血统继承和遗产分配 Descent and Distribution
125 侦探和保安 Detectives and Security Guards
126 请求返还动产之诉 Detinue
129 妨害治安行为 Disorderly Conduct
130 扰乱治安之场所 Disorderly House
131 地区检察官 District and Prosecuting Attorneys
132 哥伦比亚特区 District of Columbia
133 扰乱公众集会 Disturbance of Public Assemblage
134 离婚 Divorce
135 住所 Domicile
135H 双重追诉 Double Jeopardy
136 亡夫遗产与亡妻遗产 Dower and Curtesy
141 地役权 Easements
141E 教育 Education
142 收回土地之诉 Ejectment
142T 选举法 Election Law
143 救济选择权 Election of Remedies
145 电力 Electricity
146 侵占罪 Embezzlement
148 国家征用权 Eminent Domain
149 回复土地占有令 Writ of Entry
149E 环境法 Environmental Law
149T 衡平法上的转化 Equitable Conversion
150 衡平法 Equity
151 逃脱 Escape
152 土地复归 Escheat
154 不动产所有权 Estates in Property
156 禁止反言 Estoppel

157 证据　Evidence
158 异议书　Bill of Exceptions
159 财产交易　Exchange of Property
160 交易所　Exchanges
161 执行　Execution
162 遗嘱执行人与遗产管理人　Executors and Administrators
163 财产豁免权　Exemptions
164 爆炸品　Explosives
164T 勒索罪　Extortion
166 引渡与拘留　Extradition and Detainers
167 代销商　Factors
168 非法拘禁　False Imprisonment
169 假冒他人名义罪　False Personation
170 诈骗罪 False　Pretenses
170A 联邦民事诉讼程序　Federal Civil Procedure
170B 联邦法院　Federal Courts
171 栅栏　Fences
172 轮渡　Ferries
174 罚金　Fines
175 火灾　Fires
176 鱼类　Fish
177 不动产附着物　Fixtures
178 食物　Food
179 强行侵入并拘留　Forcible Entry and Detainer
180 没收物　Forfeitures
181 伪造文书罪　Forgery
183 特许经营权　Franchises
184 欺诈　Fraud
185 欺诈法　Statute of Frauds
186 欺诈性转让财产　Fraudulent Conveyances
187 野生动物　Game

188 赌博 Gaming
189 债权扣押程序 Garnishment
190 汽油 Gas
191 赠与 Gifts
192 商誉 Good Will
193 大陪审团 Grand Jury
195 保证 Guaranty
196 监护人与被监护人 Guardian and Ward
197 人身保护令 Habeas Corpus
198 流动商贩 Hawkers and Peddlers
198H 健康 Health
200 高速公路 Highways
201 假期 Holidays
202 宅地 Homestead
203 杀人 Homicide
205 丈夫与妻子 Husband and Wife
205H 默示与推定的合同 Implied and Constructive Contracts
206 不动产的改进 Improvements
207 乱伦 Incest
208 损失补偿 Indemnity
209 印第安人 Indians
210 大陪审团起诉书与检察官起诉书 Indictment and Information
211 未成年人 Infants
212 禁制令 Injunction
213 旅店主人 Innkeepers
216 检查 Inspection
217 保险 Insurance
218 暴动罪与煽动罪 Insurrection and Sedition
219 权益 Interest
220 国内税收 Internal Revenue
221 国际法 International Law

222 确定竞合权利之诉 Interpleader
223 烈酒 Intoxicating Liquors
224 联营 Joint Adventures
226 共同共有 Joint Tenancy
227 法官 Judges
228 判决 Judgment
229 司法拍卖 Judicial Sales
230 陪审团 Jury
231 治安法官 Justices of the Peace
231E 绑架罪 Kidnapping
231H 劳动和雇佣 Labor and Employment
233 不动产出租人与承租人 Landlord and Tenant
234 偷盗罪 Larceny
237 书面诽谤与口头诽谤 Libel and Slander
238 许可 Licenses
239 留置权 Liens
240 终身地产权 Life Estates
241 诉讼时效 Limitation of Actions
242 未决诉讼 Lis Pendens
244H 院外活动 Lobbying
245 原木与伐木 Logs and Logging
246 遗失的文件 Lost Instruments
247 彩票 Lotteries
248 蓄意损毁财产罪 Malicious Mischief
249 诬告 Malicious Prosecution
250 执行职务令 Mandamus
251 制造业 Manufactures
252 船舶优先权 Maritime Liens
253 婚姻 Marriage
256 重伤罪 Mayhem
257 建筑物上优先权 Mechanics' Liens

257A 精神健康 Mental Health
258A 军事司法 Military Justice
259 国民警卫队 Militia
260 矿山与矿物 Mines and Minerals
265 垄断 Monopolies
266 抵押 Mortgages
267 动议 Motions
268 市政法人 Municipal Corporations
269 姓名 Names
271 禁止离境令 Ne Exeat
272 过失 Negligence
273 中立法 Neutrality Laws
274 报纸 Newspapers
275 重新审判 New Trial
276 公证员 Notaries
277 通知 Notice
278 债的变更 Novation
279 妨害 Nuisance
280 宣誓 Oath
281 淫秽 Obscenity
282 阻碍审判罪 Obstructing Justice
283 官员与公职人员 Officers and Public Employees
284 赦免与假释 Pardon and Parole
285 父母与子女 Parent and Child
286 议会法 Parliamentary Law
287 当事人 Parties
288 分割 Partition
289 合伙 Partnership
290 界墙 Party Walls
291 专利 Patents
294 支付 Payment

295 处罚　Penalties
296 养老金　Pensions
297 伪证罪　Perjury
298 财产永久性处分　Perpetuities
300 领航员　Pilots
302 诉状　Pleading
303 质押　Pledges
305 恢复占有令　Possessory Warrant
306 邮政业务　Postal Service
307 权力　Powers
307A 审前程序　Pretrial Procedure
308 委托人与代理人　Principal and Agent
309 委托人与保证人　Principal and Surety
310 监狱　Prisons
311 私人道路　Private Roads
311H 免责言论和秘密　Privileged Communications and Confidentiality
313 诉讼程序　Process
313A 产品责任　Products Liability
314 禁令　Prohibition
315 财产　Property
315H 卖淫罪　Prostitution
315P 对有生命危险之人的保护　Protection of Endangered Persons
315T 公共娱乐与消遣　Public Amusement and Entertainment
316E 公共补助　Public Assistance
316H 公共合同　Public Contracts
317 公有土地　Public Lands
317A 公共事业　Public Utilities
318 确权诉讼　Quieting Title
319 权利开示令　Quo Warranto
319H 反勒索与受贿组织　Racketeer Influenced and Corrupt Organizations
320 铁路　Railroads

321 强奸罪 Rape
322 物权诉讼 Real Actions
323 涉诉财产管理人 Receivers
324 收受盗窃赃物 Receiving Stolen Goods
325 具结 Recognizances
326 记录 Records
327 提交审断 Reference
328 法律文书的修正 Reformation of Instruments
330 契据登记官 Registers of Deeds
331 免除 Release
332 宗教团体 Religious Societies
333 剩余财产 Remainders
334 案件移送 Removal of Cases
335 返还原物之诉 Replevin
336 报告 Reports
337 援救 Rescue
338 归复权 Reversions
339 复审 Review
340 赏金 Rewards
341 暴乱 Riot
342 抢劫 Robbery
343 销售 Sales
344 海上救助 Salvage
346 告知令状 Scire Facias
347 印章 Seals
348 海员 Seamen
349 搜查与扣押 Searches and Seizures
349A 担保交易 Secured Transactions
349B 证券条例 Securities Regulation
350 诱奸罪 Seduction
350H 判刑与刑罚 Sentencing and Punishment

351 隔离证人 Sequestration
352 债务抵销与反诉 Set-Off and Counterclaim
353 行政司法官与治安官 Sheriffs and Constables
354 海运 Shipping
355 签名 Signatures
356 奴隶 Slaves
356H 社会保障 Social Security
357 反自然性行为 Sodomy
358 特定履行 Specific Performance
359 挥霍者 Spendthrifts
360 州 States
361 制定法 Statutes
362 蒸汽 Steam
363 诉讼协议 Stipulations
365 合意案件 Submission of Controversy
366 代位追偿 Subrogation
367 认购 Subscriptions
368 自杀 Suicide
369 星期天 Sunday
370 中止诉讼令 Supersedeas
371 税收 Taxation
372 电信 Telecommunications
373 一般共有 Tenancy in Common
374 偿付 Tender
375 领土 Territories
377E 威胁、跟踪和骚扰 Threats, Stalking, and Harassment
378 时间 Time
379 侵权 Torts
380 拖船费 Towage
381 镇 Towns
382T 商标 Trademarks

384 叛国罪 Treason
385 条约 Treaties
386 侵入 Trespass
387 收回不动产并要求损害赔偿之诉 Trespass to Try Title
388 审判 Trial
390 信托 Trusts
391 收费公路 Turnpikes and Toll Roads
392 允诺 Undertakings
392T 失业补偿 Unemployment Compensation
393 美国 United States
394 美国地方法官 United States Magistrates
395 美国执法官 United States Marshals
396 非法集会 Unlawful Assembly
396A 城市铁路 Urban Railroads
398 高利贷 Usury
399 流浪罪 Vagrancy
400 卖方与买方 Vendor and Purchaser
401 审判地 Venue
402 战争与国家紧急状态 War and National Emergency
403 仓库管理人 Warehousemen
404 毁损 Waste
405 水法 Water Law
406 武器 Weapons
407 度量衡 Weights and Measures
408 码头 Wharves
409 遗嘱 Wills
410 证人 Witnesses
411 树木与森林 Woods and Forests
413 劳工赔偿 Workers' Compensation
414 分区与规划 Zoning and Planning
450 功绩保护制度 Merit Systems Protection

美国法律文献研究工具和研究报告 F

美国联邦最高法院 2010 – 2011 年度回顾

王　昶

2010 – 2011 年度（2010 年 10 月 – 2011 年 6 月）是美国联邦最高法院在约翰·罗伯茨（John Roberts）首席大法官主持下的第六年度，是最高法院自 1975 年以来首度没有约翰·保罗·斯蒂文斯（John Paul Stevens）大法官在庭上听审的年度。斯蒂文斯大法官在 2010 年 6 月退休，伊莲娜·卡冈（Elena Kagan）大法官接任。这也是最高法院有史以来首次有 3 位女性大法官在职。

这一年度最高法院倾向于：①支持宪法第一修正案（言论自由）的广泛适用性，在涉及暴力电子游戏、葬礼示威和政治言论的几个重要案件中都应用了言论自由条款；②在涉及大公司与底层雇员或者消费者产生利益冲突的时候，支持大公司的利益和其法律论辩；③不支持竞选财务改革；④限制集团诉讼、纳税人诉讼主体资格和州诉讼主体资格；⑤在刑事诉讼正当程序方面没有明显的倾向，一方面支持囚徒和少年的某些程序权利，另一方面又不支持死刑犯的某些诉求，而且限制了证据法排除原则的适用性。

年度统计数字

在这一年度中，罗伯茨首席大法官对法院的主导更加明显，91.7% 的时候他处于法庭多数意见。肯尼迪大法官地位稳固，在 94.1% 的时候处于法庭多数意见。法庭总共审理了 84 个案件，其中 82 个案件通过调卷令（writ of certiorari），1 个案件属于上诉司法管辖（appellate jurisdiction），1 个案件属于原初司法管辖（original jurisdiction）。56 个民事案件（占 67%），19 个刑事案件（占 23%），8 个人身保护令（habeas corpus）案件（占 10%），1 个州际问题。72 个案件属于审查各美国联邦巡回上诉法院的判决，10 个案件审查各州最高法院的判决，1 个案件审查加利福尼亚州三位法官小组判决，1 个案件属于直接审理。

法庭共颁布了 82 份司法意见判决书（联邦最高判例法），另有 1 个司法意见判决书属于上一年度。75 个案件在法庭听取上诉双方辩论后宣判，5 个案件快速否决下级法院判决，2 个案件由于法庭出现 4 比 4 意见（卡冈大法官回避）导致确认下级法院判决，2 个案件被撤销。在 16 个案件中，法庭颁布了 5 对 4 或者 5 对 3（如果有大法官回避该案）的分歧性较强的意见，占总案件的 20%。这和 2009-2010 年度持平——也是 16 个案件，当年占总案件的 18%；但比 2008-2009 年度要少很多，当时有 23 个 5 对 4 分歧案件，占总数的 29% 。但同时法庭也颁布了 33 份一般一致意见（所有大法官在法庭意见的基本法律推理上面一致），占总案件的 40%；在这 33 个案件中，18 个案件属于绝对一致意见（所有大法官在法庭意见的所有法律推理上面一致）。

26 个案件来自于联邦第九巡回上诉区，其中最高法院推翻了第九巡回上诉法院 19 个案件的判决。6 个案件来自联邦第六巡回上诉区，推翻 5 个。5 个案件来自联邦第五巡回上诉区，推翻 4 个。4 个案件来自联邦第八巡回上诉区，推翻 3 个。2 个案件来自联邦第一巡回上诉区，均获得最高法院支持。9 个案件来自各州最高法院，9 个原判决均被推翻。联邦最高法院在本年度的总推翻原判率是 72% 。

这一年度是奥巴马总统任命的两位女性大法官索尼亚·索托玛约（Sonia Sotomayor）大法官的第二年和卡冈大法官的第一年。新上任的卡冈大法官明显地与其他 3 位自由派大法官：鲁丝·贝德· 金斯伯格（RuthBader Ginsburg）大法官斯蒂芬·布赖耶（Stephen Breyer）大法官和索托玛约大法官站在一起。安东尼·肯尼迪（Anthony Kennedy）大法官继续保持其在保守派和自由派大法官之间的充任关键票（"swing vote"）之角色，但明显地选择更多时候与保守派大法官们：罗伯茨首席大法官，安东尼· 斯卡利亚（Antonin Scalia）大法官，克拉伦斯·托马斯（Clarence Thomas）大法官和山姆· 阿利托（Samuel Alito）大法官站在一起。从判决投票统计上看：罗伯茨首席大法官和阿利托大法官投票最一致：96% 的时候一样；其次是索托玛约大法官和卡冈大法官，

94%的时候一样；金斯伯格大法官和卡冈大法官91%的时候一致。反过来看分歧：托马斯大法官和索托玛约大法官68%的时候投票相反；阿利托大法官和卡冈大法官也是68%的时候投票相反；斯卡利亚大法官和索托玛约大法官67%的时候不一致。

保守派大法官们似乎进一步控制局面，在5对4的大分歧案件中，88%的时候保守派获胜，自由派大法官们撰写了大量的反对意见，其中以金斯伯格大法官最为突出。事实上，斯蒂文斯大法官退休后，他就义不容辞地支撑起自由派阵营的旗帜。从年龄的角度看，保守派四位大法官平均年龄64.75岁，自由派四位大法官平均年龄65.75岁，中间偏保守的肯尼迪大法官75岁。所以大法官意识形态阵营的平衡或不平衡在很长一段时间内还会依赖肯尼迪大法官的关键一票，在本年度中，保守派获胜的88%的5对4案件是决断在他的一票之下。

重要判例法

本年度的最重要宪法案件有：布朗诉娱乐商会案（*Brown v. Entertainment Merchants Association*, 131. S. Ct. 2729）；施耐德诉菲尔普斯案（*Snyder v. Phelps*, 131 S. Ct. 1207）；亚利桑那自由企业诉贝内特案（*Arizona Free Enterprise v. Bennett*, 131 S. Ct. 2806）；亚利桑那基督学校学费组织诉闻恩案（*Arizona Christian School Tuition Organization v. Winn*, 131 S. Ct. 1436）和布朗诉普拉他案（*Brown v. Plata*, 131 S. Ct. 1910）。

布朗诉娱乐商会案（559 S. Ct. 1448），被称为“暴力电子游戏案”，涉及宪法第一修正案言论自由条款。司法意见判决书于2011年6月27日颁布，是本年度最后一案。判决投票7对2，判决书由斯卡利亚大法官执笔。最高法院宣判加利福尼亚州禁止销售暴力电子游戏给未成年人的法律违反联邦宪法第一修正案。该法律规定暴力电子游戏必须加上标示“18”，不得销售给18岁以下未成年人。“暴力”在该法中的定义是“设计杀戮、致残、肢解或者性侵犯一个人类的形象，如果从一个理性的人的角度来看整个游戏，这些行为会吸引未成年人的异常的或者病态的兴趣，明显地与社区公认的什么是适合儿童的标准相违背，由此造成统观整个电子游戏，会发现游戏缺乏对儿童有利的严肃的文学、艺术、政治或者科学价值”。该法律对“暴力”的定义明显地借鉴了最高法院1973年的判例法米勒诉加利福尼亚案（*Miller v. California*,

413 U. S. 15；93 S. Ct. 2607）中对“淫秽”（obscenity）的定义。在该判例法中，最高法院认为“淫秽”不受宪法第一修正案言论自由条款的保护。但是在判决书中，斯卡利亚大法官指出对于暴力的描绘从来都不是政府管理的对象。加利福尼亚州的那项法律尽管初衷是保护儿童，但这和法庭的法律分析没有直接关系，法庭关注的是言论自由条款的适用性——适用于描绘暴力的作品。本案的法律问题是：“加利福尼亚州是否可以颁布一项法律禁止向未成年人销售被该法律界定为‘暴力’的电子游戏，并且要求这些电子游戏都被标示为‘18’?”联邦北加利福尼亚地区法院和第九巡回上诉区法院对此问题的回答都是否定的。联邦最高法院同意，确认第九巡回上诉区的判决：该加利福尼亚州法律违宪，无效。

斯卡利亚大法官在判决书中指出：“言论自由条款存在的主要目的是保护与公众有关的话语，我们一贯承认区分政治和娱乐是很困难的，而且试图去区分都是很危险的。”而且，“政府没有权利限制言论的内容，也不能创造出一个新的言论或者表达的范畴，然后说该范畴不受第一修正案的保护。”法庭认为暴力不等于淫秽，加利福尼亚州不能借用法庭对淫秽的定义来限制某些耸人听闻的言论。而且古往今来在很多儿童文学都包含暴力元素，如很多希腊神话、《格林童话》、威廉·戈尔丁（William Golding）的小说《蝇王》（*Lord of Flies*）。加利福尼亚州未能表明该法律的制定是为了保护某一“重要的政府利益”（compelling governmental interest），甚至都不能证明在暴力电子游戏如何伤害未成年人。对于未成年人以何种类型电子游戏作消遣的问题，家长应该帮助决策，而不是政府。同时法庭也指出未成年人同成年人一样享有第一修正案保护下的言论自由，有自由选择电子游戏的权利。

阿利托大法官虽然投了多数意见（majority）票，但他单独撰写了支持意见（concurrence opinion），罗伯茨首席大法官联署，他们两位认为真正的问题是加利福尼亚州的法律过于含混（vague），不能真正地应对现实问题。一部认真制定的这类法律还是有可能通过宪法审查的。托马斯大法官和布赖耶大法官分别撰写了反对意见。

施耐德诉菲尔普斯案（131 S. Ct. 1207），被称为“葬礼示威案”，同样涉及言论自由条款。堪萨斯州一个以弗莱德·菲尔普斯（Fred Phelps）牧师为首的小型极端宗教团体（大部分是菲尔普斯的家庭成员）一贯认为美军在阿富汗和伊拉克战争中的伤亡是上帝对美国社会过于容忍同性恋的惩罚。该团体多年来上千次地在各地的阵亡将士葬礼附近举行示威。2006 年 3 月，他们在美国海军上等兵马修·施耐德（Matthew Synder）的葬礼附近拉警戒线并展示恶意标语“上帝恨你”、“你们下地狱”、“美国完了”等。马修的父亲阿尔伯特·施耐德（Albert Synder）在马里兰州地区法院起诉菲尔普斯及其团体，依据州侵权法，诉由为“故意精神伤害”（intentional infliction of emotional distress）和其他。地区法院判决原告获胜，陪审团判决 1090 万美元的赔偿（后被法官减少为 500 万美元）。被告上诉到联邦第四巡回上诉区法院。2009 年 9 月，第四巡回上诉法院推翻地区法院的判决，同时取消巨额赔偿。施耐德申请联邦最高法院调卷，最高法院准许。

葬礼示威案吸引了广泛的媒介关注，因为它涉及了令人憎恶的言行，测试言论自由条款的适用度。但本案涉及的最主要的法律问题是：联邦最高法院关于禁止公共人物索求故意精神伤害赔偿的前例是否适用于私人之间的争议？联邦最高法院自 1964 年的纽约时报诉萨利文案（*New York Times v. Sullivan*，376 U. S. 254；84 S. Ct. 710）以来，明确判定当公众人物受到言论的批评和伤害，如果这种言论是有关公共事务的，而且伤害仅限于感情和尊严方面，公众人物不得寻求精神赔偿。那么像当下这样一个案件：阵亡士兵的家长能否起诉在其子葬礼附近公共场所示威以表达他们对同性恋的反对的宗教团体，并索求精神赔偿？最高法院对此的回答是否定的。

最高法院以 8 对 1 确认了第四巡回上诉法院的判决。罗伯茨首席大法官代表法庭撰写了司法意见判决书，重申法庭支持示威者的言论自由，只要示威者是在公共场所表达对某一公共话题的意见，不论该意见有多么的令人无法接受。罗伯茨首席大法官写道：“关于公共话题的言论位于第一修正案保护的核心”。由于示威的团体的言论是在公共场所，关于公共事务的，那么这种言论就是受到第一修正案的特殊保护的，不能仅仅因为它们令人厌恶就被限制。法庭引用 1989 年的得克萨斯诉约翰逊案（*Texas v. Johnson*，491 U. S. 397；109 S. Ct. 2533）说：“第一修正案的最基本原则就是政府不能仅仅因为发现某种思想具有冒犯性或不同意某种思想，就对该思想的表达加以限制。”阿利托大法官单独撰写了反对意见。他认为“为达到社会对公共事务的公开和积极的讨论，没有必要允许对无辜的受害者如本案中上诉者（亡兵家长）进行折磨”。阿利托大法官对亡兵家庭的深切同情引起了很多人的共鸣，甚至退休的斯蒂文斯大法官也表示如果他还在庭上，他会联署阿利托大法官的“强有力的反对意见”。

亚利桑那自由企业诉贝内特案（131 S. Ct. 2806）是继 2008 年戴维斯诉联邦选举委员会案（*David v. Federal Election Committee*, 554 U. S. 724; 128 S. Ct. 2759）和 2010 年公民联合诉联邦选举委员会案（*Citizens United v. Federal Election Commission*, 130 S. Ct. 875）之后，最高法院再一次从言论自由的角度来审理竞选财务问题。在公民联合案中，法庭 5 对 4 判决政府不能限制公司财团在选战中用在媒体宣传上的金额，否则违反言论自由条款——限制了公司财团的言论自由。当时自由派大法官们在斯蒂文斯大法官的领导下激烈反对将言论自由条款滥用在选举财务问题上，因为这将事实上造成损害选举程序的尊严。

亚利桑那州 1998 年通过的《亚利桑那公民清廉选举法》（Arizona Citizens Clean Elections Act）规定：竞选亚利桑那州政府职位的候选人可以选择同意接受公共资金支持，只要他/她同意限制个人在竞选上的花销至 500 美元，参与至少一次选举人辩论，并且返还给政府没有花完的公共资金。这些候选人将收到一些启动资金，然后也可能收到一些“匹配资金”，如果其他候选人得到私人或者非政府团体的财务支持。“匹配资金”用来确保接收公共资金支持的候选人不会因与大财团支持的竞选人相比，资金短缺而处于竞选劣势。康涅狄格、佛罗里达、缅因、明尼苏达和北卡罗来纳等也有类似的法律。

亚利桑那州的一些非公共资金候选人和他们的支持团体将《亚利桑那公民清廉选举法》中的“匹配资金”条款诉上法庭，声称该条款限制和伤害了他们的言论自由。联邦地区法院同意他们的诉求，宣布该条款违宪，并颁布了永久禁止令禁止该条款的实施。第九巡回上诉区法院推翻了地区法院的判决，认为“匹配资金”有助于防止竞选腐败，对言论自由的影响微乎其微。

最高法院在此案中 5 对 4 推翻第九巡回上诉区法院的判决，裁定“匹配资金”条款违宪。罗伯茨首席大法官代表多数（5 位保守派大法官）撰写司法意见判决书，判决指出：对于不参与公共资金支持项目的候选人和其他团体来说，“匹配资金”对他们的言论自由造成压力。保守派大法官们对选举财务改革的努力一贯持反对立场。

卡冈大法官代表少数（4 位自由派大法官）撰写了强烈的反对意见，认为该争议条款不但鼓励了不同意见的积极竞争，而且代表了政府对人民的意志做出积极回应。卡冈大法官指出：宪法第一修正案不是要保护可以被金钱收买的利益。

亚利桑那基督学校学费组织诉闻恩案（*Arizona Christian School Tuition Organization v. Winn*，131 S. Ct. 1436）涉及宪法第一修正案中的政教分离原则，并再一次限制纳税人诉讼。亚利桑那州有一项税法规定纳税人如果给被界定为“学校学费组织”的机构团体捐款，纳税人可以获得每人 500 美元或者夫妻 1000 美元的税收抵免。学校学费组织机构一般用捐款来给私立学校设立奖学金，很多这些私立学校是宗教性的。一些亚利桑那州的纳税人把这项税法起诉到州法院，州最高法院判决他们败诉。这些纳税人原告在联邦法院继续诉讼，联邦地区法院以原告们没有诉讼主体资格（standing）为理由撤销案件，第九巡回上诉区法院推翻联邦地区法院的判决。

最高法院 5 对 4 推翻第九巡回上诉区法院的判决，判定纳税人原告们没有诉讼主体资格。肯尼迪大法官代表法庭多数撰写司法意见判决书，指出“纳税人原告们声称他们具有诉讼主体资格来起诉该州的税收抵免法律，仅仅因为他们是纳税人。但是在联邦法庭中，仅仅是纳税人这一项并不足够确立诉讼主体资格”。肯尼迪大法官讨论了 1968 年的重要判例法*弗拉斯特诉科恩案*（*Flast v. Cohen*，392 U. S. 83，88 S. Ct. 1942），该案确立如果作为纳税人的原告能够证明他们本人上缴的税款被用来支持宗教活动，他们就具有了诉讼主体资格来起诉政教分离原则被违反。但是纳税人原告们在亚利桑那州的这个案子里没有能够证明是他们本人上缴的税款被用在宗教用途上了，所以他们不具有诉讼主体资格。法庭多数认为税收抵免不等于政府开支，所以亚利桑那州的法律不违反政教分离原则。

卡冈大法官代表自由派少数撰写了反对意见，认为法庭多数忽视几十年的诸多前例都允许纳税人挑战以税务减免和税收抵免为形式的“税务花销”。她指出无论是直接现金花销还是税务优惠都是达成政府特定的给某些个人和团体财务支持的手段，所以法庭多数的分析逻辑有问题。她预测这个判例将对日后的纳税人挑战违反政教分离原则的行为造成巨大的困难。

布朗诉普拉他案（*Brown v. Plata*，131 S. Ct. 1910）涉及宪法第八修正案中的“残酷和异常惩罚”（cruel and unusual punishment）条款。加利福尼亚全州的监狱总共可以关押 8 万囚犯，但是现在在监的囚犯的总数已经接近 16 万。很多囚犯不得不被关押在各种非囚室的空间之内，甚至有 200 名囚犯被关押在一个体育馆里，只有两三名警官负责监督。有时候多达 54 名 囚犯需要共用一个卫生间。监狱中有各种身心疾病的囚犯困难更多，一些精神方面有问题的囚犯不能获得应有的医疗照顾。由于缺乏足够的治疗床位，个别有自杀倾向的犯人被关在电话亭子一样大小的空间里面以防止他们自杀，时间最多达24 小时。但是加州囚犯的自杀率仍然远远高于全国平均水平，而且法庭调查员发现绝大部分的自杀是可以预见和被防止的，只是由于缺乏适当的评估、治疗和干预。医护人员和设施的不足造成很多患病囚犯长时间等待诊断和治疗。所有这些过度拥挤的情况已经持续了多年。

在监的一些囚犯把加州州长诉上法庭，称监狱人口的过于拥挤和医疗条件的缺乏构成了“残酷和异常惩罚”，违反宪法第八修正案。加利福尼亚州承认了监狱有拥挤问题，但未能根据地区法院的指示进行纠正。地区法院根据《监狱诉讼改革法案》（Prison Litigation Reform Act）的要求指定了特别的三法官小组来审查监狱的拥挤问题。该小组断定加州法院过于拥挤，造成了一些犯人的身心健康问题，下令在加州政府两年内减少 46 000 囚犯，将监狱的负荷从接近 200% 降低到 137. 5% 。最高法院在本案中审查并且 5 对 4 同意三人法官小组的结论。

肯尼迪大法官代表法庭多数撰写司法意见判决书，判决指出加利福尼亚州的监狱系统不能够为有身心健康问题的囚犯提供最低水准的照料，造成了“没有必要的痛苦和死亡”。法庭指出：由于他们自己的行为，囚犯被剥夺了自由，但是宪法和其他法律仍然确保囚犯们拥有未被剥夺的权利。囚犯仍然拥有基本的人类尊严，这也正是为什么宪法第八修正案禁止“残酷和异常惩罚”。政府对其看管的囚犯有责任，如果政府没有尽到它应尽的责任，法院就需要介入，修正错误。加利福尼亚州政府现实申辩说改革需要时间，但法庭认为从最初囚犯因此原因开始诉讼，然后加州承认有这些问题至今已经 12年，不能再拖延下去了。从现在开始，加州必须开始解决这个问题，包括新建设施，转移部分囚犯到外州或者郡级监狱，以及在一定条件下提前让囚犯出狱。

斯卡利亚大法官撰写了反对意见，称多数意见支持“最激进”的措施，托马斯大法官联署；阿利托大法官也撰写了反对意见，批评多数意见不顾加州人民的安全，罗伯茨首席大法官联署。

本年度最重要的刑事判例有 戴维斯诉合众国案（*Davis v. United States*, 131 S. Ct. 2419）, *J. D. B.* 诉北卡罗来纳（*J. D. B . v. North Carolina*, 131 S. Ct. 2394）

和肯塔基州诉金案（*Kentucky v. King*, 131S. Ct. 1849）。

戴维斯诉合众国案（*Davis v. United States*, 131 S. Ct. 2419），此案涉及证据法中的“排除原则”（exclusionary rule）的适用性。被告戴维斯因为交通违章被警方扣留，他向警方报了假名。警方发现了他的真名后，以向警方提供不实信息将他逮捕。随后警方搜查了他的车和衣物，发现了枪支。戴维斯被控非法持有枪支，陪审团审判后判决他有罪，判处220个月的徒刑。案件上诉到联邦第十一巡回上诉区法院，法院判决：尽管从新判例法的角度看，当时警方对戴维斯的搜查是非法的，但在车内发现的证物枪支不需要被排除。案件上诉到最高法院，法院认为当警方在当时判例法允许的情况下进行搜查，尽管该判例法日后被推翻但该案件还在上级法院的审议之中，那么警方从搜查中获取的证据不需要被排除。阿利托大法官代表7对2的多数撰写法庭判决，他指出“排除原则”的一个重要功能是“阻吓作用”（deterrent effect），即阻吓警方非法搜查。但是当警方合法搜查（在当时的判例法原则、合法搜查令或者成文法的授权下）的时候，不存在阻吓价值。

布赖耶大法官反对，金斯伯格大法官联署。反对意见认为法庭又创造了一个新的“善意”（good faith）特例，以阻止对违反宪法第四修正案的救济——排除非法获得的证据。

J. D. B. 诉北卡罗来纳州案（*J. D. B. v. North Carolina*, 131 S. Ct. 2394）涉及宪法第五修正案“米兰达权利”。最高法院在此案中判决在警方质询未成年人的案件中，该未成年人的年龄与认定该人是否“被扣押”是有关系的，该未成年人也需要被告知“米兰达权利”。在此案中，J. D. B. 是一位13岁的接受特殊教育的儿童，涉嫌拥有被盗数码相机。J. D. B. 被带到学校的会议室盘问，学校人员也在场，但是该未成年人的父母不在场。警方没有给J. D. B. 以“米兰达”警告（可不自证其罪；可要求律师），J. D. B. 坦白，但随后其律师要求其坦白被排除出呈堂证供，因为J. D. B. 在会议室被盘问时等于被扣押，但是并没有受到“米兰达”警告，于是该坦白属于非法获取，应当被排除。北卡罗来纳州最高法院认为未成年人的年龄和是否接受特殊教育与判定该人是否“被扣押”无关，J. D. B. 当时没有“被扣押”，所以没有“米兰达权利”。联邦最高法院推翻了北卡罗来纳州最高法院的判决。索托玛约大法官撰写了5对4的多数意见，指出：“毋庸置疑，尽管在某些警方质询的情境下，成年人觉得可以自由离开，但未成年人则感觉必须回答警方的问题。本法庭认为在分析米兰达警告的适用性时，被询问人的年龄必须予以考虑，我们不能回避常识”。

阿利托大法官撰写了反对意见，另外 3 位保守派大法官联署。反对意见声称：“法庭多数意见表面看起来平和中正，其实不然。支持米兰达原则的一种重要理由是需要泾渭分明的划分，法庭多数意见与此理由不一致。判决对保护未成年人的宪法权利没有帮助。”

肯塔基州诉金案（*Kentucky v. King*，131S. Ct. 1849），涉及宪法第四修正案禁止“非法搜查”（unreasonable search）条款、宪法和刑事诉讼法中的“正当程序”（due process）原则和证据法中的“排除原则”（exclusionary rule）。在本案中，肯塔基州的警察在寻找一名毒品嫌疑犯，他曾销售可卡因给警方的线民。警察们循线索到达嫌犯可能居住的公寓门口时，闻到了燃烧的大麻的烟味，于是警察们敲门，并大声告知屋内警察在外。然后警察们听到了屋内有动静，由此怀疑证据正在被销毁，于是强行砸门进屋，发现了大麻和可卡因，但是嫌犯并不在屋内，他已在隔壁房间。肯塔基州最高法院判定警方获取的毒品证据应被排除，认为警方应该事先获取搜查令。肯塔基州政府和警方争辩说警方在每一步骤都遵循了程序，没有违反宪法第四修正案。联邦最高法院推翻了肯塔基州最高法院的判决，同意警方的行为合法。但最高法院指出此案的细节决定其有限适用性：警方在此有合理理由认为证据正在被销毁。阿利托大法官代表 8 人的多数撰写了司法意见判决书，认为：“当警方没有主动造成紧急情况而违反宪法第四修正案的时候，证据条例中的紧急情况原则（exigent circumstances rule）可以适用”。

金斯伯格大法官一人反对。金斯伯格大法官指出此案判决将给予警方新的手段，把非常规的破门而入常规化。

本年度最重要的民事判例有 AT&T 移动公司诉康赛布琼案（*AT&T Mobility v. Concepcion*，131 S. Ct. 1340）；商会诉怀汀案（*Chamber of Commerce v. Whiting*，131 S. Ct. 1968）；沃尔玛诉杜克斯案（*Wal-Mart v. Dukes*，131 S. Ct. 2541）和汤普森诉北美不锈钢公司案（*Thompson v. North American Stainless*，131 S. Ct. 863）。

AT&T 移动公司诉康赛布琼案涉及在消费者合同内附带仲裁条款的有效性。在针对 AT&T 移动公司的一宗集团诉讼中，原告方声称 AT&T 声称其提供“免费手机”，但又收取销售税，这属于欺诈行为。但是在用户签署的消费者合同内附带的仲裁条款禁止集团诉讼，所以 AT&T 移动公司请求此案的初审法院美国联邦南加州地区法院拒绝受理。但联邦地区法院引用加州州法禁止在合同中不公正地免除签约一方的责任，判定该合同“不合情理”(unconscionable)，于是允许集团诉讼。联邦第九巡回上诉区法院同意地方法院的意见，AT&T 移动公司上诉到联邦最高法院。联邦最高法院 5 对 4 推翻了第九巡回上诉区法院的判决，认为加州州法与《联邦仲裁法》（Federal Arbitration Act）矛盾:《联邦仲裁法》的目的是执行私人之间的协议并鼓励有效的争端解决机制，但加州州法在此阻挠仲裁的基本机制。于是商业机构可以使用标准表格合同阻止消费者集团诉讼。此案被广泛认为是允许公司利用仲裁协议避免集团诉讼，具有强烈的亲商业味道。最高法院的判决由斯卡利亚大法官执笔，罗伯茨首席大法官、肯尼迪大法官、托马斯大法官和阿利托大法官联署；反对意见由布赖耶大法官撰写，金斯伯格、索托玛约、卡冈三位女性大法官联署，意识形态阵垒分明。

商会诉怀汀案（*Chamber of Commerce v. Whiting*，131 S. Ct. 196）支持亚利桑那州的一项法律惩罚雇用非法移民的企业。亚利桑那州通过了一项法律，规定如果州内企业明知却故意雇用非法移民的话，政府有权暂停或者撤销该企业的营业执照。该法律还要求企业使用“电子认证”（E－Verify）在线系统确认每一个雇员的合法工作身份。这项法律与另外几个州的相关法律非常类似，目的是打击非法工作现象。多家企业和民权组织在联邦地区法院挑战该法律，称联邦移民法已经“优先抢占”（pre－empt）了移民法领域，州立法机构无权就移民问题立法。但地区法院认为州有权就移民问题制定一些法律，第九巡回上诉区法院支持下级判决。上诉法院认为虽然《联邦移民改革和管理法》(Federal Immigration Reform and Control Act）明确规定州政府和地方政府不得制定法律惩罚企业雇用或招收没有合法工作身份的外国人，但并没有规定它们不能因此规范企业营业执照。上诉法院认为亚利桑那州的法律归根到底是执照法，而非移民法。最高法院 5 对 4 支持上诉法院的判决。罗伯茨首席大法官撰写了司法意见，断定：“亚利桑那州的执照法属于国会留给州政府处理的事务，没有被联邦法律优先抢占”。

布赖耶大法官反对：“国会是允许州制定‘执照’方面的法律，但不能这么宽泛地解读，因为允许这样的文字游戏就把联邦法律优先抢占原则的实质给掏空了。”金斯伯格大法官联署。索托玛约达法官也撰写了单独的反对意见。卡冈大法官回避了此案。此案被广泛认为给予了州政府以商业管理为名进行移民管理的权利。

沃尔玛诉杜克斯案（*Wal – Mart v. Dukes*，131 S. Ct. 2541）事关性别歧视：沃尔玛公司的女性员工们在一宗集团诉讼中起诉沃尔玛全国范围的公司政策造成女性员工普遍比男性员工收入低，女性员工也比男性员工需要更长的时间得到升迁。这是美国历史上最大规模的集团诉讼，案件中的“集团”（class）包括 1998 年 12 月 26 日以后在美国所有地区曾和正在为沃尔玛公司工作的女性员工，到 2001 年的时候这个“集团”就有 150 万人数之众。沃尔玛公司争辩说：个别的女性员工如果认为她们受到不公正对待，她们应该分别起诉。根据《联邦民事诉讼条例》（Federal Rules of Civil Procedure）的规定，这么大的一个“集团”根本就是不合理的。但是联邦第九巡回上诉区法院前后 3 次发法庭令确认了这个“集团”的诉讼资格。

最高法院在此案中面对两个主要的法律问题：一是这些女性员工们的案子是否满足《联邦民事诉讼条例》第 23 条中规定的“共同性”（commonality）要求，在此问题上法庭 5 对 4 分裂。斯卡利亚大法官撰写的多数司法意见指出：“在此案中，证明共同性的要求与被上诉人（女性员工们）的要求是否合理的问题必然地重叠在一起，即证明沃尔玛公司一贯从事性别歧视。1964 年《民权法案》第 7 章（Title VII of the Civil Rights Act of 1964）的核心问题是探查‘某一特定雇用决定的原因’，但是此案中被上诉人们想要同时挑战上百万的雇用决定。如果所有那些决定没有某种共同之处的话，我们就不能认为审查所有‘集团’成员的指控能够提供对关键法律问题的答案。”但是四位自由派大法官认为“共同性”要求已经被满足。二是司法救济的方式。九位大法官一致认为补发工资是合适的方式，而不是颁布法庭禁止令或者法庭宣告。所以，最后最高法院还是推翻了第九巡回上诉区的法庭令。

不论是支持沃尔玛公司的众多企业，还是支持女性员工们的民权、妇女权益和消费者权益组织都承认此案将影响深远。支持沃尔玛公司的企业认为允许这样的“集团”被确认将造成大量的基于模糊证据的集团诉讼，但支持女性员工的组织们认为此案的判决将损害集团诉讼这一种有价值的反歧视手段。

汤普森诉北美不锈钢公司案（*Thompson v. North American Stainless*，131 S. Ct. 863）涉及联邦民权法案中的反报复条款。埃里克 · 汤普森和他未婚妻麦瑞安（之后结婚）为北美不锈钢公司工作。麦瑞安在2002年9月向联邦平等工作机会委员会（Equal Employment Opportunity Commission，EEOC）投诉她的上级主管性别歧视。2003年2月，平等工作机会委员会通知北美不锈钢公司这桩投诉。三周之后，北美不锈钢公司将埃里克解职。埃里克在联邦肯塔基东区法院起诉北美不锈钢公司，称他遭到公司解职是因为麦瑞安的投诉，公司违反了联邦《民权法案》第七章704（a）中的反报复条款。地区法院撤销了该起诉，认为《民权法案》第七章不允许第三方的反报复起诉。联邦第六巡回上诉区法院支持下级法院的决定。

最高法院在此案中面对的问题是：如果一个雇主解聘了某一投诉雇员的未婚夫，这是否违反了联邦民权法中的反报复条款？最高法院的回答是肯定的。除卡冈大法官回避外，八位大法官一致认为反报复条款必须被广义解读以限制雇主的行为，所以此案涉及的情况也包括在内。这一判决进一步强化了《民权法案》和其他法律对反报复的限制。

2011－2012 年度展望

最高法院已经于2011年10月开始了2011－2012年审判年度。在这一年度中，最高法院将审理七十多件案件，其中最引人注目的可能是涉及奥巴马政府的医疗改革法案的案件，以及移民法、宪法第四修正案、定罪后程序、环境保护、消费者权益、判定淫秽的标准，等等。

最高法院同意在美国明年11月份举行总统选举前，对奥巴马总统的医疗保险改革法案进行审议，并对这项历史性的改革计划作出裁决。医保法案是寻求连任的民主党籍总统奥巴马的一项重要的政策成就，但所有共和党总统参选人都说，他们希望废除这个法案。最高法院也同意审理第九巡回上诉区法院禁止实施亚利桑那移民法中部分条款的裁决，该移民法引起了民权组织和移民的普遍抗议。无论结果如何，这些案件都将对美国政治生活和司法体系造成深远的影响。

罗伯茨法庭被法学界普遍认为是比之前的伦奎斯特法庭（Rehnquist Court）还要保守的法庭。在可预见的将来，美国法律的走向将继续向右倾斜，特别是在政教分离、联邦主义和州权力、扶植政策（affirmative action）、刑事诉讼程序等方面。

罗伯茨法庭 2013 合影

前排左起：

托马斯大法官、斯卡利亚大法官、罗伯茨首席大法官、肯尼迪大法官、金斯伯格大法官

后排左起：

索托玛约大法官、布赖耶大法官、阿利托大法官、卡冈大法官

美国法律文献研究工具和研究报告 G

美国明尼苏达州的司法体系

王 昶

明尼苏达州的法院系统包括1个明州最高法院（Minnesota Supreme Court）1个明尼苏达上诉法院（Minnesota Court of Appeals）和10个地区法院（district court）。州最高法院和联邦最高法院的法官一样都被称为"大法官"（Justice），明州最高法院有7位大法官。明州上诉法院有19位法官，地区法院共有289位法官。所有的法官都不能隶属于任何党派，以确保司法公正。

州法院体系是州政府"三权分立"中的司法分支，与立法分支（州参议院和州众议院），行政分支（州长和州行政部门）互相平衡和制约。各州情况均与联邦"三权分立"的结构类似，在联邦层面：司法（联邦法院体系）；立法（联邦众议院和参议院）；行政（总统、副总统和联邦政府部门）也是互相平衡和制约的关系。所以美国的三权分立包括了52套三权分立体系，联邦政府加上50个州和哥伦比亚特区。

双重法院体制是美国司法体系的最基本特征之一，这也是"联邦制"（Federalism）的一个具体化。国家一级的联邦有一套法院系统，每一个州和哥伦比亚特区也各有一套法院系统。在法院组织结构方面，联邦和其他的51套法院体系大同小异，为金字塔形的三级制：最下面是地区初审法院，上面是上诉法院，最顶尖是终审法院（最高法院）。后两级法院都属于上诉法院（哥伦比亚特区没有最高法院）。

明尼苏达州各地区法院每年处理两百多万件案件。地区法院的法官是由州长直接任命，一届期满后必须参加选举，如果胜选可以连任。明州各法院法官的每届任期都为 6 年。地区法院根据职责不同分为多个审判庭：和解、青少年、遗嘱认证、刑事、民事和家庭等。和解审判庭（conciliation court）又被称为“人民法庭”（people’s court）或者“小额赔偿法庭”（small claim court），争议双方自己代表自己上庭，没有律师出场，争议问题一般是小额的金钱争议。在美国电视上非常流行的各种法庭现场直播节目一般都是在和解审判庭录制的。青少年审判庭（juvenile court）处理涉及未成年人的案件，多数是抚养费欠费、逃学和轻微交通违章等。这些案件的审理不对外开放，以保护涉案人员的隐私。除此之外，明州各级法院的审判都是公开审判。遗嘱认证审判庭（probate court）审理决定遗产分配问题。刑事审判庭（criminal court）处理所有涉及成年人的刑事案件，从交通违章到谋杀案件所有涉及刑事法律的案件，政府是一方，犯罪嫌疑人是一方。民事审判庭（civil court）管辖所有居民之间的民事纠纷，包括合同、财产、侵权等等。家庭审判庭（family court）处理离婚、孩子抚养、领养和其他涉及未成年人的案件。所有初审法院的案件在法庭判决之后，如果败诉方对判决不服，可以上诉到明州上诉法院。

上诉法院审查初审法院判决的权力主要集中在法律争议（issue of law）上，对法律问题的审查标准是“重新审理”（de novo）。但是上诉法院一般尊重初审法院对事实的认定，审查标准是“明显错误”（clear erroneous），即如果初审法院在事实审过程中未有明显错误，那么该初审法院对案件事实方面的认定应被上诉法院采纳。由于上诉法院的主要职责是审理下级法院对于法律争议的解决是否正确，所以上诉法院中没有陪审团（其职责是寻找案情的事实）和证人出场。明州上诉法院一般有三位法官组成一个“议庭”（panel）来聆听和审判案件。明州最高法院规则是全体七位大法官都出场，成为“全体听审”（en banc）。

不论是中层的上诉法院还是最高法院，案件双方当事人在上诉时候都要告诉法庭具体的法律问题争议在哪里，然后请求法庭支持自己一方的法律论辩。双方律师先交换并呈交给法庭上诉辩论状（appellate brief），然后法庭将择期举行听审和上诉庭辩（oral argument）：分配给每一方的律师的口头辩论时间一般不超过半个小时，其间法官们会随时对发言的律师发问。上诉法庭中只有法官和律师们的对话，没有初审法庭可能出现的戏剧性场面，所以看起来较为平静。但是，法官们和律师们经常唇枪舌剑地辩论和对答，其思想上的交锋和法理上的冲撞往往更为激烈。

明尼苏达最高法院是明尼苏达全州的最高终审法院，也是整个司法体系的领导机关。最高法院根据 1849 年的《领土法》（Territorial Act）而建立，最初只有三位法官，没有固定的审判庭。当时明尼苏达只是一片“领土”，还没有正式成为一个州。1858 年明尼苏达建州，所以明尼苏达最高法院比明尼苏达州的建立还要早 9 年。明州建州之后，州宪法规定最高法院的大法官任期 6 年，空缺由州长任命，到期重选。今天的明州最高法院设立在明州首府圣保罗市中心的明尼苏达司法中心（Minnesota Judicial Center）内，与州议会山庄（State Capitol）和州政府大楼相邻。

明尼苏达最高法院历史上的第一个案件是关于一头迷路的牛的案件。这头走失的牛游荡到了他人的牧场之中，牧场主人把牛主人告上法庭，要求赔偿两美元的牧场使用费，牧场主人在初审法院败诉，上诉到最高法院。最高法院庭审后，判决支持下级法院。现在看起来这个案件似乎小题大做，但是在 19 世纪中明尼苏达早期农业环境中，这个案件的判决具有相当重要的指导意义。

每一次明州最高法院开庭时法庭执法官都会庄严宣告：“全体起立，尊敬的明尼苏达州最高法院大法官们到庭。”（All rise for the honorable justices of the Supreme Court of the state of Minnesota.）明州最高法院现在有 7 位大法官，他们是首席大法官洛瑞· 吉迪亚（Lorie Skjerven Gildea）、大法官阿兰· 佩奇（Alan C. Page）、大法官保罗· 安德森（Paul H. Anderson）、大法官海伦· 迈耶（Helen M. Meyer）、大法官巴里· 安德森（G. Barry Anderson）、大法官克里斯托弗· 迪耶森（Christopher J. Dietzen）和大法官戴维· 斯特拉斯（David R. Stras）。大法官的排名是根据在法庭服务年限来定的，除了首席大法官之外。

明州最高法院也是一个上诉法院，区别于初审法院。明州的另外一个上诉法院是建立于 1983 年明尼苏达上诉法院（Minnesota Court of Appeals），处于最高法院和各地区法院中间。1983 年以前，最高法院每年需要处理最多达 1800 件案件，明尼苏达上诉法院分担了很大一部分案件之后，现在最高法院每年只需要处理 900 件左右案件。

各州最高法院的职责除了处理从下级法院来的上诉案件外，还管理整个州的司法体系，指导司法系统的改善，以及颁发律师执照和管理律师。在美国，律师的第一个执业资格都是由州最高法院批准的，在获得第一个执业资格后，律师还可以申请其他州或者各级联邦法院的律师执照。每一个州的最高法院都为在本州司法管辖权（jurisdiction）地区内（无论是州最高法院，上诉法院，还是各地区法院）执业的合格律师颁发执照，每一个联邦法院也为在该法院司法管辖权地区执业的合格律师颁发执照。法学院毕业生参加州法律考试委员会举办的律师资格考试，同时经过背景调查，两方面都合格者获准参加最高法院大法官主持的律师就职宣誓仪式。律师被认为是“法庭官员”（officer of the court）之一，受律师职业伦理道德规范和法院规章制度的双重制约。

在律师宣誓就职仪式上，所有律师候选人都要庄严宣誓。明尼苏达州的律师宣誓词如下：“你庄严宣誓你将支持美利坚合众国宪法和明尼苏达州宪法，作为律师和法律顾问，你将秉持公正和端庄之态度，以你全部知识、最佳决断和忠诚供职法庭，服务客户。你绝不作伪，绝不欺诈，绝不因金钱或恶意以拖延客户之托。以此相助上苍。”

遥闻中国司法部日前也出台了《关于建立律师宣誓制度的决定》，堪称“中学为体，西学为用”的典范。两者并列阅读，获益匪浅。司法部规定的中国执业律师宣誓词如下：“我志愿成为一名中华人民共和国执业律师，我保证忠实履行中国特色社会主义法律工作者的神圣使命，忠于祖国，忠于人民，拥护中国共产党的领导，拥护社会主义制度，维护宪法和法律尊严，执业为民，勤勉敬业，诚信廉洁，维护当事人合法权益，维护法律正确实施，维护社会公平正义，为中国特色社会主义事业努力奋斗！”

明州最高法院的保罗·安德森（Paul Anderson）大法官与中国联系密切。他在2008年和2011年两次访华，在各大法学院巡回演讲。此外，安德森大法官也访问了最高人民法院和多家省级高院。

安德森大法官和中国法官和法学家交流的时候，需要花费很大力气解释“联邦主义/联邦制”（Federalism）的概念：为什么一个州会有自己的宪法，为什么州的三套政府系统（行政、立法、司法）都不需要向美国的“中央”——联邦系统的相应部门汇报？为什么说联邦最高法院并不是各州最高法院的“上级主管单位”？安德森大法官指出：在美国每一个州都有自己的一部宪法，另外全国还有一部联邦宪法。浙江省高级人民法院的法官回应安德森大法官：这在中国是不可想象的事情，不能想象浙江省有浙江省的宪法，另外还有一个中华人民共和国宪法。这种困惑可以理解，因为联邦制对中国人来说是很陌生的系统。

联邦制是两个或多个分享权力的政府对同一地理区域及其人口行使权力的体制。联邦制国家由各个联邦成员组成，各成员单位先于联邦国家存在。在美国，公民首先是某一州的公民，然后才是美国公民。公民日常生活婚丧嫁娶、购置产业、从事商业活动，都主要是和州政府打交道。美国人没有全国统一的身份证，各州颁发的驾驶执照就是美国人最普遍的身份证件（identification card）。美国联邦制的主要特征是：国家是以自主性政治实体——州所组成的联盟；立法权分属联邦政府以及各州政府；人民同时享有联邦以及州的双重公民身份；两级政府皆拥有立法、司法、行政、文官体系等完整权限；联邦在宪法权限上对州具有优先性。

在美国法律界和政界，联邦主义是一个持久的争论主题。民主党（Democrat）一般比较重视联邦权力，共和党（Republican）一般比较重视州政府的自治权力。由于美国法律有一个基本逻辑是：联邦宪法上未指明属于联邦政府的权利，就属于州政府所有。但是由于美国司法体系的独立存在，法院系统可以根据判例法逐步对州的权利进行规范。历史上著名的“合并原则”（incorporation doctrine）指的是通过美国宪法第十四修正案的“正当法律程序”（due process）条款，将最初仅对联邦有拘束力的《权利法案》（Bill of Rights）内容，同样对州产生拘束力的宪法原则。

在美国司法体系上，联邦法院系统具有有限司法管辖权（limited jurisdiction），州司法体系拥有一般/普通司法管辖权（general jurisdiction）。联邦法院系统只处理以下五种案件：①美利坚合众国是争议或讼辩一方的案件；②涉及外国官员的案件；③涉及来自不同州的居民的案件；④涉及美利坚合众国联邦宪法问题的案件；⑤涉及专利、版权和破产问题的案件。州法院系统可以处理除了上述①、②、和⑤类案件之外的所有案件。所以可以说，州法院处理的司法案件无论从数量还是种类上都要远远多于联邦法院。

安德森大法官还被中国法官问道：州宪法和联邦宪法哪个大？安德森大法官回答说：这个问题实际上应该问，谁能够给予人民提供更多的保护，更多的权利？那么回答是：州宪法。州宪法和州里面的其他法律不能跟联邦宪法有冲突，但是可以增加些内容。比如说，联邦宪法说人民享有三个权利，州宪法说本州居民除了这三种权利外，还拥有两种权利，这是完全允许和合理的。

安德森大法官还被问到一个更微妙的问题：州最高法院大法官和联邦最高法院大法官哪个大？他的回答是：由于州法院系统和联邦法院系统没有垂直报告关系，分别管辖的案件也有明确分工，所以基本上没有谁大谁小的问题。但是安德森大法官举了一个具体的例子来解释这两个法院之间的复杂关系：联邦最高法院可以向州最高法院发出“调卷令”（writ of certiorari），复核或者重审某一案件，然后判决是确认还是推翻州最高法院的判决。但是，州最高法院在决定某一案件时，既可以选择在联邦宪法和州宪法双重法律框架下决断案件；也可以选择只在州宪法的框架下决断该案件，不涉及联邦宪法条款，在后一种情况下，由于案件只涉及纯粹的州宪法问题，联邦最高法院无法发言。所以说，虽然联邦最高法院确实可能可以推翻州最高法院的判决，但是州最高法院可以策略性地限制某一判例法的适用性，使联邦最高法院根本无从置喙州内部问题。从这一个例子中也可以看到美国政治体系中无所不在的分权逻辑，最大限度上地防止权力的集中和变异。

美国明尼苏达最高法院法庭内景

明尼苏达州兰姆基郡地区法院正门上方的浮雕

明尼苏达州达科他郡地区法院

明尼苏达最高法院保罗· 安德森大法官（中）在中国最高人民法院审判庭

美国法律文献研究工具和研究报告 H

美国明尼苏达州最高法院 2011 - 2012 年度回顾

王 昶

明尼苏达州最高法院 2011 ~ 2012 年度七位大法官合影

前排左起：阿兰·佩奇（Alan C. Page）大法官、洛瑞·吉迪亚（Lorie Skjerven Gildea）首席大法官、保罗·安德森（Paul H. Anderson）大法官

后排左起：克里斯托弗·迪耶森（Christopher J. Dietzen）大法官、海伦·迈耶（Helen M. Meyer）大法官、巴里·安德森（G. Barry Anderson）大法官、戴维·斯特拉斯（David R. Stras）大法官

明尼苏达州最高法院已经于2012年10月初开始了2012－2013年审判季，本文回顾2011年9月至2012年6月审判季中的重要事件和判例法。

明尼苏达州最高法院正处在一个变化的时期，近年来大法官更替频繁，法理和意识形态分歧渐趋明显，案件判决中多数意见（majority opinion，即判例法）和反对意见（dissent，少数大法官反对多数意见，没有法律效力）往往针锋相对，反对意见日渐增多。

2012年5月，现年仅58岁、在最高法院供职10年之久的海伦·迈耶大法官（Justice Helen Meyer）决定提前退休。她在2002年由明尼苏达州第38任州长杰西·文杜拉（Jesse Ventura）任命为州最高法院大法官，2004年和2008年两次竞选连任。迈耶大法官留下的空缺给予了现任州长马克·戴顿（Mark Dayton）第一次任命州最高法院大法官的机会。2012年8月，戴顿州长任命明州上诉法院法官维赫米娜·怀特（Wilhelmina Wright）为明尼苏达州最高法院大法官，接替退休的海伦·迈耶大法官。怀特大法官成为明州历史上第一位非裔女性大法官。

州最高法院的一个重要功能是审批规范律师执业资格，明州最高法院在本年度对律师在明州执业的规定做出重要修改：原来规定只有美国律师协会（American Bar Association）正式认定的法学院毕业生才有资格参加明州律师资格考试，新规定是如果申请者毕业于非美国律师协会正式认定的法学院，但是已经拥有其他州律师资格并且在过去7年中有5年是以法律执业为主要工作的，现在可以被允许参加明尼苏达州律师资格考试，如果成绩合格并且通过背景调查，可以获得明尼苏达州律师执照。

本年度审判季从2011年9月开始，2012年6月结束，明州最高法院共接到122件强制和原初司法管辖权案件（mandatory and original jurisdiction，即州最高法院根据程序必须加以审理和判决的案件）。其中，一级谋杀案上诉12件；一级谋杀案判决后减免刑申请16件；税务法院上诉13件；工人酬劳上

诉法院（Minnesota Workers' Compensation Court of Appeals）上诉 20 件；律师惩戒案件 52 件；法官惩戒案件 2 件；民事案件 5 件；法庭令申请 2 件。最高法院另外还收到 602 件上诉申请（petition for further review），其中民事案件略多于刑事案件。最高法院接受并批准了 71 件，拒绝了 531 件。本年度明州最高法院总共进行了 126 次法庭庭辩，共颁布了 95 件司法意见判决书（明尼苏达州判例法）。

本年度的主要案件如下：

《明尼苏达州诉兰道夫案》（*State v. Randolph*）

一被告人在地区法院被诉家庭暴力，并被定罪，他请求法院委派一位公共辩护人（public defender）代表他上诉。地区法院指定了一位私人执业的律师，并说明郡政府负责律师费用，但是郡政府拒绝支付。于是，地区法院重新下令政府的公共辩护人办公室提供律师代理人，或者支付该私人执业律师的费用。公共辩护人办公室不服，上诉到最高法院。最高法院判决：在上诉过程中，经济拮据的被告人有权获取法律协助，比如说法庭指定的私人执业律师，但是不一定是免费的公共辩护人。州政府，而不是公共辩护人办公室和郡政府，需要为合理的律师费用买单。如果州政府拒绝提供财政资助，那么就意味着州政府与该被告的诉讼中，被告将由于经济原因无法在初审败诉之后继续在上诉阶段得到法律协助。在这种特殊情况下，州最高法院将有权宣布拒绝整个案件，下令州政府撤诉，实际等于被告人胜利。这个案件表明美国法院高度重视宪法中规定的报告人有权获得法律协助的规定，在司法过程中倾向于保护弱势一方。

《强森案》（*In Re Johnson*）

该案涉及印第安人法律。在美国，印第安原住民拥有真正意义的自治，各部落的保留区（reserve）具有和州一样稳固的地位。联邦政府承认印第安人的自治权，允许印第安人建立行政机制和程序，以确保印第安人原住民部落能够实施自己的法治，在保留区内完全自治。基本上可以说，散布在美国各州的原住民保留地基本上属于国中之国。在此案中，明州的一个郡政府控告两名拥有印第安原住民身份的人，寻求法庭令将他们定为“具有危险性的性侵犯者”（sexually dangerous person）。两名被告在法庭上声称地区法院不具有司法管辖权，法庭不同意。案件最后上诉到最高法院。最高法院判决认为尽管明尼苏达州对印第安保留地只有有限民事管辖权，但州法院对此案的特殊问题具有司法管辖权。此案的推理逻辑是虽然印第安人自治，但仍然在很多方面与外部法律体系发生关系，印第安人保留地的自治并不是法律豁免。

《罗米勒诉哈特案》（*Rohmiller v. Hart*）

一个孩子的母亲去世了，孩子的父亲拥有抚养权。父亲不允许孩子的外祖父和姨母定期探望孩子，于是外祖父和姨母向法庭申请联合且不受孩子父亲监视的探视权（unsupervised visitation）。地区法院批准了申请。父亲向上诉法院上诉，要求推翻地区法院的许可。明州上诉法院确认外祖父拥有探视权，但是姨母没有法定探视权。孩子的姨母申诉到最高法院。最高法院确认了明州上诉法院的裁决：不论在成文法还是普通法里面，孩子的姨母都没有当然的探视权。如果孩子的父亲反对，地区法院也不应该在给予孩子的外祖父探视权之外，另外给予孩子的姨母以探视权，因为姨母并不是孩子的替代父母（loco parentis）。最高法院还指出，在普通法、成文法没有规定的情况下，在孩子父亲的反对之下，法院没有权利以"孩子的最佳利益"（the best interests of the child）为由给予姨母探视权。法院也同时明确，这个判决并不是说当孩子访问外祖父的时候，孩子的姨母不能与孩子见面。此案表面涉及法律和人情，实际上是确切的司法管辖权问题，哪些事情法院可以处理，哪些事情法院不宜裁判。

《明尼苏达州诉萨尔案》（*State v. Sahr*）

明州检察官以一级刑事性接触罪名（first-degree criminal sexual contact）起诉麦克·萨尔。被告的律师向法庭提起动议（motion），要求撤销案件，因为起诉书中所列事实不足以支持以该罪名起诉。负责初审的地区法院应要求撤销了案件。明州政府向该地区法院提起另一动议，准备以二级刑事犯罪行为（second-degree criminal conduct）起诉萨尔。地区法院拒绝政府的动议，指出如果允许政府以另一罪名起诉萨尔则违反了美国宪法第五修正案中的"禁止双重危险原则"（double jeopardy）。政府上诉到明州上诉法院，上诉法院把案件发回地区法院再审。地区法院再审决断：政府准备在第二次起诉的犯罪行为就是政府第一次起诉的犯罪行为，而第一次起诉已经在地区法院被撤销；

所以如果允许第二次起诉，将违反“禁止双重危险原则”。明州上诉法院随后推翻了地区法院的裁决。明州最高法院最后在此案中推翻了明州上诉法院，支持地区法院。最高法院指出：地区法院对第一次起诉的撤销相当于在法律依据上宣布被告无罪，宪法的“禁止双重危险原则”保护萨尔不会因为同一行为而被再次以新罪名起诉。

“禁止双重危险原则”，又称“禁止二重起诉”或者“一事不再理”，在很多普通法国家和大陆法国家都存在，为宪法上的权利，属于人民基本权的一种。而其主要的内容在于避免被告就同一犯罪遭受到两次以上的审判 。美国宪法第五修正案明确规定“禁止双重危险”，严格限制政府公权力的滥用，避免政府就同一被告的同一案件再行追诉，保护个人免于被诉讼反复干扰。因为当一个事实问题已经由一个有效且最终的判决所判定后，该问题即不应该就相同的当事人于未来的任何诉讼中加以审理。该原则明确禁止：就相同的案件被宣告无罪后再行审判，就已经被定罪的案件再行审判，就同一行为多次施以惩罚。“禁止双重危险原则”在中国不存在，反之却有所谓“漏罪”概念，几乎与“禁止双重危险原则”完全相反，这在最大程度上限制了被告的正当权利（2011 年所谓 的“李庄漏罪案”即是一实例）。

《明尼苏达州诉赫吉斯案》（*State v. Heiges*）

这是一个引起媒体极大关注的悲剧案件。被告人赫吉斯被逮捕并被起诉二级谋杀罪（second - degree murder）和一级杀人罪（first - degree manslaughter），她被控诉在生下一个婴儿后，立刻将婴儿溺毙在浴盆之中。在初审法院，陪审团确定被告犯有二级谋杀罪，并宣判被告 299 个月有期徒刑。明州上诉法院确认了判决。被告上诉到最高法院，声辩被告对亲友所谈到的个人罪行不应该被视为“坦白”，因为当时警方调查还没有开始。所以被告的有罪判决缺少证据来补充警方对犯罪行为的确认。最高法院决断被告人的自证其罪的“坦白”可以视为确认谋杀行为之外的补充证据，初审法庭有足够证据判决被告有罪。

《米勒诉兰考案》（*Miller v. Lankow*）

原告米勒购买了一处住宅，这处住宅之前被霉菌侵入并经过维修。但是 18 个月之后，原告又发现住宅里面有霉菌，于是向法庭起诉房屋建筑商。初审法庭判决建筑商胜诉，因为原告在发现问题之后，修复了被霉菌破坏的地方，原始证据于是就失去了。上诉法院同意初审法院。最高法院推翻上诉法院，指出：本案中原告由于健康原因，不得不摧毁“证据”（霉菌），只要原告适当通知了被告“证据”将不得不被摧毁，法庭日后就不能以证据丢失为理由惩罚原告。

《R. S. 和 L. S. 之子的福祉案》（*In re Welfare of Child of R. S. and L. S.*）

此案涉及一个印第安人孩子的福祉。当印第安人父母的抚养权被地区法院终结后，印第安部族申请由印第安人部族法院来决断如何在寻找到收养家庭之前安顿孩子的最佳方式，尽管该孩子并不住在印第安人保留地。地区法院和上诉法院都同意，但最高法院否决。最高法院认为《印第安儿童福利法》（Indian Child Welfare Act）和《明尼苏达儿童保护条例》（Minnesota Rules of Juvenile Protection）规定部族法院只能处理两种情况：寄养家庭安排和终结父母抚养权，本案中涉及的问题不包括在其中。本案判决争议极大，评论普遍认为最高法院多数方的判决遵循教条，忽视儿童真正的福祉和生活。

《明尼苏达州诉伯格案》（*State v. Borg*）

联邦宪法第五修正案禁止政府强迫犯罪嫌疑人自证其罪，也禁止检方在法庭上以犯罪嫌疑人拒绝作证为由暗示其有罪。但是如果犯罪嫌疑人在被拘押期间没有受到政府方面的强迫自白或者强迫保持沉默，那么第五修正案就不适用。

《KSTP 电视台诉兰姆基郡案》（*KSTP-TV v. Ramsey County*）

2008 年大选期间，有一些缺席选票（absentee ballots）由于各种“缺陷”未被开封并没有计算入最后结果。多家电视台以《明尼苏达州政府数据实践法案》（Minnesota Government Data Practices Act）为诉由要求将这些选票公开，但最高法院认为根据该法，这些选票并不是公开的政府数据，电视台不能检查和拷贝这些密封的选票。

《威斯利诉弗洛案》（*Wesely v. Flor*）

牙病患者诉牙医医疗渎职，但是原告提供的专家证言（expert testimony）是由内科医生提供的，接下来患者又提供了一份其他牙医的证言。被告要求法庭撤销诉讼，但是最高法院最后裁定患者可以提供第二份医学专家证言来支持诉讼。

《明尼苏达州诉蔡斯案》（*State v. Zais*）

被告被诉对妻子有暴力行为，检方证词是由妻子提供的。但是被告以“婚姻保密特权”（marital privilege）提出动议要求摒除妻子证言。最高法院裁定如果夫妻一方被诉对另一方暴力行为，“婚姻保密特权”不再适用。

《明尼苏达州诉奥比塔案》（*State v. Obeta*）

最高法院在此案中裁定在性侵犯案件中，如果犯罪嫌疑人辩称性行为是双方同意的，地区法院可以行使自由裁量权（discretion）来决定是否接纳专家证言来证明在性侵犯案件中受害者是否可能会晚报案，是否一定会有物理性身体伤害存在，以及是否会有被动服从行为，如果地区法院认定这些证言将有利于陪审团探寻事实真相的话。

《关于 M. L. M 的福祉案》（*In Re Welfare of M. L. M*）

一位未成年的犯罪嫌疑人在辩护其重罪指控的时候同时辩护其轻罪指控。初审法庭命令犯罪嫌疑人提供 DNA 样本，犯罪嫌疑人辩称这要求是“无理搜查和拘捕”（unreasonable search and seizure），违反了其在“平权保护”（equal protection）下的权利。最高法院裁定未成年犯罪嫌疑人在此情况下的隐私权降低，法庭要求其提供 DNA 样本并未侵犯其宪法权利。

《爱丽丝·安·斯塔布诉圣克劳德教区案》（*Alice Ann Staab v. Diocese of St. Cloud*）

原告诉被告教区，称在其教区领地上受到伤害。陪审团裁决被告和未参加诉讼的第三方各有 50% 的责任，但地区法院要求被告赔偿原告全部损失。后最高法院裁决被告只需要赔偿原告 50% 的损失。

《联合平原银行－山湖分所诉豪根营养和设备公司案》（*United Prairie Bank－Mountain Lake v. Haugen Nutrition & Equipment, LLC*）

最高法院在此案中裁定根据明州宪法，案件的律师费由谁支付应该由陪审团来决定，因为这是一个法律要求（legal claim），而不是一个衡平要求

(equitable claim)。

《萨瓦拉诉杜鲁斯市案》(*Savela v. City of Duluth*)

杜鲁斯市的一些退休公务员把市政府告上法庭，声称与政府签订的集体合同中规定："退休公务员的医疗福利将与现在职人员的医疗福利相当"。但是自他们退休以来，在职人员医疗福利水平下降了。所以这些退休人员要求他们的医疗福利待遇应该于他们退休时候的在职人员享受的水平一样。但是地区、上诉和最高三级法院都判决市政府胜诉。

《拉蒙特诉第 728 独立学区案》(*LaMont v. Ind. School Dist. No. 728*)

原告拉蒙特以《明尼苏达州人权法案》(Minnesota Human Rights Act) 控告学区雇主，声称其在"恶意工作环境"(hostile work environment) 中受到性骚扰。地区法院简易判决学区胜诉，称原告不能以性骚扰为基础来诉告雇主的"恶意工作环境"。最高法院判决原告败诉，却是因为原告提供的证据不足，如果证据充足，原告可以以性骚扰为基础来诉告雇主的"恶意工作环境"。

《弗莱泽诉伯灵顿北方圣达菲公司案》(*Frazier v. Burlington Northern Santa Fe Corp.*)

由于火车和道路交叉口的下落门和警告灯失修而失效，一辆汽车被驶来的火车撞上，4 名乘车者当场身亡。地区法院指示陪审团成员以普通法中的"合情合理的普通人标准"(reasonable person standard of care) 来判定被告是否有责任，陪审团由此判决原告胜诉。被告上诉，称该陪审团指示不当。但最高法院最终判定地区法院的陪审团指示并未妨害本案的司法公正，原告仍然胜诉。这是本年度最大赔偿金额的个人伤害案件之一，被害者的亲属原告们获得 2400 万美元的赔偿。

《泰勒诉 LSL 公司案》(*Taylor v. LSL Corporation*)

原告泰勒是 LSL 公司前台接待，其丈夫是 LSL 公司总裁，在他辞职之后，泰勒也被解职。泰勒诉 LSL 公司违反《明尼苏达州人权法案》，声称她是因为与辞职总裁是夫妻而被解职。地区法院简易判决公司胜诉，因为 LSL 公司并没有损害原告夫妻关系，所以没有违反原告的人权。但上诉法院和最高法院推翻了地区法院判决，裁定以该人权法案为诉由并不要求对夫妻关系本身造成损害。

2012 年 11 月的大选中，前州长蒂姆· 波兰提（Tim Pawlenty）任命的洛瑞· 吉迪亚（Lorie Skjerven Gildea）首席大法官，巴里· 安德森（G. Barry Anderson）大法官和戴维· 斯特拉斯（David R. Stras）大法官都成功击败挑战者，获得连任。

2013 年 5 月底，明州最高法院广受明州各界爱戴的保罗· 安德森（Paul H. Anderson）大法官将在年满 70 岁的时候退休，这将给予州长马克· 戴顿（Mark Dayton）第二次任命州最高法院大法官的机会。由于安德森大法官意识形态上属于中间偏左的自由进步派阵营，与戴顿州长属于左倾相近，可以预见戴顿州长的提名将仍会是由自由派的法官接任安德森大法官。但是，由于安德森大法官多年来充任自由派大法官领袖的地位，继任者从威望和资历将不可能与他相提并论，自由派阵营将蒙受一些损失。再加之右倾的 4 位法官都将连任多年，在可预见的将来，明州最高法院的意识形态天平还将保持右倾。

美国法律文献研究工具和研究报告Ⅰ

美国明尼苏达州最高法院2012－2013年度回顾

王 昶

美国明尼苏达州最高法院于2013年10月初开始2013－2014审判季，本文回顾2012年9月－2013年6月审判季中的重要事件和判例法。

继前一年维赫米娜·怀特（Wilhelmina Wright）接任退休的海伦·迈耶大法官（Helen Meyer）之后，本年度保罗·安德森大法官在2013年5月底，年满70岁时按州法规定荣休。

在2009年，安德森的一句名言使得他成为美国全国名人：当时民主党人、前喜剧演员和作家阿尔·弗兰肯（Al Franken）与共和党人诺姆·寇曼（Norm Coleman）激烈角逐美国联邦参议员席位，关于是否重新计算选票问题双方诉至明州最高法院。寇曼的律师在庭上试图引用2000年佛罗里达州布什与戈尔争议的前例，暗示寇曼有理。安德森大法官在庭上打断寇曼的律师，坚决地指出"这不是佛罗里达，这是明尼苏达。在明尼苏达辩论你的案件"（This is not Florida, this is Minnesota. Argue your case in Minnesota），此句成为坊间一时名言，也是后来一本记录此次参议员竞选争议的纪实文学书籍的书名：*This is Not Florida.* 该案最终判决弗兰肯获胜，现在弗兰肯是明州的两位联邦参议员之一。

安德森的荣休使得马克·戴顿（Mark Dayton）州长再次有机会任命最高法院大法官。经过数月研究，州长决定任命现年59岁的明州德信律师事务所（Fredrikson & Byron）律师戴维·利勒浩（David L. Lillehaug）。利勒浩毕业于哈佛法学院，曾在1994年被克林顿总统任命为联邦检察官（US Attorney），后来多年在律师事务所执业。

明州最高法院在2012－2013年度对《明尼苏达民事诉讼法》（Minnesota Rules of Civil Procedure）和《明尼苏达法律规则》（Minnesota General Rules of Practice）等做出了许多重要修正，为明州“民事法律改革计划”（Civil Justice Reform）的一部分。

本年度审判季从2012年9月开始，2013年6月结束，明州最高法院共接到135件强制和原初司法管辖权案件（mandatory and original jurisdiction，即州最高法院根据程序必须加以审理和判决的案件）。其中：一级谋杀案上诉7件；一级谋杀案判决后减免刑申请22件；税务法院上诉14件；工人酬劳上诉法院（Minnesota Workers' Compensation Court of Appeals）上诉19件；律师惩戒案件53件；法官惩戒案件1件；民事案件16件；法庭令申请3件。

最高法院另外还收到639件上诉申请（petition for further review），其中民事案件272件，刑事案件347件以及急案加速审理申请（Petition for accelerated review）2件。在这641件申请中，最高法院接受并批准了65件（民事43件，刑事22件），占申请的10%；拒绝了572件。本年度明州最高法院总共进行了111次法庭庭辩，共颁布了141件司法意见判决书（明尼苏达州判例法）。

本年度的判决的重要案件如下：

源代码证据听证案（*In Re Source Code Evidentiary Hearings*, 816 N. W. 2d 525）（Minn. 2012）

明州的一些因酒后驾车而失去驾照并被起诉的嫌犯们在全州挑起诉讼，挑战明州警方使用的酒精浓度测试仪的准确程度。嫌犯们雇佣的专家证人作证：测试仪内置电子设备的源代码有缺陷，可能造成测试结果不准确。嫌犯们于是向各法院提交动议，要求在审理他们酒后驾车案件的时候，排除酒精浓度测试仪的检测结果，这样警方将没有充足证据指控他们酒后驾车。嫌犯们也请求法院如果检测结果不能被排除，至少允许他们的专家证人在酒后驾车案审理的时候能够当庭作证，指出测试仪源代码的问题。明州最高法院指派达科他郡地区法院作为专门法院来主持听证，统一听取嫌犯们的动议。地区法院经过听证，拒绝了嫌犯们的动议。嫌犯们上诉到明州上诉法院和明州最高法院。明州最高法院4对3判决：支持地区法院的决定，嫌犯们败诉。最高法院认为地区法院已经充分审阅了各方证据，判断测试仪源代码缺陷不会影响测试精确度；地区法院的判决没有侵害嫌犯们的正当程序（due process）和公正审理（fair trial）权利。这一案件有效终结了长达6年之久的法律纠纷，政府/警方方面大获全胜。

塔绸诉明尼苏达大学案（*Tatro v. Univ. of Minnesota*, 816 N. W. 2d 509）（Minn. 2012）

此案涉及宪法之中的言论自由条款。这是一个被全国媒体广泛报道的案件。明尼苏达大学太平间科学专业学生阿曼达·塔绸（Amanda Tatro）在Facebook 上发帖，嬉笑怒骂她所学的学科和实验对象——尸体，描述她在实验室/太平间内的工作和感受。明尼苏达大学学生行为和学术规范办公室（Office for Student Conduct and Academic Integrity）经过调查听证，判定学生违反《学生行为守则》（Student Conduct Code），对其给予处分。塔绸申请明州上诉法院调卷令决断明尼苏达大学的处分是否违法，明州上诉法院支持明尼苏达大学。塔绸上诉到明州最高法院。最高法院最后支持上诉法院和大学的处分决定，指出：塔绸作为一个专业学科的学生，受到特定职业的伦理道德规范的制约，在入学前和学习中也同意遵守这些守则。但是其在社交网站上的帖子极其低级趣味，违背学术规则，玷污职业声誉，影响恶劣。在此情况下，学校对其处分完全合理合法，没有侵犯学生的言论自由。这个案件具有代表性：随着互联网社交媒体的兴起和广泛使用，出现了与在线言论自由有关的新的法律问题，司法体系对这些问题开始回应。

明尼苏达州诉克劳利案（*State v. Crawley*, 819 N. W. 2d 94）（Minn. 2012）

本案涉及宪法言论自由。克劳利在警局声称有警察伪造了她的签名，经调查其声称不实。警方依据《明州法典》（Minnesota Statutes）中禁止虚假控诉警方不当行为条款起诉克劳利，地区法院判决克劳利败诉。克劳利上诉，上诉法院推翻地区法院判决。上诉法院认为该法典条文违反宪法第一修正案的言论自由条款。政府上诉到最高法院，最高法院研究了具体的《明州法典》条文，认为该条文确实属于对言论内容的控制，而且过于宽泛，但是还不属于对言论自由的限制，因为其只针对诽谤性言论。斯特拉斯大法官、保罗·安德森大法官和海伦·梅耶大法官反对，指出该条文明确违宪。言论自由的核心精神就是同时保护正确和不正确的言论，不能以刑法惩罚不正确的言论。

麦吉诉劳瑞案（McKee v. Laurion, 825 *N. W. 2d*725）（*Minn.* 2013）

这个案件涉及互联网上的言论。被告劳瑞的父亲出血性中风，被送到医院。在病房中见到神经病学医生麦吉。麦吉态度恶劣，言语粗鲁。事后劳瑞在各“评点医生”网站发帖，列举麦吉医生的不当言论。麦吉医生在地区法院起诉劳瑞诽谤。地区法院认为劳瑞的帖子不构成诽谤，简易判决麦吉败诉。麦吉上诉，上诉法院推翻简易判决。劳瑞上诉到最高法院，最高法院推翻上诉法院，判决麦吉医生败诉。最高法院指出：病人家属在互联网上的帖子列举医生的粗鲁言论不能被当作诽谤而控告到法庭。当事人控告对方诽谤，必须证明：①诽谤言论被传达给他人；②言论不实；③言论有意伤害当事人声望并降低其在社群中的地位；④收到诽谤言论的他人明确认定该言论是针对当事人而发。最重要的是：如果言论基本属实，尽管其中一些细节不准确，仍然不构成诽谤。

简安· 穆莱申请案（*In Re Petition of JaneAnne Murray*, 821 N. W. 2d 331）（Minn. 2012）

此案涉及法律教育和法律执业的全球化。穆莱生于爱尔兰，在爱尔兰接受法学本科教育，随后在英国剑桥大学获法学硕士。1991 她通过纽约州律师资格考试，开始在纽约宝维斯律师事务所开始工作，后自行执业。2011 年她随先生搬到明州，随后申请免试获得明州律师执业资格。但在明州最高法院现行规定下，她没有资格免试，因为其本科学校未被美国联邦教育部认证，她获得的法学学位也未被美国律师协会（American Bar Association）认证。最高法院经过详细研究，鉴于她优秀的教育背景和长期的工作经验。允许她免试获得明州律师执业资格。这一案例代表了原有的法律教育和职业规则在缓慢地变化，以适应全球化的需要。

格罗维根诉西瑞斯设计公司案（*Glorvigen v. Cirrus Design Corp.*, 816 N. W. 2d 572）（Minn. 2012）

此案涉及“警告责任”（duty to warn）问题和“教育事故原则”（educational malpractice doctrine）。一位业余飞行员购买了一架小型飞机，虽然飞机制造公司保证提供飞行训练，但交易完成后飞机制造公司未能提供全部培训。一个月后，业余飞行员和他的乘客在一次飞行中遭遇空难死亡。飞行员和乘客家属控告飞机制造公司未能履行警告责任，未能提供有效培训。

地区法院判决飞机制造公司负有责任。上诉法院推翻地区法院判决，指出飞机制造商没有培训责任，尽管购买飞机合同中有这个承诺；而且“教育事故原则”禁止这类诉讼。“教育事故原则”指的是一般来讲，学生/学员不能以因为教育培训机构未能有效提供教育培训从而造成学生/学员损失来控告教育培训机构。最高法院支持上诉法院判决。

迪克霍夫诉格林案（*Dickhoff v. Green*，836 N. W. 2d 321）（Minn. 2013）

这是本年度最重要的案件，被媒体广泛报道也被法学界密切关注，注定将进入法学院教科书。本案源自一个非常令人痛心的悲剧：本案主角乔瑟琳（Jocelyn Irene Dickhoff）小姑娘生于2006年6月12日，由于早产，她出生的头两周在明尼苏达大学医院接受监护。6月28日出院回到家乡小城。随后乔瑟琳父母发现她身上有一个肿块，次日乔瑟琳父母带孩子接受小城本地医生常规检查的时候提出肿块问题，医生说可能是囊肿。接下来的一年中，孩子定期接受该医生检查，但该医生持续认为肿块属于良性。直到孩子一周岁在其他医生处检查时发现肿块属于恶性肿瘤。乔瑟琳开始接受治疗，但肿瘤已经增大。乔瑟琳三周岁时，其父母起诉最初误诊的小城医生。地区法院判决医生胜诉，上诉法院推翻，最高法院确认上诉法院，判决医生败诉。本案的法律原则“机会失去”（loss of chance）指的是：如果由于医生的疏忽，病人未能得到及时地诊断和治疗所患绝症，由此增加了死亡危险，那么医生负有责任。

2013年5月31日最高法院公布了由保罗 · 安德森大法官（Justice Paul Anderson）执笔的司法意见判决书，7月6日乔瑟琳去世，年仅7岁。

乔瑟琳（Jocelyn Irene Dickhoff）

2006. 6. 12 – 2013. 7. 6

J. J. P. 案（*In Re J. J. P.*, 831 N. W. 2d 260）（Minn. 2013）

本案涉及犯罪记录清除（expungement）问题。本案主角 J. J. P. 在 17 岁未成年的时候，曾犯轻微偷窃行为，被捕后认罪。数年后他成年的时候申请地区法院清除其在政府行政机关文档中的犯罪记录，地区法院拒绝，后上诉法院推翻地区法院。最高法院部分支持上诉法院，部分推翻上诉法院，并把案件发回上诉法院重审。最高法院指出：地区法院清除行政机关文档中关于某人的犯罪记录的权利是有限的，地区法院必须综合各种因素多方考量，斟酌决定。本案被报道为“不宽恕的社会”（unforgivable society）案件，因为社会对个人的轻微过失的宽容度非常之低。

明尼苏达州诉 *M. D. T.* **案**（*State v. M. D. T.*, 831 N. W. 2d 276）（Minn. 2013）

本案同样涉及犯罪记录清除（expungement），问题。本案主角 M. D. T. 曾擅自篡改医生处方，去药店取药。被查获后认罪，地区法院判决其犯伪造文书罪（aggravated forgery），并判处缓刑。缓刑期满后 M. D. T. 申请法院清除其犯罪记录，以便申请学校学习。地区法院批准，认为清除记录有利于 M. D. T. 和公众利益。上诉法院确认。最高法院部分推翻，指出三权分立原则下，司法部门对犯罪记录的清除仅限于法庭令部分，司法部门不能命令行政部门也清除文档中的相关记录。这样的结果实际上是记录无法清除。安德森大法官和佩奇大法官撰写了反对意见，指出行政部门花费大量纳税人金钱在此案上，所得结果无外乎保存毫无意义的轻微犯罪记录。虽然法律原则上成立，逻辑也似乎说得通，但是毫无情理。安德森大法官评论道：“有时候依据法律主持正义容易，但是做真正正确的事情很难。”

明尼苏达州诉斯韦奈案（*State v. Jeffery Allen Silvernail*, 832 N. W. 2d 594）（Minn. 2013）

此案涉及案件公开审理问题（open trial case）。斯韦奈被控杀害其女友，触犯一级和二级谋杀罪，陪审团闭门审理判决其有罪。斯韦奈上诉指出闭门审判违反了宪法第六修正案公开审理原则，但最高法院认为此点无关大局，陪审团有足够证据判决他有罪。

钱伯斯诉明尼苏达州案（*Tomothy Patrick Chambers v. State*，831 N. W. 2d 311）（Minn. 2013）

本案主角钱伯斯 17 岁的时候偷盗汽车，并在警车追捕下，开车撞死一位警官。陪审团判定他有罪，地区法院判决他终身监禁不得释放（life in prison without the possibility of release）。钱伯斯上诉，申辩此判决违反宪法第八修正案禁止“残酷和非常的处罚”（cruel and unusual punishments）原则。而且在本案上诉过程中，美国联邦最高法院在米勒诉阿拉巴马州案（*Miller v. Alabama*，132 S. Ct. 2455）（2012）中明确宣布法庭无权判决未成年人终身监禁不得释放。但是，明州最高法院多数意见判定钱伯斯仍然败诉，认为联邦最高法院的米勒案的原则不需要被追溯（retroactive）使用在此案中。

美国法律文献研究工具和研究报告 J

国际背景下的法律信息管理 [1]

自从美索不达米亚的书吏整理乌尔纳姆法典（约公元前 2100 年）、里皮特伊施塔法典（约公元前 1930 年）、埃舒努那法典（约公元前 1770 年）[2] 和汉谟拉比法典（约公元前 1770 年）以来，各种文明试图“将秩序的外表加之于今天我们称之于法律的学科上”[3]。这些古代世界的最早尝试也被后来怀揣同样目的的伟大事业所追随，它们包括查士丁尼法典（公元 529 年）、唐律（公元 624 年）、[4] 阿尔弗雷德法典（公元 890 年）、自由大宪章（公元 1215 年）以及拿破仑法典（公元 1804 年）。它们都反映了将社会所承认的法律规则和行为习惯予以合理安排并加以秩序化的强烈愿望。尽管潜在的动机各有不同，但通观历史上各统治者（无论是温和的、残暴的或者其他），各宗教和军事领袖，各政府官员，各法官和律师，以及晚近出现的专业法律信息服务商都试图构建一种使得法律能够被理解、感知、信赖并具有权威的体系。尽管一切都显得足够乐观，甚至随着因特网和其他相关技术的出现，在 21 世纪关于法律领域的信息管理到底是在进步还是在退步，我们仍然不能看清。实际上，人们可以声称如果没有“使得整个法律信息更容易被理解，更贴近使

---

〔1〕 与美国明尼苏达大学法学院信息与技术副院长郝兰琼合作。原文为英文，张君丰译。

〔2〕 Russ Versteeg, *Early Mesopotamian Law*, Durham: Carolina Academic Press, 2000, p. 18.

〔3〕 Russ Versteeg, *Early Mesopotamian Law*, Durham: Carolina Academic Press, 2000, p. 18.

〔4〕 “唐律”涵指唐朝颁布的一系列法典，其中包括武德律（公元 624 年）、贞观律（公元 637 年）和永徽律（公元 651 年）。

用者的系统整理的话”[1] 那么在当今世界大部分地区运行的法律体系也许会变得如同古苏美尔、阿卡德、巴比伦书吏们耗时费神的在石板上“耕耘”时期一样的混乱不堪。

法律信息背景下的知识管理

在众多学科关于知识管理的定义中，最适合于法律信息的是由默森·杰拉米（Mohsen Gerami）提出的一个简单到无以复加的定义，即“知识管理是一个使得相关信息更快更容易被获得，从而让人们更有效的使用这样一个过程”[2]。杰拉米定义的关键点是他认为信息能够被获得而且以能够被学者，研究人员所能够“有效利用”的形式呈现出来。我们这个时代的一个谬误是对这样一句格言的盲从，即“信息就是力量”。无论信息以历史或者科学的要素、数据、统计、判例等各种形式出现，就其自身来说也很难成为一种强大的力量。当信息能够用来理解事物，解决问题，作出决定时，他才能变为一种持续强大的影响力。然而，问题的另一面在于脱离了精确的信息，有实际用处的知识就不可能产生。在法律的领域内，基于非精确的、不完整的、被替换的信息从事推理，分析和引出结论不仅是无用的，而且是存在潜在危害的。

法律对知识整理构成了独特的挑战。它是如此的汗牛充栋、错综复杂[3]且不稳定，更令人困扰的是在不同的司法管辖区内格式、术语和机构都缺乏一致连贯性。普通法系和民法法系国家的巨大差别更加使这一问题复杂化。另外，如约翰·蒙大拿（John Montana）所说：“在信息管理的时代，法律总是显得不合时宜。在一方面，法律完全是人造的。在其中并没有隐秘的物理原理或重大的未知事物，而且也没有对法律的遗漏……法律的原则，结果，以及整个文本都是完全可知的……一个正在研究法律问题的人本应该快速而简便地获得一个确定的答案……然而实际上，没有什么比真相更加遥远的了。与一个牵涉税法典的一般复杂的问题比起来，研究一个理论天体物理问题反

---

[1] John Montana, “The Legal System and Knowledge Management”, 54 *Information Management Journal*, p. 57.

[2] Mohsen Gerami, Knowledge Management, 7 *International Journal of Computer Science and Information Security*, p. 234.

[3] Erich Schweighofer, *Knowledge Management and Administration of Justice*, 18 (1) International Review of Law, Computers and Technology, 2004, p. 47 ~48.

倒更加容易，得出的结论也确切得多"[1]。与科学和数学不同，在法律中并没有什么绝对的东西。甚至像关于公平、正义、先例和理性这样的概念都是可以被用来讨论，接受争论并处在不停地重新评估中的。

然而，特别是考虑到科技的创新促进了信息的获取、组织与储存。只有愚笨之人才会从热切的追求关于法律信息管理所要面对的挑战的解决方法中抽身而出。法律信息应当被更为精当的加以管理以方便学者和法律从业者的检索，而且普通民众在接触司法体系和寻求司法保护时也可以获得法律信息。寻求法律领域知识管理的解决方法是可行的，但是那些立志于此的人们在前进的过程中必须保持这样的清醒认识，即法律信息是被历史的组织起来的。另外，法律体系和文化间的差异使得解决方法的多样性和灵活性成为必然，没有一种解决方法可以超越司法管辖区的边界这也是事实。本文的下一部分将要讨论美国和中国法律信息系统的发展和在法律知识管理方面两国共同面临的挑战。该讨论将会分辨出具体的挑战，特别是那些被无所不在的因特网所驱动的，包括真实性、准确性、有效性和连续性。本文将以前瞻式的分析作为总结，论述正在兴起的科技将加强法律信息的知识管理，并强化中美两国的法律体系。

美国法律信息系统的发展

美国的法律系统，如同先前为英国殖民者所定居的大多数国家一样，继承了起源于中世纪英格兰的普通法传统。源自于大众习惯、原则和规则的普通法是通过口耳相授的方式一代代传承下来，并最终反映在成文的法院判决中。英国的殖民者以及后来美国的建立者都将英国的普通法引入到美国法律与机构中。[2]美国的法律体系与其他的法律体系有着极大的不同，诸如欧洲大陆那种建立在罗马法基础上的民法法系。除了这两种体系的其他区别外，民法法系更加注重成文法典和"有一种假设：法典的规定可以适用于所有的法律问题"的观念。[3]在普通法的司法管辖区内，没有类似假设的存在，恰

---

[1] John Montana, The Legal System and Knowledge Management, 54 Information Management Journal 57 (2000), p. 54.

[2] J. Myron Jacobstein, Roy M. Mersky& Donald J. Dunn, *Fundamentals of Legal Research*, New York: Foundation Press, 1998, 7th ed., p. 3.

[3] J. Myron Jacobstein, Roy M. Mersky& Donald J. Dunn, *Fundamentals of Legal Research*, New York: Foundation Press, 1998, 7th ed., p. 3.

恰相反，“许多法律原则只能通过‘不成文法’或者普通法来发现”。[1]所以，在像美国一样的国家，它们在相当大程度上依赖于成文司法判决，这些判决也许会构成先例，并被审判后来案件的法官所遵守。除此之外，“美国的法律制度并没有一个关于一部制定法可以适用于所有的法律问题或者法典是法律的综合性阐述这样的假设”[2]。

如同美国宪法所定义的那样，联邦和州政府同时拥有创制法律的权利，同时“在每一起案件中，立法、行政、司法机构共享此权力”。[3]美国体制中的法律信息是由一手资源构成的，它们包括制定法、判例、条例与其他包括总统办公室在内的政府机关出版的经授权的一些法律重述。二手资源用来补充一手渊源，它们起到“解释、翻译、发展、定位与更新一手资源”的作用。[4]律师、法官、学者、自诉人和普通公民运用由一二手资源获得的知识来定位。解释与适用法律。直到关于一个问题的所有信息都已经被定位，确认并被置于合适的背景下，法律职业者的工作核心——法律推理——才有可能出现。因为越及时就越有助于法律事务的解决，所以对于美国的诉讼当事人、律师和法官来说，对可靠信息的及时有效获取事关重大。

作为一个普通法国家，美国法律出版事业的重要性，更确切地说是法律信息出版者对新近案例的及时反馈能力是非常强大的。在殖民地时期和紧接其后的独立战争时期，印刷出版的制定法、法典和判例集都是非常罕有并且既不完整也不精确的。然而，“当这个国家向西部扩展且经济从农业转为工业时，对法院和立法系统提出了更多的要求，关于美国法律文献于是就呈几何倍数增长”[5]。从这个国家建立伊始，联邦和州政府都出版法律和判例，但因为出版并非政府要管的“事”，所以程序是无效率的并且在不同的司法管辖

---

〔1〕 J. Myron Jacobstein, Roy M. Mersky& Donald J. Dunn, *Fundamentals of Legal Research*, New York: Foundation Press, 1998, 7th ed., p. 3.

〔2〕 J. Myron Jacobstein, Roy M. Mersky& Donald J. Dunn, *Fundamentals of Legal Research*, New York: Foundation Press, 1998, 7th ed., p. 8.

〔3〕 Morris L. Cohen & Kent C. Olson, Legal Research in a Nutshell, Minnesota: Thomson-West, 2007, 9th ed., p. 3.

〔4〕 Morris L. Cohen & Kent C. Olson, Legal Research in a Nutshell, Minnesota: Thomson-West, 2007, 9th ed., p. 2.

〔5〕 Morris L. Cohen & Kent C. Olson, Legal Research in a Nutshell, Minnesota: Thomson-West, 2007, 9th ed., p. 11.

区也不存在连续性。因为19世纪出现了对准确而及时信息的迫切需要，这一情况意味着一个由私人法律出版商主导的时代到来了。

尽管在19世纪前半叶有几位企业家试探性地进入法律出版领域，但是因为缺乏质量控制，出版计划的不连贯和没有能够帮助法官、律师或者诉讼当事人研究和理解法律等方面编辑工作上取得重大进展，所有这些试探性工作的收效都微乎其微。然而，随着一位前文具销售商约翰·韦斯特（John B. West）的出现，美国的法律出版和法律信息管理事业就焕然一新了。约翰·韦斯特在其兄弟赫拉肖·韦斯特（Horatio West）的帮助下发明并完成了一个“组织、系统化并完善”〔1〕州法院和联邦法院判例的制度。除了“在出版工作之外，约翰·韦斯特在管理法律概念的分类等更加复杂的工作方面，提供了一个概念化的方法。对于一个法律主题，通过韦斯特法律主题和法律钥匙码系统进行归类。韦斯特的这一套系统为每一案件中的每一要点提供适当的结构位置。这套系统将认知型权威（一种自认为可以值得信赖的信息来源）的基石放在了适当的位置上”〔2〕。当约翰·韦斯特的业务扩展到出版制定法、法典和二手渊源，并将这些资源通过一个组织体系相连接时，一个经验丰富的检索者可以相对容易地找到所有需要的信息，而这些信息能够成功指引检索者在美国普通法体系中顺利前行。也许，更重要的是，约翰·韦斯特保证了所有包括在出版物中的信息是及时的经过确认、编辑并出版的。约翰·韦斯特和他所建立的韦斯特出版公司（West Publishing），很快就建立了关于出版法律的精确、全面和即时的黄金标准。尽管在19世纪和20世纪早期出现了许多私人和政府的法律出版企业，但韦斯特出版公司仍然保持了在为州和联邦的层面创造法律信息而传播判例法、制定法、法典和其他信息等方面的“主要渠道”〔3〕地位。

20世纪见证了其他一些法律文献与信息检索工具的大发展，他们大多是由出版商创造，用来协助法官和律师确定先例判决。到20世纪30年代，除

---

〔1〕 Bob Berring, “Full - Text Databases and Legal Research: Backing into the Future,” 1 High Technology law Journal127 (1986).

〔2〕 Bob Berring, “Legal Information and the Search for Cognitive Authority.” 88 California Law Review, 2000, 1673 at 1680.

〔3〕 Bob Berring, “Chaos, Cyberspaces, and Tradition: Legal Information Transmogrified,” 12 Berkeley Technology Law Journal , 1997, 190 at 191. p

了一些商业和律师协会法律期刊的增加外，几乎每一所法学院都开始出版学术性的法律评论。也许是被普通法固有的特质所驱动，相应地产生了这样一种有趣的现象：法官、律师和学者几乎着迷似地确认和脚注每一个包括在已出版的判例和其他文本中的事实和引证。尽管有时徘徊在极端的边缘，如一位值得尊敬的证券律师阿诺德· 雅克布（Arnold S. Jacobs）在一篇文章中引用了4824个脚注。[1] 这种迷恋引注传统的价值在于：几乎所有美国判例和学术著作中所包括的信息都是权威性和可以确证的。通过法庭意见和学术作品发展而来的知识都是建立在完善的研究和可靠的信息基础上的。

在20世纪70年代，随着电子法律信息系统的出现，美国的法律出版和法律检索方法发生了天翻地覆的变化，这场法律检索的革命使得传统的那种花费无数时间辛勤耕耘在即使是精心编纂但仍然卷帙浩繁的文摘、数据、援引集的那种费力的方法变成了一个只要在电脑上轻轻地点击就可以立即获得几乎在所有的法律要点上的制定法判例和二手资料的轻松世界。尽管在约翰·韦斯特过世半个世纪后，韦斯特出版公司仍然表现出极强的开拓性，并在1975年迅速地建立了自己的电子数据库 Westlaw。Westlaw 等电子法律信息系统的真正价值不仅在于他们的便捷和全面，而且在于其所包含的信息仍然是可靠的，可验证的并且及时的。

中国法律体系和法律出版事业的发展

中国历史上与当代的法律体系和与之相对应的法律信息系统是很难用传统的西方语汇定义的。直到20世纪初，中国的法律都不是以基本的正义、公平概念而建构的，同时直到20世纪下半期也不存在统一的法律信息体系。一些学者也许会似是而非地宣称在帝制时期和当代的中国儒教的道德约束和宗族控制（主要是通过地方和家族习惯）可以作为西方法律传统的一种“替代性解决方案”。其他的一些学者也许会说后朝收集和修订前朝的一些刑罚规则是传统的“法典化”，甚至零星的一些关于法庭争论和思考的记录也是一种形

---

[1] Arnold S. Jacobs, “An Analysis of Section 16 of the Securities Exchange Act of 1934”, 1987, 32 N. Y. L. Sch. L. Rev. 209. See also Lasson, Scholarship Amok: Excesses in the Pursuit of Truth and Tenure, 1990, 103 Harv. L. Rev. 926.

式的“法庭判例集”。[1] 然而，在 1979 年之前中国从来就没有一个稳定的以法治为导向的法律体系，却是一个不争的事实。这种缺失造成了合法的权力滥用和腐败，而这正是几千年中国文明的突出特点。史学家不无几分绝望的指出，传统的中国社会是被“潜规则”的，而不是法律所统治的，这些“潜规则”中的一条就是政府有权“迫害”而不是来保护公民。[2]

美国汉学研究的耆宿费正清（John King Fairbank）对中西方法律比较有着深刻的见解，他说：“关于法的概念，是西方文明的荣耀之一。尽管深刻地影响了中国人对于所有法律的态度，但两千多年来法家在中国仍然是一个可鄙的词汇。这是因为法家关于法律的概念远不及罗马人关于法律的概念。西方的法律被认为是上帝或自然的更高准则在人间的体现，而法家的法[3] 仅仅体现了统治者的命令。中国发展出很少或者几乎没有发展出民事法律用来保护公民；法律基本上都是行政或刑事性质的，而这些都是人们唯恐避之不及的”[4]。

所以与其说是“法治”，倒不如说中国的法律体系是由“法制”这一概念刻画的。正如孔杰荣（Jerome Cohen）所言：“传统中国法律主要是执行儒教尊卑有别的社会规则以及压抑不满群众以建立集权政府的工具。为了这些目的，中国的法律产生了一系列复杂的刑罚体系和用来定罪量刑的等级森严的机构。这些机构依赖于秩序井然但严重压抑被告诉辩权利的程序。”[5]

因为古中国法律的惩罚本质，政府主要关心的是保证公民遵循那些规定好的规则和命令。如果公民不能做到这些就会导致“适当程度痛苦”的特定惩罚。这些规则和命令为被认为有害政府的各种行为提供了具体的指导，以及什么行为将被惩罚和如何量刑提供了依据。所以，“任何被法律承认的人类行为都与特定的刑罚相关”[6]。秦帝国政府开始统一刑法典并刊行法律。随

---

[1] 张晋藩：《中国法律的传统与近代转型》，法律出版社 1997 版，第 234 页。

[2] 吴思：《潜规则：中国历史中的真实游戏》，复旦大学出版社 2009 年版。

[3] “法家”在这里及后文指中国战国时期（公元前 475～221 年）的功利主义政治哲学家，他们鼓吹法律应该是公开发布的原则和行为准则，并以强大的国家强制力为后盾，即法制。参见《韩非子》和《商君书》。

[4] John King Fairbank, *East Asia*: *The Great Tradition*, Boston: Houghton Mifflin, 1960, p. 84.

[5] Jerome Allan Cohen, “An Introduction”, *The Criminal Process in the People's Republic of China*, *1949－1963*, Cambridge: Harvard University Press, 1968. p. 5.

[6] Klaus Muhlhahn, *Criminal Justice in China*: *A History*, Cambridge: Harvard University Press, 2009. p. 14～15.

后的几朝也收集、编辑和修订先前的刑法典并颁布新典，增加一些新的犯罪与刑罚。[1] 帝国政府在编纂和刊行所有法律方面拥有垄断权，这一传统一直延续到20世纪。遵循帝王们细致入微而又无可争辩的命令，大臣和法吏们负责起草，修订和编纂法律。在被帝王们最终批准后，法律得以发布、刊行并保存在皇家图书馆里。总体上来说，刑事制定法和规则（无论是手抄本还是印刷本）都得到很好的保存，但在古中国大部分的法律执行条例却得不到出版，所以只有有司才能够通晓。从唐朝起（公元618年~公元907年），制定法被注解诠释，但是仍由指定的政府官员负责。这些注解融入法典当中并获得了与法律本身同等的效力。[2]唐律成为随后的宋元明清各朝的立法范本。

传统上，中国的法院包括听讼衙门是由没有丝毫法律训练的官员所主持的。法院的裁判几乎是武断的。虽然判决是宣读的，但是法院没有向任何人，包括诉讼的当事人解释裁判背后理由的义务。有些时候，法院的裁判被收集并出版，但是这些记录下来的裁判并没有获得先例的重要性。

从1902年到1912年，在清朝（公元1644年~公元1912年）的最后十年间，中国进行了一次使法律现代化的史无前例的努力，以适应列强造成的剧烈社会变动。通过吸收日语法律词汇和用法，中国的法学家和官员们翻译并将大量德国民法典的内容融入大清律中。[3] 清政府设立了修订法律馆，任命了两位“修律”大臣（其中一位是驻美大使伍廷芳）并延聘了一些外国专家作咨询。[4] 但不幸的是，清朝在任何一场法律改革得到实施前就崩溃了。

肇始于1912年的中华民国代表了一段转瞬即逝的法律开明时期，其中包括了司法部门从其他的政府部门中独立出去。这段时期还以中国社会在法律思想发面对外部影响和观点的开放著称。在1915年，由美国律师兼传教士查尔斯·兰金（Charles W. Rankin）发起的中国比较法学院（即东吴大学法学院）在上海成立了。[5] 以美国法律教育为模本，法学院注重英美法教学并模

---

〔1〕 陈蔚松：“古代法律文献编纂史略”，载《华中师范大学学报》2000年第1期。

〔2〕 杨杞：“古代法律文献：中华法制文明的宝库，”载《图书馆学研究》2002年第6期。

〔3〕 张德美：《探索与抉择—晚清法律移植研究》，清华大学出版社2003年版。

〔4〕 陈蔚松，“古代法律文献编纂史略”，载《华中师范大学学报》2000年第1期。

〔5〕 Alison Conner, “The Comparative Law School of China”, in C. Stephen Hsu ed., *Understanding China's Legal System, Essays in Honor of Jerome Cohen*, New York: New York University Press, 2003, p. 211.

仿在大多数美国法学院中通用的教学模式。[1]

在这段时期，中国重新启用德国民法作为立法改革的原型。《六法全书》（包括宪法、民法、民事诉讼法、刑法、刑事诉讼法、行政和行政诉讼法）被颁布，用来作为革新后法律体系的基础。到20世纪30年代早期，政府将出版并保存法院判决的程序正式化。许多这一时期的案例都获得了先例的效力，尤其是那些涉及土地继承，重婚和纳妾的案件。[2]

不幸的是，这些进展速度因为1937年日本侵华和随之而来的军事独裁以及内战的爆发而放慢了。1949年，中国共产党击败了国民党政府，在大陆建立中华人民共和国。国民政府随之迁台，继续沿用“中华民国”国号。人民共和国废除了包括司法体系在内的国民政府法律制度，同时将现存的六法体系全部废止。人民共和国开始构建“社会主义”法律体系，借鉴了大量苏联经验。

中华人民共和国被正式分为两个阶段：毛泽东和文化大革命时代（1949年~1978年）以及邓小平及其以后时期（1979至今）。从法律体系上来说，这两个时期有着共同特点，但是在意识形态方面却是不同的。在毛泽东时代，政府对正式的法律体系持敌视的态度。毛泽东和共产党“将法律视为对其权力的制约”[3]，“法律体系自身被作为反革命的对象而遭到蓄意攻击，而且确实如此，‘法律’这个概念本身被排斥。法律机构，如法院和检察院或撤销或瘫痪，法学院也被关闭，法律圈的人士被迫改变职业或被下放到农场向贫下中农学习。”[4]

从1979年开始，邓小平和中国共产党明确表示要实施“改革开放”的政策，这是以实用主义的对策来重新构建社会秩序和法律体系。法律开始被认为是有助于促进而不是阻碍国家的经济发展。在过去的30年，中国在发展出一套反映并在一些方面与国际通行规则接轨的法律体系方面，取得了长足的

---

〔1〕 Alison Conner, The Comparative Law School of China, in C. Stephen Hsu ed., Understanding China's Legal System, Essays in Honor of Jerome Cohen, New York: New York University Press, 2003, p. 210.

〔2〕 Priscilla M. F. Laung, Selected *Edition of China Law Reports*: 1991–2004, Beijing: People's Court Press &Renmin University Press, 2005, p. 21.

〔3〕 Daniel C. K. Chow, *The Legal System of the People's Republic of China in a Nutshell*, 2nd ed, St. Paul: West, 2009, p. 56.

〔4〕 Daniel C. K. Chow, The Legal System of the People's Republic of China in a Nutshell, 2nd ed, St. Paul: West, 2009, p. 56.

进步。频繁的立法活动和对法律实施的日益强调都是在通往稳定的法治环境之路上的坚实步伐。[1]

正如上文提及的那样，中国的法律出版，作为一项国家控制的事业，自古以来就受到严格的监管。[2] 在1979年前，法律文献系统和法律检索方法都是非常原始的。“直到90年代早期，用以组织法律信息的那些先进和标准化的技术，如法典化、索引化、分类化和及时更新等都没有在法律出版者那里得到使用。”[3] 难以发展出有效的信息组织和知识管理的这种失败，可以通过在中国历史中长期坚持并被普遍认可的传统来解释，即信息和知识的获得是特权而不是权利。[4]

除了传统上对于信息透明观念的敌意外，缺乏基本的科技基础也要为现代法律信息系统的发展滞后负责。中国“没有如同美国政府印刷办公室那样的中央政府信息交换所，也没有一个用来储存政府出版物并对公众开放的版本图书馆系统”[5]。政府文件，甚至那些只是隐约涉及法律的材料，都被列为“国家秘密”，只有相关执行机关才能获得。这种独特的行为方式又是一个帝制时代做法的回响。最终，在2007年国务院颁布了《政府信息公开条例》。[6] 这些条例，与“电子政府工程”（由中央和地方政府领衔创办网站并在网上转移政府部分职权）一起已经对中国法律信息系统的建设产生了一些积极的影响。

20世纪90年代见证了以巨额外国投资，工商企业的私有化以及科技的进步为特征的中国前所未有的经济增长。在全国，培根（Francis Bacon）爵士的

---

[1] James M. Zimmerman, China Law Deskbook: A Legal Guide for Foreign-Invested Enterprises, 2nd ed., Chicago: American Bar Association, 2005, p. 70.

[2] 甚至在90年代早期，国务院还发布了《法规汇编编辑出版管理规定》（1990年7月29日发，1990年7月29日实施），紧随其后新闻出版署发布了《新闻出版署关于执行国务院法规汇编编辑出版管理规定的通知》（1991年12月22日发布，1991年12月22日实施），这些都是为了控制和规范法律出版事业。

[3] Joan Liu & Wei Luo, *A Complete Research Guide to the Laws of the People's Republic of China*, at http://www.llrx.com/features/prc.htm (last visited August 6, 2010).

[4] 帝制时代的中国不承认个人权利，儒教重视秩序。子曰：“民可使由之，不可使知之。”（孔子，公元前551年~公元前479年）。

[5] Joan Liu & Wei Luo, *A Complete Research Guide to the Laws of the People's Republic of China*, at http://www.llrx.com/features/prc.htm (last visited August 6, 2010).

[6] 《中华人民共和国政府信息公开条例》，国务院制定，发布于2007年4月5日，2008年1月1日施行。

名言“知识就是力量”〔1〕成了激励人心的力量和号角。社会各阶层要求获得更多信息和知识的呼声与日俱增。结果，在社会和经济层面上，收集、管理和传播信息都被视为是有益的，尤其是法律信息被视为是具有潜在市场价值的。

显而易见，中国正处于转型时期。“构建一个法律体系不是一个在30年甚至一代人的时间内能够完成的过程……［所以］这样的一个羽翼未丰的体系是不能在现实中与美国的体系相比的。”〔2〕中国法律“体系”不仅在成熟度和复杂性上与美国不同，而且在一些基本观念上也不同。这个“系统”，不是围绕着“法治”原则，而是依据“法制”发展起来的。在现代化中国法律体系和法律信息系统的过程中，西方的影响是不能低估的。所以说，当代中国法律体系的发展，“与世界上其他许多发展中国家一样，就是一个西方化的过程”〔3〕。中国的法律职业，法律教育和法律信息系统的发展也是同样如此。

基本模式在过去的30年间已经发生了变化。“起源于西方政治传统的诸如法治和个人权利等概念在传统中国并没有对应物。”〔4〕但是中国人在很早以前就接受了“中学为体，西学为用”这样一种似是而非的观念。〔5〕这就是对于控制信息和知识背后的逻辑。但具有讽刺意味的是，衡量中国是否发展出一套现代法律体系的标准却是这样的法律体系是否能在国际社会中运行良好，并能够自如地运用国际上所普遍接受的法律语言进行沟通。测度中国法律信息系统的精巧程度的标准是其能否像 Westlaw 一样将那些本身就能被利用来创造更深度知识且可靠而又编辑注释精良的信息提供给研究者。

---

〔1〕 Francis Bacon,“Meditations Sacrae” (1597), reported in John Bartlett's *Familiar Quotations*, 15th ed., 1980, p. 179.

〔2〕 Daniel C. K. Chow, *The Legal System of the People's Republic of China in a Nutshell*、2nd ed., St. Paul: West, 2009, p. 61 ~62.

〔3〕 Daniel C. K. Chow, The Legal System of the People's Republic of China in a Nutshell, 2nd ed., St. Paul: West, 2009, p. 64.

〔4〕 Daniel C. K. Chow, The Legal System of the People's Republic of China in a Nutshell, 2nd ed., St. Paul: West, 2009, p. 64.

〔5〕 这种表达最初出现在1898年由晚清政府高级官员张之洞出版的《劝学篇》中，张之洞是一位“洋务运动”的先驱但同时也坚持相对保守的社会改革。

"知识在何方，我已经在信息中迷失。"[1]

正如我们前面所讨论的，中国和美国的律师、法官、诉讼当事人、图书馆工作人员和其他受过训练的法律检索人员只需要轻点鼠标，就可以进入到法律信息的世界中。这种在两国发生的并将继续下去的进步是确定不移而且振奋人心的。然而，法律检索人员所真正需要用来创造和管理知识的是那些能够帮助他们整理并确认相关信息，不仅能够找到问题的答案，更能发现他们正在思索中的法律问题的深层背景和微妙差别的工具。有效率的知识管理需要尽快找到相关的精确信息，并且对所采用的法律信息搜集手段的涵盖面有足够的信心。就如同刚刚发布的在线法律服务系统 Westlaw Next，它提供了一个简洁现代的用户平台和强大新式的检索功能，可以帮助法律信息检索人员比他们之前任何时候，甚至是自该技术产生以来，更有效率的工作。现在检索者们在进行分析多种法律问题的工作时充满信心，因为他们确定已经搜索了各种相关文件并且进行了全面的法律信息检索工作。[2] 然而，即便是如同 Westlaw Next 这样具有革命性的法律检索服务，也不能够对各种检索指令作出回应，也不能够包含所有的司法管辖区。

直到相当晚近的时候，在美国和中国唯一能够获得法律信息的途径是去卷帙浩繁的公共图书馆借阅或者偶尔得到能够有限利用商业信息服务的许可协议。然而，在过去的十年间，因为无处不在的互联网的存在造就了判例、制定法、条例和其他法律文件的汪洋大海，而且获取它们都是轻易而免费的。一些学者宣称，"法律体系亟需一个不断处在工作状态的知识泵。新规则和判决的洪水需要律师们花费大力气来处理这些信息；更不用说对于门外汉了。毫无疑问，网络的低成本和方便获取构成了重大进步"[3]。尽管让每个人都能免费获得精确的法律信息是一个值得称赞的目标，然而当前的现实是污染了而不是改善了"知识泵"。通过网络获取的信息，甚至是那些由法院、立法机关和政府部门提供的，都缺乏精良的编辑，无法验证、过时并且难以获取。

---

[1] T. S. Eliot, "The Rock", *A Pageant Play* (written for performance at Sadler's Wells Theatre May 28-June 9, 1934, London), London: Faber & Faber, Ltd., 1934, p. 7.

[2] Interview with Fred Gordon, *Editor - in - Chief*, *Legal Content Operation*, Thomson Reuters, on May8, 2010 in Eagan, USA.

[3] Erich Schweighofer, "Knowledge Management and Administration of Justice", 18International Review of Law, Computers and Technology, p. 47.

也许最严重的是，在公共法律数据库中缺乏在形式和搜索引擎上的一致。不熟练的检索者在利用这些资源的时候冒着依赖非精确和不完整的法律信息的风险，在法律程序中，这会损害而不是帮助他们。一个相关的问题，像在美国这种的普通法国家相当突出的，即那些只通过电子传播的判例、制定法、条例和其他一手资源的长期保存的不确定性。法院或者立法机构没有一个精心设计并小心监管的电子法律信息存储政策，这是一个严重但经常被忽视的问题。

如何保证印刷版与电子版法律资源的真实有效性，以及未来在面对变化未定的存储和检索技术时信息的即时可得性，这一问题将影响中国和美国法律职业圈中的每一成员和检索者。[1] 最终，公益部门和商业主体都将为持续不断地收集、确认、广泛传播和保存法律信息负责，而且要以及时且公众能支付得起的方式进行。同时，也需要发展出更强大的搜索引擎，它能通过某种方式捕捉到包括法律分析和推理在内的法律知识的“灰色区域”。

在网络上免费且无限地获取法律信息对法律检索者来说既是机遇又是挑战：一个连接“知识网”的渠道；但同样也是一个让人晕头转向，难以辨识的巨大迷宫。不同的法律信息系统和法律检索学科的基本模式能否通约呢，尤其是当西方邂逅东方，古老的普通法遇见新的社会主义民法体系的这个时候？关于此问题的答案基本上取决于相互交换信息，互相分享知识，尊重相同的基本权利，用共同的语言，即法律的语言进行沟通等这些方面的共同努力。

---

〔1〕 American Association of Law Libraries, *AALL Report to the Council of the ABA Section on Legal Education and Admission to the Bar*, March 19, 2010, p. 3.

美国法律文献研究工具和研究报告 K

美国法学会

王　昶

美国法学会，又译为美国法律协会、美国法律研究院，是美国法官、律师、法学教授和政府法务人员组成的专业组织，其主要宗旨在于将法律体系明确化，使法律更能满足社会需要。美国法学会撰写并发表了大量的法律重述（Restatements）、法律原则（Principles）和模范法典（Model Codes），对美国立法和司法有着巨大的影响，被称为是推动美国法律不断发展和更新的原动力之一。

美国法学会与美国律师协会（American Bar Association）是美国两个主流的法律机构，但是两机构同途殊归。从宗旨上看，美国律师协会成立于 1878 年，是全国性的律师专业组织，致力于法学教育和律师执业标准，组织格言是“保卫自由，追求正义”（defending liberty，pursuing justice）；美国法学会成立于 1923 年，是法官和法学家的研究型机构，撰写编著对司法实践具有指导意义的法律文件，组织格言是“致力于阐明和改良法律”（dedicated to clarifying and improving the law）。从主要工作上看，美国律师协会设定法学教育学科标准、批准评估法学院校，设定律师行业规范和伦理准则，对法学院和律师工作提供指南；美国法学会编撰统一法典，梳理更新基本法律原则，关注当前法律热点难点问题，为司法判案、政府工作提供理论源泉。从成员组成上看，美国律师协会现有 41 万会员，所有有律师执业资格的美国律师（总数为 120 万）都可以自由加入；美国法学会现有 2714 名选举当选会士

(elected member)，此外，联邦最高法院、联邦上诉法院及各州最高法院的法官，以及合众国司法部长、各律师协会会长、各法学院院长在其任期内也是名义性职务会士（ex-officio members)。

美国的法律因为各州拥有独立的法律体系而差异很大。联邦法律由合众国参议院（Senate）和众议院（House）制定，由联邦行政机构（executive）执行，由联邦司法体系（Judiciary）即各级联邦法院阐释，全国各州在联邦法律上都是一致的；但是依据联邦制（Federalism），各州拥有对本州内部事务的很大自主权，尤其是关系到老百姓日常生活婚丧嫁娶、衣食住行各方面的民事和刑事细节，基本上全部由各州立法、行政、司法机构负责。所以可以想见，各州对同一个法律问题可能会有完全不同的理解，在法庭判案的时候也会出现不同的结果。但是从普通法（Common Law）基本原则上讲，对待某一特定法律问题应该有比较一致的理解和解决方案。如果一种刑事违法行为在一个州被界定为重罪，在另一个州被界定为轻罪；或者一种民事违约行为在一个州是被完全禁止，但在另一个州却被允许，这样就增加了法律的模糊和不确定性，损害对法律的完整理解和司法体系的权威。

统一整理各州法律的努力肇始于1906年美国律师协会在明尼苏达州首府圣保罗市召开的年度大会，当时部分法学家强烈呼吁司法整合（court consolidation)，他们指出当时的美国法律结构已经不适合时代的需要：法庭结构繁复、司法管辖权不一致、司法权力和资源被浪费。这些呼吁在美国主流法律界引起了很大共鸣，法官和法学家们意识到：法律迫切地需要被明确化。

1923年，一些有影响力的主流法官、律师和教授组成了“建立永久性组织以改良法律委员会”(Committee on the Establishment of a Permanent Organization for the Improvement of the Law)，合作撰写了一份专门研究20世纪初美国法律不确定性和繁杂问题的报告，根据这份研究，法律的不确定性来自于各州对普通法体系基本原则的缺乏共识，法律的繁杂来自于不同司法管辖权地区对法律问题处理的不同。委员会于是建议成立一个永久性的法律机构以严谨的学术态度和科学的方法来改良法律和司法实践。基于这份报告，在1923年2月23日，由前总统、当时的联邦最高法院威廉·霍华德·塔夫特（William Howard Taft）首席大法官等7位资深法官和政府法务官员发起，各州最高法院法官、联邦法官和美国律师协会代表支持，美国法学会正式成立。

美国法学会首任会长是曾在塔夫特总统任内担任司法部长的乔治·威彻

杉（George Wichersham）。时任纽约上诉法院法官、后来担任联邦最高法院法官的本杰明·卡多佐（Benjamin Cardozo）等创始成员也提出了一份报告书指出当前司法审判中仍有许多遗漏，在法学家中间也缺乏对于普通法（common law）的一致理解，最后提出了有必要撰写“在缺乏权威解说的情况下仍然能够理解法律的基本问题的法律重述”。于是，美国法学会的第一个任务就是完整地整理和解释最重要的法律领域，让法官和律师明确了解某一法律的基本原则和条理。从 1923 年开始，美国法学会开始撰写出版对法律提供指导性原则的“法律重述”（Restatements of the Law）。第一批“法律重述”成果包括：代理（Agency）、法律冲突（Conflict of Laws）、合同（Contracts）、判决（Judgments）、财产（Property）、复权（Restitution）、担保（Security）、侵权（Torts）、信托（Trusts）。1952 年开始，以上各重要法律领域的“法律重述”被及时更新，并增加了美国的对外关系法（Foreign Relations Law of the United States）。1987 年开始的第三批“法律重述”包括：代理、律师法（The Law Governing Lawyers）、财产法（按揭，地役权，遗嘱及其他财产赠予）[Property（Mortgages，Servitudes，Wills and Other Donative Transfers）]、复权和不当得利（Restitution and Unjust Enrichment）、保证关系和担保（Suretyship and Guaranty）、侵权（产品责任，责任分配，身体和情感伤害）[Torts（Products Liability，Apportionment of Liability，and Physical and Emotional Harm）]、不正当竞争（Unfair Competition）、经济侵权（Economic Torts）、雇佣法（Employment Law）、信托（Trusts）、美国的国际商事仲裁法律（U. S. Law of International Commercial Arbitration）。

以上这些“法律重述”涵盖了当时和当下美国法律中最重要和最艰难的一些法律领域，梳理澄清了许多迫切需要阐明的法律疑难，对法官和律师提供了及时有效的工作指南。不同于被联邦最高法院约翰·罗伯茨（John Roberts）首席大法官批评过的法学理论和评论的闭门造车倾向，美国法学会时时刻刻关注国民经济和政治生活，其理论工作围绕社会和法律发展需要而进行。“法律重述”的针对性和实用性非常强，基本上是美国判例法［即在普通法体系下，法官们依据前例原则（stare decisis）所制定的司法原理］的综合汇总、过滤后的详尽而且权威的总结，极大促进了法律的清晰化和法律对社会需求的适应。

“法律重述”的工作流程是：法学会委任某一专门法律领域的知名学者为

该领域的“报告人”（reporter），主持起草一份重述草案，草案由该领域专家组成的专家组审议，然后提交理事会审阅。审阅后的初稿分发给法学会所有会士，然后在年度大会上共同审读和修订，修订后的文件由原报告人继续主持修改，直到终稿被年度大会通过。美国法学会编撰“法律重述”的过程实际上有些类似政府立法的过程，在最大程度上实现立法过程的民主。当然两者区别也很明显：“法律重述”只是法律理论资源/法律建议，不是法律本身，而议会通过的文件就是成文法；法学会是精英专家机构，议员们是民选“草根”（至少是名义“草根”）；法学会的会士需要在开始讨论法律建议之前把自身职业和本集团利益排除出考虑，避免利益冲突（例如：专门为大公司打劳动合同争议官司的律师应该在讨论《雇佣法重述》的时候尽量避免因为自身或者客户的利益而忽视了法律的公正原则），而议员们则必须时刻关注本集团利益和选民的利益，在立法过程中尽可能地为本集团和本选区争取利益。

美国的法庭重视法理论辩，所以控辩双方都尽可能地在成文法和以前的判例法中寻找到支持自己一方的法理依据。律师需要在汗牛充栋的判例法和成文法库中寻找“一手法律资源”来支持自己的论辩，在法庭上律师一般不被允许引用法学理论文章和著作，因为法学理论和著作只是“二次法律资源”，并不是真正的法律，只有判例法（出自法院）、成文法（出自议会）和政策法规（出自行政部门）才是能被引用的法律。但是美国法学会的“法律重述”虽然也属于“二次法律资源”，没有直接法律效力，却一贯受到法官们的高度重视和律师们的直接引用，这是因为“重述”已经被公认为美国主流法律社会对法律的共识，成为普通法体系中一个理论和实践权威。

“法律重述”甚至已经开始跨越国界，为中国法律的改革和进步提供理论资源。从2006年起，在中国内地第一位美国法学会会士、哈佛大学法学博士许传玺教授的主持下，“法律重述”开始被翻译为中文并出版，为中国政府的政策制定、立法机关立法、法学院校研究提供重要的参考。其中《侵权法重述纲要》和《侵权法重述：产品责任》的翻译和出版对《中华人民共和国侵权责任法》（2009）的起草和制定起到了不可忽视的作用。

美国法学会还对迫切需要改革的法律领域提出修改建议，编撰出版《法律原则》（Principles of the Law）系列，至今包括公司治理（corporate governance）、累积诉讼（Aggregate Litigation）、家庭解体（Family Dissolution）、知识产权（Intellectual Property）、软件合同（Software Contracts）、跨国民事诉讼程序

(Transnational Civil Procedure) 和跨国破产：北美自由贸易区国家的合作 (Transnational Insolvency: Cooperation Among the NAFTA Countries) 等。

鉴于"法律重述"只是从判例角度对现有成文法的一种明确解释，不能涵盖尚未被讨论的法律问题。法学会意识到有必要对于现有法典中的空白领域进行补充，于是与统一州法全国委员会 (National Conference of Commissioners on Uniform State Laws, UCCUSL) 合作，编撰制定"模范法律"(属于立法建议，本身不是法律)，涉及航空、刑事诉讼程序、证据、联邦证券法、土地开发、审前程序、财产，等等。其中最重要的是首次出版于 1952 年的《统一商法典》(Uniform Commercial Code)，该典是把美国 50 个州关于销售和商业交易的法律进行和谐统一的典范。《统一商法典》被认为是美国法律最重要的进步之一，几乎已经被所有州的立法机构接受，微调细节后成为各州现行法律。

另一个被广泛接受的"模范法律"是《模范刑法典》(Model Penal Code)，该典历时 12 年编订，致力于鼓励并协助各州立法部门更新和规范刑事法律，因为制定和执行刑法主要是州政府的责任。比如我们看到绝大多数的刑事案件的名字都是"州政府诉某某"(State v. XX)，州政府是公诉方，犯罪嫌疑人是被告方。《模范刑法典》尊重传统普通法对犯罪和惩罚的定义，但是提出一个非常重要的标准"当代理性判断"(contemporary reasoned judgment)，指的是一个正常的有理性判断的人在当前状况下对刑法的理性理解。《模范刑法典》的"量刑"(sentencing) 部分正在被法学会大规模修订，以适应当前社会变化。

《统一商法典》、《模范刑法典》同"法律重述"一样，本身都属于立法建议的学术成果，但都对美国法律产生了巨大影响，因为他们的目的都是为了在社会中作为实际的法律规范被利用，因此就要求其符合现代的审判现状，也要与现有的法律能够较好地协调。回想笔者在明尼苏达大学法学院学习期间，销售法课程一半以上时间都在讨论《统一商法典》，刑法课程时时刻刻比较学习传统普通法与《模范刑法典》的异同，侵权法则言必称《侵权法重述》。

国内学界有时望文生义，以为《统一商法典》和《模范刑法典》本身就是美国政府制定的国家统一法律，由国家机器负责执行。这种误解实际来自对联邦制的陌生，也是对法律过程的误解：法律不应该是政权从上而下发布、罔顾社会现实环境的生硬条令，而应该是在自由社会环境中逐步磨炼成形的规矩。所以在普通法体系中才会有法官依据基本法律原则和精神来“造法”（making law），民选的立法机构立法，美国法学会这样的非营利的民间机构推动和充实，再由立法机构接受、修正法律，如此才促成了法律体系的不断进步和良性循环。

美国法学会对国际法也做出了重要贡献。1945 年，鉴于战争造成了人权灾难，美国法学会编定了《基本人权陈述》（Statement of Essential Human Rights），被称为“国际人权法案”（International Bill of Rights），相对于美国宪法修正案中的“人权法案”来说。这个《基本人权陈述》是联合国大会在 1948 年通过《人权宣言》（Universal Declaration of Human Rights）的蓝本之一。

美国法律文献研究工具和研究报告 L

韦斯特的故事

美国联邦最高法院历史协会中的杜埃特 · 奥泊曼（Dwight Opperman）肖像画

一

2013 年 6 月 13 日，明州的主要媒体和全国与法律有关媒体，包括美国联邦最高法院历史协会的网站上，都在显著位置刊登了一则讣告：双城地区著名企业家，韦斯特法律出版公司前首席执行官（Former CEO of West Publishing Co.）杜埃特 · 奥泊曼（Dwight Opperman）在加利福尼亚州贝佛立山（Beverly Hills）的家中去世，享年 89 岁。

奥泊曼生于爱荷华州佩里市（Perry，Iowa），1951 年他从德雷克大学（Drake University）法学院毕业后就加入了位于双城的韦斯特法律出版公司，担任法律编辑。他兢兢业业，终于成为公司的首席执行官，引导韦斯特成为世界上最大的法律出版商之一，并在 20 世纪 70 年代研发了划时代的电子法律数据库平台 Westlaw。Westlaw 今天已经发展成为拥有 4 万多个数据库的巨型法律资源库，订阅者遍及全球几十个国家和地区。Westlaw 的成功需要首先归功于奥泊曼的创新精神和远见：早在 20 世纪 70 年代初他就意识到法律的电子数据化前景，精确地把握了时代的脉搏。奥泊曼在法律史上的另外一个重要角色是培养了与联邦和州司法系统的亲密和专业的关系，有力地促进了权威法律文献和信息的编辑、出版和传播。在他去世当日，美国联邦最高法院约翰 · 罗伯茨首席大法官（Chief Justice John Roberts）代表联邦最高法院专门发表了如下电文："本法院沉痛悼念杜埃特 · 奥泊曼先生的去世。杜埃特是联邦最高法院和整个联邦司法体系的忠实朋友和支持者……位于联邦最高法院大楼之后的最高法院历史协会总部奥泊曼大楼就是以他的名字命名的。他对美国司法体系，特别是在该体系中法官的角色，以多种的方式做出了杰出的贡献。"（"The Court was deeply saddened to learn of Dwight Opperman's passing this morning. Dwight has long been a committed friend and supporter not only of the Supreme Court but of the Federal Judiciary as a whole. …The Society's headquarters building behind the Court is named the Opperman House in his honor. He demonstrated his deep commitment to the American system of justice, and in particular the role of the judge in that system, in countless other ways as well."）

Westlaw 来自于公司名"韦斯特"（West），在此并非"西方"之意，而是公司创始人约翰 · B. 韦斯特（John B. West）和赫拉肖 · 韦斯特（Horatio West）的姓氏。

约翰· B. 韦斯特（John B. West）

1870 年，南北战争刚刚结束数年，痛苦的回忆推动这个躁动不安的国家去西部寻找财富和梦想。被誉为美国大西北的明尼苏达州，商业在密西西比河航运的影响下蒸蒸日上。尽管明州在 12 年前的 1858 年刚刚成为美国联邦的一部分，但该地区已经拥有了强大的经济实力，因为河流作为交通枢纽汇集了纷纷迁来定居的商业嗅觉灵敏的北方皮货商和勤苦耐劳的西部地区农民。

一个来自马萨诸塞州（Massachusetts）的铁路工人也把自己年轻的家庭带到了圣保罗（St. Paul）这个处于草创阶段的城市。这位工人有一位 18 岁的儿子，名为约翰· B. 韦斯特。韦斯特酷爱旅游，最终找到了一个与他的爱好极为吻合的工作：一家圣保罗书店的旅行推销员。

通过作为旅行推销员推销书本和办公用品的经历，韦斯特洞察到了一个机会：出版法律。由于美国是普通法国家，法庭遵循“先例”（precedent），即包含在以前判决中的法律原则对以后同类案件有约束力，具体说就是高级法院的判决对下级法院处理同类案件有约束力，同一法院的判决对其以后的同类案件的判决具有约束力，即指以前判决中的法律原则对以后同类案件具有约束力。所以，为了给他们的案子获得及时权威的法庭裁决和意见，明州当地律师事务所不得不写信给著名的东海岸出版商，以获取相关法庭判例。这无疑给处理案件增加了许多时间和开支。于是，韦斯特在 1872 年就和弟弟赫拉肖成立了约翰·B. 韦斯特出版社和书店（John B. West, Publisher and Bookseller）。

韦斯特（West）很快意识到客户并没有从明尼苏达法庭获取当前判决意见的及时有效方式。那时，法庭的书记员通常会留着各种各样的判决，直到有足够多的判决去合并成为一卷判例集，然后才能出版，这样等待的时间可能长达一年。而且，有时候判例集所囊括的信息是不全面不准确的。韦斯特于是开始编辑出版《判决书要旨》（Syllabi），这是一份报道明尼苏达法庭意见的新闻周刊。从此开始，法庭判决信息从法庭公布到律师案头的速度比以前快了几十倍，这是法律史上的一个里程碑。

《判决书要旨》刚发行 6 个月，韦斯特就收到来自威斯康星州律师的请求，要求在威州出版类似出版物。于是韦斯特开始编辑《西北部地区判例集》（North-Western Reporter），收录来自明尼苏达州和威斯康星州的法庭判决。这一思路随即迅速扩张，从西北部到东部、南方，然后全国，最后像互联网一样扩展到了美国所有的州。短短几年，韦斯特出版的"全国判例集系统"（National Reporter System）迅速及时地出版和报道美国所有州立法院的判决，成为最新的法庭信息标准。

从 1876 年起，韦斯特公司的律师编辑们就开始从司法判决书的文本中寻找"法律点"（points of law，具有判例法效力的判决要旨）。每当在某个案子中寻找到一个"法律点"，律师编辑就撰写一条"眉批"（headnote）来概述该"法律点"。当韦斯特公司随后出版司法判决书/判例法的时候，这一判例中的所有法律点都会以眉批的形式列在判例文本之前。律师和法官等在进行法律文献与信息检索的时候，可以先行浏览这些法律眉批，迅速判断出这个判例是否包涵与他们目前的案件有关的法律点。

为进一步协助法律文献与信息检索工作，从 1908 年起，韦斯特的律师编辑们将法律眉批分类整理。分类的标准是被尊为"美国法律索引"的"WEST 钥匙码系统"（West Key Number System）。该系统将全部的美国法律分为四百多个主题，下分十万多个法律问题，中间包含若干中间层级。从上到下所有层级和问题都有相应的钥匙码标佩。在分类法律眉批时，律师编辑们把每一条撰写出来的眉批都标上相应的钥匙码号码。这样一来，律师和法官们可以通过钥匙码系统迅速寻找到与某一特定法律问题相关的法律眉批和相应的判例法。钥匙码系统的应用开辟了律师和法官寻找美国法律的途径。

到第一次世界大战的时候，韦斯特公司就成了美国最大的出版商。对于法律工作者来说，韦斯特的成功顺理成章。因为现行法律信息对于一个国家来说是不可或缺的。韦斯特敏锐地洞察到国家的民主依靠的是法律的平等，而及时有效地获取法律是法律平等的前提条件之一。纵观历史，法律体系越庞大，法律信息就变得越复杂，法律工作者研究法律就越难，越来越多的法律工作者开始依赖韦斯特的法律出版物获取法律文献和信息。

第一次世界大战之后，美国法律体系随着工业化、城市化的发展和人口的增加日益繁复，新法律问题不断出现，旧法律不断被更新修改。律师有时甚至会发现国会修改的某一法律实际上先前已经被废止了。虽然是普通法国家，美国法律显然已经发展到需要一个独立全面的法典的时代了，尽管法典本来是成文法国家的传统。美国国会出版《美国法典》（United States Code）之后，韦斯特公司承担起了给美国法典注释的任务，编辑出版《美国法典注释版》(United States Code Annotated)。这套注释版在美国所有法院和联邦政府部门几乎人手一册。

《美国法典注释版》(USCA) 的一卷

当美国国家庆祝成立两百周年纪念之际，韦斯特又发生了一次革命：法律工作者可以通过 Westlaw 在线浏览重要的法律文献和信息。位于明尼阿波利斯市的德汇律师事务所（Dorsey & Whitney）是 Westlaw 的第一个订阅者。不久，美国联邦最高法院大法官拜伦 · 怀特（Justice Byron White）写信给首席

大法官华伦 · 伯格（Chief Justice Warren Burger），请求将 Westlaw 终端接入他的办公室。80 年代之后，随着因特网的普及，在线法律数据库飞速发展。今天，全美国所有法院、所有的法学院和中型以上的律师事务所均有订阅 Westlaw。

韦斯特的故事是一个关于前瞻性和创新性的故事 ：约翰 · B. 韦斯特具有远见地认识到及时和权威的法律信息对司法体系正常运作的巨大作用，创造了获取法律知识的新范式，更新了法律工作者寻找法律的途径；杜埃特 · 奥泊曼先于他人感受到电子数据的革命性，具有魄力地研发了电子法律信息库，彻底更新了美国法律信息的面貌。

奥巴马总统在哈佛法学院图书馆，1989 年前后

奥巴马总统毕业于哈佛法学院，律师出身，所以他法律的权威和公正深有体会：“遵循以往法律判例、成文法规以及宪法解释将决定 95% 的司法案件的判决结果，所以，无论法官本人的意识形态是左倾还是右倾，他们对绝大多数案件的审判原则都是一致的，大多数案件的审判结果也不会有太大的分歧 ”。于是，正如美国国会图书馆法律分馆在其网站上指出的，及时有效地获取这些权威的法律就非常关键了："法律信息必须比其他种类的信息更加及时准时，因为法律变化不断。晚一点接收到关于文学作品、漫画或者居家园艺的书籍和信息可能无伤大雅，但是及时迅速地获得关于成文法和判例法的信息是至关重要的。"

由于他们对法律编辑出版和法律信息学的杰出贡献，约翰· B. 韦斯特和杜埃特· 奥泊曼无疑都将会进入法律历史的先贤祠（Pantheon）。

二

通往明尼苏达州伊根市奥泊曼路（Opperman Drive）的车道非常安静，具有一种明尼苏达州特有的的质朴感。沿着高速公路两边，有几间水泥墙工业建筑物，之间是中部草原式的青草地。行驶至此，便进入了平静到令人麻木的氛围，你可能会没有注意到149号高速公路西侧巍然耸立着一片巨大的楼群——这就是韦斯特，有史以来最有影响的法律出版公司。

在这些庄严的楼群里边，是有砖瓦玻璃和混凝土构成的280万平方英尺的数据中心——这里有7500个工作人员，包括律师、计算机专家还有工商管理学硕士。

韦斯特通过向律师销售增值信息盈利，特别是法庭文件。韦斯特擅长一项简单的任务：通过提供更易取得的法律信息来节省律师的时间。因为律师的时间就是金钱。

一切可追溯至1872年，当约翰· B. 韦斯特意识到他所拜访的法官和律师们深受长时间等待法律文件的困扰。在法庭文件装订成册出版之前州法院职员经常要等上一年之久——到那时又出现了新的判例。更糟糕的是当地律师很难从东海岸法律出版社得到法律书籍。这给律师为案子建立参数的研究带来了极大的困难。

约翰· B. 韦斯特想到了解决办法。他和他的兄弟赫拉肖一起在圣保罗市中心成立了韦斯特法律出版社。两兄弟开始出版一系列的出版物，他们称之为"判决书要旨"（the syllabi），包含了最新的法庭判例决定。出版社在明尼苏达州开始，很快发展到了威斯康星州（Wisconsin），最后像互联网一样扩展到了所有州。短短几年，韦斯特（West）出版的"全国判例集系统"（National Reporter System）已成为最新的法庭信息标准。

公司一直发展顺利，直到 20 世纪 70 年代中期，因为科技的发展戏剧性的改变了其业务模式。在 1975 年，韦斯特推出了它自己的电子法律图书馆系统——Westlaw。

1995 年，韦斯特的管理层决定出售公司。一个来自加拿大的信息巨头——汤森公司（Thomson）用 34.5 亿美元收购了韦斯特。虽然反垄断部门曾一度牵扯入内，汤森韦斯特公司（Thomson West）最终还是控制了大概 40% 的法律出版市场份额。

2008 年，汤森公司（Thomson）收购了路透社（Reuters）——一个财经信息和新闻公司，新公司称为汤森路透（Thomson Reuters）。在作为一个实体的第一年，联合公司的总收入为 117 亿美元，比任何一家美国印刷和出版公司都要高。

韦斯特是信息时代取得巨大成功的公司之一。在大多数报纸面临破产的时候，他的成功方式值得关注。

当约翰·B. 韦斯特建立他的出版公司的时候，美国的人口数量还很少。大多数的美国人没有受过大学教育。这就意味着很少人能成为律师。人们通常在法庭外非正式的解决争端，如通过郡治安官或执法官。

这些因素意味着法院案件的数量和律师需要获得的法庭信息不是非常的多。例如，在 1872 年明尼苏达最高法院仅有 3 名法官，而且没有上诉法院，州中只有一个联邦法官。第八巡回上诉区的 3 人巡回法庭在 7 个中西部州巡回听取联邦上诉。

随着国家向西部扩展和人口的增加，对于法庭和律师的需求也在增加。1880 年，美国有 64 000 名律师。到 1920 年，律师数量几乎翻倍，达到12 200 人。随着律师数量的成倍增长，法庭的案件数量也在成倍增长。美国的西进运动和高速增长的人口意味着对于快速获得法律信息的需求也成指数式地增长。

而且，律师们需要的信息量将永远不会减少。在大多数市场，当大多数的产品潜在消费者已经购买了该产品后，该产品市场将会有一个饱和状态。一个公司会尝试卖新的改进的产品，旧的产品变得过时。但是法律信息市场不同。判例法是在遵循先例的基础上的：新的规则建立在先前的判决基础上。这意味着对于律师和其他法律职业者来说，旧的法律不像旧的产品那样会过时。相反，对于旧的案件的需求继续完整存在。

韦斯特找到了市场的这个优点。他专门提供专业法律信息，这种信息以一种越来越快速度出产，而且他们中的任何一个都不会过时。

几乎在韦斯特兄弟在圣保罗建立他们的出版公司的同时，一个马萨诸塞州的年轻图书馆员开始对全国的图书馆进行拜访，学习它们的财政规范和组织图书的方式。他详细论证了图书馆可以简单地通过对图书的分类和编写目录而使图书馆变得更加实用，这一分类和编排方法是基于十进制，并不增加费用。知识被分为十大种类，每一类用一个数字代表。这十大类中的每一类又被细分为十个子类，子类又被重新细分。

这个年轻的图书馆员名叫梅尔维尔·杜威（Melvil Dewey）。他把他的新方法命名为杜维十进制系统（Dewey Decimal System），并开始将这种方法提供给他工作的地方——安赫斯特学院（Amherst College）图书馆。今天，大多数的美国公共图书馆都采用这种图书分类方式。

杜威为图书馆所做的事情，正是约翰· 韦斯特为法律所做的。韦斯特的全国判例集系统使法律更容易被寻找到，但随着信息量的大量增加，获得相关的信息变得越来越难。为了解决这个问题，1908 年，韦斯特出版社发明了法律版本的杜维十进制系统。他根据哈佛大学法学院一个介绍性的法律课程把法律分为 400 个主题。他为每个主题分配了关键词并在各个关键词内部进行了细分。

为了使判例法更容易地通过主题被搜索到，韦斯特出版社开始发行用于识别所有关键词的摘要，以及所有和它有关的判决。例如，合同、破产就是关键词。如今，系统中包含了十万个子分类。这就是名闻天下的“钥匙码系统”（Key Number System）——美国法律的分类体系。

韦斯特在如何编纂法典方面已经享有盛誉。所以在 20 世纪 20 年代，当联邦政府准备使它的成文法律法典化时，韦斯特被政府请求提供帮助。韦斯特负责编纂的《美国法典》是美国最全面的法典编纂。

韦斯特出版《美国法典》的真正的创新之处在于它是非官方版本的法典，即《美国法典注释版》包含了法典变化的注解，更加系统、实用和全面。

20 世纪初，韦斯特的案例法编辑中出现了法律眉批（headnote），即识别和指明一个案件中的法律点的案件摘要；并增加了引证服务，用以提醒律师一个特定法律的变化。这些工具使韦斯特的法律产品使用起来更加快速和容易。在 20 世纪，韦斯特公司的出版物作为工业标准的地位是如此的牢固，以至于法官要求律师在他们的书目论证中注明引用韦斯特案卷的页码，而不是官方法庭记录或国家法典的引证页码。

1975 年，Westlaw 上线。韦斯特公司从来没有把媒介和内容弄混。清醒地意识到互联网本身永远都不是一个产品。韦斯特的真正法律信息产品是附加了互联网价值的法律信息。

Westlaw 在法律数据文件上的巨大发现被证明是新技术完美的研究对象。韦斯特的计算机科学家设计了一套他们名为 CARE 的运算系统——分类和推荐引擎。计算机运用包括贝叶斯概率在内的统计系统预测文件应该被分类到哪里。CARE 为新案例提出关键词，识别被新的判决影响的判例，作为主体完成其他任务。在 CARE 出现前，韦斯特雇用了大量自由职业律师来完成该项工作。现在，一个计算机可以更快更准确地完成这项工作。

在谷歌（Google）的搜索引擎中输入某一词汇，你会得到成千上万个结果。一些返回结果是有关的，另一些是无关的。这样的问题是搜索混乱的准确体现，而这正是 Westlaw 尝试避免的。

Westlaw 所使用的信息检索技术和谷歌所使用的基于搜索引擎的信息检索技术一样。它被称为 TF/IDF，一种用于资讯检索与资讯探勘的常用加权技术，它实质上是用以评估一字词对于一个文件集或一个语料库中的其中一份文件的重要程度。这些参数告诉计算机那些信息是与搜索最相关。但是，Westlaw 所使用的系统有一些重要的不同点。谷歌知道页面如何被链接，但是它并不真正知道为什么。Westlaw 能返回比谷歌更加符合目标的搜索结果，因为以下三个方面：Westlaw 数据库中的信息已经和钥匙码系统相连接。Westlaw 通过文件之间的链接（引用和关键词）来提醒用户可能存在未发现的其他搜索结果；数据资料有限，因为只有法律信息。与试图包括所有信息的谷歌庞大数据库相比，Westlaw 的数据库基本没有与法律不相关的信息；信息库中的词汇也更加具有独特性。法律术语非常专门。律师们一个文件中用某一个特定语言，因为它有律师想传达的特殊法律含义。法律术语的重复使用使法律信息能够更容易的检索，因为 Westlaw 的搜索技术中包含一个同义词识别词典。

韦斯特公司，即现在的汤森路透拥有一支近千律师组成的编辑大军来分析案件，撰写法律眉批，审核 CARE 提供的机械建议。所有的案例都要经过一个有 22 个步骤的编辑程序。每个案子都有不同的人编辑，交叉检查各自的工作以保证案件编辑是百分之百准确的。律师编辑为 Westlaw 的搜索引擎增加可以搜索到的顺应时事的术语。编辑过程非常细致，每年韦斯特的法律编辑都能够识别出大约十万处法庭文件的错误，并通知法院进行必要的矫正。

当汤森购买韦斯特的时候，它取得了印刷业和在线法律出版领域的领导型产品的控制权。随着印刷逐步让步于在线业务，一些人怀疑汤森在韦斯特25%的利润边缘是否能够继续提高，但是汤森找到了保持印刷业获利的方式。

从1996年到2005年，汤森韦斯特出版的法律图书的第一版价格以每年大约4.5%的速度上涨。在同一期间，增补版图书（由于法律的变化，对第一版图书内容的更新）的价格每年上涨了11.5%，远高于通货膨胀的速度。这解释了即使在电子媒介支配了市场，公司仍然从印刷业得到了可观的收入。法律图书市场不可能会消失，因为一些书本形式的信息更容易被吸收。

今天，韦斯特的核心业务已经变为电子信息产品。为了保持它的电子市场的稳固，韦斯特不断推陈出新。汤森路透首席技术运营官金理德（Rick King）指出："如果你不是领导者和革新者，就会有人代替你。"

全书完

版权声明

本书“美国法律文献选编和导读”中如下章节：

一手法律资源

·五角大楼文件案（纽约时报公司诉美利坚合众国案）法律文件集之编者注部分

a. 美国联邦纽约南区地区法院司法意见判决书

b. 美国联邦第二巡回上诉区司法意见判决书

c. 美国联邦最高法院调卷令

d. 上诉人（《纽约时报》）上诉法律意见书

e. 被上诉人（美利坚合众国）上诉答辩法律意见书

f. “法庭之友”（美国公民自由联盟）上诉法律意见书

g. 美国联邦最高法院司法意见判决书

二手法律资源

·《信息自由法案》相关诉讼（《美国法律百科全书·审判卷》条目）

·总论需要披露之事项（《美国法律释义·记录卷》条目）

·事前限制（《布莱克法律大词典》条目）

·总论需要披露之事项及例外情况（钥匙码文摘）

·什么是在《信息自由法案》规定下政府部门必须让民众可以获取的“记录”（《美国法律报告》条目）

本书“美国法律文献研究工具和研究报告”中如下章节

·全国判例集系统图示

·美国法律分类大纲

· West 钥匙码系统法律专题分类表和专题清单

· 韦斯特的故事

COPYRIGHT NOTICE

Primary Authorities:

· West's editorial enhancements in the following documents collectively as The Pentagon Papers Case (A Life Cycle of a Litigation)

a. United States v. New York Times Co., 328 F. Supp. 324 (S. D. N. Y. 1971)

b. United States v. New York Times Co., 444 F. 2d 544 (2d Cir. 1971)

c. New York Times Co. v. United States, 403 U. S. 942, 91 S. Ct. 2270 (1971)

d. Brief for the Petitioner, New York Times Company, 1971 WL 134368 (U. S.) (Appellate Brief)

e. Brief for the Respondent, United States, 1971 WL 167581 (U. S.) (Appellate Brief)

f. Brief of American Civil Liberties Union, Amicus Curiae, 1971 WL 126420 (U. S.) (Appellate Brief)

g. New York Times Co. v. United States, 403 U. S. 713, 91 S. Ct. 2140 (1971)

Secondary Authorities:

· Litigation Under Freedom of Information Act, 110 Am. Jur. Trials 367

· Matters subject to disclosure, generally, 76 C. J. S. Records § 130

· Prior Restraint (*Black's Law Dictionary*)

· Matters Subject to Disclosure; Exemptions. In General. Key Number Digest 326k54

· What are " records" of agency which must be made available under Freedom of Information Act [5 U. S. C. A. § 552 (a) (3), 153 A. L. R. Fed. 571]

Legal Information: Tools and Reports

· National Reporter System

· West Outline of the Law

· West Key Numbers System: Topics by Specialty and List of Topics

· The Story of West

© 2014 Thomson Reuters. Copyright is not claimed as to any part of the original work prepared by a United States Government officer or employee as part of that person's official duties. This publication was created to provide you with accurate an authoritative information concerning the subject matter covered; however, this publication was not necessarily prepared by persons licensed to practice law in a particular jurisdiction. The publisher is not engaged in rendering legal or other professional advice and this publication is not a substitute for the advice of an attorney. If you require legal or other expert advice, you should seek the services of a competent attorney or other professional. West's and Westlaw are registered in the U. S. Patent and Trademark Office.